中國古代史學叢書

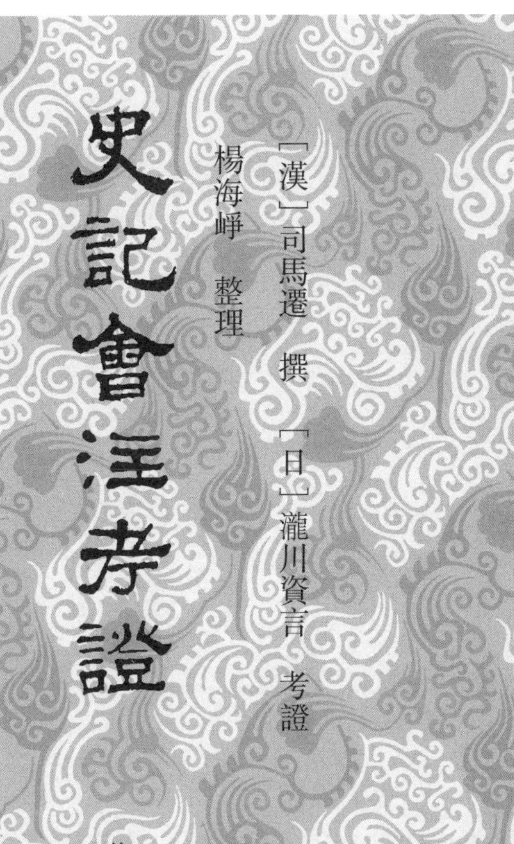

史記會注考證

［漢］司馬遷　撰
［日］瀧川資言　考證
楊海崢　整理

修訂本

柒

上海古籍出版社

史記會注考證卷八十九

張耳陳餘列傳第二十九

史記八十九

【索隱】張耳、吴芮，勢侔楚、漢，位埒齊、韓。俱懷從沛之心，咸享誓河之業。爵在列侯之上，家傳累代之基。長沙既曰令終，趙王亦謂善始，並可列同世家焉。【考證】史公自序云：「填趙塞常山，以廣河内，弱楚權，明漢王之信於天下。作張耳陳餘列傳第二十九。」

張耳者，大梁人也。〔一〕其少時及魏公子毋忌爲客。〔二〕張耳嘗亡命游外黄。〔三〕外黄富人女甚美，嫁庸奴，亡其夫，〔四〕去抵父客。〔五〕父客素知張耳，乃謂女曰：「必欲求賢夫，從張耳。」女聽，乃卒爲請決，嫁之張耳。〔六〕張耳是時脱身游，女家厚奉給張耳，張耳以故致千里客。乃宦魏爲外黄令，名由此益賢。陳餘者，亦大梁人也，好儒術，數游趙苦陘。〔七〕富人公乘氏以其女妻之，亦知陳餘非庸人也。〔八〕餘年少，父事張耳，兩人相與爲刎頸交。〔九〕

〔一〕【索隱】臣瓚云：「今陳留大梁城是也。」

〔二〕【正義】顏云「毋忌，六國信陵君也。言其尚及見毋忌，爲之賓客也」。

〔三〕【索隱】晉灼曰：「命者，名也。謂脱名籍而逃。」崔浩曰：「亡，無也。命，名也。逃匿則削除名籍，故以逃爲亡命。」地理志外黃屬陳留。

〔四〕【集解】徐廣曰：「一云『其夫亡』也。」【考證】方苞曰：亡其夫，去其夫也。不曰「去」者，不告而去，猶逃亡也。

〔五〕【集解】如淳曰：「父時故賓客。」【索隱】如淳曰：「抵，歸也，音丁禮反。」【考證】抵，至也。

〔六〕【索隱】謂女請父客爲決絶其夫，而嫁之張耳。【正義】顏云「請決，絶前夫而嫁於耳」。【考證】余有丁曰：卒爲請決，乃父客爲之。索隱誤。

〔七〕【集解】張晏曰：「苦陘，漢章帝改曰漢昌。」【索隱】地理志屬中山。張晏曰：「章帝醜其名，改曰漢昌。」【正義】音邢。邢州唐昌縣。【考證】淮陰侯傳云「成安君，儒者也。常稱義兵，不用詐謀奇計」。沈欽韓曰：孔叢獨居篇陳餘與子魚語，亦其好儒之證。

〔八〕【考證】「亦」字承素知張耳。庸人承庸奴。

〔九〕【索隱】崔浩云：「言要齊生死，斷頸無悔。」

秦之滅大梁也，張耳家外黃。高祖爲布衣時，嘗數從張耳游，客數月。〔一〕秦滅魏數歲，已聞此兩人魏之名士也，購求有得張耳千金，陳餘五百金。張耳、陳餘乃變名姓，俱之陳，爲里監門以自食。〔二〕兩人相對。里吏嘗有過笞陳餘，陳餘欲起，張耳躡之使受笞。〔三〕吏去，張耳乃引陳餘之桑下而數之曰：「始吾與公言何如？今見小辱而欲死一吏乎？」陳餘然之。〔四〕秦詔書購求兩人，兩人亦反用門者以令里中。〔五〕

〔一〕【考證】凌稚隆曰：爲張耳從漢張本。

〔二〕【集解】張晏曰：「監門，里正衛也。」【考證】中井積德曰：張耳年長而先顯，則金之差次自當然。顏師古曰：監門，卒之賤者，故爲卑職以自隱。

〔三〕【集解】徐廣曰：「躡，一作『攝』。」【正義】躡，女涉反。以足躡令受笞。漢書作「攝」。師古曰：「謂引持也。」【考證】蹈其足以致意也。淮陰侯傳「張良陳平躡漢王足」。

〔四〕【考證】左傳僖廿三年「謀于桑下」，宣二年「舍于翳桑」，蓋野桑多蔭翳，可以避人而語。

〔五〕【索隱】案：門者即餘、耳也。自以其名而號令里中，詐更別求也。

陳涉起蘄，至入陳，兵數萬。張耳、陳餘上謁陳涉。〔一〕涉及左右生平數聞張耳、陳餘賢，未嘗見。見，即大喜。

〔一〕【考證】顏師古曰：上其謁而見也。上謁，若今之通名。

陳中豪傑父老乃說陳涉曰：「將軍身被堅執銳，率士卒以誅暴秦，復立楚社稷，存亡繼絶，功德宜爲王。且夫監臨天下諸將，不爲王不可，願將軍立爲楚王也。」陳涉問此兩人，兩人對曰：「夫秦爲無道，破人國家，滅人社稷，絶人後世，罷百姓之力，盡百姓之財。將軍瞋目張膽，出萬死不顧一生之計，爲天下除殘也。〔一〕今始至陳而王之，示天下私。願將軍毋王，急引兵而西，遣人立六國後，自爲樹黨，爲秦益敵也。敵多則力分，與衆則兵彊。如此野無交兵，縣無守城，〔二〕誅暴秦，據咸陽，以令諸侯。諸侯亡而得立，以德服之，如此則帝業成矣。今獨王陳，恐天下解也。」〔三〕陳涉不聽，遂立爲王。

〔一〕【考證】顔師古曰：張膽言勇之甚。愚按：史公報任安書云「人臣出萬死不顧一生之計」。萬死、一生，對言。漢傳删「一生」二字，非是。

〔二〕【正義】校，報也。【考證】中井積德曰：與猶黨也。楓、三本「交」作「校」，正義亦作「校」。「犯而不校」之「校」，角也。校兵、守城，皆二字連讀。漢書作「交」。

〔三〕【正義】解，紀賣反。言天下諸侯見陳勝稱王王陳，皆解墮不相從也。【考證】張文虎曰：中統本、吴校金板「服」作「報」。中井積德曰：解如字，解體之意，非懈墮。馮班曰：酈生説漢王，立六國後。張良以爲諫，至石勒，以爲此法宜失。張耳、陳餘説陳涉立六國後，當時不從，以爲失策，何也？蓋陳王初起，慮在亡秦而已，法宜樹黨。漢方與項羽争天下，又立六國，反覆不可一，是樹敵也。其勢變不同耳。

陳餘乃復説陳王曰：「大王舉梁、楚而西，務在入關，未及收河北也。臣嘗游趙，知其豪桀及地形，願請奇兵，北略趙地。」於是陳王以故所善陳人武臣爲將軍，邵騷爲護軍，以張耳、陳餘爲左右校尉，予卒三千人，北略趙地。〔一〕

〔一〕【考證】楓、三本「陳王」下有「許之」二字，與漢書合。

武臣等從白馬渡河，〔一〕至諸縣，説其豪桀曰：〔二〕「秦爲亂政虐刑，以殘賊天下，數十年矣。北有長城之役，南有五嶺之戍，〔三〕外内騷動，百姓罷敝，頭會箕斂，以供軍費，〔四〕財匱力盡，民不聊生。重之以苛法峻刑，使天下父子不相安。陳王奮臂爲天下倡，始王楚之地，方二千里，莫不響應，家自爲怒，人自爲鬭，各報其怨而攻其讎，縣殺其令丞，郡殺其守尉。

今已張大楚王陳，〔五〕使吳廣、周文將卒百萬西擊秦。於此時而不成封侯之業者，非人豪也。諸君試相與計之！夫天下同心而苦秦久矣。因天下之力，而攻無道之君，報父兄之怨，而成割地有土之業，此士之一時也。」豪桀皆然其言。乃行收兵得數萬人，號武臣爲武信君，下趙十城，餘皆城守，莫肯下。

〔一〕【索隱】案：酈食其云「白馬之津」，白馬是津渡，其地與黎陽對岸。【考證】楓本「馬」下有「津」字。

〔二〕【集解】鄧展曰：「至河北縣説之。」

〔三〕【集解】漢書音義曰：「嶺有五，因以爲名。在交阯界中也。」【索隱】裴氏廣州記云大庾、始安、臨賀、桂陽、揭陽，斯五嶺。【正義】蒙恬將三十萬人築城。長城之役，五嶺之戍，並在始皇三十三年。【考證】正義本，楓、三本，毛本作「役」，他本譌「域」。吳仁傑曰：案淮南書始皇發卒五十萬，使蒙公築修城，使尉屠睢發卒五十萬爲五軍，一軍塞鐔城之領，一軍守九疑之塞，一軍處番禺之都，一軍守南野之界，一軍結餘干之水。與張耳傳相符，所謂五嶺者此也。

〔四〕【集解】漢書音義曰：「家家人頭數出穀，以箕斂之。」【考證】集解有脱落。漢書注引服虔云「吏到其家，人人頭數出穀，以箕斂之」。淮南子氾論「秦之時，頭會箕賦，輸于少府」。

〔五〕【考證】顔師古曰：張建大楚之國而王於陳。

乃引兵東北擊范陽。范陽人蒯通説范陽令曰：「竊聞公之將死，故弔。雖然，賀公得通而生。」〔一〕范陽令曰：「何以弔之？」對曰：「秦法重，足下爲范陽令十年矣，殺人之父，孤人之子，斷人之足，黥人之首，不可勝數。然而慈父孝子，莫敢倳刃公之腹中者，畏秦法耳。〔二〕

今天下大亂，秦法不施，然則慈父孝子且傳刃公之腹中以成其名，此臣之所以弔公也。今諸侯畔秦矣，武信君兵且至，而君堅守范陽，少年皆争殺君下武信君，君急遣臣見武信君，可轉禍爲福，在今矣。」〔三〕

〔一〕【集解】漢書曰「范陽令徐公」。【考證】顔師古注漢書蒯通傳云「范陽，涿郡之縣也，舊屬燕。通本燕人，後游於齊，故高祖云『齊辯士蒯通』」。錢大昕曰：師古不攷地理，而妄爲之説也。方武臣等自白馬渡河，纔下十城，安能遠涉燕地？且范陽既下之後，趙地不戰而下者三十餘城，然後至邯鄲。武臣乃自立爲趙王，然後命韓廣略燕地。豈容未得邯鄲之前，已抵涿郡乎？然則蒯生所居之范陽當屬何地？曰淮陰侯傳稱齊人蒯通，又稱爲齊辨士，則范陽必齊地矣。漢志東郡有范縣，此即齊之西境。孟子自范之齊，謂此地也。趙世家「嬴姓將大敗周人于范魁之西」。小司馬謂范魁趙地，然則此范陽在燕、趙之界，本齊地，亦可屬趙也。愚按：楓、三本「得」下「通」字作「臣」。

〔二〕【集解】徐廣曰：「傳，音胾。」李奇曰：「東方人以物插地中，皆爲傳。」

〔三〕【考證】李光縉曰：弔、賀二意，乃説士誇張常態，所謂以言餂之者。愚按：詞氣與説淮陰相術者甚似。

范陽令乃使蒯通見武信君曰：「足下必將戰勝然後略地，攻得然後下城，臣竊以爲過矣。誠聽臣之計，可不攻而降城，不戰而略地，傳檄而千里定，可乎？」武信君曰：「何謂也？」蒯通曰：「今范陽令宜整頓其士卒以守戰者也，怯而畏死，貪而重富貴，故欲先天下降，畏君以爲秦所置吏，誅殺如前十城也。然今范陽少年亦方殺其令，自以城距君。君何不齎臣侯印，拜范陽令，范陽令則以城下君，少年亦不敢殺其令。令范陽令乘朱輪華轂，使驅馳燕、趙郊。燕、趙郊見之，皆曰『此范陽令先下者也』，即喜矣，燕、趙城可毋戰而降也。此臣之所謂傳檄而千里定者也。」武信君從其計，因使蒯通賜范陽令侯印。趙地聞之，不戰以城下者三十餘城。

至邯鄲，張耳、陳餘聞周章軍入關至戲卻；〔一〕又聞諸將爲陳王徇地，多以讒毀得罪誅，怨陳王不用其筴，不以爲將而以爲校尉。〔二〕乃説武臣曰：「陳王起蘄，至陳而王，非必立六國後。〔三〕將軍今以三千人下趙數十城，獨介居河北，不王無以填之。〔四〕且陳王聽讒，還報，恐不脱於禍。又不如立其兄弟；不，即立趙後。將軍毋失時，時閒不容息。」〔五〕武臣乃聽之，遂立爲趙王，以陳餘爲大將軍，張耳爲右丞相，邵騷爲左丞相，使人報陳王。

〔一〕【集解】蘇林曰：「戲，地名。卻，兵退也。」【正義】戲，音羲。出驪山。【考證】李笠曰：正義「出」上當有「水名」二字。

〔二〕【考證】楓、三本「誅」下有「餘」字。

〔三〕【考證】王先謙曰：言非六國後，人皆可王。

〔四〕【集解】晉灼曰：「介，音戛。」瓚曰：「方言云『介，特也』。」【考證】顔師古曰：「二説並非也。介，隔也，讀如本字。」楓、三本「填」作「鎮」。

〔五〕【索隱】以言舉事不可失時，時幾之迅速，其閒不容一喘息頃也。

陳王大怒，欲盡族武臣等家，而發兵擊趙。陳王相國房君諫曰：「秦未亡，而誅武臣等家，此又生一秦也。不如因而賀之，使急引兵西擊秦。」〔一〕陳王然之，從其計，徙繫武臣等家宮中，封張耳子敖爲成都君。

〔一〕【考證】中井積德曰：相國，恐當作「上柱國」。陳涉世家可徵。

陳王使使者賀趙，令趣發兵西入關。〔一〕張耳、陳餘説武臣曰：「王王趙，非楚意，特以計賀王。〔二〕楚已滅秦，必加兵於趙。願王毋西兵，北徇燕、代，南收河内，以自廣趙。南據大河，北有燕、代，楚雖勝秦，必不敢制趙。」趙王以爲然，因不西兵，而使韓廣略燕，李良略常山，張黶略上黨。〔三〕

〔一〕【考證】楓、三本「令」下有「趙」字。趣讀曰促。

〔二〕【考證】顔師古曰：言力不能制，且事安撫。爲權宜之計耳。

〔三〕【正義】黶，乙斬反。【考證】顔師古曰：烏黠反。

韓廣至燕，燕人因立廣爲燕王。〔一〕趙王乃與張耳、陳餘北略地燕界。趙王閒出，爲燕軍所得。〔二〕燕將因之，欲與分趙地半，乃歸王。使者往，燕輒殺之，以求地。張耳、陳餘患之。有廝養卒謝其舍中曰：「吾爲公説燕，與趙王載歸。」〔三〕舍中皆笑曰：「使者往十餘輩，輒死，若何以能得王？」〔四〕乃走燕壁。燕將見之，問燕將曰：「知臣何欲？」燕將曰：「若欲得趙王耳。」曰：「君知張耳、陳餘何如人也？」燕將曰：「賢人也。」曰：「知其志何欲？」曰：

「欲得其王耳。」趙養卒乃笑曰：「君未知此兩人所欲也。夫武臣、張耳、陳餘，杖馬箠下趙數十城，〔五〕此亦各欲南面而王，豈欲爲卿相終已邪？夫臣與主豈可同日而道哉？顧其勢初定，未敢參分而王，〔六〕且以少長先立武臣爲王，以持趙心。今趙地已服，此兩人亦欲分趙而王，時未可耳。今君乃囚趙王。此兩人名爲求趙王，實欲燕殺之，此兩人分趙自立。夫以一趙尚易燕，況以兩賢王左提右挈，而責殺王之罪，滅燕易矣。」〔七〕燕將以爲然，乃歸趙王，養卒爲御而歸。

〔一〕【集解】徐廣曰：「九月也。」

〔二〕【考證】顏師古曰：閒出，謂投間隙而微出也。

〔三〕【集解】如淳曰：「廝，賤者也。公羊傳曰『廝役扈養』。」韋昭曰：「析薪爲廝，炊烹爲養。」晉灼曰：「以辭相告曰謝也。」【索隱】謂其同舍中之人也。漢書作「舍人」。

〔四〕【考證】顏師古曰：若，汝也。下次同。

〔五〕【集解】張晏曰：「言其不用兵革，驅策而已也。」【索隱】杖，音丈。箠，音之委反。【考證】中井積德曰：杖箠，只是不勞兵之意，非驅策之意。注誤。

〔六〕【考證】新序「參」作「三」。

〔七〕【集解】徐廣曰：「平原君傳曰『事成，執右券以責』也，券、契，義同耳。」【考證】顏師古曰：左提右挈，言相扶持也。中井積德曰：相與連軍而進。

李良已定常山，還報，趙王復使良略太原。至石邑，〔一〕秦兵塞井陘，未能前。秦將詐稱二世使人遺李良書，不封，〔二〕曰：「良嘗事我得顯幸。良誠能反趙爲秦，赦良罪，貴良。」良得書，疑不信。乃還之邯鄲，益請兵。未至，道逢趙王姊出飲，從百餘騎。李良望見以爲王，伏謁道旁。王姊醉，不知其將，使騎謝李良。李良素貴，起，慙其從官。從官有一人曰：「天下畔秦，能者先立。且趙王素出將軍下，今女兒乃不爲將軍下車，請追殺之。」李良已得秦書，固欲反趙，未決，因此怒，遣人追殺王姊道中，乃遂將其兵襲邯鄲。邯鄲不知，竟殺武臣、邵騷。趙人多爲張耳、陳餘耳目者，以故得脱出。收其兵得數萬人。客有説張耳曰：「兩君羇旅，而欲附趙，難；〔三〕獨立趙後，扶以義，可就功。」〔四〕乃求得趙歇，〔五〕立爲趙王，居信都。〔六〕李良進兵擊陳餘，陳餘敗李良，李良走歸章邯。

〔一〕【索隱】地理志屬常山。【考證】凌本「石」譌「后」。

〔二〕【集解】張晏曰：「欲其漏泄君臣相疑。」

〔三〕【索隱】案：羇旅勢弱，難以立功也。

〔四〕【索隱】謂獨有立六國趙王之後。【考證】各本「獨」下重「立」字，以「獨立」屬上，誤。今從索隱本、漢書。

〔五〕【集解】徐廣曰：「正月也。歇，音烏轄反。」駰案：張晏曰「趙之苗裔」。

〔六〕【集解】徐廣曰：「後項羽改曰襄國。」

章邯引兵至邯鄲，皆徙其民河内，夷其城郭。〔一〕張耳與趙王歇走入鉅鹿城，王離圍之。〔二〕陳餘北收常山兵，得數萬人，軍鉅鹿北。章邯軍鉅鹿南棘原，築甬道屬河，餉王離。〔三〕王離兵食多，急攻鉅鹿。鉅鹿城中食盡兵少，〔四〕張耳數使人召前陳餘，陳餘自度兵少，不敵秦，不敢前。數月，張耳大怒，怨陳餘，使張黶、陳澤往讓陳餘曰：〔五〕「始吾與公爲刎頸交，今王與耳旦暮且死，而公擁兵數萬，不肯相救，安在其相爲死！苟必信，胡不赴秦軍俱死？且有十一二相全。」〔六〕陳餘曰：「吾度前終不能救趙，徒盡亡軍。且餘所以不俱死，欲爲趙王、張君報秦。今必俱死，如以肉委餓虎，何益？」〔七〕張黶、陳澤曰：「事已急，要以俱死立信，安知後慮！」陳餘曰：「吾死顧以爲無益。必如公言。」乃使五千人，令張黶、陳澤先嘗秦軍，〔八〕至皆沒。

〔一〕【考證】何焯曰：徙民夷城，恐兵去而還，復爲趙守也。

〔二〕【考證】楓、三本「王離」上有「秦將」二字。梁玉繩曰：項羽紀言「王離、涉閒圍之」，下文有「涉閒自殺」語，則此處似疏脱矣。

〔三〕【考證】顏師古曰：屬，聯及也。

〔四〕【考證】楓、三本「兵少」作「人少」。

〔五〕【正義】澤，音釋。

〔六〕【正義】十中冀一兩勝秦。

〔七〕【考證】漢書「委」作「餧」。顏師古曰：餧，飤也。楓、三本「餓」作「饑」。

〔八〕【索隱】崔浩云「嘗，猶試」。

當是時燕、齊、楚聞趙急，皆來救。張敖亦北收代兵，得萬餘人，來皆壁餘旁，未敢擊秦。

項羽兵數絶章邯甬道，王離軍乏食，項羽悉引兵渡河，遂破章邯。〔一〕章邯引兵解，諸侯軍乃敢擊圍鉅鹿秦軍，遂虜王離。涉閒自殺。卒存鉅鹿者，楚力也。

〔一〕【集解】徐廣曰：「三年十二月也。」

於是趙王歇、張耳乃得出鉅鹿，謝諸侯。〔二〕張耳與陳餘相見，責讓陳餘以不肯救趙，及問張黶、陳澤所在。陳餘怒曰：「張黶、陳澤以必死責臣，臣使將五千人先嘗秦軍，皆沒不出。」〔三〕張耳不信，以爲殺之，數問陳餘。陳餘怒曰：「不意君之望臣深也！〔三〕豈以臣爲重去將哉？」〔四〕乃脱解印綬，推予張耳。張耳亦愕不受。陳餘起如廁。客有説張耳曰：「臣聞『天與不取，反受其咎』。〔五〕今陳將軍與君印，君不受，反天不祥。急取之！」張耳乃佩其印，收其麾下。而陳餘還，亦望張耳不讓，遂趨出。〔六〕張耳遂收其兵。陳餘獨與麾下所善數百人之河上澤中漁獵。由此陳餘、張耳遂有郤。

〔一〕【考證】漢書削「謝諸侯」三字。

〔二〕【考證】漢書無「怒」字，此疑衍。

〔三〕【索隱】望，怨責也。

〔四〕【索隱】案：重，訓難也。或云「重，惜也」。【考證】胡三省曰：豈，疑辭。

〔五〕【索隱】此辭出國語。【考證】越語范蠡曰「天予不取，反爲之災」。取、咎，韻。

〔六〕【正義】言陳餘如廁還，亦怨望張耳不讓其印。

趙王歇復居信都，張耳從項羽諸侯入關。漢元年二月，項羽立諸侯王，張耳雅游，人多爲之言，〔一〕項羽亦素數聞張耳賢，乃分趙立張耳爲常山王，治信都。信都更名襄國。

〔一〕【集解】韋昭曰：「雅，素也。」【索隱】鄭氏云「雅，故也」。韋昭云「雅，素也」。然素亦故也。故游，言慣游從，故多爲人所稱譽。

陳餘客多説項羽曰：「陳餘、張耳，一體有功於趙。」項羽以陳餘不從入關，聞其在南皮，即以南皮旁三縣以封之，〔一〕而徙趙王歇王代。〔二〕

〔一〕【索隱】地理志屬勃海。【正義】故城在滄州南皮縣北四里也。【考證】錢泰吉曰：「縣」下「以」字衍。漢書無。

〔二〕【集解】徐廣曰：「都代縣。」

張耳之國，陳餘愈益怒曰：「張耳與餘功等也，今張耳王，餘獨侯，此項羽不平。」〔一〕及齊王田榮畔楚，陳餘乃使夏説説田榮曰：〔二〕「項羽爲天下宰，不平，盡王諸將善地，徙故王王惡地，今趙王乃居代！願王假臣兵，請以南皮爲扞蔽。」〔三〕田榮欲樹黨於趙以反楚，乃遣兵從陳餘。〔四〕陳餘因悉三縣兵襲常山王張耳。張耳敗走，念諸侯無可歸者，曰：「漢王與我有舊故，〔五〕而項羽又彊，立我，我欲之楚。」〔六〕甘公曰：「漢王之入關，五星聚東井。東井者，秦分也。先至必霸。楚雖彊，後必屬漢。」〔七〕故耳走漢。〔八〕漢王亦還定三秦，方圍章邯廢丘。張耳謁漢王，漢王厚遇之。

〔一〕【考證】中井積德曰：二人功初等也。後陳餘去趙，則是自棄前功也。而張耳從入關，則功又多矣。餘之言無謂，曲亦在餘。

〔二〕【正義】上「説」，音悦，下式鋭反。

〔三〕【正義】扞蔽，猶言藩屏也。

〔四〕【考證】漢書削「於趙以反楚」五字。

〔五〕【集解】張晏曰：「漢王爲布衣時，嘗從張耳游。」

〔六〕【集解】張晏曰：「羽既彊盛，又爲所立，是以狐疑莫知所往也。」

〔七〕【集解】文穎曰：「善説星者甘氏也。」【索隱】天官書云齊甘公，藝文志云楚有甘公，齊、楚不同。劉歆七略云「字逢，甘德」。志林云「甘公一名德」。【正義】甘氏，七録云「甘德楚人，戰國時作天文八卷」。天文志云「五星聚於東井，以曆推之，從歲星也」。【考證】甘公蓋秦漢間人，與作天文八卷者異。漢書天文志載此事，作「客謂張耳」。楓、三本「分」下有「野」字。

〔八〕【集解】徐廣曰：「二年十月也。」【考證】三本「故」作「張」。

陳餘已敗張耳，皆復收趙地，迎趙王於代，復爲趙王。趙王德陳餘，立以爲代王。陳餘爲趙王弱，國初定，不之國，留傅趙王，而使夏説以相國守代。

漢二年，東擊楚，使使告趙，欲與俱。〔一〕陳餘曰：「漢殺張耳，乃從。」於是漢王求人類張耳者斬之，持其頭遺陳餘。陳餘乃遣兵助漢。漢之敗於彭城西，陳餘亦復覺張耳不死，即背漢。〔二〕

〔一〕【考證】梁玉繩曰：「二年」下當有「四月」二字。

〔二〕【考證】漢書削「復」字，「覺」作「聞」。

漢三年，韓信已定魏地，遣張耳與韓信擊破趙井陘，〔一〕斬陳餘泜水上，〔二〕追殺趙王歇襄國。漢立張耳爲趙王。〔三〕漢五年，張耳薨，謚爲景王。〔四〕子敖嗣立爲趙王。高祖長女魯元公主爲趙王敖后。

〔一〕【集解】徐廣曰：「三年十月。」

〔二〕【集解】徐廣曰：「在常山。音遲，一音丁禮反。」【索隱】徐廣音遲，蘇林音祇，晉灼音丁禮反，今俗呼此水則然。案：地理志音脂，則蘇音爲得。郭景純注山海經云「泜水出常山中丘縣」。【正義】在趙州贊皇縣界。

〔三〕【集解】徐廣曰：「四年十一月」。駰案：漢書「四年夏」。

〔四〕【考證】陳仁錫曰：高祖五年以後，紀年皆無「漢」字。史傳刻落未盡。

漢七年，高祖從平城過趙，趙王朝夕袒韝蔽，自上食，禮甚卑，有子壻禮。〔一〕高祖箕踞詈，甚慢易之。〔二〕趙相貫高、趙午等年六十餘，故張耳客也。〔三〕生平爲氣，乃怒曰：「吾王孱王也！」〔四〕說王曰：「夫天下豪桀並起，能者先立。今王事高祖甚恭，而高祖無禮，請爲王殺之！」〔五〕張敖齧其指出血曰：「君何言之誤！且先人亡國，賴高祖得復國，德流子孫，秋毫皆高祖力也。願君無復出口。」〔六〕貫高、趙午等十餘人皆相謂曰：「乃吾等非也。吾王長者，不倍德。〔七〕且吾等義不辱。今怨高祖辱我王，故欲殺之，何乃汙王爲乎？〔八〕令事成歸王，事敗獨身坐耳。」〔九〕

〔一〕【集解】徐廣曰：「韝者，臂捍也。」【正義】謂臂捍膝也。言自祇承上食也。【考證】楓、三本無「朝夕」二字。

〔二〕【索隱】崔浩云：「屈膝坐，其形如箕。」【正義】申兩脚而倨其膝，若箕之形。倨，傲也。【考證】張文虎曰：舊刻本「踞」，與索隱本合，各本作「倨」。楓、三本「踞」下有「罵」字，與漢書合。

〔三〕【集解】徐廣曰：「田叔傳云『趙相趙午等數十人，皆怒』，然則或宜言六十餘人。」【正義】貫高等以其老，乃有不平之氣也。【考證】楓、三本無「等」字，與漢書合。何焯曰：高祖嘗從張耳遊，貫高、趙午故等夷之客，故怒。愚按：年六十餘，見其與高祖等夷客。徐說非也。

〔四〕【集解】孟康曰：「音如『潺湲』之『潺』，冀州人謂懦弱爲孱。」韋昭曰：「仁謹貌。」【索隱】案：服虔音鉏閑反，弱小貌也。小顔音仕連反。【考證】張文虎曰：索隱「服虔音鉏閑反」，單本作「昨軒反」，「孱」字無此音。案：服虔時未有反切，當有誤。愚按：或云服虔時既有反切，此亦一證。

〔五〕【考證】何焯曰：前後「高祖」二字俱誤，當從漢書作「皇帝」。愚按：史家追記，生前言謚者甚多，詳見顧氏日知録二十三卷，但不可以爲法也。

〔六〕【索隱】案：小顔曰「齧指以表至誠爲其約」。

〔七〕【考證】楓、三本「者」下有「義」字。

〔八〕【索隱】蕭該音一故反。説文云「汙，穢也」。

〔九〕【考證】楓、三本，舊刻「令」作「今」。

漢八年，上從東垣還，過趙，貫高等乃壁人柏人，〔一〕要之置廁。〔二〕上過欲宿，心動，問曰：「縣名爲何？」曰：「柏人。」「柏人者，迫於人也！」不宿而去。

〔一〕【索隱】謂於柏人縣館舍壁中著人，欲爲變也。【正義】柏人故城在邢州柏人縣西北十二里，即高祖宿處也。

〔二〕【集解】韋昭曰：「爲供置也。」【索隱】要之置廁。文穎云：「置人於廁壁中以伺高祖也。」張晏云：「鑿壁空之，令人止中也。」今按：云「置廁」者，置人於複壁中，謂之置廁，廁者隱側之處，因以爲言也。亦音側。【考證】索隱本、楓山本、毛本有「廁」字，與漢書合，各本並脫。顧炎武曰：置，驛也，如曹相國世家「取祁善置」，田橫傳「至尸鄉廄置」之「置」。漢書馮奉世傳「燔燒置亭」。錢大昕曰：廁與側同，非「廁圂」之「廁」也。伏人於置側，欲要而殺之。

漢九年，貫高怨家知其謀，乃上變告之。於是上皆并逮捕趙王、貫高等。十餘人皆爭自剄，〔一〕貫高獨怒罵曰：「誰令公爲之？今王實無謀，而并捕王；公等皆死，誰白王不反者！」乃轞車膠致，〔二〕與王詣長安，治張敖之罪。〔三〕上乃詔，趙羣臣賓客有敢從王皆族。貫高與客孟舒等十餘人，皆自髡鉗爲王家奴，從來。〔四〕貫高至，對獄曰：「獨吾屬爲之，王實不知。」吏治榜笞數千，刺剟，〔五〕身無可擊者，終不復言。呂后數言，張王以魯元公主故，不宜有此。上怒曰：「使張敖據天下，豈少而女乎！」〔六〕不聽。廷尉以貫高事辭聞，上曰：「壯士！誰知者，以私問之。」〔七〕中大夫泄公曰：「臣之邑子，素知之。此固趙國立名義，不侵，爲然諾者也。」〔八〕上使泄公持節問之箯輿前。仰視曰：「泄公邪？」〔九〕泄公勞苦如生平驩，與語，問張王果有計謀不。高曰：「人情寧不各愛其父母妻子乎？今吾三族皆以論死，豈以王易吾親哉！〔一〇〕顧爲王實不反，獨吾等爲之。」具道本指所以爲者，王不知狀。於是泄公入具以報，上乃赦趙王。〔一一〕

〔一〕【考證】中井積德曰：漢書作「逮捕趙王諸反者，趙午等十餘人皆爭自剄」，意義明白。

〔二〕【正義】謂其車上著板，四周如檻形，膠密不得開，送致京師也。【考證】中井積德曰：致、緻，同，密也。

〔三〕【考證】漢書削「治張敖之罪」五字。

〔四〕【考證】田汝成曰：貫高檻車膠致與王詣長安，乃言與客孟舒等自髡鉗從來，何也？中井積德曰：稱「王家奴」者，孟舒等耳。田叔傳蓋得實。「貫高與」三字疑衍。

〔五〕【集解】徐廣曰：「丁劣反。」【索隱】徐廣音丁劣反。案：掇亦刺也。漢書作「刺爇」。張晏云：「爇，灼也。」說文云「燒也」。應劭云「以鐵刺之」。

〔六〕【考證】而，汝也。言如汝女者甚多也。

〔七〕【集解】瓚曰：「以私情相問。」

〔八〕【正義】泄，姓也。史有泄私。【考證】胡三省曰：言以義自立，不受侵辱，重於然諾也。愚按：韓非子顯學篇「立節參名，執操不侵」。史記幻雲鈔引正義作「泄，姓也，秦時衛有泄姬」。

〔九〕【集解】徐廣曰：「箯，音鞭。」駰案：韋昭曰：「輿如今輿牀，人輿以行。」【索隱】服虔云：「音編。編竹木如今峻，可以糞除也。」何休注公羊「筍，音峻。筍者，竹箯，一名編，齊、魯已北名爲筍」。郭璞三倉注云：「箯輿，土器。」【考證】顏師古曰：高時榜笞刺爇委困，故以箯輿處之也。董份曰：箯輿仰視，與勞苦問答，歷歷如目前。齋藤謙曰：「泄公邪」三字，極有情致，而漢書删去之。

〔一〇〕【考證】「皆」下「以」字，楓、三本作「已」。

〔一一〕【考證】楓、三本「報」下重「上」字。

上賢貫高爲人能立然諾，使泄公具告之曰：「張王已出。」因赦貫高。貫高喜曰：「吾王審出乎？」泄公曰：「然。」泄公曰：「上多足下，故赦足下。」〔一〕貫高曰：「所以不死，一身無餘者，白張王不反也。〔二〕今王已出，吾責已塞，死不恨矣。且人臣有篡殺之名，何面目復事上哉！縱上不殺我，我不愧於心乎？」〔三〕乃仰絶肮，遂死。〔四〕當此之時，名聞天下。

〔一〕【考證】陳懿典曰：「『然』字下又著『泄公曰』三字。蓋然之，又言所以赦貫高之故。

〔二〕【考證】楓山本「者」下有「何」字。

〔三〕【考證】田横曰「吾烹人之兄，與其弟併肩而事其主。縱彼畏天子之語，不敢動我，我獨不媿於心乎」。項羽曰「籍與江東子弟八千人，渡江而西，今無一人還。縱江東父兄憐而王我，我何面目見之。縱彼不言，籍獨不愧於心乎」。當時英雄壯士皆能知愧，可尚也。

〔四〕【集解】韋昭曰：「肮，咽也。」【索隱】蘇林云：「肮，頸大脈也，俗所謂胡脈，下郎反。」蕭該或音下浪反。

張敖已出，以尚魯元公主故，封爲宣平侯。〔一〕於是上賢張王諸客，以鉗奴從張王入關，無不爲諸侯相、郡守者。及孝惠、高后、文帝、孝景時，張王客子孫皆得爲二千石。〔二〕

〔一〕【索隱】韋昭曰：「尚，奉也。不敢言取。」崔浩云：「奉事公主。」小顏云：「尚，配也。」易曰『得尚于中行』，王弼亦以尚爲配。恐非其義也。」【考證】王引之曰：公主尊，故以奉事爲辭。小司馬説是。「公主」二字，依索隱本補。

〔二〕【考證】見田叔傳。

張敖，高后六年薨。〔一〕子偃爲魯元王。〔二〕以母呂后女故，呂后封爲魯元王。〔三〕元王弱，兄弟少，乃封張敖他姬子二人，壽爲樂昌侯，侈爲信都侯。〔四〕高后崩，諸呂無道，大臣誅之，而廢魯元王及樂昌侯、信都侯。孝文帝即位，復封故魯元王偃爲南宫侯，續張氏。〔五〕

〔一〕【集解】關中記曰：「張敖冢在安陵東。」【正義】魯元公主墓在咸陽縣西北二十五里，次東有張敖冢，與公主同域。又張耳墓在咸陽縣東三十三里。【考證】漢書云「高后元年，魯元太后薨」，「後六年宣平侯敖復薨」。

〔二〕【考證】梁玉繩曰：此及下「元」字皆衍，而「元王弱」句，當作「魯王」。

〔三〕【索隱】案：謂偃以其母號而封也。【考證】楓、三本無「封元王」三字，漢書改作「呂太后立敖子偃爲魯王，以母爲太后故也」。

〔四〕【集解】徐廣曰：「漢紀張酺傳曰張敖之子壽封樂昌侯，食細陽之池陽鄉也。」【考證】王、柯、凌本「乃」譌「及」。蔡本、中統、舊刻、毛本無「壽」字。錢泰吉曰：據傳末集解「壽」字、「侈」字皆後人所增。愚按：楓、三本亦有「壽」字、「侈」字，錢說拘。

〔五〕【集解】張敖謚武侯。張偃之孫有罪絕。信都侯名侈，樂昌侯名壽。【正義】南宮，冀州縣。【考證】漢書二「魯」下無「元」字。中井積德曰：張敖卒，賜謚魯元王，在高后七年。焉得更謚武侯？集解謬。

太史公曰：張耳、陳餘，世傳所稱賢者；其賓客廝役，莫非天下俊桀，所居國無不取卿相者。然張耳、陳餘始居約時，〔一〕相然信以死，豈顧問哉！〔二〕及據國争權，卒相滅亡，何鄉者相慕用之誠，後相倍之戾也！豈非以利哉？〔三〕名譽雖高，賓客雖盛，所由殆與太伯、延陵季子異矣。〔四〕

〔一〕【集解】漢書音義曰：「在貧賤時也。」

〔二〕【索隱】按：葛洪要用字苑云「然猶爾也」。謂相和同諾者信也。謂然諾相信，雖死不顧也。【考證】岡白駒曰：所謂刎頸交也。

〔三〕【索隱】有本作「私利交」，漢書作「勢利」。故廉頗傳云「天下以市道交，君有勢則從，君無勢則去，此固其理」是也。【考證】「利」字，索隱本作「勢利交」三字，楓、三本作「私」字。

〔四〕【考證】岡白駒曰：二人讓國，不爲利者，故取以相形。

【索隱述贊】曰：張耳、陳餘，天下豪俊。忘年羈旅，刎頸相信。耳圍鉅鹿，餘兵不進。張既望深，陳乃去印。勢利傾奪，隙末成釁。

史記會注考證卷九十

魏豹彭越列傳第三十　史記九十

【考證】史公自序云：「收西河、上黨之兵，從至彭城；越之侵掠梁地，以苦項羽。作魏豹彭越列傳第三十。」

魏豹者，故魏諸公子也。〔一〕其兄魏咎，故魏時封爲甯陵君。秦滅魏，遷咎爲家人。〔二〕陳勝之起王也，咎往從之。〔三〕陳王使魏人周市徇魏地，魏地已下，欲相與立周市爲魏王。周市曰：「天下昏亂，忠臣乃見。〔四〕今天下共畔秦，其義必立魏王後，乃可。」齊、趙使車各五十乘，立周市爲魏王。市辭不受，迎魏咎於陳，五反，陳王乃遣立咎爲魏王。〔五〕

〔一〕【索隱】案：彭越傳云「魏豹，魏王咎從弟，真魏後也」。【考證】沈欽韓曰：列女節義傳云「秦破魏誅諸公子」，今此魏豹、魏咎，皆魏公子封君。是秦滅國，未嘗誅夷。故齊王建亦有子孫。世言秦暴，猶不若後世必盡其種也。陳勝兵起，齊、韓、趙、魏、楚，皆故國子孫，惟燕王喜走遼東，無後。漢得天下，鑒是故，徙諸豪傑于關中。

〔二〕【索隱】案：晉灼云「甯陵，梁國縣也，即今寧陵是」。【考證】漢書「家人」作「庶人」，義同。

〔三〕【正義】王，于放反。

〔四〕【索隱】老子曰「國家昏亂有忠臣」，此取以爲説也。

〔五〕【集解】徐廣曰：「元年十二月也。」【考證】徐孚遠曰：陳王不欲立魏後，故使者五反，而後遣咎也。岡白駒曰：咎在陳勝之所。

章邯已破陳王，乃進兵擊魏王於臨濟。〔一〕魏王乃使周市出請救於齊、楚。齊、楚遣項它、田巴將兵隨市救魏。〔二〕章邯遂擊破殺周市等軍，圍臨濟。咎爲其民約降。約定，咎自燒殺。

〔一〕【正義】故城在淄州高苑縣北二里，本漢縣。【考證】齊召南曰：案後志，陳留郡平丘亭有臨濟亭，即此臨濟爲魏咎所都也。正義非是。

〔二〕【索隱】案：項它，楚將。田巴，齊將也。【正義】它，徒多反。【考證】劉奉世曰：田儋傳儋自將兵救魏，章邯殺儋臨濟下，非遣田巴也。

魏豹亡走楚。〔一〕楚懷王予魏豹數千人，復徇魏地。項羽已破秦，降章邯。豹下魏二十餘城，立豹爲魏王。〔二〕豹引精兵從項羽入關。漢元年，項羽封諸侯，欲有梁地，乃徙魏王豹於河東，都平陽，爲西魏王。〔三〕

〔一〕【集解】徐廣曰：「二年六月。」

〔二〕【正義】魏豹自立爲魏王。或云項羽立之。【考證】漢書無「立」字。

〔三〕【正義】平陽，今晉州。【考證】平陽，河東縣，今平陽府臨汾縣西南。

漢王還定三秦，渡臨晉，魏王豹以國屬焉，〔一〕遂從擊楚於彭城。漢敗，還至滎陽，豹請歸視親病，至國，即絶河津畔漢。〔二〕漢王聞魏豹反，方東憂楚，未及擊，謂酈生曰：「緩頰，往說魏豹，能下之，吾以萬户封若。」〔三〕酈生說豹。豹謝曰：「人生一世間，如白駒過隙耳。〔四〕今漢王慢而侮人，罵詈諸侯羣臣，如罵奴耳，非有上下禮節也，吾不忍復見也。」〔五〕於是漢王遣韓信擊虜豹於河東，〔六〕傳詣滎陽，以豹國爲郡。〔七〕漢王令豹守滎陽。楚圍之急，周苛遂殺魏豹。〔八〕

〔一〕【正義】臨晉在同州朝邑縣界。

〔二〕【考證】顔師古曰：親，謂母也。

〔三〕【正義】緩緩頰舌說，不限急期也。【考證】漢書高紀注張晏云「緩頰，徐言，引譬喻也」。中井積德曰：緩頰，猶饒舌也，以稱辯士也。愚按：蓋當時俗語。中說近是。

〔四〕【索隱】莊子云「無異騏驥之馳過隙」，則謂馬也。小顔云「白駒，謂日影也。隙，壁隙也」。以言速疾若日影過壁隙也。【考證】墨子兼愛篇「人之生乎地上之無幾何也？譬猶駟馳而過郤也」，亦謂馬。索隱前說是。

〔五〕【考證】漢書「如」下無「罵」字。淮陰侯傳蕭何謂漢王曰：「王素慢無禮。今拜大將如呼小兒耳。」

〔六〕【集解】徐廣曰：「二年九月也。」

〔七〕【集解】高祖本紀曰：「置三郡，河東、太原、上黨。」

〔八〕【考證】項、高二紀云漢王使御史大夫周苛、樅公、魏豹守滎陽。周苛、樅公謀曰「反國之王，難與守城」，乃共殺魏豹。

彭越者，昌邑人也，字仲。〔一〕常漁鉅野澤中，爲羣盜。陳勝、項梁之起，少年或謂越曰：「諸豪桀相立畔秦，仲可以來亦效之。」〔二〕彭越曰：「兩龍方鬭，且待之。」〔三〕

〔一〕【正義】漢武更山陽爲昌邑國，有梁丘鄉。梁丘故城在曹州城武縣東北三十三里。

〔二〕【考證】漢書無「以來亦」三字。

〔三〕【考證】顏師古曰：兩龍，謂秦與陳勝。

居歲餘，澤閒少年相聚百餘人，往從彭越，曰：「請仲爲長。」越謝曰：「臣不願與諸君。」少年彊請，乃許。與期旦日日出會，後期者斬。〔一〕旦日日出，十餘人後，後者至日中。於是越謝曰：「臣老，諸君彊以爲長。今期而多後，不可盡誅，誅最後者一人。」令校長斬之。皆笑曰：「何至是？請後不敢。」於是越乃引一人斬之，設壇祭，乃令徒屬。徒屬皆大驚，畏越，莫敢仰視。〔二〕乃行略地，收諸侯散卒，得千餘人。

〔一〕【索隱】旦日，謂明日之朝日出時也。【考證】中井積德曰：旦日，期日。日出，期時。

〔二〕【考證】陳懿典曰：此與穰苴之斬莊賈，孫武之斬宮嬪事同。

沛公之從碭北擊昌邑，彭越助之。〔一〕昌邑未下，沛公引兵西。彭越亦將其衆居鉅野中，收魏散卒。項籍入關，王諸侯，還歸，彭越衆萬餘人毋所屬。漢元年秋，齊王田榮畔項王，漢乃使人賜彭越將軍印，使下濟陰以擊楚。〔二〕楚命蕭公角將兵擊越，〔三〕越大破楚軍。漢王二年春，與魏王豹及諸侯東擊楚，〔四〕彭越將其兵三萬餘人歸漢於外黃。漢王曰：「彭將軍收魏地，得十餘城，〔五〕欲急立魏後。今西魏王豹亦魏王咎從弟也，真魏後。」乃拜彭越爲魏相國，擅將其兵，略定梁地。〔六〕

〔一〕【正義】碭，音徒郎反。宋州碭山縣。

〔二〕【考證】劉攽曰：田榮使越擊楚，此不合有「漢」字。愚按：項羽、高祖本紀並云田榮與彭越將軍印，令反梁地。劉説是。

〔三〕【正義】蕭縣令。楚縣令稱公。角，名。【考證】楓、三本「命」作「令」，與漢書合。

〔四〕【考證】陳仁錫曰：「漢王二年」、「漢王三年」，「王」字當削。漢書無。梁玉繩曰：「春」當作「夏」。

〔五〕【考證】胡三省曰：項羽併王梁、楚，徙魏王豹於河東，號西魏王。今越所下外黃十餘城，皆梁地也。

〔六〕【索隱】擅，猶專也。【考證】何焯曰：擅將兵者，雖拜越爲魏相，不使受魏豹節度，得自主兵也。

漢王之敗彭城，解而西也，彭越皆復亡其所下城，獨將其兵北居河上。〔一〕漢王三年，彭越常往來爲漢游兵，擊楚，絕其後糧於梁地。漢四年冬，項王與漢王相距滎陽，彭越攻下睢陽、外黃十七城。〔二〕項王聞之，乃使曹咎守成皋，〔三〕自東收彭越所下城邑，皆復爲楚。〔四〕越將其兵北走穀城。〔五〕漢五年秋，項王之南走陽夏，〔六〕彭越復下昌邑旁二十餘城，得穀十餘萬斛，以給漢王食。

〔一〕【正義】滑州河上。

〔二〕【正義】睢陽，宋州宋城也。外黃在汴州雍丘縣東。

〔三〕【正義】河南府汜水是。

〔四〕【正義】爲，于僞反。

〔五〕【正義】在齊州東阿縣東二十六里是。

〔六〕【正義】夏，古雅反。陳州太康縣也。【考證】楓、三本「五年」作「四年」爲是。漢用秦正，以冬十月爲歲首，故冬在前，而秋在後。或云「漢五年」三字衍文。

漢王敗，使使召彭越并力擊楚。〔一〕越曰：「魏地初定，尚畏楚，未可去。」漢王追楚，爲項籍所敗固陵。〔二〕乃謂留侯曰：「諸侯兵不從，爲之柰何？」留侯曰：「齊王信之立，非君王之意，信亦不自堅。彭越本定梁地，功多，始君王以魏豹故，拜彭越爲魏相國。今豹死毋後，且越亦欲王，而君王不蚤定。與此兩國約，即勝楚，〔三〕睢陽以北至穀城，皆以王彭相國；〔四〕從陳以東傅海，與齊王信。〔五〕齊王信家在楚，此其意欲復得故邑。君王能出捐此地許二人，二人今可致；〔六〕即不能，事未可知也。」於是漢王乃發使使彭越，如留侯策。使者至，彭越乃悉引兵會垓下，遂破楚。〔七〕五年，項籍已死。春，立彭越爲梁王，都定陶。〔八〕

〔一〕【考證】劉攽曰：此時漢未敗。「敗」字疑是「數」字。

〔二〕【正義】固陵，地名，在陳州宛丘縣西北三十二里。

〔三〕【考證】句上添「今能」二字看。

〔四〕【正義】從宋州已北，至鄆州以西曹、濮、汴、滑，並與彭越。

〔五〕【集解】傅，音附。【索隱】傅，音附。【正義】從陳、潁州北以東，亳、泗、徐、淮北之地，東至海，并淮南、淮陰之邑，盡與韓信。韓信又先有故齊舊地。

〔六〕【考證】楓、三本「此」下無「地」字。

〔七〕【正義】垓下在亳州也。

〔八〕【正義】曹州。

六年，朝陳。九年，十年，皆來朝長安。

十年秋，陳豨反代地，高帝自往擊，至邯鄲，徵兵梁王。〔一〕梁王稱病，使將將兵詣邯鄲。高帝怒，使人讓梁王。梁王恐，欲自往謝。其將扈輒曰：「王始不往，見讓而往，往則爲禽矣。不如遂發兵反。」梁王不聽，稱病。梁王怒其太僕，欲斬之。太僕亡走漢，告梁王與扈輒謀反。於是上使使掩梁王，梁王不覺，捕梁王囚之雒陽。有司治，反形已具，請論如法。〔二〕上赦以爲庶人，傳處蜀青衣。〔三〕西至鄭，〔四〕逢呂后從長安來，欲之雒陽，〔五〕道見彭王。彭王爲呂后泣涕，自言無罪，願處故昌邑。〔六〕呂后許諾，與俱東至雒陽。呂后白上曰：「彭王壯士，今徙之蜀，此自遺患，〔七〕不如遂誅之。妾謹與俱來。」於是呂后乃令其舍人告彭越復謀反。廷尉王恬開奏請族之。〔八〕上乃可，遂夷越宗族，國除。〔九〕

〔一〕【考證】楓、三本無「王」字。

〔二〕【集解】張晏曰：「扈輒勸越反，不聽，而云『反形已見』，有司非也。」瓚曰：「扈輒勸越反，而越不誅輒，是反形已具。」【考證】中井積德曰：反形已具，雖出於有司鍛鍊，然無病而稱病者再，是不能自理者。及無故脩城池造兵器之類，一經有司之考問而不能自理者，多有之也。註瓚之説，即獄吏之舞文。

〔三〕【集解】文穎曰：「青衣，縣名，在蜀。」瓚曰：「今漢嘉是也。」【索隱】蘇林曰：「縣名，今爲臨邛。」瓚曰：「今漢嘉是也。」【考證】傳，傳車。

〔四〕【索隱】地理志鄭屬京兆。【正義】華州。

〔五〕【考證】楓、三本「來」作「東」，與漢書合。

〔六〕【考證】彭越，昌邑人。

〔七〕【正義】上唯季反。

〔八〕【考證】各本「開」誤「闓」，今從楓、三本、游本。張文虎曰：「開」與功臣表、張釋之傳合。梁玉繩曰：案彭越之族，在高帝十一年。而公卿表十年是廷尉宣義，十二年廷尉育，則非王恬開。此時恬開恐尚爲郎中令也。

〔九〕【考證】楓、三本「可」下有「之」，「越」上有「彭」。

太史公曰：魏豹、彭越雖故賤，然已席卷千里，〔一〕南面稱孤，喋血乘勝，日有聞矣。〔二〕懷畔逆之意，及敗，不死而虜囚，身被刑戮，何哉？中材已上且羞其行，況王者乎！彼無異故，智略絶人，獨患無身耳。〔三〕得攝尺寸之柄，其雲蒸龍變，欲有所會其度，〔四〕以故幽囚而不辭云。〔五〕

〔一〕【正義】言魏地闊千里，如席卷舒。

〔二〕【集解】徐廣曰：「喋，一作『啑』。韓傳亦有『喋血』語也。」【索隱】音牒。喋，猶蹀也。殺敵蹀血而行。孝文紀「喋血京師」是也。【考證】沈家本曰：喋血乘勝者，猶言血戰成功也。日有聞，言功名聞於當日也。

〔三〕【考證】楓、三本「身」上有「全」字。陳仁錫曰：獨患無身耳，此句太史公有深意在。董份曰：太史公腐刑，不即死，亦欲以自見耳。故于此委曲致意如此。

〔四〕【正義】言二人得綰攝一尺之權柄，即生變動，欲有其度數。度，徒故反。【考證】恩田仲任曰：按此言彭越得攝尺寸之柄，待天下雲蒸龍變之時，欲以其度量投機會耳。

〔五〕【考證】中井積德曰：「懷畔」句，在越爲誣，被刑戮，在豹不當，宜相通略爲主。又「智略絶人」句，亦在魏豹爲不當。蓋是贊主意在彭越也。

【索隱述贊】魏咎兄弟，因時而王。豹後屬楚，其國遂亡。仲起昌邑，歸漢外黄。往來聲援，再續軍糧。徵兵不往，葅醢何傷。

史記會注考證卷九十一

史記九十一

黥布列傳第三十一

【考證】史公自序云：「以淮南叛楚歸漢，漢用得大司馬殷，卒破子羽于垓下。作黥布列傳第三十一。」

黥布者，六人也，姓英氏。〔一〕秦時爲布衣。少年，有客相之曰：「當刑而王。」及壯，坐法黥。布欣然笑曰：「人相我，當刑而王，幾是乎？」〔二〕人有聞者，共俳笑之。〔三〕布已論輸麗山，麗山之徒數十萬人，布皆與其徒長豪桀交通，〔四〕迺率其曹偶，亡之江中爲羣盜。〔五〕

〔一〕【索隱】地理志廬江有六縣。蘇林曰：「今爲六安也。」按：布本姓英，英，國名也，咎繇之後。布以少時有人相云「當刑而王」，故漢雜事云「布改姓黥，以厭當之」也。【正義】故六城在壽州安豐縣西南百三十三里。按：黥布封淮南王，都六，即此城。又春秋傳六與蓼，咎繇之後，或封於英、六，蓋英後改爲蓼也。孔文祥云：爲封臯陶後於英，布其苗裔也。漢故事云：「布姓黥，欲以厭當之也。」【考證】王鳴盛曰：史記因英布曾犯罪而黥，遂稱黥布。漢書因車千秋乘小車，號車丞相，遂稱之爲車千秋。漢人隨意立名如此。愚按：

黥、英，音近。

〔二〕【集解】徐廣曰：「幾，一作『豈』。」駰謂幾近也。【索隱】裴駰曰：「臣瓚音機。幾，近也。」楚漢春秋作「豈是乎」，故徐廣云「一作『豈』」。劉氏作「祈」。祈者語辭也，亦通。【考證】王念孫曰：幾讀爲豈，言人相我，當刑而王，今豈是乎。楚漢春秋可證。幾、豈，古同聲通用。

〔三〕【索隱】謂衆共以俳優輩笑之。【考證】漢書「俳笑」作「戲笑」。張照曰：相共諧謔而非笑之，非以俳優輩目之也。李笠曰：一切經音義十引蒼頡篇云「俳，戲也」。

〔四〕【正義】言布論決受黥，竟麗山作陵也。時會稽郡輸身徒。【考證】楓、三本「麗」作「驪」，與漢書合。

〔五〕【索隱】曹，輩也。偶，類也。謂徒輩之類。

陳勝之起也，布迺見番君，與其衆叛秦，聚兵數千人。番君以其女妻之。〔一〕章邯之滅陳勝，破呂臣軍，布乃引兵北擊秦左右校，破之清波，引兵而東。〔二〕聞項梁定江東會稽，涉江而西，〔三〕陳嬰以項氏世爲楚將，迺以兵屬項梁，渡淮南，〔四〕英布、蒲將軍亦以兵屬項梁。

〔一〕【正義】番君，吳芮也。【考證】漢書吳芮傳「吳芮者，秦時番陽令也，甚得江湖間民心，號曰番君。天下之初叛秦也，黥布歸芮，芮妻之」。

〔二〕【正義】「清」作「青」，地名。【考證】楓、三本「清」作「青」，與漢傳合。史陳涉世家亦作「青」。

〔三〕【正義】時會稽郡所理在吳闔閭城中。

〔四〕【考證】楓、三本無「南」字，此疑衍。

項梁涉淮而西，擊景駒、秦嘉等，布常冠軍。項梁至薛，〔一〕聞陳王定死，迺立楚懷王。

項梁號爲武信君，英布爲當陽君。〔二〕項梁敗死定陶，懷王徙都彭城，諸將英布亦皆保聚彭城。當是時，秦急圍趙，趙數使人請救。懷王使宋義爲上將，范增爲末將，項籍爲次將，英布、蒲將軍皆爲將軍，悉屬宋義，北救趙。及項籍殺宋義於河上，懷王因立籍爲上將軍，諸將皆屬項籍。項籍使布先渡河擊秦，布數有利，〔三〕籍迺悉引兵涉河從之，遂破秦軍，降章邯等。楚兵常勝，功冠諸侯。諸侯兵皆以服屬楚者，以布數以少敗衆也。

〔一〕【正義】薛古城在徐州滕縣界也。

〔二〕【正義】南郡當陽縣也。

〔三〕【考證】各本「渡」上衍「涉」字。楓、三本，宋本、舊刻無。漢書作「先涉河」。

項籍之引兵西至新安，〔一〕又使布等夜擊，阬章邯秦卒二十餘萬人。至關不得入，又使布等先從閒道破關下軍，〔二〕遂得入，至咸陽。布常爲軍鋒。〔三〕項王封諸將，立布爲九江王，都六。

〔一〕【正義】新安故城在河南府澠池縣東二十二里。

〔二〕【索隱】鄒氏云「閒，猶閑也，謂私也」。今以閒音紀莧反。閒道即他道，猶若反閒之義。【正義】閒隙之道。

【考證】閒道，僻道，非正路也。

〔三〕【索隱】案：漢書作「楚軍前簿」，簿者鹵簿。【考證】今本漢書作「前鋒」。

漢元年四月，諸侯皆罷戲下，各就國。項氏立懷王爲義帝，徙都長沙，迺陰令九江王布等行擊之。其八月，布使將擊義帝，追殺之郴縣。〔一〕

〔一〕【正義】郴，丑林反。今郴州有義帝冢及祠。【考證】崔適曰：史記項羽、高祖本紀皆云「使衡山王、臨江王殺義帝」，而此傳則云「令九江王布等行擊義帝」，下文隨何說布曰：「楚兵雖强，天下負之以不義之名，以其背約而殺義帝也。」若項王實使九江王殺之，則隨何當爲之諱，蓋後人從漢書竄入也。顏師古注高紀，謂衡山、臨江與布同受羽命，欲爲史、漢調人。然漢書不謂項王使衡山、臨江，本與史記異指，不可强而爲一也。梁玉繩曰：此以弑義帝在八月，與紀、表異。說在羽紀。

漢二年，齊王田榮畔楚，〔一〕項王往擊齊，徵兵九江，九江王布稱病不往，遣將將數千人行。漢之敗楚彭城，布又稱病不佐楚。項王由此怨布，數使使者誚讓召布，布愈恐，不敢往。〔二〕項王方北憂齊、趙，西患漢，所與者獨九江王，又多布材，欲親用之，以故未擊。

〔一〕【考證】梁玉繩曰：「漢二年」當移在後「漢王擊楚」句上，「漢三年」，移後「淮南王至」之上。此誤也。

〔二〕【集解】漢書音義曰：「誚，責也。」

漢三年，漢王擊楚，大戰彭城，不利，〔一〕出梁地，至虞，〔二〕謂左右曰：〔三〕「如彼等者，無足與計天下事。」謁者隨何進曰：「不審陛下所謂。」〔四〕漢王曰：「孰能爲我使淮南，令之發兵倍楚，留項王於齊數月，我之取天下，可以百全。」〔五〕隨何曰：「臣請使之。」迺與二十人俱使淮南。至，因太宰主之，〔六〕三日不得見。隨何因說太宰曰：「王之不見何，必以楚爲彊，以漢爲弱，此臣之所以爲使。〔七〕使何得見，言之而是邪，是大王所欲聞也；言之而非邪，使何等二十人伏斧質淮南市，以明王倍漢而與楚也。」〔八〕太宰迺言之王，王見之。隨何曰：

「漢王使臣敬進書大王御者，竊怪大王與楚何親也。」〔九〕淮南王曰：「寡人北鄉而臣事之。」隨何曰：「大王與項王俱列爲諸侯，北鄉而臣事之，必以楚爲彊，可以託國也。項王伐齊，身負板築，以爲士卒先，〔一〇〕大王宜悉淮南之衆，身自將之，爲楚軍前鋒，今迺發四千人以助楚。夫北面而臣事人者，固若是乎？夫漢王戰於彭城，項王未出齊也，大王宜騷淮南之兵渡淮，日夜會戰彭城下，〔一一〕大王撫萬人之衆，無一人渡淮者，垂拱而觀其孰勝。〔一二〕夫託國於人者，固若是乎？大王提空名以鄉楚，而欲厚自託，〔一三〕臣竊爲大王不取也。然而大王不背楚者，以漢爲弱也。夫楚兵雖彊，天下負之以不義之名，以其背盟約而殺義帝也。〔一四〕然而楚王恃戰勝自彊，漢王收諸侯，還守成皋、滎陽，下蜀、漢之粟，深溝壁壘，分卒守徼乘塞，〔一五〕楚人還兵，閒以梁地，深入敵國八九百里，〔一六〕欲戰則不得，攻城則力不能，老弱轉糧千里之外；楚兵至滎陽、成皋，漢堅守而不動，進則不得攻，退則不得解。〔一七〕故曰楚兵不足恃也。〔一八〕使楚勝漢，則諸侯自危懼而相救。夫楚之彊，適足以致天下之兵耳。故楚不如漢，其勢易見也。今大王不與萬全之漢，而自託於危亡之楚，臣竊爲大王惑之。臣非以淮南之兵足以亡楚也。夫大王發兵而倍楚，項王必留；留數月，漢之取天下，可以萬全。臣請與大王提劍而歸漢，漢王必裂地而封大王，又況淮南，淮南必大王有也。〔一九〕故漢王敬使使臣進愚計，願大王之留意也。」淮南王曰：「請奉命。」陰許畔楚與漢，未敢泄也。〔二〇〕

〔一〕【考證】漢書無「漢三年」三字，此衍，說見上文。王先謙曰：上文漢之敗彭城是實事，此言漢王與楚大戰彭城不利。追溯之詞，非謂兩次會戰也。

〔二〕【正義】今宋州虞城也。

〔三〕【索隱】案：謂隨何。【考證】恩田仲任曰：泛言左右人也。

〔四〕【考證】「陛下」當作「大王」。

〔五〕【考證】顧炎武曰：當云使九江，歸漢後乃封淮南王也。愚按：下稱淮南，並非。梁玉繩曰：案本紀，項王去齊而後有彭城之戰，漢敗彭城而後有隨何之説，安得言留齊？此誤。

〔六〕【集解】漢書音義曰：「淮南太宰作内主也。」韋昭曰：「主，舍也。」【索隱】太宰，掌膳食之官。韋昭曰：「主，舍。」【考證】中井積德曰：主之，以爲主人也。

〔七〕【正義】以楚强漢弱，爲此事臣之所以使九江也。

〔八〕【考證】楓、三本「明」下無「王」字，與漢書合。

〔九〕【考證】三條本及漢書「使」下有「使」字，與下文合。

〔一〇〕【集解】李奇曰：「板，牆板也。築，杵也。」

〔一一〕【集解】騷，音掃。【正義】騷，音掃。言舉之如掃地之爲。

〔一二〕【考證】楓、三本「撫」上有「今」字。

〔一三〕【正義】提，舉也。

〔一四〕【索隱】負，猶被也。以不義被其身。

〔一五〕【索隱】徼，謂邊境亭鄣。以徼繞邊陲，常守之也。乘者，登也，登塞垣而守之。【考證】中井積德曰：壁，疑「堅」之誤。

〔一六〕【集解】張晏曰：「羽從齊還，當經梁地八九百里，迺得羽地。」【索隱】案：服虔曰「梁在楚、漢之中間」。【考證】劉奉世曰：方是時，彭越反梁地，故隨何言項羽深入敵國，乃至滎陽、成皋爾。從齊還彭城，自不經梁地也。

〔一七〕【考證】張文虎曰：中統本「攻」上「得」字作「能」。中統、游、毛本「解」下「得」字作「能」。

〔一八〕【集解】徐廣曰：「恃，一作『罷』。言其已困，不足復苦也。」【索隱】案：漢書作「罷」，音皮。【考證】言大王以楚兵爲足恃，其實不足恃也。

〔一九〕【考證】楓、三本「裂」下有「土」字。漢書「封」作「分」，不重「淮南」二字。

〔二〇〕【考證】楓、三本「許」作「計」。

楚使者在，〔一〕方急責英布發兵，舍傳舍。〔二〕隨何直入，坐楚使者上坐，曰：「九江王已歸漢，楚何以得發兵？」布愕然。楚使者起。何因說布曰：「事已構，可遂殺楚使者，無使歸，而疾走漢并力。」〔三〕布曰：「如使者教，因起兵而擊之耳。」於是殺使者，因起兵而攻楚。楚使項聲、龍且攻淮南，項王留而攻下邑。〔四〕數月，龍且擊淮南，破布軍。布欲引兵走漢，恐楚王殺之，故閒行，與何俱歸漢。

〔一〕【集解】文穎曰：「在淮南王所。」

〔二〕【考證】中井積德曰：據下文，據「布愕然」句，是事在布之前也，不於傳舍。漢書削「舍傳舍」三字，爲是。

〔三〕【索隱】按：構，訓成也。走，音奏，向也。【正義】構，結也。言背楚之事已結成。

〔四〕【正義】下邑，宋州碭山縣。

淮南王至，〔一〕上方踞牀洗，召布入見，〔二〕布甚大怒，悔來，欲自殺。〔三〕出就舍，帳御飲食從官如漢王居，布又大喜過望。〔四〕於是迺使人入九江。楚已使項伯收九江兵，盡殺布妻子。

布使者頗得故人幸臣，將衆數千人歸漢。漢益分布兵，而與俱北收兵至成皋。四年七月，立布爲淮南王，與擊項籍。

〔一〕【集解】徐廣曰：「三年十二月。」

〔二〕【考證】酈生傳云「沛公方倨牀，使兩女子洗足，而見酈生」，蓋是漢皇見人慣用手段。

〔三〕【考證】梁玉繩曰：「甚」、「大」二字當去其一。漢書無「甚」字。

〔四〕【正義】高祖以布先分爲王，恐其自尊大，故峻禮令布折服。已而美其帷帳，厚其飲食，多其從官，以悦其心。權道也。

漢五年，布使人入九江，得數縣。〔一〕六年，布與劉賈入九江，誘大司馬周殷，〔二〕周殷反楚，遂擧九江兵，與漢擊楚，破之垓下。

〔一〕【考證】陳仁錫曰：「漢五年」衍文，漢書削，下文「六年」作「五年」。沈家本曰：高紀在四年。

〔二〕【考證】劉賈，高祖從父兄，後封荆王，見下文。沈家本曰：高紀在四年。按：「六年」衍，項籍之死，實五年也，漢書無此二字。

項籍死，天下定，上置酒。〔一〕上折隨何之功，謂何爲腐儒，爲天下安用腐儒。〔二〕隨何跪曰：「夫陛下引兵攻彭城，楚王未去齊也，陛下發步卒五萬人，騎五千，能以取淮南乎？」上曰：「不能。」隨何曰：「陛下使何與二十人使淮南，至，如陛下之意，是何之功，賢於步卒五萬人騎五千也。然而陛下謂何腐儒，爲天下安用腐儒，何也？」上曰：「吾方圖子之功。」迺以隨何爲護軍中尉。布遂剖符爲淮南王，都六，〔三〕九江、廬江、衡山、豫章郡皆屬布。

〔一〕【考證】楓、三本無「上」字。

〔二〕【索隱】腐，音輔。謂之腐儒者，言如腐敗之物，不任用。【正義】腐，爛敗之物。言不堪用。【考證】與「乃公以馬上取天下，安事詩書」同一詞氣。「腐儒」二字，又見留侯世家。

〔三〕【考證】楓、三本「布」上有「英」字。

七年，朝陳。八年，朝雒陽。九年，朝長安。〔一〕

〔一〕【考證】楓、三本「七年」作「六年」，「八年」作「七年」，與漢書合。愚按：高紀會諸侯於陳，在六年；如洛陽，在八年。即「七年」當從漢書作「六年」。「八年」，本書爲是。梁玉繩曰：「九年」下缺「十年」二字。

十一年，高后誅淮陰侯，布因心恐。〔一〕夏，漢誅梁王彭越，醢之，盛其醢，偏賜諸侯。至淮南，〔二〕淮南王方獵，見醢因大恐，陰令人部聚兵，候伺旁郡警急。〔三〕

〔一〕【考證】楓、三本「恐」下有「憂」字。

〔二〕【正義】反者被誅，皆以爲醢，即刑法志所云「葅其骨肉」者。【考證】王念孫曰：「夏漢」當作「漢復」。彭越謀反，高紀在十一年三月。

〔三〕【集解】張晏曰：「欲有所會。」【正義】備急，上如字。或作「警」。恐收捕，聚兵備其急。【考證】正義本「警急」作「備急」。

布所幸姬疾，請就醫，〔一〕醫家與中大夫賁赫對門，〔二〕姬數和醫家，賁赫自以爲侍中，迺厚餽遺，從姬飲醫家。姬侍王，從容語次，譽赫長者也。王怒曰：「汝安從知之？」具說狀。

王疑其與亂。赫恐，稱病。王愈怒，欲捕赫。赫言變事，乘傳詣長安。布使人追，不及。赫至上變，言布謀反有端，可先未發誅也。上讀其書，語蕭相國。相國曰：「布不宜有此，恐仇怨妄誣之。請繫赫，使人微驗淮南王。」〔三〕淮南王布見赫以罪亡上變，固已疑其言國陰事；漢使又來，頗有所驗，遂族赫家，發兵反。反書聞，上迺赦賁赫，以爲將軍。

〔一〕【考證】楓、三本「布」下有「有」字，「姬」下重「姬」字，「疾」作「病」。

〔二〕【集解】徐廣曰：「賁，音肥。」【索隱】賁，音肥，人姓也。赫，音虛格反。

〔三〕【集解】微，一作「徵」。

上召諸將問曰：「布反，爲之柰何？」皆曰：「發兵擊之，阬豎子耳，何能爲乎！」汝陰侯滕公召故楚令尹問之。〔一〕令尹曰：「是固當反。」滕公曰：「上裂地而王之，疏爵而貴之，南面而立，萬乘之主，其反何也？」〔二〕令尹曰：「往年殺彭越，前年殺韓信，〔三〕此三人者同功一體之人也。〔四〕自疑禍及身，故反耳。」〔五〕滕公言之上曰：「臣客故楚令尹薛公者，其人有籌筴之計，可問。」〔六〕上迺召見問薛公。薛公對曰：「布反不足怪也。使布出於上計，山東非漢之有也；出於中計，勝敗之數，未可知也；出於下計，陛下安枕而臥矣。」上曰：「何謂上計？」令尹對曰：「東取吳，〔七〕西取楚，〔八〕并齊取魯，傳檄燕、趙，固守其所，山東非漢之有也。」「何謂中計？」「東取吳，西取楚，并韓取魏，據敖庾之粟，〔九〕塞成皋之口，勝敗之數，未可知也。」「何謂下計？」「東取吳，西取下蔡，〔一〇〕歸重於越，身歸長沙，〔一一〕陛下安枕而臥，漢無事矣。」〔一二〕上曰：「是計將安出？」令尹對曰：「出下計。」上曰：「何謂廢上、中計而出下計？」〔一三〕令尹曰：「布故麗山之徒也，〔一四〕自致萬乘之主，此皆爲身，不顧後爲百姓萬世慮者也，故曰出下計。」上曰：「善。」封薛公千户。〔一五〕迺立皇子長爲淮南王。上遂發兵自將，東擊布。

〔一〕【考證】楓、三本「問」下有「而」字。

〔二〕【集解】漢書音義曰：「疏，分也。『禹決江疏河』是也。」【索隱】疏，分也。漢書曰「禹決江疏河」。尚書曰「列爵惟五，分土惟三」。按：裂地是對文，故知疏即分也。

〔三〕【集解】張晏曰：「往年、前年，同耳，使文相避也。」【考證】中井積德曰：殺信、越，皆在布反之時，不當稱「往年」、「前年」，蓋記者之誤。

〔四〕【考證】張文虎曰：各本「此」上衍「言」字，宋本、舊刻無。愚按：楓、三本，漢書亦無。

〔五〕【考證】楓、三本「身」下有「是」字。

〔六〕【考證】中井積德曰：漢書削「之計」二字。然「計」稱其智數也，非複文，不必削。

〔七〕【正義】荆王劉賈都吴蘇州闔廬城也。

〔八〕【正義】楚王劉交，都徐州下邳。

〔九〕【索隱】案：太康地記云秦建敖倉於成皋，又立庾，故云「敖庾」也。【考證】敖庾，各本作「敖倉」，今從索隱本，楓、三本。

〔一〇〕【正義】古州來國。【考證】下蔡，沛郡縣。

〔一一〕【正義】今潭州。【考證】顔師古曰：重，輜重也。

〔二〕【集解】桓譚新論曰：「世有圍碁之戲，或言是兵法之類也。及爲之，上者，遠碁疏張，置以會圍，因而成多得道之勝。中者，則務相絶遮要，以争便求利，故勝負狐疑，須計數而定。下者，則守邊隅，趨作罫，以自生於小地，然亦必不如。」察薛公之言，上計云取吴、楚，并齊、魯，及燕、趙者，此廣道地之謂。中計云取吴、楚，并韓、魏，塞成皋，據敖倉，此趨遮要争利者也。下計云取吴、下蔡，據長沙，以臨越，此守邊隅趨作罫者也。【索隱】罫，音烏卦反。

〔三〕【考證】楓、三本「謂」作「爲」，「中」上有「計」字。

〔四〕【考證】楓、三本「曰」上有「答」字。

〔五〕【索隱】劉氏云：「薛公得封千户，蓋關内侯也。」

布之初反，謂其將曰：「上老矣，厭兵，必不能來。使諸將，諸將獨患淮陰、彭越，今皆已死，餘不足畏也。」故遂反。果如薛公籌之，東擊荆，荆王劉賈走死富陵。〔一〕盡劫其兵，渡淮擊楚。楚發兵與戰徐、僮閒，〔二〕爲三軍，欲以相救爲奇。〔三〕或説楚將曰：「布善用兵，民素畏之。且兵法，諸侯戰其地爲散地。〔四〕今别爲三，彼敗吾一軍，餘皆走，安能相救！」不聽。布果破其一軍，其二軍散走。

〔一〕【正義】故城在楚州盱眙縣東北六十里。【考證】中井積德曰：此荆即上文之吴矣。以地謂之吴，以國謂之荆。當時荆與楚别自立國也。又曰：布取吴破楚而已，未嘗歸長沙也。而傳云「果如薛公籌之」者，何也？蓋布實有是策，未及施行，而與上兵遇而敗死也。

〔二〕【集解】如淳曰：「地名也。」【索隱】案：地理志臨淮有徐縣、僮縣。【正義】杜預云：「徐在下邳僮縣東。」括地志云：「大徐城在泗州徐城縣北四十里，古徐國也。」【考證】中井積德曰：「擊楚」，應上文「取下蔡」。

〔三〕【正義】楚軍分爲三處，欲互相救爲奇策。

〔四〕【集解】漢書音義曰：「謂散滅之地。」【正義】魏武帝注孫子曰：「卒戀土地，道近而易敗散。」【考證】孫子九地篇用兵之法有散地。又云「諸侯自戰其地者爲散地」，又云「是故散地則無戰」。

遂西，與上兵遇蘄西會甀。〔一〕布兵精甚，上迺壁庸城，望布軍，置陳如項籍軍，〔二〕上惡之。與布相望見，遥謂布曰：「何苦而反？」布曰：「欲爲帝耳。」〔三〕上怒罵之，遂大戰。布軍敗走，渡淮，數止戰，不利，與百餘人走江南。〔四〕布故與番君婚，以故長沙哀王使人紿布，僞與亡，誘走越，〔五〕故信而隨之番陽。番陽人殺布茲鄉民田舍，遂滅黥布。〔六〕

〔一〕【索隱】上古外反，下持瑞反。韋昭云「蘄之鄉名」。漢書作「𦉘」，應劭音保，鉦下亭名。【正義】蘄，音機，沛郡蘄城也。甀，逐瑞反。【考證】張文虎曰：索隱「鉦」疑「銍」之譌。漢志銍、蘄皆屬沛。

〔二〕【集解】鄧展曰：「庸城，地名也。」【考證】漢書藝文志兵書略兵形勢「項王一篇」，注「名籍」，今亡。

〔三〕【考證】漢祖對陳善語，其於項羽亦然。中井積德曰：布之反，苟自救死也已。其言「欲爲帝」，是憤言而誇張，非其情。

〔四〕【考證】沈欽韓曰：文選注五十四引楚漢春秋「下蔡亭長詈淮南王曰：『封汝爵爲千乘，東南盡日所出，尚未足黥徒羣盜所耶？』」徐孚遠曰：淮南諸將以漢祖不自將也，故決反計。及漢祖自來，則已心懾，故陳雖精，而易敗。

〔五〕【集解】徐廣曰：「表云成王臣，吴芮之子也。」駰案：晉灼曰「芮之孫固」。或曰是成王，非哀王也，傳誤也。【索隱】「哀」字誤也。是成王臣，吴芮之子也。【正義】「哀」字誤，當作「成」也。

〔六〕【索隱】番陽，鄱縣之鄉。【正義】英布冢在饒州鄱陽縣北百五十二里十三步。

立皇子長爲淮南王，封賁赫爲期思侯，〔一〕諸將率多以功封者。〔二〕

〔一〕【正義】期思故城在光州固始縣界。【考證】中井積德曰：皇子長爲王，重出，宜削其一。

〔二〕【集解】漢書曰：「將率封者六人。」

太史公曰：英布者，其先豈春秋所見楚滅英、六、皋陶之後哉？〔一〕身被刑法，何其拔興之暴也！〔二〕項氏之所阬殺人以千萬數，而布常爲首虐，功冠諸侯，用此得王，亦不免於身爲世大僇。禍之興，自愛姬殖，妒媢生患，竟以滅國！〔三〕

〔一〕【考證】春秋文五年「秋，楚人滅六」，左氏傳「六人叛楚。秋，楚成大心、仲歸帥師滅六。冬，楚公子燮滅蓼。臧文仲聞六與蓼滅曰『皋陶、庭堅不祀忽諸』」。史記夏本紀云「封皋陶之後英、六」，集解徐廣曰「史記皆爲『英』字，而以英布是此苗裔」。正義「『英』，蓋『蓼』也」。

〔二〕【索隱】拔，白曷反，疾也。【考證】項羽紀論贊「何興之暴也」。

〔三〕【集解】音冒。媢亦妒也。【索隱】案：王劭音冒，媢亦妒也。漢書外戚傳亦云「或結寵妾妬媢之誅」。又論衡云「妬夫媢婦」，則媢是妬之别名。今原英布之誅，爲疑賁赫與其妃有亂，故至滅國，所以不得言妬媢是媢也。一云男妬曰媢。【考證】張文虎曰：據索隱，是舊本有誤作「妒媢」者。顔氏家訓書證篇引史亦辯之。愚按：楓、三本作「媢」。

【索隱述贊】九江初筮，當刑而王。既免徒中，聚盜江上。每雄楚卒，頻破秦將。病爲羽疑，歸受漢杖。賁赫見毀，卒致無妄。

史記會注考證卷九十二

史記九十二

淮陰侯列傳第三十二

【考證】史公自序云：「楚人迫我京、索，而信拔魏、趙，定燕、齊，使漢三分天下有其二，以滅項籍。作淮陰列傳第三十二。」

淮陰侯韓信者，淮陰人也。〔一〕始爲布衣時，貧無行，不得推擇爲吏，〔二〕又不能治生商賈，常從人寄食飲，人多厭之者。常數從其下鄉南昌亭長寄食，〔三〕數月，亭長妻患之，乃晨炊蓐食。〔四〕食時信往，不爲具食。信亦知其意，怒，竟絶去。

〔一〕【正義】楚州淮陰縣也。

〔二〕【集解】李奇曰：「無善行可推舉選擇。」【考證】中井積德曰：無行者，放縱不檢之謂。沈欽韓曰：管子小匡篇「鄉長修德進賢，名之曰三選，罷士無伍」。莊子達生篇「孫休賓于鄉里，逐于州部」。楚策「汗明見春申君曰：『僕之不肖，阨于州部。』」按：此戰國以來選舉之法。韓信以無行，不得推擇也。

〔三〕【集解】張晏曰：「下鄉縣屬淮陰也。」【索隱】下鄉，鄉名，屬淮陰郡。案：楚漢春秋作「新昌亭長」。【正義】行賣曰商，坐賣曰賈也。案：食飲，謂託飲食於人，猶乞食也。【考證】楓、三本無「者」字。

〔四〕【集解】張晏曰：「未起而牀蓐中食。」

信釣於城下，〔一〕諸母漂，有一母見信飢，飯信，竟漂數十日。〔二〕信喜，謂漂母曰：「吾必有以重報母。」母怒曰：「大丈夫不能自食，吾哀王孫而進食，豈望報乎！」〔三〕

〔一〕【正義】淮陰城北臨淮水，昔信去下鄉而釣於此。

〔二〕【集解】韋昭曰：「以水擊絮爲漂，故曰漂母。」

〔三〕【集解】蘇林曰：「王孫，如言公子也。」【索隱】劉德曰：「秦末多失國，言王孫、公子，尊之也。」蘇林亦同。張晏云「字王孫」，非也。【正義】食，音寺。【考證】何焯曰：王孫、公子，皆推敬之稱。中井積德曰：漂母唯憐信，故飯之，實不知信之才，故怒於重報之言，是非避報者，不意其能報也，以爲虛言。

淮陰屠中少年有侮信者，曰：「若雖長大，好帶刀劍，中情怯耳。」衆辱之曰：「信能死，刺我；不能死，出我袴下。」〔一〕於是信孰視之，俛出袴下，蒲伏。一市人皆笑信，以爲怯。〔二〕

〔一〕【集解】徐廣曰：「袴，一作『胯』。胯，股也，音同。」又云漢書作「跨」，同耳。【索隱】袴，漢書作「胯」。胯，股也，音枯化反。然尋此文作「袴」，欲依字讀，何爲不通？袴下即胯下也，亦何必須作「胯」。【正義】衆辱，謂於衆中辱之。

〔二〕【正義】俛，音俯。伏，蒲北反。【考證】漢書删「蒲伏」二字。尤瑛曰：「孰視之」三字，可玩，有忍意。齋藤謙曰：「蒲伏」二字，騃狀如見，所以反襯他日榮達。

及項梁渡淮，信杖劍從之，居戲下，無所知名。〔一〕項梁敗，又屬項羽，羽以爲郎中。數以策干項羽，羽不用。漢王之入蜀，信亡楚歸漢，未得知名，爲連敖。〔二〕坐法當斬，其輩十三人皆已斬，次至信，信乃仰視，適見滕公，曰：「上不欲就天下乎？何爲斬壯士！」〔三〕滕公奇其言，壯其貌，釋而不斬。與語，大説之。言於上，〔四〕上拜以爲治粟都尉，上未之奇也。〔五〕

〔一〕【集解】徐廣曰：「戲，一作『麾』。」【考證】宋本、毛本「杖」作「仗」。

〔二〕【集解】徐廣曰：「典客也。」【索隱】李奇云：「楚官名。」張晏云：「司馬也。」【考證】周壽昌曰：漢書功臣表作「入漢爲連敖票客」，史記功臣表作「連敖典客」，如注「連敖，楚官」。左傳有「連尹莫敖」，其後合爲一名也。時功臣内以連敖起家者，尚有柳丘侯戎賜、隆慮侯周竈、河陵侯郭亭、朝陽侯華寄。若煑棗侯革朱，則以越連敖入漢，知當時不獨漢有是官。

〔三〕【考證】楓、三本無「上」字。愚按：「上」字當作「王」，下同。

〔四〕【考證】楓、三本「之」下有「入」字。

〔五〕【考證】胡三省曰：班表「治粟内史，秦官，掌穀貨」，都尉蓋其屬也。

信數與蕭何語，何奇之。至南鄭，諸將行道亡者數十人，〔一〕信度何等已數言上，上不我用，即亡。〔二〕何聞信亡，不及以聞，自追之。人有言上曰：「丞相何亡。」上大怒，如失左右手。居一二日，何來謁上，上且怒且喜，罵何曰：「若亡，何也？」何曰：「臣不敢亡也，臣追亡者。」上曰：「若所追者誰？」何曰：「韓信也。」〔三〕上復罵曰：「諸將亡者以十數，公無所追；追信，詐也。」〔四〕何曰：「諸將易得耳。至如信者，國士無雙。王必欲長王漢中，無所事信；〔五〕必欲争天下，非信無所與計事者。顧王策安所決耳。」〔六〕王曰：「吾亦欲東耳，安能鬱鬱久居此乎？」何曰：「王計必欲東，能用信，信即留；不能用，信終亡耳。」王曰：「吾爲公以爲將。」〔七〕何曰：「雖爲將，信必不留。」王曰：「以爲大將？」何曰：「幸甚。」於是王欲召信拜之。何曰：「王素慢無禮，今拜大將，如呼小兒耳，此乃信所以去也。王必欲拜之，擇良日，齋戒，設壇場具禮，乃可耳。」王許之。〔八〕諸將皆喜，人人各自以爲得大將。〔九〕至拜大將，乃韓信也，一軍皆驚。

〔一〕【考證】周壽昌曰：至南鄭，高祖元年夏四月。時沛公爲漢王都南鄭，諸將士卒，皆思東歸，故多道亡。

〔二〕【考證】度，大各反。楓、三本無「我」字。

〔三〕【考證】若，汝也。

〔四〕【考證】改「若」稱「公」，見漢王心稍定。

〔五〕【集解】文穎曰：「事，猶業也。」張晏曰：「無事用信。」

〔六〕【考證】楓、三本「無所」作「無可」。

〔七〕【考證】「爲公」二字，見漢王未重韓信。

〔八〕【考證】築土而高曰壇，除地爲場。魏豹傳豹曰：「漢王慢而侮人，罵詈諸侯羣臣如奴耳。」

〔九〕【考證】言己必爲大將。

信拜禮畢，上坐。〔一〕王曰：「丞相數言將軍，將軍何以教寡人計策？」信謝，因問王曰：「今東鄉争權天下，豈非項王邪？」漢王曰：「然。」曰：「大王自料勇悍仁彊，孰與項王？」〔二〕漢王默然良久，曰：「不如也。」信再拜賀曰：「惟信亦爲大王不如也。〔三〕然臣嘗事之，請言項王之爲人也。項王喑噁叱咤，千人皆廢，〔四〕然不能任屬賢將，此特匹夫之勇耳。項王見人恭敬慈愛，言語嘔嘔，〔五〕人有疾病，涕泣分食飲，至使人有功當封爵者，印刓敝，忍不能予，〔六〕此所謂婦人之仁也。〔七〕項王雖霸天下而臣諸侯，不居關中，而都彭城，有背義帝之約，而以親愛王，諸侯不平。〔八〕諸侯之見項王遷逐義帝置江南，亦皆歸逐其主而自王善地。〔九〕項王所過，無不殘滅者，天下多怨，百姓不親附，特劫於威彊耳。〔一〇〕名雖爲霸，實失天下心。故曰其彊易弱。今大王誠能反其道，任天下武勇，何所不誅！〔一一〕以天下城邑封功臣，何所不服！以義兵從思東歸之士，何所不散！〔一二〕且三秦王爲秦將，將秦子弟數歲矣，〔一三〕所殺亡不可勝計，又欺其衆降諸侯，至新安，項王詐阬秦降卒二十餘萬，唯獨邯、欣、翳得脱，秦父兄怨此三人，痛入骨髓。今楚彊以威王此三人，秦民莫愛也。大王之入武關，秋豪無所害，〔一四〕除秦苛法，與秦民約，法三章耳，秦民無不欲得大王王秦者。於諸侯之約，大王當王關中，關中民咸知之。大王失職入漢中，秦民無不恨者。今大王舉而東，三秦可傳檄而定也。」〔一五〕於是漢王大喜，自以爲得信晚。遂聽信計，部署諸將所擊。〔一六〕

〔一〕【考證】中井積德曰：上坐，以漢王平常宮殿言也，非壇上。言壇上拜時之禮已畢，漢王乃延入見之與坐也。

〔二〕【考證】楓、三本「然」下有「信」字。

〔三〕【考證】張文虎曰：惟，漢書作「唯」，王本作「雖」。凌引一本「亦」下有「以」字。王念孫曰：「雖」字，古多借作「惟」，又作「唯」。惟信亦以爲大王不如也，當作一句讀。言非獨大王以爲不如，雖信亦以爲不如也。愚按：王說是。楓、三本亦有「以」字。

〔四〕【集解】晉灼曰：「廢，不收也。」【索隱】喑啞，上於金反，下烏路反。喑啞，懷怒氣。「咤」字或作「吒」，上昌栗反，下卓嫁反。叱咤，發怒聲。孟康曰：「廢，伏也。」張晏曰：「廢，偃也。」

〔五〕【集解】音凶于反。【索隱】音吁。嘔嘔，猶區區也。漢書作「姁姁」。鄧展曰：「姁姁，好也。」張晏音吁。【考證】楓、三本「敬」作「謹」，與漢書合。

〔六〕【集解】漢書音義曰：「不忍授。」【正義】「印刓」作「印抏」。注曰：音與「刓」同，五丸反。角之刓，與玩同。手弄角訛，不忍授也。

〔七〕【考證】通鑑輯覽云「韓信登壇數語，劉興項蹶，已若指掌。以項羽爲匹夫之勇，人人能言之。以爲婦人之仁，則信所獨見也」。

〔八〕【考證】陳仁錫曰：荀紀、新序「有」作「又」，字古通用。愚按：漢書作「又」。

〔九〕【考證】楓、三本「逐其主」作「逐其故主爲王」。齊召南曰：指田都王臨淄，田市王濟北，臧荼王燕，司馬卬王殷，張耳王常山，皆徙其故王於他處也。不然，信拜大將在四月，諸侯已各就國罷兵矣，烏知後有田榮殺田都、田市及臧荼殺韓廣事乎？

〔一〇〕【考證】楓、三本「彊」下有「服」字。王念孫曰：漢書及新序善謀篇皆有「服」字。特劫於威彊服耳，言百姓非心服項王，特劫於威而彊服耳。彊，「勉彊」之「彊」。愚按：「威彊」二字連讀，「服」字不必補。彊，「彊弱」之「彊」。上文云「勇悍仁彊」，下文云「其彊易弱」。

〔一一〕【索隱】何不誅。按：劉氏云「言何所不誅也」。

〔一二〕【索隱】何不散。劉氏云：「用東歸之兵，擊東方之敵，此敵無不散敗也。」【考證】王念孫曰：「何所不誅」，

「何所不服」，「何所不散」，三「所」字，皆後人所加。索隱本出「何不誅」三字，又出「何不散」三字，則正文無三「所」字明矣。漢書、新序並無。鹽鐵論結和篇「夫以天下之力勤，何不摧？以天下之士民，何不服」，句法與此同。

〔一三〕【正義】三秦，章邯、司馬欣、董翳。

〔一四〕【索隱】案：毫秋乃成。又王逸注楚詞云「鋭毛爲毫，夏落秋生也」。【正義】秋豪，喻微細之物也。【考證】張文虎曰：豪，宋本、中統、游、王、柯本並同。俗作「毫」。

〔一五〕【索隱】案：説文云「檄，二尺書也」。此云「傳檄」，謂爲檄書以責所伐者。【正義】傳檄而定，不用兵革也。【考證】中井積德曰：傳檄，猶移書也，所以勸人同己也。狀敵人之罪則有之，非徑責敵人者。愚按：酈生傳酈食其説齊王廣曰：「項王有倍約之名，殺義帝之負。於人之功無所記，於人之罪無所忘。爲人刻印，刓而不能授。攻城得賂，積而不能賞。」與淮陰言合。

〔一六〕【正義】部署，謂部分而署置之也。

八月，漢王舉兵，東出陳倉，定三秦。〔一〕漢二年，出關，收魏、河南，〔二〕韓、殷王皆降。〔三〕合齊、趙共擊楚。〔四〕四月，至彭城，漢兵敗散而還。〔五〕信復收兵，與漢王會滎陽，復擊破楚京、索之閒，以故楚兵卒不能西。〔六〕

〔一〕【正義】漢王從關北出岐州陳倉縣。

〔二〕【正義】出函谷關。

〔三〕【考證】梁玉繩曰：本紀「韓王昌不聽，擊破之」，此云「降」，似誤。

〔四〕【考證】楓、三本「趙」下有「兵」字。

〔五〕【考證】漢書刪「四月」二字，非是。楓、三本「兵」作「王」。

〔六〕【考證】漢書「收」作「發」。趙翼曰：是時信未有分地，從何發兵？蓋收集潰卒耳。「收」字得實。

漢之敗卻彭城，〔一〕塞王欣、翟王翳亡漢降楚，齊、趙亦反漢與楚和。〔二〕六月，魏王豹謁歸視親疾，至國，即絶河關反漢，與楚約和。〔三〕漢王使酈生説豹，不下。其八月以信爲左丞相，擊魏。〔四〕魏王盛兵蒲坂，塞臨晉，〔五〕信乃益爲疑兵，陳船欲度臨晉，〔六〕而伏兵從夏陽以木罌缻渡軍，襲安邑。〔七〕魏王豹驚，引兵迎信，信遂虜豹，〔八〕定魏爲河東郡。〔九〕漢王遣張耳與信俱，引兵東北擊趙、代。〔一〇〕後九月，破代兵，禽夏説閼與。〔一一〕信之下魏破代，漢輒使人收其精兵，詣滎陽以距楚。〔一二〕

〔一〕【正義】兵敗散彭城而卻退。【考證】楓、三本「漢」下有「王」字。

〔二〕【考證】「亦」字，楓、三本，宋本，中統、游、毛本同，它本誤「欲」，漢書亦作「亦」。王念孫曰：「亦」者承上之詞。此時諸侯皆反漢而與楚，非但欲反也。

〔三〕【索隱】按：河關，謂今蒲津關。【考證】梁玉繩曰：「六月」當作「五月」，説在高紀。

〔四〕【考證】李賡芸曰：曹參以假左丞相定魏、齊，右丞相，侯；酈商遷右丞相，賜爵列侯，後復以右丞相擊陳豨；樊噲亦嘗遷左丞相：皆係空名，不居其職。故公卿表不載。愚按：漢書高紀云「漢使酈食其説魏王豹，豹不聽。漢王以韓信爲左丞相，與曹參、灌嬰俱擊魏。食其還，漢王問：『魏大將誰也？』對曰：『柏直。』王曰：『是口尚乳臭，不能當韓信。騎將誰也？』曰：『馮敬。』曰：『是秦將馮無擇子也，雖賢不能當灌嬰。步卒將誰也？』曰：『項它。』曰：『是不能當曹參。吾無患矣。』」韓信傳云「信問酈生：『魏得毋用周叔爲大將乎？』曰：『柏直也。』信曰：『豎子耳。』遂進兵擊魏」。

〔五〕【索隱】塞，音先得反。臨晉，縣名，在河東之東岸，對舊關也。【考證】沈欽韓曰：蒲阪在河東岸。臨晉在河西岸。塞其渡河處也。

〔六〕【集解】漢書音義曰：「益張旌旗，以疑敵者。」【索隱】劉氏云：「陳船，地名，在舊關之西。今之朝邑是也。」案：京兆有船司空縣，不名「陳船」。陳船者陳列船艘，欲渡河也。【考證】言陽列兵陳船，示敵以欲度臨晉，而陰自夏陽度軍也。

〔七〕【集解】徐廣曰：「缻，一作『缶』。」服虔曰：「以木柙縛罌缻以渡。」韋昭曰：「以木爲器如罌缻，以渡軍。無船，且尚密也。」【正義】按：韓信詐陳列船艘於臨晉，欲渡河，即此從夏陽木柙罌缻渡軍，襲安邑。臨晉，同州東朝邑界。夏陽在同州北渭城界。安邑故城在絳州夏縣東北十五里。【考證】中井積德曰：罌缶本瓦器，或鑿木爲之。時人家多有之，故取用之也。以索縛之，浮于水上，可緣以渡矣。高祖功臣表云「祝阿侯高邑，以將軍屬淮陰侯，以缻度軍」。此計或邑所建也。

〔八〕【索隱】按：劉氏云「夏陽舊無船，豹不備之，而防臨晉耳。今安邑被襲，故豹遂降也」。【考證】中井積德曰：迎信者，逆戰也，非納款。

〔九〕【正義】今安邑縣故城。【考證】梁玉繩曰：失書「上黨」。說在高紀。

〔一〇〕【考證】漢傳云「信既虜豹，使人請漢王，願益兵三萬人，北舉趙，東擊齊，南絶楚之糧道，南與大王會於滎陽。漢王與兵三萬人，遣張耳與俱」。

〔一一〕【集解】徐廣曰：「音余。」駰案：李奇曰「夏說，代相也」。【索隱】司馬彪郡國志上黨沾縣有閼與聚。閼，音曷，又音嫣。與，音余，又音預。沾，音他廉反。【正義】閼與聚城在潞州銅鞮縣西北二十里。【考證】後九月，閏九月也。

〔一二〕【考證】楓、三本無「破」字，與漢書合。

信與張耳以兵數萬，欲東下井陘擊趙。〔一〕趙王、成安君陳餘聞漢且襲之也，聚兵井陘口，號稱二十萬。〔二〕廣武君李左車說成安君曰：「聞漢將韓信涉西河，虜魏王，禽夏說，新喋血閼與，〔三〕今乃輔以張耳，議欲下趙，〔四〕此乘勝而去國遠鬬，其鋒不可當。臣聞千里餽糧，士有飢色，樵蘇後爨，師不宿飽。〔五〕今井陘之道，車不得方軌，騎不得成列，行數百里，其勢糧食必在其後。願足下假臣奇兵三萬人，從閒道絕其輜重；〔六〕足下深溝高壘，堅營勿與戰。〔七〕彼前不得鬬，退不得還，吾奇兵絕其後，使野無所掠，〔八〕不至十日，而兩將之頭可致於戲下。願君留意臣之計。否，必為二子所禽矣。」成安君儒者也，常稱義兵，不用詐謀奇計，〔九〕曰：「吾聞兵法，十則圍之，倍則戰。〔一〇〕今韓信兵號數萬，其實不過數千。能千里而襲我，亦已罷極。今如此避而不擊，後有大者，何以加之！〔一一〕則諸侯謂吾怯，而輕來伐我。」不聽廣武君策，廣武君策不用。〔一二〕

〔一〕【索隱】案：地理志常山石邑縣，井陘山在西。又穆天子傳云「至于陘山之隧，升于三道之磴」是也。【考證】梁玉繩曰：此上失書「漢三年」。

〔二〕【正義】井陘故關在并州石艾縣東十八里，即井陘口。【考證】井陘，常山縣，今正定府井陘縣北。趙王名歇。

〔三〕【索隱】喋，舊音歃，非也。案：陳湯傳「喋血萬里之外」，如淳云「殺人血流滂沱也」。韋昭音徒協反。【考證】文帝紀「今誅諸呂，新喋血京師」。喋、蹀同，踐也。

〔四〕【考證】楓、三本「欲」下有「以」字，與漢書合。

〔五〕【集解】漢書音義曰：「樵，取薪也。蘇，取草也。」【考證】沈欽韓曰：四句，見黃石公上略。

〔六〕【考證】張文虎曰：舊刻作「閒道」，御覽四百六十一同，各本作「閒路」。

〔七〕【考證】漢書無「堅營」二字。

〔八〕【考證】楓、三本「使」作「彼」，「掠」上有「鹵」字。

〔九〕【考證】陳餘傳云「陳餘好儒術」。

〔一〇〕【考證】張文虎曰：各本「戰」下衍「之」字。王念孫云：「之」字宋本無，涉上誤衍。御覽兵部引無，漢書、通典並同。愚按：楓、三本作「不十則不圍之，不倍則不戰」。孫子謀攻篇「十則圍之，五則攻之，倍則分之，敵則能戰之」。

〔一一〕【考證】漢書「加」作「距」。

〔一二〕【考證】中井積德曰：漢書削「廣武君策不用」六字，爲是。然削此則下文「其不用」之下添入「廣武君」三字，乃爲盡善，不傷太史公筆意。

韓信使人閒視，知其不用，還報，則大喜，乃敢引兵遂下。〔一〕未至井陘口三十里，止舍。夜半傳發，〔二〕選輕騎二千人，人持一赤幟，從閒道萆山而望趙軍，〔三〕誡曰：「趙見我走，必空壁逐我，若疾入趙壁，拔趙幟，立漢赤幟。」令其裨將傳飱，曰：「今日破趙會食！」〔四〕諸將皆莫信，詳應曰：「諾。」謂軍吏曰：「趙已先據便地爲壁，〔五〕且彼未見吾大將旗鼓，未肯擊前行，恐吾至阻險而還。」〔六〕信乃使萬人先行，出，背水陳。趙軍望見而大笑。〔七〕平旦，信建大將之旗鼓，鼓行出井陘口，〔八〕趙開壁擊之，大戰良久。〔九〕於是信、張耳詳弃鼓旗走水上軍。水上軍開入之，復疾戰。〔一〇〕趙果空壁爭漢鼓旗，逐韓信、張耳。韓信、張耳已入水上軍，軍皆殊死戰，不可敗。〔一一〕信所出奇兵二千騎，共候趙空壁逐利，則馳入趙壁，皆拔趙旗，立漢赤幟二千。趙軍已不勝，不能得信等，〔一二〕欲還歸壁，壁皆漢赤幟，而大驚，以爲漢皆已得趙王將矣，兵遂亂遁走，趙將雖斬之，不能禁也。於是漢兵夾擊，大破虜趙軍，斬成安君泜水上，禽趙王歇。〔一三〕

〔一〕【正義】引兵入井陘狹道，出趙。

〔二〕【集解】漢書音義曰：「傳令軍中使發。」

〔三〕【集解】如淳曰：「箄，音蔽。依山自覆蔽」。【索隱】案：謂令從閒道小路向前，望見陳餘軍營即住，仍須隱山自蔽，勿令趙軍知也。箄，音蔽。蔽者蓋覆也。楚漢春秋作「卑山」，漢書作「箄山」。説文云「箄，蔽也。從竹，卑聲」。【考證】方苞曰：使依山用草木自蔽，而望趙軍之出入也。登山，故能望遠。有蔽，故趙軍不覺。

〔四〕【集解】徐廣曰：「飧，音湌也。」服虔曰：「立駐傳湌食也。」如淳曰：「小飯曰湌。言破趙後乃當共飽食也。」【索隱】如淳曰：「小飯曰湌，謂立駐傳湌，待破趙乃大食也。」【考證】中井積德曰：是將發而飧，非既發而駐食。

〔五〕【考證】凌本「詳」作「佯」。楓、三本「趙」下有「將皆」二字。

〔六〕【考證】中井積德曰：趙必不擊先行者，恐韓信中途而還，不可禽殺也，其必見大將旗鼓而出兵也。

〔七〕【正義】緜蔓水，一名阜將，一名洄星，自并州流入井陘界，即信背水陣陷之死地，即此水也。【考證】沈欽韓曰：尉繚子天官篇「背水陳爲絶地，向阪陣爲廢軍」。陳餘知兵法，故趙軍笑其陳也。

〔八〕【考證】旗可稱建，鼓不得稱建，是帶言也，與詩大雅公劉篇「弓矢斯張」、易繫辭傳「潤之以風雨」、禮記玉藻

「大夫不得造車馬」同例。

〔九〕【正義】恒州鹿泉縣即六國時趙壁也。

〔一〇〕【考證】劉奉世曰：「復疾戰」三字，衍文。

〔一一〕【考證】顔師古曰：殊，絶也，謂決意必死。

〔一二〕【考證】楓、三本無「不勝」二字，與漢書合。

〔一三〕【集解】徐廣曰：「泜，音遲。」【索隱】徐廣音遲，劉氏音脂。【考證】沈家本曰：紀在三年，表在三年十月。張文虎曰：集解、索隱、合刻本皆脱。愚按：楓、三本有。

信乃令軍中毋殺廣武君，有能生得者購千金。〔一〕於是有縛廣武君而致戲下者，信乃解其縛，東鄉坐，西鄉對，師事之。〔二〕

〔一〕【考證】楓、三本無「中」字，與漢書合。

〔二〕【考證】中井積德曰：東鄉爲尊者，是堂上之禮，與對堂下南面爲尊者自不同。如燕禮可以見矣。愚按：漢初禮以東鄉爲尊，如王淩傳「項羽東鄉坐陵母，欲以招陵」，是羽尊陵母也。周勃傳「每召諸生説事，東鄉坐責之」，是勃尊諸生也。皆此類。

諸將效首虜，休畢賀，〔一〕因問信曰：「兵法右倍山陵，前左水澤，〔二〕今者將軍令臣等反背水陳，曰：『破趙會食。』臣等不服，然竟以勝，此何術也？」信曰：「此在兵法，顧諸君不察耳。兵法不曰『陷之死地而後生，置之亡地而後存』？〔三〕且信非得素拊循士大夫也，此所謂『驅市人而戰之』，〔四〕其勢非置之死地，使人人自爲戰，今予之生地，皆走，寧尚可得而用之乎？」諸將皆服曰：「善。非臣所及也。」〔五〕

〔一〕【索隱】如淳曰：「效，致也。」晉灼云：「效，數也。」鄭玄注禮「效猶呈見也」。【考證】楓、三本「休」作「皆」。漢書「畢」作「皆」。

〔二〕【考證】漢書「倍」作「背」。孫子行軍篇「丘陵隄防，必處其陽而右背之」。沈欽韓曰：杜牧注孫子云「太公曰：『軍必左川澤而右丘陵。』」

〔三〕【考證】兵法，孫子九地篇。漢書「存」下有「乎」字。

〔四〕【考證】沈欽韓曰：呂覽簡選篇「世有言曰：『驅市人而戰之，可以勝人之厚祿教卒。』」愚按：當時有此語，與呂覽所引義異。驅市人而戰之，猶戰烏合之衆也。

〔五〕【考證】王鳴盛曰：韓信既破趙軍，斬成安君，與諸將論所以勝趙之術，因引兵法曰「陷之死地而後生，置之亡地而後存」。太史公自序云：「漢興，蕭何次律令，韓信申軍法。」漢書藝文志分兵書爲四種：一，權謀；二，形勢；三，陰陽；四，技巧。權謀內有韓信三篇，班氏論之云「權謀者，先計後戰，兼形勢，包陰陽，用技巧者也」。又總論云「自春秋至戰國，出奇設伏，變詐之兵作。漢興，張良、韓信序次兵法，凡百八十二家。删取要用，定著三十五家」。觀信引兵法，以自證其用兵之妙，且又著書三篇，序次諸家爲三十五家，可見信平日學問，本原寄食受辱時，揣摩已久。其連百萬之衆，戰必勝，攻必取，皆本於平日學問，非以危事嘗試者。信書雖不傳，就本傳所載戰事攷之，可見其純用權謀，所謂出奇設伏變詐之兵也。形勢內有項王一篇。項王嘗學兵法，故良與信亦取而存之。以項之形勢，當信之權謀，則敗矣。

於是信問廣武君曰：「僕欲北攻燕，東伐齊。何若而有功？」廣武君辭謝曰：「臣聞敗軍之將，不可以言勇；亡國之大夫，不可以圖存。今臣敗亡之虜，何足以權大事乎！」〔一〕信曰：「僕聞之，百里奚居虞而虞亡，在秦而秦霸，非愚於虞，而智於秦也，用與不用，聽與不聽也。誠令成安君聽足下計，若信者亦已爲禽矣。〔二〕以不用足下，故信得侍耳。」因固問曰：「僕委心歸計，願足下勿辭。」廣武君曰：「臣聞智者千慮必有一失，愚者千慮必有一得。故曰『狂夫之言，聖人擇焉』。〔三〕顧恐臣計未必足用，願效愚忠。夫成安君有百戰百勝之計，一旦而失之，軍敗鄗下，身死泜上。〔四〕今將軍涉西河，虜魏王，禽夏説閼與，〔五〕一舉而下井陘，不終朝，破趙二十萬衆，誅成安君，名聞海内，威震天下，〔六〕農夫莫不輟耕釋耒，褕衣甘食，傾耳以待命者。〔七〕若此，將軍之所長也。〔八〕然而衆勞卒罷，其實難用。今將軍欲舉倦獘之兵，頓之燕堅城之下，〔九〕欲戰恐久力不能拔，情見勢屈，曠日糧竭，而弱燕不服，齊必距境以自彊也。〔一〇〕燕、齊相持而不下，則劉、項之權未有所分也。若此者，將軍所短也。臣愚竊以爲亦過矣。故善用兵者，不以短擊長，而以長擊短。」韓信曰：「然則何由？」廣武君對曰：「方今爲將軍計，莫如案甲休兵，鎮趙撫其孤，百里之内，牛酒日至，以饗士大夫醳兵，北首燕路，〔一一〕而後遣辯士，奉咫尺之書，〔一二〕暴其所長於燕，燕必不敢不聽從。〔一三〕燕已從，使諠言者東告齊，齊必從風而服，雖有智者，亦不知爲齊計矣。〔一四〕如是，則天下事皆可圖也。兵固有先聲而後實者，此之謂也。」韓信曰：「善。」〔一五〕從其策，發使使燕，燕從風而靡。乃遣使報漢，因請立張耳爲趙王，以鎮撫其國。漢王許之，乃立張耳爲趙王。〔一六〕

〔一〕【考證】吴越春秋范蠡曰：「臣聞亡國之臣不敢語政，敗軍之將不敢語勇。」

〔二〕【考證】漢書「誠」作「向」。

〔三〕【考證】沈欽韓曰：晏子雜篇下「聖人千慮，必有一失；愚人千慮，必有一得」。

〔四〕【集解】李奇曰：「鄗，音臛，今高邑是。」

〔五〕【索隱】此之西河，當馮翊也。【正義】即同州龍門河，從夏陽度者。

〔六〕【考證】楓、三本「十」下有「餘」字。

〔七〕【集解】如淳曰：「恐滅亡不久故也。」【索隱】褕，鄒氏音踰，美也。恐滅亡不久，故廢止作業，而事美衣甘食。一曰偷，苟且也，慮不圖久故也。漢書作「靡衣媮食」也。

〔八〕【考證】下文「若此」下有「者」字。

〔九〕【考證】頓，讀爲鈍，弊也。晉語「君之武震，無乃玩而頓乎」，左傳「師徒不動，甲兵不頓」，韓非五蠹「萬乘之國，莫敢自頓於堅域之下」，漢書賈誼傳「芒刃不頓」，皆同。

〔一〇〕【正義】屈，求物反。盡也。【考證】楓、三本無「久」字，義長。戰國之時燕弱，故有「弱燕」之稱，李左車亦用其語。

〔一一〕【集解】魏都賦曰：「肴醳順時。」劉逵曰：「醉酒也。」【索隱】劉氏依劉逵音。醳酒，謂以酒食養兵士也。案：史記古「釋」字皆如此作，豈亦謂以酒食醳兵士，故字從「酉」乎？【正義】撫，存撫也。孤，死士之子。首，音狩，向也。【考證】余有丁曰：按上文已有「休兵」語。「醳」字當依劉解。中井積德曰：「醳兵」二字竟不可通，或衍文，漢書删之。

〔一二〕【正義】咫尺，八寸，言其簡牘或長尺也。

〔一三〕【正義】暴，音僕，露也。

〔一四〕【考證】岡白駒曰：諠言者，辯士。

〔一五〕【考證】周壽昌曰：廣武君自此遂不知所終。

〔一六〕【考證】沈家本曰：表在四年十一月。下文「六月」，則三年之六月。或三年請之，四年始立之耳。中井積德曰：信之請立趙王，是自爲封王之地也。漢王不寤此風旨，而使信自請焉。雖許其王齊，而猜隙由此而結矣。

楚數使奇兵渡河擊趙，〔一〕趙王耳、韓信往來救趙，因行定趙城邑，發兵詣漢。楚方急圍漢王於滎陽，漢王南出之宛、葉閒，得黥布，走入成皋，〔二〕楚又復急圍之。〔三〕六月，漢王出成皋，東渡河，獨與滕公俱從張耳軍脩武。至，宿傳舍。晨自稱漢使，馳入趙壁。張耳、韓信未起，即其臥内上奪其印符，以麾召諸將，易置之。〔四〕信、耳起，乃知漢王來，大驚。漢王奪兩人軍，即令張耳備守趙地，拜韓信爲相國，收趙兵未發者擊齊。〔五〕

〔一〕【考證】張照曰：奇兵，猶言餘兵。非「奇正」之「奇」，乃「奇偶」之「奇」耳。愚按：猶言别兵也，仍是「奇正」之「奇」。

〔二〕【正義】宛在鄧州。葉在許州。【考證】毛本作「成皋」，各本作「城皋」，下同。錢大昕曰：當作「成皋」。

〔三〕【考證】楓、三本「又」作「人」。

〔四〕【考證】楓、三本無「内」字，此疑衍。「臥上」連讀，漢書無「内上」二字。楊時曰：信、耳勇略蓋世，竊怪漢王入臥内奪其印符，召諸將易置之，而未之知。此其禁防闊疏，與棘門、霸上之軍何異邪？使敵人投閒竊發，則二人者可得而虜也。馮班曰：漢使至，韓信必有證驗。故漢王詐稱使者入信軍，偏裨皆漢將，故漢王得麾召易置之，非他國敵人所能爲也。宋人不知兵，種種妄論可笑。梁玉繩曰：案此事余疑史筆增飾，非其實也。

〔五〕【集解】文穎曰：「謂趙人未嘗見發者。」【考證】周壽昌曰：拜信爲趙相國也。

信引兵東，未渡平原，〔一〕聞漢王使酈食其已説下齊，韓信欲止。范陽辯士蒯通説信曰：「將軍受詔擊齊，而漢獨發閒使下齊，寧有詔止將軍乎？何以得毋行也？且酈生一士，伏軾掉三寸之舌，下齊七十餘城，〔二〕將軍將數萬衆，歲餘乃下趙五十餘城，爲將數歲，反不如一豎儒之功乎？」〔三〕於是信然之，從其計，遂渡河。〔四〕齊已聽酈生，即留縱酒，罷備漢守禦。〔五〕信因襲齊歷下軍，遂至臨菑。〔六〕齊王田廣以酈生賣己，乃亨之，而走高密，使使之楚請救。〔七〕韓信已定臨菑，遂東追廣至高密西。楚亦使龍且將，號稱二十萬，救齊。

〔一〕【正義】懷州有平原津。【考證】梁玉繩曰：下文「漢四年」三字當移此句上。漢書又誤置「四年」于前文「漢王出成皋」上也。

〔二〕【集解】韋昭曰：「軾，今小車中隆起者。」【考證】軾，車前横木，人所憑者。掉，搖也。

〔三〕【考證】楓、三本「數萬」作「數十萬」。蒯通又見張耳陳餘傳、田儋傳贊。漢書别有傳。

〔四〕【考證】楓、三本「信」上有「韓」字。

〔五〕【考證】漢書「留」下有「之」字。

〔六〕【集解】徐廣曰：「歷下，濟南歷城縣。」

〔七〕【考證】漢書「賣己」作「欺己」，義同。

齊王廣、龍且并軍與信戰，未合。人或説龍且曰：「漢兵遠鬭窮戰，其鋒不可當。〔一〕齊、楚自居其地戰，兵易敗散。〔二〕不如深壁，令齊王使其信臣招所亡城，亡城聞其王在，楚來救，必反漢。漢兵二千里客居，〔三〕齊城皆反之，其勢無所得食，可無戰而降也。」龍且曰：「吾平生知韓信爲人，易與耳。〔四〕且夫救齊，不戰而降之，吾何功？今戰而勝之，齊之半可得，何爲止！」〔五〕遂戰，與信夾濰水陳。〔六〕韓信乃夜令人爲萬餘囊，滿盛沙，壅水上流，引軍半渡，擊龍且，詳不勝，還走。〔七〕龍且果喜曰：「固知信怯也。」遂追信渡水。〔八〕信使人決壅囊，水大至。龍且軍大半不得渡，即急擊殺龍且。龍且水東軍散走，齊王廣亡去。〔九〕信遂追北至城陽，皆虜楚卒。〔一〇〕

〔二〕【考證】楓、三本「窮」作「寇」。漢書「窮」下有「寇」字。

〔三〕【正義】近其室家，懷顧望也。【考證】沈欽韓曰：「孫子九地篇『諸侯自戰其地爲散地』。秦策武安君曰：『楚人自戰其地，咸顧其家，各有散心，而莫有鬬志。』」

〔三〕【考證】楓、三本「居」下有「齊」字，與漢書合。

〔四〕【考證】龍且楚人，故能知韓信事。

〔五〕【正義】一戰而勝，則齊之地已得半矣。【考證】顏師古曰：自謂當得封齊之半地。愚按：漢書「爲」下有「而」字。

〔六〕【集解】徐廣曰：「出東莞而東北流，至北海都昌縣入海。」【索隱】濰，音維。地理志濰水出琅邪箕縣東北，至都昌入海。徐廣云「出東莞，而東北流入海」，蓋據水經而說少不同耳。

〔七〕【考證】三條本無「滿」字。漢書無「滿盛」二字。

〔八〕【考證】楓山本、宋本、中統、游、毛本「追」下有「信」字，各本脫。慶長本標記云「正義本有」。

〔九〕【考證】楓、三本「渡」下有「水」字，「水東」上有「死」字。翁承高曰：廣與龍且同時見殺。高紀、月表、田儋傳及漢書可證。此言「亡去」，誤也。因廣見殺，故田橫自立爲王。表在三年十一月。

〔一〇〕【正義】城陽，雷澤縣是也，在濮州東南九十一里。【考證】胡三省曰：據班志，濟陰郡城陽縣，雷澤在西北，此梁地也。自濰水追至城陽，乃漢城陽國之地。正義此誤。田橫起城陽，同。

漢四年，遂皆降，平齊。使人言漢王曰：「齊僞詐多變，反覆之國也，南邊楚，不爲假王以鎮之，其勢不定。願爲假王便。」當是時，楚方急圍漢王於滎陽，韓信使者至，發書，〔一〕漢王大怒，罵曰：「吾困於此，旦暮望若來佐我，乃欲自立爲王！」〔二〕張良、陳平躡漢王足，因附耳語曰：「漢方不利，寧能禁信之王乎？不如因而立，善遇之，使自爲守。不然，變生。」〔三〕漢王亦悟，因復罵曰：「大丈夫定諸侯，即爲真王耳，何以假爲！」〔四〕乃遣張良往立信爲齊王，徵其兵擊楚。〔五〕

〔一〕【集解】張晏曰：「發信使者所齎書。」

〔二〕【考證】若，汝也。

〔三〕【考證】楓、三本「信」之下有「自」字，而「立」下有「信」字。

〔四〕【考證】何焯曰：人見漢王轉換之捷，不知太史公用筆入神也。他人不過曰漢王怒，良、平諫，乃許之。

〔五〕【集解】徐廣曰：「四年二月。」

楚已亡龍且，項王恐，使盱眙人武涉往說齊王信曰：〔一〕「天下共苦秦久矣，相與勠力擊秦。秦已破，計功割地，分土而王之，以休士卒。〔二〕今漢王復興兵而東，侵人之分，奪人之地，已破三秦，引兵出關，收諸侯之兵，以東擊楚，其意非盡吞天下者不休，其不知厭足，如是甚也。且漢王不可必，身居項王掌握中數矣，〔三〕項王憐而活之，然得脫，輒倍約，復擊項王，其不可親信如此。今足下雖自以與漢王爲厚交，爲之盡力用兵，終爲之所禽矣。足下所以得須臾至今者，以項王尚存也。〔四〕當今二王之事，權在足下。足下右投則漢王勝，左投則項王勝。項王今日亡，則次取足下。足下與項王有故，何不反漢，與楚連和，參分天下王之？〔五〕今釋此時而自必於漢以擊楚，且爲智者固若此乎！」韓信謝曰：「臣事項王，官不過郎中，位不過執戟，〔六〕言不聽，畫不用，故倍楚而歸漢。漢王授我上將軍印，予我數萬衆，解衣衣我，推食食我，言聽計用，故吾得以至於此。夫人深親信我，我倍之不祥，雖死不易。幸爲信謝項王。」〔七〕

〔二〕**【集解】**張華曰：「武涉墓在盱眙城東十五里。」

〔二〕**【考證】**楓、三本「土」下有「立」字。

〔三〕**【正義】**必，謂必信也。數，色庾反。

〔四〕**【考證】**王念孫曰：此「須臾」與中庸「道不可須臾離」異義。須臾猶從容，延年之意也。言足下所以得從容至今不死者，以項王尚存也。漢書賈山傳「願少須臾毋死」，少須臾即少從容，亦延年之意也。故武五子傳「奉天期兮不得須臾」，張晏曰：「不復延年也。」從容、須臾，語之轉耳。

〔五〕**【考證】**楓、三本「故」上有「雅」字，「王」上有「而」字。

〔六〕**【集解】**張晏曰：「郎中，宿衛執戟之人也。」

〔七〕【考證】藝文類聚引楚漢春秋云「項王使武涉說淮陰侯。信曰：『臣事項王，位不過中郎，官不過執戟。乃去楚歸漢。漢王賜玉案之食、玉具之劍。臣背叛之，內愧於心。』」蓋史公所本也。

武涉已去，齊人蒯通知天下權在韓信，欲爲奇策而感動之，〔一〕以相人說韓信曰：「僕嘗受相人之術。」〔二〕韓信曰：「先生相人何如？」對曰：「貴賤在於骨法，憂喜在於容色，成敗在於決斷，以此參之，萬不失一。」韓信曰：「善。先生相寡人何如？」對曰：「願少閒。」信曰：「左右去矣。」〔三〕通曰：「相君之面，不過封侯，又危不安。相君之背，貴乃不可言。」〔四〕韓信曰：「何謂也？」蒯通曰：「天下初發難也，俊雄豪桀，建號一呼，天下之士雲合霧集，魚鱗襍還，熛至風起。〔五〕當此之時，憂在亡秦而已。今楚、漢分爭，使天下無罪之人肝膽塗地，父子暴骸骨於中野，不可勝數。〔六〕楚人起彭城，轉鬭逐北，至於滎陽，乘利席卷，威震天下。然兵困於京、索之閒，迫西山而不能進者，三年於此矣。漢王將數十萬之衆，距鞏、雒，阻山河之險，一日數戰，無尺寸之功，折北不救，〔七〕敗滎陽，傷成皋，〔八〕遂走宛、葉之閒，此所謂智勇俱困者也。夫銳氣挫於險塞，而糧食竭於內府，〔九〕百姓罷極怨望，容容無所倚。〔一〇〕以臣料之，其勢非天下之賢聖固不能息天下之禍。當今兩主之命，縣於足下。足下爲漢則漢勝，與楚則楚勝，臣願披腹心，輸肝膽，效愚計，恐足下不能用也。誠能聽臣之計，莫若兩利而俱存之，參分天下，鼎足而居，其勢莫敢先動。夫以足下之賢聖，有甲兵之衆，據彊齊，從燕、趙，出空虛之地而制其後，因民之欲西鄉〔一一〕爲百姓請命，〔一二〕則天下風走而響應矣，〔一三〕孰敢不聽！割大弱彊，以立諸侯，諸侯已立，天下服聽而歸德於齊。案齊之故，有膠、泗之地，懷諸侯以德，深拱揖讓，則天下之君王相率而朝於齊矣。〔一四〕蓋聞天與弗取，反受其咎；時至不行，反受其殃。〔一五〕願足下孰慮之。」

〔一〕【考證】何焯曰：先云范陽辯士蒯通，後云齊人蒯通，一傳互異。愚按：漢書刪「齊人」二字。

〔二〕【考證】楓、三本「以」上有「詳」字。詳、佯同。

〔三〕【考證】楓、三本「少」作「請」，「去」作「遠」。中井積德曰：「少間」之下有「信屏左右」一事，文略之。而信曰「左右既去矣」，以請其說。

〔四〕【集解】張晏曰：「背畔則大貴。」【考證】楓、三本「危」下有「而」字，與漢書合。

〔五〕【考證】魚鱗，謂若鱗之相比次。

〔六〕【考證】楓、三本「於」上有「流離」二字。

〔七〕【集解】張晏曰：「折，衄敗也。北，奔北。」

〔八〕【集解】張晏曰：「於成皋傷胷也。」臣瓚曰：「謂軍折傷。」

〔九〕【考證】楓、三本「府」作「外」。漢書蒯通傳作「藏」。

〔一〇〕【考證】容容，猶搖搖也。

〔一一〕【正義】鄉，音向。齊國在東，故曰「西向」也。

〔一二〕【正義】止楚、漢之戰鬭，士卒不死亡，故云「請命」。

〔一三〕【考證】楓、三本「走」作「起」。

〔一四〕【考證】以德，各本作「之德」，今從游本。漢書亦作「以德」。

〔一五〕【考證】取、咎、行、殃，韻。越語范蠡曰：「得時不成，反受其殃。」又曰：「臣聞之，得時無怠，時不再來。天予不取，反爲之災。」

韓信曰：「漢王遇我甚厚，載我以其車，衣我以其衣，食我以其食。吾聞之，乘人之車者，載人之患；衣人之衣者，懷人之憂；食人之食者，死人之事。吾豈可以鄉利倍義乎？」蒯生曰：「足下自以爲善漢王，欲建萬世之業，臣竊以爲誤矣。始常山王、成安君爲布衣時，相與爲刎頸之交，後爭張黶、陳澤之事，二人相怨。〔一〕常山王背項王，奉項嬰頭而竄，逃歸於漢王。漢王借兵而東下，〔二〕殺成安君泜水之南，頭足異處，卒爲天下笑。此二人相與，天下至驩也。然而卒相禽者，何也？患生於多欲，而人心難測也。〔三〕今足下欲行忠信以交於漢王，必不能固於二君之相與也，而事多大於張黶、陳澤。故臣以爲足下必漢王之不危己，亦誤矣。〔四〕大夫種、范蠡，存亡越，霸句踐，立功成名，而身死亡。〔五〕野獸已盡，而獵狗亨。〔六〕夫以交友言之，則不如張耳之與成安君者也；以忠信言之，則不過大夫種、范蠡之於句踐也。〔七〕此二人者，足以觀矣。〔八〕願足下深慮之。且臣聞勇略震主者身危，而功蓋天下者不賞。臣請言大王功略：〔九〕足下涉西河，虜魏王，禽夏說，引兵下井陘，誅成安君，徇趙，脅燕，定齊，南摧楚人之兵二十萬，東殺龍且，西鄉以報，〔一〇〕此所謂功無二於天下，而略不世出者也。〔一一〕今足下戴震主之威，挾不賞之功，歸楚，楚人不信；歸漢，漢人震恐。足下欲持是安歸乎？夫勢在人臣之位，而有震主之威，名高天下，竊爲足下危之。」〔一二〕韓信謝曰：

「先生且休矣，吾將念之。」

〔一〕【考證】事見張耳陳餘傳。

〔二〕【考證】楓、三本「兵」上有「其」字，「下」下有「戰於鄗北」四字。

〔三〕【考證】欲、測，韻。

〔四〕【考證】漢書蒯通傳「誤」作「過」。

〔五〕【考證】亡，流亡也。漢書删「范蠡亡」三字。

〔六〕【考證】楓、三本「亨」作「烹」，下有「敵國破而謀臣亡」七字。漢書蒯通傳作「野禽殫走犬烹敵國破謀臣亡」。韓非子內儲說下太宰嚭遺大夫種書曰：「狡兔盡，則良犬烹。敵國滅，則謀臣亡。」史記越世家范蠡自齊遺大夫種書曰：「蜚鳥盡，良弓藏。敵國破，謀臣亡。」淮南子說林訓：「狡兔得而獵犬烹，高鳥盡而强弩藏。」

〔七〕【考證】漢書蒯通傳無「范蠡」二字。

〔八〕【考證】漢書蒯通傳無「人」字。

〔九〕【考證】漢書删「臣請」以下七字。

〔一〇〕【考證】王念孫曰：摧楚兵、殺龍且本一事。漢書、漢紀並作「遂斬龍且」。

〔一一〕【正義】言世之大功，不能出於韓信。【考證】顏師古曰：言其計略奇異，世所希有。「功略」二字承上文「大王功略」。

〔一二〕【考證】董份曰：其文略祖蔡澤。

後數日，蒯通復說曰：「夫聽者，事之候也；計者，事之機也。〔一〕聽過計失而能久安者，鮮矣。聽不失一二者，不可亂以言；計不失本末者，不可紛以辭。〔二〕夫隨廝養之役者，失萬乘之權，守儋石之祿者，闕卿相之位。〔三〕故知者，決之斷也；疑者，事之害也；〔四〕審豪氂之小計，遺天下之大數，智誠知之，決弗敢行者，百事之禍也。故曰『猛虎之猶豫，不若蜂蠆之致螫；〔五〕騏驥之跼躅，不如駑馬之安步；〔六〕孟賁之狐疑，不如庸夫之必至也；雖有舜、禹之智，吟而不言，不如瘖聾之指麾也』。〔七〕此言貴能行之。夫功者難成而易敗，時者難得而易失也。時乎時，不再來。〔八〕願足下詳察之。」韓信猶豫不忍倍漢，又自以爲功多，漢終不奪我齊，遂謝蒯通。蒯通說不聽，已詳狂爲巫。〔九〕

〔一〕【考證】沈欽韓曰：秦策陳軫曰：「計者，事之本也。聽者，存亡之機」。愚按：此與下文「決者知之斷也，疑者事之害也」同一句法。史公答任少卿書「修身者，智之符也。愛施者，仁之端也。取與者，義之表也。恥辱者，勇之決也。立名者，行之極也」，亦學此句法。

〔二〕【考證】一二，先後也。

〔三〕【集解】晉灼曰：「楊雄方言『海岱之閒，名罌爲儋』。石，石斗也。」蘇林曰：「齊人名小罌爲儋。石，如今受鮐魚石罌，不過一二石耳。一說，一儋與一斛之餘。」【索隱】儋，音都濫反。石，斗也。蘇林解爲近之。鮐，音胎。【考證】岡白駒曰：言戀小者必遺大。應劭曰：齊人名小甖爲儋，受二斛。顏師古曰：或曰，儋者一人之所負擔也。中井積德曰：古收田租以禾束，束不可量者，必以權衡。儋、擔通。擔，謂一人所擔也，因謂兩石爲擔。石，斛也。然非石即斛，蓋一斛米爲禾若干束，而其重一石矣，當給米一斛者。給禾，則以重一石，其實數正同，故謂斛爲石耳。是知斛者米量之名也，石者禾權之名也，不當相混。張文虎曰：集解一說，毛本無「與」字。「斛」疑當作「石」，「餘」疑當作「儲」，尚有脫文。

〔四〕【考證】王念孫曰：知者決之斷也，當作「決者知之斷也」，正與「疑者事之害也」相反。下文申之云「知誠知之，決弗敢行者，百事之禍也」。

〔五〕【正義】音適。

〔六〕【集解】徐廣曰：「踼，一作『蹢』也。」【考證】踼躅，進退不定也。

〔七〕【索隱】吟，鄒氏音拒蔭反，又音琴。

〔八〕【考證】齊世家逆旅之人謂太公曰「吾聞時難得而易失」。越語范蠡曰「臣聞之，得時無怠，時不再來」。愚按：蒯徹齊人，故好引齊人言。范蠡亦爲齊相。時、來，韻。

〔九〕【集解】徐廣曰：「一本『遂不用蒯通，蒯通曰：「夫迫於細苛者，不可與圖大事。拘於臣虜者，固無君王之意。」説不聽，因去詳狂也。』」【索隱】案：漢書及戰國策皆有此文。【考證】楓、三本「巫」下有「而去」二字。張照曰：戰國策安得有韓信蒯通之事？索隱誤。趙翼曰：史記淮陰侯傳全載蒯通語，正以見淮陰之心在爲漢，雖以通之説喻百端，終確然不變。而他日之誣以反而族之者之冤，痛不可言也。班書則韓信傳盡刪通語，而別爲通作傳。以此語敘入通傳中，似乎詳簡得宜矣，不知蒯通本非必應立傳之人。載其語於淮陰傳，則淮陰之心跡見，而通之爲辨士亦附見。史遷所以不更立蒯通傳，正以明淮陰之心，兼省却無限筆墨。班掾則轉因此語而特爲通立傳，反略其語於韓信傳中，是舍所重而重所輕，且開後世史家一事一傳之例。宜乎後世之史日益繁也！

漢王之困固陵，用張良計，召齊王信，遂將兵會垓下。項羽已破，高祖襲奪齊王軍。〔一〕

漢五年正月，徙齊王信爲楚王，都下邳。

〔一〕【集解】徐廣曰：「以齊爲平原、千乘、東萊、齊郡。」

信至國，召所從食漂母，賜千金。〔一〕及下鄉南昌亭長賜百錢，曰：「公小人也，爲德不卒。」〔二〕召辱己之少年令出胯下者，以爲楚中尉，告諸將相曰：「此壯士也。方辱我時，我寧不能殺之邪？殺之無名，故忍而就於此。」〔三〕

〔一〕【集解】張華曰：「漂母家在泗口南岸。」

〔二〕【考證】顏師古曰：言晨炊蓐食。

〔三〕【考證】胯，上文作「袴」。漢書二「殺」字作「死」，無「於」字。

項王亡將鍾離眛家在伊廬，素與信善。〔一〕項王死後亡歸信。漢王怨眛，聞其在楚，詔楚捕眛。〔二〕信初之國，行縣邑，陳兵出入。漢六年，人有上書告楚王信反。〔三〕高帝以陳平計，天子巡狩會諸侯，南方有雲夢，發使告諸侯會陳：「吾將游雲夢。」實欲襲信，信弗知。高祖且至楚，信欲發兵反，自度無罪，欲謁上，恐見禽。人或說信曰：「斬眛謁上，上必喜，無患。」信見眛計事。眛曰：「漢所以不擊取楚，以眛在公所。若欲捕我以自媚於漢，吾今日死，公亦隨手亡矣。」乃罵信曰：「公非長者。」卒自剄。信持其首謁高祖於陳。上令武士縛信載後車。信曰：「果若人言『狡兔死，良狗亨；高鳥盡，良弓藏；敵國破，謀臣亡』。〔四〕天下已定，我固當亨！」上曰：「人告公反。」遂械繫。信至雒陽，赦信罪，以爲淮陰侯。

〔一〕【集解】徐廣曰：「東海朐縣有伊廬鄉」。駰案：韋昭曰「今中廬縣」。【索隱】徐注出司馬彪郡國志。【正義】括地志云：「中廬，在義清縣北二十里，本春秋時廬戎之國也。秦謂之伊廬，漢爲中廬縣。項羽之將鍾離眛家在。」韋昭及括地志云皆說之也。【考證】顏師古曰：眛，音莫葛反。周壽昌曰：陳平傳稱眛爲項王骨鯁臣，以金間之。昧蓋楚重將也。愚按：正義「志」下「云」字疑衍。

〔二〕【考證】梁玉繩曰：高祖即帝位矣，何言「漢王」也？下文「漢王畏惡其能」，同誤。

〔三〕【考證】陳仁錫曰：「漢六年」、「漢十二年」，二「漢」字衍。

〔四〕【集解】張晏曰：「狡，猶猾。」【索隱】郊兔死。郊，音狡。狡，猾也。吴越春秋作「郊兔」，亦通。漢書作「狡兔」。戰國策曰：「東郭逡海内狡兔也。」【考證】楓、三本「亨」作「烹」。亨、藏、亡，韻。沈欽韓曰：蒯通曾以風韓信，故信云「果若人言」也。吴越春秋大夫種曰：「子胥於吴當夫差之誅也，謂臣曰『狡兔死，良犬烹。敵國滅，謀臣亡』。」顔師古引黄石公三略，非也。愚按：説又見上文。

信知漢王畏惡其能，常稱病不朝從。信由此日夜怨望，居常鞅鞅，羞與絳、灌等列。〔一〕信嘗過樊將軍噲，噲跪拜送迎，言稱臣，曰：「大王乃肯臨臣！」信出門笑曰：「生乃與噲等爲伍！」上常從容與信言諸將能不，各有差。〔二〕上問曰：「如我能將幾何？」信曰：「陛下不過能將十萬。」上曰：「於君何如？」曰：「臣多多而益善耳。」上笑曰：「多多益善，何爲爲我禽？」信曰：「陛下不能將兵，而善將將，此乃信之所以爲陛下禽也。且陛下所謂天授，非人力也。」〔三〕

〔一〕【考證】絳，絳侯周勃。灌，灌嬰。

〔二〕【考證】楓、三本「常」作「嘗」。

〔三〕【考證】留侯世家張良曰：「沛公殆天授。」酈生傳「酈食其稱漢王曰『非人之力也，天之福也』」。

陳豨拜爲鉅鹿守，辭於淮陰侯。〔一〕淮陰侯挈其手，辟左右，與之步於庭，仰天歎曰：「子可與言乎？」欲與子有言也。」豨曰：「唯將軍令之。」淮陰侯曰：「公之所居，天下精兵處也；〔二〕而公，陛下之信幸臣也。人言公之畔，陛下必不信；再至，陛下乃疑矣；三至，必怒而自將。吾爲公從中起，天下可圖也。」陳豨素知其能也，信之，曰：「謹奉教。」漢十年，陳豨果反。〔三〕上自將而往，信病不從。陰使人至豨所曰：「弟舉兵，吾從此助公。」〔四〕信乃謀與家臣夜詐詔赦諸官徒奴，欲發以襲呂后、太子。〔五〕部署已定，待豨報。其舍人得罪於信，信囚，欲殺之。〔六〕舍人弟上變，告信欲反狀於呂后。〔七〕呂后欲召，恐其黨不就，乃與蕭相國謀，詐令人從上所來，言豨已得死，〔八〕列侯羣臣皆賀。相國紿信曰：「雖疾彊入賀。」〔九〕信入，呂后使武士縛信，斬之長樂鍾室。〔一〇〕信方斬，曰：「吾悔不用蒯通之計，乃爲兒女子所詐，豈非天哉！」遂夷信三族。〔一一〕

〔二〕【集解】徐廣曰：「表云爲趙相國，將兵守代也。」【考證】漢書改作「爲代相監邊」。周壽昌曰：漢書當得其實。據史記豨傳，亦未嘗爲鉅鹿守。

〔三〕【考證】張文虎曰：「公」下「之」字，舊刻有，與漢書合。

〔三〕【考證】張文虎曰：各本「十」下衍「一」字，舊刻無。

〔四〕【考證】周壽昌曰：病，與稱病，情事絶異。觀下相國紿信語，則信病非假稱也。

〔五〕【考證】胡三省曰：有罪而居作者爲徒，有罪而没入官者爲奴。楓、三本「發」下有「兵」字，與漢書合。

〔六〕【索隱】按：晉灼曰楚漢春秋云「謝公也」。姚氏案：功臣表云「慎陽侯樂説，淮陰舍人，告信反」。未知孰是。

〔七〕【考證】顔師古曰：凡言變告者，謂告非常之事。

〔八〕【考證】岡白駒曰：黨、儻通。楓、三本「豨」上有「陳」字。漢書無「得」字。

〔九〕【考證】楓、三本「疾」作「病」，與漢書合。

〔一〇〕【正義】長樂宮縣鍾之室。

〔一一〕【考證】楓、三本「乃」下有「果」字。漢書「乃」作「反」。周壽昌曰：紀、表俱作十一年誅信，此從十年豨反後敘入，未加分析也。歸有光曰：陳豨事，疑出告者之口。案必相國、呂后文致之者。馮班曰：陳豨以賓客盛，爲周昌所疑。高祖使案其客，始反耳，未必素有逆謀。且豨以信幸爲趙相國，將兵居邊，非韓、彭之儔，有震主之威，據大國者也。何爲先自疑而有反慮乎？韓信處嫌疑之地，輕與一陳豨出口言反，此亦非人情。信以淮陰侯家居，雖赦諸徒奴，合而使之，未易部勒也。上自出，關中雖虛，未能全無備，亦不可信也。論者却未及此。梁玉繩曰：信之死冤矣。前賢皆極辨其無反狀，大抵出于告變者之誣詞，及呂后與相國文致耳。史公依漢廷獄案，敘入傳中，而其冤自見。一飯千金，弗忘漂母；解衣推食，寧負高皇？不聽涉、通于擁兵王齊之日，必不妄動于淮陰家居之時；不思結連布、越大國之王，必不輕約邊遠無能之將。賓客多，與稱病之人何涉？左右辟，則挈手之語誰聞？上謁入賀，謀逆者未必坦率如斯。家臣徒奴善將者，亦復部署有幾？是知高祖畏惡其能，非一朝夕，胎禍于躡足附耳，露疑于奪符襲軍，故禽縛不已，族誅始快。從豨軍來，見信死，且喜且憐，亦諒其無辜受戮爲可憐也。獨怪蕭何初以國士薦，而無片語申救，又詐而紿之，毋乃與留侯勸封雍齒異乎？

高祖已從豨軍來，至，〔一〕見信死，且喜且憐之，問信死亦何言。呂后曰：「信言恨不用蒯通計。」高祖曰：「是齊辯士也。」乃詔齊捕蒯通。蒯通至，上曰：「若教淮陰侯反乎？」〔二〕

對曰：「然，臣固教之。豎子不用臣之策，故令自夷於此。如彼豎子用臣之計，陛下安得而夷之乎？」上怒曰：「亨之！」通曰：「嗟乎，冤哉，亨也！」上曰：「若教韓信反，何冤？」對曰：「秦之綱絶而維弛，山東大擾，異姓並起，英俊烏集。秦失其鹿，天下共逐之，〔三〕於是高材疾足者先得焉。蹠之狗吠堯，堯非不仁，狗固吠非其主。當是時，臣唯獨知韓信，非知陛下也。且天下鋭精持鋒，欲爲陛下所爲者甚衆，顧力不能耳。又可盡亨之邪？」〔四〕高帝曰：「置之。」乃釋通之罪。〔五〕

〔一〕【考證】楓、三本「從」下有「破」字。

〔二〕【考證】若，汝也。

〔三〕【集解】張晏曰：「以鹿喻帝位也。」【考證】楓、三本「烏」作「鳥」。鹿、禄，音通。

〔四〕【考證】胡三省曰：鋭精，言磨淬精鐵而鋭之。顔師古曰：顧，反也。

〔五〕【考證】胡三省曰：置，猶舍也，赦也。漢書蒯通傳云「通論戰國時説士權變，亦自序其説，凡八十一篇，號曰雋永」。藝文志縱横家蒯子五篇。説又見田儋傳論贊。

太史公曰：吾如淮陰，淮陰人爲余言，韓信雖爲布衣時，其志與衆異。其母死，貧無以葬，然乃行營高敞地，令其旁可置萬家。〔一〕余視其母冢，良然。假令韓信學道，謙讓，不伐己功，不矜其能，則庶幾哉，於漢家勳可以比周、召、太公之徒，後世血食矣。〔二〕不務出此，而天下已集，乃謀畔逆，夷滅宗族，不亦宜乎！〔三〕

〔一〕【考證】楓、三本「萬」下有「餘」字。

〔二〕【考證】「道」字斥下句。老子二十二章「不自伐，故有功。不自矜，故長」。「庶幾哉」三字屬下句。

〔三〕【考證】李笠曰：天下已集，豈可爲逆於其必不可爲叛之時？而夷其宗族，豈有心肝人所宜出哉？讀此數語，韓信心迹，劉季、呂雉手段，昭然若揭矣。文家反覆辨論，反不若此言之宛轉痛快！

【索隱述贊】君臣一體，自古所難。相國深薦，策拜登壇。沈沙決水，拔幟傳餐。與漢漢重，歸楚楚安。三分不議，僞遊可歎。

史記會注考證卷九十三

韓信盧綰列傳第三十三

史記九十三

【考證】史公自序云：「楚、漢相距鞏、洛，而韓信爲填潁川，盧綰絶籍糧饟。作韓信盧綰列傳第三十三。」陳仁錫曰：韓王信、盧綰，封王同，反叛同，亡匈奴同，子孫來降同，故二人同傳。若陳豨，則以反事附見爾。

韓王信者，〔一〕故韓襄王孽孫也，長八尺五寸。〔二〕及項梁之立楚後懷王也，燕、齊、趙、魏皆已前王，唯韓無有後，故立韓諸公子横陽君成爲韓王，欲以撫定韓故地。〔三〕項梁敗死定陶，成犇懷王。沛公引兵擊陽城，〔四〕使張良以韓司徒降下韓故地，〔五〕得信以爲韓將，將其兵從沛公入武關。

〔一〕【集解】徐廣曰：「一云『信都』。」【索隱】楚漢春秋云韓王信都，恐謬也。諸書不言有韓信都。案：韓王信，初爲韓司徒，後訛云「申徒」，因誤以爲韓王名耳。【考證】齊召南曰：案劉知幾謂韓王本名信都，史削去一字，遂與淮陰無別，此臆説也。史無削人名字之理。兩人姓名偶同，故稱「韓王信」以別之。知幾因表有「信都」二字，妄爲此解，不知因「司徒」訛爲「申徒」，因「申徒」又訛爲「信都」。官名本一，而音轉字别，遂致不同，非韓王本名信都也。

〔二〕【集解】張晏曰：「孺子爲孽。」【索隱】張晏云「庶子爲孽子」。何休注公羊，以爲「孽，賤子，猶之伐木有孽生也」。漢書晁錯云「孽子悼惠王」是也。

〔三〕【集解】徐廣曰：「二年六月也。都陽翟。」【正義】故横城在宋州宋城縣西南三十里。

〔四〕【正義】河南縣也。

〔五〕【集解】徐廣曰：「他本多作『申徒』。申與司聲相近，字由此錯亂耳。今有申徒，云是司徒之後，言司聲轉爲申。」

沛公立爲漢王，韓信從入漢中，迺説漢王曰：「項王王諸將近地，而王獨遠居此，此左遷也。士卒皆山東人，跂而望歸，〔一〕及其鋒東鄉，可以争天下。」〔二〕漢王還定三秦，〔三〕迺許信爲韓王，先拜信爲韓太尉，將兵略韓地。

〔一〕【索隱】跂，音企，起踵也。【正義】跂，音岐。

〔二〕【集解】文穎曰：「鋒鋭欲東向。」【索隱】按：姚氏云「軍中將士氣鋒」。韋昭曰「其氣鋒鋭，欲東也」。【考證】事又見高祖紀。紀「還」上無「左」字，「鋒」下有「而用之」三字。及其鋒，猶言及其鋭氣方盛也。中井積德曰：是淮陰之首謀必矣，此以同名誤耳。愚按：顧炎武亦有此説，詳見高祖紀。

〔三〕【考證】應劭曰：「章邯爲雍王，司馬欣爲塞王，董翳爲翟王。分王秦地，故曰三秦。」

項籍之封諸王，皆就國，韓王成以不從無功，不遣就國，更以爲列侯。〔一〕及聞漢遣韓信略韓地，迺令故項籍游吳時吳令鄭昌爲韓王，以距漢。〔二〕漢二年，韓信略定韓十餘城。漢王至河南，韓信急擊韓王昌陽城。昌降，漢王迺立韓信爲韓王，〔三〕常將韓兵從。三年，漢王出滎陽，韓王信、周苛等守滎陽。及楚敗滎陽，信降楚，已而得亡，復歸漢，漢復立以爲韓王，竟從擊破項籍，天下定。〔四〕五年春，遂與剖符爲韓王，王潁川。〔五〕

〔一〕【集解】徐廣曰：元年十一月，誅成。駰案：漢書曰「封爲穰侯」。【索隱】地理志穰縣屬南陽。【考證】梁玉繩曰：此但言項籍廢韓王成爲侯，而不言其殺成，疏也。

〔二〕【正義】項籍在吳時，昌爲吳縣令。

〔三〕【集解】徐廣曰：「二年十一月。」【考證】楓、三本「迺」上無「王」字，與漢書合。

〔四〕【考證】楓、三本「定」上有「既」字。

〔五〕【考證】楓、三本「與」下有「信」字，與漢書合。王先謙曰：以潁川爲王都。

明年春，〔一〕上以韓信材武，所王北近鞏、洛，南迫宛、葉，東有淮陽，皆天下勁兵處，迺詔徙韓王信王太原，以北備禦胡，都晉陽。〔二〕信上書曰：「國被邊，匈奴數入晉陽，去塞遠，請治馬邑。」〔三〕上許之，信乃徙治馬邑。秋，匈奴冒頓大圍信，〔四〕信數使使胡求和解。漢發兵救之，疑信數閒使，有二心，使人責讓信。〔五〕信恐誅，因與匈奴約，共攻漢，反以馬邑降胡，擊太原。

〔一〕【集解】徐廣曰：「即五年之二月。」駰案：漢書曰「六年春」。【正義】徐廣曰：「即高帝五年之二月也。」漢書韓信傳云「六年春」。史記高祖紀並云「六年，徙信都晉陽」。未審徐何據而言之也。【考證】史記高祖紀亦以爲五年事。正義失考。

〔二〕【正義】并州。【考證】楓、三本「上以」下有「爲」字，「以北」下重「北」字。鞏，今河南府鞏縣西南三十里。洛，洛陽。葉，式涉反，今葉縣南三十里。宛，今南陽府南陽縣治。淮陽，今陳州府淮寧縣治。晉陽，今太原府太原縣治。

〔三〕【集解】李奇曰：「被，音『被馬』之『被』也。」【正義】馬邑，朔州。【考證】顔師古曰：被，猶帶也。馬邑，今朔平府朔州治。

〔四〕【索隱】冒頓，上音墨，又音莫報反。

〔五〕【考證】漢書韓王信傳云「上賜信書責讓之曰：『專死不勇，專生不任。寇攻馬邑，君王力不足以堅守乎？安危存亡之地，此二者，朕所以責於君王。』」

七年冬，上自往擊破信軍銅鞮，斬其將王喜。〔一〕信亡走匈奴。與其將白土人曼丘臣、王黃等立趙苗裔趙利爲王，復收信敗散兵，而與信及冒頓謀攻漢。〔二〕匈奴使左右賢王將萬餘騎，與王黃等屯廣武以南，至晉陽，與漢兵戰，〔三〕漢大破之，追至于離石，復破之。〔四〕匈奴復聚兵樓煩西北，〔五〕漢令車騎擊破匈奴。匈奴常敗走，漢乘勝追北，聞冒頓居代上谷，〔六〕高皇帝居晉陽，使人視冒頓，還報曰：「可擊。」上遂至平城。〔七〕上出白登，〔八〕匈奴騎圍上，上乃使人厚遺閼氏。〔九〕閼氏乃說冒頓曰：「今得漢地，猶不能居；且兩主不相戹。」居七日，胡騎稍引去。時天大霧，漢使人往來，胡不覺。護軍中尉陳平言上曰：「胡者全兵，〔一〇〕請令彊弩傅兩矢外鄉。」〔一一〕徐行出圍，入平城，漢救兵亦到，胡騎遂解去。漢亦罷兵歸。韓信爲匈奴將兵往來擊邊。

〔一〕【正義】銅鞮，潞州縣。【考證】今沁州北四十里。

〔二〕【集解】張晏曰：「白土，縣名，屬上郡。」【考證】劉攽曰：下云「而與信及冒頓謀攻漢」，則上不當有「與」字。陳仁錫曰：「與」字衍文。愚按：高紀亦無「與」字。周壽昌曰：曼丘，姓。臣，名。兩人皆白土賈人，見陳豨傳。

〔三〕【正義】廣武故城在代州鴈門縣界也。

〔四〕【正義】離石，石州縣。【考證】各本「復」上有「後」字，漢傳無。王念孫曰：此言漢兵破匈奴於晉陽，復追破之，不當有「後」字。

〔五〕【正義】鴈門郡樓煩縣。【考證】今代州崞縣東北。

〔六〕【正義】今嬀州。【考證】王念孫曰：「上」字衍。漢書作「居代谷」是也。主父偃傳云「高皇帝聞匈奴聚於代谷之外，而欲擊之。御史成進諫，不聽，遂北至於代谷，果有平城之圍」，是代谷與平城相近。若上谷則去平城遠矣。

〔七〕【正義】朔州定襄縣是也。【考證】平城，雁門縣，今大同府大同縣東。

〔八〕【集解】服虔曰：「白登，臺名，去平城七里。」如淳曰：「平城旁之高地若丘陵也。」【索隱】姚氏案：北疆記桑乾河北有白登山，冒頓圍漢高之所，今猶有壘壁。

〔九〕【正義】閼，於連反，又音燕。氏，音支，單于嫡妻號，若皇后。

〔一〇〕【集解】漢書音義曰：「言唯弓矛，無雜仗也。」【考證】胡者，猶言胡人也。孫子攻篇云「夫用兵之法，全軍爲上，破軍次之；全旅爲上，破旅次之；全卒爲上，破卒次之」。「全兵」之「全」，與此正同。言胡人不欲損傷卒伍，故强弩外嚮，不敢迫之。沈欽韓云「全兵，謂短兵自衛者，故可以弩破圍」。周壽昌云「言胡全用鋭利之兵以殺敵，如刀矛戈戟皆是，無楯鎧之類以禦弩弓也」。皆未得。

〔一一〕【索隱】傅，音附。【考證】顔師古曰：每一弩而加兩矢外嚮者，以禦敵也。

漢十年，信令王黄等説誤陳豨。〔一〕十一年春，故韓王信復與胡騎入居參合，距漢。〔二〕漢使柴將軍擊之，〔三〕遺信書曰：「陛下寬仁，諸侯雖有畔亡，而復歸，輒復故位號，不誅也。〔四〕大王所知。今王以敗亡走胡，非有大罪，急自歸！」韓王信報曰：「陛下擢僕起閭巷，南面稱孤，此僕之幸也。滎陽之事，僕不能死，囚於項籍，此一罪也。及寇攻馬邑，僕不能堅守，以城降之，此二罪也。〔五〕今反爲寇將兵，與將軍爭一旦之命，此三罪也。夫種、蠡無一罪，身死亡；〔六〕今僕有三罪於陛下，而欲求活於世，此伍子胥所以僨於吳也。〔七〕今僕亡匿山谷閒，旦暮乞貸蠻夷，僕之思歸，如痿人不忘起，盲者不忘視也，勢不可耳。」〔八〕遂戰。柴將軍屠參合，斬韓王信。〔九〕

〔一〕【考證】事見下文陳豨傳。

〔二〕【集解】蘇林曰：「參合，代地也。」【正義】故城在朔州定襄縣北。【考證】今大同府陽高縣東北。

〔三〕【集解】鄧展曰：「柴奇也。」【索隱】應劭云柴武，鄧展云柴奇。晉灼云奇，武之子。應劭説爲得，此時奇未爲將。

〔四〕【考證】漢書上「復」字作「後」。

〔五〕【考證】楓、三本「及」作「反」。漢書無「及」字。

〔六〕【集解】文穎曰：大夫種、范蠡也。【考證】亡，逃亡。

〔七〕【索隱】蘇林曰：「僨，音奮。」張晏曰：「僨，僵仆也。」【正義】信知歸漢必死，故引子胥以爲辭。

〔八〕【索隱】痿，耳誰反，舊音耳睡反，於義爲疏。張揖云「痿不能起」，哀帝紀云「帝即位痿痺」是也。

〔九〕【考證】梁玉繩曰：斬信者，樊噲傳云所將卒，匈奴傳是噲，與此異。漢書高紀、信傳是柴，而噲與匈奴傳同史，未知孰是。

信之入匈奴，與太子俱；及至穨當城，生子，因名曰穨當。〔一〕韓太子亦生子，命曰嬰。至孝文十四年，穨當及嬰率其衆降漢。漢封穨當爲弓高侯，〔二〕嬰爲襄城侯。〔三〕吳、楚軍時，弓高侯功冠諸將。〔四〕傳子至孫，孫無子，失侯。嬰孫以不敬失侯。〔五〕穨當孽孫韓嫣貴幸，名富顯於當世。〔六〕其弟說再封，數稱將軍，卒，爲案道侯。〔七〕子代，歲餘坐法死。〔八〕後歲餘，說孫曾拜爲龍頟侯，〔九〕續說後。〔一〇〕

〔一〕【集解】漢書音義曰：「縣名。」韋昭曰：「在匈奴地。」【考證】楓、三本「太子」下有「赤」字。穨當城，韋說是。

〔二〕【集解】地理志河閒有弓高縣也。【索隱】地理志屬河閒。漢書功臣表屬營陵。【正義】滄州縣。【考證】梁玉繩曰：「『十四年』當作『十六年』。」

〔三〕【索隱】案：服虔云「縣名」。功臣表屬魏郡。

〔四〕【集解】徐廣曰：「諡曰壯。」【考證】漢書「軍」作「反」。七國之反，穨當數膠西王卬罪，使自殺。見吳王濞傳。

〔五〕【集解】徐廣曰：「表云嬰子澤之，元朔四年，不敬，國除。」【考證】梁玉繩曰：案史、漢表，嬰子澤之，元朔四年，坐詐病不從不敬，國除。則此言「孫」，誤也。

〔六〕【集解】漢書音義曰：「嫣，音『鄢陵』之『鄢』。」【索隱】音偃，又一言反，又休延反，並通。【考證】見佞幸傳。漢書無「富」字。

〔七〕【考證】韓說，見衞將軍傳。初封龍頟侯，坐事失侯，後復爲案道侯。卒，猶終也，竟也。梁氏志疑云「當作『今』」，失之。

〔八〕【集解】徐廣曰：「名長君。」

〔九〕【集解】徐廣曰：「長君之子也。」【索隱】徐廣曰：「長君之子。」案：博物志字季君也。

〔一〇〕【索隱】頟，五格反。又作「雒」，音洛。龍雒，縣名。【正義】史記表、衛青傳及漢書表云，韓説元朔五年從大將軍有功，封龍頟侯，以酎金坐免。元封元年，擊東越有功，封按道侯。征和二年，孫子曾，復封爲龍頟侯。漢書功臣表云「武後元年，説孫曾紹封龍頟侯」，漢表是也。【考證】梁玉繩曰：「子代歲餘」以下，乃後人所續，當删之。且續于侯表者，并其名字兄弟而誤之。續于列傳者，亦既誤以曾爲説孫，又誤其坐罪復封之歲。蓋説子興以征和二年代，四年，坐祝詛斬，後元元年，興弟曾紹封也。集解、正義並誤。

盧綰者，豐人也，與高祖同里。盧綰親與高祖太上皇相愛，〔一〕及生男，高祖、盧綰同日生，里中持羊酒賀兩家。及高祖、盧綰壯，俱學書，又相愛也。〔二〕里中嘉兩家親相愛，生子同日，壯又相愛，復賀兩家羊酒。〔三〕高祖爲布衣時，有吏事辟匿，盧綰常隨出入上下。及高祖初起沛，盧綰以客從，入漢中爲將軍，常侍中。從東擊項籍，以太尉常從，出入卧内，衣被飲食賞賜，羣臣莫敢望，雖蕭、曹等，特以事見禮，至其親幸，莫及盧綰。綰封爲長安侯。長安，故咸陽也。〔四〕

〔一〕【集解】如淳曰：「親，謂父也。」【考證】楓、三本「太」上有「親」字。

〔二〕【考證】書，文字也。高祖學書，故得試爲泗上亭長，可以補本紀。

〔三〕【考證】楓、三本「家」下有「以」字。

〔四〕【正義】秦咸陽在渭北。長安在渭南，蕭何起未央宫處也。

漢五年冬，以破項籍，〔一〕迺使盧綰別將，與劉賈擊臨江王共尉，破之。〔二〕七月還，從擊燕王臧荼，臧荼降。高祖已定天下，諸侯非劉氏而王者七人。欲王盧綰，爲羣臣觖望。〔三〕及虜臧荼，迺下詔諸將相列侯，擇羣臣有功者以爲燕王。羣臣知上欲王盧綰，皆言曰：「太尉長安侯盧綰，常從平定天下，功最多，可王燕。」〔四〕詔許之。漢五年八月，迺立盧綰爲燕王。〔五〕諸侯王得幸，莫如燕王。

〔一〕【考證】楓、三本「以」作「已」。

〔二〕【集解】李奇曰：「共敖子。」

〔三〕【集解】如淳曰：「觖，音『決別』之『決』。望，猶怨也」。瓚曰：「觖，謂相觖而怨望也。」韋昭曰：「觖，猶冀也。」【索隱】服虔音決，觖望，猶怨望也。又音企。韋昭音冀。【考證】姚鼐曰：觖，即「缺」字之異體，缺少之意。中井積德曰：不滿之意。

〔四〕【考證】楓、三本「可」下有「立爲」二字。愚按：從楓、三本，「王燕」當作「燕王」。

〔五〕【考證】「漢五年」三字衍文。梁玉繩曰：八月，「後九月」之誤。

漢十一年秋，陳豨反代地，〔一〕高祖如邯鄲擊豨兵，〔二〕燕王綰亦擊其東北。〔三〕當是時，陳豨使王黄求救匈奴。燕王綰亦使其臣張勝於匈奴，言豨等軍破。〔四〕張勝至胡，故燕王臧荼子衍出亡在胡，見張勝曰：「公所以重於燕者，以習胡事也。燕所以久存者，以諸侯數反，兵連不決也。今公爲燕欲急滅豨等，豨等已盡，次亦至燕，公等亦且爲虜矣。〔五〕公何不令燕且緩陳豨，而與胡和？〔六〕事寬，得長王燕；即有漢急，可以安國。」張勝以爲然，迺私令匈奴助豨等擊燕。燕王綰疑張勝與胡反，上書請族張勝。勝還，具道所以爲者。燕王寤，迺詐論它

人，脱勝家屬，使得爲匈奴閒，〔七〕而陰使范齊之陳豨所，欲令久亡連兵勿決。〔八〕

〔一〕【考證】豨反，在十年九月。

〔二〕【考證】楓、三本「祖」下有「怒」字，「豨」下無「兵」字。

〔三〕【考證】胡三省曰：代在燕之西南，故綰擊其東北。

〔四〕【考證】淩稚隆曰：伏後降者言張勝在匈奴爲燕使案。

〔五〕【考證】楓、三本，毛本「已盡」上重「豨等」二字，與漢書合。今從之。陳仁錫引洞本亦重二字。各本脱。

〔六〕【考證】漢書「和」上有「連」字。

〔七〕【考證】楓、三本「人」下有「以」字，與漢書合。

〔八〕【集解】晉灼曰：「使陳豨久亡畔。」【考證】漢書無「亡」字，此疑衍。

漢十二年，東擊黥布，豨常將兵居代，〔一〕漢使樊噲擊，斬豨。其裨將降，言燕王綰使范齊通計謀於豨所。高祖使使召盧綰。綰稱病。上又使辟陽侯審食其、御史大夫趙堯往迎燕王，因驗問左右。〔二〕綰愈恐，閉匿，謂其幸臣曰：「非劉氏而王，獨我與長沙耳。〔三〕往年春，漢族淮陰，夏，誅彭越，皆呂后計。〔四〕今上病，屬任呂后。呂后婦人，專欲以事誅異姓王者及大功臣。」〔五〕迺遂稱病不行。其左右皆亡匿，語頗泄。辟陽侯聞之，歸具報上，上益怒。又得匈奴降者，降者言張勝亡在匈奴，爲燕使。〔六〕於是上曰：「盧綰果反矣！」使樊噲擊燕。燕王綰悉將其宫人家屬騎數千，居長城下候伺，幸上病愈，自入謝。四月，高祖崩，盧綰遂將其衆亡入匈奴，匈奴以爲東胡盧王。〔七〕綰爲蠻夷所侵奪，常思復歸。居歲餘死胡中。

〔一〕【考證】楓、三本「豨」上有「陳」字。

〔二〕【考證】楓、三本「問」下有「其」字，與漢書合。

〔三〕【考證】漢書「王」下有「者」字。楓、三本「長沙」下有「王」字。

〔四〕【考證】漢書删「春秋」二字。誅彭越在三月。

〔五〕【考證】徐孚遠曰：迎燕王者辟陽侯，故愈疑呂后之謀。

〔六〕【考證】張文虎曰：「降者」二字疑複衍。楓、三本「燕」下有「王」字，漢書無。

〔七〕【考證】顧炎武曰：封之爲東胡王也。其姓盧，故稱東胡盧王。

高后時，盧綰妻子亡降漢，會高后病，不能見，舍燕邸，〔一〕爲欲置酒見之。高后竟崩，不得見。盧綰妻亦病死。

〔一〕【考證】顏師古曰：舍，止也。諸侯王及諸郡朝宿之館在京師者，謂之邸。

孝景中六年，盧綰孫他之，以東胡王降。〔二〕封爲亞谷侯。〔三〕

〔二〕【集解】如淳曰：「爲東胡王來降也。漢紀東胡，烏丸也。」【正義】他，徒何反。【考證】梁玉繩曰：中六年，當作「中五年」。愚按：漢書「他之」作「他人」，譌。

〔三〕【集解】徐廣曰：「亞，一作『惡』。」【正義】漢表在河內。

陳豨者，宛朐人也，不知始所以得從。〔一〕及高祖七年冬，韓王信反，入匈奴，上至平城還，迺封豨爲列侯，〔二〕以趙相國將監代邊兵，邊兵皆屬焉。〔三〕

〔一〕【索隱】地理志屬濟陰下。又云梁人，是褚先生之説異也。【正義】宛朐，曹州縣也。太史公云「陳豨，梁人」。按：宛朐，六國時屬梁。【考證】陳仁錫曰：不知始所以得從，此史家缺疑例也。梁玉繩曰：案功臣表，豨以前元年從起，何云不知始所從？

〔二〕【集解】徐廣曰：「功臣表曰陳豨以特將將卒五百人，前元年從起宛朐，至霸上爲侯，以游擊將軍別定代，已破臧荼，封豨爲陽夏侯。」【考證】錢大昕曰：功臣表高祖六年正月，豨之元年也。又云已破臧荼爲陽夏侯，則豨之侯在平城前矣。

〔三〕【考證】程一枝曰：「代」下「邊」字衍。愚按：淮陰侯傳「豨爲代相國監邊」。高祖十年紀「九月代相陳豨反，上曰：『代地吾所急。』故封豨爲列侯，以相國守代」。此豨爲代相國也。「趙」當作「代」。

豨常告歸過趙，趙相周昌見豨賓客隨之者千餘乘，邯鄲官舍皆滿。豨所以待賓客如布衣交，皆出客下。〔一〕豨還之代，周昌迺求入見。見上，具言豨賓客盛甚，擅兵於外數歲，恐有變。上乃令人覆案豨客居代者財物諸不法事，多連引豨。〔二〕豨恐，陰令客通使王黃、曼丘臣所。〔三〕及高祖十年七月，太上皇崩，〔四〕使人召豨，豨稱病甚。九月，遂與王黃等反，自立爲代王，劫略趙、代。〔五〕

〔一〕【正義】言屈己禮之，不用富貴自尊大。【考證】史公論贊云「豨，梁人，其少時數稱慕魏公子」。

〔二〕【考證】楓、三本「不」下有「如」字。

〔三〕【正義】二人，韓王信將。

〔四〕【考證】陳仁錫曰：「及高祖」三字衍。愚按：各本「十年」譌「七年」，今從楓、三本。

〔五〕【考證】楓、三本，宋本，中統、舊刻、毛本，吴校金板作「代王」，它本譌「大王」。

上聞，迺赦趙、代吏人爲豨所詿誤劫略者，皆赦之。〔一〕上自往至邯鄲，喜曰：「豨不南據漳水，北守邯鄲，知其無能爲也。」〔二〕趙相奏斬常山守、尉，曰：「常山二十五城，豨反，亡其二十城。」〔三〕上問曰：「守尉反乎？」對曰：「不反。」上曰：「是力不足也。」赦之，復以爲常山守、尉。上問周昌曰：「趙亦有壯士可令將者乎？」對曰：「有四人。」四人謁，上謾罵曰：「豎子能爲將乎？」四人慙伏。上封之各千户，以爲將。左右諫曰：「從入蜀、漢，伐楚，功未偏行，今此何功而封？」上曰：「非若所知。陳豨反，邯鄲以北皆豨有，吾以羽檄徵天下兵，未有至者，〔四〕今唯獨邯鄲中兵耳。〔五〕吾胡愛四千户，不封此四人？以慰趙子弟！」〔六〕皆曰：「善。」於是上曰：「陳豨將誰？」曰：「王黄、曼丘臣，皆故賈人。」上曰：「吾知之矣。」迺各以千金購黄、臣等。

〔一〕【考證】漢書删「皆赦之」三字。

〔二〕【考證】楓、三本「知」上有「吾」字。高紀作「豨不南據邯鄲而阻漳水」，爲是。説在高紀。

〔三〕【考證】漢高紀「趙相」下補「周昌」二字。顔師古曰：守者郡守，尉者郡尉也。

〔四〕【集解】魏武帝奏事曰：「今邊有小警，輒露檄插羽，飛羽檄之意也。」駰案：推其言，則以鳥羽插檄書，謂之羽檄，取其急速若飛鳥也。【考證】張文虎曰：集解「飛羽檄之意也」當作「取飛檄之意也」。

〔五〕【考證】漢高紀「今」下有「計」字，非是。

〔六〕【考證】「户」下「不」字，「封」下「此」字，據楓、三本補。漢書、漢紀「以」上有「不」字，與楓、三本異。

十一年冬，漢兵擊斬陳豨將侯敞、王黄於曲逆下，〔一〕破豨將張春於聊城，斬首萬餘。〔二〕

太尉勃入定太原、代地。十二月，上自擊東垣，東垣不下，卒罵上；東垣降，卒罵者斬之，不罵者黥之。〔三〕更命東垣爲真定。王黃、曼丘臣，其麾下受購賞之，皆生得，〔四〕以故陳豨軍遂敗。

〔一〕【正義】定州北平縣東南十五里蒲陰故城是也。【考證】梁玉繩曰：史詮謂「王黃」二字衍，是也。下云「生得王黃」，樊噲傳云「虜王黃」，則非斬矣。

〔二〕【正義】博州縣。

〔三〕【考證】王念孫曰：「黥」當從高祖紀作「原」。原之者，謂宥之也。若不罵者黥之，則人皆不免於罪矣。

〔四〕【考證】楓、三本「臣」下有「等」字。中井積德曰：「之」字難讀，恐有誤。

上還至洛陽。上曰：「代居常山北，趙迺從山南有之，遠。」迺立子恒爲代王，都中都，代、鴈門皆屬代。〔一〕

〔一〕【集解】徐廣曰：「十一年正月。」【正義】中都故城在汾州平遙縣西南十二里。

高祖十二年冬，樊噲軍卒追斬豨於靈丘。〔一〕

〔一〕【正義】蔚州是。【考證】「高祖」二字衍。楓、三本「豨」上有「陳」字。高紀「靈丘」作「當城」。

太史公曰：韓信、盧綰，非素積德累善之世，徼一時權變，以詐力成功，〔一〕遭漢初定，故得列地南面稱孤。〔二〕内見疑彊大，外倚蠻貊以爲援，是以日疏自危，事窮智困，卒赴匈奴，豈不哀哉！陳豨梁人，其少時數稱慕魏公子；〔三〕及將軍守邊，招致賓客而下士，名聲過

實。〔四〕周昌疑之，疵瑕頗起，懼禍及身，邪人進説，遂陷無道。於戲悲夫！夫計之生孰，成敗於人也深矣！〔五〕

〔一〕【考證】顔師古曰：徼，要也，音工堯反。楓、三本「徼」作「激」。

〔二〕【考證】楓、三本「列」作「裂」，與漢書合。

〔三〕【考證】宛朐屬濟陰，濟陰梁地，故史公稱爲梁人。魏公子，信陵君無知。

〔四〕【考證】楓、三本「及」下有「爲」字。

〔五〕【考證】楓、三本「孰」作「熟」。

【索隱述贊】韓襄遺孽，始從漢中。剖符南面，徙邑北通。穨當歸國，龍頷有功。盧綰親愛，羣臣莫同。舊燕是王，東胡計窮。

史記會注考證卷九十四

史記九十四

田儋列傳第三十四

【考證】史公自序云：「諸侯畔項王，唯齊連子羽城陽，漢得以間遂入彭城。作田儋列傳第三十四。」王鳴盛曰：諸王稱王者多矣，皆見田儋傳中，以儋實首事，聊以爲標目耳。唐順之曰：文一串，似世家體。愚按：以事論之，當列張耳陳餘傳前。

田儋者，狄人也，〔一〕故齊王田氏族也。儋從弟田榮，榮弟田橫，皆豪，宗彊，能得人。〔二〕

〔一〕【集解】徐廣曰：「今樂安臨濟縣也。」【正義】淄州高苑縣西北，北狄故縣城。和帝改千乘爲樂安郡。【考證】狄，縣名。

〔二〕【索隱】儋子市，從弟榮，榮子廣，榮弟橫，各遞爲王。榮并王三齊。【考證】「豪」下，楓、三本有「族」字，漢傳有「桀」字。

陳涉之初起王楚也，使周市略定魏地，北至狄，狄城守。田儋詳爲縛其奴，從少年之廷，欲謁殺奴。〔一〕見狄令，因擊殺令，而召豪吏子弟曰：「諸侯皆反秦自立，齊，古之建國，儋，田氏，當王。」遂自立爲齊王。〔二〕發兵以擊周市。周市軍還去，田儋因率兵東略定齊地。

〔一〕【集解】服虔曰：「古殺奴婢，皆當告官。儋欲殺令，故詐縛奴而以謁也。」【正義】詳僞，羊爲二音。【考證】詳、佯同。正義本「爲」作「僞」。僞、爲通，非「詐僞」之「僞」。

〔二〕【集解】徐廣曰：「二世元年九月也。」

秦將章邯圍魏王咎於臨濟，急。〔一〕魏王請救於齊，齊王田儋將兵救魏。〔二〕章邯夜銜枚，擊大破齊、魏軍，殺田儋於臨濟下。〔三〕儋弟田榮，收儋餘兵，東走東阿。〔四〕

〔一〕【考證】姚範曰：魏咎所都之臨濟，當屬魏地。如解爲齊州之臨濟，則不得云「東走東阿」。愚按：說見魏豹傳。

〔二〕【集解】徐廣曰：「二年六月。」

〔三〕【考證】楓、三、宋、中統、毛本「齊魏」作「齊楚」。

〔四〕【考證】楓、三、中統、游、毛本「走」上有「東」字。

齊人聞王田儋死，迺立故齊王建之弟田假爲齊王，田角爲相，田閒爲將，以距諸侯。〔一〕

〔一〕【考證】徐孚遠曰：假爲王建弟，於次應立。故田儋敗而齊人立之。

田榮之走東阿，章邯追圍之。項梁聞田榮之急，迺引兵擊破章邯軍東阿下。章邯走而西，項梁因追之。而田榮怒齊之立假，迺引兵歸，擊逐齊王假。假亡走楚。齊相角亡走趙，

角弟田閒前求救趙，因留不敢歸。〔一〕田榮乃立田儋子市爲齊王，榮相之，田橫爲將，平齊地。〔二〕

〔一〕【考證】漢書「救」上無「求」字，此衍。

〔二〕【集解】徐廣曰：「二年八月。」

項梁既追章邯，章邯兵益盛，項梁使使告趙、齊，發兵共擊章邯。田榮曰：「使楚殺田假，趙殺田角、田閒，迺肯出兵。」〔一〕楚懷王曰：「田假與國之王，窮而歸我，殺之不義。」趙亦不殺田角、田閒以市於齊。〔二〕齊曰：「蝮螫手則斬手，螫足則斬足。何者？爲害於身也。〔三〕今田假、田角、田閒於楚、趙，非直手足戚也，何故不殺？〔四〕且秦復得志於天下，則齮齕用事者墳墓矣。」〔五〕楚、趙不聽，齊亦怒，終不肯出兵。章邯果敗殺項梁，破楚兵，楚兵東走，而章邯渡河圍趙於鉅鹿。項羽往救趙，由此怨田榮。

〔一〕【考證】徐孚遠曰：齊方初立田市，恐田假尚存，民有異望故也。

〔二〕【正義】市，如市沽貿易。【考證】懷王言止此。項羽紀以爲項梁語，是也。

〔三〕【集解】應劭曰：「蝮一名虺，螫人手足，則割去其肉，不然則致死。」【索隱】蝮，音芳伏反。螫，音臛，又音釋。【正義】按：蝮，毒蛇，長二三丈。嶺南北有之。虺，長一二尺，頭腹皆一遍。説文云「虺博三寸，首大如擘」。擘，手大指也，音步歷反。【考證】漢書「齊」下補「王」字。楓、三本「蝮」下有「蛇」字。中井積德曰：斬者斷也，非割肉之謂。唐詩云「蝮蛇一螫手，壯士疾解腕」。蝮、虺異，非一物。張文虎曰：正義「一遍」疑「匾」字誤分。

〔四〕【集解】文穎曰：「言將亡身，非手足憂也。」瓚曰：「於楚、趙非手足之親。」【正義】蝮蛇之喻，言蝮蛇螫人，則雖手足斬之，爲去其害也。今田氏等於楚、趙，其害甚於斬手足，何不殺之乎？【考證】文穎説是。直、特通，但也。柯維騏曰：言田假、田角，亦似蝮蛇之毒，將害于身，不獨手足之憂。漢書削去「直」字，謬矣。

〔五〕【集解】如淳曰：「齮齕，猶齚齧。」【索隱】齮，音蟻。齕，音紇。齮齕，側齒齩也。【正義】按：秦重得志，非但辱身，墳墓亦發掘矣。若子胥鞭荆平王墓。一云，墳墓言死也。【考證】中井積德曰：注不必言側齒。漢書「用」上有「首」字。顔師古曰：首用事，謂起兵而立號者也。愚按：墳墓，祖先塋域。

項羽既存趙，降章邯等，西屠咸陽，滅秦，而立侯王也，迺徙齊王田市，更王膠東，治即墨。〔一〕齊將田都從共救趙，因入關，故立都爲齊王，治臨淄。〔二〕故齊王建孫田安，項羽方渡河救趙，田安下濟北數城，引兵降項羽，項羽立田安爲濟北王，治博陽。〔三〕田榮以負項梁，不肯出兵助楚、趙攻秦，故不得王；〔四〕趙將陳餘亦失職不得王：二人俱怨項王。

〔一〕【考證】顔師古曰：治，謂都之也。

〔二〕【考證】楓、三本「從」下有「兵」字。

〔三〕【考證】楓、三本「立」上有「亦」字。

〔四〕【考證】楓、三本「趙」上有「救」字。漢傳「楚」譌作「漢」。

項王既歸，諸侯各就國，田榮使人將兵助陳餘，令反趙地，而榮亦發兵以距擊田都，田都亡走楚。田榮留齊王市，無令之膠東。〔一〕市之左右曰：「項王彊暴，而王當之膠東，不就國，必危。」市懼，迺亡就國。田榮怒，追擊殺齊王市於即墨，還攻殺濟北王安。於是田榮迺自立

爲齊王，盡并三齊之地。〔二〕

〔一〕【考證】漢傳無「令」字。

〔二〕【索隱】田市王膠東，田都王齊，田安王濟北。

項王聞之大怒，迺北伐齊。齊王田榮兵敗，走平原，平原人殺榮。〔一〕項王遂燒夷齊城郭，所過者盡屠之。〔二〕齊人相聚畔之。榮弟橫收齊散兵，得數萬人，反擊項羽於城陽。〔三〕而漢王率諸侯敗楚，入彭城。〔四〕項羽聞之，迺醳齊而歸，擊漢於彭城。〔五〕因連與漢戰，相距滎陽。以故田橫復得收齊城邑，〔六〕立田榮子廣爲齊王，而橫相之，專國政，政無巨細皆斷於相。

〔一〕【集解】徐廣曰：「三年正月。」【正義】平原，德州也。【考證】楓、三本「人」作「民」，與漢傳合。梁玉繩曰：榮見殺之後，項羽立田假爲齊王。田橫反城陽擊假，假走楚，楚殺之。此缺，誤。

〔二〕【集解】徐廣曰：「立故王田假也。」

〔三〕【集解】徐廣曰：「假走楚，楚殺之。」【正義】城陽，濮州雷澤是。【考證】顧炎武曰：城陽，正義以爲濮州雷澤縣，非也。漢書「城陽國治莒」，史記呂后紀言「齊王乃上城陽之郡」。孝文紀言以齊劇郡立朱虛侯章爲城陽王。而淮陰侯傳言「擊殺龍且於濰水上，齊王廣亡去，信遂追北至城陽」。皆此地。王先謙曰：城陽，今沂州府莒州治。

〔四〕【考證】黃淳耀曰：楚、漢之際，六國蜂起自立，惟田氏最典楚齮齕，而陰德於漢甚大。初田儋救魏，爲章邯所殺。儋從弟榮收兵走東阿，邯追圍之。項梁聞榮急，乃引兵擊破章邯。邯走而西，是榮之復振，皆項氏力也。微梁，榮且將蟲出矣。及梁既追章邯，邯兵益盛，梁使趣齊兵共擊章邯，榮乃要楚、趙，殺田假一門三人。楚、趙義不忍殺，則終不出兵。夫假固齊王建弟也，齊人以儋死故立之。既已逐之矣，又必欲殺之。又以楚之不殺也，覆用爲讎，坐視項梁之敗，不義甚矣。項羽由此怨榮。入關後，分王田都、田安。榮距都殺安，盡并三齊之地。羽北伐，而漢遂得劫五諸侯，共乘關東向矣。榮之舉事，非以爲漢，而實陰爲漢用也。吾故曰：田氏最與楚齮齕，而陰德漢甚大。王鳴盛曰：項氏之敗，半爲田氏牽綴。不西憂漢，而北擊齊，以此致亡。愚按：項王不王田榮、陳餘，失計之甚者，敗因實在此。

〔五〕【索隱】此豈亦以「醳酒」之義？並古「釋」字。【考證】張文虎曰：索隱本「醳」，各本作「釋」。

〔六〕【集解】徐廣曰：「四月。」

橫定齊三年，漢王使酈生往説下齊王廣，及其相國橫。橫以爲然，解其歷下軍。漢將韓信引兵且東擊齊。齊初使華無傷、田解軍於歷下以距漢，漢使至，迺罷守戰備，縱酒，且遣使與漢平。漢將韓信已平趙、燕，用蒯通計，度平原，襲破齊歷下軍，因入臨淄。齊王廣、相橫怒，以酈生賣己，而亨酈生。齊王廣東走高密，〔一〕相橫走博陽，〔二〕守相田光走城陽，〔三〕將軍田既軍於膠東。楚使龍且救齊，齊王與合軍高密。漢將韓信與曹參破殺龍且，〔四〕虜齊王廣。漢將灌嬰追得齊守相田光，至博陽，而橫聞齊王死，自立爲齊王，還擊嬰，嬰敗橫之軍於嬴下。田橫亡走梁，歸彭越。〔五〕彭越是時居梁地，中立，且爲漢，且爲楚。韓信已殺龍且，因令曹參進兵，破殺田既於膠東，使灌嬰破殺齊將田吸於千乘。〔六〕韓信遂平齊，乞自立爲齊假王，〔七〕漢因而立之。

〔一〕【集解】徐廣曰：「高，一作『假』。」

〔二〕【集解】漢傳「博陽」作「博」。王先謙曰：博陽即博縣，非汝南博陽也。

〔三〕【考證】顏師古曰：守相者，言爲相而專主居守之事。

〔四〕【集解】徐廣曰：「四年十一月。」

〔五〕【集解】晉灼曰：「嬴，泰山嬴縣也。」【正義】故嬴城在兖州博城縣東北百里。【考證】漢書「嬴」作「贏」。

〔六〕【正義】千乘故城在淄州高苑縣北二十五里。

〔七〕【集解】徐廣曰：「二月也。」

後歲餘，漢滅項籍，漢王立爲皇帝，以彭越爲梁王。田横懼誅，而與其徒屬五百餘人入海，居島中。〔一〕高帝聞之，以爲田横兄弟本定齊，齊人賢者多附焉，今在海中不收，後恐爲亂，迺使使赦田横罪而召之。田横因謝曰：「臣亨陛下之使酈生，今聞其弟酈商爲漢將而賢，臣恐懼不敢奉詔，請爲庶人守海島中。」使還報，高皇帝迺詔衛尉酈商曰：「齊王田横即至，人馬從者敢動摇者致族夷！」〔二〕迺復使使持節，具告以詔商狀曰：「田横來，大者王，小者迺侯耳；不來，且舉兵加誅焉。」〔三〕田横迺與其客二人乘傳詣雒陽。〔四〕

〔一〕【集解】韋昭曰：「海中山曰島。」【正義】按：海州東海縣有島山，去岸八十里。【考證】李笠曰：入海居島，蓋泛指東海中島。韋説是。

〔二〕【考證】楓、三本「商」下無「曰」字，漢書有。

〔三〕【考證】顏師古曰：大者謂横身，小者其徒屬。劉奉世曰：高帝唯召横耳，故許之大者封王，小者不失爲侯。詳語意可知。豈爲其徒衆哉！愚按：劉説是。

〔四〕【集解】如淳曰：「四馬下足爲乘傳。」【考證】中井積德曰：乘傳，乘於傳車也。

未至三十里，至尸鄉廄置，〔一〕横謝使者曰：「人臣見天子，當洗沐。」止留。謂其客曰：「横始與漢王俱南面稱孤，〔二〕今漢王爲天子，而横迺爲亡虜而北面事之，其恥固已甚矣。且吾亨人之兄，與其弟並肩而事其主，縱彼畏天子之詔不敢動我，我獨不愧於心乎？〔三〕且陛下所以欲見我者，不過欲一見吾面貌耳。今陛下在洛陽，〔四〕今斬吾頭馳三十里閒，形容尚未能敗，猶可觀也。」遂自剄，令客奉其頭，從使者馳奏之高帝。〔五〕高帝曰：「嗟乎，有以也夫！起自布衣，兄弟三人更王，豈不賢乎哉！」爲之流涕，〔六〕而拜其二客爲都尉，發卒二千人，以王者禮葬田横。〔七〕

〔一〕【集解】應劭曰：「尸鄉在偃師。」瓚曰：「廄置，置馬以傳驛也。」

〔二〕【正義】老子云「貴以賤爲本」。侯王自稱謂孤、寡、不穀，謙稱也。

〔三〕【考證】中井積德曰：上「我」字疑衍。

〔四〕【考證】漢書無「今」字，此疑衍。

〔五〕【正義】奉，音捧。

〔六〕【考證】王鳴盛曰：高帝召田横，恐其爲亂，非真欲赦之。横自知不免，來而自殺。高帝爲流涕，葬以王禮。高帝慣有此一副急淚，藉以欺人屢矣，不獨於田横爲然。心實幸其死，非真惜而哀之也。

〔七〕【正義】齊田横墓在偃師西十五里。崔豹古今注云：「薤露、蒿里，送哀歌也，出田横門人。横自殺，門人傷之而作悲歌，言人命如薤上露，易晞滅。至李延年乃分爲二曲，薤露送王公貴人，蒿里送士大夫庶人，使挽柩者歌之，俗呼爲挽歌。」

既葬，二客穿其冢旁孔，皆自剄，下從之。高帝聞之，迺大驚，以田横之客皆賢。〔一〕吾聞其餘尚五百人在海中，使使召之。至則聞田横死，亦皆自殺。於是迺知田横兄弟能得士也。

〔一〕【考證】楓、三本「賢」下有「者」字，與漢書合。

太史公曰：甚矣蒯通之謀，亂齊，驕淮陰，其卒亡此兩人！〔一〕蒯通者善爲長短説，〔二〕論戰國之權變，爲八十一首。〔三〕通善齊人安期生，安期生嘗干項羽，項羽不能用其筴。已而項羽欲封此兩人，兩人終不肯受，亡去。田横之高節，賓客慕義而從横死，豈非至賢！余因而列焉。無不善畫者，莫能圖，何哉？〔四〕

〔一〕【集解】韓信、田横。【考證】趙翼曰：蒯通事與田儋何涉，而贊及之？疑後人竄入。愚按：此言説韓信使襲齊也，故但言亂齊也。

〔二〕【索隱】言欲令此事長，則長説之。欲令此事短，則短説之。故戰國策亦名曰「短長書」是也。【考證】長短，猶言縱横。

〔三〕【集解】漢書曰：「號爲雋永。」永，一作「求」。【索隱】雋永，書名也。雋，音松兖反。【考證】梁氏志疑曰：翁孝廉云「漢書通傳言八十一首號雋永。攷藝文志無雋永，而有蒯子五篇，未知此八十一首否？史公述戰國時事，與策不同者五，豈取于雋永乎？今不可攷矣。」

〔四〕【索隱】言天下非無善畫之人，而不知圖畫田横及其黨慕義死節之事。何故哉？歎畫人不知畫，此也。【考證】顧炎武曰：謂以横兄弟之賢而不能存齊。愚按：索隱憒憒。

【索隱述贊】秦、項之際，天下交兵。六國樹黨，自置豪英。田儋殞寇，立市相榮。楚封王假，齊破酈生。兄弟更王，海島傳聲。

史記會注考證卷九十五

樊酈滕灌列傳第三十五　　史記九十五

【考證】史公自序云：「攻城野戰，獲功歸報，噲、商有力焉，非獨鞭策，又與之脱難。作樊酈列傳第三十五。」陳仁錫曰：樊、酈戰功多，滕、灌次之。四人同傳，而敘事各不同。茅坤曰：太史公詳次樊、酈、滕、灌戰功，大略與曹參、周勃等相似，然並從，未嘗專將也。其間書法，曰攻，曰下，曰破，曰定，曰屠，曰殘，曰先登，曰却敵，曰陷陳，曰最，曰疾戰，曰斬首，曰虜，曰得，咸各有法。又如曰身生虜，曰所將卒斬，曰別將，此以各書其戰陣之績，有不可紊亂所授也。

舞陽侯樊噲者，沛人也。〔一〕以屠狗爲事，〔二〕與高祖俱隱。〔三〕

〔一〕【正義】舞陽在許州葉縣東十里。噲，音快，又吉外反。沛，徐州縣。

〔二〕【正義】時人食狗，亦與羊豕同，故噲專屠以賣之。【考證】孟子梁惠王篇「雞豚狗彘之畜，無失其時，七十者可以食肉」，此狗亦食其肉也。周壽昌曰：禮記「士無故不殺犬豕，又以其乘壺酒束脩一犬」。月令「天子以犬嘗麻，以犬嘗稻」。續志「祀聖師周公、孔子，牲以犬」。知古者食犬與羊豕同，漢猶然也。玩注，是以其時食狗爲異，知唐以來不復以犬充膳矣。

〔三〕【考證】漢書云「隱於芒碭山下」。

初從高祖起豐，攻下沛。〔一〕高祖爲沛公，以噲爲舍人。從攻胡陵、方與，〔二〕還守豐，擊泗水監豐下，破之。〔三〕復東定沛，破泗水守薛西。〔四〕與司馬𡰥戰碭東，卻敵，斬首十五級，〔五〕賜爵國大夫。〔六〕常從沛公，擊章邯軍濮陽，攻城先登，斬首二十三級，賜爵列大夫。〔七〕復常從，從攻城陽，〔八〕先登，下户牖，〔九〕破李由軍，斬首十六級，賜上閒爵。〔一〇〕從攻圍東郡守尉於成武，卻敵，斬首十四級，捕虜十一人，賜爵五大夫。〔一一〕從擊秦軍，出亳南。〔一二〕河閒守軍於杠里，破之。〔一三〕擊破趙賁軍開封北，以卻敵先登，斬候一人，首六十八級，捕虜二十七人，賜爵卿。〔一四〕從攻破楊熊軍於曲遇。〔一五〕攻宛陵，〔一六〕先登，斬首八級，捕虜四十四人，賜爵封號賢成君。〔一七〕從攻長社、轘轅，〔一八〕絕河津，〔一九〕東攻秦軍於尸，〔二〇〕南攻秦軍於犨，〔二一〕破南陽守齮於陽城。東攻宛城，先登。西至酈，以卻敵，斬首二十四級，捕虜四十人，〔二二〕賜重封。〔二三〕攻武關，至霸上，斬都尉一人，首十級，捕虜百四十六人，降卒二千九百人。

〔一〕【考證】漢書云「陳勝初起，蕭何、曹參使噲求迎高祖，立爲沛公」。凌稚隆曰：以下凡用十五「從」字。

〔二〕【正義】房預二音。【考證】唐順之曰：傳内凡言「從」者，從沛公行軍也。「别」者，分軍專攻也。

〔三〕【索隱】案：監者，秦時御史監郡也。豐下，豐縣之下也。【正義】泗水，郡名。【考證】泗水監名平。

〔四〕【索隱】謂破其守於薛縣之西也。【考證】泗水守名壯。

〔五〕【集解】張晏曰：「秦司馬。」【正義】秦將章邯司馬𡰥。碭，宋州縣也。【考證】張文虎曰：司馬𡰥，宋本「𡰥」舊刻、毛本譌「𡰣」，餘本譌「尼」。愚按：楓、三本作「𡰥」。「𡰥」讀與「夷」同。

〔六〕【集解】文穎曰：「即官大夫也。」【正義】爵第六級也。

〔七〕【集解】文穎曰：「即公大夫，爵第七。」【考證】凌稚隆曰：以下凡五用「先登」字。

〔八〕【集解】徐廣曰：「年表二年七月，破秦軍濮陽東，屠城陽也。」【正義】按：城陽近濮陽，而漢書作「陽城」，大錯誤。

〔九〕【正義】户牖，汴州東陳留縣東北九十一里東昏故城是。

〔一〇〕【集解】孟康曰：「不在二十爵中，如執圭、執帛比也。」如淳曰：「『閒』或作『聞』。呂氏春秋曰：『魏文侯東勝齊於長城，天子賞文侯以上閒爵。』」【索隱】賜上聞爵。張晏云：「得徑上聞。」晉灼曰：「名通於天子也。」如淳曰「或作『上聞』」，又引呂氏春秋，當證「上閒」。閒，音「中閒」之「閒」。【考證】梁玉繩曰：索隱本作「上聞」，與漢書同。各本譌「閒」字，故如淳注引呂覽下賢篇「天子賞魏文侯以上聞爵」爲證。史注多譌字，漢書注不譌。沈欽韓曰：噲爲沛公私將。此上聞爵，上達懷王也。中井積德曰：上聞爵在五大夫之下，非可以賞諸侯者。呂氏春秋恐難據作解。

〔一一〕【正義】成武，曹州縣。【考證】漢書「十一人」作「十六人」。

〔一二〕【索隱】案：亳，湯所都，今河南偃師有湯亳是也。【正義】亳故城在宋州穀熟縣西南四十里。

〔一三〕【正義】杠里，地名，近城陽。【考證】全祖望曰：秦郡無河閒。即令有之，河閒時已屬趙。項、章鉅鹿之軍，隔于其間，不得至中原也。杠里一見於高紀，再見於是傳，其地在梁、周之間，非河閒之所部，或是三川守之軍。

〔一四〕【正義】開封，汴州縣。【考證】漢書「二十七人」作「二十六人」。

〔一五〕【索隱】音齵顒二音，邑名也。【正義】曲，丘雨反。遇，牛恭反。鄭州中牟縣有曲遇聚。

〔一六〕【索隱】地理志屬河南。【正義】宛陵故城在鄭州新鄭縣東北三十八里。

〔一七〕【集解】徐廣曰：「時賜爵有執帛、執圭，又有賜爵封而加美名以爲號也。又有功，則賜封列侯。」駰案：張晏曰「食祿比封君，而無邑」。瓚曰：「秦制，列侯乃有封爵也。」【索隱】張晏曰：「食祿比封君，而無邑。」徐廣曰：「賜爵有執圭、執帛，又有爵封而加美號。」又小顏云：「楚、漢之際，權設寵榮，假其位號。或得邑地，或空受爵，此例多矣。約以秦制，於義不通。」

〔一八〕【正義】許州理縣也。轘轅關在緱氏縣東南三十里。

〔一九〕【正義】古平陰津在河南府東北五十里也。

〔二〇〕【正義】在偃師南。

〔二一〕【正義】在汝州魯山縣東南。

〔二二〕【正義】酈，音擲，在鄧州新城縣西北四十里。【考證】漢書「二十四級」作「十四級」。

〔二三〕【集解】張晏曰：「益祿也。」如淳曰：「正爵名也。」瓚曰：「增封也」。【索隱】張晏云「益祿也」。臣瓚以爲增封，義亦近是。而如淳曰正爵名，非也。小顏以爲重封者兼二號，蓋爲得也。【考證】重封未詳。

項羽在戲下，欲攻沛公。沛公從百餘騎，因項伯面見項羽，謝無有閉關事。項羽既饗軍士，中酒，亞父謀欲殺沛公，〔一〕令項莊拔劍舞坐中，欲擊沛公，項伯常肩蔽之。〔二〕時獨沛公與張良得入坐，樊噲在營外，聞事急，乃持鐵盾入到營。營衛止噲，噲直撞入，〔三〕立帳下。〔四〕項羽目之，問爲誰。張良曰：「沛公參乘樊噲。」項羽曰：「壯士。」賜之卮酒彘肩。噲既飲酒，拔劍切肉，食盡之。項羽曰：「能復飲乎？」噲曰：「臣死且不辭，豈特卮酒乎！且沛公先入定咸陽，暴師霸上，以待大王。〔五〕大王今日至，聽小人之言，與沛公有隙，臣恐天下解，〔六〕心疑大王也。」項羽默然。沛公如廁，麾樊噲去。既出，沛公留車騎，獨騎一馬，與樊噲等四人步從，〔七〕從閒道山下歸走霸上軍，而使張良謝項羽。項羽亦因遂已，無誅沛公之心矣。是日微樊噲犇入營譙讓項羽，沛公事幾殆。〔八〕

〔一〕【集解】張晏曰：「中酒，酒酣也。」

〔二〕【考證】王念孫曰：「肩」當「屏」字之誤也。漢書作「屏蔽」。項羽紀云「常以身翼蔽沛公」。張文虎曰：中統、舊刻、游本無「之」字，有「沛公」二字。

〔三〕【集解】漢書音義曰：「撞，音撞鐘。」【正義】撞，直江反。

〔四〕【集解】徐廣曰：「一本作『立帷下，瞋目而視，眥皆血出』。」

〔五〕【正義】時羽未爲王，史追書。【考證】張照曰：按此等稱謂，非追書也，直是當時尊奉之辭。觀亞父謂項莊，君王爲人不忍，可見時羽雖未爲王，然已擅命立雍王矣。稱以大王，若固有之耳。

〔六〕【正義】紀買反。至此爲絶句。

〔七〕【正義】車騎，沛公所乘之車，及從者之騎。【考證】漢書「樊」上無「與」字，此疑衍。四人，樊噲、靳彊、夏侯嬰、紀成。

〔八〕【索隱】譙，音誚，責也。或才笑反，或亦作「誚」。【正義】幾，音祈。【考證】敘事中插議論。陳仁錫曰：子長一手作項羽本紀與樊噲傳，兩處俱敘噲入鴻門事。紀則豐贍，傳則簡至，俱如畫筆。學者於此中可窺作文關竅。

明日，項羽入屠咸陽，立沛公爲漢王。〔一〕漢王賜噲爵爲列侯，號臨武侯。〔二〕遷爲郎中。

〔一〕【考證】漢書「明日」作「後數日」，蓋據高紀改正也。

〔二〕【正義】桂陽臨武縣。【考證】錢大昕曰：戰國之際，趙有臨武君，未必遠取桂陽之臨武也。洪亮吉曰：案是時桂陽未屬漢，噲安得封此？且傳明言「號臨武侯」，則固以美號賜之，與夏侯嬰號昭平侯，傅寬號通德侯等同，非實邑也。下云「賜食邑杜之樊鄉」，始有實封耳。正義誤。

從入漢中，還定三秦，別擊西丞白水北，〔一〕雍輕車騎於雍南，破之。〔二〕從攻雍、斄城，先登。擊章平軍好畤，〔三〕攻城先登，陷陣斬縣令、丞各一人，首十一級，虜二十人，遷郎中騎將。〔四〕從擊秦軍騎壤東，〔五〕卻敵，遷爲將軍。攻趙賁，下郿、槐里、柳中、咸陽；〔六〕灌廢丘，最。〔七〕至櫟陽，〔八〕賜食邑杜之樊鄉。〔九〕從攻項籍，屠煮棗。〔一〇〕擊破王武、程處軍於外黃，攻鄒、魯、瑕丘、薛。〔一一〕項羽敗漢王於彭城，盡復取魯、梁地。噲還至滎陽，益食平陰二千户，〔一二〕以將軍守廣武。〔一三〕一歲，項羽引而東。從高祖擊項籍，下陽夏，虜楚周將軍卒四千人。〔一四〕圍項籍於陳，大破之，屠胡陵。〔一五〕

〔一〕【集解】徐廣曰：「隴西有西縣。白水在武都。」駰案：如淳曰「皆地名也」。晉灼曰「白水，今廣平魏縣也。地理志無『西丞』，似秦將名」。【索隱】案：西謂隴西之西縣。白水，水名，出武都，經西縣東南流。言噲擊西縣之丞，在白水之北耳。徐廣等說皆非也。【正義】括地志云：「白馬水源出文州曲水縣西南，會經孫山下。」

〔二〕【正義】上「雍」，於拱反。【考證】上「雍」字，漢書作「擁」，蓋爲挾包之義。正義音於拱反，亦讀爲擁。王念孫曰：上「雍」是「章邯爲雍王」之「雍」。下「雍」是雍縣也。酈商傳亦云「破雍將烏氏」。愚按：王説是也。「擊」字管到下句，「破之」字管到上句。

〔三〕【集解】音胎。【索隱】案：雍即扶風雍縣。斄，音台，即后稷所封，今之武功故斄城是。章平即章邯子也。【考證】張照曰：按高祖紀明云「雍王弟平」，索隱「子」字疑「弟」之誤。

〔四〕【考證】楓、三本「遷」下有「爲」字，與漢書合。王先謙曰：百官表郎中有車、户、騎三將。

〔五〕【索隱】小顔亦以爲地名。【正義】壤鄉在武功縣東南二十里。【考證】齊召南曰：曹參傳云「取壤鄉，擊三秦軍壤東」，然則壤是鄉名。壤東，壤鄉之東也。王先謙曰：秦，「三秦」省文。

〔六〕【索隱】按：柳中即細柳，地在長安西也。【正義】郿，岐州縣。

〔七〕【集解】李奇曰：「以水灌廢丘也。」張晏曰：「最，功第一也。」晉灼曰：「京輔治華陰，灌北也。」【索隱】灌，謂以水灌廢丘，城陷，其功最上也。李奇曰「廢丘即槐里也。上有槐里，此又言者，疑此是小槐里」，非也。按：文云「攻趙賁，下郿、槐里、柳中、咸陽」，總言所攻陷之邑。別言以水灌廢丘，其功特最也。何者？初云槐里，稱其新名，後言功最，是重舉不欲再見其文，故因舊稱廢丘也。

〔八〕【正義】雍州縣。

〔九〕【索隱】案：杜陵有樊鄉。三秦記曰「長安正南山名秦嶺，谷名子午，一名樊川，一名御宿」。樊鄉即樊川也。【考證】楓、三本「之」作「東」。

〔一〇〕【索隱】檢地理志無「煑棗」，晉説是。功臣表有煑棗侯，云清河有煑棗城。小顔以爲「攻項籍屠煑棗，合在河南，非清河之城明矣」。今案續漢書郡國志，在濟陰宛朐也。【正義】案：其時項羽未渡河北，冀州信都縣東北五十里煑棗非矣。【考證】索隱依單本當有譌脱。漢書注云「晉灼曰『煮棗地理志無也，清河有煮棗城。功臣表有煮棗侯』」。楓、三本引索隱「明矣」下有「但未詳其處耳」六字，亦與單本異。

〔一一〕【正義】鄒，兖州縣，在州東南六十二里。魯，兖州曲阜縣。瑕丘，兖州縣。薛在徐州滕縣界。【考證】王先謙曰：曹參傳王武反於外黄，程處反於燕，往擊盡破之。此傳俱在外黄，與參傳微異。服虔云「皆漢將」。

〔一二〕【正義】平陰故城在濟陽東北五里。

〔一三〕【考證】顔師古曰：即滎陽之廣武。

〔一四〕【正義】夏，音假，陳州太康縣。【考證】顔師古曰：周殷。全祖望曰：周殷是時守九江，已以軍降漢。會擊夏陽，則是别一人矣。項氏諸將，尚有周蘭。

〔一五〕【正義】陳，陳州。胡陵在兖州南。

項籍既死，漢王爲帝，以噲堅守戰有功，益食八百户。從高帝攻反燕王臧荼，虜荼，定燕地。楚王韓信反，噲從至陳，取信定楚。〔一〕更賜爵列侯，與諸侯剖符，世世勿絶，食舞陽，號爲舞陽侯，除前所食。〔二〕以將軍從高祖，攻反韓王信於代，自霍人以往〔三〕至雲中，〔四〕與絳侯等共定之，益食千五百户。因擊陳豨與曼丘臣軍，戰襄國，破柏人，〔五〕先登，降定清河、常山凡二十七縣，殘東垣，〔六〕遷爲左丞相。破得綦毋卬、尹潘軍於無終、廣昌。〔七〕破豨别將胡人王黄軍於代南，因擊韓信軍於參合。軍所將卒斬韓信，〔八〕破豨胡騎横谷，〔九〕斬將軍趙既，虜代丞相馮梁、守孫奮、大將王黄、將軍、太卜、太僕解福等十人，與諸將共定代鄉邑七十三。〔一〇〕其後燕王盧綰反，噲以相國擊盧綰，破其丞相抵薊南，〔一一〕定燕地，凡縣十八，鄉邑五十一。益食邑千三百户，定食舞陽五千四百户。從斬首百七十六級，〔一二〕虜二百八十八人。别破軍七，下城五，定郡六，縣五十二，得丞相一人，將軍十二人，二千石已下至三百石

十一人。〔一三〕

〔一〕【正義】徐州。

〔二〕【考證】楓、三本「食」下有「邑」字。

〔三〕【正義】先累反，又蘇果反，又山寡反。杜預云「霍人，晉邑也。『霍人』當作『葰』，地理志云葰人縣屬太原郡」。括地志云：「葰人故城在代州繁時縣界也。」

〔四〕【正義】雲中郡縣，皆朔州善陽縣北三百八十里定襄故城是也。

〔五〕【集解】徐廣曰：「曼，一作『甯』字。」【正義】襄國，邢州城。柏人，邢州縣。

〔六〕【集解】張晏曰：「殘，有所毀也。」瓚曰：「殘，謂多所殺傷也。孟子曰『賊義謂之殘』。」【考證】王先謙曰：以其卒罵高祖也，見高紀。

〔七〕【正義】在蔚州飛狐縣北七里。【考證】張文虎曰：綦毋卬，毛譌「邛」，中統、游、王、柯譌「卯」。

〔八〕【正義】參合在朔州定襄縣界。【考證】洪頤煊曰：漢書高帝紀「十一年，將軍柴武斬韓王信於參合」。韓王信傳「十一年春，信復與胡騎入居參合。漢使柴將軍斬之」。柴將軍屠參合，斬信，是時柴將軍屬樊噲。所將卒，即武也。

〔九〕【正義】谷，音欲，蓋在代。

〔一〇〕【正義】解福，人姓名。【考證】楓、三本「王黃」上有「軍」字。愚按：太卜，將軍名。漢書「太卜」作「大將」，「大將」下又增「一人」二字，恐非。

〔一一〕【索隱】抵，音丁禮反。抵訓至。一云「抵」者，丞相之名。【考證】周勃世家「得綰大將抵，丞相偃」，則抵，大將名。「抵」上疑奪「偃大將」三字。

〔一二〕【考證】沈家本曰：按通計實百八十九級，內二十四級。依漢書作「十四級」，則百七十九級。

〔一三〕【考證】楓、三本「破軍七」作「破軍十」。漢書「八十八人」作「八十七人」，「十二人」作「十三人」，「十一人」作「十二人」。功臣表「五千四百户」作「五千户」。

噲以吕后女弟吕須爲婦，生子伉，故其比諸將最親。

先黥布反時，高祖嘗病甚，〔一〕惡見人，臥禁中，詔户者無得入羣臣。羣臣絳、灌等莫敢入。十餘日，〔二〕噲乃排闥直入，〔三〕大臣隨之。上獨枕一宦者臥。噲等見上，流涕曰：「始陛下與臣等起豐、沛，定天下，何其壯也！今天下已定，又何憊也！且陛下病甚，大臣震恐，不見臣等計事，顧獨與一宦者絶乎？〔四〕且陛下獨不見趙高之事乎？」〔五〕高帝笑而起。

〔一〕【考證】徐孚遠曰：此段在擊燕以前，蓋追敘也。

〔二〕【考證】絳、灌，周勃、灌嬰。

〔三〕【正義】闥，宫中小門。

〔四〕【考證】顔師古曰：顧，猶反也。王先謙曰：絶，長訣也。

〔五〕【考證】張文虎曰：侃侃數言，深切簡括，得大臣之體，不謂出之於噲也。案：噲入關諫沛公出舍，至鴻門説項羽，理直辭壯，足折羽之氣。此其人不必肯黨吕氏以危劉氏者，以須比雉，幾與禄、産同論。冤哉！

其後盧綰反，高帝使噲以相國擊燕。是時高帝病甚，人有惡噲黨於吕氏，即上一日宫車晏駕，則噲欲以兵盡誅滅戚氏、趙王如意之屬。〔一〕高帝聞之大怒，乃使陳平載絳侯代將，而即軍中斬噲。陳平畏吕后，執噲詣長安。至則高祖已崩，吕后釋噲，使復爵邑。〔二〕

〔一〕【考證】顔師古曰：惡，謂毀譖。

〔三〕【考證】漢書「使」作「得」。

孝惠六年，樊噲卒，謚爲武侯。子伉代侯。而伉母呂須亦爲臨光侯，高后時用事專權，大臣盡畏之。〔一〕伉代侯九歲，高后崩。大臣誅諸呂、呂須婘屬，〔二〕因誅伉。舞陽侯中絶數月。孝文帝既立，乃復封噲他庶子市人爲舞陽侯，復故爵邑。市人立二十九歲卒，謚爲荒侯。子他廣代侯。六歲侯家舍人得罪他廣，怨之，乃上書曰：「荒侯市人，病不能爲人，〔三〕令其夫人與其弟亂而生他廣，他廣實非荒侯子，不當代後。」詔下吏。孝景中六年，他廣奪侯爲庶人，國除。〔四〕

〔一〕【考證】漢書「高后」上有「噲」字，非是。

〔二〕【索隱】嬃婘，音須眷二音。

〔三〕【正義】言不能行人道。

〔四〕【索隱】案：漢書平帝元始二年，封噲玄孫之子章爲舞陽侯，邑千户。【考證】本傳贊云「余與他廣通，爲余言高祖功臣之興若此云」，是他廣能存故家遺乘，亦佳公子也。徐孚遠曰：太史公與他廣善，故言其失侯，爲怨家所告，傳疑也。楓、三本引索隱「二年」下有「繼絶世」三字。

曲周侯酈商者，高陽人。〔一〕陳勝起時，商聚少年，東西略人得數千。〔二〕沛公略地至陳留。六月餘，〔三〕商以將卒四千人屬沛公於岐。〔四〕從攻長社，先登，賜爵封信成君。〔五〕從沛公

攻緱氏，絶河津，破秦軍洛陽東。〔六〕從攻下宛、穰，定十七縣。〔七〕別將攻旬關，定漢中。〔八〕

〔一〕【索隱】酈，音歷。高陽，聚名，屬陳留。【正義】曲周故城在洛州曲周西南十五里。酈商，雍州西南聚邑人也。」

〔二〕【考證】楓、三本「千」下有「人」字，與漢書合。

〔三〕【集解】徐廣曰：「月表曰二世元年九月，沛公起兵；二世三年二月，襲陳留，用酈食其策。起兵至此十九月矣。食其傳曰：既說高帝，已乃言其弟商，使從沛公也。」【索隱】事與酈生傳及年表小不同，蓋史官意異也。【正義】徐注非也。言商先東西略得數千人，及沛公略地至陳留，商起兵乃六月餘，得四千人，以將軍從高祖也。【考證】中井積德曰：「『六月餘』三字似衍文。不然，是商聚少年至屬沛公之月數矣。」愚按：三字當移「沛公」上，錯簡。

〔四〕【索隱】此地名闕，蓋在河南陳、鄭之界。【正義】高紀云「酈食其說沛公襲陳留，乃以食其爲廣野君，酈商爲將，將陳留兵，與偕攻開封」。酈生傳云「沛公引兵隨之，乃下陳留，爲廣陽君。言其弟酈商使將數千人，從沛公西南略地」。此傳云「屬沛公於岐，從攻長社」。案紀傳此說，岐當與陳留、高陽相近也。【考證】楓、三本「岐」下有「下」字。

〔五〕【考證】王先謙曰：初次賞功，即賜爵封君，與靳歙同。

〔六〕【考證】漢書無「沛公」二字。

〔七〕【考證】楓、三本「穰」上有「破」字，「十七」作「七十」。

〔八〕【集解】漢書音義曰：「漢中旬陽縣。音詢。」【索隱】案：在漢中旬陽縣，旬水上之關。【考證】漢書「定」上有「西」字。王先謙曰：別將有二義：一，小將別在他所，高紀「項梁盡召別將」是；一，別領一軍爲將，此傳是。與周、樊、灌、靳等傳單言「別」者義同。

項羽滅秦，立沛公爲漢王。漢王賜商爵信成君，〔一〕以將軍爲隴西都尉。別將定北地、上郡，〔二〕破雍將軍焉氏，〔三〕周類軍栒邑，〔四〕蘇駔軍於泥陽。〔五〕賜食邑武成六千户。〔六〕以隴西都尉從擊項籍軍，五月出鉅野，與鍾離眛戰，疾鬭，受梁相國印，益食邑四千户。以梁相國將從擊項羽，二歲，三月，攻胡陵。

〔一〕【考證】梁玉繩曰：案劉奉世云「商先封信成君，『君』當作『侯』是也」。徐孚遠云「再言衍文。義門讀書記云『復云賜爵信成君』，當即樊噲傳所謂『賜重封』」，並非。王先謙曰：漢初先賜名號侯，如樊噲「臨武」，傅寬「通德」之類甚多。「信成」乃名號，後賜爵列侯，則實封耳。灌嬰傳由昌文君賜號昌文侯，即其例也。

〔二〕【正義】北地，寧州。上郡，鄜州。

〔三〕【集解】音支。【索隱】上音於然反，下音支。縣名，屬安定。漢書云「破章邯別將」。【正義】縣在涇州安定縣東四十里。【考證】焉氏，各本及漢書作「烏氏」，今從索隱單本，楓、三本。

〔四〕【索隱】栒邑在豳州。地理志屬右扶風。栒，音荀。

〔五〕【集解】徐廣曰：「駔，一作『駬』。」【索隱】北地，縣名。駔者，龍馬也。【正義】故城在寧州羅川縣北三十一里。泥谷水源出羅川縣東北泥陽。源側有泉，於泥中潛流二十餘步，而流入泥谷。又有泥陽湫，在縣東北四十里。【考證】漢書無「於」字。中井積德曰：據文例，「於」字衍。蘇駔，人名，何須別解？凌稚隆曰：按：此傳以「以」字起頭，懸官名于上，附戰功于下，節節相承，與他傳體格不同。

〔六〕【正義】縣在華州鄭縣東十三里。【考證】漢書作「武城」。

項羽既已死，漢王爲帝。其秋，燕王臧荼反，商以將軍從擊荼，戰龍脱，〔一〕先登陷陣，破荼軍易下，卻敵，〔二〕遷爲右丞相，〔三〕賜爵列侯，與諸侯剖符，世世勿絶，食邑涿五千户，號曰涿侯。〔四〕以右丞相别定上谷，因攻代，受趙相國印。〔五〕以右丞相趙相國别與絳侯等定代、鴈門，得代丞相程縱、守相郭同、將軍已下至六百石十九人。〔六〕還以將軍爲太上皇衛，一歲。〔七〕七月，以右丞相擊陳豨，殘東垣。〔八〕又以右丞相從高帝擊黥布，攻其前拒，陷兩陳，得以破布軍，〔九〕更食曲周五千一百户，除前所食。〔一〇〕凡别破軍三，降定郡六，縣七十三，得丞相、守相、大將各一人，小將二人，二千石已下至六百石十九人。

〔一〕【集解】徐廣曰：「在燕趙之界」。駰案：漢書音義曰「地名」。【索隱】孟康曰「地名」。在燕趙之界，其地闕。【考證】錢大昕曰：趙世家孝成王十九年，以龍兑、汾門、臨樂與燕。龍脱即龍兑也。

〔二〕【正義】易州易縣。

〔三〕【考證】周壽昌曰：此右丞相，與韓信、樊噲、傅寬皆假虚稱。

〔四〕【正義】涿，幽州。【考證】楓、三本「五千户」上有「郡」字，與漢書合。中井積德曰：初食六千户，又益四千户，合爲一萬户，至此無減半之理。蓋前文有錯謬耳，下文當併案。或喪亂之後，民物凋弊，户數有不中實者。又土地自有沃瘠，户數多少，不足爲損益也。下傳傚此。

〔五〕【正義】上谷，嬀州。【考證】王先謙曰：趙相國是實任，右丞相猶虚稱也。

〔六〕【考證】顔師古曰：守相，謂爲相居守者。梁玉繩曰：案絳侯世家，爲周勃得程縱。

〔七〕【考證】楓、三本「爲」作「將」，與漢書合。王先謙曰：公卿表「商爲衛尉」即此事。

〔八〕【考證】梁玉繩曰：案漢書，「七月」作「十月」，是。蓋豨以十年九月反，不得言七月矣。

〔九〕【集解】徐廣曰：「拒，一作『和』。」駰謂：拒，方陳。拒，音矩。【索隱】音巨，又音矩。裴駰云「拒，方陣」。鄒氏引左傳有「左拒右拒」。徐云「一作『和』。和，軍門也」。漢書作「前垣」，小顔以爲「攻其壁壘之前垣」也。

李奇以爲「前鋒堅蔽若垣墻」，非也。

〔一〇〕【考證】張照曰：功臣表云「四千八百户」。

商事孝惠，高后時商病不治。〔一〕其子寄，字況，〔二〕與呂禄善。及高后崩，大臣欲誅諸呂，呂禄爲將軍，軍於北軍，太尉勃不得入北軍，於是乃使人劫酈商，令其子況紿呂禄，〔三〕呂禄信之，故與出游，而太尉勃乃得入據北軍，遂誅諸呂。是歲商卒，謚爲景侯。子寄代侯。天下稱酈況賣交也。〔四〕

〔一〕【集解】文穎曰：「不能治官事。」【考證】漢書「治」下有「事」字。

〔二〕【索隱】酈寄字也。鄒氏本作「兄」，亦音況。

〔三〕【索隱】紿，欺也，詐也，音待。

〔四〕【集解】班固曰：「夫賣交者，謂見利而忘義也。若寄，父爲功臣，而又執劫，雖摧呂禄，以安社稷，誼存君親，可也。」【考證】蘇軾曰：當是時，寄不得不賣友也。罪在於寄以功臣子而與國賊交，且相厚善也。

孝景前三年，吳、楚、齊、趙反，上以寄爲將軍，圍趙城，十月不能下。〔一〕得俞侯欒布自平齊來。乃下趙城，滅趙，王自殺，除國。〔二〕孝景中二年，寄欲取平原君爲夫人，〔三〕景帝怒，下寄吏，有罪奪侯。景帝乃以商他子堅封爲繆侯，續酈氏後。〔四〕繆靖侯卒，子康侯遂成立。遂成卒，子懷侯世宗立。〔五〕世宗卒，子侯終根立，爲太常，坐法，國除。〔六〕

〔一〕【考證】七國以正月反，三月滅。趙雖後下，不能相距十月之久也。漢書作「七月」，亦誤。説在楚元王世家。

〔二〕【集解】俞，音舒。【索隱】俞，音歈，縣名，又音輸，在河東。【考證】徐孚遠曰：趙除國，於酈寄傳無涉，蓋刪截舊文未浄者。愚按：漢書易「乃下」以下十一字以「迺滅趙」三字。

〔三〕【集解】蘇林曰：「景帝王皇后母臧兒也。」【考證】楓、三本「君」下有「姊」字，與漢書合。據外戚世家，武帝即位，尊王太后母臧兒爲平原君。此景帝中二年，尚無平原君尊號。追記隨後稱耳。

〔四〕【集解】徐廣曰：「繆者，更封邑名。謚曰靖。」【索隱】繆，音穆，邑也。謚曰靖侯，漢書無謚。【正義】繆，地未詳。【考證】楓、三本「繆」下有「靖」字。

〔五〕【集解】徐廣曰：「世，一作『他』。」【考證】張照曰：功臣表無「世」字、「遂」字，漢表有之。

〔六〕【考證】張照曰：功臣表云「坐祝詛誅，國除」。陳仁錫曰：爲太常坐法國除，此征和四年事。梁玉繩曰：「七」字後人妄增。

汝陰侯夏侯嬰，沛人也。〔一〕爲沛廄司御。〔二〕每送使客還，過沛泗上亭，與高祖語，未嘗不移日也。嬰已而試補縣吏，與高祖相愛。高祖戲而傷嬰，人有告高祖。〔三〕高祖時爲亭長，重坐傷人，〔四〕告故不傷嬰，〔五〕嬰證之。後獄覆，〔六〕嬰坐高祖繫歲餘，掠笞數百，終以是脱高祖。

〔一〕【正義】汝陰，即今陽城。

〔二〕【索隱】案：楚漢春秋云滕公者，御也。【考證】索隱依單本、楓、三本。

〔三〕【集解】韋昭曰：「告，白也。白高祖傷人。」【考證】中井積德曰：戲，蓋相撲之類，非徒戲嫚。愚按：告，告訴也。

〔四〕【集解】如淳曰：「爲吏傷人，其罪重也。」【考證】重，猶難也。

〔五〕【集解】鄧展曰：「律有故乞鞫。高祖自告不傷人。」【索隱】案：晉灼云「獄結竟，呼囚鞫語罪狀，囚若稱枉欲乞鞫者，許之也」。【考證】中井積德曰：言元來無傷人之事也。

〔六〕【索隱】案：韋昭曰「高帝自言不傷嬰，嬰證之，是獄辭翻覆也。」【考證】嬰證之，其事已息。告者坐誣告之罪，不服，故覆審也。

高祖之初與徒屬欲攻沛也，嬰時以縣令史爲高祖使。〔一〕上降沛一日，〔二〕高祖爲沛公，賜嬰爵七大夫，以爲太僕。〔三〕從攻胡陵，嬰與蕭何降泗水監平，平以胡陵降，〔四〕賜嬰爵五大夫。從擊秦軍碭東，攻濟陽，下户牖，破李由軍雍丘下，以兵車趣攻戰疾，賜爵執帛。常以太僕奉車從擊章邯軍東阿、濮陽下，以兵車趣攻戰疾，破之，賜爵執珪。復常奉車從擊趙賁軍開封，楊熊軍曲遇。〔五〕嬰從捕虜六十八人，降卒八百五十人，得印一匱。〔六〕因復常奉車從擊秦軍雒陽東，以兵車趣攻戰疾，賜爵封轉爲滕公。〔七〕因復奉車從攻南陽，戰於藍田、芷陽，〔八〕以兵車趣攻戰疾，至霸上。項羽至，滅秦，立沛公爲漢王。〔九〕漢王賜嬰爵列侯，號昭平侯，復爲太僕，從入蜀、漢，還定三秦。

〔一〕【正義】爲，于僞反。使，所吏反。

〔二〕【正義】謂父老開城門迎高祖。【考證】淩稚隆曰：「『一日』二字未詳，或以高祖書帛射城中，一日而開門出降也。

〔三〕【考證】陳仁錫曰：滕公傳以「太僕」二字爲主，凡四爲太僕，五奉車從擊，四以兵車趣攻戰疾，五以太僕從擊，三以太僕事。種種戰功，自始至終，不離「太僕」，此子長作文用奇處。漢書削「常奉車」者三，削「以太僕」者三，削「以兵車」者一，難與窺文章之奧矣。

〔四〕【集解】張晏曰：「胡陵，平所止縣，何嘗給之，故與降也。」

〔五〕【考證】漢書「楊」作「揚」。

〔六〕【索隱】案：説文云「匱，匣也」。謂得其時自相部署之印。

〔七〕【集解】徐廣曰：「令也。」駰案：鄧展曰「今沛郡公丘」。漢書曰嬰爲滕令奉車，故號滕公。【正義】滕，即公丘故城是，在徐州滕縣西南十五里。【考證】中井積德曰：爵封之號不傳也，與滕公自别。愚按：漢書「滕公」作「滕令」。楚人稱令爲公，説已見前。

〔八〕【索隱】芷，音止。地名，今霸陵也，在京兆。

〔九〕【考證】楓、三本「滅秦」上有「咸陽」二字。

從擊項籍至彭城。項羽大破漢軍。漢王敗不利，馳去。見孝惠、魯元載之。漢王急，馬罷，虜在後，常蹶兩兒欲弃之，〔一〕嬰常收，竟載之，徐行面雍樹乃馳。〔二〕漢王怒，行欲斬嬰者十餘，卒得脱，而致孝惠、魯元於豐。

〔一〕【索隱】蹶，音厥，又音巨月反，一音居衛反。漢書作「蹳」，音撥。【考證】王先謙曰：以足蹋兩兒使下也。

〔二〕【集解】服虔曰：「高祖欲斬之，故嬰圍樹走也。面，向樹也。」應劭曰：「古者皆立乘，嬰恐小兒墜，各置一面雍持之。樹，立也。」蘇林曰：「南陽人謂抱小兒爲『雍樹』。面者，大人以面首向臨之，小兒抱大人頸似懸樹也。」【索隱】蘇林與晉灼皆言南方及京師謂抱兒爲「擁樹」，今則無其言，或當時有此説。其應、服之説蓋疎也。【考證】項羽紀云「楚騎追漢王，漢王急，推墮孝惠、魯元車下。滕公常下收載之，如是者三，曰：『雖急不可以驅，奈何棄之？』於是遂得脱」。漢書「常收竟載之徐行面雍樹乃馳」作「常收載行面雍樹馳」。顔師古曰：面，偝也。雍，抱持之。言取兩兒，令面背己，而抱持之以馳。雍讀曰擁。沈欽韓曰：方言「樹，植立也」。中井積德曰：雍，蓋地名。初倉皇奔逃，莫適往，望雍之樹色，乃馳而趨之也。灌嬰傳云「漢王遁而西還，軍於雍丘」。然則所謂雍，指雍丘邪？愚按：「面雍樹」三字，李光地、洪頤煊諸人亦有別解，皆未得。中説較長。

漢王既至滎陽，收散兵，復振，賜嬰食祈陽。〔一〕復常奉車從擊項籍，追至陳，卒定楚，至魯，益食茲氏。〔二〕

〔一〕【集解】徐廣曰：「祈，一作『沂』。」【索隱】蓋鄉名也。漢書作「沂」，楚無其縣。【考證】漢書「食」下有「邑」字。梁玉繩曰：徐廣「祈」作「沂」是也。漢書、水經注六並作「沂陽」。

〔二〕【索隱】縣名也。地理志屬太原。

漢王立爲帝。其秋，燕王臧荼反，嬰以太僕從擊荼。明年，從至陳，取楚王信。更食汝陰，剖符世世勿絶。以太僕從擊代，至武泉、雲中，〔一〕益食千户。因從擊韓信軍胡騎晉陽旁，大破之。追北至平城，爲胡所圍七日，不得通。高帝使使厚遺閼氏，冒頓開圍一角。高帝出欲馳，嬰固徐行，弩皆持滿外向，卒得脱。〔二〕益食嬰細陽千户。〔三〕復以太僕從擊胡騎句注北，大破之。以太僕擊胡騎平城南，三陷陳，功爲多，賜所奪邑五百户。〔四〕以太僕擊陳豨、黥布軍，陷陳卻敵，益食千户，定食汝陰六千九百户，除前所食。

〔一〕【索隱】地理志武泉屬雲中。【正義】二縣在朔州善陽縣界。

〔二〕【考證】固讀爲故。顔師古曰：故示閒暇，所以固士卒心而令敵不測也。楓、三本作「因」，亦通。

〔三〕【索隱】地理志屬汝南。

〔四〕【集解】漢書音義曰：「時有罪過奪邑者以賜之。」【考證】王文彬曰：嬰攻戰時所奪之邑，即以賜之也。

嬰自上初起沛，常爲太僕，竟高祖崩。以太僕事孝惠。孝惠帝及高后德嬰之脱孝惠、魯元於下邑之閒也，〔一〕乃賜嬰縣北第第一，曰「近我」，以尊異之。〔二〕孝惠帝崩，以太僕事高后。高后崩，代王之來，嬰以太僕與東牟侯入清宮，廢少帝，〔三〕以天子法駕迎代王代邸，與大臣共立爲孝文皇帝，復爲太僕。八歲卒，謚爲文侯。〔四〕子夷侯竈立，七年卒。子共侯賜立，三十一年卒。子侯頗尚平陽公主。〔五〕立十九歲，元鼎二年，坐與父御婢姦罪，自殺，國除。

〔一〕【正義】宋州碭山縣。

〔二〕【考證】漢書無「縣」字。顔師古曰：北第者，近北闕之第，嬰最第一也。故張衡西京賦云「北闕甲第，當道直啓」。

〔三〕【考證】東牟侯興居。

〔四〕【索隱】案：姚氏云「三輔故事曰『滕文公墓在飲馬橋東大道南，俗謂之馬冢』。博物志曰『公卿送嬰葬至東都門外，馬不行，跼地悲鳴。得石椁，有銘曰「佳城鬱鬱，三千年見白日，吁嗟滕公居此室」。乃葬之』。」

〔五〕【考證】漢書云：「頗尚平陽公主，主隨外家姓，號孫公主。」錢大昕曰：漢景帝女平陽公主，本陽信公主，王皇后生。元帝平陽公主，衛倢伃生，其外家皆非孫氏。此夏侯頗所尚之平陽公主，蓋別一人。愚按：事在元鼎以前，則非元帝女則明矣。

潁陰侯灌嬰者，睢陽販繒者也。〔一〕高祖之爲沛公，略地至雍丘下，章邯敗殺項梁，而沛公還軍於碭，嬰初以中涓從，擊破東郡尉於成武，及秦軍於杠里，疾鬭，賜爵七大夫。〔二〕從攻秦軍亳南、開封、曲遇，戰疾力，〔三〕賜爵執帛，號宣陵君。從攻陽武，以西至雒陽，破秦軍尸北，北絶河津，南破南陽守齮陽城東，遂定南陽郡。西入武關，戰於藍田，疾力，至霸上，賜爵執珪，號昌文君。〔四〕

〔一〕**【正義】**今陳州南潁縣西北十三里潁陰故城是。睢陽，宋州宋城縣。

〔二〕**【考證】**楓、三本「及」下有「擊」字。凌稚隆曰：此下凡用十五「從」字。又曰：按此傳以「疾鬭」、「疾力」、「疾戰」、「所將卒」、「受詔」、「別擊」，及「生得」、「身生得」爲眼目。然亦有「從」字法、「以」字法，又以嬰名冠于其首，錯綜顛倒，變化不測。

〔三〕**【集解】**服虔曰：「疾攻之。」**【考證】**李笠曰：疾，謂急劇也。疾力，並形容戰字。

〔四〕**【索隱】**亦稱宣陵君，皆非爵土，加美號耳。

沛公立爲漢王，拜嬰爲郎中，從入漢中，十月拜爲中謁者。〔一〕從還定三秦，下櫟陽，降塞王，還圍章邯於廢丘，未拔。從東出臨晉關，擊降殷王，定其地。擊項羽將龍且、魏相項他軍定陶南，疾戰破之。〔二〕賜嬰爵列侯，號昌文侯，食杜平鄉。〔三〕

〔一〕**【考證】**據高紀，襲雍王章邯在八月。灌拜中謁者，當在其前。「十」字疑有誤。漢書同。

〔二〕【考證】項它，蓋魏人。楓、三本「定陶」上有「走」字。

〔三〕【索隱】謂食杜縣之平鄉。【考證】漢書同。李慈銘曰：「『食杜平鄉』四字衍。」王先謙曰：諸傳賜名號侯，無即賜食邑者。

復以中謁者從降下碭，以至彭城。〔一〕項羽擊大破漢王。漢王遁而西，嬰從還軍於雍丘。王武、魏公申徒反，〔二〕從擊破之。攻下黃，〔三〕西收兵，軍於滎陽。楚騎來衆，漢王乃擇軍中可爲車騎將者，〔四〕皆推故秦騎士重泉人李必、駱甲習騎兵，今爲校尉，可爲騎將。〔五〕漢王欲拜之，必、甲曰：「臣故秦民，恐軍不信臣，臣願得大王左右善騎者傅之。」〔六〕灌嬰雖少，然數力戰，乃拜灌嬰爲中大夫，令李必、駱甲爲左右校尉，將郎中騎兵，擊楚騎於滎陽東，大破之。〔七〕受詔別擊楚軍後，絕其餉道，起陽武至襄邑。〔八〕擊項羽之將項冠於魯下，破之，所將卒斬右司馬、騎將各一人。〔九〕擊破柘公、王武軍於燕西，〔一〇〕所將卒斬樓煩將五人，〔一一〕連尹一人。〔一二〕擊王武別將桓嬰白馬下，破之，所將卒斬都尉一人。以騎渡河南，送漢王到雒陽，使北迎相國韓信軍於邯鄲，還至敖倉，嬰遷爲御史大夫。〔一三〕

〔一〕【考證】「至」上，楓、三本有「西」字，漢書有「北」字。

〔二〕【集解】張晏曰：「秦將降爲公，今反。」

〔三〕【正義】故城在曹州考城縣東二十四里。【考證】楓、三本「黃」上有「外」字，與漢書合。

〔四〕【考證】漢書無「車」字，此疑衍。

〔五〕【集解】徐廣曰：「重泉，屬馮翊。」【索隱】必、甲，二人名也。姚氏案：漢紀桓帝延熹三年，追録高祖功臣李必後黃門丞李遂爲晉陽關內侯也。【正義】重泉故城在同州蒲城縣東南四十五里。【考證】張照曰：李必後封戚侯，見功臣表，作「季必」。

〔六〕【集解】如淳曰：「傅，音附。猶言隨從者。」【考證】傅，相也。

〔七〕【考證】凌稚隆曰：以上並從功，以下纔獨將。

〔八〕【考證】凌稚隆曰：六用「受詔」字。

〔九〕【集解】張晏曰：「主右方之馬，左亦如之。」

〔一〇〕【集解】徐廣曰：「柘屬陳。」【索隱】案：武，柘縣令也。柘縣屬陳。【正義】柘屬淮陽國。案：滑州胙城本南燕國也。【考證】王先謙曰：曹參、樊噲、靳歙傳及本傳，上文不言王武是柘公，自別一人，非即王武也。

〔一一〕【集解】李奇曰：「樓煩，縣名。其人善騎射，故以名射士爲『樓煩』，取其美稱，未必樓煩人也。」張晏曰：樓煩，胡國名也。【考證】中井積德曰：射士稱樓煩，取胡名也，非取縣名。樓煩解在項羽紀。

〔一二〕【集解】張晏曰：「大夫，楚官。」【索隱】蘇林曰：「楚官也。」案：左傳「莫敖、連尹、宮廄尹」是。

〔一三〕【考證】御史大夫，假官。

三年，以列侯食邑杜平鄉。〔一〕以御史大夫受詔，將郎中騎兵東屬相國韓信，擊破齊軍於歷下，所將卒虜車騎將軍華毋傷，及將吏四十六人。降下臨菑，得齊守相田光，追齊相田橫至嬴、博，破其騎，〔二〕所將卒斬騎將一人，生得騎將四人，攻下嬴、博，破齊將軍田吸於千乘，所將卒斬吸。東從韓信攻龍且、留公旋於高密，〔三〕卒斬龍且，〔四〕生得右司馬、連尹各一人，樓煩將十人，身生得亞將周蘭。〔五〕

〔一〕【考證】劉奉世曰：前已爲列侯，食杜平鄉矣，疑駢出。王先謙曰：前是衍文。

〔二〕【考證】嬴、博，二縣名。楓、三本「破」上有「擊」字，與漢書合。

〔三〕【索隱】留縣令，稱公，旋其名也。高密，縣名，在北海。漢書作「假密」。假密，地名，不知所在，未知孰是。【正義】留縣在沛郡。公，其令。【考證】張文虎曰：中統、游本、吴校金板有「旋」字，宋本，王、柯、凌、毛本無。索隱本「旋」作「族」，無「於」字。愚按：楓、三本，班馬異同亦有「旋」字。梁玉繩曰：考曹相國世家作「上假密」，田儋傳作「高密」，漢書皆與史不異，惟此有「高」、「假」之分，疑是一地二名。

〔四〕【集解】文穎曰：「所將卒。」

〔五〕【考證】顔師古曰：「亞，次也。」

齊地已定，韓信自立爲齊王，使嬰別將擊楚將公杲於魯北，破之。轉南破薛郡長，〔一〕身虜騎將一人。攻博陽，〔二〕前至下相以東南僮、取慮、徐，〔三〕度淮，盡降其城邑，至廣陵。〔四〕項羽使項聲、薛公、郯公復定淮北。嬰度淮北，擊破項聲、郯公下邳，〔五〕斬薛公，下下邳，〔六〕擊破楚騎於平陽，〔七〕遂降彭城，虜柱國項佗，〔八〕降留、薛、沛、酇、蕭、相，攻苦、譙，〔九〕復得亞將周蘭。〔一〇〕與漢王會頤鄉。〔一一〕從擊項籍軍於陳下，破之，所將卒斬樓煩將二人，虜騎將八人，賜益食邑二千五百户。

〔一〕【考證】楓、三本「杲」作「果」。顔師古曰：長亦如郡守也。時每郡置長。

〔二〕【考證】梁玉繩曰：博陽，當作「傅陽」。

〔三〕【索隱】取，音秋。慮，音閭。取又音趣。僮、徐是二縣，取慮是一縣名。

〔四〕【集解】漢書音義曰：「住廣陵以禦敵。」【正義】謂從下相以東南，盡降城邑，乃至廣陵，皆平定也。

〔五〕【正義】郯，音談，東海縣。

〔六〕【考證】漢書作「下下邳壽春」。

〔七〕【索隱】小顔云「此平陽在東郡」。地理志太山有東平陽縣。【正義】南平陽縣城，今兖州鄒縣也，在兖州東南六十二里。案：鄒縣去徐州滕縣界四十餘里也。【考證】洪頤煊曰：地理志東郡有陽平，而無平陽。山陽郡南平陽與下邳、彭城近。

〔八〕【考證】梁玉繩曰：案彭城，項王所都。若降彭城，則破其都矣，何必鴻溝之約乎？「降」字誤，蓋圍彭城而破其軍也。

〔九〕【正義】户焦二音。【考證】二縣名。

〔一〇〕【考證】梁玉繩曰：高密已生得周蘭，此云復得，豈逸而重獲乎？

〔一一〕【集解】徐廣曰：苦縣有頤鄉。【索隱】徐廣云「苦縣有頤鄉」。音以之反。

項籍敗垓下去也，嬰以御史大夫受詔，將車騎别追項籍，至東城破之。〔一〕所將卒五人共斬項籍，皆賜爵列侯。降左右司馬各一人，卒萬二千人，盡得其軍將吏。下東城、歷陽。〔二〕渡江，破吴郡長吴下，得吴守，〔三〕遂定吴、豫章、會稽郡。還定淮北，凡五十二縣。

〔一〕【正義】縣在濠州定遠縣東南五十五里。【考證】東城，今鳳陽定遠縣。

〔二〕【正義】和州歷陽縣，即今州城是也。

〔三〕【集解】如淳曰：「『雄長』之『長』也。」【索隱】下有郡守，此長即令也。如淳以爲雄長，非也。【正義】今蘇州也。案：如説非也。吴郡長，即吴郡守也。一破吴郡長兵於吴城下，而得吴郡守身也。【考證】齊召南曰：按後儒以會稽至東漢順帝分，遂疑二史此文爲譌。然亦安知楚漢之際，不嘗分爲二郡，而其後復合乎？下文又曰「遂定吴、豫章、會稽郡」，則尤明矣。

漢王立爲皇帝，賜益嬰邑三千户。其秋，以車騎將軍從擊破燕王臧荼。明年，從至陳，取楚王信。還剖符，世世勿絶，食潁陰二千五百户，號曰潁陰侯。〔一〕

〔一〕【考證】中井積德曰：杜平之外，益邑兩回，合五千五百矣。至此乃食潁陰二千五百户，蓋不除前所食耳。

以車騎將軍從擊反韓王信於代，至馬邑，受詔别降樓煩以北六縣，斬代左相，破胡騎於武泉北。〔一〕復從擊韓信胡騎晉陽下，所將卒斬胡白題將一人。〔二〕受詔并將燕、趙、齊、梁、楚車騎，擊破胡騎於硰石。〔三〕至平城，爲胡所圍，從還軍東垣。

〔一〕【正義】縣名，在朔州北二百二十里。【考證】楓、三本「泉」作「原」。

〔二〕【集解】服虔曰：胡名也。【考證】沈欽韓曰：梁書諸夷傳「白題國，其先匈奴之别種胡，今在滑國東」。按：裴子野即援此傳爲證。

〔三〕【集解】服虔曰：「硰，音沙。」【索隱】服虔音沙，劉氏音千臥反。

從擊陳豨，受詔别攻豨丞相侯敞軍曲逆下，破之，卒斬敞及特將五人。〔一〕降曲逆、盧奴、上曲陽、安國、安平。〔二〕攻下東垣。

〔一〕【集解】文穎曰：「『特一』之『特』也。」【考證】周壽昌曰：特將，楚漢間所置將名。功臣表「陳豨以特將將卒五百人，前元年，從起宛朐」是也。韓信傳亦有「特將」，似皆其所部裨將。

〔二〕【正義】盧奴，定州安喜縣是。曲陽，定州曲陽縣是。安平，定州安平縣。

黥布反，以車騎將軍先出，攻布别將於相，破之，斬亞將樓煩將三人。又進擊破布上柱國軍及大司馬軍。又進破布别將肥誅。〔一〕嬰身生得左司馬一人，〔二〕所將卒斬其小將十人，追北至淮上。益食二千五百户。布已破，高帝歸，定令嬰食潁陰五千户，除前所食邑。〔三〕凡從得二千石二人，別破軍十六，降城四十六，定國一，郡二，縣五十二，得將軍二人，柱國、相國各一人，二千石十人。

〔一〕【集解】徐廣曰：「一作『銖』。」【索隱】案：漢書作「肥銖」。【正義】銖，音珠。

〔二〕【考證】陳仁錫曰：「嬰」字衍文。

〔三〕【考證】中井積德曰：杜平之外，益邑三回，合八千户矣。今乃減爲五千户。説見于酈商傳。

嬰自破布歸，高帝崩，嬰以列侯事孝惠帝及呂太后。太后崩，呂禄等以趙王自置爲將軍，軍長安爲亂。〔一〕齊哀王聞之舉兵西，且入誅不當爲王者。〔二〕上將軍呂禄等聞之，乃遣嬰爲大將，將軍往擊之。〔三〕嬰行至滎陽，乃與絳侯等謀，因屯兵滎陽，風齊王以誅呂氏事，〔四〕齊兵止不前。絳侯等既誅諸呂，齊王罷兵歸，嬰亦罷兵，自滎陽歸，與絳侯、陳平共立代王爲孝文皇帝。孝文皇帝於是益封嬰三千户，賜黄金千斤，拜爲太尉。〔五〕

〔一〕【考證】楓、三本「長安」下有「欲」字，與漢書合。中井積德曰：禄爲上將軍，在高后之時，非自置。漢書删此文爲是。

〔二〕【考證】楓、三本「入」下有「闕」字。

〔三〕【考證】楓、三本不重「將」字，與漢書合，可從。

〔四〕【正義】風，方鳳反。【考證】風讀曰諷。

〔五〕【考證】漢書文紀「千斤」作「二千斤」。王鳴盛曰：諸呂之平，灌嬰有力焉。方高后病甚，令呂禄爲上將軍，軍北軍，呂產居南軍，其計可謂密矣。卒使酈寄紿説呂禄歸將印，以兵屬太尉，而誅諸呂者，陳平、周勃之功也。然其始惠帝崩，高后哭，泣不下，此時高后奸謀甫兆，使平、勃能逆折其邪心，安見不可撲滅者？乃聽張辟彊狂豎之言，請拜產、禄爲將，將兵居南北軍。高后欲王諸呂，王陵守白馬之約，而平、勃以爲無所不可。然則成呂氏之亂者平、勃也。幸而產、禄本庸材，又得朱虛侯之忠勇，平、勃周旋其間，而亂卒平，功盡歸此兩人。而孰知當留屯滎陽，與齊連和之時，嬰之遠慮有過人者？齊王之殺其相而發兵，奪琅琊王兵并將而西也。此時呂禄獨使嬰擊之。嬰高帝宿將，諸呂方忌故大臣，而危急之際，一旦假以重兵，此必嬰平日僞自結於呂氏若樂爲之用者，而始得此於禄。既得兵柄，遂留屯滎陽，待其變，而共誅之。其時呂氏亂謀急矣，顧未敢猝發者。彼見大將握重兵在外，而與敵連和以觀變，恐猝發而嬰倍之，反率諸侯西向，故猶豫未忍決。於是平、勃得從容定計，奪其兵權而誅之。然則平、勃之成功，嬰有以助之也。然嬰不以此時亟與齊合，引兵而歸，共誅諸呂，乃案兵無動者，蓋太尉入北軍，呂禄歸將印，此其誅諸呂如振槁葉耳。若嬰合齊兵而歸，遽以討呂氏爲名，則呂氏亂謀發之必驟，將印必不肯解，而太尉不得入北軍矣。彼必將脅平、勃而拒嬰與齊之兵，幸而勝之，喋血京師，不戕千萬之命不止。此又嬰計之得也。

三歲，絳侯勃免相就國，嬰爲丞相，罷太尉官。是歲，匈奴大入北地、上郡，〔一〕令丞相嬰將騎八萬五千往擊匈奴。匈奴去，濟北王反，詔乃罷嬰之兵。後歲餘，嬰以丞相卒，謚曰懿侯。子平侯阿代侯。〔二〕二十八年卒，子彊代侯。十三年，彊有罪，絶二歲。元光三年，天子封灌嬰孫賢爲臨汝侯，續灌氏。〔三〕後八歲，坐行賕有罪，國除。〔四〕

〔一〕【考證】梁玉繩曰：史、漢本紀皆云「匈奴寇北地」，名臣表、匈奴傳作「上郡」，蓋二郡相接騷動，故此並言之也。而漢書無「郡」字，以上稱文帝，連下爲句，謂上令灌嬰擊之，亦通。

〔二〕【考證】梁玉繩曰：「阿」乃「何」之譌。功臣表、灌夫傳及漢書鼂錯傳並作「何」。

〔三〕【考證】史、漢表彊在位十三年。絶一歲，賢以元光二年封。

〔四〕【考證】梁玉繩曰：史、漢表賢在位四年。張照曰：漢表元朔五年，坐子傷人首匿免千户。

太史公曰：吾適豐、沛，問其遺老，觀故蕭、曹、樊噲、滕公之家，及其素，異哉所聞！方其鼓刀屠狗賣繒之時，豈自知附驥之尾，垂名漢庭，德流子孫哉？余與他廣通，爲言高祖功臣之興時若此云。〔一〕

〔一〕【索隱】案：他廣，樊噲之孫，後失封。蓋嘗訝太史公序蕭、曹、樊、滕之功悉具，則從他廣而得其事，故備也。

【考證】楓、三本「爲」下有「余」字。

【索隱述贊】聖賢影響，雲蒸龍變。屠狗販繒，攻城野戰。扶義西上，受封南面。酈況賣交，舞陽內援。滕、灌更王，奕葉繁衍。

史記會注考證卷九十六

張丞相列傳第三十六

史記九十六

【考證】史公自序云：「漢既初定，文理未明，蒼爲主計，整齊度量，序律曆。作張丞相列傳第三十六。」陳仁錫曰：張丞相傳以御史大夫一官聯絡諸人，首敍張蒼爲御史大夫，中敍周苛、周昌、趙堯、任敖、曹窋相繼爲御史大夫，末又敍張蒼爲御史大夫。此一篇首尾法也。

張丞相蒼者，陽武人也。〔一〕好書律曆。秦時爲御史，主柱下方書。有罪亡歸。〔二〕及沛公略地過陽武，蒼以客從攻南陽。蒼坐法當斬，解衣伏質，〔三〕身長大，肥白如瓠，時王陵見而怪其美士，乃言沛公，赦勿斬。遂從西入武關，至咸陽。沛公立爲漢王，入漢中，還定三秦。〔四〕陳餘擊走常山王張耳，耳歸漢，漢乃以張蒼爲常山守。從淮陰侯擊趙，蒼得陳餘。趙地已平，漢王以蒼爲代相，備邊寇。已而徙爲趙相，相趙王耳。耳卒，相趙王敖。復徙相代王。燕王臧荼反，高祖往擊之，蒼以代相從攻臧荼，有功，以六年中封爲北平侯，食邑千二百户。

〔一〕【索隱】案：縣名，屬陳留。【正義】鄭州陽武縣也。

〔二〕【集解】如淳曰：「方，版也，謂書事在版上者也。秦以上置柱下史，蒼爲御史主其事。或曰四方文書。」【索隱】周、秦皆有柱下史，謂御史也。所掌及侍立，恒在殿柱之下，故老子爲周柱下史。今蒼在秦代亦居斯職。「方書」者，如淳以爲方板，謂小事書之於方也，或曰主四方文書也。姚氏以爲下云「明習天下圖書計籍」，「主郡上計」，則「方」爲四方文書是也。【考證】方書，方板之書，非四方文書。王觀國云：古人寫書者，有簡有策，有觚有方，有牘有札，有槧有板。蓋簡、策、觚皆以竹爲之，方、牘、槧、板皆以木爲之。

〔三〕【索隱】小顏云：「質，椹也。」

〔四〕【考證】楓、三本「王」下有「從」字。

遷爲計相，〔一〕一月，更以列侯爲主計，四歲。〔二〕是時蕭何爲相國，而張蒼乃自秦時爲柱下史，明習天下圖書計籍。〔三〕蒼又善用算律曆，故令蒼以列侯居相府，領主郡國上計者。黥布反亡，漢立皇子長爲淮南王，而張蒼相之。〔四〕十四年，遷爲御史大夫。〔五〕

〔一〕【集解】文穎曰：「能計，故號曰計相。」【考證】顏師古曰：專主計籍，故號計相。沈家本曰：表「千三百户」。

〔二〕【集解】張晏曰：「以列侯典校郡國簿書。」如淳曰：「以其所主因以爲官號，與計相同。時所卒立，非久施也。」【索隱】謂改計相之名，更名主計也。此蓋權時立號也。

〔三〕【考證】楓、三本「史」上有「御」字，與漢書合。

〔四〕【考證】按高帝紀淮南王黥布反於十一年七月，羣臣因請立皇子長爲淮南王。是蒼爲主計在八年。

〔五〕【考證】公卿表「高后八年，淮南丞相張蒼爲御史大夫」。自高祖十二年至高后八年，計十六年。「四」字疑誤。

周昌者，沛人也。其從兄曰周苛，秦時皆爲泗水卒史。及高祖起沛，擊破泗水守監，於是周昌、周苛自卒史從沛公，〔一〕沛公以周昌爲職志，〔二〕周苛爲客。〔三〕從入關破秦。沛公立爲漢王，以周苛爲御史大夫，周昌爲中尉。〔四〕

〔一〕【考證】楓、三本「周昌周苛」作「周苛與昌」。

〔二〕【集解】徐廣曰：「主旗幟之屬。」【索隱】官名也。職，主也。志，旗幟也。謂掌旗幟之官也。音昌志反。

〔三〕【集解】張晏曰：「爲帳下賓客，不掌官。」

〔四〕【考證】錢大昭曰：公卿表「苛自内史遷」，則苛曾爲内史。

漢王四年，楚圍漢王滎陽急，漢王遁出去，而使周苛守滎陽城。楚破滎陽城，欲令周苛將。苛罵曰：「若趣降漢王！不然，今爲虜矣！」項羽怒，亨周苛。〔一〕於是乃拜周昌爲御史大夫。常從擊破項籍。以六年中，與蕭、曹等俱封：封周昌爲汾陰侯；〔二〕周苛子周成，以父死事，封爲高景侯。〔三〕

〔一〕【集解】徐廣曰：「四年三月也。」【考證】楓、三本「亨」作「烹」。

〔二〕【考證】楓、三本不重「封」字。漢書無「封周昌」三字。

〔三〕【集解】徐廣曰：「九年封，封三十九年，文帝後元四年，謀反死，國除。」【考證】張文虎曰：集解「九年」，各本譌「元年」，今從毛本。

昌爲人彊力敢直言，自蕭、曹等皆卑下之。昌嘗燕時入奏事，〔一〕高帝方擁戚姬，昌還走，高帝逐得，騎周昌項，問曰：「我何如主也？」昌仰曰：「陛下即桀、紂之主也。」於是上笑之，然尤憚周昌。及帝欲廢太子，而立戚姬子如意爲太子，大臣固爭之，莫能得；上以留侯策即止。而周昌廷爭之彊，上問其說，昌爲人吃，又盛怒，曰：「臣口不能言，然臣期期知其不可。〔二〕陛下雖欲廢太子，臣期期不奉詔。」上欣然而笑。既罷，呂后側耳於（其）〔東〕廂聽，〔三〕見周昌，爲跪謝曰：「微君，太子幾廢。」〔四〕

〔一〕【集解】漢書音義曰：「以上燕時入奏事。」【正義】燕者，安閒之名。

〔二〕【正義】昌以口吃，每語故重言「期期」也。【考證】期，猶必也。重言，吃者之常，盛怒之時特然。楓、三本「知」上有「心」字。

〔三〕【集解】韋昭曰：「殿東堂也。」【索隱】韋昭曰：「殿東堂也。」小顏云：「正寢之東西室皆號曰箱。言似箱篋之形。」【考證】漢書「廂」作「箱」。

〔四〕【索隱】幾，鉅依反。

是後戚姬子如意爲趙王，年十歲，高祖憂即萬歲之後不全也。趙堯年少，爲符璽御史。趙人方與公〔一〕謂御史大夫周昌曰：「君之史趙堯，年雖少，然奇才也，君必異之，是且代君之位。」〔二〕周昌笑曰：「堯年少，刀筆吏耳，〔三〕何能至是乎！」居頃之，趙堯侍高祖。高祖獨心不樂，悲歌，羣臣不知上之所以然。趙堯進，請問曰：「陛下所爲不樂，非爲趙王年少，而戚夫人與呂后有郤邪，備萬歲之後，而趙王不能自全乎？」〔四〕高祖曰：「然。吾私憂之，不知所出。」〔五〕堯曰：「陛下獨宜爲趙王置貴彊相，及呂后、太子、羣臣素所敬憚，乃可。」〔六〕高祖曰：「然。吾念之欲如是，而羣臣誰可者？」堯曰：「御史大夫周昌，其人堅忍質直，〔七〕且自呂后、太子及大臣，皆素敬憚之。獨昌可。」高祖曰：「善。」於是乃召周昌謂曰：「吾欲固煩公，公彊爲我相趙王。」〔八〕周昌泣曰：「臣初起從陛下，陛下獨柰何中道而弃之於諸侯乎？」高祖曰：「吾極知其左遷，〔九〕然吾私憂趙王，念非公無可者。公不得已彊行。」於是徙御史大夫周昌爲趙相。〔一〇〕

〔二〕【集解】孟康曰：「方與，縣名。公，其號。」瓚曰：「方與縣令也。」

〔三〕【考證】王先謙曰：「異，優待也。」

〔三〕【正義】古用簡牘，書有錯謬，以刀削之，故號曰「刀筆吏」。

〔四〕【考證】楓、三本無「邪」字。

〔五〕【索隱】謂不知其計所出也。

〔六〕【考證】楓、三本「憚」下有「者」字，與漢書合。

〔七〕【考證】張文虎曰：各本「人」下衍「有」字，今刪。讀書雜志云「御覽職官部引無」。漢書作「其人堅忍伉直」，亦無「有」字。

〔八〕【正義】桓譚新論云：「使周相趙，不如使取呂后家女爲妃，令戚夫人善事呂后，則如意無嫠也。」【考證】固，必也。

〔九〕【索隱】按：諸侯王表有左官之律。韋昭以爲「左猶下也，禁不得下仕於諸侯王也」。然地道尊右，右貴左賤，故謂貶秩爲「左遷」。他皆類此。

〔一〇〕【考證】楓、三本「趙」下有「王」字。

既行久之，高祖持御史大夫印弄之，曰：「誰可以爲御史大夫者？」孰視趙堯曰：「無以易堯。」〔一〕遂拜趙堯爲御史大夫。〔二〕堯亦前有軍功食邑，及以御史大夫從擊陳豨有功，封爲江邑侯。〔三〕

〔一〕【正義】易，改也。無以改易於堯也。

〔二〕【集解】徐廣曰：「十年也。」

〔三〕【集解】徐廣曰：「十一年。」

高祖崩，呂太后使使召趙王，其相周昌令王稱疾不行。使者三反，周昌固爲不遣趙王。於是高后患之，乃使使召周昌。周昌至，謁高后，高后怒而罵周昌曰：「爾不知我之怨戚氏乎？而不遣趙王，何？」昌既徵，〔一〕高后使使召趙王，趙王果來。至長安月餘，飲藥而死。周昌因謝病不朝見，三歲而死。〔二〕

〔一〕【考證】楓、三本「昌」上有「周」字。

〔二〕【集解】徐廣曰：「謚悼也。」【索隱】按：漢書列傳及表咸言周昌謚悼。韋昭云「或謚惠」，非也。漢書又曰「傳子至孫意，有罪國除。景帝復封昌孫左車爲安陽侯，有罪國除。」

後五歲，〔一〕高后聞御史大夫江邑侯趙堯，高祖時定趙王如意之畫，乃抵堯罪，〔二〕以廣阿侯任敖爲御史大夫。

〔一〕【正義】高后之年。【考證】沈家本曰：五歲，承上「三歲而死」，當高后元年。

〔二〕【集解】徐廣曰：「呂后元年國除。」【正義】畫，音獲，謂計策。【考證】王先謙曰：據表云「免官」。

任敖者，故沛獄史。高祖嘗辟吏，〔一〕吏繫呂后，遇之不謹。任敖素善高祖，怒擊傷主呂后吏。及高祖初起，敖以客從，爲御史守豐。二歲，高祖立爲漢王，東擊項籍，敖遷爲上黨守。陳豨反時，敖堅守，封爲廣阿侯，食千八百户。高后時爲御史大夫。三歲免，〔二〕以平陽侯曹窋爲御史大夫。高后崩，不與大臣共誅呂祿等。免，〔三〕以淮南相張蒼爲御史大夫。

〔一〕【正義】辟，音避。

〔二〕【集解】徐廣曰：「文帝二年任敖卒，謚懿侯。曾孫越人，元鼎二年爲太常，坐酒酸，國除。」駰案：漢書任敖孝文元年薨，徐誤也。【索隱】此徐氏據漢書爲説，而誤云「二年」。裴駰又引任安書，證爲得其實。【正義】按：史記書、表云孝文二年卒，漢表又云封十九年卒，計高祖十一年封，到文帝二年，則十九年矣。而漢書誤，裴氏不考，乃云徐誤，何其貳過也！【考證】李笠曰：索隱「任」字，蓋涉「任敖」誤。安爲「漢」字之誤？

〔三〕【考證】漢書作「與大臣共誅諸呂坐事免」，無「不」字，有「坐事」二字。愚按：呂后紀云高后葬後，窋行御史大夫事，郎中令賈壽以灌嬰與齊楚合從，欲誅諸呂告相國呂產。窋以其語馳告丞相陳平、太尉周勃，則窋固非不與大臣共謀誅諸呂者也。史文「不」字當從漢書刪。但代邸上議，羣臣列名，即云「御史大夫臣蒼」，則孝文未立之前，窋已罷官矣。公卿表高后八年，「淮南丞相張蒼爲御史大夫」。蓋呂后未崩，詔以張蒼代窋。歸蒼未任事以前，窋尚在官，故謂之行事。參觀紀、表，可得其實。「免」字屬下句。漢書「坐事」二字當刪。

有光、齊召南、梁玉繩諸人有說，皆未得。

蒼與絳侯等尊立代王爲孝文皇帝。〔一〕四年，丞相灌嬰卒，張蒼爲丞相。

〔一〕【考證】楓、三本「大夫」下有「張」字。

自漢興至孝文二十餘年，會天下初定，將相公卿皆軍吏。張蒼爲計相時，緒正律曆，〔一〕以高祖十月始至霸上，因故秦時本以十月爲歲首，弗革。〔二〕推五德之運，以爲漢當水德之時，尚黑如故。〔三〕吹律調樂，入之音聲，及以比定律令。〔四〕若百工，天下作程品。〔五〕至於爲丞相，卒就之，故漢家言律曆者，本之張蒼。蒼本好書，無所不觀，無所不通，而尤善律曆。〔六〕

〔一〕【集解】文穎曰：「緒，尋也。或曰，緒，業也。」【考證】楊慎曰：「時」字，連「計相」讀爲是。故後言「至于爲丞相，卒就之」。又曰：漢興至孝文二十餘年，及後蒼爲相十五年，皆眼目之不可失者。李笠曰：緒正者，謂次序正齊之也。「尋」、「業」非其義。

〔二〕【考證】漢書「因故」作「故因」，義長。中井積德曰：漢初沿秦制，只是因循未有所革也，何曾有此意？

〔三〕【正義】姚察云：「蒼是秦人，猶用推五勝之法，以周赤烏爲火，漢勝火以水也。」【考證】五德之辨，見秦始皇紀廿六年。

〔四〕【集解】如淳曰：「比，謂五音清濁各有所比也。以定十二月律之法令，於樂官使長行之。」瓚曰：「謂以比故取類，以定法律與條令也。」【正義】比，音鼻，或音必履反，謂比方也。【考證】張文虎曰：「入」今本譌「人」，舊刻作「入」。錢泰吉云：倪氏史漢異同、許氏史漢方駕錄此傳作「入」。愚按：漢書亦作「入」。漢書注引如淳「比謂」上有「比音比次之比」六字。中井積德曰：兩「律」字意不同。

〔五〕【集解】如淳曰：「若，順也。百工爲器物，皆有尺寸斤兩，皆使得宜，此之謂順。」晉灼曰：若，預及之辭。【索隱】按：晉灼說以爲若預及之辭，爲得也。【考證】顏師古曰：言吹律調音，以定法令，及百工程品，皆取則也。若，晉說是。王先謙曰：高紀所謂「張蒼定章程」也。

〔六〕【集解】漢書曰：「著書十八篇，言陰陽律曆事。」【考證】漢藝文志陰陽家云「張蒼十六篇，丞相北平侯」，與傳異。楓、三本「善」作「遂」，漢書作「邃」。愚按：遂，「邃」之壞字。

張蒼德王陵。王陵者，安國侯也。〔一〕及蒼貴，常父事王陵。陵死後，蒼爲丞相，洗沐常先朝陵夫人上食，然后敢歸家。

〔一〕【正義】德王陵救其死也。

蒼爲丞相十餘年，魯人公孫臣上書，言漢土德時，其符有黃龍當見。詔下其議張蒼，張蒼以爲非是，罷之。其後黃龍見成紀，於是文帝召公孫臣以爲博士，草土德之曆，制度，更元年。〔一〕張丞相由此自絀，謝病稱老。蒼任人爲中候，大爲姦利，〔二〕上以讓蒼，蒼遂病免。〔三〕蒼爲丞相十五歲而免。孝景前五年，蒼卒，謚爲文侯。子康侯代，〔四〕八年卒。子類代爲侯，〔五〕八年，坐臨諸侯喪，後就位不敬，國除。〔六〕

〔一〕【正義】草，創始也。以秦水德，漢土勝之。【考證】漢書「之曆」作「時曆」。中井積德曰：公孫臣特爲妄誕。成紀之龍，蓋臣之造言云。又曰：更元年，是無稽之甚，永生後王之累。愚按：漢書賈誼傳云「誼以爲漢宜改正朔，數用五，色尚黃」。贊云「誼欲改定制度，以漢爲土德，其術既疏矣」。誼通儒，亦不能免時俗之見。

〔二〕【集解】張晏曰：「所選保任者也」。瓚曰：「中候，官名。」【正義】言蒼保舉人，任而爲中候官。

〔三〕【考證】讓，責也。

〔四〕【考證】梁玉繩曰：張蒼之子名奉，謚康，此誤以康爲名。張文虎曰：索隱本「康侯」，各本誤倒。「侯」下疑脱「奉」字。

〔五〕【集解】徐廣曰：「類，一作『顓』，音瞶。」【正義】類，五怪反。【考證】漢書表、傳並作「類」。

〔六〕【索隱】案：漢書云「傳子至孫穀，有罪國除」，今此云康侯代，八年卒，子類代侯，則類即穀也，與漢書略同。

初，張蒼父長不滿五尺，及生蒼，蒼長八尺餘，爲侯、丞相。蒼子復長。〔一〕及孫類，長六尺餘，坐法失侯。蒼之免相後，老，口中無齒，食乳，女子爲乳母。妻妾以百數，嘗孕者不復幸。〔二〕蒼年百有餘歲而卒。

〔一〕【集解】漢書云「長八尺」。

〔二〕【考證】楓、三本「孕」上有「有」字。

申屠丞相嘉者，梁人，以材官蹶張，從高帝擊項籍，〔一〕遷爲隊率。〔二〕從擊黥布軍，爲都尉。孝惠時爲淮陽守。孝文帝元年，舉故吏士二千石從高皇帝者，悉以爲關內侯，食邑二十四人，而申屠嘉食邑五百户。〔三〕張蒼已爲丞相，嘉遷爲御史大夫。張蒼免相，〔四〕孝文帝欲用皇后弟竇廣國爲丞相，曰：「恐天下以吾私廣國。」廣國賢有行，故欲相之，念久之，不可，〔五〕而高帝時大臣又皆多死，餘見無可者，〔六〕乃以御史大夫嘉爲丞相，因故邑封爲故

安侯。〔七〕

〔一〕【集解】徐廣曰：「勇健有材力開張。」駰案：如淳曰「材官之多力，能腳蹋强弩張之，故曰蹶張。律有蹶張士」。【索隱】孟康云：「主張强弩。」又如淳曰：「材官之多力，能蹋强弩張之，故曰蹶張。」蹶，音其月反。漢令有蹶張士百人，是也。【考證】顏師古曰：今之弩，以手張者曰擘張，以足蹋者曰蹶張。蹶，音厥。中井積德曰：材官者，武卒之總號。蹶張引强等乃其派目，弓曰引强，弩曰蹶張，每郡置之，所以備非常，蓋秦制也。

〔二〕【索隱】所類反。

〔三〕【考證】史、漢孝文本紀「二十四人」作「三十人」。

〔四〕【集解】徐廣曰：「後二年八月。」

〔五〕【考證】竇廣國，詳外戚世家。

〔六〕【考證】顏師古曰：見，謂見在之人。

〔七〕【正義】今易州界武陽城中東南隅故城是也。【考證】齊召南曰：漢初丞相俱以功臣已封列侯者爲之。嘉本功臣，而由關内侯爲相，則破格之事也。後因丞相封侯，遂起於此。

嘉爲人廉直，門不受私謁。〔一〕是時太中大夫鄧通方隆愛幸，賞賜累巨萬。文帝嘗燕飲通家，其寵如是。〔二〕是時丞相入朝，而通居上傍，有怠慢之禮。丞相奏事畢，因言曰：「陛下愛幸臣，則富貴之；至於朝廷之禮，不可以不肅！」上曰：「君勿言，吾私之。」〔三〕罷朝坐府中，嘉爲檄召鄧通詣丞相府，不來，且斬通。通恐，入言文帝。文帝曰：「汝第往，吾今使人召若。」〔四〕通至丞相府，免冠徒跣頓首謝。嘉坐自如，故不爲禮，責曰：「夫朝廷者高皇帝之朝廷也。通小臣，戲殿上，大不敬，當斬。吏今行斬之！」〔五〕通頓首，首盡出血，不解。文帝度丞相已困通，使使者持節召通，〔六〕而謝丞相曰：「此吾弄臣，君釋之。」鄧通既至，爲文帝泣曰：「丞相幾殺臣。」

〔一〕【考證】王先謙曰：當與袁盎傳參觀。楓、三本「門」下有「下」字。
〔二〕【考證】楓、三本「嘗」作「常」。
〔三〕【正義】吾私之，愛幸之，君勿言。
〔四〕【考證】第，但也。若，汝也。
〔五〕【集解】如淳曰：「嘉語其吏曰：『今便行斬之。』」【考證】今，猶即也。
〔六〕【考證】楓、三本無「者」字。

嘉爲丞相五歲，孝文帝崩，孝景帝即位。二年，鼂錯爲內史，〔一〕貴幸用事，諸法令多所請變更，議以謫罰侵削諸侯。而丞相嘉自絀所言不用，疾錯。〔二〕錯爲內史，門東出，不便，更穿一門南出。南出者，太上皇廟堧垣。〔三〕嘉聞之，欲因此以法錯擅穿宗廟垣爲門，奏請誅錯。〔四〕錯客有語錯，錯恐，夜入宮上謁，自歸景帝。〔五〕至朝，丞相奏請誅內史錯。景帝曰：「錯所穿非真廟垣，乃外堧垣，故他官居其中，〔六〕且又我使爲之，錯無罪。」罷朝，嘉謂長史曰：「吾悔不先斬錯，乃先請之，爲錯所賣。」至舍，因歐血而死。謚爲節侯。〔七〕子共侯蔑代，三年卒。子侯去病代，三十一年卒。子侯臾代，〔八〕六歲，坐爲九江太守受故官送，有罪國除。

〔一〕【考證】云「即位二年」者，通即位年數之。楓、三本「內」上有「左」字。

〔二〕【考證】楓、三本「自」上有「因」字。

〔三〕【集解】服虔曰：「宮外垣也。」如淳曰：「堧，音『畏愞』之『愞』。」【索隱】如淳音「畏懦」之「懦」，乃喚反。韋昭音而緣反，又音輭。【正義】壖，廟內院外餘地。垣壖外院之牆。壖，如戀反，又而緣反。

〔四〕【考證】中井積德曰：此發於丞相忿疾，非公義。

〔五〕【正義】自歸帝首露。【考證】中井積德曰：自歸，是依託乞哀之意。

〔六〕【索隱】漢書作「冗官」。謂散官也。【考證】王念孫曰：「他官」二字義無所取，當從漢書作「冗官」。「冗」與「它」字形似而譌，後人又改爲「他」耳。

〔七〕【考證】事又見鼂錯傳。

〔八〕【集解】徐廣曰：「一本無『侯去病』，而云『共侯蔑三十三年，子臾改封靖安侯』。」【考證】中井積德曰：去病非有罪，而不稱謚，竟屬錯誤。梁玉繩曰：史表及漢書表、傳，申屠嘉封故安侯，傳子蔑、孫臾，無去病一代。漢表謂共侯在位二十二年，乃「三十三年」之譌，謂臾元狩三年嗣，乃「二年」之譌。蓋蔑以孝景三年代，臾以元狩二年代，中間止三十三年。此以蔑爲三年，又增出去病爲三十一年，非也。徐廣曰：一本無「侯去病」，而云「共侯蔑三十三年，子臾改封靖安侯」。別本是。

自申屠嘉死之後，景帝時，開封侯陶青、桃侯劉含爲丞相。〔一〕及今上時，柏至侯許昌、〔二〕平棘侯薛澤、〔三〕武彊侯莊青翟、〔四〕高陵侯趙周等爲丞相。〔五〕皆以列侯繼嗣，娖娖廉謹，爲丞相備員而已，〔六〕無所能發明、功名有著於當世者。

〔一〕【集解】徐廣曰：「陶青，高祖功臣陶舍之子也，謚夷。劉含，本項氏親也，賜姓劉氏。父襄佐高祖有功。含謚哀侯。」【考證】漢書「含」作「舍」。

〔二〕【集解】徐廣曰：「高祖功臣許温之孫，謚哀侯。」

〔三〕【集解】徐廣曰：「高祖功臣廣平侯薛歐之孫平棘節侯薛澤。」

〔四〕【集解】徐廣曰：「高祖功臣莊不識之孫。」

〔五〕【集解】徐廣曰：「周父夷吾，爲楚王戊太傅，諫争而死。」【考證】楓、三、毛本「高陵」作「商陵」。愚按：高陵，史惠景間侯表、漢景武功臣表作「商陵」，百官表作「南陵」，皆非。此及將相表作「高陵」。

〔六〕【集解】徐廣曰：「娖，音七角反。一作『斷』，一作『躖』。」【索隱】娖，音側角反。小顏云「持整之貌」。漢書作「躖躖」，音初角反。斷，音都亂反。義如尚書「斷斷猗無他技」。【正義】孔注論語以束脩爲束帶脩飾，此亦當然。【考證】娖、齪同。

太史公曰：張蒼文學律曆，爲漢名相，而絀賈生、公孫臣等言正朔服色事，而不遵明，用秦之顓頊曆，何哉？〔一〕周昌，木彊人也。〔二〕任敖以舊德用。〔三〕申屠嘉可謂剛毅守節矣，然無術學，殆與蕭、曹、陳平異矣。

〔一〕【集解】張晏曰：「不考經典，專用顓頊曆，何哉？」【考證】漢書「不遵明」作「專遵」。梁玉繩曰：此句不可解。愚按：賈生亦主土德之説，上文既注。

〔二〕【正義】言其質直掘强，如木石焉。

〔三〕【集解】張晏曰：「謂傷辱呂后吏。」

【索隱述贊】張蒼主計，天下作程。孫臣始絀，秦曆尚行。御史亞相，相國阿衡。中屠面折，周子廷爭。其他娖娖，無所發明。

孝武時，丞相多甚不記，莫録其行起居狀略，且紀征和以來。

有車丞相，長陵人也。〔一〕卒而有韋丞相代。〔二〕韋丞相賢者，魯人也。以讀書術爲吏，至大鴻臚。有相工相之，當至丞相。有男四人，使相工相之，〔三〕至第二子其名玄成，相工曰：「此子貴當封。」韋丞相言曰：「我即爲丞相，有長子，是安從得之？」後竟爲丞相，病死，而長子有罪論，不得嗣，而立玄成。〔四〕玄成時佯狂不肯立，竟立之，有讓國之名。後坐騎至廟不敬，有詔奪爵一級，爲關內侯，失列侯，得食其故國邑。〔五〕韋丞相卒，有魏丞相代。〔六〕

〔一〕【集解】名千秋。【正義】漢書云：車千秋始田氏。其先齊諸田，徙長陵，千秋爲寢郎。會太子事，上急變訟太子冤。爲鴻臚數年，代劉屈氂爲丞相，封富民侯。年老，上優之，朝見，乘牛車入宮中，號車丞相。

〔二〕【索隱】自「車千秋」已下，皆褚先生等所記。然丞相傳都省略，漢書則備。【考證】梁玉繩曰：此下皆後人妄續。孝武在位五十四年，丞相十二人。竇嬰、許昌、田蚡、薛澤、公孫弘、李蔡、莊青翟、趙周、石慶、公孫賀、劉屈氂、車千秋，而公孫賀已上十人見史公本書。其所未及者，劉、田二相爾。何云多甚莫録哉？且征和獨非孝武時乎？既紀征和以來，何以續始于千秋，而不紀劉丞相？所紀車千秋、韋賢、魏相、邴吉、黄覇、于定國、韋玄成、匡衡八人，中間闕王訢、楊敞、蔡義三人，何也？即所紀八人，詞頗簡劣，事復舛謬。如韋賢長子方山，爲高寢令，早終，故不嗣爲侯矣。而此言長子有罪不嗣，蓋誤以其次子弘爲方山也。劾趙京兆者司直蕭望之，而此以爲司直繁君。攷公卿表，繁延壽後望之幾二十年矣。邴吉子顯官太僕，坐奸贓免，後復爲城門校尉。此但言免爲庶人而已。張廷尉傳安得及于定國？乃云「于丞相已有廷尉傳，在張廷尉語中」，不亦誣邪？

〔三〕【考證】楓、三本「使」下無「相工」二字。

〔四〕【正義】弘坐宗廟事，繫獄未決。【考證】慶長本標記引一本「長子」下有「弘」字。據漢書韋玄成傳，韋弘，賢次子，爲太常丞。

〔五〕【考證】岡白駒曰：祠孝惠廟，當晨入廟。天雨，淖，不駕駟馬車，而騎至廟下，其罪不敬。事詳漢傳。

〔六〕【考證】地節元年。

魏丞相相者，濟陰人也。〔一〕以文吏至丞相。其人好武，皆令諸吏帶劒，帶劒前奏事。或有不帶劒者，當入奏事，至乃借劒而敢入奏事。其時京兆尹趙君，〔二〕丞相奏以免罪，〔三〕使人執魏丞相，欲求脱罪，而不聽。〔四〕復使人脅恐魏丞相，以夫人賊殺侍婢事而私獨奏請驗之，發吏卒，至丞相舍，捕奴婢笞擊問之，實不以兵刃殺也。〔五〕而丞相司直繁君，奏京兆尹趙君迫脅丞相，誣以夫人賊殺婢，發吏卒圍捕丞相舍，不道；又得擅屏騎士事，〔六〕趙京兆坐要斬。〔七〕又有使掾陳平等劾中尚書，疑以獨擅劫事而坐之，大不敬，〔八〕長史以下皆坐死，或下蠶室。〔九〕而魏丞相竟以丞相病死。〔一〇〕子嗣。後坐騎至廟不敬，有詔奪爵一級，爲關内侯，失列侯，得食其故國邑。魏丞相卒，〔一一〕以御史大夫

邴吉代。〔一二〕

〔一〕【正義】相字弱翁，濟陰定陶人，徙平陵。

〔二〕【集解】名廣漢。

〔三〕【正義】奏京兆尹之罪，免也。【考證】十一字欠明晳。當曰「丞相奏京兆尹趙君以免罪」。岡白駒曰：有人告趙廣漢罪，事下丞相御史。丞相奏，其罪當免爵位。

〔四〕【考證】「使人」上添「趙君」二字看。楓、三本「求」上有「相」字。岡白駒曰：趙廣漢使人脅魏相，欲以令無窮正己事。張照曰：使中郎將趙奉壽。

〔五〕【考證】楓、三本「侍婢」作「傅婢」。岡白駒曰：丞相傅婢有過，自絞死。趙聞之，疑夫人妒殺誣之。

〔六〕【索隱】繁，姓也，音婆。【考證】繁君名延壽，見漢書蕭望之傳。楓、三本「婢」上有「傅」字。岡白駒曰：屏，退也。漢書趙廣漢傳作「擅斥除騎士乏軍興」，注「斥除，逐遣之也」。

〔七〕【考證】事詳漢書趙廣漢傳。

〔八〕【考證】張文虎曰：宋本、舊刻無「尚」字。岡白駒曰：疑，罪之疑者也。

〔九〕【考證】後漢書光武二十八年紀「死罪繫囚，皆一切募下蠶室」。注云「蠶室，宮刑獄名。有刑者畏風，須暖作窨室，蓄火如蠶室，因以名焉」。窨，音一禁反。漢書司馬遷傳「僕又茸以蠶室」，注「蠶室，初腐刑所居溫密之室也」。

〔一〇〕【考證】楓、三本「而」下無「魏丞相」三字。

〔一一〕【正義】視事九歲薨，謚曰憲侯。

〔一二〕【考證】神爵元年。

邴丞相吉者，魯國人也。〔一〕以讀書好法令，至御史大夫。孝宣帝時，以有舊故，封爲列侯，〔二〕而因爲丞相。明於事，有大智，後世稱之。〔三〕以丞相病死。〔四〕子顯嗣。後坐騎至廟不敬，有詔奪爵一級，失列侯，得食故國邑。顯爲吏至太僕，坐官耗亂，身及子男有姦贓，免爲庶人。〔五〕

〔一〕【正義】字少卿。

〔二〕【正義】以孩童時侍養宣帝，及拒詔使活宣帝之故。後封爲博陽侯，邑千三百户。

〔三〕【正義】漢書「吉道上見殺人，不問。見牛喘吐舌，使吏問之。或讓吉，吉曰：『民間相傷殺，長安令京兆尹職。歲竟，丞相課其殿最賞罰。宰相不親小事，非所當於道問也。方春少陽用事，未可以熱，恐牛近行，以暑故喘。此時節失氣，恐有所傷害也。三公典陰陽，職所當憂，是以問之。』以吉知大體，故世稱之。」

〔四〕【正義】謚曰定侯。

〔五〕【正義】漢書曰：「上曰：『故丞相吉有舊恩，朕不忍絶。』免顯官，奪邑四百户，後復以爲城門校尉。子昌嗣爵關内侯。成帝鴻嘉元年，以吉舊恩，封吉孫中郎將關内侯昌爲博陽侯。國絶三十二歲。昌傳子孫，王莽時乃絶。」

邴丞相卒，黄丞相代。〔一〕長安中有善相工田文者，與韋丞相、魏丞相、邴丞相微賤時會於客家，田文言曰：「今此三君者皆丞相也。」其後三人竟更相代爲丞相，何見之明也！

〔一〕【考證】五鳳三年。

黃丞相霸者，淮陽人也。〔一〕以讀書爲吏，至潁川太守。治潁川，以禮義條教喻告化之。犯法者，風曉令自殺。〔二〕化大行，名聲聞。孝宣帝下制曰：「潁川太守霸，以宣布詔令治民，道不拾遺，男女異路，獄中無重囚，賜爵關内侯，黃金百斤。」徵爲京兆尹，而至丞相，〔三〕復以禮義爲治。以丞相病死。子嗣，〔四〕後爲列侯。黃丞相卒，〔五〕以御史大夫于定國代。〔六〕于丞相已有廷尉傳，在張廷尉語中。〔七〕于丞相去御史大夫，韋玄成代。〔八〕

〔一〕【正義】霸字次公，淮陽陽夏人。以豪桀役使，徙雲陵。

〔二〕【考證】楓、三本「殺」作「改」，可從。

〔三〕【正義】代丙吉爲丞相，封建成侯，食邑六百户。

〔四〕【正義】子賞嗣。

〔五〕【正義】謚曰定侯。

〔六〕【正義】于定國字曼倩，東海郯人也。爲縣獄吏，及廷尉史，歷位超爲廷尉。乃迎師學春秋，北面備弟子禮。爲廷尉，民自以不冤。定國飲酒至數石不亂。甘露中，代黃霸爲丞相，封西平侯。九年薨，謚安侯。子永嗣。始定國父爲縣吏，郡決曹獄平，閭門壞，父老共治之。于公謂曰：「少大閭門，令容駟馬高蓋車。我治獄多陰德，未嘗有所冤。子孫必有興者。」至定國爲丞相，封侯傳世也。【考證】甘露三年。

〔七〕【考證】張廷尉蓋釋之。史記釋之傳無補傳，並無于廷尉語。

〔八〕【考證】永光二年。

韋丞相玄成者，即前韋丞相子也。〔一〕代父，後失列侯。其人少時好讀書，明於詩、論語。爲吏至衛尉，徙爲太子太傅。御史大夫薛君免，爲御史大夫。〔二〕于丞相乞骸骨，免，而爲丞相，因封故邑爲扶陽侯。數年病死。孝元帝親臨喪，賜賞甚厚。子嗣，後其治容容隨世俗浮沈，而見謂諂巧。〔三〕而相工本謂之當爲侯代父，而後失之，復自游宦而起至丞相。父子俱爲丞相，世閒美之，豈不命哉！相工其先知之。韋丞相卒，御史大夫匡衡代。〔四〕

〔一〕【正義】玄成字少翁，以父任爲郎，歷位至御史大夫。永光中，代于定國爲丞相。封故國扶陽，爲相七年。守正持重，不及父賢，文彩過之。薨，謚曰恭侯。初賢徙平陵，玄成徙杜陵，父子明經爲相，故鄒、魯閒云「遺子黄金滿籯，不如一經」。

〔二〕【集解】名廣德也。

〔三〕【考證】岡白駒曰：人以爲諂巧。

〔四〕【考證】建昭三年。

丞相匡衡者，東海人也。〔一〕好讀書，從博士受詩。家貧，衡傭作以給食飲。才下，數射策不中，至九，乃中丙科。〔二〕其經以不中科故明習。補平原文學卒史。數年郡不尊敬。〔三〕御史徵之，以補百石屬，薦爲郎，而補博士，拜爲太子少傅，而事孝元帝。孝元好詩，而遷爲光禄勳，居殿中爲師，授教左右，而縣官坐其旁聽，甚善之，日以尊貴。御史大夫鄭弘坐事免，而匡君爲御史大夫。歲餘，韋丞相死，匡君代爲丞相，封樂安侯。〔四〕以十年之閒，不出長安城門，而至丞相，豈非遇時而命也哉！〔五〕

〔一〕【正義】衡字稚圭，東海承人也。父世農夫，至衡好學。【考證】三條本「丞相匡衡」作「匡丞相衡」。
〔二〕【正義】衡射策甲科，不應令，爲太常掌故。儒林傳云「歲課甲科爲郎，中乙科爲太子舍人，景科補文學掌故也」。
〔三〕【考證】沈家本曰：漢書云「學者多上書，薦衡經明，當世少雙」，與此不同。
〔四〕【正義】歷位御史大夫。建昭中，代韋玄成爲丞相，封樂安侯，食邑六百户。爲相七年，以侵封國界，免爲庶人，終于家。
〔五〕【考證】張文虎曰：御覽二百四引「命」爲「合」。

太史公曰：〔一〕深惟士之游宦，所以至封侯者微甚。〔二〕然多至御史大夫即去者。諸爲大夫而丞相次也，其心冀幸丞相物故也。〔三〕或乃陰私相毀害欲代之。然守之日久不得，或爲之日少而得之，至於封侯，真命也夫！〔四〕御史大夫鄭君，守之數年不得，〔五〕匡君居之，未滿歲而韋丞相死，即代之矣，豈可以智巧得哉！多有賢聖之才，困戹不得者衆甚也。

〔一〕【索隱】案此論匡衡已來事，則後人所述也，而亦稱「太史公」，其序述淺陋，一何誣也！【考證】楓山本、劉氏宋本、淩本、王本、毛本無「太史公曰」四字，索隱本、三條本有。
〔二〕【集解】徐廣曰：「微，一作『徵』。」
〔三〕【集解】高堂隆答魏朝訪曰：「物，無也。故，事也。言無復所能於事。」【考證】物故，死也。物、没音近。故，舊也。
〔四〕【考證】「命」字承上文。
〔五〕【正義】鄭弘字神卿，代韋玄成爲御史大夫。六歲，子坐與京房論議免也。

史記會注考證卷九十七

史記九十七

酈生陸賈列傳第三十七〔一〕

〔一〕【考證】史公自序云：「結言通使，約懷諸侯；諸侯咸親，歸漢爲藩輔。作酈生陸賈列傳第三十七。」陳仁錫曰：酈生、陸賈皆口辯士，故同傳。朱建亦以口辯附焉。查慎行曰：漢書酈食其傳多襲史記之舊，間或删改一二字。「騎士從容言如酈生所誡者」，漢書去「如」字。「沛公方踞牀，令兩女子洗足」，漢書去「足」字。「沛公輟洗起攝衣」，漢書去「攝」字。「方今楚易取而漢反郤自奪其便」，漢書去「其」字。「以示諸侯效實形勢之便」，漢書去「效實」二字。「食其子疥數將兵，功未當侯，上以其父故封爲高粱侯」，漢書去「功未當侯」四字。似皆不若史記之明白曉暢。又按：史記酈生于齊受烹時，猶有迂闊大言，足見狂生故態，被漢書删郤，遂覺食其一生至此索然氣盡。

酈生食其者，陳留高陽人也。〔一〕好讀書，家貧落魄，無以爲衣食業，〔二〕爲里監門吏。〔三〕

然縣中賢豪不敢役，縣中皆謂之狂生。

〔一〕【集解】徐廣曰：「高陽今在圉縣。」【索隱】案：高陽屬陳留圉縣。高陽，鄉名也，故耆舊傳云「食其，高陽鄉人」。【正義】酈食其，歷異幾三音也。陳留風俗傳云「高陽在雍丘西南」，括地志云「圉城在汴州雍丘縣西南。食其墓在雍丘西南二十八里」，蓋謂此也。【考證】陳留此時未置郡，言陳留者，舉其縣也。故下文云「夫陳留，天下之衝，四通五達之郊也，臣知其令」。

〔二〕【集解】應劭曰：「落魄，志行衰惡之貌也。」晉灼曰：「落薄，落託，義同也。」【索隱】案：鄭氏云「魄，音薄」。應劭云「志行衰惡之貌也」。【正義】落，謂零落。魄，謂漂薄也。言食其家貧，零落漂薄也，無可以爲衣食業產也。

〔三〕【正義】監，音甲衫反。戰國策云齊宣謂顏斶曰：「夫監門，閭里士之賤也。」【考證】高山寺本及漢書「吏」字在下文「然」字下。

及陳勝、項梁等起，諸將徇地過高陽者數十人，〔一〕酈生聞其將皆握齱好苛禮自用，〔二〕不能聽大度之言，〔三〕酈生乃深自藏匿。後聞沛公將兵略地陳留郊，〔四〕沛公麾下騎士適酈生里中子也，〔五〕沛公時時問邑中賢士豪俊。〔六〕騎士歸，酈生見謂之曰：「吾聞沛公慢而易人，多大略，此真吾所願從游，莫爲我先。〔七〕若見沛公，謂曰『臣里中有酈生，年六十餘，長八尺，人皆謂之狂生，生自謂我非狂生』。」騎士曰：「沛公不好儒，諸客冠儒冠來者，沛公輒解其冠，溲溺其中。〔八〕與人言，常大罵。未可以儒生說也。」酈生曰：「弟言之。」〔九〕騎士從容言，如酈生所誡者。〔一〇〕

〔一〕【正義】徇，略也。

〔二〕【集解】應劭曰：「握齱，急促之貌。」【索隱】應劭曰：「齱，音若促。」鄒氏音麄角反。韋昭云「握齱，小節也」。【考證】張文虎曰：舊刻「問」作「聞」，與漢書合。

〔三〕【索隱】案：「苛」亦作「荷」。賈逵云「苛，煩也」。小顏云「苛，細也」。

〔四〕【考證】淩稚隆曰：「郊」字，見得未下陳留。

〔五〕【集解】服虔曰：「食其里中子適作沛公騎士。」【索隱】適食其里中子。適，音釋。服虔、蘇林皆云，沛公騎士，適是食其里中人也。案：言適近作騎士。

〔六〕【考證】高山寺本「俊」作「儁」，同。

〔七〕【索隱】案：先，謂先容，言無人爲我作紹介也。【正義】爲，于僞反。

〔八〕【索隱】溲溺，上所由反，下乃弔反，亦如字。溲即溺也。

〔九〕【考證】弟，但也。

〔一〇〕【考證】誠，告也。

沛公至高陽傳舍，使人召酈生。〔一〕酈生至，入謁，沛公方倨牀，使兩女子洗足，而見酈生。〔二〕酈生入，則長揖不拜，曰：「足下欲助秦攻諸侯乎？且欲率諸侯破秦也？」沛公罵曰：「豎儒！夫天下同苦秦久矣，故諸侯相率而攻秦，何謂助秦攻諸侯乎？」〔三〕酈生曰：「必聚徒合義兵誅無道秦，不宜倨見長者。」〔四〕於是沛公輟洗，起攝衣，延酈生上坐，謝之。〔五〕酈生因言六國從横時。沛公喜，賜酈生食，問曰：「計將安出？」酈生曰：「足下起糾合之衆，收散亂之兵，不滿萬人，欲以徑入强秦，此所謂探虎口者也。〔六〕夫陳留，天下之衝，四通五達之郊也，〔七〕今其城又多積粟。臣善其令，〔八〕請得使之，令下足下。〔九〕即不聽，足下舉兵攻之，臣爲内應。」於是遣酈生行，沛公引兵隨之，遂下陳留。號酈食其爲廣野君。

〔一〕【集解】徐廣曰：「二世三年二月。」【正義】傳舍，傳置之舍。

〔二〕【索隱】案：樂産云「邊牀曰倨」。【考證】黥布傳云「上方踞牀洗，召布入見」，是漢皇試人常用手段。張文虎曰：倨，索隱本作「踞」。愚按：漢書亦作「踞」，與黥布傳合。沈欽韓曰：御覽三百四十二引楚漢春秋曰：「上過陳留，酈生求見，使者入通。公方跣足，問『何如人？』曰：『狀類大儒』。上曰：『吾方以天下爲事，未暇見大儒也。』使者出告。酈生瞋目按劍入言：『高陽酒徒，非儒者也。』」按：此與史記傳末所附同。

〔三〕【索隱】案：豎者，僮僕之稱。沛公輕之，以比奴豎，故曰「豎儒」也。【考證】留侯傳亦稱酈生曰「豎儒」。豎儒，猶言小儒。

〔四〕【考證】長者暗承年「六十餘」，「必」下當據漢書補「欲」字。淮陰侯傳云「王必欲長王漢中，無所事信。必欲争天下，非信無所與計」。與此語意正同。

〔五〕【正義】攝，猶言斂著也。【考證】胡三省曰：攝衣，起持其衣也。高山寺本，楓、三本「生」下有「坐」字。

〔六〕【集解】糾合，一作「烏合」，一作「瓦合」。【正義】言瓦合聚而蓋屋，無協力之心也。【考證】正義本作「瓦合」，與漢書合。

〔七〕【集解】如淳曰：「四面中央凡五達也。」瓚曰：「四通五達，言無險阻也。」【考證】中井積德曰：四通五達，言通達之多。集解誤。

〔八〕【正義】言食其與陳留縣令相善也。

〔九〕【正義】令，力征反。下，謂降之也。【考證】高山寺本無「得」字。

酈生言其弟酈商，使將數千人從沛公西南略地。酈生常爲説客，馳使諸侯。

漢三年秋，項羽擊漢，拔滎陽，漢兵遁保鞏、洛。楚人聞淮陰侯破趙，彭越數反梁地，〔一〕則分兵救之。淮陰方東擊齊，漢王數困滎陽、成皋，計欲捐成皋以東，屯鞏、洛以拒楚。〔二〕酈生因曰：「臣聞知天之天者，王事可成；不知天之天者，王事不可成。王者以民人爲天，而民人以食爲天。〔三〕夫敖倉，天下轉輸久矣，臣聞，其下迺有藏粟甚多。〔四〕楚人拔滎陽，不堅守敖倉，迺引而東，令適卒分守成皋，〔五〕此乃天所以資漢也。方今楚易取，而漢反郤自奪其便，臣竊以爲過矣。〔六〕且兩雄不俱立，楚、漢久相持不決，百姓騷動，海内摇蕩，農夫釋耒，工女下機，〔七〕天下之心，未有所定也。願足下急復進兵，收取滎陽，據敖倉之粟，〔八〕塞成皋之險，〔九〕杜大行之道，〔一〇〕距蜚狐之口，〔一一〕守白馬之津，〔一二〕以示諸侯效實形制之勢，則天下知所歸矣。〔一三〕方今燕、趙已定，唯齊未下。〔一四〕今田廣據千里之齊，田閒將二十萬之衆，軍於歷城，〔一五〕諸田宗彊，負海阻河、濟，南近楚，人多變詐，〔一六〕足下雖遣數十萬師，未可以歲月破也。臣請得奉明詔説齊王，使爲漢而稱東藩。」上曰：「善。」〔一七〕

〔一〕【索隱】數，音朔。

〔二〕【考證】高山寺本「皋」作「睾」，下同。

〔三〕【索隱】王者以人爲天，案：此語出管子。【考證】合刻本索隱引管子云「王者以民爲天，民以食爲天。能知天之天者斯可矣」。漢書及新序「民」下無「人」字。梁玉繩曰：索隱本無「民」字，疑唐時避諱，改「民」爲「人」，而後遂誤並入之也。愚按：高山寺本無「人」字。

〔四〕【考證】中井積德曰：其下，謂窖藏者。何焯曰：聞之中州人云，秦人因土山窖粟其下，不與今他處倉廩等。故曰「聞其下乃有藏粟」。沈欽韓曰：呂氏春秋「穿竇窌」，高誘注「穿窌，所以盛穀也」。是古者穿地下藏粟也。

〔五〕【索隱】適卒，上音直革反。案：通俗文云「罰罪云謫」，即所謂謫戍。又音陟革反。卒，相忽反。【考證】楓山本「引」下有「兵」字，當據補。中井積德曰：適卒，只是戍卒，謂非精兵也。王先謙曰：楚引東定梁地，令曹咎守成皋。徐孚遠曰：項王善野戰，而不識地勢，棄關中，不守敖倉，此楚之所以失也。

〔六〕【索隱】漢反却自奪便，以言不取敖倉，是漢卻自奪其便利。

〔七〕【索隱】謂女工。工，巧也。漢書作「紅」，音工。【正義】耒，手耕曲木。【考證】工，「工作」之「工」，無干巧拙。

〔八〕【正義】敖倉在今鄭州滎陽縣西十有五里石門之東。北臨汴水，南帶三皇山。秦始皇時，置倉於敖山上，故名之曰敖倉也。

〔九〕【正義】即汜水縣山也。

〔一〇〕【集解】韋昭曰：「在河內野王北也。」【正義】大行，山名，在懷州河內縣。

〔一一〕【集解】如淳曰：「上黨壺關也。」駰案：蜚狐，在代郡西南。【正義】案：蔚州飛狐縣北百五十里有秦漢故郡城，西南有山，俗號爲飛狐口也。

〔一二〕【考證】齊召南曰：白馬縣屬東郡，大河所經。其西岸即黎陽也。

〔一三〕【考證】漢書、新序無「效實」二字。胡三省曰：酈生之說，形格勢禁之說也。蓋據敖倉，塞成皋，則項羽不能西。守白馬，杜太行，距蜚狐，則河北、燕、趙之地長爲漢有，齊、楚將安歸乎？愚按：新序善謀篇云「其後吳、楚反，將軍竇嬰、周亞夫復據敖倉，塞成皋如前，以破吳、楚，皆酈生之謀也」。何焯曰：此似後人依託之語。時漢已虜魏豹，禽趙歇，河東、河內、河北皆歸漢。何庸復杜太行之道，以示諸侯形勢乎？燕趙已定，即代郡蜚狐亦非楚人所能北窺，無事距守壺關近太行之道，何庸杜此兼距彼乎？與當時事實闊遠。梁玉繩曰：斯乃秦人規取韓趙舊談。酈生仍戰國說士餘習。

〔一四〕【考證】通鑑考異云「史漢皆以食其勸取敖倉及說齊合爲一事，獨新序分爲二。分爲二者是。王先謙曰：案據高紀，三年九月，項羽令曹咎守成皋，自引兵東擊彭越。漢王使食其說齊連和。四年冬十月，韓信破齊，齊烹食其，漢破曹咎就敖倉食，前後次第如此。是食其說漢王二事，並在三年九月。史漢合之，未爲非也。

〔一五〕【考證】劉攽曰：此時何緣有田閒？按田横傳乃田解。横傳云「齊使華毋傷、田解軍歷下以距漢」。張文虎曰：宋本、中統、毛本、吳校金板「歷城」作「歷下」。愚按：下文云「罷歷下兵守戰備」。高山寺本「二十」作「廿」。

〔一六〕【考證】高山寺本「濟」作「齊」，「人」作「民」。「負海」、「阻河」對言，當依訂。漢書「海」下有「岱」字，注「岱，泰山也」。

〔一七〕【考證】高山寺本「藩」作「蕃」。

迺從其畫，復守敖倉，〔一〕而使酈生說齊王曰：「王知天下之所歸乎？」王曰：「不知也。」曰：「王知天下之所歸，則齊國可得而有也。若不知天下之所歸，則齊國未可得保也。」齊王曰：「天下何所歸？」〔二〕曰：「歸漢。」曰：「先生何以言之？」〔三〕曰：「漢王與項王戮力西面擊秦，約先入咸陽者王之。漢王先入咸陽，項王負約不與，而王之漢中。項王遷殺義帝，漢王聞之，起蜀、漢之兵擊三秦，出關而責義帝之處，〔四〕收天下之兵，立諸侯之後，降城即以侯其將，得賂即以分其士，與天下同其利，豪英賢才皆樂爲之用。〔五〕諸侯之兵四面而至，蜀、漢之粟方船而下。〔六〕項王有倍約之名，殺義帝之負；〔七〕於人之功無所記，於人之罪無所忘；戰勝而不得其賞，拔城而不得其封；非項氏莫得用事；爲人刻印，刓而不能授；〔八〕攻城得賂，積而不能賞：天下畔之，賢才怨之而莫爲之用。〔九〕故天下之士歸於漢王，可坐而策也。夫漢王發蜀、漢，定三秦；涉西河之外，援上黨之兵；〔一〇〕下井陘，誅成安君；破北魏，舉三十二城：〔一一〕此蚩尤之兵也，非人之力也，天之福也。〔一二〕今已據敖倉之粟，塞成皋之險，守白馬之津，杜大行之阪，距蜚狐之口，天下後服者先亡矣。王疾先下漢王，齊國社稷可得而保也；不下漢，王危亡可立而待也。」田廣以爲然，迺聽酈生，罷歷下兵守戰備，與酈生日縱酒。

〔一〕**【考證】**王先謙曰：時未得敖倉，云「復」者，究言之。

〔二〕**【考證】**「所歸」二字承上。漢書刪「所」字，非是。

〔三〕**【考證】**高山寺本「漢」下有「王」字。

〔四〕**【考證】**王念孫曰：責，問也。處，所也。猶言義帝安在也。漢書「處」上有「負」字。藝文類聚引史「責」下有「殺」字，「處」作「罪」。

〔五〕**【考證】**與韓信所言相似。

〔六〕**【索隱】**案：方船，謂並舟也。戰國策「方船積粟，循江而下」也。**【考證】**方船，又見張儀傳。

〔七〕【考證】楓、三本「負」作「罪」。

〔八〕【集解】孟康曰：「刓斷無復廉鍔也。」瓚曰：「項羽吝於爵賞，玩惜侯印，不能以封其人也。」【索隱】刓，音五官反。案：郭象注莊子云「杬斷無圭角」。漢書作「玩」，言玩惜不忍授人也。

〔九〕【考證】高山寺本，楓、三本「積」下有「財」字，與新序、漢書合。愚按：亦與韓信言相似。

〔一〇〕【正義】援，音爰。【考證】高山寺本「外」作「水」。

〔一一〕【索隱】謂魏豹也。豹在河北故也。亦謂「西魏」，以大梁在河南故也。【考證】胡三省曰：河自砥柱以上，龍門以下爲西河。顏師古曰：梁地既有魏名，故謂魏豹爲北魏。高山寺本無「君」字，「三十」作「卅」。

〔一二〕【考證】漢書「蚩尤」作「黄帝」。周壽昌曰：黄帝、蚩尤皆古之主兵者，故高帝起兵，祠黄帝，祭蚩尤。漢書言「黄帝」，史記言「蚩尤」，初無區别。

淮陰侯聞酈生伏軾下齊七十餘城，迺夜度兵平原襲齊。〔一〕齊王田廣聞漢兵至，以爲酈生賣己，〔二〕迺曰：「汝能止漢軍，我活汝；不然，我將亨汝！」〔三〕酈生曰：「舉大事不細謹，盛德不辭讓。而公不爲若更言！」〔四〕齊王遂亨酈生，引兵東走。

〔一〕【考證】漢書「伏軾」作「馮軾」。顏師古曰：馮軾者，但安坐乘車而游説，不用兵衆。

〔二〕【考證】顏師古曰：言其與韓信通謀。

〔三〕【考證】高山寺本無「將」字。楓、三本「亨」作「烹」。

〔四〕【考證】李斯傳趙高謂李斯曰：「大行不小謹，盛德不辭讓。」岡白駒曰：而公，自稱之倨辭，猶乃公也。言我不爲汝改言。

漢十二年，曲周侯酈商以丞相將兵擊黥布，有功。〔一〕高祖舉列侯功臣，思酈食其。酈食其子疥，數將兵，功未當侯，〔二〕上以其父故，封疥爲高梁侯。後更食武遂，嗣三世。元狩元年中，武遂侯平坐詐詔衡山王取百斤金，當弃市，病死，國除也。〔三〕

〔一〕【考證】崔適曰：當依酈商傳「丞相」上補「右」字。

〔二〕【索隱】疥，音界。後更封武遂三世。地理志武遂屬河間。案：漢書作「武陽子遂」，衍文也。【考證】高山寺本無「數」字，「兵」下有「有」字。凌稚隆曰：索隱「子遂」以下，恐有誤。

〔三〕【正義】年表云「卒，子敵嗣。卒，子平嗣，元年有罪國除」。而漢書云「更食武陽，子遂嗣」，恐漢書誤也。【考證】高山守本「百斤金」作「金百斤」，「病」作「疥」，無「也」字。楓本無「當」字。中井積德曰：「也」字疑衍。

陸賈者，楚人也。〔一〕以客從高祖定天下，名爲有口辯士，居左右，常使諸侯。〔二〕

〔一〕【索隱】案：陳留風俗傳云「陸氏，春秋時陸渾國之後。晉侯伐之，故陸渾子奔楚。賈其後」。又陸氏譜云「齊宣公支子達，食菜於陸。達生發，發生皋，適楚。賈其孫也」。

〔二〕【考證】藝文類聚引史無「士」字，與漢書合。

及高祖時，中國初定，尉他平南越，因王之。〔一〕高祖使陸賈賜尉他印，爲南越王。陸生至，尉他魋結箕倨見陸生。〔二〕陸生因進説他曰：「足下中國人，親戚昆弟墳墓在真定。〔三〕今足下反天性，弃冠帶，欲以區區之越與天子抗衡，爲敵國，禍且及身矣。〔四〕且夫秦失其政，諸侯豪桀並起，唯漢王先入關據咸陽。項羽倍約，自立爲西楚霸王，諸侯皆屬，可謂至彊。〔五〕然漢王起巴、蜀，鞭笞天下，劫略諸侯，遂誅項羽滅之，五年之間，海内平定，此非人力，天之所建也。天子聞君王王南越，不助天下誅暴逆，將相欲移兵而誅王，〔六〕天子憐百姓新勞苦，故且休之，遣臣授君王印，剖符通使。君王宜郊迎，北面稱臣，迺欲以新造未集之越，屈彊於此。〔七〕漢誠聞之，掘燒王先人冢，夷滅宗族，〔八〕使一偏將將十萬衆臨越，則越殺王降漢，如反覆手耳。」

〔一〕【索隱】趙他爲南越尉，故曰「尉他」。他，音駞。【正義】他，音徒何反。趙他，真定人，爲龍川令，南海尉任囂死，使他盡行南海尉事，故曰「尉他」，後自立爲南越王。【考證】漢書無「及高祖」三字，「他」作「佗」。張文虎曰：柯、凌本作「佗」，下同。

〔二〕【集解】服虔曰：「魋，音椎。今兵士椎頭結。」【索隱】魋，直追反。結，音計。謂爲髻一撮，似椎而結之，故字從結。且案其「魋結」二字，依字讀之，亦得。謂夷人本被髮左衽，今他同其風俗，但魋其髮而結之。【考證】高山寺本「陸賈」作「陸生」。顏師古曰：結讀曰髻。又曰：伸其兩脚而坐，其形如箕。蓋古人無交椅，席地危坐，以伸其足，爲不敬也。

〔三〕【索隱】趙地也。本名東垣，屬常山。

〔四〕【索隱】案：崔浩云「抗，對也。衡，車扼上横木也。抗衡，言兩衡相對拒，言不相避下」。

〔五〕【考證】漢書「彊」下有「矣」字。

〔六〕【考證】楓本「誅王」作「誅君王」。

〔七〕【正義】屈强，謂不柔服也。【考證】顏師古曰：集，成也。

〔八〕【考證】楓、三本「冢」下有「墓」字，與漢書合。

於是尉他迺蹶然起坐，謝陸生曰：「居蠻夷中久，殊失禮義。」〔一〕因問陸生曰：「我孰與蕭何、曹參、韓信賢？」陸生曰：「王似賢。」〔二〕復曰：「我孰與皇帝賢？」陸生曰：「皇帝起豐沛，討暴秦誅彊楚，爲天下興利除害，繼五帝、三皇之業，統理中國。〔三〕中國之人以億計，地方萬里，居天下之膏腴，人衆車轝，萬物殷富，政由一家，自天地剖泮未始有也。〔四〕今王衆不過數十萬，皆蠻夷，崎嶇山海閒，譬若漢一郡，王何乃比於漢！」〔五〕尉他大笑曰：「吾不起中國，故王此。使我居中國，何渠不若漢？」〔六〕迺大說陸生，留與飲數月。曰：「越中無足與語，至生來，令我日聞所不聞。」賜陸生橐中裝直千金，〔七〕他送亦千金。〔八〕陸生卒拜尉他爲越王，令稱臣奉漢約。〔九〕歸報，高祖大悦，拜賈爲太中大夫。〔一〇〕

〔一〕【索隱】蹶，蘇林音厥。禮記「子夏蹶然而起」。埤蒼云「蹶，起也」。【考證】顏師古曰：蹶然，驚起之貌。顧炎武曰：坐者跪也。

〔二〕【考證】高山寺本「似」作「已」。

〔三〕【考證】高山寺本及漢書、漢紀「三皇」作「三王」爲是。御覽引史同。

〔四〕【正義】剖判，猶開闢也。【考證】楓、三、柯、凌本「泮」作「判」，與漢書合。高山寺本作「泮」。

〔五〕【考證】高山寺本「山」作「小」。高、楓、三本「何」下有「可」字。

〔六〕【集解】渠，音詎。【索隱】渠，劉氏音詎。漢書作「遽」字，小顏以爲「有何迫促不如漢也」。【考證】高山寺本「笑」作「嘆」，「渠」作「遽」。渠與距、詎、巨、遽同，豈也。何渠，連言一意，説詳于經傳釋詞，顏説失之。中井積德曰：意謂固正如漢耳。

〔七〕【集解】張晏曰：「珠玉之寶也。裝，裹也。」【索隱】橐，音托。案：如淳云以爲明月珠之屬也。又案：詩傳曰「大曰橐，小曰囊」。埤蒼云「有底曰囊，無底曰橐」。謂以寶物以入囊橐也。【考證】高山寺本「説」作「悦」。楓、三本「語」下有「及」字。

〔八〕【集解】蘇林曰：「非橐中物，故曰『他送』也。」

〔九〕【考證】高山寺本，楓、三本，宋本，中統、游、毛、吴校金板「爲」下有「南」字，與漢書合，當據補。

〔一〇〕【考證】楓、三本「報」下重「高祖」二字。

陸生時時前説稱詩、書。高帝罵之曰：「迺公居馬上而得之，安事詩書！」〔一〕陸生曰：「居馬上得之，寧可以馬上治之乎？且湯、武逆取而以順守之，文武並用，長久之術也。〔二〕昔者吴王夫差、智伯，極武而亡，秦任刑法不變，卒滅趙氏。〔三〕鄉使秦已并天下，行仁義，法先聖，陛下安得而有之？」高帝不懌，而有慙色，迺謂陸生曰：「試爲我著秦所以失天下，吾所以得之者何，及古成敗之國。」〔四〕陸生迺麤述存亡之徵，凡著十二篇。每奏一篇，高帝未嘗不稱善，左右呼萬歲，號其書曰「新語」。〔五〕

〔一〕【考證】吴曾祺曰：文有敍述事要，而必出於他人口吻，則不得不力求其肖。若一一務從典雅，則牴牾必多。劉子玄所謂「怯書今語，勇效昔言」是也。然此太史公最爲絶技，他人莫之及。觀高祖本紀，屢曰「乃公」，又曰「而公」，使後人見之，必想見嫚罵語氣。令當日悉改爲「朕」字，以符詔諭之體，豈不啻皇典重，然而語氣全失！至陳涉世家云「夥頤！涉之爲王沈沈者」，儼然是一村俗人語。「佳城蕩蕩，寇來不得上」，儼然是一滑稽人語。而當日並不以鄙俚爲病。

〔二〕【考證】楓、三本「逆」上有「以」字。

〔三〕【集解】趙氏，秦姓也。【索隱】案：韋昭云「秦，伯益後，與趙同出非廉，至造父有功於穆王，封之趙城，由此一姓趙氏」。

〔四〕【考證】楓、三本「古」下有「今」字。

〔五〕【正義】七録云「新語二卷，陸賈撰也」。【考證】高山寺本「存」作「在」。嚴可均曰：史記新語十二篇，漢書本傳同，藝文志作「二十三篇」，疑兼他所論譔計之。史記正義引梁七録「新語二卷，陸賈撰」，隋志、舊唐書同。崇文總目、郡齋讀書志、直齋書録解題皆不著録。王伯厚漢藝文志考證云「今存道基、雜事、輔政、無爲、資質、懷慮七篇」，蓋宋時此書佚而復出，出亦不全。明弘治間，李廷梧得十二篇足本刻板。漢代子書，新語最純最早。貴仁義，賤刑威，述詩、書、春秋、論語，紹孟、荀而開賈、董，卓然儒者之言。史遷目爲辯，未足盡之。其詞皆協，流傳久遠，轉寫多訛。葉適曰：按酈生、陸賈、叔孫通皆言高祖罵儒生儒服，而漢所共事皆武人刀筆吏，無有士人；獨張良非軍吏，不知何服也。然儒書儒服，自春秋、戰國時，固已詬戾之矣。游説法術之學行，道義既絶，至是陸賈始發其端，如陽氣復於大冬，學者蓋未可輕視之也。

孝惠帝時，呂太后用事，欲王諸呂，畏大臣有口者，〔一〕陸生自度不能争之，迺病免家居。以好畤田地善，可以家焉。〔二〕有五男，迺出所使越得橐中裝賣千金，分其子，子二百金，令爲生產。〔三〕陸生常安車駟馬，從歌舞鼓琴瑟侍者十人，〔四〕寶劍直百金，謂其子曰：「與汝約：〔五〕過汝，汝給吾人馬酒食，極欲十日而更。〔六〕所死家，得寶劍車騎侍從者。〔七〕一歲中往來過他客，率不過再三過，〔八〕數見不鮮，〔九〕無久慁公爲也。」〔一〇〕

〔一〕【考證】高山寺本「臣」下有「及」字。

〔二〕【正義】時，音止。雍州縣也。【考證】漢書改「可以」二字爲「往」一字。

〔三〕【正義】漢制一金直千貫。

〔四〕【考證】查慎行曰：漢書刪郤「舞琴」兩字，絶無意義。

〔五〕【集解】徐廣曰：「汝，一作『公』。」

〔六〕【考證】高山寺本及漢書「欲」作「飲」，非是。極，猶言最多也。中井積德曰：不欲久留使汝煩苦，我故十日而更。

〔七〕【考證】徐孚遠曰：所死家有喪葬費，故得所遺物。

〔八〕【索隱】率，音律。過，音戈。【考證】顔師古曰：非徒至諸子所，又往來經過它處爲賓客，一歲之中，每子不過再過也。查慎行曰：漢書刪去三字，便成死句。

〔九〕【索隱】數見，音朔現。謂時時來見汝也。不鮮，言必令鮮美作食，莫令見不鮮之物也。漢書作「數擊鮮」，如淳云「新殺曰鮮」。【考證】劉攽曰：言人情頻見則不美，故毋久溷汝也。中井積德曰：常相見，則意不新鮮，故不數數相過也。愚按：此承上文「十日而更」「一年中往來，率不過再三過」句。劉、中二説得之。漢書作「數擊鮮」，義異。

〔一〇〕【集解】韋昭曰：「慁，污辱。」【索隱】慁，患也。公，賈自謂也。言汝諸子無久厭患公也。【考證】方苞曰：我一歲止再三過，無久慁汝爲也。公，謂其子。愚按：稱臣曰「公」，稱子曰「公」，稱部屬曰「公」，當時常語。説見鼂錯傳。李笠曰：上文謂其子曰「與汝約」，集解徐廣曰「汝一作『公』」，疑史記「汝」本作「公」，與此「慁公」並指其子也。後人改上「公」字爲「汝」，小司馬遂以下「公」字爲賈自謂，失之遠矣。漢書上下並作「汝」。愚按：秦策昭王謂范雎曰「天以寡人慁先生」。説文「慁，亂也。一曰擾也」。

呂太后時王諸呂，諸呂擅權，欲劫少主危劉氏。右丞相陳平患之，力不能爭，恐禍及己，常燕居深念。〔一〕陸生往請，直入坐，〔二〕而陳丞相方深念，不時見陸生。〔三〕陸生曰：「何念之深也？」陳平曰：「生揣我何念？」〔四〕陸生曰：「足下位爲上相，食三萬户侯，〔五〕可謂極富貴無欲矣。然有憂念，不過患諸呂少主耳。」陳平曰：「然。爲之柰何？」陸生曰：「天下安，注意相；天下危，注意將。將相和調，則士務附；〔六〕士務附，天下雖有變，即權不分。爲社稷計，在兩君掌握耳。〔七〕臣常欲謂太尉絳侯，絳侯與我戲，易吾言。〔八〕君何不交驩太尉，深相結？」〔九〕爲陳平畫呂氏數事。陳平用其計，迺以五百金爲絳侯壽，厚具樂飲；太尉亦報如之。此兩人深相結，則呂氏謀益衰。〔一〇〕陳平迺以奴婢百人、車馬五十乘、錢五百萬遺陸生，爲飲食費。陸生以此游漢廷公卿閒，名聲藉甚。〔一一〕

〔一〕【正義】國家不安，故靜居深思其計策。

〔二〕【集解】漢書音義曰：「請，若問起居。」【考證】漢書「請」上有「不」字，疑衍。高山寺本「請」下有「也」字。

〔三〕【索隱】深念，深思之也。

〔四〕【集解】孟康曰：「揣，度也。」韋昭曰：「揣，音初委反。」【考證】高山寺本無「我」字。

〔五〕【索隱】案：陳平傳食户五千以曲逆，秦時有三萬户，恐復業至此，故稱。【正義】陳平世家食曲逆五千户，後攻陳豨、黥布，凡六出奇計，益邑蓋三萬户也。

〔六〕【集解】徐廣曰：「務，一作『豫』。」【考證】高山寺本「附」下有「也」字。王文彬曰：論語「務本」，皇疏「務，猶向也，慕也」。漢書「務附」作「豫附」。豫，樂也。慕附，與樂附意同。

〔七〕【考證】高山寺本「即」作「則」。高山寺、楓山本重「權不分」三字，與漢書合。

〔八〕【正義】絳侯與生常戲狎，輕易其言也。

〔九〕【考證】高山寺本「相」下有「連」字。

〔一〇〕【考證】楓、三本「衰」作「廢」，漢書作「壞」。

〔一一〕【集解】漢書音義曰：「言狼籍甚盛。」【正義】孟康云：「猶言狼藉甚盛也。」按：藉，言公卿假藉陸生名聲，甚敬重也。【考證】周壽昌曰：蓋藉，即「藉用白茅」之「藉」。言聲名得所藉益盛也。孟言狼藉，失之。

及誅諸呂，立孝文帝，陸生頗有力焉。孝文帝即位，欲使人之南越。陳丞相等乃言陸生，爲太中大夫，往使尉佗，令尉佗去黄屋稱制，令比諸侯，皆如意旨。〔一〕語在南越語中。陸生竟以壽終。〔二〕

〔一〕【考證】高山寺本，楓、三本無「尉佗令」三字，與漢書合。顏師古曰：黄屋，謂車上之蓋也。黄屋及稱制，皆天子之儀，故令去之。

〔二〕【考證】何焯曰：在兩傳中，不可無此句。

平原君朱建者，楚人也。〔一〕故嘗爲淮南王黥布相，有辠去，後復事黥布。〔二〕布欲反時，問平原君，平原君止之，布不聽，而聽梁父侯，遂反。〔三〕漢已誅布，聞平原君諫不與謀，得不誅。〔四〕語在黥布語中。〔五〕

〔一〕【考證】王鳴盛曰：論贊云「平原君子與余善，是以得具論之」，則知此段乃子長筆也。

〔二〕【考證】高山寺本「辠」作「罪」，同。

〔三〕【索隱】梁父侯，史失名。如淳注漢書云「遂，布臣」，非也。臣瓚曰「布用梁父侯計遂反耳」，其説是也。【考證】王先謙曰：梁父，泰山縣。侯姓，遂名。愚按：瓚説仍是。高山寺本無「而」字。

〔四〕【正義】與，音預。【考證】漢書云「漢既誅布，聞建諫之，高祖賜建號平原君，家徙長安」。

〔五〕【集解】黥布列傳無此語。

平原君爲人辯有口，刻廉剛直，家於長安。行不苟合，義不取容。辟陽侯行不正，得幸呂太后。〔一〕時辟陽侯欲知平原君，平原君不肯見。〔二〕及平原君母死，陸生素與平原君善，過之。〔三〕平原君家貧，未有以發喪，方假貸服具，〔四〕陸生令平原君發喪。陸生往見辟陽侯，賀曰：「平原君母死。」辟陽侯曰：「平原君母死，何乃賀我乎？」陸賈曰：「前日君侯欲知平原君，平原君義不知君，以其母故。〔五〕今其母死，君誠厚送喪，則彼爲君死矣。」辟陽侯乃奉百金往稅。〔六〕列侯貴人以辟陽侯故往稅，凡五百金。

〔一〕【考證】辟陽侯，審食其。

〔二〕【考證】漢書删「時辟陽侯」四字。知猶交也。

〔三〕【考證】何焯曰：歸重於陸生，故云「陸生素與平原君善」。

〔四〕【索隱】案：劉氏云「謂欲葬時，須啓其殯宮。故云『發喪』也」。【考證】中井積德曰：貧無服具，不能具喪禮，故且祕不發喪，以待備具也。

〔五〕【集解】張晏曰：「相知當同恤災危，母在，故義不知君。」【索隱】案：崔浩云「建以母在，義不以身許人也」。

【考證】中井積德曰：以母故，亦陸生之設辭，非建實然。

〔六〕【集解】韋昭曰：「衣服曰稅。稅，當爲『襚』。」【索隱】案：説文「稅，贈終服也」。襚，音式芮反，亦音遂。【考證】漢書「稅」作「祱」。

辟陽侯幸呂太后，人或毀辟陽侯於孝惠帝，孝惠帝大怒，下吏欲誅之。呂太后慙，不可以言。大臣多害辟陽侯行，欲遂誅之。辟陽侯急，因使人欲見平原君。〔一〕平原君辭曰：「獄急，不敢見君。」迺求見孝惠幸臣閎籍孺，〔二〕説之曰：「君所以得幸帝，天下莫不聞。今辟陽侯幸太后而下吏，道路皆言君讒欲殺之。今日辟陽侯誅，旦日太后含怒，亦誅君。何不肉袒爲辟陽侯言於帝？〔三〕帝聽君出辟陽侯，太后大驩。兩主共幸君，君貴富益倍矣。」於是閎籍孺大恐，從其計，言帝，果出辟陽侯。〔四〕辟陽侯之囚，欲見平原君，平原君不見辟陽侯，辟陽侯以爲倍己，大怒。及其成功出之，迺大驚。

〔一〕【考證】高山寺本「因」作「困」，義長。

〔二〕【索隱】案：佞幸傳云高祖時有籍孺，孝惠時有閎孺。今總言「閎籍孺」，誤也。【正義】按：「籍」字，後人妄加也。【考證】楓、三本「迺」上有「平原君」三字，漢書有「建」字。「籍」字當據索隱、正義删，下同。孺，豎也。閎，蓋其名，非姓。

〔三〕【考證】高本、楓、三本「何」上重「君」字。顔師古曰：肉袒，謂脱其衣袖而見肉。肉袒者，自挫辱之甚，冀見哀憐。

〔四〕【考證】高、楓、三本「果」上重「帝」字，與漢書合。

呂太后崩，大臣誅諸呂，辟陽侯於諸呂至深，而卒不誅。計畫所以全者，皆陸生、平原君

之力也。〔一〕

〔一〕【集解】如淳曰：「辟陽侯與諸呂相親信也，爲罪宜誅者至深。」【索隱】案：如淳說以爲宜誅，非也。小顏云：辟陽侯與諸呂相知至深重，得其理也。【考證】中井積德曰：朱建之事，原無足傳也。史遷乃津津言之，若深賞之，何也？蓋遷之被罪幾死，無有人赴救，故感憤特詳之耳，其實非公論也。班掾作史，宜删去之，然仍舊者，是無識也。

孝文帝時，淮南厲王殺辟陽侯，以諸呂故。〔一〕文帝聞其客平原君爲計策，使吏捕，欲治。〔二〕聞吏至門，平原君欲自殺。諸子及吏皆曰：「事未可知，何早自殺爲？」平原君曰：「我死禍絶，不及而身矣。」遂自剄。〔三〕孝文帝聞而惜之曰：「吾無意殺之。」迺召其子拜爲中大夫。〔四〕使匈奴，單于無禮，迺罵單于，遂死匈奴中。

〔一〕【考證】高山寺本「殺」作「刺」，事詳厲王傳。楓、三本「諸」上有「黨」字，與漢書合。

〔二〕【考證】高山寺本「文」上有「孝」字。

〔三〕【考證】高山寺本「早」作「蚤」。

〔四〕【索隱】案：下文所謂與太史公善者。

初，沛公引兵過陳留，〔一〕酈生踵軍門上謁曰：「高陽賤民酈食其，竊聞沛公暴露，將兵助楚討不義，敬勞從者，〔二〕願得望見，口畫天下便事。」使者入通，沛公方洗，〔三〕問使者曰：「何如人也？」使者對曰：「狀貌類大儒，衣儒衣，冠側注。」〔四〕沛公曰：「爲我謝之，言我方以天下爲事，未暇見儒人也。」〔五〕使者出，謝曰：「沛公敬謝先生，方以天下爲事，未暇見儒人也。」酈生瞋目案劒，叱使者曰：「走復入言沛公，吾高陽酒徒也，〔六〕非儒人也。」使者懼而失謁，跪拾謁，還走，復入報曰：「客天下壯士也，叱臣，臣恐，至失謁。曰『走復入，言而公高陽酒徒也』。」沛公遽雪足杖矛曰：「延客入！」

〔一〕【考證】張文虎曰：「『初沛公引兵』以下，各本連上。今依凌本別行。」梁玉繩曰：「酈生不應復出于朱建傳尾，且史無兩存之例，其爲羼入無疑。猶始皇紀後之附秦記也。攷御覽三百六十六引楚漢春秋，與此政同，則是後人因其小有異同而附之，又誤置于建傳末，當移在史論之後。史通雜説篇、野客叢書並錯認爲史本書。評林載歸有光云『其文類褚先生補入者』，亦失攷。」

〔二〕【考證】楓、三本「討」作「誅」。

〔三〕【考證】高山寺本，楓、三本「洗」下有「足」字。

〔四〕【集解】徐廣曰：「側注冠，一名高山冠，齊王所服以賜謁者也。」【考證】高本，楓、三本「大儒」下有「也」字。顏師古曰：側注者，形側立而下注也。

〔五〕【考證】高本無「也」字。

〔六〕【集解】徐廣曰：「一本言『而公高陽酒徒』。」

酈生入，揖沛公曰：「足下甚苦，暴衣露冠，將兵助楚討不義，足下何不自喜也？〔一〕臣願以事見，而曰『吾方以天下爲事，未暇見儒人也』。夫足下欲興天下之大事，而成天下之大功，而以目皮相，恐失天下之能士。〔二〕且吾度足下之智不如吾，勇又不如吾。若欲就天下而不相見，竊爲足下失之。」沛公謝曰：「鄉者聞先生之容，今見先生之意矣。」迺延而坐之，問所以取天下者。酈生曰：「夫足下欲成大功，不如止陳留。陳留者，天下之據衝也，兵之會地也，〔三〕積粟數千萬石，城守甚堅。臣素善其令，願爲足下說之。不聽臣，臣請爲足下殺之，而下陳留。足下將陳留之衆，據陳留之城，而食其積粟，招天下之從兵；從兵已成，足下橫行天下，莫能有害足下者矣。」沛公曰：「敬聞命矣。」

〔一〕【考證】自喜，言自愛重也。魏其武安傳「君何不自喜」義同。

〔二〕【考證】岡白駒曰：以目皮相，言徒見其容貌以相之。

〔三〕【考證】楓、三本兩「陳留」間有「夫」字，「據衝」作「權衡」。

於是酈生迺夜見陳留令，說之曰：「夫秦爲無道，而天下畔之，今足下與天下從，則可以成大功。今獨爲亡秦嬰城而堅守，臣竊爲足下危之。」〔一〕陳留令曰：「秦法至重也，不可以妄言，妄言者無類，〔二〕吾不可以應。先生所以教臣者，非臣之意也，願勿復道。」酈生留宿臥，夜半時斬陳留令首，踰城而下報沛公。〔三〕沛公引兵攻城，縣令首於長竿，以示城上人曰：「趣下，而令頭已斷矣！今後下者必先斬之！」〔四〕於是陳留人見令已死，遂相率而下沛公。〔五〕沛公舍陳留南城門上，因其庫兵，食積粟，留出入三月，從兵以萬數，遂入破秦。〔六〕

〔一〕【考證】楓、三本「嬰」作「管」。

〔二〕【考證】無類，誅滅無遺類。

〔三〕【考證】中井積德曰：夜斬陳留令，不似酈生之伎倆。前文似得事實。

〔四〕【考證】而，汝也。楓、三本「縣」作「懸」，「斬」下有「斷」字。

〔五〕【考證】高本無「人」字。

〔六〕【考證】楓、三本「入」作「大」。

太史公曰：世之傳酈生書多，曰漢王已拔三秦，東擊項籍，而引軍於鞏、洛之閒，〔一〕酈生被儒衣往說漢王。迺非也。自沛公未入關，與項羽別而至高陽，得酈生兄弟。余讀陸生新語書十二篇，固當世之辯士。〔二〕至平原君子與余善，是以得具論之。〔三〕

〔一〕【考證】高本「拔」作「收」。楓、三本「引」下有「兵而」二字。

〔二〕【考證】淩本「余」作「今」。查慎行曰：陸賈漢初儒生之有體有用者。觀其紬尉佗以禮義，說高帝以詩、書，當呂后朝，不汲汲於功名，既能全身遠患，又能以事外之人，隱然爲社稷計安全，有曲逆智謀所不逮者。子房已從赤松遊，漢之不奪於諸呂，亦賴有此人也。因其與朱建善，史記概以口辯士目之，淺之乎論陸生矣！

〔三〕【考證】高本「之」下有「也」字。何焯曰：標目不列平原，蓋附書也，謹言如此。

【索隱述贊】廣野大度，始冠側注。踵門長揖，深器重遇。說齊歷下，趣鼎何懼。陸賈使越，尉佗慴怖。相說國安，書成主悟。

史記會注考證卷九十八

傅靳蒯成列傳第三十八　　史記九十八

【考證】史公自序云：「欲詳知秦、楚之事，維周緤常從高祖，平定諸侯。作傅靳蒯成列傳第三十八。」愚按：史公自序集解引張晏云「亡傅靳蒯成傳」，此言不足信。柯維騏曰：此傳敘傅功，連用「屬」字。敘靳功，連用「別」字及「破之」字。文體變化，與樊酈滕灌相類，非太史公不能作也。崔適曰：三侯立國之年皆與功臣表合，其他補作，無此完密也。

陽陵侯傅寬，〔一〕以魏五大夫騎將，從爲舍人，起橫陽。〔二〕從攻安陽、杠里，〔三〕擊趙賁軍於開封，及擊楊熊曲遇、陽武，斬首十二級，賜爵卿。〔四〕從至霸上。沛公立爲漢王，漢王賜寬封號共德君。〔五〕從入漢中，遷爲右騎將。從定三秦，賜食邑雕陰。〔六〕從擊項籍，待懷，賜爵通德侯。〔七〕從擊項冠、周蘭、龍且，所將卒斬騎將一人敖下，益食邑。〔八〕

〔一〕【集解】地理志云馮翊陽陵縣。【考證】張照曰：漢地理志陽陵故弋陽，景帝更置。高帝時不先有此名。年表索隱云「楚漢春秋作『陰陵』」。張文虎曰：宋本、中統、游、毛皆無此「集解」，疑後人所增。

〔二〕【索隱】按：横陽，邑名，在韓。韓公子成初封横陽君，張良立爲韓王也。【正義】括地志云：「故横城在宋州宋城縣西南三十里。」按：蓋横陽也。【考證】錢大昕曰：傅寬、靳歙，史失其所居郡縣。五大夫蓋秦時所得，及魏起，仍用其稱。

〔三〕【正義】後魏地形志云：「已氏有安陽城，隋改已氏爲楚丘。」今宋州楚丘縣西十里安陽故城是也。

〔四〕【正義】賁，音奔。曲，丘羽反。遇，牛恭反。司馬彪郡國志云「中牟有曲遇聚」。按：鄭州中牟縣也。陽武，鄭州縣。

〔五〕【索隱】謂美號耳，非地邑。共，音恭。

〔六〕【集解】徐廣曰：「屬上郡。」【索隱】案：孟康、徐廣云縣名，屬上郡。【正義】鄜州洛交縣三十里雕陰故城是也。

〔七〕【集解】服虔曰：「待高帝於懷。」【索隱】按：服虔云「待高祖於懷縣」。小顔案地理志，懷屬河内，今懷州也。【正義】通德侯未詳。

〔八〕【集解】徐廣曰：「敖倉之下。」【正義】敖倉山之下也。【考證】顔師古曰：敖，地名，敖倉蓋取其名也。左氏傳云「敖、鄗之間」。

屬淮陰，擊破齊歷下軍，擊田解。〔一〕屬相國參，殘博，益食邑。〔二〕因定齊地，剖符世世勿絶，封爲陽陵侯，二千六百户，除前所食。爲齊右丞相，備齊。〔三〕五歲爲齊相國。〔四〕

〔一〕【索隱】張晏云：「信時爲相國，云淮陰者，終言之也。」【考證】梁玉繩曰：案是時韓信爲相國，據下文「屬相國參」、「屬太尉勃」之例，當云「屬相國信」，不當書淮陰也。與表同非。王先謙曰：田儋傳「齊王使華毋傷、田解軍歷下」，則擊歷下軍與擊解不得爲二事。下「擊」字誤也，疑「擊」當爲「斬」，或「得」字、「虜」字之譌。

〔二〕【索隱】博，太山縣也。顧祕監云：「屬曹參，以殘破博縣也。」【考證】索隱「顧祕監」，中統、游、王、柯本並作「顧」，單本作「顏」。錢泰吉曰：漢書無此注。衛將軍傳「傅校獲王」，索隱亦然。唐志「顧胤漢書古今集義二十卷」，小司馬徵引，或即此。他處亦屢引顧胤。

〔三〕【集解】張晏曰：「時田橫未降，故設屯備。」【正義】按：爲齊王韓信相。【考證】錢大昭曰：功臣表無「右」字。

〔四〕【正義】爲齊悼惠王劉肥相五歲也。【考證】中井積德曰：「五歲」承上文，爲齊右丞相之後五年也，與下文「四月」、「一月」、「二歲」同例。

四月，擊陳豨，屬太尉勃，以相國代丞相噲擊豨。一月，徙爲代相國，將屯。〔一〕二歲，爲代丞相，將屯。〔二〕

〔一〕【集解】如淳曰：「既爲相國，有警則將卒而屯守也。」案：律謂勒兵而守曰屯。【索隱】如淳云：「漢初諸王官屬如漢朝，故代有丞相。」案：孔文祥云「邊郡有屯兵，寬爲代相國，兼領屯兵，後因置將屯將軍也」。

〔二〕【考證】李慈銘曰：時改諸王國之相國爲丞相。

孝惠五年卒，謚爲景侯。子頃侯精立，二十四年卒。〔一〕子共侯則立，十二年卒。子侯偃立，三十一年，坐與淮南王謀反死，國除。〔二〕

〔一〕【考證】頃侯，它本譌「須侯」。今據楓、三本及札記所引宋、中統、舊刻、毛本訂正。沈家本曰：精，表作「靖」，漢表作「清」。

〔二〕【考證】它本「三十一年」作「二十一年」。據宋、中統、毛本，吴校金板訂正。

信武侯靳歙，以中涓從，〔一〕起宛朐。〔二〕攻濟陽。〔三〕破李由軍。擊秦軍亳南、開封東北，斬騎千人將一人，首五十七級，捕虜七十三人，〔四〕賜爵封號臨平君。又戰藍田北，斬車司馬二人，〔五〕騎長一人，〔六〕首二十八級，捕虜五十七人。至霸上。沛公立爲漢王，賜歙爵建武侯，遷爲騎都尉。

〔一〕【索隱】歙，音翕然之翕。

〔二〕【正義】上於元反，下求俱反。曹州縣也。

〔三〕【正義】曹州宛朐縣西南三十五里濟陽故城。

〔四〕【集解】徐廣曰：「將，一作『候』。」【正義】擊秦軍於南亳縣之南、開封縣之東北也。【考證】騎千人將，各本「千」譌「十」。毛本作「千」，與漢書合。梁玉繩曰：「斬騎千人將一人」七字一句讀。如淳云「騎將率號爲千人」。漢儀注「邊郡置部都尉、千人、司馬、候也」。徐廣云「將，一作『候』」。

〔五〕【集解】張晏曰：「主官車。」【考證】張文虎曰：柯、凌「二」作「一」。愚按：漢書作「二」。

〔六〕【集解】張晏曰：「騎之長。」

從定三秦。別西擊章平軍於隴西，破之，定隴西六縣，所將卒斬車司馬、候各四人，騎長十二人。從東擊楚，至彭城。漢軍敗，還保雍丘，去擊反者王武等。略梁地，別將擊邢說軍〔一〕菑南，破之，〔二〕身得說都尉二人，司馬、候十二人，降吏卒四千一百八十人。破楚軍滎陽東。三年，賜食邑四千二百户。

〔一〕【集解】張晏曰：「特起兵者也。」說，音悅。【索隱】邢，姓；說，名，音悅。

〔二〕【集解】徐廣曰：「今曰考城。」【索隱】上音災，今爲考城，屬濟陰也。

別之河內，擊趙將賁郝軍朝歌，破之，〔一〕所將卒得騎將二人，車馬二百五十匹。從攻安陽以東，至棘蒲，下七縣。〔二〕別攻破趙軍，得其將司馬二人、候四人，降吏卒二千四百人。從攻下邯鄲，別下平陽，〔三〕身斬守相，所將卒斬兵守、郡守各一人，降鄴。〔四〕從攻朝歌、邯鄲，及別擊破趙軍，降邯鄲郡六縣。〔五〕還軍敖倉，破項籍軍成皋南，擊絶楚饟道，起滎陽至襄邑。破項冠軍魯下。〔六〕略地東至繒、郯、下邳，〔七〕南至蘄、竹邑。擊項悍濟陽下。〔八〕還擊項籍陳下，破之。別定江陵，降江陵柱國、大司馬以下八人，身得江陵王，生致之雒陽，〔九〕因定南郡。從至陳，取楚王信，剖符世世勿絶，定食四千六百户，號信武侯。

〔一〕【集解】賁郝，上音肥，下音釋。【索隱】漢書作「趙賁軍」。案：此在河北，非曹參、樊噲之所擊也。【正義】按：言「別之河內」，疑漢書誤也。【考證】李光縉曰：「身得」云者，以別於將卒所得也。

〔二〕【考證】錢泰吉曰：車馬同以匹計，恐有脱誤。愚按：「車」字帶說。洪頤煊曰：趙世家「敬侯六年伐魏取棘蒲」，正義「今趙州平棘縣古棘蒲邑也」。漢書「七縣」作「十縣」。

〔三〕【集解】徐廣曰：「鄴有平陽城。」【正義】括地志云：「平陽故城，在相州臨漳縣西二十五里。」

〔四〕【集解】孟康曰：「將兵郡守。」【考證】漢書「郡」下無「守各」二字。中井積德曰：「兵守」二字、「各」字恐並衍。漢書作「兵守郡一人」，亦不通。

〔五〕【集解】徐廣曰：「邯鄲，高帝改曰趙國。」【考證】王先謙曰：自「別之河內」至此，皆擊趙事，當在三年。韓信、張耳擊趙時，別令歙將兵畧趙地也。

〔六〕【正義】魯城之下，今兗州曲阜縣也。

〔七〕【索隱】案地理志繒屬東海。【正義】今繒城在沂州丞縣。下邳，泗水縣。郯縣，屬海州。

〔八〕【索隱】蘄、竹，二邑名。上音機。竹，即竹邑。【考證】楓、三本「濟陽」作「清陽」。

〔九〕【索隱】案：孔文祥云「江陵王，共敖子共尉」。

以騎都尉從擊代，攻韓信平城下，還軍東垣，有功，遷爲車騎將軍，并將梁、趙、齊、燕、楚車騎，別擊陳豨丞相敞，破之，〔一〕因降曲逆。從擊黥布有功，益封，定食五千三百户。凡斬首九十級，虜百三十二人；〔二〕別破軍十四，降城五十九，定郡、國各一，縣二十三，得王、柱國各一人，二千石以下至五百石〔三〕三十九人。

〔一〕【索隱】小顏云侯敞。

〔二〕【考證】漢書「三十」作「四十」。沈家本曰：按上文斬首實八十五級，捕虜實百三十人。

〔三〕【集解】徐廣曰：一本無此五字。

高后五年，歙卒，謚爲肅侯。子亭代侯。二十一年，坐事國人過律，〔一〕孝文後三年，奪侯，國除。

〔一〕【索隱】案：劉氏云「事，役使也。謂使人違律數多也」。

蒯成侯緤者，沛人也，姓周氏。常爲高祖參乘，〔一〕以舍人從起沛。至霸上，西入蜀、漢，還定三秦，食邑池陽。〔二〕東絶甬道，從出，度平陰，遇淮陰侯兵襄國，軍乍利，乍不利，終無離上心。〔三〕以緤爲信武侯，食邑三千三百户。〔四〕高祖十二年，以緤爲蒯成侯，除前所食邑。

〔一〕【集解】服虔曰：「蒯，音『菅蒯』之『蒯』。」【索隱】姓周。名緤，音薛。蒯者鄉名。案：三蒼云「蒯鄉在城父縣，音裴」。漢書作「鄘」，從崩從邑。今書本並作「蒯」，音「菅蒯」之「蒯」，非也。蘇林音簿催反。晉灼案功臣表屬長沙。崔浩音簿壞反。楚漢春秋作「憑成侯」，則裴、憑聲相近，此得其實也。【正義】括地志云：「蒯亭在河南西十四里苑中。輿地志云蒯成縣故陳倉縣之故鄉聚名也，周緤所封也。晉武帝咸寧四年，分陳倉立蒯成縣，屬始平郡也。」

〔二〕【正義】雍州涇陽縣西北三里池陽故城是也。

〔三〕【集解】徐廣曰：「蒯成侯，表云遇淮陰侯軍襄國，楚漢約分鴻溝，以緤爲信武侯。戰不利，不敢離上。」【考證】漢書刪「東」字，增以「從東擊項羽滎陽」七字。李慈銘曰：「遇韓信軍襄國」上下有佚脱。

〔四〕【考證】王先謙曰：表云「二千二百户」。

上欲自擊陳豨，蒯成侯泣曰：「始秦攻破天下，未嘗自行。今上常自行，是爲無人可使者乎？」上以爲「愛我」，賜入殿門不趨，殺人不死。〔一〕

〔一〕【正義】楚漢春秋云「上令殺人不死，入廷不趨」也。【考證】梁玉繩曰：諸大功臣，未聞有此賜。中井積德曰：賜殺人不死，是許人作惡也，可謂亂政矣。漢書削此四字，蓋諱之也。俞樾曰：後世鐵券之賜，其昉於此乎？愚按：殺人不死，減死一等也。

至孝文五年，緤以壽終，謚爲貞侯。〔一〕子昌代侯，有罪國除。至孝景中二年，封緤子居代侯。〔二〕至元鼎三年，居爲太常，有罪國除。〔三〕

〔一〕【正義】諡爲尊侯，一作「卓」。【考證】漢傳作「貞侯」，史表作「卓侯」。「尊」與「貞」形近而誤，「卓」則譌脱「貞」下半也。

〔二〕【集解】徐廣曰：「表云『孝景中元年，封緤子應爲鄲侯，諡康。中二年，侯居立』。沛郡有鄲縣。鄲，一作『鄲』。」【索隱】鄲，蘇林音多，屬陳國。地理志云沛郡有鄲縣。案：此文云「子居」，表云「子應」，不同也。【正義】案：表「應鄲侯，一歲卒。侯居代」。而文不說者，年少故。鄲，音多。【考證】梁玉繩曰：案功臣表漢書孝景中元年，封緤子康侯應爲鄲侯。應卒，子仲居嗣。非中二年也，非居也，仲居亦非緤子也。此誤。

〔三〕【考證】漢公卿表云「鄲侯周仲居爲太常，坐不收赤側錢收行錢論」。

太史公曰：陽陵侯傅寬、信武侯靳歙皆高爵，〔一〕從高祖起山東，攻項籍，誅殺名將，破軍降城以十數，未嘗困辱，此亦天授也。蒯成侯周緤，操心堅正，身不見疑，〔二〕上欲有所之，未嘗不垂涕，此有傷心者然，〔三〕可謂篤厚君子矣。

〔一〕【集解】徐廣曰：「一無『高』字。又一本『皆從高祖』。」【正義】言名卑而户數多者爲高爵也。

〔二〕【索隱】操，音倉高反。

〔三〕【集解】徐廣曰：「此，一作『比』。」【考證】「然」字屬下讀，非是。

【索隱述贊】陽陵、信武，結髮從漢。動叶人謀，功實天贊。定齊破項，我軍常冠。蒯成委質，夷險不亂。主上稱忠，人臣扼腕。

史記會注考證卷九十九

劉敬叔孫通列傳第三十九　史記九十九

【考證】史公自序云：「徙彊族，都關中，和約匈奴；明朝廷禮，以宗廟儀法。作劉敬叔孫通列傳第三十九。」陳仁錫曰：敬、通皆有高世之智，能爲國家建大計，極得力人，故二人同傳。梁玉繩曰：案爲敬、通立傳，而不言兩人所終，似疏。

劉敬者，齊人也。〔一〕漢五年，戍隴西，過洛陽，高帝在焉。婁敬脱輓輅，〔二〕衣其羊裘，〔三〕見齊人虞將軍曰：「臣願見上言便事。」〔四〕虞將軍欲與之鮮衣，〔五〕婁敬曰：「臣衣帛，衣帛見；衣褐，衣褐見：終不敢易衣。」於是虞將軍入言上。上召入見，賜食。

〔一〕【索隱】敬，本姓婁，漢書作「婁敬」。高祖曰「婁即劉也」，因姓劉耳。【正義】本姓婁，漢書作「婁敬」。高祖曰「婁者劉也」，賜姓劉氏。

〔二〕【集解】蘇林曰：「一木横鹿車前，一人推之。」孟康曰：「輅，音胡格反。輓，音晚。」【索隱】輓者牽也，音晚。

輅者，鹿車前橫木，二人前輓，一人後推之。音胡格反。

〔三〕【考證】楓、三本「衣」作「去」，誤。查慎行曰：漢書刪去「衣其羊裘」四字，下段遂無來歷。

〔四〕【考證】虞將軍未詳。漢書「便事」作「便宜」。

〔五〕【索隱】上音仙。鮮衣，美服也。【正義】鮮，鮮潔美服。

已而問婁敬，婁敬説曰：「陛下都洛陽，豈欲與周室比隆哉？」上曰：「然。」婁敬曰：「陛下取天下，與周室異。周之先，自后稷，堯封之邰，〔一〕積德累善，十有餘世。公劉避桀居豳。太王以狄伐故去豳，杖馬箠居岐，國人爭隨之。〔二〕及文王爲西伯，斷虞、芮之訟，始受命，呂望、伯夷自海濱來歸之。〔三〕武王伐紂，不期而會孟津之上八百諸侯，皆曰：『紂可伐矣。』遂滅殷。成王即位，周公之屬傅相焉，迺營成周洛邑，〔四〕以此爲天下之中也，〔五〕諸侯四方納貢職，道里均矣，有德則易以王，無德則易以亡。〔六〕凡居此者，欲令周務以德致人，不欲依阻險，令後世驕奢以虐民也。〔七〕及周之盛時，天下和洽，四夷鄉風，慕義懷德，附離而並事天子，〔八〕不屯一卒，不戰一士，八夷大國之民莫不賓服，效其貢職。及周之衰也，分而爲兩，天下莫朝，周不能制也。〔九〕非其德薄也，而形勢弱也。今陛下收豐、沛，起卒三千人，〔一〇〕以之徑往，而卷蜀、漢，定三秦，與項羽戰滎陽，爭成皋之口，大戰七十，小戰四十，使天下之民肝腦塗地，父子暴骨中野，不可勝數，哭泣之聲未絶，傷痍者未起，而欲比隆於成、康之時，〔一一〕臣竊以爲不侔也。且夫秦地被山帶河，四塞以爲固，卒然有急，百萬之衆可具也。因秦之故資，甚美膏腴之地，此所謂天府者也。〔一二〕陛下入關而都之，山東雖亂，秦之故地可全而有也。夫與人鬭，不搤其亢、拊其背，未能全其勝也。〔一三〕今陛下入關而都，案秦之故地，此亦搤天下之亢而拊其背也。」

〔一〕【正義】邰，音胎。雍州武功縣西南二十三里，故斄城是也。說文云：「邰，炎帝之後，姜姓所封國，弃外家也。」毛萇云：「邰，姜嫄國，堯見天因邰而生后稷，故因封於邰也。」

〔二〕【集解】張晏曰：「言馬箠示約。」【正義】杖，音直尚反。箠，音竹委反。杖，持也。【考證】中井積德曰：公劉避桀，他無所見。蓋當時流傳之說，不及深辯。王先謙曰：詩大雅緜之詩云「古公亶父，來朝走馬。率西水滸，至於岐下」，敬語本之，但言策往岐耳。愚按：楓、三本「隨」作「歸」，與漢書合。

〔三〕【正義】呂望宅及廟在蘇州海鹽縣西也。伯夷孤竹國在平州。皆濱東海也。【考證】中井積德曰：始受命，是俗說。愚按：孟子離婁篇伯夷避紂，居北海之濱。太公避紂，居東海之濱。

〔四〕【正義】括地志云：「故王城，一名河南城，本郟鄏，周公所築，在洛州河南縣北九里苑中東北隅。帝王紀云：武王伐紂，營洛邑，而定鼎焉。」按此即營都城也。書云「乃營成周」。括地志云：「洛陽故城，在洛州洛陽城東二十六里，周公所築，即成周城也。尚書曰『成周既成，遷殷頑民』。帝王世紀云『居邶鄘之衆』。」按：劉敬說周之美，豈言居頑民之所？以此而論，漢書非也。【考證】張文虎曰：正義所引尚書，是多士序文。「尚書」下疑脫「序」字。「漢書」疑亦當作「書序」。

〔五〕【考證】漢書作「以爲此天下中」。

〔六〕【考證】何焯曰：周公營洛，止以爲朝會諸侯之處，非遂居之也，則「道里均」之說長。無德易亡，不欲阻險，乃後世儒生推測聖人之過。周公本意，夫豈然哉！然言此於高帝之前，著都洛之非，則易以入耳矣。

〔七〕【正義】言帝王阻險之地，令後世驕奢之主役民，則虐苦也。【考證】周，偏也。漢書刪。

〔八〕【集解】莊子曰「附離不以膠漆」也。【索隱】案：謂使離者相附也。義見莊子。【正義】有德則離散之民歸附之。【考證】離，麗也，附也。「附離」二字一意。莊子胠篋篇義同。

〔九〕【正義】公羊傳云：「東周者何？成周也。西周者何？王城也。」按：周自平王東遷以下十二王，皆都王城，至敬王，乃遷都成周，王赧又居王城也。【考證】中井積德曰：周幽王以上，未嘗遷洛也。平王以下則不足論。都關中，乃所以比於成、康。都洛陽，則纔可比於衰周。事實顛倒。又曰：周季有東、西周，兩周公據焉，天子特寄食耳。故東、西周之號，非指天子之都而言。

〔一〇〕【考證】各本「豐」下衍「擊」字，今從楓、三本，毛本，凌引一本。

〔一一〕【正義】痍，音夷，創也。

〔一二〕【索隱】案：戰國策蘇秦説惠王曰「大王之國，地勢形便，此所謂天府」。高誘注云「府，聚也」。【考證】府，庫也。

〔一三〕【集解】張晏曰：「亢，喉嚨也。」【索隱】搤，音戹。亢，音胡朗反，一音胡剛反。蘇林以爲亢頸大脈，俗所謂「胡脈」也。【考證】顔師古曰：搤，與扼同，謂捉持之。愚按：項羽紀云「人説項王曰『關中阻山河四塞，地肥饒，可都以霸』。項王不聽」。淮陰侯傳韓信論項羽曰「項王雖霸天下而臣諸侯，不居關中，而都彭城」。由是觀之，定都關中以制天下，當時識者所見皆然，未必待婁敬、張良。

高帝問羣臣，羣臣皆山東人，爭言周王數百年，秦二世即亡，不如都周。〔一〕上疑未能決。及留侯明言入關便，即日車駕西都關中。〔二〕

〔一〕【考證】中井積德曰：群臣無學，亦不知盛周之都于關中也。

〔二〕【索隱】案：謂即日西都之計定也。【考證】董份曰：書「即日」，見高帝從諫如轉圜。

於是上曰：「本言都秦地者婁敬，『婁』者乃『劉』也。」賜姓劉氏，拜爲郎中，號爲奉春君。〔一〕

〔一〕【索隱】案：張晏云「春爲歲之始，以其首謀都關中，故號奉春君」。【考證】錢大昕曰：婁、劉聲近。今吳中人呼婁江曰「劉河」，吾婁塘市，土人亦呼爲「劉」。周壽昌曰：後漢書禮義志「貙劉之禮」，漢儀注作「貙婁」。古今注、風俗通並作「貙膢」，足證古「婁」、「劉」二字一音。中井積德曰：奉春，恐不必有意，只是邑名耳。

漢七年，韓王信反，高帝自往擊之。至晉陽，聞信與匈奴欲共擊漢，上大怒，使人使匈奴。匈奴匿其壯士肥牛馬，但見老弱及羸畜。〔一〕使者十輩來，皆言匈奴可擊。〔二〕上使劉敬復往使匈奴，還報曰：「兩國相擊，此宜夸矜見所長。〔三〕今臣往，徒見羸瘠老弱，〔四〕此必欲見短，伏奇兵以争利。愚以爲匈奴不可擊也。」是時漢兵已踰句注，二十餘萬兵已業行。〔五〕上怒罵劉敬曰：「齊虜以口舌得官，今迺妄言沮吾軍。」〔六〕械繫敬廣武。〔七〕遂往，至平城，〔八〕匈奴果出奇兵，圍高帝白登，七日然後得解。高帝至廣武，赦敬曰：「吾不用公言，以困平城。吾皆已斬前使十輩言可擊者矣。」迺封敬二千戶，爲關內侯，號爲建信侯。

〔一〕【正義】上力爲反，下許又反。

〔二〕【考證】漢書「可」作「易」。

〔三〕【集解】韋昭曰：「夸，張。矜，大也。」

〔四〕【索隱】羸瘠，上力爲反。瘠，音積。瘠，瘦也。漢書作「胔」，音漬。胔，肉也。恐非。【考證】瘠，在亦反。

〔五〕【正義】句注山在代州鴈門縣西北三十里。【考證】漢書「二十餘萬」作「三十餘萬」，與匈奴傳同，此誤。劉淇曰：業，既已也。史記外戚世家「太后業已許之」，留侯世家「良業爲取履」，劉敬傳「是時漢兵已踰句注，二十餘萬兵已業行」。業已、已業，並重言也。王先謙曰：句注，地理志在廣武。

〔六〕【索隱】沮，音才敘反。詩傳曰「沮，止也，壞也」。【考證】劉敬，齊人。

〔七〕【索隱】地理志縣名，屬鴈門。【正義】廣武故縣在句注山南也。【考證】廣武在代州西十五里。志屬太原。

〔八〕【考證】丁謙曰：據水經注，平城，今大同府城。白登山在平城東十七里，亦見水經注。

高帝罷平城歸，韓王信亡入胡。當是時，冒頓爲單于，兵彊，控弦三十萬，數苦北邊。〔一〕上患之，問劉敬。劉敬曰：「天下初定，士卒罷於兵，未可以武服也。冒頓殺父代立，妻羣母，以力爲威，未可以仁義説也。獨可以計久遠子孫爲臣耳，然恐陛下不能爲。」上曰：「誠可，何爲不能！顧爲奈何？」劉敬對曰：「陛下誠能以適長公主妻之，厚奉遺之，〔二〕彼知漢適女送厚，蠻夷必慕以爲閼氏，生子必爲太子，代單于。何者？貪漢重幣。陛下以歲時漢所餘，彼所鮮，數問遺，〔三〕因使辯士風諭以禮節。冒頓在，固爲子婿；死則外孫爲單于。〔四〕豈嘗聞外孫敢與大父抗禮者哉？兵可無戰以漸臣也。若陛下不能遣長公主，而令宗室及後宮詐稱公主，彼亦知，不肯貴近，無益也。」〔五〕高帝曰：「善。」欲遣長公主。呂后日夜泣曰：「妾唯太子、一女，奈何弃之匈奴！」上竟不能遣長公主，〔六〕而取家人子名爲長公主，妻單于，使劉敬往結和親約。〔七〕

〔一〕【集解】應劭曰：「控，引也。」【正義】謂能引弓者三十萬人也。【考證】漢書「三十萬」作「四十萬」，與匈奴傳合。

〔二〕【考證】顔師古曰：適讀曰嫡，謂皇后所生。

〔三〕【考證】鮮，少也。

〔四〕【考證】楓、三本「在」作「存」。

〔五〕【考證】楓山本「室」下有「女」字。

〔六〕【考證】梁玉繩曰：案張耳傳魯元公主于高帝五年適趙王敖，至是時已三年矣。而云「以妻單于」，豈將奪而嫁之乎？婁敬之言悖也，乃帝善其言，即欲遣公主，有是理哉！必非事實。愚按：徐孚遠、錢大昕、洪頤煊、沈欽韓皆有是説。

〔七〕【正義】顔師古曰：於外庶人之家取女，而名之爲公主。【考證】周壽昌曰：漢制，良家子入宮無職號者，謂爲家人子。有上家人子、中家人子之號。顔注譌。馮唐傳「士卒盡家人子」，則是庶人之家子，不能與此同解也。王先謙曰：據匈奴傳「使敬奉宗室女翁主爲單于閼氏」，是「家人子」，迺宗室女也。

劉敬從匈奴來，〔一〕因言：「匈奴河南白羊、樓煩王，去長安近者七百里，輕騎一日一夜可以至秦中。〔二〕秦中新破，少民，地肥饒，可益實。〔三〕夫諸侯初起時，非齊諸田，楚昭、屈、景莫能興。〔四〕今陛下雖都關中，實少人。北近胡寇，東有六國之族宗彊，〔五〕一日有變，陛下亦未得高枕而卧也。臣願陛下徙齊諸田，楚昭、屈、景、燕、趙、韓、魏後，及豪桀名家居關中，無事，可以備胡，諸侯有變，亦足率以東伐。此彊本弱末之術也。」上曰：「善。」迺使劉敬徙所言關中十餘萬口。〔六〕

〔一〕【考證】楓、三本「從」下有「使」字。

〔二〕【集解】張晏云：「白羊，匈奴國名。」【索隱】案：張晏云白羊，國名。二者並在河南。河南者案在朔方之河南，舊並匈奴地也，今亦謂之新秦中。【正義】白羊、樓煩，兩胡國名，在朔方之南靈、夏、勝等三州之地。秦得之，號秦新中。漢爲朔方郡，而勝州河東□嵐州，亦樓煩胡地也。

〔三〕【考證】顔師古曰：秦中謂關中，故秦地也。新破，謂經兵革之後，未殷實。

〔四〕【考證】陳、項起事，非齊、楚名族合力，不能滅秦。

〔五〕【考證】楓、三本「中」下有「其」。漢書「族宗彊」作「彊族」。

〔六〕【索隱】案：小顔云「今高陵、櫟陽諸田，華陰、好畤諸景，及三輔諸屈，諸懷尚多，皆此時所徙也」。【考證】凌稚隆曰：不載敬所終。

叔孫通者，薛人也。〔一〕秦時以文學徵，待詔博士。數歲，陳勝起山東，使者以聞，二世召博士諸儒生問曰：「楚戍卒攻蘄入陳，於公如何？」博士諸生三十餘人前曰：「人臣無將，將即反，罪死無赦。〔二〕願陛下急發兵擊之。」二世怒，作色。〔三〕叔孫通前曰：「諸生言皆非也。夫天下合爲一家，毁郡縣城，鑠其兵，示天下不復用。且明主在其上，法令具於下，使人人奉職，四方輻輳，安敢有反者！〔四〕此特羣盜鼠竊狗盜耳，何足置之齒牙閒！郡守尉今捕論，何足憂！」二世喜曰：「善。」盡問諸生，諸生或言反，或言盜。於是二世令御史案諸生言反者下吏，非所宜言。諸言盜者，皆罷之。迺賜叔孫通帛二十匹、衣一襲，拜爲博士。〔五〕叔孫通已出宮反舍，諸生曰：「先生何言之諛也？」通曰：「公不知也，我幾不脱於虎口！」〔六〕迺亡去，之薛，薛已降楚矣。及項梁之薛，叔孫通從之。敗於定陶，從懷王。懷王爲義帝，徙長沙，叔孫通留事項王。漢二年，漢王從五諸侯入彭城，叔孫通降漢王。漢王敗而西，因竟從漢。

〔一〕【集解】晉灼曰：「楚漢春秋名何。」【索隱】按：楚漢春秋云「名何」。薛，縣名，屬魯國。【考證】沈欽韓曰：據孔叢爲孔鮒弟子。周壽昌曰：此尚是秦之薛郡也。觀下「亡去，之薛」，及「項梁之薛」，皆爲秦薛郡可知。

〔二〕【集解】瓚曰：「將謂逆亂也。公羊傳曰『君親無將，將而必誅』。」【正義】將謂將帶群衆也。【考證】公羊莊三十二年、昭元年傳並云「君親無將，將而誅焉」。將，既有其意，未行其事也。

〔三〕【考證】顏師古曰：不許其言陳勝爲反。

〔四〕【考證】顏師古曰：輳，聚也。言如車輻之聚於轂也。字或作「湊」。

〔五〕【索隱】案：國語謂之「一稱」。賈逵案禮記「袍必有表，不單，衣必有裳，謂之一稱」。杜預云「衣單複具云稱也。」【正義】衣單複具爲一襲也。【考證】顏師古曰：一襲，上下皆具也。今人呼爲「一副」也。張文虎曰：索隱「案國語謂之一稱」，中統、游、王、柯本同，單本作「國語云一稱」。案：國語不見此文，凌本遂改爲「古語」。錢謦石云「疑是閔二年左傳『祭服五稱』注文」。

〔六〕【正義】幾，音祈。

叔孫通儒服，漢王憎之；迺變其服，服短衣，楚製，漢王喜。〔一〕

〔一〕【索隱】案：孔文祥云「短衣便事，非儒者衣服。高祖楚人，故從其俗裁製」。【考證】中井積德曰：楚製，謂服楚俗之製耳，非學高祖之服。高祖已爲漢王，恐不服短衣。但其將卒多楚俗已。

叔孫通之降漢，從儒生弟子百餘人，然通無所言進，專言諸故羣盜壯士進之。弟子皆竊罵曰：「事先生數歲，幸得從降漢，今不能進臣等，專言大猾，何也？」〔一〕叔孫通聞之，迺謂曰：「漢王方蒙矢石争天下，〔二〕諸生寧能鬭乎？故先言斬將搴旗之士。諸生且待我，我不忘矣。」〔三〕漢王拜叔孫通爲博士，號稷嗣君。〔四〕

〔一〕【索隱】案：類集云「猾，狡也。音滑」。

〔二〕【集解】漢書音義曰：「謂發石以投人。」【正義】蒙，猶被也，冒也。

〔三〕【集解】張晏曰：「搴，卷也。」瓚曰：「拔取曰搴。楚辭曰『朝搴阰之木蘭』。」【索隱】搴，音起焉反，又已勉反。案：方言云「南方取物云搴」。許慎云「搴，取也」。王逸云「阰，山名」。又案：埤蒼云「山在楚，音毗」。【考證】凌稚隆曰：此專寫叔孫通希世免禍，與時變化處。

〔四〕【集解】徐廣曰：「蓋言其德業足以繼蹤齊稷下之風流也。」駰案：漢書音義曰「稷嗣，邑名」。【考證】徐孚遠曰：是時功臣多有名號侯者。叔孫無軍功，安得封邑？徐説爲長。

漢五年，已并天下，諸侯共尊漢王爲皇帝於定陶，叔孫通就其儀號。〔一〕高帝悉去秦苛儀，法爲簡易。羣臣飲酒争功，醉或妄呼，拔劍擊柱，高帝患之。叔孫通知上益厭之也，説上曰：「夫儒者難與進取，可與守成。臣願徵魯諸生，與臣弟子共起朝儀。」高帝曰：「得無難乎？」叔孫通曰：「五帝異樂，三王不同禮。禮者，因時世人情爲之節文者也。故夏、殷、周之禮所因損益可知者，謂不相復也。臣願頗采古禮，與秦儀雜就之。」〔二〕上曰：「可試爲之，令易知，度吾所能行爲之。」

〔一〕【考證】顏師古曰：就，成也。

〔二〕【考證】論語爲政篇「殷因於夏禮，所損益可知也。周因於殷禮，所損益可知也。」顏師古曰：「復，重也因也，音扶目反。」徐孚遠曰：叔孫生爲秦博士，秦儀其素習也，故就采之。

於是叔孫通使徵魯諸生三十餘人。魯有兩生，不肯行，曰：「公所事者且十主，皆面諛以得親貴。〔一〕今天下初定，死者未葬，傷者未起，又欲起禮樂。禮樂所由起，積德百年而後可興也。吾不忍爲公所爲。公所爲不合古，吾不行。公往矣，無汙我！」叔孫通笑曰：「若真鄙儒也，不知時變。」〔二〕

〔一〕【考證】胡三省曰：通事秦始皇、二世、陳涉、項梁、楚懷王、項羽及帝，凡七主。且，或也。言或及十主也。愚按：通未事陳涉。胡説「七主」，當作「六主」。

〔二〕【考證】若，汝也。王維楨曰：叙兩生不行語，亦因以著叔孫人品耳。葉適曰：叔孫通以刓方希世，爲儒者所貶，然豈知通於暴秦、勝、羽中，以其所學綿蕝自立之爲難也！儒術賴以粗傳，真叔孫通、陸賈之力。觀兩生所言，殆亦未知者。

遂與所徵三十人西，及上左右爲學者與其弟子百餘人，爲緜蕞野外，習之月餘，〔一〕叔孫通曰：「上可試觀。」上既觀，使行禮曰：「吾能爲此。」〔二〕迺令羣臣習肄，會十月。〔三〕

〔一〕【集解】徐廣曰：「表位標準。音子外反。」駰案：如淳曰「置設緜索，爲習肄處。蕞，謂以茅翦樹地爲纂位。

春秋傳曰『置茅蕝』也」。【索隱】徐音子外反。如淳云「翦茅樹地爲纂位，尊卑之次」。蘇林音纂。韋昭云「引繩爲緜，立表爲蕝。音茲會反」。按：賈逵云「束茅以表位爲蕝」。又纂文云「蕝，今之『纂』字」。包愷音即悅反，又音纂。【正義】於野外，即縛茅竹，表爲纂，立尊卑之位也。蕝，子悅反，又子芮反，若今之纘也。【考證】中井積德曰：緜，連綿之義。表蕝綿綿相聯屬也。王先謙曰：緜者引繩營之，使連綿也。愚按：「野外」二字屬上句。

〔二〕【考證】應度吾所能行爲之。

〔三〕【索隱】肄亦習也，音異。【考證】張文虎曰：毛本、索隱本作「習肄」。各本譌「習隸」。王先謙曰：會十月，連上爲文，謂令羣臣習肄，以十月朝會也。顏師古以三字屬下，訓會爲適會，誤。中井積德亦有此說。

漢七年，長樂宮成，諸侯羣臣皆朝。〔一〕十月儀，〔二〕先平明，謁者治禮，引以次入殿門，廷中陳車騎步卒衛官，設兵張旗志。〔三〕傳言「趨」。〔四〕殿下郎中俠陛，陛數百人。〔五〕功臣列侯、諸將軍軍吏以次陳西方，東鄉；文官丞相以下陳東方，西鄉。大行設九賓，臚傳。〔六〕於是皇帝輦出房，〔七〕百官執職傳警，〔八〕引諸侯王以下至吏六百石，以次奉賀。自諸侯王以下，莫不振恐肅敬。至禮畢，復置法酒。〔九〕諸侍坐殿上，皆伏抑首，〔一〇〕以尊卑次起上壽。觴九行，謁者言罷酒。御史執法，舉不如儀者，輒引去。〔一一〕竟朝置酒，無敢讙譁失禮者。〔一二〕於是高帝曰：「吾迺今日知爲皇帝之貴也。」迺拜叔孫通爲太常，賜金五百斤。〔一三〕

〔一〕【考證】漢高紀「五年後九月，治長樂宮，至此始成也」。長樂宮，本秦之興樂宮，在長安城東隅。

〔二〕【索隱】小顏云「漢以十月爲正，故行朝歲之禮，史家追書十月也」。案：諸書並云十月爲歲首，不言以十月爲正月。古今注亦云「羣臣始朝十月」也。【考證】岡白駒曰：「諸侯羣臣皆朝」句。「十月儀」句。「先平明」以下，即十月朝儀也。故先舉其標題，云「十月儀」。顏師古注漢書以「十月」屬上，非也。

〔三〕【集解】徐廣曰：「一作『幟』。」

〔四〕【索隱】案：小顏云「傳聲教入者，皆令趨。趨，疾行致敬也」。【考證】漢書「言」作「曰」。

〔五〕【考證】顏師古曰：俠與挾同。挾其兩旁，每陛皆數百人也。

〔六〕【集解】漢書音義曰：「傳從上下爲臚。」【索隱】漢書云「設九賓臚句傳」。蘇林云「上傳語告下爲臚，下傳語告上爲句」。臚猶行者矣。韋昭云「大行人掌賓客之禮，今謂之鴻臚也。九賓，則周禮九儀也，謂公、侯、伯、子、男、孤、卿、大夫、士也」。漢依此以爲臚傳，依次傳令上也。向秀注莊子云「從上語下爲臚」，音閭。句，音九注反。【考證】張文虎曰：各本「臚」下有「句」字，索隱本無。王念孫曰：「臚」下「句」字，後人依漢書加之。集解引漢書音義，但釋「臚」字，不釋「句」字，此其證。言臚，可以該句也。中井積德曰：賓，掌賓客之官。賓、儐同。九儐，九人，列次以應對賓客而導送之也。

〔七〕【索隱】案：輿服志云「殷、周以輦載軍器，職載芻豢，至秦始去其輪而輿爲尊」也。

〔八〕【集解】徐廣曰：「職，一作『幟』。」【索隱】職，音幟，亦音試。傳警者，漢儀云「帝輦動，則左右侍帷幄者稱警」是也。【考證】漢書「職」作「戟」。朱慈銘曰：幟，俗字，古止作「職」。漢書作「戟」，蓋譌。漢惟郎執戟，上所云俠陛者也。

〔九〕【集解】文穎曰：「作酒令法也。」蘇林曰：「常會須天子中起更衣，然後入置酒矣。」【索隱】按：文穎云「作酒法令也」。姚氏云「進酒有禮也。古人飲酒不過三爵，君臣百拜，終日宴，不爲之亂也」。【正義】姚察云「諸侯羣臣，於奏賀禮畢，皆復置法酒。及侍坐殿上者，皆伏而抑首也。謂之法酒者，異於私燕之酒，言進止有禮法也。古人飲不過三爵，君臣百拜，終日宴而不亂也」。【考證】漢書「復」一字作「盡伏」二字，與史義異。

顏師古曰：法酒者，猶言禮酌。謂不飲之至醉。中井積德曰：此酒所以行禮，非食味也。故曰「法酒」。愚按：下文「諸侍坐殿上」至「無敢讙譁者」，敘法酒事。

〔一〇〕【集解】如淳曰：「抑，屈。」【正義】畏禮法，不敢平面視也。

〔一一〕【考證】滑稽傳云「賜酒大王之前，執法在旁，御史在後」。

〔一二〕【考證】楓、三本「置」作「罷」。張文虎曰：柯、凌「讙」作「諠」。

〔一三〕【正義】百官公卿表云「叔孫通，高祖七年爲奉常，至景帝中六年，始改奉常爲太常」。按：云「太常」，以修史時言也。【考證】是傳兩「太常」，漢書並作「奉常」。愚按：使爭功殿上，妄呼拔劍擊柱者，略有節度，叔孫通之功不可没也。

叔孫通因進曰：「諸弟子儒生隨臣久矣，與臣共爲儀，願陛下官之。」高帝悉以爲郎。叔孫通出，皆以五百斤金賜諸生。諸生迺皆喜曰：「叔孫生誠聖人也，知當世之要務。」

漢九年，高帝徙叔孫通爲太子太傅。漢十二年，高祖欲以趙王如意易太子，叔孫通諫上曰：「昔者晉獻公以驪姬之故，廢太子立奚齊，晉國亂者數十年，爲天下笑。秦以不蚤定扶蘇，令趙高得以詐立胡亥，自使滅祀，此陛下所親見。今太子仁孝，天下皆聞之；呂后與陛下攻苦食啖，其可背哉！〔一〕陛下必欲廢適而立少，臣願先伏誅，以頸血汙地。」〔二〕高帝曰：「公罷矣，吾直戲耳。」叔孫通曰：「太子，天下本，本一搖，天下振動，柰何以天下爲戲！」高帝曰：「吾聽公言。」及上置酒，見留侯所招客從太子入見，上迺遂無易太子

志矣。〔三〕

〔一〕【集解】徐廣曰：「攻，猶今人言擊也。啖，一作『淡』。」駰案：如淳曰「食無菜茹爲啖」。【索隱】案：孔文祥云「與帝共攻冒苦難，俱食淡也」。案：說文云「淡，薄味也」。音唐敢反。【考證】中井積德曰：攻，治也。謂食淡味而操苦業。

〔二〕【索隱】楚漢春秋「叔孫何云：『臣三諫不從，請以身當之。』撫劍將自殺。上離席云：『吾聽子計，不易太子。』」

〔三〕【正義】招客，謂四皓也。【考證】中井積德曰：通既爲太子太傅，則所以自任者厚，而用心切矣，不復有從前希世之態也。論者或以此亦爲希世之說，大失之。

高帝崩，孝惠即位，迺謂叔孫生曰：「先帝園陵寢廟，羣臣莫能習。」徙爲太常，定宗廟儀法，及稍定漢諸儀法，皆叔孫生爲太常所論著也。〔一〕

〔一〕【考證】王念孫曰：莫能習，當（作）從漢書（作）「莫習」，謂羣臣未習此禮也。北堂書鈔設官部、藝文類聚職官部引史記並無「能」字。洪頤煊曰：禮樂志「今叔孫通所撰禮儀，與律令同録，藏於理官，法家又復不傳。漢典寢而不著，民臣莫有言者」。後漢書曹襃傳「章和元年正月，乃召襃詣嘉德門，令小黄門持班固所上叔孫通漢儀十二篇，勅襃曰『此制散略，多不合經。今宜依禮條正，使可施行』」。王充論衡射短篇「高祖詔叔孫通作儀品十六篇。視班固所上，增加四篇」。

孝惠帝爲東朝長樂宮，及閒往，數蹕煩人，〔一〕迺作複道，方築武庫南。〔二〕叔孫生奏事，因請閒曰：「陛下何自築複道，高寢衣冠，月出游高廟？高廟漢太祖，柰何令後世子孫乘宗廟道上行哉？」〔三〕孝惠帝大懼曰：「急壞之。」叔孫生曰：「人主無過舉。〔四〕今已作，百姓皆知之，今壞此，則示有過舉。願陛下爲原廟渭北，衣冠月出游之，益廣多宗廟，大孝之本也。」〔五〕上迺詔有司立原廟。原廟起，以複道故。

〔一〕**【集解】**關中記曰：「長樂宮，本秦之興樂宮也，漢太后常居之。」**【索隱】**韋昭云：「蹕，止人行也。」按：長樂、未央宮東西相去稍遠。閒往，謂非時也。中閒往來，清道煩人也。**【正義】**樗里子傳云「漢興，長樂宮在其東，未央宮在其西，武庫正直其北」。案：共在故長安城中。**【考證】**張文虎曰：各本「往」下衍「來」字，索隱本無，與漢書合。

〔二〕**【集解】**韋昭曰：「閣道也。」如淳曰：「作複道，方始築武庫南。」

〔三〕**【集解】**應劭曰：「月旦出高帝衣冠，備法駕，名曰游衣冠。」如淳曰：「三輔黃圖高寢在高廟西，高祖衣冠藏在高寢。」月出游於高廟，其道值所作複道下，故言乘宗廟道上行。**【正義】**服虔云「持高廟中衣，月旦以游於衆廟，已而復之也」。應劭云「月旦出高帝衣冠，備法駕，名曰『游衣冠』」。如淳云「高祖之衣冠，藏在宮中之寢。三月出游，其道正值今之所作複道下，故言『乘宗廟道上行』也」。晉灼云「黃圖高廟在長安城門街東，寢在桂宮北。服言衣藏於廟中，如言宮中衣冠，游於高廟，每月一爲之，漢制則然。後之學者，不曉其意，謂以月出之時，夜游衣冠，失之遠矣。**【考證】**沈欽韓曰：衣冠藏於陵寢，月朔則出游高廟。漢書平帝紀「義陵寢神衣在柙中，旦衣在外牀上，寢令以急變聞」者是也。

〔四〕**【索隱】**案：謂舉動有過也。左傳云「君舉必書」。**【考證】**中井積德曰：過舉，猶錯舉也。周壽昌曰：此周公對成王語，語見史記梁孝王傳。

〔五〕**【正義】**按：括地志云：「高廟在長安縣西北十三里渭南。長安故城在中。長陵在渭北咸陽縣東三十里。」

按：更於渭北爲原廟，則衣冠每月出游高廟，不渡渭南，明顏説是也。【考證】顏師古曰：原，重也。先已有廟，今更立之，故云重也。王先謙曰：黄圖高祖長陵在渭水北，去長安三十五里。原廟既成，則陵寢衣冠，但月游原廟，不至城中高帝廟，故復道無妨也。

孝惠帝曾春出游離宫，〔一〕叔孫生曰：「古者有春嘗果，方今櫻桃孰，可獻。〔二〕願陛下出，因取櫻桃獻宗廟。」上迺許之。諸果獻由此興。〔三〕

〔一〕【考證】楓、三本「曾」下有「暮」字。

〔二〕【索隱】案：呂氏春秋「仲春羞以含桃，先薦寢廟」。高誘云「進含桃也。鸎鳥所含，故曰含桃」。今之朱櫻即是也。【正義】禮記云「仲夏之月，以含桃先薦寢廟」。鄭玄云「含桃，今謂之櫻桃」。

〔三〕【考證】中井積德曰：獻櫻桃，是事之宜爲者。且因游發之，亦納約之宜者，未可以希世譏之。凌稚隆曰：亦不載通所終。

太史公曰：語曰：「千金之裘，非一狐之腋也；臺榭之榱，非一木之枝也；三代之際，非一士之智也。」信哉！〔一〕夫高祖起微細，定海内，謀計用兵，可謂盡之矣。然而劉敬脱輓輅，一説建萬世之安，智豈可專邪！叔孫通希世，度務制禮，進退與時變化，卒爲漢家儒宗。「大直若詘，〔二〕道固委蛇」，〔三〕蓋謂是乎？

〔一〕【考證】楓本「腋」作「皮」。顏師古曰：此語本出愼子。

〔二〕【索隱】音屈。【考證】老子四十一章「大直若屈，大巧若拙」。

〔三〕【索隱】音移。

【索隱述贊】廈藉衆幹，裘非一狐。委輅獻説，緜蕝陳書。皇帝始貴，車駕西都。既安太子，又和匈奴。奉春、稷嗣，其功可圖。

史記會注考證卷一百

季布欒布列傳第四十　史記一百

【考證】史公自序云：「能摧剛作柔，卒爲列臣；欒公不劫於勢而倍死。作季布欒布列傳第四十。」陳仁錫曰：二布皆任俠，故同傳。

季布者，楚人也。爲氣任俠，有名於楚。〔一〕項籍使將兵，數窘漢王。〔二〕及項羽滅，高祖購求布千金，敢有舍匿，罪及三族。季布匿濮陽周氏。周氏曰：「漢購將軍急，迹且至臣家，〔三〕將軍能聽臣，臣敢獻計；即不能，願先自剄。」季布許之。迺髡鉗季布，衣褐衣，置廣柳車中，〔四〕并與其家僮數十人，之魯朱家所賣之。朱家心知是季布，迺買而置之田。〔五〕誠其子曰：「田事聽此奴，必與同食。」朱家迺乘軺車之洛陽，見汝陰侯滕公。〔六〕滕公留朱家飲數日。因謂滕公曰：「季布何大罪，而上求之急也？」滕公曰：「布數爲項羽窘上，上怨之，故必欲得之。」朱家曰：「君視季布何如人也？」曰：「賢者也。」朱家曰：「臣各爲其主用，季布爲項籍用，職耳。項氏臣可盡誅邪？〔七〕今上始得天下，獨以己之私怨求一人，何示天下之不廣也！且以季布之賢，而漢求之急如此，此不北走胡，即南走越耳。夫忌壯士以資敵國，此伍子胥所以鞭荆平王之墓也。君何不從容爲上言邪？」汝陰侯滕公心知朱家大俠，意季布匿其所，迺許曰：「諾。」待閒，果言如朱家指。上迺赦季布。〔八〕當是時，諸公皆多季布能摧剛爲柔，朱家亦以此名聞當世。季布召見，謝，上拜爲郎中。

〔一〕【集解】孟康曰：「信交道曰任。」如淳曰：「相與信爲任，同是非爲俠。所謂『權行州里，力折公侯』者也。」或曰，任，氣力也；俠，傳也。【索隱】任，而禁反。俠，音協。如淳曰：「相與信爲任，同是非爲俠。權行州里，力折公侯者」，其説爲近。傳，音普丁反，其義難喻。【考證】爲氣，使氣也。中井積德曰：任者以人之緩急爲己之任。俠者，好立節義之謂也。愚按：俠，挾持人事也，猶任也。

〔二〕【集解】如淳曰：「窘，困也。」

〔三〕【考證】楓山、三條本「購」作「求」，與漢書合。顔師古曰：迹，尋其蹤迹也。

〔四〕【集解】服虔曰：「東郡謂廣轍車爲『柳』。」鄧展曰：「皆棺飾也。載以喪車，欲人不知也。」李奇曰：「大牛車也，車上覆爲柳。」瓚曰：「茂陵書中有廣柳車，每縣數百乘，是。今運轉大車是也。」【索隱】案：服虔、臣瓚所據云東郡謂廣轍車爲廣柳車，及茂陵書稱每縣廣柳車數百乘，則凡大車任載運者通名廣柳車，然則柳爲車通名。鄧展所説「柳皆棺飾，載以喪車，欲人不知也」，事義相協，最爲通允。故禮曰「設柳翣，爲使人勿惡也」。鄭玄注周禮云「柳，聚也，諸飾所聚也」。則是喪車稱柳，後人通謂車爲柳也。【正義】褐衣，麄布也。劉熙注孟子云「織爲之，如今馬衣也」。廣柳車，鄭氏曰「作大柳衣車，若周禮喪車也」。晉灼曰：「周禮『翣柳』，柳，聚也，衆飾之所聚也。此爲載以喪車，欲人不知也。」鄧展曰：「皆棺飾也。」顏師古曰同也。【考證】中井積德曰：車有牆屏，即是柳矣，不必喪車。

〔五〕【考證】朱家見游俠傳。楓山、三條本「田」下有「舍」字，與漢書合。

〔六〕【集解】徐廣曰：「軺車，馬車也。」【索隱】案：謂輕車一馬車也。【考證】中井積德曰：乘一馬車，蓋潛行，欲人不知也。顏師古曰：滕公，夏侯嬰也。本爲滕令，遂號爲滕公。

〔七〕【正義】布爲羽將，而迫窘高祖，是布之職耳。【考證】楓山、三條本「項氏」作「項羽」。

〔八〕【考證】楓山、三條本「待」作「得」，漢書作「侍」。

孝惠時，爲中郎將。單于嘗爲書嫚呂后，不遜，〔一〕呂后大怒，召諸將議之。上將軍樊噲曰：「臣願得十萬衆，橫行匈奴中。」諸將皆阿呂后意曰：「然。」季布曰：「樊噲可斬也！夫高帝將兵四十餘萬衆，困於平城，〔二〕今噲柰何以十萬衆橫行匈奴中，面欺！且秦以事於胡，陳勝等起。于今創痍未瘳，噲又面諛，欲搖動天下。」是時殿上皆恐，太后罷朝，遂不復議擊匈奴事。

〔一〕【考證】匈奴書，見漢書匈奴傳。本史不載。

〔二〕【考證】楓山、三條本「夫」下有「以」字。漢書「四」作「三」，無「衆」字。梁玉繩曰：「四」當作「三」。此述季布語頗略，宜參漢傳及匈奴傳觀之。中井積德曰：「衆」字宜削。

季布爲河東守，孝文時，人有言其賢者，孝文召，欲以爲御史大夫。復有言其勇，使酒難近。〔一〕至，留邸一月，見罷。〔二〕季布因進曰：「臣無功竊寵，待罪河東。〔三〕陛下無故召臣，此人必有以臣欺陛下者；今臣至，無所受事罷去，此人必有以毀臣者。〔四〕夫陛下以一人之譽而召臣，一人之毀而去臣，臣恐天下有識聞之，有以闚陛下也。」〔五〕上默然慙，良久曰：「河東吾股肱郡，故特召君耳。」〔六〕布辭之官。

〔一〕【索隱】使，音如字。近，音其靳反。因酒縱性，謂之使酒，即酗酒也。【考證】顔師古曰：近，謂附近天子爲大臣也。顧炎武曰：難近，謂令人畏而遠之。顔注非。

〔二〕【正義】即謂諸郡朝宿之舍，在京都也。【考證】見罷，罷而令還郡也。

〔三〕【索隱】季布言己無功能，竊承恩寵，得待罪河東。其詞典省而文也。

〔四〕【考證】張文虎曰：宋本無「以」字，與漢書合。

〔五〕【集解】韋昭曰：「闚見陛下深淺也。」【考證】楓山、三條本「召臣」下有「以」字。

〔六〕【考證】各本脱「然」字。楓山、三條本、舊刻、凌引一本有。今補「慙」字，後人依漢書補，宜削。默然良久，史公常用字面。楓、三本「郡」下有「也」字。張文虎曰：宋本、中統、王、毛「特」作「時」。

楚人曹丘生辯士，數招權顧金錢。〔一〕事貴人趙同等，〔二〕與竇長君善。〔三〕季布聞之，寄書諫竇長君曰：「吾聞曹丘生非長者，勿與通。」及曹丘生歸，欲得書請季布。〔四〕竇長君曰：「季將軍不説足下，足下無往。」固請書，遂行。使人先發書，季布果大怒，待曹丘。曹丘至，即揖季布曰：「楚人諺曰『得黃金百斤，不如得季布一諾』，〔五〕足下何以得此聲於梁、楚閒哉？且僕楚人，足下亦楚人也。僕游揚足下之名於天下，顧不重邪？〔六〕何足下距僕之深也！」季布迺大說，引入留數月，爲上客，厚送之。季布名所以益聞者，曹丘揚之也。〔七〕

〔一〕【集解】孟康曰：「招，求也。以金錢事權貴，而求得其形勢，以自炫燿也。」文穎曰：「事權貴也。與通勢，以其所有辜較，請託金錢以自顧。」【索隱】義如孟康、文穎所說。辜較，音姑角。【正義】言曹丘生依倚貴人，用權勢屬請，數求他人。顧錢，賞金錢也。【考證】數招六字，未詳，疑有譌脫。顏師古曰：言招求貴人威權，因以請託，得他人顧金錢也。劉攽曰：招權，謂作爲形勢，招權歸己也。顧金錢者，志在金錢也。顧，猶念也。中井積德曰：攀緣貴戚，作己權勢，管請託。顧，雇也，爲人幹事而取值也。沈家本曰：漢書鼂錯傳顏師古注「顧，讎也，若今言雇賃也」。按：讎，猶荅也。後漢桓帝紀注「雇猶酬也」。顧、雇同聲得假借，言數招權，而人酬荅以金錢也。姑録諸説備考。

〔二〕【集解】徐廣曰：「漢書作『趙談』，司馬遷以其父名談故改之。」【考證】趙同又見袁盎傳。宦者。同蓋其字。

〔三〕【考證】竇長君，景帝舅，見外戚傳。

〔四〕【集解】張晏曰：「欲使竇長君爲介於布請見。」【考證】請，謁也。

〔五〕【考證】二人楚人，故引楚諺。中井積德曰：漢書無「斤」字，此蓋後人攙入，非史記之舊。愚按：百、諾，韻。

〔六〕【考證】楓山、三條本「也」下有「亦使」二字。漢書「重」作「美」。

〔七〕【正義】既爲俠，則其交必雜，此曹邱所以容于季布也。【考證】楓山、三條本「揚之」下有「故」字。

季布弟季心，氣蓋關中，〔一〕遇人恭謹，爲任俠，方數千里，士皆爭爲之死。嘗殺人，亡之吳，從袁絲匿。〔二〕長事袁絲，弟畜灌夫、籍福之屬。〔三〕嘗爲中司馬，〔四〕中尉郅都不敢不加禮。〔五〕少年多時時竊籍其名以行。〔六〕當是時，季心以勇，布以諾，著聞關中。〔七〕

〔一〕【集解】徐廣曰：「弟，一作『子』。」【考證】季心見袁盎傳。

〔二〕【索隱】盎字絲。

〔三〕【正義】以兄禮事袁盎也。【考證】灌夫別有傳。

〔四〕【集解】如淳曰：「中尉之司馬。」【索隱】漢書作「中尉司馬」。

〔五〕【考證】郅都見酷吏傳。

〔六〕【索隱】籍，音子亦反。【正義】籍，如字。言少年多假籍季心賓客從黨之名以行也。

〔七〕【考證】楓、三本「勇」下有「季」字。何焯曰：漢初游俠之盛，季布、袁盎扇之也。自田竇敗，公卿不敢致賓客，遂多閭里之魁矣。

季布母弟丁公爲楚將。〔一〕丁公爲項羽逐窘高祖彭城西，短兵接，高祖急，顧丁公曰：「兩賢豈相戹哉！」於是丁公引兵而還，漢王遂解去。〔二〕及項王滅，丁公謁見高祖。高祖以丁公徇軍中曰：「丁公爲項王臣，不忠，使項王失天下者，迺丁公也。」遂斬丁公曰：「使後世爲人臣者，無效丁公。」〔三〕

〔一〕【集解】晉灼曰：「楚漢春秋云薛人，名固。」【索隱】案：謂布之舅也。

〔二〕【正義】兩賢，高祖及固也。【考證】楓、三本「顧」下有「謂」字，與漢書合。丁公名固，薛人，姓氏里居皆與季布別。或云：母弟，母之弟也，與淮南王傳書「厲王母弟」同。史記桃源抄引楚漢春秋云「薛人丁固與彭城人賴齮騎而追上，上被髮而顧丁公曰：『吾非不知公，公何急之甚！』於是回馬而去之。」御覽三百七十三引楚漢春秋云「上敗彭城，薛人丁固追上，上被髮而顧曰：『丁公何相急之甚！』」二書所引不同。

〔三〕【考證】楓本「公」下有「也」字，與漢書合。

欒布者，梁人也。始梁王彭越爲家人時，嘗與布游。〔一〕窮困賃傭於齊，爲酒人保。〔二〕數歲，彭越去之巨野中爲盜，而布爲人所略賣，爲奴於燕，爲其家主報仇。〔三〕燕將臧荼舉以爲都尉。臧荼後爲燕王，以布爲將。及臧荼反，漢擊燕虜布。梁王彭越聞之，迺言上，請贖布，以爲梁大夫。

〔一〕【索隱】謂居家之人無官職也。【考證】顏師古曰：家人，猶言編户之人也。

〔二〕【集解】漢書音義曰：「酒家作保傭也。可保信，故謂之保。」【正義】言可保信而傭役也。方言曰：「保，傭賤稱也。」【考證】楓、三本「人」下有「家」字。漢書「人」作「家」。

〔三〕【正義】服虔曰：「爲買者報仇也。」按：臧荼賢其爲主執仇，故舉爲都尉。【考證】漢書「家主」作「主家」。

使於齊，未還，漢召彭越，責以謀反，夷三族。已而梟彭越頭於雒陽，下詔曰：「有敢收視者輒捕之。」布從齊還，奏事彭越頭下，祠而哭之。吏捕布以聞。上召布罵曰：「若與彭越反邪？吾禁人勿收，若獨祠而哭之，與越反明矣。趣亨之！」〔一〕方提趣湯，〔二〕布顧曰：「願一言而死。」上曰：「何言？」布曰：「方上之困於彭城，敗滎陽、成皋閒，項王所以遂不能西，徒以彭王居梁地，與漢合從苦楚也。〔三〕當是之時，彭王一顧，與楚則漢破，與漢而楚破。〔四〕且垓下之會，微彭王，項氏不亡。天下已定，彭王剖符受封，亦欲傳之萬世。今陛下一徵兵於梁，彭王病不行，而陛下疑以爲反，反形未見，以苛小案誅滅之，〔五〕臣恐功臣人人自危也。今彭王已死，臣生不如死，請就亨。」於是上迺釋布罪，拜爲都尉。

〔一〕【索隱】上音促，下音普盲反。謂疾令赴鑊也。【考證】若，汝也。楓、三本「亨」作「烹」。高祖罵布之言，止于（明）〔此〕矣。趣亨之，并促刑官也。趣，急也。

〔二〕【集解】徐廣曰：「趣，一作『走』。」【索隱】上音啼，下音趨。徐廣云：「一作『走』。走亦趣向之也。」【考證】提，舉也。方提趣湯，吏提布向湯也。敘事之文。

〔三〕【考證】王念孫曰：遂不能西，當依漢書作「不能遂西」。御覽人事部引史同。張文虎曰：徒，中統、舊刻、毛本、吴校金板與漢書合。他本譌「徙」。

〔四〕【考證】漢書「而」作「則」。

〔五〕【集解】徐廣曰：「小，一作『峭』。」

孝文時，爲燕相，至將軍。布迺稱曰：「窮困不能辱身下志，非人也；富貴不能快意，非賢也。」於是嘗有德者，厚報之；有怨者，必以法滅之。吴軍反時，以軍功封俞侯，〔一〕復爲燕相。燕、齊之閒，皆爲欒布立社，號曰欒公社。〔二〕

〔一〕【集解】徐廣曰：「擊齊有功也。」【考證】漢書「吴軍」作「吴楚」，「俞」作「鄃」。蘇林曰：清河縣也。

〔三〕【考證】顧炎武曰：萬石君傳石慶爲齊相，齊人爲立石相祠。于定國傳父于公爲縣獄吏，郡中爲之立生祠曰于公祠。欒布爲燕相，燕、齊之間皆爲立祠，此後世生祠之始。

景帝中五年薨。子賁嗣爲太常，犧牲不如令，國除。〔一〕

〔一〕【考證】楓、三本「景帝」至「國除」十九字，細書。梁玉繩曰：當作中四年而布絶，十八年賁始嗣。崔適曰：太常犧牲不如令，國除，年表在元狩六年。

太史公曰：以項羽之氣，而季布以勇顯於楚，身屨典軍搴旗者數矣，〔一〕可謂壯士。然至被刑戮，爲人奴而不死，何其下也！〔二〕彼必自負其材，故受辱而不羞，欲有所用，其未足也，〔三〕故終爲漢名將。賢者誠重其死。夫婢妾賤人感慨而自殺者，非能勇也，〔四〕其計畫無復之耳。〔五〕欒布哭彭越，趣湯如歸者，彼誠知所處，不自重其死。〔六〕雖往古烈士，何以加哉！

〔一〕【集解】徐廣曰：「屨，一作『屢』，一曰『覆』。」駰案：孟康曰「屨，履蹈之也」。瓚曰「屢，數也」。【索隱】身履軍。按：徐氏云「一作『覆』」。按：下云「搴旗」，則「覆軍」爲是，勝於「屢」之與「履」。【正義】搴，拔也。【考證】屨典，漢書作「履」。中井積德曰：「屨典」二字乃一「覆」字之譌。愚按：漢書「履」字亦當「覆」字之譌。

〔二〕【考證】張文虎曰：「至」字，宋本、中統、游、毛、吴校金板有。愚按：楓、三本亦有。

〔三〕【考證】楓、三本「未足」上有「材」字。

〔四〕【集解】徐廣曰：「『慨』或作『槩』，字音義同。」【正義】慨，歎也，或作「槩」，謂節槩。

〔五〕【集解】徐廣曰：「復，一作『冀』。」【考證】陳仁子曰：史遷謂賤妾感慨自殺，非能勇也，計畫無復之者。乃借以述其隱忍苟活，以成史書之意。愚按：辭意與史公答任安書「臧獲婢妾猶能引決」一節全同。

〔六〕【集解】如淳曰：「非死者難，處死者難。」

【索隱述贊】季布、季心，有聲梁、楚。百金然諾，十萬致距。出守河東，股肱是與。欒布哭越，犯禁見虜。赴鼎非冤，誠知所處。

史記會注考證卷一百一

袁盎鼂錯列傳第四十一　史記一百一

【考證】史公自序云：「敢犯顏色，以達主義，不顧其身，爲國家樹長畫。作袁盎朝錯列傳第四十一。」陳仁錫曰：兩人不相得，而卒相傾，故合爲一傳。

袁盎者，楚人也，字絲。〔一〕父故爲羣盜，徙處安陵。高后時盎嘗爲呂祿舍人。及孝文帝即位，盎兄噲任盎爲中郎。〔二〕

〔一〕【索隱】盎，音如周禮「盎齊」，烏浪反。【考證】漢書「袁」作「爰」。齊召南曰：袁、爰，通。

〔二〕【集解】如淳曰：「盎爲兄所保任，故得爲中郎。」【正義】百官公卿表云「中郎，秩比六百石。郎中，比三百石」。按：任，保其中郎也。【考證】漢書「中郎」作「郎中」。梁玉繩曰：盎爲兄所保，始得爲官，未必即能至六百石之秩，當是爲郎中也。

絳侯爲丞相，朝罷趨出，意得甚。上禮之恭，常自送之。〔一〕袁盎進曰：「陛下以丞相何如人？」上曰：「社稷臣。」盎曰：「絳侯所謂功臣，非社稷臣。社稷臣，主在與在，〔二〕主亡與亡。〔三〕方呂后時，諸呂用事，擅相王，劉氏不絕如帶。是時絳侯爲太尉主兵柄，弗能正。呂后崩，大臣相與共畔諸呂，太尉主兵，適會其成功，所謂功臣，非社稷臣。丞相如有驕主色。陛下謙讓，臣主失禮，竊爲陛下不取也。」後朝，上益莊，丞相益畏。〔四〕已而絳侯望袁盎曰：「吾與而兄善，今兒廷毀我！」〔五〕盎遂不謝。

〔一〕**【集解】**徐廣曰：「自，一作『目』。」**【考證】**陳仁錫曰：漢書「自」作「目」是也。王先謙曰：君無自送臣之理。帝禮絳侯，亦不至是。

〔二〕**【集解】**如淳曰：「人主在時，與共治在時之事。」**【索隱】**按：如淳云「人主在時，與共理在時之事也」。

〔三〕**【集解】**如淳曰：「不以主亡而不行其政令。」**【索隱】**如淳云「不以人主亡而不行其政令」。按：如說爲得。**【正義】**人主在時，與共治在時之事。人主雖亡，其法存，當奉行之。高帝誓非劉氏不王，而勃等聽王諸呂，是從生主之欲，不與亡者也。**【考證】**據漢書注，正義用如淳說。徐孚遠曰：主亡與亡，言盡節致命也。如說甚疎，索隱亦失。中井積德曰：在亡，猶存亡。社稷臣，與主同存亡，主亡不獨存。愚按：社稷臣，見汲黯傳，又見論語季子篇、禮記檀弓篇、荀子臣論篇。

〔四〕**【索隱】**莊，嚴也。**【考證】**莊，漢書同。楓山、三條本作「壯」，蓋依正義本也。中井積德曰：據兩「益」字，非一日之事。

〔五〕**【正義】**望，怨也。**【考證】**漢書「廷」作「酒」。王先謙曰：時盎年少，故絳侯兒呼之。廷毀，猶廷辱也。較酒毀義深。崔適曰：「兒」當作「而」，聲之誤也。參存。

及絳侯免相之國，國人上書，告以爲反，徵繫清室，〔一〕宗室諸公莫敢爲言，唯袁盎明絳侯無罪。絳侯得釋，盎頗有力。〔二〕絳侯乃大與盎結交。

〔二〕【集解】漢書作「請室」。應劭曰：「請室，請罪之室，若今鍾下也。」如淳曰：「請室，獄也，若古刑於甸師氏也。」

〔三〕【考證】王先謙曰：事在文帝四年。

淮南厲王朝，殺辟陽侯，居處驕甚。〔一〕袁盎諫曰：「諸侯大驕，必生患，可適削地。」〔二〕上弗用。淮南王益橫。及棘蒲侯柴武太子謀反事覺，治，連淮南王，淮南王徵，上因遷之蜀，轞車傳送。袁盎時爲中郎將，乃諫曰：「陛下素驕淮南王，弗稍禁，以至此，今又暴摧折之。淮南王爲人剛，如有遇霧露行道死，陛下竟爲以天下之大弗能容，有殺弟之名，奈何？」〔三〕上弗聽，遂行之。

〔一〕【考證】文帝三年，厲王殺審食其，見淮南王傳。

〔二〕【考證】適，音謫。楓山、三條本「削」下有「其」字。

〔三〕【考證】凌本「爲」、「以」誤倒。

淮南王至雍病死，聞，上輟食哭甚哀。〔一〕盎入，頓首請罪。〔二〕上曰：「以不用公言至此。」盎曰：「上自寬，此往事，豈可悔哉！〔三〕且陛下有高世之行者三，此不足以毁名。」上曰：「吾高世行三者何事？」盎曰：「陛下居代時，太后嘗病，三年，陛下不交睫，不解衣，湯藥非陛下口所嘗，弗進。〔四〕夫曾參以布衣猶難之，今陛下親以王者脩之，過曾參孝遠矣。夫諸呂用事，大臣專制，然陛下從代乘六乘傳，馳不測之淵，〔五〕雖賁、育之勇不及陛下。〔六〕陛下至代邸，西向讓天子位者再，南面讓天子位者三。〔七〕夫許由一讓，而陛下五以天下讓，過許由四矣。且陛下遷淮南王，欲以苦其志，使改過，有司衛不謹，故病死。」〔八〕於是上乃解曰：「將奈何？」盎曰：「淮南王有三子，唯在陛下耳。」於是文帝立其三子皆爲王。盎由此名重朝廷。〔九〕

〔一〕**【正義】**聞，聞於天子。**【考證】**顔師古曰：雍，扶風縣也。楓山、三條本「聞上」作「上聞之」。

〔二〕**【正義】**頓首請罪，自責以不强諫也。

〔三〕**【考證】**梁玉繩曰：「上」當作「陛下」，説在留侯世家。

〔四〕**【考證】**楓山、三條本「睫」下有「憂勞」二字。

〔五〕**【集解】**瓚曰：「大臣共誅諸呂，禍福尚未可知，故曰『不測』也。」

〔六〕**【集解】**孟康曰：「孟賁、夏育，皆古勇者也。」**【索隱】**賁，孟賁。育，夏育也。尸子云「孟賁水行不避蛟龍，陸行不避兕虎」。戰國策曰「夏育叱呼駭三軍，身死庸夫」。高誘曰：「育爲申繻所殺。」賁，音奔也。

〔七〕**【考證】**李笠曰：據漢傳及文紀，「再」、「三」二字當易處。

〔八〕**【考證】**漢書「衛」上有「宿」字。

〔九〕**【考證】**漢書無「將奈何」以下二十八字。中井積德曰：三子爲王在後年，是時姑爲列侯耳。傳終言之也。

袁盎常引大體忼慨。宦者趙同以數幸，常害袁盎，〔一〕袁盎患之。盎兄子種爲常侍騎，持節夾乘，〔二〕説盎曰：「君與鬭，廷辱之，使其毀不用。」〔三〕孝文帝出，趙同參乘，袁盎伏車前曰：「臣聞天子所與共六尺輿者，皆天下豪英。〔四〕今漢雖乏人，陛下獨奈何與刀鋸餘人載？」於是上笑，下趙同。趙同泣下車。

〔一〕【集解】徐廣曰：「漢書『同』作『談』字。」【考證】同，蓋「談」之字，史公自避諱耳。中井積德曰：數，謂星曆之類。佞幸傳云「趙同以星氣幸，常爲文帝參乘」。

〔二〕【索隱】案：漢舊儀云「持節夾乘，輿車騎從者云常侍騎」。【考證】漢書無「持節夾乘」四字。

〔三〕【集解】徐廣曰：「説，一作『謀』。」【考證】岡白駒曰：言君須與趙同鬭，於廷辱之，帝知其有郤。趙雖毀君，疑而不入也。漢書作「君衆辱之，後雖惡君，上不復信」，無「與鬭」二字。

〔四〕【考證】隋、唐禮儀志「輿」下云「漢室制度，以雕玉爲之，方徑六尺」。

文帝從霸陵上，欲西馳下峻阪。袁盎騎，並車擥轡。上曰：「將軍怯邪？」〔一〕盎曰：「臣聞千金之子坐不垂堂，〔二〕百金之子不騎衡，〔三〕聖主不乘危而徼幸。今陛下騁六騑，馳下峻山，〔四〕如有馬驚車敗，陛下縱自輕，柰高廟、太后何？」上乃止。〔五〕

〔一〕【考證】錢大昕曰：盎時爲中郎將。文帝稱爲將軍，後爲吴將歸，説丞相申屠嘉。嘉曰：「鄙野人乃不知將軍幸教。」灌夫嘗爲中郎將，史亦稱「灌將軍」。此中郎稱將軍之證也。

〔二〕【索隱】案：張揖云「恐簷瓦墮中人」。或云，臨堂邊垂，恐墮墜也。

〔三〕【集解】徐廣曰：「一作『行』。」駰案：服虔曰：「自惜身不騎衡。」如淳曰：「騎，倚也。衡，樓殿邊欄楯也。」韋昭曰：「衡，車衡。」【索隱】張晏云「衡，木行馬也」。如淳云「騎，音於岐反。衡，樓殿邊欄楯也」。韋昭云「衡，車衡也。騎，音倚，謂跨之」。按：如淳之説爲長。案：纂要云「宮殿四面欄，縱者云檻，横者云楯」也。

【考證】司馬相如傳云「家累千金，坐不垂堂」。堂、衡，韻。顔師古曰：言富人之子則自愛也。垂堂，謂坐堂外邊恐墜墮也。愚按：衡，車衡。韋說可從。梁玉繩曰：水經注十九作「立不倚衡」。依上「坐不垂堂」句，似失一字。

〔四〕【集解】如淳曰：「六馬之疾若飛。」【正義】騑，音芳菲反。騑，驂馬也。

〔五〕【考證】司馬相如諫獵書蓋敷衍此數語。

上幸上林，皇后、慎夫人從。其在禁中，常同席坐。〔一〕及坐，郎署長布席，〔二〕袁盎引卻慎夫人坐。〔三〕慎夫人怒，不肯坐。上亦怒，起入禁中。〔四〕盎因前說曰：「臣聞尊卑有序，則上下和。今陛下既已立后，慎夫人乃妾，妾主豈可與同坐哉！適所以失尊卑矣。且陛下幸之，即厚賜之。陛下所以爲慎夫人，適所以禍之。陛下獨不見『人彘』乎？」〔五〕於是上乃說，召語慎夫人。慎夫人賜盎金五十斤。

〔一〕【考證】中井積德曰：禁中亦就上林言之也，下「入禁中」句可證，非大内官省。愚按：上林宮殿，不可言「禁中」，是就其平生而言，「常」字可證。中說非是。

〔二〕【正義】蘇林云「郎署，上林中直衛之署」。【考證】「及坐」句。何焯曰：郎署長亦從幸上林，職司布席耳，未必天子幸署也。

〔三〕【集解】如淳曰：「盎時爲中郎將，天子幸署，豫設供帳待之，故得卻慎夫人坐。」

〔四〕【考證】入，還也。漢書無「入禁中」三字。

〔五〕【集解】張晏曰：「戚夫人。」

然袁盎亦以數直諫，不得久居中，調爲隴西都尉。〔一〕仁愛士卒，士卒皆争爲死。遷爲齊相。徙爲吴相，辭行，種謂盎曰：「吴王驕日久，國多姦。今苟欲劾治，彼不上書告君，即利劍刺君矣。〔二〕南方卑溼，君能日飲，毋苛，〔三〕時説王曰毋反而已。如此，幸得脱。」盎用種之計，吴王厚遇盎。

〔一〕【集解】如淳曰：「調，選。」

〔二〕【考證】漢書「劾」作「刻」。

〔三〕【正義】苛，音何。言苛細勾當也。【考證】正義本、宋本、毛本作「苛」，王本作「奇」，蓋亦「苛」之譌。楓山、三條本，凌本作「何」，與漢書合。顔師古曰：無何，言更無餘事。吴仁傑曰：衛綰傳「不孰何綰」，賈誼傳「大何之域」。顔師古注皆曰「何，問也」。史記作『苛』」。苛、何，通。種本意蓋曰：吴王驕日久，又南方卑溼，宜日飲酒而已。其他一切勿有所問，如此而後可免禍也。愚按：無苛，正義自通，不必解爲何。

盎告歸，道逢丞相申屠嘉，下車拜謁，丞相從車上謝袁盎。袁盎還，愧其吏，乃之丞相舍，上謁求見丞相。丞相良久而見之。盎因跪曰：「願請閒。」丞相曰：「使君所言公事，之曹與長史掾議，吾且奏之；即私邪，吾不受私語。」〔一〕袁盎即跪説曰：「君爲丞相，自度孰與陳平、絳侯？」〔二〕丞相曰：「吾不如。」袁盎曰：「善，君即自謂不如。夫陳平、絳侯，輔翼高帝定天下，爲將相，而誅諸吕，存劉氏；君乃爲材官蹶張，遷爲隊率，〔三〕積功至淮陽守，非有奇計攻城野戰之功。且陛下從代來，每朝，郎官上書疏，未嘗不止輦受其言，言不可用，置之，言可受，採之，未嘗不稱善。〔四〕何也？則欲以致天下賢士大夫。上日聞所不聞，明所不知，日益聖智；君今自閉鉗天下之口，而日益愚。夫以聖主責愚相，君受禍不久矣。」丞相乃再拜曰：「嘉鄙野人，乃不知將軍幸教。」〔五〕引入與坐，爲上客。

〔一〕【考證】楓山、三條本「邪」上有「事」字。申屠嘉傳云「嘉爲人廉直，不受私謁」。

〔二〕【考證】佘有丁曰：漢書「跪説」作「起説」，是。今史本多作「跪」，義難通。梁玉繩曰：是與上「跪曰」對。

〔三〕【考證】材官蹶張，見申屠嘉傳。隊率，漢書作「隊帥」。如淳曰：隊帥，軍中小官。沈欽韓曰：通典司馬穰且曰「十伍爲隊，一軍凡二百五十隊」。

〔四〕【考證】漢書「可受」作「可采」。

〔五〕【正義】鄙野，謂邊邑野外之人也。【考證】楓山、三條本「拜」下有「謝」字。

盎素不好鼂錯，鼂錯所居坐，盎去；盎坐，錯亦去。〔一〕兩人未嘗同堂語。及孝文帝崩，孝景帝即位，鼂錯爲御史大夫，使吏案袁盎受吴王財物，抵罪，詔赦以爲庶人。

〔一〕【考證】楓山、三條本「盎去盎坐」作「盎輒去盎所居坐」。徐孚遠曰：袁盎任術，鼂錯守數，兩者相劘，必兩敗矣，故不相能也。

吴、楚反，聞，鼂錯謂丞史曰：「夫袁盎多受吴王金錢，專爲蔽匿，言不反。今果反，欲請治盎，宜知計謀。」〔一〕丞史曰：「事未發，治之有絶。〔二〕今兵西鄉，治之何益！且袁盎不宜有謀。」〔三〕鼂錯猶與未決。人有告袁盎者，袁盎恐，夜見竇嬰，爲言吴所以反者，願至上前口對狀。〔四〕竇嬰入言上，上乃召袁盎入見。〔五〕鼂錯在前，及盎請辟人賜閒，錯去，固恨甚。袁盎具言吳所以反狀，以錯故，〔六〕獨急斬錯以謝吳，吳兵乃可罷。其語具在吳事中。〔七〕使袁盎爲太常，竇嬰爲大將軍。〔八〕兩人素相與善。逮吳反，諸陵長者、長安中賢大夫爭附兩人，車隨者日數百乘。〔九〕

〔二〕【集解】如淳曰：「百官表御史大夫有兩丞。丞史，丞相史也。」【正義】按：百官表「御史大夫有兩丞及御史員十五人」。兩丞無史，蓋史是御史。如誤也。【考證】漢書注引如淳「丞史」作「丞及史」。如説不誤。陳子龍曰：盎有内援，又故大臣也。吳、楚事急，錯恐其建議相危，欲治之，不幸爲盎所先。何焯曰：是時不直錯者必已多矣。及反聞既至，錯不亟籌兵食進賢智，乃先事私仇，此固舉國所切齒也。太史公曰「諸侯發難，不急匡救，欲報私仇，反以亡軀」，可謂切而中矣。

〔三〕【集解】如淳曰：「事未發之時治之，乃有所絶。」【索隱】案：謂有絶吳反心也。【正義】按：未發治之，乃有所絶。

〔三〕【集解】如淳曰：「盎大臣，不宜有姦謀。」

〔四〕【考證】竇嬰與鼂錯有隙，見錯傳。

〔五〕【考證】楓山、三條本「入」上重「袁盎」二字。漢書亦重「盎」字。

〔六〕【正義】謂錯削諸侯也。

〔七〕【考證】張文虎曰：王、柯、凌本「具」譌「俱」。

〔八〕【考證】太常，當作「奉常」。公卿表奉常，景帝中六年更名「太常」。

〔九〕【考證】王先謙曰：諸陵長者，謂徙居諸陵未仕之人。長安中賢大夫，則入爲朝官者也。漢書脱「長者」

二字。

及鼂錯已誅，袁盎以太常使吳。吳王欲使將，不肯。欲殺之，使一都尉以五百人圍守盎軍中。袁盎自其爲吳相時，嘗有從史，嘗盜愛盎侍兒，〔一〕盎知之弗泄，遇之如故。人有告從史，言君知爾與侍者通，乃亡歸。袁盎驅自追之，〔二〕遂以侍者賜之，復爲從史。〔三〕及袁盎使吳見守，從史適爲守盎校尉司馬，〔四〕乃悉以其裝齎置二石醇醪，〔五〕會天寒，士卒飢渴，飲酒醉，西南陬卒皆卧，司馬夜引袁盎起曰：「君可以去矣，吳王期旦日斬君。」盎弗信，曰：「公何爲者？」司馬曰：「臣故爲從史盜君侍兒者。」〔六〕盎乃驚謝曰：「公幸有親，吾不足以累公。」〔七〕司馬曰：「君弟去，臣亦且亡，辟吾親，君何患！」〔八〕乃以刀決張，〔九〕道從醉卒直隧出。〔一〇〕司馬與分背，〔一一〕袁盎解節毛懷之，〔一二〕杖步行七八里，明，見梁騎，騎馳去，〔一三〕遂歸報。

〔一〕【集解】文穎曰：「婢也。」【考證】張文虎曰：兩「嘗」字疑當衍其一。

〔二〕【考證】楓山、三條本「驅」上有「覺」字。

〔三〕【考證】陳子龍曰：盎居吳時常自危，故有所縱舍以結恩。

〔四〕【正義】從史爲守盎校尉之司馬也。

〔五〕【正義】醪，音牢。醪汁令之酒。【考證】漢書「置」作「買」。顏師古曰：裝齎，謂所齎衣物自隨者也。

〔六〕【考證】楓山、三條本「爲」下有「君」字。

〔七〕【集解】文穎曰：「言汝有親老。」

〔八〕【集解】如淳曰：「藏匿吾親，不使遇害也。」【索隱】案：張晏云「辟，隱也，言自隱辟親不使遇禍也」。

〔九〕【集解】音帳。【索隱】案：帳，軍幕也，決之以出也。

〔一〇〕【集解】如淳曰：「決開當所從亡者之道。」【考證】楓山、三條本「卒」下有「所」字。漢書「張」作「帳」，無「隧」字。王念孫曰：道讀曰導。愚按：「卒」下當補「所」字。直，當也。「隧」字疑衍。

〔一一〕【考證】二人分馳也。

〔一二〕【集解】如淳曰：「不欲令人見也。」【考證】漢書「毛」作「旄」。旄，牛尾也。

〔一三〕【集解】文穎曰：「梁騎擊吳、楚者也。」或曰：得梁馬馳去也。【考證】中井積德曰：杖，節竿也。漢書「七八里」作「七十里」，恐非。半夜至天明，安得步行七十里？梁騎，謂斥候巡邏者，不必鬭師。遇之得馬，故得馳去。

吳、楚已破，上更以元王子平陸侯禮爲楚王，袁盎爲楚相。嘗上書有所言，不用。袁盎病免，居家，與閭里浮沈，相隨行鬭雞走狗。雒陽劇孟嘗過袁盎，盎善待之。安陵富人有謂盎曰：「吾聞劇孟博徒，〔一〕將軍何自通之？」盎曰：「劇孟雖博徒，然母死，客送葬，車千餘乘，此亦有過人者。且緩急人所有。〔二〕夫一旦有急叩門，不以親爲解，〔三〕不以存亡爲辭，〔四〕天下所望者，獨季心、劇孟耳。〔五〕今公常從數騎，一旦有緩急，寧足恃乎！」〔六〕罵富人，弗與通。諸公聞之，皆多袁盎。

〔一〕【集解】如淳曰：「博盪之徒。」或曰：博戲之徒。

〔二〕【正義】凡人世之中，不能無緩急之變。

〔三〕【集解】張晏曰：「不語云親不聽也。」瓚曰：「凡人之於赴難濟危，多以有父母爲解，而孟兼行之。」【索隱】案：謂不以親爲辭也。今此云「解」者，亦謂不以親在而自解。【正義】言人有急叩門被呼，則依父母自解説也。【考證】索隱是。

〔四〕【正義】存，謂辭以事故也。亡，謂出不在家也。【考證】漢書「存」作「在」。顏師古曰：「或實在家，而辭云不在。」王文彬曰：在亡猶存亡耳。言緩急可恃，不以身之在亡爲計而諉謝也。顏説未當。

〔五〕【正義】言二子救人之急如父母耳。文穎曰：「心，季布弟也。」【考證】正義「如父母耳」，贅。季心，見布傳。

〔六〕【集解】徐廣曰：「常，一作『詳』。」【考證】漢書「常」作「陽」。陽，佯也。作「常」，義長。

袁盎雖家居，景帝時時使人問籌策。梁王欲求爲嗣，袁盎進説，其後語塞。〔一〕梁王以此怨盎，曾使人刺盎。刺者至關中問袁盎，諸君譽之皆不容口。乃見袁盎曰：「臣受梁王金來刺君，君長者，不忍刺君。然後刺君者十餘曹，備之！」〔二〕袁盎心不樂，家又多怪，乃之棓生所問占。〔三〕還，梁刺客後曹輩果遮刺殺盎安陵郭門外。〔四〕

〔一〕【索隱】按：鄒氏云「塞，當作『露』」，非也。案：以盎言不宜立弟之義，其後立梁王之語塞絶也。

〔二〕【集解】如淳曰：「曹，輩也。」

〔三〕【集解】徐廣曰：「棓，一作『服』」。駰案：文穎曰：「棓，音陪。秦時賢士善術者。」【索隱】文穎云「棓，音陪」。韋昭云「棓，姓也」。【考證】張文虎曰：宋本、毛本「棓」，各本作「掊」。愚按：漢書作「棓」。

〔四〕【正義】遮，作「蹠」，音之石反。蹠，謂尋其蹤也，又音庶。【考證】漢書無「輩」字。

鼂錯者，潁川人也。〔一〕學申、商刑名於軹張恢先所，〔二〕與雒陽宋孟及劉禮同師，以文學爲太常掌故。〔三〕

〔一〕【索隱】鼂錯，上音朝，下音厝，一如字讀。案：朝氏出南陽，今西鄂晁氏謂子朝之後也。

〔二〕【集解】徐廣曰：「先，即先生。」【索隱】軹張恢生所。軹縣人張恢先生所學申商之法。【考證】索隱本「先」作「生」，與漢書合。王鳴盛曰：史記鼂錯傳「學申商刑名於軹張恢先所」。徐廣曰「先，即先生」。漢書則「先」直作「生」。師古曰「軹縣之儒生，姓張名恢」。而此傳末有鄧公，則漢書作「鄧先」。師古曰「鄧先，猶云鄧先生也」。又匈奴傳「匈奴見漢使非中貴人，其儒先」。裴駰曰「先，先生也」。漢書「先」亦作「生」。以「先生」爲「先」，古有此語。班氏改「先」爲「生」，以其亦可單稱「生」也。貢禹傳「天子報禹曰：『朕以生有伯夷之廉，史魚之直。』」師古曰「生，謂先生也」。

〔三〕【集解】應劭曰：「掌故，百石吏，主故事。」【索隱】服虔云：「百石卒吏。」漢舊儀云「太常博士弟子，試射策中甲科，補郎。中乙科，補掌故也。」【考證】漢書「劉禮」作「劉帶」。錢大昭曰：太常，當作「奉常」。

錯爲人陗直刻深。〔一〕孝文帝時，天下無治尚書者，獨聞濟南伏生，故秦博士，治尚書，年九十餘，老不可徵，乃詔太常，使人往受之。太常遣錯，受尚書伏生所。〔二〕還，因上便宜事，以書稱說。詔以爲太子舍人、門大夫、家令。〔三〕以其辯得幸太子，太子家號曰「智囊」。〔四〕數上書孝文時，言削諸侯事，及法令可更定者。書數十上，〔五〕孝文不聽，然奇其材，遷爲中大夫。〔六〕當是時，太子善錯計策，袁盎諸大功臣多不好錯。

〔一〕【集解】韋昭曰：「術岸高曰峭。」瓚曰：「陗，峻。」【索隱】案：韋昭注本無「術」字。或云：術，道路也。峭，七笑反。峭，峻也。

〔二〕【正義】衛宏詔定古文尚書序云：「徵之，老不能行，遣太常掌故鼂錯往讀之。年九十餘，不能正言，言不可曉，使其女傳言教錯。齊人語多與潁川異，錯所不知者凡十二三，略以其意屬讀而已也。」【考證】事又見儒林傳。中井積德曰：正義衛宏誣説，不可采入。

〔三〕【集解】服虔曰：「太子稱家。」瓚曰：「茂陵書太子家令，秩八百石。」【考證】顔師古曰：初爲舍人，又爲門大夫。

〔四〕【考證】樗里子傳「樗里子滑稽多智，秦人號曰『智囊』」。

〔五〕【考證】漢書藝文志法家鼂錯三十一篇。鼂傳載其教太子疏、言兵事疏、募民徙塞下疏及賢良策。食貨志又載令民入粟受爵疏，皆有用之文，史記不載。

〔六〕【考證】漢書鼂錯傳文帝十五年，詔有司舉賢良文學士，錯在選中。時賈誼已死，對策者百餘人，唯錯爲高第，繇是遷中大夫。周壽昌曰：此漢廷策士之始。前此即位二年，詔舉賢良方正能直言極諫者，未聞舉何人，至是始以三道「策士」。胡三省曰：中大夫掌論議，屬郎中令，其位太中大夫之下，諫大夫之上。武帝太初元年，名中大夫曰「光禄大夫」，秩比二千石，太中大夫秩比千石。中井積德曰：漢書遷中大夫，在上書削諸侯之前，似得實。

景帝即位，以錯爲内史。錯常數請閒言事，輒聽，寵幸傾九卿，法令多所更定。〔一〕丞相申屠嘉心弗便，力未有以傷。内史府居太上廟壖中，門東出不便，錯乃穿兩門南出，鑿廟壖垣。〔二〕丞相嘉聞大怒，欲因此過爲奏請誅錯。錯聞之，即夜請閒，具爲上言之。丞相奏事，因言錯擅鑿廟垣爲門，請下廷尉誅。上曰：「此非廟垣，乃壖中垣，不致於法。」丞相謝。〔三〕

罷朝，怒謂長史曰：「吾當先斬以聞，乃先請，爲兒所賣，固誤。」丞相遂發病死。錯以此愈貴。〔四〕

〔一〕【集解】徐廣曰：「九，一作『公』。」【考證】胡三省曰：漢正卿九：奉常、郎中令、衛尉、太僕、廷尉、典客、宗正、治粟内史、少府是也。

〔二〕【索隱】上音乃戀反。謂牆外之短垣也。又音而緣反。【正義】上人緣反。壖者廟内垣外游地也。【考證】胡三省曰：三輔黄圖太上皇廟，在長安香室街南馮翊府北。武帝分内史爲左右，後又改左内史爲左馮翊。

〔三〕【考證】顔師古曰：以所奏不當天子意，故謝。

〔四〕【考證】事又見申屠嘉傳。

遷爲御史大夫，請諸侯之罪過，削其地，收其枝郡。〔一〕奏上，上令公卿列侯宗室集議，莫敢難，〔二〕獨竇嬰争之，由此與錯有郤。錯所更令三十章，諸侯皆諠譁疾鼂錯。錯父聞之，從潁川來，謂錯曰：「上初即位，公爲政用事，侵削諸侯，别疏人骨肉，人口議，多怨公者，何也？」〔三〕鼂錯曰：「固也。〔四〕不如此，天子不尊，宗廟不安。」錯父曰：「劉氏安矣，而鼂氏危矣，吾去公歸矣。」〔五〕遂飲藥死，曰：「吾不忍見禍及吾身。」死十餘日，吴、楚七國果反，以誅錯爲名。及竇嬰、袁盎進説，上令鼂錯衣朝衣，斬東市。〔六〕

〔一〕【集解】徐廣曰：「一云言景帝曰『諸侯或連數郡，非古之制，非久長策，不便，請削之』，上令公卿云云。」【考證】楓、三本「之」下有「有」字。顔師古曰：支郡，在國之四邊者也。

〔二〕【正義】「集」本作「褋」。高誘云「褋，集也」。【考證】當作「褋」。

〔三〕【集解】徐廣曰：「議，一作『讙』。」【考證】如淳曰：錯爲御史大夫，位三公也。徐孚遠曰：錯父呼錯爲公，蓋以官邪？愚按：陸賈傳賈謂其子曰「數見不鮮，無久慁公爲也」，是稱子爲「公」。項羽紀羽謂其騎曰「吾爲公取彼一將」，是稱麾下爲「公」。高祖紀高祖夜解縱所送徒曰「公等皆去」，是稱徒役爲「公」。袁盎傳謂其從史曰「公幸有親」，是稱部屬爲「公」。下文景帝謂鄧公「公言善」，是君稱臣爲「公」。蓋當時常語，非以錯爲三公尊之也。漢書「人口議多怨公者」作「口讓多怨公」。

〔四〕【考證】曾國藩曰：言乃父所責固當。

〔五〕【考證】連用三「矣」字，其辭激。

〔六〕【考證】漢書有丞相陶青等劾奏錯一節。

鼂錯已死，謁者僕射鄧公爲校尉，擊吳、楚軍爲將。還，上書言軍事，謁見上。〔一〕上問曰：「道軍所來，〔二〕聞鼂錯死，吳、楚罷不？」鄧公曰：「吳王爲反數十年矣，發怒削地，以誅錯爲名，其意非在錯也。且臣恐天下之士，噤口不敢復言也。」〔三〕上曰：「何哉？」鄧公曰：「夫鼂錯患諸侯彊大不可制，故請削地以尊京師，萬世之利也。計畫始行，卒受大戮，內杜忠臣之口，外爲諸侯報仇，臣竊爲陛下不取也。」於是景帝默然，良久曰：「公言善，吾亦恨之。」乃拜鄧公爲城陽中尉。〔四〕

〔一〕【正義】漢書作「鄧先」。孔文祥云名先。百官表云「郎中令屬官，有謁者，秩比六百石。謁者有僕射，秩比千石」。【考證】錢大昕曰：公卿表無「鄧公」。姚範曰：按此即吳王濞傳絳侯故客鄧都尉。愚按：顏師古注漢書云「鄧先猶言鄧先生也」。

〔二〕【集解】如淳曰：「道路從吳軍所來也。」瓚曰：「道，由也。」

〔三〕【索隱】噤口，上音其錦反，又音其禁反。

〔四〕【考證】默然良久，景帝悔恨之狀如覩。漢書改爲「喟然大息」，失之。查慎行曰：傳末載鄧公一段，以惜錯之忠於謀國，而景帝用法過當。愚按：禮書序亦云「天子誅錯以解難，是後官者養交安祿而已，莫敢復議」，可以見史公之意。

鄧公成固人也，〔一〕多奇計。建元中上招賢良，公卿言鄧公，時鄧公免，起家爲九卿。一年，復謝病免歸。其子章以脩黃、老言顯於諸公閒。

〔一〕【正義】梁州成固縣也。括地志云：「成固故城在梁州成固縣東六里，漢成固城也。」

太史公曰：袁盎雖不好學，亦善傅會，仁心爲質，引義忼慨。〔一〕遭孝文初立，資適逢世。〔二〕時以變易，〔三〕及吳、楚一說，說雖行哉，然復不遂。〔四〕好聲矜賢，竟以名敗。鼂錯爲家令時，數言事不用；後擅權多所變更。諸侯發難，不急匡救，欲報私讎，反以亡軀。〔五〕語曰「變古亂常，不死則亡」，豈錯等謂邪！〔六〕

〔一〕【正義】傅會，上音附。言善爲附近而會時也。張晏曰：「因宜附著合會也。」【考證】中井積德曰：仁心爲質，大失實。陳仁錫曰：袁盎巧言小人，子長豈不知其鮮仁哉？而贊其仁心爲質，蓋指其能救絳侯，而自傷也。又曰：子長有所激而立論，故不免失平爾。

〔二〕【集解】張晏曰：「資，才也。適值其世，得騁其才。」

〔三〕【集解】張晏曰：「謂景帝立。」【考證】楓、三本「以」作「已」，與漢書合。

〔四〕【考證】說行，殺鼂錯也。不遂，不能罷吳、楚也。

〔五〕【考證】謂使吏抵袁盎罪。

〔六〕【考證】常、亡，韻。

【索隱述贊】袁絲公直，亦多附會。攬轡見重，卻席翳賴。朝錯建策，屢陳利害。尊主卑臣，家危國泰。悲彼二子，名立身敗。

史記會注考證卷一百二

史記一百二

張釋之馮唐列傳第四十二

【考證】史公自序云：「守法不失大理，言古賢人，增主之明。作張釋之馮唐列傳第四十二。」王維楨曰：此傳或稱「釋之」，或稱「廷尉」，或稱「張釋之」，或稱「張廷尉」，各有所當，非漫語。王鏊曰：二傳皆見文帝君臣如家人父子。班固雜以汲、鄭，即不類。

張廷尉釋之者，堵陽人也，字季。〔一〕有兄仲同居。以訾爲騎郎，事孝文帝，〔二〕十歲不得調，無所知名。〔三〕釋之曰：「久宦，減仲之產，不遂。」〔四〕欲自免歸。中郎將袁盎知其賢，惜其去，乃請徙釋之補謁者。〔五〕釋之既朝畢，因前言便宜事。文帝曰：「卑之，毋甚高論，令今可施行也。」〔六〕於是釋之言秦、漢之閒事，秦所以失，而漢所以興者，久之。文帝稱善，乃拜釋之爲謁者僕射。〔七〕

〔一〕【索隱】韋昭堵音赭，又音如字，地名，屬南陽。【正義】應劭曰：「哀帝改爲順陽，水東南入蔡。」括地志云：「順陽故城，在鄧州穰縣西三十里，楚之郇邑也。及蘇秦傳云『楚北有郇陽』，並謂此也。」【考證】錢大昕曰：堵陽與順陽非一地。兩漢志皆有堵陽縣，屬南陽郡。後漢朱祐傳注「堵陽故城在今唐州方城縣方城，今裕州也」。

〔二〕【集解】蘇林曰：「雇錢，若出穀也。」如淳曰：「漢儀注訾五百萬，得爲常侍郎。」【索隱】訾，音子移反。字苑云「貲，積財也」。【考證】漢書「訾」作「貲」。以貲爲郎，又見司馬相如傳。顏師古云「以家貲多，得拜爲郎，非取其貲而予以郎也」。與如説同。何焯申其義云：貲郎，猶今有身家之人。非入粟拜爵之比。漢初得官，皆由貲筭。有市籍者，亦不得宦也。郎官，宿衛親近，欲其有所顧藉，重於犯法。愚按：漢書景帝後元二年詔曰：「今訾筭十以上，乃得宦，廉士算不必衆。有市籍不得宦，無訾又不得宦。朕甚愍之。訾算四，得宦，無令廉士久失職。」貪夫長利，是其明證。或云，以貲爲郎，自是入貲而予官，非因其家貲多，馮空拜爲郎也。釋之所謂「久宦減仲之産」者，非入貲而何？予謂郎官須有衣馬之飾，乃得侍上。田仁補傳有「詔募擇衛將軍舍人以爲郎，將軍取舍人中富給者」，即此也。歲時所費，蓋亦非少小。釋之故云「久宦減産」，未嘗云「爲郎減産」也。

〔三〕【考證】顏師古曰：調，選也。梁玉繩曰：傳言張釋之爲廷尉，至景帝初年，始出爲淮南相。而百官表孝文三年「中郎將張釋之爲廷尉」。十年，書「廷尉昌」、「廷尉嘉」。十五年，書「廷尉宜昌」。後元年，書「廷尉信」。孝景元年，書「廷尉敺」。表與傳不同。困學紀聞十一引洪氏據表謂釋之未嘗十年不調，未嘗以廷尉事景帝也。然攷本傳，言中郎將袁盎請徙釋之補謁者。而盎于文帝六年尚爲中郎將，則釋之安得文帝三年以中郎將爲廷尉乎？傳言條侯周亞夫與張廷尉結爲親友。而亞夫續封條侯在文帝後二年，爲中尉在後六年。若文帝三年，亞夫尚守河内，安得與釋之結親友乎？傳言釋之爲中郎將，從文帝至霸陵，而以芷陽爲霸陵，事在九年，見將相表，安得三年爲廷尉乎？傳言釋之爲公車令，劾梁王不下公門。而梁孝王以十二年徙封，十四年入朝，安得三年爲廷尉乎？淮南厲王于六年反，淮南王傳稱廷尉賀，百官表失書，則又安得以釋之于三年便爲廷尉乎？大事記書爲廷尉于文之後三年，謂百官表誤。吳仁傑亦云然，當是也。但文帝六年以後，釋之補謁者，九年以後，遷中郎將，豈十年不調者哉？疑釋之爲騎郎，在文帝未即位以前。史幷計之，故云「十年」耳。

〔四〕**【考證】**遂，猶達也。

〔五〕**【正義】**百官表云「謁者，掌賓讚受事，員十七人，秩比六百石也」。

〔六〕**【索隱】**案：卑，下也。欲令且卑下其志，無甚高談論，但令依時事，無説古遠也。**【正義】**卑之，謂依附時事令可施行者也。

〔七〕**【考證】**謁者僕射，秩比千石。

釋之從行，登虎圈。〔一〕上問上林尉諸禽獸簿，〔二〕十餘問，尉左右視，盡不能對。〔三〕虎圈嗇夫從旁代尉對上所問禽獸簿，甚悉，欲以觀其能，口對響應無窮者。〔四〕文帝曰：「吏不當若是邪？尉無賴！」〔五〕乃詔釋之，拜嗇夫爲上林令。釋之久之前曰：「陛下以絳侯周勃何如人也？」〔六〕上曰：「長者也。」又復問：「東陽侯張相如何如人也？」上復曰：「長者。」釋之曰：「夫絳侯、東陽侯稱爲長者，此兩人言事，曾不能出口，豈斆此嗇夫諜諜利口捷給哉！〔七〕且秦以任刀筆之吏，吏爭以亟疾苛察相高，然其敝徒文具耳，〔八〕無惻隱之實。以故不聞其過，陵遲而至於二世，天下土崩。〔九〕今陛下以嗇夫口辯而超遷之，臣恐天下隨風靡靡，争爲口辯，而無其實。〔一〇〕且下之化上，疾於景響，舉錯不可不審也。」文帝曰：「善。」乃止不拜嗇夫。

〔一〕【正義】圈，求遠反。【考證】顔師古曰：圈，養獸之處也。

〔二〕【索隱】漢書表上林有八丞十二尉。百官志尉秩三百石。【正義】上林尉屬丞也。【考證】胡三省曰：禽獸簿，謂簿録禽獸之大數也。愚按：文帝嘗問周勃、陳平以一歲決獄錢穀出入之數，與此相似，蓋帝試人慣用手段。

〔三〕【考證】王先謙曰：盡不能對者，上林尉非一人也。

〔四〕【正義】掌虎圈，百官表有鄉嗇夫，此其類也。

〔五〕【集解】張晏曰：「才無可恃。」

〔六〕【考證】凌稚隆曰：傳言「久之」者五，「頃之」者三。愚按：釋之夙聞周勃失對事，故有此言。

〔七〕【集解】晉灼曰：「諜，音牒。」【索隱】音牒。漢書作「喋」。喋口多言。【考證】漢書功臣表云「東陽武侯張相如，高祖六年爲中大夫，以河間守擊陳豨力戰。十一年，功侯」。萬石君傳云「文帝時東陽侯張相如爲太子大傅」。

〔八〕【索隱】案：謂空具其文而無其實也。【正義】秦政弊壞之時，空以文書具備而已。

〔九〕【考證】錢大昕曰：陵遲，漢書作「陵夷」。平準書「選舉陵遲」，漢書亦作「夷」。司馬相如傳「陵夷衰微」，漢書作「遲」。古文「夷」與「遲」通。詩「周道倭遲」，韓詩作「郁夷」。淮南原道訓「馮夷大丙之御」，高誘云「夷，或作『遲』。」顔師古曰：陵夷頽替也。

〔一〇〕【考證】楓山本不重「靡」字，無「爲」字，與漢書合。

上就車，召釋之參乘，徐行問釋之秦之敝。具以質言。〔一〕至宮，上拜釋之爲公車令。〔二〕

〔一〕【集解】如淳曰：「質，誠也。」【考證】中井積德曰：質，猶實也。

〔二〕【考證】王先謙曰：百官表公車令屬衛尉。漢官儀「公車司馬令，掌殿司馬門」。

頃之，太子與梁王共車入朝，不下司馬門，〔一〕於是釋之追止太子、梁王，無得入殿門。遂劾不下公門不敬，奏之。薄太后聞之，文帝免冠謝曰：「教兒子不謹。」薄太后乃使使承詔赦太子、梁王，然后得入。文帝由是奇釋之，拜爲中大夫。

〔一〕【集解】如淳曰：「宮衛令『諸出入殿門，公車司馬門，乘軺傳者皆下，不如令，罰金四兩』。」【考證】楓、三本「梁」下有「孝」字。

頃之，至中郎將。從行至霸陵，居北臨廁。〔一〕是時慎夫人從，上指示慎夫人新豐道曰：「此走邯鄲道也。」〔二〕使慎夫人鼓瑟，上自倚瑟而歌，〔三〕意慘悽悲懷，顧謂羣臣曰：「嗟乎，以北山石爲椁，〔四〕用紵絮斮陳，蕠漆其閒，豈可動哉！」〔五〕左右皆曰：「善。」釋之前進曰：「使其中有可欲者，雖錮南山猶有郄；〔六〕使其中無可欲者，雖無石椁，又何戚焉！」文帝稱善。〔七〕其後拜釋之爲廷尉。

〔一〕【集解】李奇曰：「霸陵北頭，廁近霸水，帝登其上以遠望也。」如淳曰：「居高臨垂邊曰廁也。」蘇林曰：「廁，邊側也。」韋昭曰：「高岸夾水爲廁也。」【索隱】劉氏廁音初吏反。按：李奇曰「霸陵北頭，廁近霸水」。蘇林曰「廁，邊側也」。包愷音側，義亦兩通也。【考證】漢書「北」作「外」。王念孫曰：外，當依史記作「北」。劉向傳亦作「北」。臨廁，謂北臨霸陵之厓也。此時帝北向，故下文指北山言之，而漢紀亦云「上望北山，悽然傷懷」，則當作「北臨廁」明矣。錢大昕曰：「厠」即「側」字。側旁从人，隸爲厂，與「廁圊」字从广者不同。愚按：從錢說，字當作「厠」。

〔二〕【集解】張晏曰：「慎夫人，邯鄲人也。」如淳曰：「走，音奏，趨也。」【索隱】音奏。案：走猶向也。

〔三〕【集解】漢書音義曰：「聲氣依倚瑟也。書曰『聲依永』。」【索隱】倚，於綺反。案：謂歌聲合於瑟聲相依倚也。

〔四〕【正義】顏師古云：「美石出京師北山，今宜州石是。」

〔五〕【集解】徐廣曰：「斮，一作『錯』。」駰案：漢書音義曰：「斮絮，以漆著其間也。」【索隱】紵絮，上張呂反，下息慮反。斮陳絮漆其閒。斮，音側略反。絮，音女居反。案：斮陳絮以漆著其閒也。【考證】漢書無「蕠」字。中井積德曰：斮，切之也。陳，布列之也。用紵絮斮陳，言切紵及絮，而布列於槨縫也。乃沃之以漆，堅如石也。「蕠」字疑衍。張文虎曰：御覽五百五十二引無「蕠」字。漢書本傳及楚元王傳劉向説此事，亦無。漢紀并無此二字。舊刻「蕠」作「絮」，與索隱本同。李笠曰：「蕠」字説文不載。玉篇「蕠，蘆草也」，義異。集韻九魚「音袽，黏箸也」，則「絮」義同。故集解云「漆著其間也」。御覽無「蕠」字，依漢書删。

〔六〕【集解】張晏曰：「錮，鑄也。帝北向，故云『北山』。迴顧南向，故云『南山』。」【索隱】案：張晏云錮，鑄也。帝北向，故云「北山」。回顧向南，故云「南山」。今案：大顏云「北山青石，肌理密，堪爲碑槨，至今猶然。故秦本紀作阿房或作酈山，發北山石槨是也」。故帝欲北山之石爲槨，取其精牢。釋之荅言但使薄葬，冢中無可貪，雖無石槨，有何憂焉。若使厚殉，冢中有物，雖并錮南山，猶爲人所發掘也。言「南山」者，取其高厚之意，張晏殊失其旨也。【考證】楓山、三條本無「進」字，與漢書合。南山取于其不騫不崩。中井積德曰：錮，謂鎔金包之。

〔七〕【考證】漢書劉向傳云「文帝寤焉，遂薄葬，不起山墳」。

頃之，上行出中渭橋，〔一〕有一人從橋下走出，乘輿馬驚。於是使騎捕，屬之廷尉。釋之治問。曰：「縣人來，〔二〕聞蹕，匿橋下。久之，以爲行已過，即出，見乘輿車騎，即走耳。」廷尉奏當，一人犯蹕，當罰金。〔三〕文帝怒曰：「此人親驚吾馬，吾馬賴柔和，令他馬，固不敗傷我乎？而廷尉乃當之罰金！」釋之曰：「法者，天子所與天下公共也。〔四〕今法如此，而更重之，是法不信於民也。且方其時，上使立誅之則已。〔五〕今既下廷尉，廷尉，天下之平也，一傾而天下用法皆爲輕重，民安所措其手足？唯陛下察之。」良久，上曰：「廷尉當是也。」

〔一〕【集解】張晏曰：「在渭橋中路。」瓚曰：「中渭橋，兩岸之中。」【索隱】張晏、臣瓚之説皆非也。案：今渭橋有三所：一所在城西北咸陽路，曰西渭橋。一所在東北高陵道，曰東渭橋。其中渭橋，在古城之北也。

〔二〕【集解】如淳曰：「長安縣人。」【考證】漢紀作「遠縣人」。

〔三〕【集解】如淳曰：「乙令『蹕先至而犯者，罰金四兩』。蹕，止行人。」【索隱】案：崔浩云「當，謂處其罪也」。案：百官志云「廷尉平刑罰，奏當，所應郡國讞疑罪，皆處當以報之也」。【考證】楓山、三條本、毛本、吳校元板「一」作「此」，與漢書合。王念孫曰：一人犯蹕，罰金四兩，漢律文也。二人以上，罪當加等。漢書義短。張文虎曰：本作「此」者，蓋涉下「文帝言此人親驚吾馬」而誤。

〔四〕【索隱】小顏云「公，謂不私也」。

〔五〕【考證】漢書、通鑑無「立」字。

其後有人盜高廟坐前玉環，捕得，文帝怒下廷尉治。〔一〕釋之案律，盜宗廟服御物者爲奏，奏當弃市。〔二〕上大怒曰：「人之無道，乃盜先帝廟器，吾屬廷尉者，欲致之族，而君以法奏之，〔三〕非吾所以共承宗廟意也。」〔四〕釋之免冠頓首謝曰：「法如是足也。〔五〕且罪等，然以逆順爲差。〔六〕今盜宗廟器而族之，有如萬分之一，假令愚民取長陵一抔土，陛下何以加其法乎？」〔七〕久之，文帝與太后言之，乃許廷尉當。〔八〕是時中尉條侯周亞夫與梁相山都侯王恬開，見釋之持議平，乃結爲親友。〔九〕張廷尉由此天下稱之。

〔一〕【考證】張文虎曰：各本重「廷尉」二字。凌引一本及班馬異同本不重，漢書亦無。

〔二〕【考證】漢書、通鑑不重「奏」字。

〔三〕【索隱】案：法者依律以斷也。

〔四〕【考證】顏師古曰：「共讀曰恭。」

〔五〕【集解】徐廣曰：「足，一作『止』也。」

〔六〕【集解】如淳曰：「俱死罪也。盜玉環，不若盜長陵土之逆也。」【考證】罪等，言二者俱可以大不敬論。

〔七〕【集解】張晏曰：「不欲指言，故以取土譬也。」【索隱】抔，音步侯反。案：禮運云「汙尊而抔飲」，鄭氏云「抔，手掬之。字從手」。字本或作「盃」。言一勺一杯，兩音並通。又音普迴反。坯者，塼之未燒之名也。張晏云「不欲指言，故以取土譬」者，蓋不欲言盜開長陵及説傷迫近先帝故也。【正義】按：釋之言盜長陵一掬土，與盜環罪等。用以比之，令帝詳審，故云「陛下何以加其法乎」。張晏云「不欲指言，故以取土譬」，一何疎鄙，不解義理之甚。裴氏引之，重爲錯也。【考證】取一抔土，微言發掘陵墓也，「萬分之一」四字可證。集解、索隱不可動。

〔八〕【考證】陳仁錫曰：「乃許廷尉當」句。當，謂處其罪也。愚按：上文云「廷尉當」是也。

〔九〕【集解】徐廣曰：「開，一作『闓』。漢書作『啓』。啓者景帝諱也，故或爲開。」

後文帝崩，景帝立，釋之恐，稱病。〔一〕欲免去，懼大誅至，欲見謝，則未知何如。用王生計，卒見謝，景帝不過也。〔二〕

〔一〕【索隱】謂帝爲太子時，與梁王入朝，不下司馬門，釋之曾劾，故恐也。【考證】中井積德曰：稱病，是實事，非意量。若意量，宜在「欲」字之下。

〔二〕【考證】過，責也。

王生者，善爲黃、老言，處士也。嘗召居廷中，三公九卿盡會立，〔一〕王生老人，曰：「吾韈解。」〔二〕顧謂張廷尉：「爲我結韈。」〔三〕釋之跪而結之。既已，人或謂王生曰：「獨柰何廷辱張廷尉，使跪結韈？」王生曰：「吾老且賤，自度終無益於張廷尉。張廷尉方今天下名臣，吾故聊辱廷尉，使跪結韈，欲以重之。」諸公聞之，賢王生而重張廷尉。〔四〕

〔一〕【考證】王文彬曰：居，猶坐也。時漢廷尊尚黃、老，故大會時，王生被召坐廷中，而公卿盡立也。

〔二〕【正義】上萬越反，下閑買反。

〔三〕【索隱】結，音如字，又音計。【考證】楓山、三條本「尉」下有「曰」字。韈，足衣也。

〔四〕【考證】凌稚隆曰：令釋之結韈，蓋黄老摧剛爲柔本旨，與圯上納履事同。

張廷尉事景帝歲餘，爲淮南王相，猶尚以前過也。久之，釋之卒。其子曰張摯字長公，官至大夫，免。以不能取容當世，故終身不仕。〔一〕

〔一〕【索隱】謂性公直，不能曲屈見容於當世，故至免官不仕也。

馮唐者，其大父趙人。父徙代。漢興，徙安陵。唐以孝著，爲中郎署長，事文帝。〔一〕文帝輦過，〔二〕問唐曰：「父老何自爲郎？家安在？」〔三〕唐具以實對。文帝曰：「吾居代時，吾尚食監高袪數爲我言趙將李齊之賢，戰於鉅鹿下。今吾每飯，意未嘗不在鉅鹿也。父知之乎？」〔四〕唐對曰：「尚不如廉頗、李牧之爲將也。」上曰：「何以？」唐曰：「臣大父在趙時，爲官卒將，善李牧。〔五〕臣父故爲代相，善趙將李齊，知其爲人也。」〔六〕上既聞廉頗、李牧爲人，良說，〔七〕而搏髀曰：「嗟乎，吾獨不得廉頗、李牧時爲吾將，吾豈憂匈奴哉！」〔八〕唐曰：「主臣！陛下雖得廉頗、李牧，弗能用也。」〔九〕上怒，起入禁中。良久，召唐讓曰：「公柰何衆辱我，獨無閒處乎？」〔一〇〕唐謝曰：「鄙人不知忌諱。」

〔一〕【集解】應劭曰：「此云孝子郎也。」或曰：以至孝聞。【索隱】案：謂爲郎署之長也。【考證】文帝紀云「賜三老孝者人帛五匹，弟者帛人三匹」。漢代重孝。此以孝舉爲郎者。中郎署，漢書作「郎中署」。爰盎傳「上幸上林，郎署長布席」。

〔二〕【索隱】過，音戈。謂文帝乘輦，會過郎署。

〔三〕【索隱】案：崔浩云「自，從也。帝詢唐，何從爲郎」。又小顏云「年老矣，乃自爲郎，怪之也。」【考證】何自，崔
説是。

〔四〕【集解】張晏曰：「每食，念監所説李齊在鉅鹿時。」【考證】楓山、三條本「鹿」下「也」上有「下」字。胡三省
曰：尚食監，膳食之官。中井積德曰：只是每食念鉅鹿之戰耳。集解滯。胡三省曰：鉅鹿之戰，當是秦將
王離圍鉅鹿時。

〔五〕【集解】徐廣曰：「一云『官士將』。」駰案：晉灼曰「百人爲徹行，亦皆帥將也」。【索隱】注「百人爲徹行將
帥」。案國語「百人爲徹行，行頭皆官師」。賈逵云「百人爲一隊也。官師，隊大夫也」。【考證】漢書「卒」作
「帥」。王先謙曰：漢書馮奉世傳云「在趙者爲官帥將，官帥將子爲代相」，所稱即馮唐祖父也。愚按：卒讀
爲率。率、帥，通。

〔六〕【考證】中井積德曰：馮之話説尚多，史略之。

〔七〕【集解】如淳曰：「良，善也。」【考證】中井積德曰：良説，猶甚悦也。

〔八〕【考證】王念孫曰：時讀爲而，言吾獨不得廉頗、李牧而爲將也。而、時，聲相近，故字相通。愚按：「吾將」
下省「得爲吾將」等字面，語急。

〔九〕【索隱】案：樂彦云「人臣進對前，稱『主臣』，猶上書前云『昧死』」。案：志林云「馮唐面折萬乘，何言不懼」，
主臣爲驚怖，其言益著也。又魏武謂陳琳云「卿爲本初檄，何乃言及上祖」，琳謝云「主臣」，益明主臣是驚怖
也。解已見前志也。【考證】主臣，見陳丞相世家。

〔一〇〕【考證】衆辱，見淮陰侯傳。顏師古曰：何不於閒隙之處言之也？

當是之時，匈奴新大入朝那，〔一一〕殺北地都尉卬。〔一二〕上以胡寇爲意，乃卒復問唐曰：「公

何以知吾不能用廉頗、李牧也？」唐對曰：「臣聞上古王者之遣將也，跪而推轂，曰：『閫以内者，寡人制之；〔三〕閫以外者，將軍制之。軍功爵賞，皆決於外，歸而奏之。』此非虚言也。臣大父言李牧爲趙將，居邊，軍市之租，皆自用饗士，〔四〕賞賜決於外，不從中擾也。〔五〕委任而責成功，故李牧乃得盡其智能，遣選車千三百乘，〔六〕彀騎萬三千，〔七〕百金之士十萬，〔八〕是以北逐單于，破東胡，〔九〕滅澹林，〔一〇〕西抑彊秦，南支韓、魏。當是之時，趙幾霸。〔一一〕其後會趙王遷立，其母倡也。〔一二〕王遷立，乃用郭開讒，卒誅李牧，〔一三〕令顔聚代之。〔一四〕是以兵破士北，爲秦所禽滅。今臣竊聞魏尚爲雲中守，〔一五〕其軍市租盡以饗士卒，私養錢，五日一椎牛，饗賓客軍吏舍人，〔一六〕是以匈奴遠避，不近雲中之塞。〔一七〕虜曾一入，尚率車騎擊之，所殺甚衆。夫士卒盡家人子，起田中從軍，〔一八〕安知尺籍伍符。〔一九〕終日力戰，斬首捕虜，上功莫府，〔二〇〕一言不相應，〔二一〕文吏以法繩之，其賞不行，而吏奉法必用。臣愚以爲陛下法太明，賞太輕，罰太重。且雲中守魏尚，坐上功首虜差六級，陛下下之吏，削其爵，罰作之。〔二二〕由此言之，陛下雖得廉頗、李牧，弗能用也。〔二三〕臣誠愚，觸忌諱，死罪死罪。」文帝説。是日令馮唐持節赦魏尚，復以爲雲中守，而拜唐爲車騎都尉，主中尉及郡國車士。〔二四〕

〔一〕【索隱】上音朝遥反，下音乃何反。縣名，屬安定也。【正義】在原州百泉縣西北十里，漢朝那縣是也。

〔二〕【索隱】案：都尉姓孫，名卬。【正義】北地郡，今寧州也。【考證】事在文帝十四年。

〔三〕【集解】韋昭曰：「此郭門之閫也。門中橛曰閫。」【索隱】橛，音其月反。【正義】閫，音苦本反，謂門限也。

【考證】楓山、三條本「闔」上有「自」字。漢書「闔」作「閫」。沈欽韓曰：六韜立將「君親操斧持首，授將其柄曰『從此上至天者將軍制之』。復操鉞持柄，授將其刃曰『從此下至淵者，將軍制之』」。淮南兵略同。御覽七百六十三引淮南子曰「闔以外將軍裁之」，與此傳同。

〔四〕【索隱】案：謂軍中立市，市有稅，稅即租也。【考證】李牧傳云「市租皆輸入幕府，爲士卒費，日擊數牛饗士」。

〔五〕【考證】楓山、三條本「擾」作「覆」，與漢書合。胡三省云：不從中覆校其所用之數。

〔六〕【索隱】案：六韜書有選車之法。【考證】漢書無「遣」字，義長。

〔七〕【索隱】如淳云：「彀，音構。彀騎，張弓之騎也。」【考證】王念孫曰：「千」下脱去「匹」字，御覽兵部引此正作「彀騎萬三千匹」，漢書馮唐傳同。王先謙曰：彀士，謂能控弦之騎士有萬三千人。騎可以匹言，彀騎以人言，不以匹言。愚按：李牧傳云「選騎得萬三千匹，彀者十萬人」。萬三千，即選騎之數，非彀者之數也。王念孫説是。

〔八〕【集解】服虔曰：「良士直百金也。」或曰：直百金言重。【索隱】晉灼云：「百金取其貴重也。」服虔曰：「良士直百金也。」劉氏云：「其功可賞百金者。」事見管子及小爾雅。【考證】百金，服説是。李牧傳云「百金之士五萬人，彀者十萬人」。張文虎曰：索隱單本無「小」字。然今爾雅、小爾雅皆無此文。

〔九〕【索隱】案：崔浩云「烏丸之先也。國在匈奴之東，故云東胡也」。

〔一〇〕【集解】徐廣曰：「澹，一作『襜』」。【索隱】澹，丁甘反。一本作「襜襤」。【考證】李牧傳云「滅襜襤，破東胡，降林胡，單于奔走」。張文虎曰：索隱「襜」，説見廉藺傳。

〔一一〕【索隱】幾，音祈。

〔一二〕【索隱】按：列女傳云「邯鄲之倡」。【正義】趙幽王母，樂家之女也。

〔一三〕【索隱】按：開是趙之寵臣。戰國策云秦多與開金，使爲反閒。【考證】漢書無「王遷立乃」四字。張照曰：上文云「趙王遷立」，然則此句「立」字衍文。

〔一四〕【索隱】聚，音似喻反。漢書作「冣」。本齊將也。【正義】絶庾反。【考證】今本漢書作「聚」。

〔一五〕【集解】漢書曰：「尚，槐里人也。」【正義】雲中郡故城在勝州榆林縣東北三十里。

〔一六〕【集解】服虔曰：「私稟假錢。」【索隱】按：漢書「市肆租稅之入，爲私奉養」，服虔曰「私稟假錢」是也。或云，官所別稟給也。椎，音直追反，擊也。【考證】楓山、三條本「卒」下有「出」字。漢書亦有，疑今本脱。胡三省曰：「私養錢」屬下句。中井積德曰：郡守自應得家口私費之錢，如後世月俸錢。

〔一七〕【考證】楓山、三條本「不」下有「敢」字。

〔一八〕【索隱】按：謂庶人之家子也。【考證】慶長本標記引劉伯莊云「家人子，不知軍法，妄上其功，與尺籍不相應。魏尚連署，故坐罪也」。

〔一九〕【集解】如淳曰：「漢軍法曰：吏卒斬首，以尺籍書下縣移郡，令人故行，不行奪勞二歲。伍符，亦什伍之符，約節度也。」或曰：以尺簡書，故曰尺籍也。【索隱】按：尺籍者，謂書其斬首之功於一尺之板。伍符者，命軍人伍伍相保，不容姦詐。注「故行不行」，案：謂故命人行，而身不自行，奪勞二歲也。「故」與「雇」同。【正義】注「行不行」，故當行，雇人行，身不行，奪勞二歲也。【考證】尺籍伍符，索隱是。尉繚子束伍令云「五人爲伍，共一符，收于將吏之所」。

〔二〇〕【索隱】按：莫，訓大也。又崔浩云：「古者出征無常處，以幕爲府舍，故云莫府。」「莫」當爲「幕」，古字少耳。【考證】崔説是。

〔二一〕【索隱】音乙陵反，謂數不同也。

〔二二〕【考證】胡三省曰：一歲刑爲罰作。

〔二三〕【集解】班固稱楊子曰：「孝文帝親詘帝尊以信亞夫之軍，曷爲不能用頗牧，彼將有激。」【考證】廉頗、李牧，承前語。漢書刪「廉頗」二字，非是。

〔四〕【集解】服虔曰：「車軍之士。」【考證】集解「車軍」，漢書注作「車戰」，當依改。王先謙曰：中尉之車士，及郡國之車士，皆得主之。胡三省曰：百官表無車騎都尉官。

七年，景帝立，〔一〕以唐爲楚相，免。武帝立，〔二〕求賢良，舉馮唐。唐時年九十餘，不能復爲官，乃以唐子馮遂爲郎。遂字王孫，亦奇士，與余善。〔三〕

〔一〕【考證】梁玉繩曰：匈奴入朝那，在文帝十四年。至景帝立，是十一年，非七年。漢書作「十年」，亦非。

〔二〕【考證】「武帝」當作「今上」。

〔三〕【考證】趙世家贊云「吾聞馮王孫曰：『趙王遷其母倡也，嬖於悼襄王。悼襄王廢適子嘉而立遷。遷素無行信讒，故誅其良將李牧用郭開。』」史公記趙事，多國策所不載，蓋得諸馮王孫也。

太史公曰：張季之言長者，守法不阿意；馮公之論將率，有味哉，有味哉！語曰：「不知其人視其友。」〔一〕二君之所稱誦，可著廊廟。書曰：「不偏不黨，王道蕩蕩；不黨不偏，王道便便。」〔二〕張季、馮公近之矣。

〔一〕【考證】孔子家語云「不知其子觀其父，不知其人觀其友」。蓋古有此語也。

〔二〕【集解】徐廣曰：「一作『辨』。」【考證】尚書洪範篇。梁玉繩曰：此蓋所傳尚書本異。故墨子兼愛下篇引書云「王道蕩蕩，不偏不黨。王道平平，不黨不偏」，皆與今本不同。至便、平、辨之異，說在宋世家。

【索隱述贊】張季未偶，見識袁盎。太子懼法，嗇夫無狀。驚馬罰金，盜環悟上。馮公白首，味哉論將。因對李齊，收功魏尚。

史記會注考證卷一百三

萬石張叔列傳第四十三

史記一百三

【考證】史公自序云：「敦厚慈孝，訥於言，敏於行，君子長者。作萬石張叔列傳第四十三。」凌稚隆曰：石奮、石建、石慶、衛綰、直不疑、周仁、張歐，行事雖不同，要不失爲長者，故同傳。

萬石君名奮，〔一〕其父趙人也，〔二〕姓石氏。趙亡，徙居溫。〔三〕高祖東擊項籍，過河内，時奮年十五，爲小吏侍高祖。高祖與語，愛其恭敬，〔四〕問曰：「若何有？」〔五〕對曰：「奮獨有母，不幸失明。家貧。有姊能鼓琴。」〔六〕高祖曰：「若能從我乎？」曰：「願盡力。」於是高祖召其姊爲美人，以奮爲中涓，受書謁，〔七〕徙其家長安中戚里，以姊爲美人故也。〔八〕其官至孝文時，積功勞至大中大夫。〔九〕無文學，恭謹無與比。〔一〇〕

〔一〕【正義】以父及四子皆二千石，故號奮爲萬石君。【考證】沈欽韓曰：萬石，非史例也。史公之誤。愚按：萬石君，景帝所號，故史公取以爲稱。漢書酷吏傳嚴延年亦有萬石之號，鄉黨所稱，與此異。

〔二〕【正義】洺州邯鄲，本趙國都。

〔三〕【正義】故温城在懷州温縣三十里，漢縣在也。【考證】正義「温縣」下當有「西南」二字。

〔四〕【考證】李廷機曰：傳中凡言「恭敬」、「醇謹」、「孝」等字，皆一篇領袖。

〔五〕【考證】顔師古曰：若，汝也。有何戚屬。

〔六〕【考證】漢書「琴」作「瑟」。

〔七〕【正義】顔師古云：「中涓，官名。居中而涓絜也。」如淳云：「主通書謁出入命也。」【考證】美人，女官名。錢大昭曰：陳平世家云「是時萬石君奮爲漢王中涓，受平謁」，即其事也。

〔八〕【索隱】小顔云：「於上有姻戚者皆居之，故名其里爲戚里。」長安記戚里在城內。【考證】劉攽曰：此里偶名戚里爾。周壽昌曰：長安志注云「高祖娶石奮姊爲美人，移家於長安城中，號之曰戚里，帝王之姻戚也」。據此戚里因石奮家而名。愚按：劉説是。

〔九〕【考證】漢書代「其官」二字以「奮」字，「勞」下補「官」字。

〔一〇〕【考證】漢書「謹」下有「舉」字。張晏曰：舉朝無比也。

文帝時，東陽侯張相如爲太子太傅，免。選可爲傅者，皆推奮，奮爲太子太傅。及孝景即位，以爲九卿；迫近，憚之，〔一〕徙奮爲諸侯相。奮長子建，次子甲，次子乙，〔二〕次子慶，皆以馴行孝謹，官皆至二千石。〔三〕於是景帝曰：「石君及四子皆二千石，人臣尊寵，乃集其門。」號奮爲萬石君。

〔一〕【集解】張晏曰：「以其恭敬履度，故難之。」【考證】中井積德曰：迫近，謂其職居近侍。周壽昌曰：上憚其拘謹也。

〔二〕【集解】徐廣曰：「一作『仁』。」【正義】顏師古云：「史失其名，故云『甲』、『乙』耳，非其名也。」

〔三〕【集解】徐廣曰：「馴，一作『訓』。」【索隱】馴，音巡。【考證】馴讀爲順。

孝景帝季年，萬石君以上大夫祿歸老于家，以歲時爲朝臣。〔一〕過宮門闕，萬石君必下車趨，見路馬必式焉。〔二〕子孫爲小吏，來歸謁，萬石君必朝服見之，不名。子孫有過失，不譙讓，〔三〕爲便坐，對案不食。〔四〕然后諸子相責，因長老肉袒固謝罪，改之，乃許。子孫勝冠者在側，雖燕居必冠，申申如也。〔五〕僮僕訢訢如也，唯謹。〔六〕上時賜食於家，必稽首俯伏而食之，如在上前。其執喪，哀戚甚悼。子孫遵教亦如之。萬石君家以孝謹聞乎郡國，雖齊、魯諸儒質行，皆自以爲不及也。〔七〕

〔一〕【考證】顏師古曰：預朝請。岡白駒曰：唯外戚皇室諸侯得奉朝請，蓋以姻戚，優禮待之。

〔二〕【考證】曲禮「大夫士，下公門，式路馬」。顏師古曰：路馬，天子路車之馬。式，謂撫軾。蓋爲敬也。

〔三〕【索隱】上才笑反。譙讓，責讓。

〔四〕【索隱】爲便，上于僞反，下「便」音婢緜反。蓋謂爲之不處正室，別坐他處。故曰「便坐」。坐音如字。便坐非正坐處也。故王者所居有便殿便房，義亦然也。音婢見反，亦通也。【正義】案：謂盤案。【考證】顏師古曰：便坐，便側之處，非正室也。

〔五〕【索隱】燕，謂閒燕之時。燕，安也。【考證】論語述而篇「子之燕居，申申如也」。馬融注「申申，和舒之貌」。

〔六〕【集解】晉灼曰：「訢，許慎曰古『欣』字。」韋昭曰：「聲和貌。」

〔七〕【考證】王文彬曰：質，實也。言齊魯尚實行，猶以爲不及萬石君家。下文言儒「文多質少」，兩「質」字義同。

建元二年，郎中令王臧以文學獲罪。〔一〕皇太后以爲儒者文多質少，今萬石君家不言而躬行，乃以長子建爲郎中令，少子慶爲內史。〔二〕

〔一〕【正義】百官表云，郎中令，秦官，掌居宮殿門户。武帝太初元年，更名光祿勳也。【考證】王臧以明堂事獲罪於竇太后，自殺。事詳儒林傳。

〔二〕【正義】百官表云：內史，周官，秦因之，掌治京師。景帝分置左內史。武帝太初元年，更名京兆尹，左內史名左馮翊也。

建老白首，萬石君尚無恙。建爲郎中令，每五日洗沐，歸謁親，〔一〕入子舍，〔二〕竊問侍者，取親中帬廁腧，身自浣滌，復與侍者，不敢令萬石君知，以爲常。〔三〕建爲郎中令，事有可言，屏人恣言極切，〔四〕至廷見，如不能言者。是以上乃親尊禮之。

〔一〕【集解】文穎曰：「郎五日一下。」【正義】孔文祥云：「建爲郎中令，即光祿勳，九卿之職也。直五日一下也。」按：五日一下直洗沐。

〔二〕【索隱】案：劉氏謂小房內，非正堂也。小顔以爲諸子之舍，若今諸房也。

〔三〕【集解】徐廣曰：「腧，築垣短板也，音住。廁腧，謂廁溷垣墻，建隱於其側浣滌也。一讀『腧』爲『竇』。竇，音豆。言建又自洗蕩廁。竇，廁竇，瀉除穢惡之穴也。」呂静曰：「楲窬，褻器也，音威豆。」駰案：蘇林曰「腧，音投。賈逵解周官，楲，虎子也。窬，行清也」。孟康曰「廁，行清。窬，行中受糞者也。東南人謂鑿木空中如曹，謂之窬」。晉灼曰「今世謂反閉小袖衫爲『侯窬』，(廁)此最廁近身之衣也」。【索隱】案：親，謂父也。中裙，近身衣也。蘇林曰「牏，音投，又音豆」。孟康曰「廁，行清。牏，行清中受糞函也。言建又自洗盪廁竇。竇者，洗除穢汙之穴也」。又晉灼云「今世謂反閉小袖衫爲『侯牏』，此最廁近身之衣」。而徐廣云「牏，短板，以築廁墻」，未知其義何從，恐非也。【正義】牏，音投。中裙，謂中衣，今之裙也。晉灼云「今世謂半閉小袖衫爲『侯牏』，此最廁近身之衣也」。顏師古云「親，謂父也。中裙，若今言中衣也。廁牏，近身之小衫，若今汗衫也」。【考證】王先謙曰：説文「帬，下裳也」。古者裳亦得通稱衣。中、衷通，中裙者，近身下裳。愚按：顏解「廁」爲近身之小衫，是也。廁，間也，故顏訓爲近。牏讀爲褕。説文「褕一曰直裾，謂之襜褕」，漢書雋不疑傳顏注「襜褕，直裾禪衣」。中帬、廁褕，皆爲親身之衣。

〔四〕【考證】王先謙曰：灌夫傳分別言田竇事，蓋其一端。愚按：楓山、三條本「令」下有「奏」字，「事」下有「即」字。

萬石君徙居陵里。〔一〕內史慶醉歸，入外門不下車。萬石君聞之不食。慶恐，肉袒請罪，不許。舉宗及兄建肉袒，萬石君讓曰：「內史貴人，入閭里，里中長老皆走匿，而內史坐車中自如，固當！」〔二〕乃謝罷慶。慶及諸子弟入里門趨，至家。

〔一〕【集解】徐廣曰：「陵，一作『鄰』。」【索隱】小顏云：「陵里，里名，在茂陵，非長安之戚里也。」【正義】茂陵邑中里也。茂陵故城，漢茂陵縣也，在雍州始平縣東北二十里。【考證】劉攽曰：長安中自有里名「陵」，非茂陵里也。

〔二〕【考證】顏師古曰：此深責之也。言內史貴人，正固當爾。顧炎武曰：反言之也。

萬石君以元朔五年中卒。〔一〕長子郎中令建哭泣哀思，扶杖乃能行。歲餘，建亦死。諸子孫咸孝，然建最甚，甚於萬石君。

〔一〕【考證】洪亮吉曰：奮卒時年九十六。

建爲郎中令，書奏事，事下，〔一〕建讀之曰：「誤書！『馬』者與尾當五，今乃四，不足一。上譴死矣！」〔二〕甚惶恐。〔三〕其爲謹慎，雖他皆如是。

〔一〕【考證】顏師古曰：建有所奏上，而被報下也。愚按：漢書不重「事」字。楓山本「下」下有「建」字。

〔二〕【集解】服虔曰：「作『馬』字，下曲而五，建時上事書誤作四。」【正義】顏師古云：「『馬』字，下曲者尾，并四點爲四足，凡五。」【考證】漢書藝文志云：「吏民上書，字或不正，輒舉劾。」石建憂其譴死，慮有舉劾者也。篆文「馬」作「[illegible]」。張文虎曰：游、王、柯、凌本「者」作「字」。

〔三〕【考證】楓山、三條本「惶」作「悼」。

萬石君少子慶爲太僕，御出，上問車中幾馬，慶以策數馬畢，舉手曰：「六馬。」慶於諸子中最爲簡易矣，然猶如此。〔一〕爲齊相，〔二〕舉齊國皆慕其家行，不言而齊國大治，爲立石相祠。

〔一〕【正義】漢書「慶爲太僕。御出，上問車中幾馬。慶以策數馬畢，舉手曰：『六馬』」。按：慶於兄弟最爲簡易矣，然猶如此也。【考證】通鑑考異云：「慶爲太僕，公卿表不載。」沈家本曰：按漢表有奪文。蓋慶於建元二年爲內史，三年，爲太僕，後三年，徙爲齊相也。中井積德曰：正義引漢書，不曉何意。張文虎曰：「爲太僕」至「然猶如此」三十六字，蓋史文所無，故正義引漢書注之。後人據注增竄，則正義爲贅矣。舊刻、毛本「然」、「猶」倒。愚按：劉百衲宋本亦倒。楓山、三條本「子」下無「中」字。

〔二〕【考證】楓山、三條本「爲」上有「出」字。

元狩元年，上立太子，選羣臣可爲傅者，慶自沛守爲太子太傅，七歲，遷爲御史大夫。

元鼎五年秋，丞相有罪罷。〔一〕制詔御史：「萬石君先帝尊之，子孫孝，其以御史大夫慶爲丞相，〔二〕封爲牧丘侯。」是時漢方南誅兩越，東擊朝鮮，北逐匈奴，西伐大宛，中國多事。天子巡狩海內，修上古神祠，封禪，興禮樂，公家用少，桑弘羊等致利，王溫舒之屬峻法，兒寬等推文學至九卿，更進用事，事不關決於丞相，〔三〕丞相醇謹而已。在位九歲，無能有所匡言。嘗欲請治上近臣所忠、九卿咸宣罪，〔四〕不能服，反受其過，贖罪。

〔一〕【集解】趙周坐酎金免。【索隱】案漢書而知也。

〔二〕【考證】楓山本「孝」上有「至」字，與漢書合。

〔三〕【正義】倪寬，千乘人也。治尚書，受業於孔安國。貧無資用，常爲弟子都養。時行賃作，帶經而鉏。射策，補掌故，歷位左內史、御史大夫而卒。【考證】桑弘羊見平準書。王溫舒見酷吏傳。兒寬見儒林傳。「關決」之「關」，如「關說」、「關白」之「關」，通也。

〔四〕【集解】服虔曰：「咸，音『減損』之『減』。」【考證】所忠，見封禪書、司馬相如傳。咸宣，見酷吏傳。張文虎曰：咸宣，各本作「減宣」。錢泰吉云：當作「咸」。按：漢書作「咸」，師古音「減省」之「減」，此集解引服虔音正同，則本亦作「咸」明矣。

元封四年中，關東流民二百萬口，無名數百四十萬，〔一〕公卿議欲請徙流民於邊以適之。〔二〕上以爲丞相老謹，不能與其議，乃賜丞相告歸，而案御史大夫以下議爲請者。丞相慚不任職，乃上書曰：「慶幸得待罪丞相，罷駑以輔治，城郭倉庫空虛，民多流亡，罪當伏斧質，上不忍致法。願歸丞相侯印，乞骸骨歸，避賢者路。」天子曰：「倉廩既空，民貧流亡，而君欲請徙之，搖蕩不安，動危之，而辭位，〔三〕君欲安歸難乎？」〔四〕以書讓慶。〔五〕慶甚慙，遂復視事。

〔一〕【索隱】案：小顏云「無名數，若今之無户籍」。

〔二〕【考證】顏師古曰：適讀曰讁。

〔三〕【考證】顏師古曰：搖動百姓，使其危急，而自欲去位。

〔四〕【索隱】難，音乃彈反。言欲歸於何人。

〔五〕【考證】梁玉繩曰：漢書詳載報丞相詔。此摘録數語，且有異同。

慶文深審謹，然無他大略，爲百姓言。後三歲餘，太初二年中，丞相慶卒，謚爲恬侯。慶中子德，慶愛用之，上以德爲嗣，代侯。後爲太常，坐法當死，贖免爲庶人。〔一〕慶方爲丞相，諸子孫爲吏，更至二千石者十三人。及慶死，後稍以罪去，孝謹益衰矣。〔二〕

〔一〕【考證】梁玉繩曰：侯表及漢書恩澤、百官二表，石慶子德，以太初三年嗣侯。即爲太常。其坐法，在天漢元年。史盡太初，故表不書德爲太常失侯事。則此十三字，乃後人增入者。或曰「爲太常」三字是史元文。

〔二〕【考證】楓山、三條本「相」下有「時」字，「益」作「蓋」。錢大昕曰：褚先生敍田仁制舉三河，河東太守石丞相子孫也。石氏九人爲二千石，方盛貴，仁數上書言之。其後三河太守皆下獄誅死，此在慶已没之後。

建陵侯衛綰者，〔一〕代大陵人也。〔二〕綰以戲車爲郎，〔三〕事文帝，功次遷爲中郎將，醇謹無他。〔四〕孝景爲太子時，召上左右飲，而綰稱病不行。〔五〕文帝且崩時，屬孝景曰：「綰長者，善遇之。」及文帝崩，景帝立，歲餘不譙呵綰，〔六〕綰日以謹力。

〔一〕【正義】括地志云：「漢建陵縣故城在沂州承縣界也。」

〔二〕【索隱】地理志縣名，在代。【正義】括地志云：「大陵縣城在并州文水縣北十二里。」按：代王耳時，都中都，大陵屬焉，故言代大陵人也。【考證】梁玉繩曰：大陵縣屬太原，而云代大陵者，綰事文帝，文帝初封于代，高祖詔取山南太原之地，益屬代，故大陵隸代也。正義不甚晰。索隱直以大陵爲代郡縣名，不亦疏乎！

〔三〕【集解】應劭曰：「能左右超乘也。」如淳曰：「櫟機轊之類。」【索隱】按：應劭云「能左右超乘」。案：今亦有弄車之戲。櫟，音歷，謂超踰之也。轊，音衛，謂車軸頭也。【考證】沈欽韓曰：鹽鐵論除狹篇賢良曰：「今吏道壅而不選，戲車鼎躍，咸出補吏。」西京賦「建戲車，樹修旃」。通典樂六「舞輪伎，蓋今之戲車輪者」。御覽五百六十六梁元帝纂要「百戲起於秦漢」。戲車，見李尤平樂觀賦。

〔四〕【正義】性醇謹，無他伎能也。【考證】顏師古曰：無他，無他餘志念也。愚按：顏說是。下文云「廉忠實無他腸」。凌稚隆曰：衛綰一傳，總只「醇謹無他」四字盡之。

〔五〕【集解】張晏曰：「恐文帝謂豫有二心以事太子。」【考證】凌本「飲」作「飯」。

〔六〕【索隱】誰何二音。誰何，猶借訪也。一作「譙呵」。譙，責讓也。言不嗔責綰也。【考證】譙呵，漢書作「孰何」。王懋曰：史記「不誰何」，衛綰傳寫誤爲「譙呵」。愚按：不誰何，置而不問也，非責讓之謂。

景帝幸上林，詔中郎將參乘，還而問曰：「君知所以得參乘乎？」綰曰：「臣從車士，幸得以功次遷爲中郎將，不自知也。」上問曰：「吾爲太子時召君，君不肯來，何也？」對曰：「死罪，實病！」上賜之劍。綰曰：「先帝賜臣劍，凡六劍，不敢奉詔。」上曰：「劍，人之所施易，獨至今乎？」〔一〕綰曰：「具在。」上使取六劒，劒尚盛，未嘗服也。〔二〕郎官有譴，常蒙其罪，不與他將爭，〔三〕有功，常讓他將。上以爲廉忠實無他腸，〔四〕乃拜綰爲河閒王太傅。〔五〕吳、楚反，詔綰爲將，將河閒兵擊吳、楚，有功，〔六〕拜爲中尉。〔七〕三歲，以軍功，孝景前六年中封綰爲建陵侯。

〔一〕【集解】如淳曰：「施讀曰移。言劒者人之所好，故多數移易貿換之也。」【索隱】上音移，下音亦。【考證】中井積德曰：施，謂改易其飾具也，易即貿換矣。沈欽韓曰：施讀如字，言劒服用所施，故常易也。愚按：施、易一意，如說最穩。

〔二〕【考證】中井積德曰：尚盛，謂不損壞也。周壽昌曰：十襲藏之，以敬君賜。

〔三〕【正義】蒙，謂覆蔽之。

〔四〕【索隱】小顏云：「心腸之内，無他惡也。」【考證】中井積德曰：無他腸，與上文「無他」同，謂專一忠實無他志念也。

〔五〕【考證】河（南）〔閒〕王，景帝子德。

〔六〕【考證】全祖望曰：擊趙也。河閒是趙之分國，時趙方同反，安得踰趙而東征？誤已。

〔七〕【考證】王先謙曰：漢書公卿表在孝景三年。

其明年，上廢太子，誅栗卿之屬。〔一〕上以爲綰長者，不忍，〔二〕乃賜綰告歸，而使郅都治捕栗氏。〔三〕既已，上立膠東王爲太子，召綰，拜爲太子太傅。久之，遷爲御史大夫。五歲，代桃侯舍爲丞相，〔四〕朝奏事，如職所奏。〔五〕然自初官以至丞相，終無可言。〔六〕天子以爲敦厚可相少主，尊寵之，賞賜甚多。

〔一〕【集解】蘇林曰：「栗太子舅也。」如淳曰：「栗氏親屬也。卿，其名也。」【索隱】栗姬之兄弟。蘇林云：「栗太子之舅也。」【正義】顏師古云「太子廢爲臨江王，故誅其外家親屬也」。【考證】王先謙曰：按表，綰以六年四月封。距擊吴、楚三歲，而廢太子在四年，則明年者，擊吴、楚之明年也。

〔二〕【考證】徐孚遠曰：中尉法官，當按獄。綰長者不肯窮治，故以屬郅都，其後郅都卒殺臨江王。

〔三〕【考證】郅都，見酷吏傳。

〔四〕【正義】故桃城在渭州胙城縣東三十里，劉舍所封也。【考證】王先謙曰：公卿表「中三年」下，書綰爲御史大夫，四年遷。「後三年」下，書綰爲丞相，實四歲。

〔五〕【索隱】以言但守職分而已，不別有所奏議也。【考證】王先謙曰：舉例行事奏之。

〔六〕【考證】楓山、三條本「官」作「宦」，與漢書合。宦，仕也。

爲丞相三歲，景帝崩，武帝立。建元年中，丞相以景帝疾時諸官囚多坐不辜者，而君不任職，免之。〔一〕其後綰卒，〔二〕子信代。坐酎金失侯。〔三〕

〔一〕【考證】梁玉繩曰：「武帝」當作「今上」，後人改之也。攷將相、百官二表，綰以建元元年免，即在武帝立年。則「建元〔年〕中」四字是羡文。中井積德曰：景帝疾，至君不任職，舉天子譴責之語也。王先謙曰：史駁文。楊慎曰：漢丞相衛綰奏郡國所舉賢良，或治申、商、韓非、蘇、張之説，亂國政，請皆罷。武帝可之。綰之相業，他無聞焉。而此一節，加于蕭、曹一等矣。史稱漢帝之美，罷黜百家，綰之功可少哉？

〔二〕【考證】王先謙曰：據表推之，卒在元光元年。

〔三〕【考證】元鼎五年。

塞侯直不疑者，南陽人也。〔一〕爲郎事文帝。其同舍有告歸，誤持同舍郎金去，已而金主覺妄，意不疑，〔二〕不疑謝有之，買金償。而告歸者來而歸金，而前郎亡金者大慙，以此稱爲長者。〔三〕文帝稱舉，稍遷至太中大夫。〔四〕朝廷見人或毀曰：「不疑狀貌甚美，然獨無奈其善盜嫂何也！」〔五〕不疑聞，曰：「我乃無兄。」然終不自明也。〔六〕

〔一〕【索隱】案：塞，國名，今桃林之塞也。直，姓也。不疑，名也。與雋不疑同字。【正義】塞侯，上音先代反。古塞國，今陝州桃林縣以西至潼關，皆桃林塞地也。

〔二〕【索隱】謂妄疑其盜取將也。【考證】楓山本「妄」作「亡」，與漢書合，可從。索隱本、各本皆作「妄」，屬下讀，疑誤。

〔三〕【考證】「長者」二字，一傳綱領。

〔四〕【集解】徐廣曰：「漢書云『稱爲長者，稍遷至太中大夫』，無『文帝稱舉』四字。」【考證】梁玉繩曰：漢書無「文帝稱舉」四字，是也。攷百官表，直不疑以孝景中五年爲主爵都尉，六年，由中大夫令，更爲衛尉。後元年，乃由衛尉遷御史大夫。此脫不具，且未嘗爲太中大夫也。漢傳言「中大夫」，亦脫「令」字。中大夫令即衛尉。

〔五〕【索隱】案：小顏云「盜謂私之」。【考證】劉敞曰：朝廷見人，謂達官也。李笠曰：見讀去聲。見人，謂顯著之人。

〔六〕【考證】楓山、三條本「兄」下有「安得嫂」三字。

吳、楚反時，不疑以二千石將兵擊之。景帝後元年，拜爲御史大夫。天子修吳、楚時功，乃封不疑爲塞侯。〔一〕武帝建元年中，與丞相綰俱以過免。〔二〕

〔一〕【考證】楓山、三條本「功」下有「臣」字。

〔二〕【考證】梁玉繩曰：「武帝建元年中」當作「今上建元元年」。

不疑學老子言。其所臨，爲官如故，〔一〕唯恐人知其爲吏跡也。不好立名稱，稱爲長者。〔二〕不疑卒，子相如代。孫望坐酎金失侯。〔三〕

〔一〕【考證】方苞曰：其官屢遷，所臨涖之地雖異，而接人處己皆如故也。王先謙曰：如前任者所爲，非有大利害，不輕改變也。愚按：王說是。

〔二〕【考證】漢書不重「稱」字。

〔三〕【索隱】漢書作彭祖坐酎金國除。【考證】元鼎五年，索隱依漢傳、功臣表作「堅」。齊召南曰：望、堅，字相似，未知孰正。

郎中令周文者，名仁，其先故任城人也。〔一〕以醫見。景帝爲太子時，拜爲舍人，積功稍遷，孝文帝時至太中大夫。

〔一〕【正義】任城，兖州縣也。

景帝初即位，拜仁爲郎中令。仁爲人陰重不泄。常衣敝補衣溺袴，〔一〕期爲不絜清，〔二〕以是得幸景帝，入卧內，〔三〕於後宮祕戲，仁常在旁。〔四〕至景帝崩，仁尚爲郎中令，終無所言。上時問人，〔五〕仁曰：「上自察之。」然亦無所毀。以此景帝再自幸其家。家徙陽陵。上所賜甚多，然常讓不敢受也。諸侯羣臣賂遺終無所受。〔六〕

〔一〕【集解】服虔曰：「質重不泄人之陰謀也。」張晏曰：「陰重不泄，下溼故溺袴。是以得比宦者，出入後宮。仁有子孫，先未得此病時所生。」韋昭曰：「陰重如今帶下病泄利。」【索隱】案：其解二，各有理。服虔云：「周仁性質重，不泄人之陰謀也。」小顏云：「陰，密也。爲性密重，不泄人言也。霍去病少言不泄，亦其類也。」其人又常衣弊補衣，及溺袴，故爲不絜清之服，是以得幸入卧内也。又張晏云「陰重不泄，陰下溼故溺袴，是以得比宦者，出入後宮也。仁有子孫者，先未得此疾病所生也」。二者未知誰得其實也。【考證】顏師古曰：爲小袴以藉其尿。愚按：陰重不泄，言其爲人。下文所謂「終無所言」即是。常衣敝補衣溺袴，別是一事。「溺」字難解，非譌則衍。容服既醜，妃嬪不近，所以無嫌。

〔二〕【索隱】謂心中常期不絜之服，則「期」是「故」之意也。小顏亦同。【正義】清，清浄。期猶常也。言爲不絜浄。下溼，故得入卧内後宮比宦者。

〔三〕【考證】楓山、三條本「入」上有「出」字。

〔四〕【索隱】謂後宮中戲劇，所宜祕也。

〔五〕【正義】顏師古云：問以他人之善惡也。

〔六〕【考證】李光縉曰：終無所言，然亦無所毀，然常讓不敢受，終無所受，亦皆本「陰重不泄」來。

武帝立，〔一〕以爲先帝臣，重之。仁乃病免，以二千石禄歸老，子孫咸至大官矣。

〔一〕【考證】梁玉繩曰：當作「今上立」。

御史大夫張叔者，名歐，〔一〕安丘侯説之庶子也。〔二〕孝文時，以治刑名言，事太子。〔三〕然歐雖治刑名家，其人長者。景帝時尊重，常爲九卿。〔四〕至武帝元朔四年，韓安國免，詔拜歐爲御史大夫。〔五〕自歐爲吏，未嘗言案人，專以誠長者處官。〔六〕官屬以爲長者，亦不敢大欺。上具獄，事有可卻，卻之；不可者，不得已爲涕泣，面對而封之。其愛人如此。〔七〕

〔一〕【集解】史記音隱曰：「歐，於友反。」【索隱】歐，音烏後反。漢書作「毆」，孟康音驅也。

〔二〕【集解】徐廣曰：張説起於方與縣。從高祖以入漢也。【索隱】説，音悦。

〔三〕【集解】韋昭曰：「有刑名之書，欲令名實相副也。」【索隱】案：劉向別録云「申子學號曰『刑名家』者，循名以責實，其尊君卑臣，崇上抑下，合於六家也」。説者云「刑名家」，即太史公所説六家之一也。【正義】刑，刑家也。名，名家也。在太史公自序傳，言治刑法及名實也。【考證】刑名即形名，名實之義，説詳申韓列傳。漢稱法家曰刑名。正義以刑、名爲二，非是。正義「自序傳」，各本作「自有傳」，今從楓山、三條本。

〔四〕【考證】「長者」二字，骨子。沈家本曰：漢表景帝前四年，安丘侯張歐爲奉常，二年而蕭勝代之。

〔五〕【考證】梁玉繩曰：案將相及百官表韓以元光三年免，張歐以元光四年拜。此與漢傳同誤爲「元朔四年」也。「武帝」當作「今上」。愚按：平津侯傳云「元朔三年，以弘爲御史大夫」，據此則元朔四年，歐已不在位矣。

〔六〕【考證】查慎行曰：攷漢書鼂錯傳六國反時，丞相青、翟，中尉嘉，廷尉歐劾奏錯大逆無道，當要斬，父母妻子同産皆棄市，請論如法。注云「歐即張歐也」。錯之罪名，何至大逆無道？此議實爲過當。然則鼂錯之死禍，發於爰盎而成於張歐。廷尉爲天下平，顧當若是乎？似不得云「爲吏未嘗按人」也。愚按：吕氏大事記、通鑑問答、宛委餘篇夙有此説。或云：稱「長者」，史虛美之耳。何義門困學紀聞十一注云：此景帝納袁盎之説，自示意于丞相等行之，非張叔所案劾。或譏其不能如釋之守法，則可耳。梁氏志疑以何説爲是。

〔七〕【考證】楓山、三條本無「對」字，與漢書合。如淳曰：不正視，若不視者也。晉灼曰：面對因，讀而封之。使其聞見，死而無恨也。顔師古曰：二説皆非也。面，謂偝之也。言不忍視之，與吕馬童面之同義。

老病篤，請免。於是天子亦策罷，以上大夫禄歸老于家。家於陽陵。子孫咸至大官矣。〔一〕

〔一〕【考證】楓山、三條本「咸」作「皆」。

太史公曰：仲尼有言曰：「君子欲訥於言而敏於行。」〔一〕其萬石、建陵、張叔之謂邪？是以其教不肅而成，不嚴而治。〔二〕塞侯微巧，〔三〕而周文處讇，君子譏之，爲其近於佞也。〔四〕然斯可謂篤行君子矣！

〔一〕【集解】徐廣曰：「訥」字多作「詘」，音同耳。古字假借。【考證】論語里仁篇。

〔二〕【考證】孝經「其教不肅而成，其政不嚴而治」。

〔三〕【索隱】功微。案：直不疑以吴、楚反時爲二千石將，景帝封之，功微也。【正義】不疑學老子，所臨官，恐人知其爲吏跡，不好立名稱，稱爲長者，是微巧也。【考證】沈家本曰：索隱本作「功微」，故注語云然。其文自當作「微巧」，方與下文相應。

〔四〕【索隱】周文處讇者，謂爲郎中令，陰重得幸出入卧内也。【正義】上時問人，仁曰「上自察之」，上所賜常不受，又諸侯羣臣賂遺，終無所受，此爲處讇。故君子譏此二人，爲其近於佞也。

【索隱述贊】萬石孝謹，自家形國。郎中數馬，内史匍匐。綰無他腸，塞有陰德。刑名張歐，垂涕恤獄。敏行訥言，俱嗣芳躅。

史記會注考證卷一百四

史記一百四

田叔列傳第四十四

【考證】史公自序云：「守節切直，義足以言廉，行足以厲賢。任重權，不可以非理撓。作田叔列傳第四十四。」

田叔者，趙陘城人也。〔一〕其先，齊田氏苗裔也。叔喜劒，學黃、老術於樂巨公所。〔二〕叔爲人刻廉自喜，喜游諸公。〔三〕趙人舉之趙相趙午，午言之趙王張敖所，趙王以爲郎中。數歲，切直廉平，趙王賢之，未及遷。

〔一〕【索隱】案下文，字少卿。陘，音刑。按：縣名也，屬中山。

〔二〕【索隱】本燕人，樂毅之後。【正義】樂姓，巨公名。【考證】巨公，漢書作「鉅公」，史樂毅傳作「臣公」，當依此文以訂。莊子天下篇説墨家云「以巨子爲聖人，皆願爲之尸」。釋文向云「墨家號其道理成者爲『鉅子』」。呂氏春秋上德篇「孟勝爲墨者鉅子」，去私篇「腹䵍爲墨者鉅子」。道家有巨公，猶墨家有巨子。正義以爲名，誤。李笠曰：「鼂錯傳『學申商刑名于軹張恢先所』。倉公傳『平好爲脉，學臣意所』。韓長孺傳『嘗受韓子雜家説於騶田生所』。『所』字並與此同。

〔三〕【正義】喜，音許記反。諸公謂丈人行也。【考證】中井積德曰：諸公，當時之賢豪，不必以齒。

會陳豨反代，〔一〕漢七年，高祖往誅之，過趙，〔二〕趙王張敖自持案進食，禮恭甚，高祖箕踞罵之。是時趙相趙午等數十人皆怒，〔三〕謂張王曰：「王事上，禮備矣，今遇王如是，臣等請爲亂。」〔四〕趙王齧指出血曰：「先人失國，微陛下，臣等當蟲出。〔五〕公等柰何言若是？毋復出口矣！」於是貫高等曰：「王長者，不倍德。」〔六〕卒私相與謀弑上。會事發覺，〔七〕漢下詔捕趙王及羣臣反者。於是趙午等皆自殺，唯貫高就繫。是時漢下詔書，趙有敢隨王者，皋三族。〔八〕唯孟舒、田叔等十餘人赭衣自髡鉗，稱王家奴，隨趙王敖至長安。貫高事明白，〔九〕趙王敖得出，廢爲宣平侯，乃進言田叔等十餘人。上盡召見，與語，漢廷臣毋能出其右者，上説，盡拜爲郡守、諸侯相。叔爲漢中守十餘年，〔一〇〕會高后崩，諸吕作亂，大臣誅之，立孝文帝。

〔一〕【集解】徐廣曰：「七年，韓王信反，高帝征之。十年，代相陳豨反。」【考證】「陳豨」當作「韓信」，史誤。

〔二〕【考證】高祖八年。

〔三〕【考證】中井積德曰：「趙相」下疑脱「貫高」二字。高紀、張傳皆言趙相貫高，而或併稱貫高、趙午等。則是貫高、趙午，前後相也。下文突然出貫高，失次，分明此脱文也。

〔四〕【考證】「張王」當作「趙王」。

〔五〕【索隱】案：謂死而蟲出也。左傳「齊桓公死，未葬，蟲流於户外」，是也。

〔六〕【考證】楓山、三條本「王」下有「素」字，「者」下有「義」字。

〔七〕【集解】徐廣曰：「九年十二月，捕貫高等也。」

〔八〕【考證】楓山、三條本「王」上有「趙」字。

〔九〕【考證】楓山、三條本「貫高事明白」作「貫高明事白無反狀」。

〔一〇〕【考證】何焯曰：欒布再爲燕相，田叔守漢中，孟舒守雲中，皆十餘年。此漢初所以吏盡其職，得與民休息也。

孝文帝既立，召田叔問之曰：「公知天下長者乎？」對曰：「臣何足以知之？」上曰：「公長者也，宜知之。」叔頓首曰：「故雲中守孟舒，長者也。」〔一〕是時孟舒坐虜大入塞盜劫，雲中尤甚，免。上曰：「先帝置孟舒雲中十餘年矣，虜曾一入，孟舒不能堅守，毋故，士卒戰死者數百人。長者固殺人乎？公何以言孟舒爲長者也？」叔叩頭對曰：「是乃孟舒所以爲長者也。夫貫高等謀反，上下明詔，趙有敢隨張王，罪三族。然孟舒自髡鉗，隨張王敖之所在，欲以身死之，豈自知爲雲中守哉！〔二〕漢與楚相距，士卒罷敝。匈奴冒頓新服北夷，來爲邊害，〔三〕孟舒知士卒罷敝，不忍出言，士争臨城死敵，如子爲父，弟爲兄，以故死者數百人。孟舒豈故驅戰之哉！〔四〕是乃孟舒所以爲長者也。」於是上曰：「賢哉孟舒！」復召孟舒，以爲雲中守。

〔一〕【考證】洪邁曰：孟舒、魏尚皆以文帝時爲雲中守，皆坐匈奴入寇獲罪，皆得士死力，皆用他人言復故官。事切相類，疑其只一事云。

〔二〕【考證】徐孚遠曰：此無與雲中守事，稱之以明舒之爲人也。

〔三〕【考證】匈奴新取月氏。

〔四〕【考證】楓山、三條本「豈」下有「敢」字。

後數歲，叔坐法失官。梁孝王使人殺故吳相袁盎，景帝召田叔案梁，具得其事，還報。景帝曰：「梁有之乎？」叔對曰：「死罪！有之。」上曰：「其事安在？」〔一〕田叔曰：「上毋以梁事爲也。」上曰：「何也？」曰：「今梁王不伏誅，是漢法不行也；如其伏法，而太后食不甘味，臥不安席，此憂在陛下也。」〔二〕景帝大賢之，以爲魯相。〔三〕

〔一〕【考證】顏師古曰：索其狀也。

〔二〕【考證】楓山、三條本「曰」上有「叔」字。劉氏宋本無「如其」二字，漢傳有。

〔三〕【考證】王先謙曰：相景帝子共王餘。

魯相初到，民自言相，訟王取其財物百餘人。田叔取其渠率二十人，各笞五十，餘各搏二十，〔一〕怒之曰：「王非若主邪？何自敢言若主！」魯王聞之大慚，發中府錢，使相償之。〔二〕相曰：「王自奪之，使相償之，是王爲惡而相爲善也。」相毋與償之。〔三〕於是王乃盡償之。

〔一〕【索隱】搏，音博。

〔三〕【正義】王之財物所藏也。

〔三〕【考證】與、預同。

魯王好獵，〔一〕相常從入苑中，〔二〕王輒休相就館舍，相出常暴坐，待王苑外。〔三〕王數使人請相休，終不休，曰：「我王暴露苑中，我獨何爲就舍！」魯王以故不大出游數年。

〔一〕【正義】魯共王，景帝子，都兗州曲阜縣故魯城中。

〔二〕【正義】括地志云：「矍相圃在兗州曲阜縣南三十里。禮記云『孔子射於矍相之圃，觀者如堵』。堵，墻也。」

〔三〕【索隱】暴坐，上音步卜反。

叔以官卒，魯以百金祠，少子仁不受也，曰：「不以百金傷先人名。」〔一〕

〔一〕【考證】楓山、三條本「名」下有「遂不受百金」五字。

仁以壯健爲衛將軍舍人，〔一〕數從擊匈奴。衛將軍進言仁，仁爲郎中。數歲，爲二千石丞相長史，失官。〔二〕其後使刺舉三河。〔三〕上東巡，仁奏事有辭，上説，拜爲京輔都尉。〔四〕月餘，上遷拜爲司直。〔五〕數歲，坐太子事。〔六〕時左丞相自將兵，〔七〕令司直田仁主閉守城門，坐縱太子，下吏誅死。仁發兵，長陵令車千秋上變仁，仁族死。〔八〕陘城今在中山國。〔九〕

〔一〕【集解】張晏曰：「衛青也。」【考證】漢書「健」作「勇」。

〔二〕【考證】楓山、三條本「石」下有「至」字。漢書「爲」作「至」。

〔三〕【正義】百官表云：「監御史，秦官，掌監郡，漢省丞相，遣御史分刺州，不常置也。」案：三河，河南、河東、河內也。【考證】如淳曰：爲刺史於三河郡。沈欽韓曰：如說非也。三河後屬司隸，是時未置司隸，官仍以丞相史刺舉。崔適曰：「其後使刺舉三河」以下，後人竄入。

〔四〕【正義】百官表云：「右扶風、左馮翊、京兆尹，是爲三輔。元鼎四年，置三輔都尉。」服虔云：「皆治長安城中也。」

〔五〕【集解】漢書百官表曰：「武帝元狩五年，初置司直，秩比二千石，掌佐丞相舉不法。」【正義】百官表云：「武帝元狩五年，初置司直，秩比二千石，掌佐丞相舉不法也。」【考證】錢泰吉曰：正義與集解全同，疑有誤。

〔六〕【正義】謂戾太子。【考證】沈家本曰：衛太子事在征和二年。時無左丞相，言「左」尤誤。

〔七〕【集解】徐廣曰：「劉屈氂時爲丞相也。」

〔八〕【考證】楓山、三條本「陵」下無「令」字，「變」下不重「仁」字。趙翼曰：既云丞司直田仁閉守城門，因縱太子，下吏誅死，下又云仁發兵，長陵令田千秋上變，仁族死陘城。文既繁複，且不可解。

〔九〕【集解】徐廣曰：「陘城，縣名也。」【正義】今定州也。【考證】陳仁錫曰：「陘城今在中山國」，此句不類太史語。此本訓註，而後人誤爲本文也。愚按：此傳首「趙陘城人也」注文，錯簡。

太史公曰：孔子稱曰：「居是國，必聞其政。」〔一〕田叔之謂乎？義不忘賢，明主之美以救過。仁與余善，余故并論之。

〔一〕【考證】論語學而篇引子禽稱孔子之言，故曰「稱」。沈家本曰：按此謂田叔居趙而趙人舉之，得聞國政耳。下文「義不忘賢，明主之美以救過」，則指其居魯時。

褚先生曰：臣爲郎時聞之曰田仁故與任安相善。任安，滎陽人也。少孤貧困，爲人將車之長安，〔一〕留，求事爲小吏，未有因緣也，因占著名數，家於武功。〔二〕武功，扶風西界小邑也，谷口，蜀刻道，近山。〔三〕安以爲武功小邑，無豪，易高也，〔四〕安留，代人爲求盜亭父。〔五〕後爲亭長。〔六〕邑中人民俱出獵，任安常爲人分麋鹿雉兔，部署老小當壯劇易處，〔七〕衆人皆喜曰：「無傷也，〔八〕任少卿分別平，有智略。」〔九〕明日復合會，會者數百人。任少卿曰：「某子甲，何爲不來乎？」諸人皆怪其見之疾也。其後除爲三老，〔一〇〕舉爲親民，〔一一〕出爲三百石長，治民。〔一二〕坐上行出游，共張不辦，斥免。〔一三〕

〔一〕【索隱】將車，猶御車也。【考證】中井積德曰：將車，步行推挽也。詩「無將大車，維塵冥冥」，與「御」不同。

〔二〕【索隱】言卜日而自占著家口名數，隸於武功，猶今附籍然也。占，音之贍反。【考證】張照曰：平準書云「各以其物自占」。索隱郭璞云「占，自隱度也」。「占」字正宜用此解，不宜解作「卜」字。中井積德曰：「占」亦「著」也。二字一意，非卜占。

〔三〕【正義】括地志云：「漢武功縣在渭水南，今盩厔縣西界也。駱谷開在雍州之盩厔縣西南二十里，開駱谷道以通梁州也。」按：行谷有棧道也。【考證】楓山、三條本「谷」作「蜀」，「口」下無「蜀」字。

〔四〕【索隱】易，音以豉反。言邑小無豪，易得高名也。【考證】中井積德曰：高，謂自高大，爲之領袖。

〔五〕【集解】郭璞曰：「亭卒也。」【正義】安留武功，替人爲求盜亭父也。應劭云「舊時亭有兩卒，其一爲亭父，掌關閉掃除。一爲求盜，掌逐捕盜賊也」。

〔六〕【正義】百官表云「十里一亭，亭有長也」。

〔七〕【考證】史記師說引劉伯莊云「强壯者當難處，老小者當易處」。王念孫曰：「劇易」下本無「處」字。「部署老小當壯劇易」者。當，丁也。言部署其人之老小丁壯及事之難易也。羣書治要引六韜龍韜篇曰：「知人飢飽，習人劇易。」後漢書章帝紀曰：「駕言出游，欲親知其劇易。」列女傳曰：「執務私事，不辭劇易。」是古謂難易爲「劇易」也。「劇易」下不當有「處」字，太平御覽人事部、資産部、獸部引此皆無「處」字。愚按：有「處」字亦通。

〔八〕【正義】說文「傷，憂」。

〔九〕【正義】少卿，安字。

〔一〇〕【正義】百官表云：「十亭一鄉，鄉有三老一人，掌教化也。」

〔一一〕【考證】凌稚隆曰：衆人舉任安以爲親民之吏。愚按：親民，蓋掌鄉邑事。

〔一二〕【正義】百官表云：「萬户已上爲令，秩千石至六百石。減萬户爲長，秩五百石至三百石。皆有丞、尉也。」

〔一三〕【考證】共、供，同。

乃爲衛將軍舍人，與田仁會，俱爲舍人，居門下，同心相愛。〔一〕此二人家貧，無錢用以事將軍家監，家監使養惡齧馬。兩人同牀臥，仁竊言曰：「不知人哉，家監也！」任安曰：「將軍尚不知人，何乃家監也！」衛將軍從此兩人過平陽主，〔二〕主家令兩人與騎奴同席而食，此二子拔刀列斷席別坐。〔三〕主家皆怪而惡之，莫敢呵。〔四〕

〔一〕【考證】楓山、三條本「同心」作「心同」。

〔二〕【正義】衛將軍，衛青也。【考證】楓山、三條本「主」下有「家」字。

〔三〕【考證】楓山、三條本、藝文類聚「列」作「裂」。

〔四〕【考證】類聚「呵」作「問」，下有「也」字。

其後有詔募擇衛將軍舍人以爲郎，將軍取舍人中富給者，令具鞍馬絳衣玉具劍，欲入奏之。會賢大夫少府趙禹來過衛將軍，將軍呼所舉舍人以示趙禹。趙禹以次問之，十餘人，無一人習事有智略者。趙禹曰：「吾聞之，將門之下，必有將類。傳曰『不知其君，視其所使，不知其子，視其所友』。〔一〕今有詔舉將軍舍人者，欲以觀將軍而能得賢者文武之士也。〔二〕今徒取富人子上之，又無智略，如木偶人衣之綺繡耳，將柰之何？」於是趙禹悉召衛將軍舍人百餘人，以次問之，得田仁、任安，曰：「獨此兩人可耳，餘無可用者。」衛將軍見此兩人貧，意不平。趙禹去，謂兩人曰：「各自具鞍馬新絳衣。」兩人對曰：「家貧無用具也。」將軍怒曰：「今兩君家自爲貧，何爲出此言？鞅鞅如有移德於我者，何也？」〔三〕將軍不得已，上籍以聞。有詔召見衛將軍舍人，此二人前見，詔問能略，相推第也。〔四〕田仁對曰：「提桴鼓立軍門，使士大夫樂死戰鬭，仁不及任安。」〔五〕任安對曰：「夫決嫌疑，定是非，辯治官，使百姓無怨心，安不及仁也。」武帝大笑曰：「善。」使任安護北軍，使田仁護邊田穀於河上。此兩人立名天下。

〔一〕【考證】史記孟嘗君傳「聞將門必有將，相門必有相」。荀子性惡篇「不知其子，視其友。不知其君，視其左右」。

〔二〕【考證】凌稚隆曰：而、之，古字通用。

〔三〕【集解】徐廣曰：「移猶施。」

〔四〕【考證】互相推讓也。史記師說引陸氏云「才能智略，相推爲次第」，疑非。陸氏蓋陸蒙。日本見在書目有史記新論。

〔五〕【考證】楓山、三條本「門」下有「外」字，「死」下有「安」字。

其後用任安爲益州刺史，〔一〕以田仁爲丞相長史。〔二〕

〔一〕【正義】地理志云：武帝改曰梁州。百官表云：「元封五年，初置部刺史，掌奉詔條察州，秩六百石，員十三。」按：若今採訪按察六條也。

〔二〕【正義】百官表云：「丞相有兩長史，秩千石。」

田仁上書言：「天下郡太守多爲姦利，三河尤甚，臣請先刺舉三河。三河太守皆內倚中貴人，與三公有親屬，無所畏憚，宜先正三河，以警天下姦吏。」〔一〕是時河南、河內太守皆御史大夫杜父兄子弟也，〔二〕河東太守，石丞相子孫也。〔三〕是時石氏九人爲二千石，方盛貴。田仁數上書言之。杜大夫及石氏使人謝，謂田少卿曰：「吾非敢有語言也，願少卿無相誣汙也。」仁已刺三河，〔四〕三河太守皆下吏誅死。仁還奏事，武帝說，以仁爲能不畏彊禦，拜仁爲丞相司直，威振天下。〔五〕

〔一〕【考證】楓山、三條本「警」作「警動」。

〔二〕【集解】杜，杜周也。【考證】酷吏傳云：杜周「遷爲御史大夫」，「家兩子夾河爲守」。

〔三〕【正義】謂石慶。【考證】萬石君傳云「石慶方爲丞相，諸子孫爲吏，更至二千石者十三人」。「及慶死，後稍以罪去」。

〔四〕【考證】楓山、三條本「刺」下有「舉」字。

〔五〕【考證】楓山、三條本「帝」下有「意」字。詩大雅烝民篇「不侮矜寡，不畏彊禦」。

其後逢太子有兵事，丞相自將兵，使司直主城門。〔一〕司直以爲太子骨肉之親，父子之閒，不甚欲近，去之諸陵過。〔二〕是時武帝在甘泉，使御史大夫暴君下責丞相「何爲縱太子」，〔三〕丞相對言「使司直部守城門，而開太子」。上書以聞，請捕繫司直。司直下吏誅死。

〔一〕【考證】太子，戾太子。丞相，劉屈氂。

〔二〕【正義】過，音光臥反。上云「仁發兵長陵」是也。【考證】張文虎曰：不甚欲近，疑當作「不欲甚迫」。岡白駒曰：雖以上命閉城門，不欲甚近迫。

〔三〕【集解】徐廣曰：暴勝之爲御史大夫。

是時任安爲北軍使者護軍，太子立車北軍南門外，召任安，與節令發兵。安拜受節，入閉門不出。武帝聞之，以爲任安爲詳邪，〔一〕不傅事，何也？〔二〕任安笞辱北軍錢官小吏，小吏上書言之，以爲受太子節，言「幸與我其鮮好者」。〔三〕書上聞，武帝曰：「是老吏也，見兵事起，欲坐觀成敗，見勝者欲合從之，有兩心。安有當死之罪甚衆，吾常活之，〔四〕今懷詐，有不忠之心。」〔五〕下安吏，誅死。〔六〕

〔一〕【集解】徐廣曰：佯，或作「詳」也。【索隱】詳，音羊。謂詐受節不發兵，不傅會太子也。

〔二〕【索隱】傅，音附。謂不附會也。【考證】中井積德曰：不傅，不攻太子。索隱本「何」作「可」。

〔三〕【索隱】鮮，音仙。謂太子請其鮮好之兵甲也。【考證】中井積德曰：鮮好者謂節也。稱任安之言也，非太子之語。

〔四〕【考證】楓山、三條本「安」上有「任」字，「衆」作「重」。

〔五〕【考證】楓山、三條本「今」下有「乃」字。

〔六〕【考證】洪邁曰：班史言霍去病既貴，衛青故人門下，多去事之，唯任安不肯去。又言衛將軍進言任爲郎中。與褚先生所書不同。梁玉繩曰：褚生所續之傳，多不足據。如御史大夫暴勝之與田仁同坐太子事誅，而云帝在甘泉宫使暴君下責丞相，何邪？又杜周兩子，夾河爲守，而云河南、河内太守皆周父兄子弟，亦非。

夫月滿則虧，物盛則衰，天地之常也。知進而不知退，久乘富貴，禍積爲(崇)〔祟〕。故范蠡之去越，辭不受官位，名傳後世，萬歲不忘，豈可及哉！後進者慎戒之。

【索隱述贊】田叔長者，重義輕生。張王既雪，漢中是榮。孟舒見廢，抗説相明。按梁以禮，相魯得情。子仁坐事，刺舉有聲。

史記會注考證卷一百五

扁鵲倉公列傳第四十五　　史記一百五

【索隱】王劭云：「此醫方，宜與日者、龜筴相接，不合列於此，後人誤也。」【正義】此傳是醫方，合與龜策、日者相次，以淳于意孝文帝時醫，奉詔問之，又爲齊太倉令，故太史公以次述之。扁鵲乃春秋時良醫，不可別序，故引爲傳首，太倉公次之也。【考證】史公自序云：「扁鵲言醫，爲方家宗，守數精明。後世循序，弗能易也，而倉公可謂近之矣。作扁鵲倉公列傳第四十五。」曾國藩曰：司馬遷敍述扁鵲、倉公，具詳病者主名，及診脈之法、藥齊之宜，繁稱數十事，累牘不休。余嘗求之，非有義也。周官醫師、食醫、疾醫、瘍醫、獸醫之屬，隸於冢宰，儕陽伏陰，節宜補救，亦宰世者之所有事。爲良醫立傳，無所不可。要以略著大指，明小道之不可廢。與日者、龜策諸傳相附，摭一二事以爲類，足矣，繁稱奚爲者？愚按：此傳以倉公爲主。其序扁鵲，示其方之所由也。故次第在田叔之後，吳濞之前，猶刺客傳以荆軻爲主也。

扁鵲者，〔一〕勃海郡鄭人也，〔二〕姓秦氏，名越人。〔三〕少時爲人舍長。〔四〕舍客長桑君過，〔五〕扁鵲獨奇之，常謹遇之。長桑君亦知扁鵲非常人也。出入十餘年，乃呼扁鵲私坐，閒與語曰：〔六〕「我有禁方，年老欲傳與公，公毋泄。」扁鵲曰：「敬諾。」乃出其懷中藥予扁鵲：「飲是以上池之水三十日，當知物矣。」〔七〕乃悉取其禁方書盡與扁鵲。忽然不見，殆非人也。扁鵲以其言飲藥三十日，視見垣一方人。〔八〕以此視病，盡見五藏癥结，〔九〕特以診脈爲名耳。〔一〇〕爲醫或在齊，〔一一〕或在趙。在趙者名扁鵲。

〔一〕【正義】黄帝八十一難序云：「秦越人與軒轅時扁鵲相類，仍號之爲扁鵲。又家於盧國，因命之曰盧醫也。」【考證】多紀元簡曰：陸氏周禮釋文「扁」本亦作「鶣」，蒲典反。徐扶忍反。集韻云「扁，婢典反。姓也，古有扁鵲。或作『鶣』」。案：扁鵲係時人所稱。以「扁」爲姓，恐謬。下文云「姓秦氏」，又云「在趙者名扁鵲」可證也。梁玉繩曰：「扁鵲」取鵲飛鶣鶣之義。中井積德曰：正義一條當削。

〔二〕【集解】徐廣曰：「『鄭』當爲『鄚』。鄚，縣名，今屬河間。」【索隱】案：勃海無鄭縣，當作鄚縣，音莫，今屬河間。【考證】多紀元簡曰：太平御覽、醫説并引無「郡」字。梁玉繩曰：徐謂「鄭」當作「鄚」，是下文「家于鄭」同譌。文選七發呂尚注以爲鄭人。李善注引史作「鄚人」。舊唐書地理志開元十三年，以「鄚」類「鄭」字，改爲「莫」也。張文虎曰：扁鵲時未置勃海郡，史亦無此書法，當是後人竄改。又曰：據下文「乃齊人而家於鄭」，「鄭」字非誤。李笠曰：案韓詩外傳十、説苑辨物並云「鄭醫秦越人」。「勃海郡」三字，蓋後人因下文「臣勃海秦越人也」誤補。張説是也。汲古本、胡刻本文選七發李注亦作「鄭人」。梁氏誤據俗本耳。唐人以「鄚」類「鄭」字改爲「莫」，蓋亦影響於徐廣、司馬貞之説耳。

〔三〕【考證】陳仁錫曰：周禮釋文引史記扁鵲傳云「姓秦，名少齊，越人」，今本無「少齊」二字。

〔四〕【索隱】爲舍長。劉氏云：守客館之帥。【正義】長，音丁丈反。【考證】索隱本無「人」字。

〔五〕【索隱】隱者，蓋神人。【正義】過，音戈。

〔六〕【正義】閒，音閑。

〔七〕【索隱】案：舊説云，上池水，謂水未至地，蓋承取露及竹木上水，取之以和藥，服之三十日，當見鬼物也。【正義】謂以器物高承天露之水飲藥也。【考證】史記師説引劉伯莊曰：蓋謂雨水和藥。多紀元簡曰：上池水，未詳何水。知物，對視見垣一方人而言。中井積德曰：以水飲藥，猶言白湯送下也，非以和藥。海保元備曰：「飲是」至此十四字，蓋是長桑君語。「飲是」上當補「曰」字。愚按：知物，猶言見物象也。

〔八〕【索隱】方，猶邊也。言能隔牆見彼邊之人，則眼通神也。

〔九〕【正義】五藏，謂心、肺、脾、肝、腎也。六府，謂大小腸、胃、膽、膀胱、三焦也。王叔和脈經云：「左手脈，横癥在左。右手脈，横癥在右。脈頭大者在上，頭小者在下。兩手脈結，上部者濡結，中部者緩結，三里者豆起。陽邪來，見浮洪；陰邪來，見沈細；水穀來，見堅實。」【考證】崔適曰：「五藏」下本有「六府」二字，故正義兼釋六府。愚〔接〕〔按〕：正義連及耳。

〔一〇〕【索隱】診，鄒氏音丈忍反，劉氏音陳忍反。司馬彪云：「診，占也。」

〔一一〕【正義】號盧醫，今濟州盧縣。

當晉昭公時，〔一〕諸大夫彊而公族弱，趙簡子爲大夫，專國事。簡子疾五日，不知人，〔二〕大夫皆懼，於是召扁鵲。扁鵲入視病出，董安于問扁鵲，扁鵲曰：「血脈治也，而何怪！〔三〕昔秦穆公嘗如此七日而寤。寤之日，告公孫支與子輿〔四〕曰：『我之帝所甚樂。吾所以久者，適有所學也。〔五〕帝告我：「晉國且大亂，五世不安。其後將霸，未老而死。霸者之子且令，而國男女無別。』」〔六〕公孫支書而藏之，秦策於是出。〔七〕夫獻公之亂，文公之霸，而襄公敗秦師於殽，而歸縱淫，〔八〕此子之所聞。今主君之病與之同，不出三日必間，間必有言也。」〔九〕

〔一〕【索隱】案左氏簡子專國，在定、頃二公之時，非當昭公之世。且趙系家敘此事，亦在定公之初。【考證】海保元備曰：者，有所指之辭，或指其時。在趙者，謂在趙之時也。名者號也。

〔二〕【索隱】案：韓子云「十日不知人」，所記異也。

〔三〕【考證】董份曰：治，即「治亂」之「治」。五日不知人，疑其必死。故扁鵲以爲血脈治而不死也。愚按：御覽引「治」作「滯」，非是。

〔四〕【索隱】案：二子皆秦大夫。公孫支，子桑也。子輿，未詳。【考證】公孫支，僖九年左傳作「公孫枝」。張文虎曰：子輿即子車，見秦本紀。

〔五〕【索隱】適，音釋。言我適來有所受教命，故云「學」也。

〔六〕【考證】言霸者之子，將代父令于諸侯。而，汝也。

〔七〕【考證】多紀元簡曰：策，史策也。言秦策之所記穆公之夢，驗於今日。下文「獻公之亂」至「歸縱淫」是也。趙世家「策」作「讖」。說文「讖，驗也」。徐鍇云「凡讖緯皆言將來之驗也」。釋名「讖，纖也。其義纖微也」。

〔八〕【考證】趙世家「夫」作「矣」，連上讀，爲長。

〔九〕【考證】間，愈也。

居二日半，簡子寤，語諸大夫曰：「我之帝所甚樂，與百神遊於鈞天，廣樂九奏，萬舞，不類三代之樂，其聲動心。〔一〕有一熊欲援我，帝命我射之，中熊，熊死。〔二〕有羆來，我又射之，中羆，羆死。帝甚喜，賜我二笥，皆有副。吾見兒在帝側，帝屬我一翟犬，曰：『及而子之壯也，以賜之。』〔三〕帝告我：『晉國且世衰，七世而亡。〔四〕嬴姓將大，敗周人於范魁之西，〔五〕而亦不能有也。』」董安于受言，書而藏之，以扁鵲言告簡子，簡子賜扁鵲田四萬畝。〔六〕

〔一〕【考證】多紀元簡曰：列子周穆王篇「清都紫微，鈞天廣樂，帝之所居」。淮南子天文訓「中央曰鈞天。廣樂，廣陳鐘鼓之屬而爲樂也」。戰國中山策「廣樂充堂」是也。周禮春官「九奏乃終，謂之九成」。鄭注云「樂一更端曰奏」。詩簡兮「方將萬舞」。毛傳「以干羽爲萬舞」。鄭箋「萬舞，干舞也」。公羊傳云「萬者何也？干舞也」。夏小正傳云「萬也者，干戚舞也」。俱以「萬」爲武舞矣。周禮大司樂「禹曰大夏，湯曰大濩，武王曰大武」。愚按：「九奏」既以數言，則「萬舞」亦當以數言，與詩「萬舞」義異。

〔二〕【考證】援，引也。

〔三〕【考證】風俗通「而」作「汝」。

〔四〕【正義】晉定公、出公、哀公、幽公、烈公、孝公、静公爲七世。静公二年，爲三晉所滅。據此及趙世家，簡子疾在定公之十一年也。

〔五〕【正義】嬴，趙氏本姓也。周人，謂衛也。晉亡之後，趙成侯三年，伐衛取鄉邑七十三是也。賈逵云「川阜曰魁」也。

〔六〕【考證】梁玉繩曰：趙簡、秦穆之夢最誕，史公既載于封禪書、趙世家，此處可省也。而所謂「五世不安」，當作「三世」。晉襄公無縱淫事。范魁之戰，無攷。俱説在趙世家中。

其後扁鵲過虢。〔一〕虢太子死，〔二〕扁鵲至虢宮門下，問中庶子喜方者，〔三〕曰：「太子何病？國中治穰過於衆事？」〔四〕中庶子曰：「太子病，血氣不時，交錯而不得泄，暴發於外，則爲中害，精神不能止邪氣，邪氣畜積而不得泄，是以陽緩而陰急，故暴蹷而死。」〔五〕扁鵲曰：「其死何如時？」曰：「雞鳴至今。」曰：「收乎？」〔六〕曰：「未也，其死未能半日也。」「言臣齊勃海秦越人也，家在於鄭，未嘗得望精光，侍謁於前也。聞太子不幸而死，臣能生之。」中庶子曰：「先生得無誕之乎？何以言太子可生也？〔七〕臣聞上古之時，醫有俞跗，〔八〕治病不以湯液、醴灑、〔九〕鑱石撟引，案抏毒熨，〔一〇〕一撥見病之應，〔一一〕因五藏之輸，乃割皮解肌，訣脈結筋，〔一二〕搦髓腦，揲荒〔一三〕爪幕，〔一四〕湔浣腸胃，〔一五〕漱滌五藏，練精易形。〔一六〕先生之方能若是，則太子可生也；不能若是而欲生之，曾不可以告咳嬰之兒。」〔一七〕終日，〔一八〕扁鵲仰天歎曰：「夫子之爲方也，若以管窺天，以郄視文。〔一九〕越人之爲方也，不待切脈、〔二〇〕望色、〔二一〕聽聲、〔二二〕寫形，〔二三〕言病之所在。〔二四〕聞病之陽，論得其陰；聞病之陰，論得其陽。〔二五〕病應見於大表，〔二六〕不出千里，決者至衆，不可曲止也。〔二七〕子以吾言爲不誠，試入診太子，當聞其耳鳴而鼻張，循其兩股以至於陰，當尚溫也。」〔二八〕

〔一〕【正義】陝州城，古虢國。又陝州河北縣東北下陽故城，古虢，即晉獻公滅者。又洛州汜水縣，古東虢國。而未知扁鵲過何者，蓋虢至此並滅也。

〔二〕【集解】傅玄曰：虢是晉獻公時先是百二十餘年滅矣，是時焉得有虢？【索隱】案：傅玄云「虢是晉獻所滅，先此百二十餘年。此時焉得有虢？」則此云「虢太子」，非也。然案虢後改稱郭，春秋有郭公，蓋郭之太子也。【正義】下云「色廢脈亂」，故形靜如死狀也。【考證】梁玉繩曰：虢滅已久。此時焉得有虢？索隱、正義並糾其非。古史謂薛久亡，而孟嘗君稱薛公，安知是時無虢？蘇氏臆度之詞，不足證也。韓子喻老篇言扁鵲見蔡桓侯。國策扁鵲見秦武王。漢書高紀十二年注，韋昭曰「越人魏桓侯時醫」，臣瓚曰「魏無桓侯」。余攷扁鵲與趙簡子同時，而蔡桓侯在春秋初魯隱、桓之世。秦武王立于周赧王五年，前後相去各約二百年，何能親接？蓋説苑辨物「虢」作「趙」，甚是。趙簡子之子爲桓子，韓非所謂桓侯者。魏、蔡、秦武皆謬。鶡冠子世賢篇言魏文侯問扁鵲，魏文與趙桓並世，可以爲驗。或曰：晉孝公，紀年作「桓公」，與魏文侯同時，當是扁鵲所見者，亦通。李笠曰：梁氏所證係偶合，非塙論也。上文扁鵲方視簡子疾，如其後復過趙而救其子，不應至宮門下，國中若無識者。韓子外傳亦作「虢」。蘇氏之説爲足據也。愚按：扁鵲古良醫名。後世遂稱良醫曰扁鵲，猶稱相馬者曰伯樂也。其人既非一，時代亦異。史公誤采古書所記扁鵲事蹟湊合作此傳，宜矣其多乖錯，諸家亦從爲之説。

〔三〕【索隱】喜，音許既反。喜，好也，愛也。方，方技之人也。【正義】中庶子，古官號也。喜方，好方術。不書姓名也。【考證】商君傳公叔座臣有中庶子，蓋在左右執事者。後世以爲官號。

〔四〕【考證】梁玉繩曰：御覽七百二十八、元龜八百五十八引並「穰」作「禳」。韓詩外傳、説苑並作「壤土事」，則是治塋墓，非祈禳也。愚按：穰讀爲禳。外間未知太子死也。太子死未半日，何遽治塋域？外傳、説苑誤讀「穰」字。

〔五〕【索隱】蹷，音厥。【正義】釋名云：「蹷氣從下蹷起上行，外及心脅也。」【考證】海保元備曰：「而不得泄」四字，疑因下文「邪氣畜積而不得泄」而衍。多紀元堅曰：按血氣錯亂，遂致壅鬱不得宣泄。鬱極而暴發于外，使中藏被其害。精氣不能止邪氣，即經所謂精氣奪則虛也。邪氣畜積而不得泄，即所謂邪氣盛則實也。精虛故陽緩，邪實故陰急。緩急蓋亦虛實之謂。又曰：素大奇論有「暴厥」。「蹷」字，醫經皆作「厥」，説文作「瘚」，今本釋名亦作「厥」。

〔六〕【集解】收，謂棺斂。

〔七〕【正義】誕，欺也。

〔八〕【索隱】音臾附，下又音趺。【正義】臾附二音。應劭云「黃帝時將也」。【考證】多紀元簡曰：御覽作「俞附」。漢書藝文志：「方技者皆生生之具，王官之一守也。太古有岐伯、俞拊。」鶡冠子龐煖曰：「王獨不聞俞跗之爲醫乎？已成必治，鬼神避之。」韓詩外傳作「踰跗」。說苑作「俞柎」。揚雄解嘲作「臾跗」。周禮鄭注作「榆柎」。

〔九〕【正義】上音禮，下山解反。【考證】多紀元簡曰：陸佃鶡冠子注「醴灑」作「體洒」。「體洒」疑「醴酒」譌。愚按：「灑」當作「酒」。後人譌作「洒」，又譌作「灑」。

〔一〇〕【索隱】鑱，音士咸反。謂石針也。撟，音九兆反。謂爲按摩之法，夭撟引身，如熊顧鳥伸也。抏，音玩，亦謂按摩而玩弄身體使調也。毒熨，謂毒病之處，以藥物熨帖也。【考證】張文虎曰：宋本、中統、游、毛「撟」作「橋」，下「撟然」同。索隱、宋本、中統、游、凌、毛並「抏」作「杌」。王、柯譌「杭」。凌引一本作「亢」。錢氏攷異云「索隱音玩，當作『抏』，从手从元」。多紀元胤曰：素湯液醪醴論曰「鑱石針艾，攻其外也」。多紀元簡曰：撟，醫説作「蹻」。按集韻，「夭撟，頻伸貌」。爾雅釋獸「人曰撟」，注「伸引手足」。漢書諸侯王表「可謂撟枉過其正矣」。師古曰：「撟與矯同。正曲曰撟。」由此攷之，从手爲是。說苑「子越扶形，子游摩」，乃素問「按蹻」、靈樞「喬摩」，並同義。又曰：杌、抏同。詩小雅「天之扤我」。傳：「扤，動也。」馬融長笛賦「動杌其根者，歲五六而至焉」。李善注曰：「張揖注上林賦曰『杌，摇也』」。案：杌謂案其身而動摇也。其作「杭」或作「抗」，並非也。沈家本曰：「抏」當作「⿰扌气」，從「气」從「手」，或省作「扢」。文選吳都賦注引廣雅「扢，摩也」。漢書禮樂注引孟康曰「扢，摩也」。玉篇手部「扢」，柯礙、何代二切。然則「扢」猶按摩也。多紀元胤曰：按「毒」即毒藥之義。中井積德曰：以藥物熨帖，故曰「毒熨」。滕維寅曰：下所謂「五分熨」

之類，以藥熱熨病所也。靈樞有藥熨法。

〔一一〕【考證】多紀元簡曰：曲禮「衣毋撥」，注「撥，發揚貌」。海保元備曰：一撥，謂一撥開衣衾之際，切脈察形等事，包在其中。病之應，與下文「病應」同，謂病候之發見於外者也。

〔一二〕【索隱】音束注反。【正義】八十一難云：「肺之原，出於太淵。心之原，出於太陵。肝之原，出於太衝。脾之原，出於太白。腎之原，出於太谿。少陰之原，出於兑骨。膽之原，出於丘虛。胃之原，出於衝陽。三焦之原，出於陽池。膀胱之原，出於京骨。大腸之原，出於全谷。小腸之原，出於腕骨。十二經皆以輸爲原也。」按：此五藏六府之輸也。【考證】多紀元簡曰：五藏之輸，謂諸穴俞。多紀元堅曰：「乃」猶然後也。言視五藏輸穴之所在，然後施割皮解肌等術。滕惟寅曰：割，割牲之割。解，解牛之解。訣、決通用。決，通經絡之壅塞。結，紐經筋之斷絶。

〔一三〕【集解】徐廣曰：「揲，音舌。」【索隱】搦，音女角反。揲，音舌。荒，膏荒也。

〔一四〕【索隱】幕，音漠。漠病也。謂以爪決之。【正義】以爪決其闌幕也。【考證】慶長本標記云「正義『荒』作『肓』」。御覽七百二十一作「搦髓折肓爪膜」。説苑辨物作「束肓莫」。多紀元簡曰：肓膜，見素問痺論。田子通云「『爪』字衍，即因『荒』下『儿』而錯出耳」。三字句，與「搦髓腦」對，句法爲齊整。孫詒讓曰：肓、荒，古字通用。莫、幕，亦「膜」之借字。素問痺論篇「熏於肓膜，散於胸腹」。王冰注云「肓膜，謂五藏之間，鬲中膜也」。多紀元胤曰：説文「搦，按也。揲，閱持也」。

〔一五〕【正義】湔浣，上子錢反，下胡管反。

〔一六〕【考證】多紀元簡曰：醫説此下有「以去百病焉」六字。

〔一七〕【考證】多紀元簡曰：此一句，中庶子調笑之辭。言扁鵲之術無俞跗之妙，而欲生太子者，雖咳嬰之兒猶知其不能。説文「咳，小兒笑也」。御覽作「孩」。

〔一八〕【考證】御覽無此二字。多紀元堅曰：言應接談論，徒終其日。

〔一九〕【考證】岡白駒曰：言不能見全文也。

〔二〇〕【正義】黄帝素問云：「待切脈而知病。寸口六脈三陰三陽，皆隨春秋冬夏，觀其脈之變，則知病之逆順也。」楊玄操云：「切，按也。」

〔二一〕【正義】素問云：「面色青，脈當弦急。面色赤，脈當浮而短。面色黑，脈當沈浮而滑也。」

〔二二〕【正義】素問云：「好哭者肺病，好歌者脾病，好妄言者心病，好呻吟者腎病，好叫呼者肝病也。」

〔二三〕【正義】素問云：「欲得温而不欲見人者，藏家病。欲得寒而見人者，府家病也。」【考證】寫形，猶言察形也。多紀元堅曰：按此言越人之爲方也，自有認病神識。故不必待切脈、望色、聽聲、寫形四診兼備，而能言病之所在。聞陽得陰，聞陰得陽也。愚按：中井氏雕題以「不待切脈」爲句，「望色聽聲寫形」六字屬下讀，恐非。

〔二四〕【考證】多紀元胤曰：謂指病在于何藏何府也。

〔二五〕【正義】八十一難云：「陰病行陽，陽病行陰，故令幕在陰，俞在陽。」楊玄操云：「腹爲陰，五藏幕皆在腹，故云幕皆在陰。背爲陽，五藏俞皆在背，故云俞皆在陽。內藏有病，則出行於陽，陽俞在背也。外體有病，則入行於陰，陰幕在腹也。」鍼法云：「從陽引陰，從陰引陽也。」【考證】多紀元簡曰：「素問陰陽應象大論曰：『以我知彼，以表知裏。』陰陽別論曰：『知陽者知陰，知陰者知陽。』」中井積德曰：陰陽，猶表裏也。言聞表而知裏，聞裏而知表。

〔二六〕【考證】多紀元簡曰：大表，謂外表見證也。下文曰「當聞其耳鳴而鼻張，循其兩股以至於陰，當尚温」。此即大表之一候也。

〔二七〕【索隱】止，語助也。不可委曲具言。【正義】言皆有應見，不可曲言病之止住所在也。【考證】多紀元胤曰：此言身不出千里之外，唯聞其患狀而決斷其證之如何也。中井積德曰：曲止，猶掩遮也。

〔二八〕【正義】張，音漲。【考證】說苑云「股陰當温，耳中焦焦，如有嘯者聲」。多紀元胤曰：傷寒論「平脈法尸厥」條曰：「陽氣退下，熱歸陰股。」

中庶子聞扁鵲言，目眩然而不瞚，舌撟然而不下，〔一〕乃以扁鵲言入報虢君。虢君聞之大驚，出見扁鵲於中闕，〔二〕曰：「竊聞高義之日久矣，然未嘗得拜謁於前也。先生過小國，幸而舉之，偏國寡臣幸甚。〔三〕有先生則活，無先生則弃捐填溝壑，長終而不得反。」言未卒，因噓唏服臆，〔四〕魂精泄橫，流涕長潸，〔五〕忽忽承睞，悲不能自止，容貌變更。〔六〕扁鵲曰：「若太子病，所謂尸蹷者也。夫以陽入陰中，〔七〕動胃〔八〕纏緣，中經維絡，〔九〕別下於三焦、膀胱，〔一〇〕是以陽脈下遂，陰脈上爭，〔一一〕會氣閉而不通，〔一二〕陰上而陽内行，〔一三〕下内鼓而不起，〔一四〕上外絶而不爲使，〔一五〕上有絶陽之絡，〔一六〕下有破陰之紐，〔一七〕破陰絶陽，之色已廢脈亂，故形静如死狀。〔一八〕太子未死也。夫以陽入陰支蘭藏者生，以陰入陽支蘭藏者死。〔一九〕凡此數事，皆五藏蹷中之時暴作也。良工取之，拙者疑殆。」〔二〇〕

〔一〕【索隱】眩，音縣。瞚，音舜。撟，音紀兆反。撟，舉也。【考證】「瞚」又作「瞬」。說文「瞚，開闔數搖也」。莊子秋水篇「口呿而不合，舌舉而不下」。

〔二〕【考證】汪中曰：天子諸侯，宮城皆四周，而闢其南爲門，城至此而闕，故謂之「闕」。春秋僖公二十一年，鄭伯享王於闕西辟。大戴禮保傅篇「過闕則下」是也。又謂之「闕門」。穀梁桓公三年傳「諸母不出闕門」，史記魏世家「臣在闕門之外」是也。庫門在外，路門在中。二門之中，亦謂之「中闕」。扁鵲倉公傳「出見扁鵲於中闕」是也，其異名。魯周公世家「煬公築茅闕門」，秦本紀「孝公築冀闕」是也。闕巍然而高，故謂之「巍闕」。莊子天下篇「心居魏闕之下」是也。

〔三〕【索隱】寡臣，謂虢君自謙云己是偏遠之國，寡小之臣也。【正義】幸而舉之，謂活太子也。【考證】岡白駒曰：舉之，言舉太子病事也。董份曰：寡臣，謂太子也。

〔四〕【索隱】上音皮力反，下音憶。【考證】多紀元簡曰：「服」與「幅」、「腷」通。方言「臆，滿也」，注「幅臆，氣滿也」。

〔五〕【集解】徐廣曰：「一云『言未卒，因涕泣交流，噓唏不能自止』也。」【索隱】潸，音山。長潸，謂長垂淚也。

〔六〕【索隱】睞，音接。睞即睫也。承睞，言淚恒垂以承於睫也。【考證】說文「睞，目旁毛也」。

〔七〕【考證】中井積德曰：此謂陰陽之氣交錯，非脈之謂。「繵緣」亦以氣言。多紀元堅曰：此一句即尸厥之所由，言陽氣暴發，迸入陰分。

〔八〕【正義】八十一難云「脈居陰部，反陽脈見者，爲陽入陰中，是陽乘陰也，脈雖時沈濇而短，此謂陽中伏陰也。脈居陽部而陰脈見者，是陰乘陽也，脈雖時沈滑而長，此謂陰中伏陽也。胃，水穀之海也」。

〔九〕【集解】徐廣曰：「維，一作『結』。」【索隱】繵，音直延反。【正義】繵，音直延反。繵緣，謂脈纏繞胃也。素問云「延緣落絡脈也」，恐非此義也。八十一難云：「十二經脈，十五絡脈，陽維陰維之脈也。」【考證】多紀元簡曰：按中經，泛言經脈。維絡，即絡也。素問骨空論「治少陽之維」，張介賓注曰「維，絡也」。又陰陽類論「三陽爲經，二陽爲維」，張曰「維，維絡也。陽明經，上布面，下循胷腹，獨居三陰之中，維絡於前，故曰維」。多紀元堅曰：集韻「『纏』或作『繵』」。荀子議兵「緣之以方城」，注「緣，繞也」。

〔一〇〕【正義】八十一難云「三焦者，水穀之道路，氣之所終始也。上焦，在心下下鬲，在胃上口，主內而不出。其治在胸中玉堂下一寸六分，直兩孔間陷者是也。中焦，在胃中脘，不上不下，主腐熟水穀。其治在臍旁也。下焦，在臍下，當膀胱上口也。主分別清濁，主出而不內以傳道。其治在臍下一寸，故名曰『三焦』。膀胱者，津液之府也，溺九升九合也。言經維絡不干三焦及膀胱也。【考證】多紀元簡曰：靈樞中多連言三焦、膀胱，皆指下焦，此亦然。多紀元堅曰：按動胃至此，覆說陽入陰中之狀。

〔一〕【集解】徐廣曰：「遂，一作『隊』。」【正義】遂，音直類反。素問云「陽脈下遂難反，陰脈上争如弦也」。【考證】多紀元簡曰：御覽注「遂，音隊，並與『墜』通」。正義引素問，今無所攷。海保元備曰：遂，如字亦通。廣雅釋詁「遂，行也」。易大壯「不能遂」，虞翻云「遂，進也」，即下文「陽内行」之義。

〔二〕【正義】八十一難云「府會太倉，藏會季脇，筋會陽陵泉，髓會絶骨，血會鬲俞，骨會大杼，脈會大淵，氣會三焦，此謂八會也」。

〔三〕【考證】多紀元堅曰：言陰脈既上争，而陽脈獨内行。

〔四〕【考證】多紀元堅曰：言陽氣徒鼓動于下内，而不能起發。

〔五〕【考證】多紀元堅曰：「絶」字，與下文「絶陽」之「絶」俱當爲「阻絶」之「絶」看。言陽氣下鬱，與上外隔絶，不爲陰使。

〔六〕【考證】多紀元堅曰：言上有與陽相隔絶之絡脈。

〔七〕【正義】女九反。素問云：「紐，赤脈也。」【考證】多紀元堅曰：言下有陰氣破而不行之筋紐。破，言陰氣爲陽所迫，不能統攝。

〔八〕【集解】徐廣曰：「廢，一作『發』。」【考證】王念孫曰：「破陰絶陽」以下十字，文不成義。此本「破陰絶陽」句，「色廢脈亂」句，「故形静如死狀」句。「之」字、「已」字衍，上文「血脈治也」正義引此文云「色廢脈亂，故形静如死狀」，是其證也。御覽人事部脈類引此無「之」「已」二字。

〔九〕【正義】素問云「支者順節，蘭者横節，陰支蘭膽藏也」。【考證】多紀元堅曰：支蘭藏，滕氏割解有說，俱屬臆測。要之，此二句，不過言以陽入陰者生，以陰入陽者死，不必深講，而義自明。正義引素問，今無所攷。

〔一〇〕【正義】八十一難云「知一爲下工，知二爲中工，知三爲上工。上工者十全九，中工者十全八，下工者十全六」。呂廣云「五藏一病輒有五，解一藏爲下工，解三藏爲中工，解五藏爲上工也」。【考證】襄四年公羊傳注「殆，疑也」。

扁鵲乃使弟子子陽厲鍼砥石，以取外三陽五會。〔一〕有閒，太子蘇。乃使子豹爲五分之熨，以八減之齊和煮之，以更熨兩脇下。〔二〕太子起坐。更適陰陽，〔三〕但服湯二旬而復故。〔四〕故天下盡以扁鵲爲能生死人。扁鵲曰：「越人非能生死人也，此自當生者，越人能使之起耳。」

〔一〕【索隱】陽，扁鵲之弟子也。鍼，音針。厲，謂磨也。砥，音脂。【正義】素問云「手足各有三陰、三陽，太陰、少陰、厥陰，太陽、少陽、陽明也。五會，謂百會、胷會、聽會、氣會、臑會也」。【考證】多紀元簡曰：甲乙經曰「百會一穴，一名三陽五會」。孫詒讓曰：三陽五會，韓詩外傳卷十、説苑辨物篇並作「三陽五輸」。五輸者，當「五俞」之借字。素問痺論篇云「五藏有俞」，注云「肝之俞曰太衝，心之俞曰太陵，脾之俞曰太白，肺之俞曰太淵，腎之俞曰太谿，皆經脈之所注也」，與史記「五會」文異而義兩通。

〔二〕【索隱】五分之熨，八減之齊。案：言五分之熨者，謂熨之令温暖之氣入五分也。八減之齊者，謂藥之齊和所減有八。並越人當時有此方也。【正義】更，格彭反。【考證】中井積德曰：五分，恐當時别有所指，亦猶「八減」也。李笠曰：「齊」同「劑」。滕惟寅曰：更，「更互」之「更」，左右更互也。張文虎曰：王、柯「脇」誤「臍」。多紀元簡曰：肘後方云「熨其兩脇下」。千金方云「灸熨斗熨兩脅下」。蓋此法，所以宣通鬱陽。

〔三〕【考證】多紀元簡曰：適，調適也。謂使陰陽乖錯者，更爲調適也。

〔四〕【考證】岡白駒曰：湯，即八減之齊是已。

扁鵲過齊，齊桓侯客之。〔一〕入朝見，曰：「君有疾，在腠理，不治將深。」〔二〕桓侯曰：「寡人無疾。」扁鵲出，桓侯謂左右曰：「醫之好利也，欲以不疾者爲功。」後五日，扁鵲復見，曰：「君有疾，在血脈，不治恐深。」〔三〕桓侯曰：「寡人無疾。」扁鵲出，桓侯不悦。後五日扁鵲復見，曰：「君有疾，在腸胃閒，不治將深。」桓侯不應。扁鵲出，桓侯不悦。後五日，扁鵲復見，望見桓侯而退走。桓侯使人問其故。扁鵲曰：「疾之居腠理也，湯熨之所及也；在血脈，鍼石之所及也；其在腸胃，酒醪之所及也；〔四〕其在骨髓，雖司命無柰之何。今在骨髓，臣是以無請也。」〔五〕後五日，桓侯體病，使人召扁鵲，〔六〕扁鵲已逃去。桓侯遂死。〔七〕

〔一〕【集解】傅玄曰：「是時齊無桓侯。」駰謂是齊侯田和之子桓公午也。【索隱】案：傅玄曰「是時齊無桓侯」。裴駰云「謂是齊侯田和之子桓公午也」。蓋與趙簡子頗亦相當。【考證】梁玉繩曰：趙簡子卒時至齊桓公午立，凡九十三年，何鵲之壽耶？文選養生論李善注言史記自爲舛錯。新序二仍史。韓子喻老譌作「蔡」。

〔二〕【正義】腠理，上音湊。謂皮膚。【考證】廖文英曰：腠，肉理分際也。儀禮鄭注「腠，謂皮肉之理也」。又方書「皮膚之孔，泄氣腋之竅也，一名氣門」。

〔三〕【考證】韓子、新序「血脈」作「肌膚」。

〔四〕【考證】韓子、新序「酒醪」作「火齊」。

〔五〕【考證】史天官書「文昌六星，四曰司命」。莊子至樂篇「吾使司命復生子形，爲子骨肉肌膚，反子父母妻子閭里知識」。張衡思玄賦「死生錯而不齊兮，雖司命其不晰」，注引春秋佐助期云「司命神，名爲滅黨，通於命運期度」。

〔六〕【考證】王念孫曰：體病，當爲「體痛」，字之誤也。桓侯之病，由腠理而血脈，而腸胃，而骨髓，至此則病發而體痛。文選注引此作「體痛」，韓子、新序亦作「體痛」。愚按：病亦痛也，不必改字。

〔七〕【考證】「扁鵲過齊」以下，見韓非子喻老篇，又見新序雜事篇。

使聖人預知微，能使良醫得蚤從事，則疾可已，身可活也。人之所病，病疾多；〔一〕而醫之所病，病道少。〔二〕故病有六不治：驕恣不論於理，一不治也；輕身重財，二不治也；衣食不能適，三不治也；陰陽并，藏氣不定，四不治也；〔三〕形羸不能服藥，五不治也；信巫不信醫，六不治也。有此一者，則重難治也。〔四〕

〔一〕【正義】病猒患多也。言人猒患疾病多甚也。

〔二〕【集解】徐廣曰：「所病，猶療病也。」【考證】「所病」之「病」猶「患」也。言人患多疾病，醫患治療之道少。舊解失之。

〔三〕【考證】滕惟寅曰：素問云「血氣未并，五藏安定」。又云「陰與陽并，血氣以并，病形以成」。

〔四〕【考證】重，猶甚也。徐孚遠曰：敘事後爲斷語，此似諸子之舊文。

扁鵲名聞天下。過邯鄲，聞貴婦人，即爲帶下醫；〔一〕過雒陽，聞周人愛老人，即爲耳目痺醫；〔二〕來入咸陽，聞秦人愛小兒，即爲小兒醫：隨俗爲變。〔三〕秦太醫令李醯自知伎不如扁鵲也，使人刺殺之。〔四〕至今天下言脈者，由扁鵲也。〔五〕

〔一〕【考證】多紀元胤曰：婦人腰帶以下經血之疾，與男子不同。故謂之帶下病。

〔二〕【索隱】痺，音必二反。【考證】幻雲抄引劉伯莊曰：「老人所患，冷痺及耳眼也。」

〔三〕【考證】多紀元簡曰：御覽無「來」字。按：邯鄲及雒陽並言「過」，而此特言「來入咸陽」，蓋此秦人所記，太史公直採而爲傳耳。

〔四〕【考證】漢書百官公卿表「奉常，秦官，屬官有太醫令丞」。又「少府，秦官，屬官有太醫令丞」。

〔五〕【考證】多紀元簡曰：二句應起首「特以診脈爲名耳」一句。乃知「脈」字一傳關鍵。後世以難經爲扁鵲作，蓋原於斯焉。

太倉公者，齊太倉長，臨菑人也，姓淳于氏，名意。〔一〕少而喜醫方術。高后八年，更受師同郡元里公乘陽慶。〔二〕慶年七十餘，無子，〔三〕使意盡去其故方，更悉以禁方予之，〔四〕傳黃帝、扁鵲之脈書，〔五〕五色診病，〔六〕知人死生，決嫌疑，定可治，及藥論甚精。受之三年，爲人治病，決死生，多驗。然左右行游諸侯，不以家爲家，〔七〕或不爲人治病，病家多怨之者。

〔一〕【正義】括地志云：「淳于國城，在密州安丘縣東北三十里，古之斟灌國也。春秋『州公如曹』，傳云『冬，淳于公如曹』。注水經云『淳于縣，故夏后氏之斟灌國也，周武王以封淳于公，號淳于國也』。」【考證】錢大昕曰：孝文紀作「太倉令」，意之名無所避。而文紀稱「淳于公」，又稱「太倉公」，目録亦稱「倉公」而不名，蓋當時有此稱，史公因而書之。

〔二〕【正義】百官表云：公乘，第八爵也。顏師古云：「言其得乘公之車也。」【考證】張照曰：按公乘，蓋以爵爲氏，如壺關三老公乘興是也。公乘爲陽慶之氏，非爵也。

〔三〕【考證】梁玉繩曰：王孝廉云「後文云『慎毋令我子孫知若學我方也』，又云『會慶子男殷來獻馬』，則慶非無子者。『無子』二字，疑衍，或是下文『有五女』句上脱文」。

〔四〕【考證】扁鵲傳云「悉取其禁方，盡與扁鵲」。

〔五〕【考證】多紀元簡曰：素問顧從德序云「今世所傳内經素問，即黄帝之脈書，實衍于秦越人、陽慶、淳于意諸長老」。按漢志有扁鵲内外經目，豈其脈書耶？

〔六〕【正義】八十一難云：「五藏有色，皆見於面，亦當與寸口尺内相應也。」其面色與相應，已見前也。【考證】岡白駒曰：觀其色以診。

〔七〕【考證】岡白駒曰：左右，言不一所也。

文帝四年中，〔一〕人上書言意，以刑罪當傳西之長安。〔二〕意有五女，〔三〕隨而泣。意怒罵曰：「生子不生男，緩急無可使者！」〔四〕於是少女緹縈傷父之言，乃隨父西，〔五〕上書曰：「妾父爲吏，齊中稱其廉平，今坐法當刑。妾切痛死者不可復生，而刑者不可復續，〔六〕雖欲改過自新，其道莫由，終不可得。妾願入身爲官婢，以贖父刑罪，使得改行自新也。」書聞，上悲其意，此歲中亦除肉刑法。〔七〕

〔一〕【考證】史孝文紀、漢書刑法志以釋倉公除肉刑，爲文帝十三年事，與此不合。據下文，文帝四年，即倉公治病有驗之年。史公誤以彼混此也。「四年中」疑當作「十三年」。

〔二〕【索隱】傳，音竹戀反。傳，乘傳送之。

〔三〕【考證】文紀、漢志「有」上有「無男」二字。

〔四〕【考證】紀、志「無可使者」作「非有益也」。

〔五〕【索隱】緹，音啼。縈，音紆營反。

〔六〕【集解】徐廣曰：「一作『贖』。」【考證】紀、志「續」作「屬」。李笠曰：切，疑當作「竊」。

〔七〕【集解】徐廣曰：「案年表，孝文十三年除肉刑。」【正義】漢書刑法志云「孝文帝即位十三年，除肉刑三」。孟康云：「黥，劓二，左右趾一，凡三也。」班固詩曰：「三王德彌薄，惟後用肉刑。太倉令有罪，就遞長安城。自恨身無子，困急獨煢煢。小女痛父言，死者不可生。上書詣闕下，思古歌雞鳴。憂心摧折裂，晨風揚激聲。聖漢孝文帝，惻然感至情。百男何憒憒，不如一緹縈！」【考證】又見史文紀、漢書刑法志。愚按：倉公本傳，止亦除肉刑法。「意家居」以下，倉公手記，而未經史公刊正者，後人併録。

意家居，〔一〕詔召問所爲治病死生驗者幾何人，主名爲誰。〔二〕

〔一〕【考證】陳子龍曰：意既至長安，事釋，即家居之，故詔書就問也。

〔二〕【考證】「主名爲誰」以上，先提其綱。「詔問故太倉長」以下，是意之對言。首稱詔問之委曲。

詔問：「故太倉長臣意方伎所長，及所能治病者。〔一〕有其書，無有？皆安受學？受學幾何歲？〔二〕嘗有所驗，何縣里人也？何病？醫藥已其病之狀，皆何如？具悉而對。」臣意對曰：

〔一〕【集解】徐廣曰：「治，一作『爲』，爲亦治。」

〔二〕【考證】岡白駒曰：或有書，或無書。皆何處受學乎。愚按：「皆」字疑涉下文而衍。

自意少時喜醫藥，醫藥方試之多不驗者。至高后八年，得見師臨菑元里公乘陽慶。〔一〕慶年七十餘，意得見事之。謂意曰：「盡去而方書，非是也。慶有古先道遺傳黃帝、扁鵲之脈書，五色診病，知人生死，決嫌疑，定可治，及藥論書甚精。我家給富，〔二〕

心愛公，欲盡以我禁方書悉教公。」臣意即曰：「幸甚，非意之所敢望也。」臣意即避席再拜，謁受其脈書上下經、五色診、奇咳術、揆度陰陽外變、藥論、石神、接陰陽禁書，〔三〕受讀解驗之，可一年所。〔四〕明歲即驗之，有驗，然尚未精也。要事之三年所，〔五〕即嘗已爲人治，診病決死生，有驗精良。〔六〕今慶已死十年所，臣意年盡三年，年三十九歲也。〔七〕

〔一〕【集解】徐廣曰：「意年三十六。」【考證】張文虎曰：集解「三十六」，從舊刻本。各本「三」譌「二」。案：高后八年，年三十六。加文帝三年，適三十九，與史合。

〔二〕【考證】岡白駒曰：我家固富足，不用醫術。

〔三〕【集解】奇，音羈。咳音該。【正義】八十一難云：「奇經八脈者，有陽維，有陰維，有陽蹻，有陰蹻，有衝，有督，有任，有帶之脈。凡此八者，皆不拘於經，故云奇經八脈也。」顧野王云：「胲，當宂也。」又云：「胲，指毛皮也。」藝文志有五音奇胲用兵二十六卷。許慎云：「胲，軍中約也。」【考證】下文成開方案引奇咳言。張文虎曰：說文「奇侅，非常也」。段氏注云「漢志五行奇胲用兵二十三卷，五音奇胲刑德二十一卷」。據張守節正義，則史記本亦作「奇胲」，「肉」部訓「胲」爲足指皮毛，則「侅」正字，「胲」其借耳。淮南兵略訓「刑德奇賌」，又作「賌」，亦假借。案「奇咳」及下「揆度」，今並見素問。正義「胲」，柯凌作「咳」。「宂」，柯凌作「寅」。宂，俗「肉」字，其義不可解。滕惟寅曰：內經但有「奇恒」而無「奇咳」。多紀元堅曰：揆度，出素問玉版論要篇、病能論、疏五過論。陰陽外變，醫和所謂陰陽風雨晦明之謂。石神，蓋謂砭石之神法。接陰陽禁書，僧焦雨史記抄、滕氏倉公傳割解並以爲房中術。

〔四〕【考證】王念孫曰：一年所，猶言一年許也。「許」與「所」聲近而義同。小雅伐木篇「伐木許許」，說文引作「伐木所所」。漢書疏廣傳「數問其家，金餘尚有幾所」，顏師古云「幾所，猶言幾許也」，是其證。檀弓注「封高四尺所」，正義云「所，是不定之辭」，義並同。

〔五〕【考證】海保元備曰：呂氏春秋察賢篇「要在得賢」，注云「要，約也」。「要事之」者，約舉前後師事之年數。葢併前可一年所，及其明歲，亦在其中。而後事之又一年所，故大約乃爲三年所也。

〔六〕【考證】海保元備曰：嘗，試也。已、以同。「嘗以」連言，與莊子人閒世篇「嘗以語我來」同。「嘗已爲人治」者，試以所受方爲人治病也。

〔七〕【考證】中井積德曰：盡三年，承上文「三年所」。蔣西谷曰：上言受慶方一年所，尚未精，要事之三年。此言受讀之年盡三年，時年三十九歲，出治病即有驗，如下文所云也。梁玉繩曰：上文「意家居，詔問所治病」，不必定在十三年。觀意對詞，有菑川王、膠西王、濟南王、故陽虛侯齊王、齊文王，皆在十三年已後可見矣。

齊侍御史成自言病頭痛，〔一〕臣意診其脈，告曰：「君之病，惡不可言也。」即出，獨告成弟昌曰：「此病疽也，〔二〕內發於腸胃之閒，後五日當癕腫，〔三〕後八日，嘔膿死。」〔四〕成之病得之飲酒且內。〔五〕成即如期死。〔六〕所以知成之病者，〔七〕臣意切其脈，得肝氣。肝氣濁而靜，〔八〕此內關之病也。〔九〕脈法曰：「脈長而弦，不得代四時者，〔一〇〕其病主在於肝。和，即經主病也，〔一一〕代則絡脈有過。」〔一二〕經主病和者，其病得之筋髓裏。其代絶而脈賁者，病得之酒且內。〔一三〕所以知其後五日而癕腫八日嘔膿死者，切其脈時，少陽初代。代者經病，病去過人，人則去。絡脈主病，〔一四〕當其時，少陽初關一分，故中熱，而膿未發也，及五分，則至少陽之界，及八日，則嘔膿死，故上二分而膿發，至界而癕腫，盡泄而死。〔一五〕熱上則熏陽明，爛流絡，流絡動則脈結發，脈結發則爛解，故絡交。熱氣已上行，至頭而動，故頭痛。〔一六〕

〔一〕【考證】以下太倉醫案。

〔二〕【集解】疽，七如反。【考證】說文「疽，久癕也」。

〔三〕【正義】上於恭反，下之勇反。【考證】多紀元胤曰：素問腹中論作「臃腫」，甲乙經作「癕腫」。臃、癕，古通。

〔四〕【正義】膿，女東反。【考證】滕惟寅曰：病候源論云「內癕若吐膿血者，不可治也」。

〔五〕【考證】滕惟寅曰：素問云「此人必數醉且飽，以入房，氣聚於脾中不得散，酒氣與穀氣相薄，熱盛於中」。崔適曰：內，即「齊侯好內」之「內」，謂御女也。下文「怒而以接內」、「得之酒且內」、「病得之內」，皆同。

〔六〕【考證】史記論文云「上一段案，下一段論」。下同。

〔七〕【考證】凌稚隆曰：倉公醫案，每段用「所以知」三字作眼目。其文短簡，而轉換多，別是一格。

〔八〕【集解】徐廣曰：「濁，一作『黽』。靜，一作『清』。」【考證】多紀元胤曰：濁，重濁也。靜，不活動也。故見真藏之脈也。愚按：當時方書失傳，故此文不可解者甚多。今依滕惟寅割解、多紀元簡父子彙考，參以王、張諸家說。

〔九〕【正義】八十一難云「關遂入尺爲內關」。呂廣云：「脈從關至尺澤，名內關也。」【考證】王念孫曰：內關之病，死不治，故齊侍御史成、齊北王女子豎、齊丞相舍人奴，三人皆如期而死。內關，猶內閉也。靈樞經終始篇曰：「脈口四盛且大且數者，名曰溢陰。溢陰，爲內關。內關不通，死不治。」此之謂也。多紀元堅曰：內關之病，與內經內關，其脈候不同。而其爲陰陽否絕之證，則一耳。

〔一〇〕【正義】王叔和脈經云：「來數而中止，不能自還，因而復動者，名曰代。代者死。」素問曰：「病在心，愈在夏，甚於冬。病在脾，愈在秋，甚於春。病在肺，愈在冬，甚於夏。病在肝，愈在夏，甚於秋也。」【考證】多紀元簡曰：脈經云「春肝木王，其脈弦細而長，名曰平脈也」。今非春時，而得此脈，則知其病主在於肝也。代，乃謂四時相代之脈也，與下文「代絶」之「代」自別。正義引素問節藏氣法時論之文。

〔一一〕【正義】王叔和脈經云「脈長而弦，病於肝也」。素問云：「得病於筋肝之和也。」【考證】海保元備曰：言其脈和者，仍爲經脈主病也。正義引素問，今無所攷。

〔一二〕【正義】素問云：「脈有不及，有太過，有經，有絡。和，即經主病。代，則絡有過也。」八十一難云：「關之前者，陽之動也，脈當見九分而浮。過者法曰太過，減者法曰不及。遂上魚際，爲溢，爲外關内格，此陰乘之脈也。關以後者，陰之動也，脈當見一寸而沈。過者法曰太過，減者法曰不及。遂入尺爲覆，爲内關外格，此陽乘之脈也。故曰覆溢，是其真藏之脈，人不病而死也。」吕廣云：「過九分出一寸，各名太過也。不及九分至二分，或四分五分，此太過。不滿一寸見八分，或五分六分，此不及。」【考證】海保元備曰：上云「和即經主病也」，此云「代則絡脈有過」，即、則互用。滕惟寅曰：素問云「其脈代而鉤者，病在絡脈」。靈樞云「代則取血絡」。按：代，「代絶」之「代」。「過」字，素問中間有之。王冰注脈要精微論有「過之脈」，云「過，謂異於常候也」。此「過」字蓋同義。多紀元堅曰：以上脈法之語。又曰：正義引素問，今無所攷。

〔一三〕【考證】多紀元堅曰：素問陰陽類論云「一陰一陽代絶，此陰氣至心」，次注「代絶者，動而中止也」。海保元備曰：「其代絶而脈賁者」一句，應「代則絡脈有過」。曹山跗案云「代者時參擊並至，乍躁乍大也」。脈賁，蓋此様景象。

〔一四〕【考證】海保元備曰：「經病」至「人則去」九字，疑有衍訛，不可强解。代者絡脈主病，則上文「代則絡脈有過」也。愚按：少陽，經脈之名。

〔一五〕【集解】徐廣曰：「界，一作『分』。下章曰『肝與心相去五分，故曰五日盡』也。」【正義】王叔和脈經云：「分別三門鏡界脈候所主云，從魚際至高骨，卻行一寸，其中名曰寸口。其自高骨從寸至尺，名曰尺澤，故曰尺。寸後尺前，名曰關。陽出陰入，以關爲界，陽出三分，陰入三分，故曰三陰三陽。陽生於尺，動於寸；陰生於寸，動於尺。寸主射上焦，出頭及皮毛竟手。關主射中焦，腹及於腰。尺主射下焦，少腹至足也。【考證】海保元備曰：「關」即「內關」之「關」。關一分，謂少陽初位，爲關格一分所也。及五分上署「關」字。至少陽之界。界，蓋謂末界，對上文「少陽初」而言。上二分，謂關及二分以上也。多紀元胤曰：此證之發也。

〔一六〕【考證】周官天官「疾醫」注「脉之大候，要在陽明寸口」。正義「陽明二處，在大拇指本骨之高處與第二指間」。多紀元胤曰：「熱上」以下四句，謂病之終始，故以下謂所以頭痛。爛解，蓋糜爛離解之謂。氣，熱氣。「已」與「以」同。成始告以頭痛，故以此爲結。

齊王中子諸嬰兒小子病，召臣意診切其脈，告曰：「氣鬲病。病使人煩懣，食不下，時嘔沫。病得之少憂，數忔食飲。」〔一〕臣意即爲之作下氣湯以飲之，一日氣下，二日能食，三日即病愈。所以知小子之病者，診其脈，心氣也，濁躁而經也，此絡陽病也。〔二〕脈法曰：「脈來數疾，去難，而不一者，病主在心。」〔三〕周身熱，脈盛者，爲重陽。〔四〕重陽者遏心主。〔五〕故煩懣食不下，則絡脈有過，絡脈有過，則血上出，血上出者死。此悲心所生也，病得之憂也。〔六〕

〔一〕【索隱】忔，音疑乙反。忔者，風痺忔然不得動也。【考證】張文虎曰：少，疑「心」字之誤。下文「診其脈心氣」也。又云「疾主在心」，又云「重陽遏心主」，又云「此悲心所生，病得之憂也」，是其證。多紀元簡曰：集韻「忔，魚乙切，心不欲也，史記『數忔飲食』」。案：蓋謂强食飲也。

〔二〕【集解】徐廣曰：「濁，一作『黽』，又作『猛』。」【考證】「氣」下「也」字疑衍。多紀元胤曰：而，當作「在」。多紀元簡曰：醫說「絡陽」作「陽絡」，蓋指心包絡。

〔三〕【考證】張文虎曰：「疾」字從舊刻。毛本、考證據宋本並同。它本誤作「病」。案：「脈來數疾去難而不一者」十字作一句讀，謂來疾去遲而至，數又不調也。滕惟寅曰：素問云「夏脈者心也，其氣來盛，去衰，故曰鈎」。按：來數疾者，盛之狀。去難者，衰之意。

〔四〕【索隱】上音直隴反。

〔五〕【集解】徐廣曰：「逿，音唐。逿者盪也。謂病盪心者，猶刺其心。」【索隱】逿，依字讀。【正義】八十一難云「手心主中宮，在中部」。楊玄操云：「手心主胞絡也。自臍已上至帶鬲，爲中焦也。」【考證】海保元備曰：據徐廣注，徐所見本蓋無「主」字。蕩心，見左傳。顧炎武云「古人以左右衝殺爲盪陣」。宋書『顔師伯單騎出盪』，孔顗傳『每戰以刀楯直盪』。徐以盪心爲刺心，其義蓋與此同」。多紀元堅曰：脈經云「心病，煩悶少氣大熱，熱上盪心，嘔吐咳逆」。

〔六〕【考證】多紀元堅曰：「則絡脈有過」至「血上出者死」十八字，與前後文不應，疑衍。滕氏割解以爲項處案中錯簡，移置「番陽入虛裏」下，亦無明據。

齊郎中令循病，衆醫皆以爲蹷入中，而刺之。〔一〕臣意診之曰：「湧疝也，〔二〕令人不得前後溲。」〔三〕循曰：「不得前後溲三日矣。」臣意飲以火齊湯，〔四〕一飲得前溲，再飲大溲，三飲而疾愈。〔五〕病得之内。所以知循病者，切其脈時，右口氣急，〔六〕脈無五藏氣，右口脈大而數。〔七〕數者，中下熱而湧，左爲下，右爲上，皆無五藏應，故曰湧疝。〔八〕中

熱，故溺赤也。〔九〕

〔一〕【考證】淩本、毛本「入」譌「人」。王念孫曰：「蹷」亦作「厥」。釋名云「厥，逆氣從下厥起，上行入心脇也」。故曰「厥入中」。下文云「風入中」。

〔二〕【索隱】上音勇，下音訕，所諫反。鄒誕生疝音山也。【考證】多紀元簡曰：此乃骨空論所謂衝疝。後世或呼爲奔豚疝氣。

〔三〕【索隱】溲，音所留反。前溲，謂小便。後溲，大便也。

〔四〕【正義】飲，於禁反。【考證】多紀元簡曰：齊，和煮湯也。韓非喻老篇「病在腸胃，火劑之所及也」。漢書藝文志云「辨五苦六辛，致水火之齊」。下文云「液湯火齊」，又云「火齊米汁」，又云「陰陽水火之劑」，又曰「火齊粥」，皆其證也。愚按：張氏札記疑「火」字爲「大」字之譌。李氏訂補辨其非。

〔五〕【考證】王念孫曰：「前」下當有「後」字。言一飲而前後溲始通，再飲則大溲也。「大溲」二字，兼前後言之，則上句原有「後」字明矣。大平御覽引此正作「一飲得前後溲」。下文齊太后病，「臣意飲以火齊湯，一飲即前後溲」事，與此相類也。張文虎曰：宋本、毛本、吴校元本「疾」作「病」。愚按：劉百衲宋本亦作「病」。

〔六〕【集解】徐廣曰：「右，一作『有』」。【正義】王叔和脈經云「右手寸口，乃氣口也」。【考證】多紀元堅曰：「氣」字猶玉機真藏論「其氣來」之「氣」。愚按：周官疾醫注「陽明寸口」，正義「寸口者，大拇指本高後一寸」是也。

〔七〕【正義】右口，謂右手寸口也。【考證】滕惟寅曰：或云「右」當作「左」。

〔八〕【考證】多紀元胤曰：脈無五藏應者，謂若蹷入中，則當見藏真之脈。今無其應，故爲湧疝也。

〔九〕【正義】溺，徒弔反。

齊中御府長信病，臣意入診其脈，告曰：「熱病氣也。然暑汗，脈少衰，不死。」曰：「此病得之當浴流水而寒甚，已則熱。」〔一〕信曰：「唯，然！〔二〕往冬時，爲王使於楚，至莒縣陽周水，〔三〕而莒橋梁頗壞，信則擥車轅，未欲渡也，〔四〕馬驚即墮，信身入水中，幾死，吏即來救信，出之水中，衣盡濡，有閒而身寒，已熱如火，至今不可以見寒。」〔五〕臣意即爲之液湯火齊，逐熱，〔六〕一飲汗盡，再飲熱去，三飲病已。即使服藥，出入二十日，身無病者。所以知信之病者，切其脈時，并陰。〔七〕脈法曰：「熱病陰陽交者死。」〔八〕切之不交，并陰。并陰者，脈順清而愈，〔九〕其熱雖未盡，猶活也。腎氣有時閒濁，〔一〇〕在太陰脈口而希，是水氣也。腎固主水，故以此知之。失治一時，即轉爲寒熱。〔一一〕

〔一〕**【考證】**當、嘗通。

〔二〕**【正義】**唯，惟癸反。

〔三〕**【正義】**莒，密州縣。

〔四〕**【正義】**擥，音牽。**【考證】**說文「擥，撮持也」。

〔五〕**【考證】**海保元備曰：見，猶言遇也。下文「病見寒氣則遺溺」，「病得之數飲酒見大風氣」，「見」字與此同。

〔六〕**【考證】**多紀元堅曰：漢書郊祀志「順風作液湯」，如淳云「藝文志有液湯經，其義未詳」。

〔七〕**【考證】**滕惟寅曰：熱邪去陽歸陰，專在裏，謂之并陰。

〔八〕**【考證】**滕惟寅曰：素問云「黃帝問曰：『有病溫者，汗出，輒復熱，而脈躁疾，不爲汗衰，不能食，病名爲何？』岐伯曰：『病名陰陽交。交者死也。』」王冰曰：交，謂交合，陰陽之氣不分別也。

〔九〕【考證】王念孫曰：清，讀爲「動靜」之「靜」。上文「肝氣濁而靜」，徐廣云「一作『清』」。下文「病重而脈順清」，並與「靜」同。

〔一〇〕【集解】徐廣曰：「一作『黽』。」

〔一一〕【考證】張文虎曰：中統、游、王本「失」譌「未」。多紀元簡曰：素問脈要精微論云「風成爲寒熱」，風論云「其寒也衰飲食，其熱也消肌肉，故使人怢慄而不能食，名曰寒熱」。諸言「寒熱」者，皆指虛勞寒熱，此所言亦然。

齊王太后病，召臣意入診脈，曰：「風癉客脬，〔一〕難於大小溲，溺赤。」臣意飲以火齊湯，一飲，即前後溲；再飲，病已，溺如故。病得之流汗出⿰氵循。〔二〕⿰氵循者，去衣而汗晞也。所以知齊王太后病者，臣意診其脈，切其太陰之口，溼然風氣也。〔三〕脈法曰：「沈之而大堅，〔四〕浮之而大緊者，〔五〕病主在腎。」腎切之而相反也，脈大而躁。〔六〕大者，膀胱氣也；躁者，中有熱而溺赤。

〔一〕【索隱】癉，病也，音亶。脬音普交反，字或作「胞」。【正義】癉，音單旱反。「脬」亦作「胞」，膀胱也。言風癉之病，客居在膀胱。【考證】多紀元胤曰：漢書嚴助傳「南方暑溼，近夏癉熱」。脈要精微論曰「癉成爲消中」，次註「癉，謂熱也」。

〔二〕【索隱】劉氏音巡。【考證】張文虎曰：⿰氵循，宋本、中統、游、王、柯作「滫」，凌作「⿰氵修」，索隱、舊刻、毛本作「滫」。案：集韻十八諄「⿰氵循，流貌。史記作『汗出⿰氵循⿰氵循』」，與劉音合，是古本相承作「⿰氵循」。王引之曰：「⿰氵循」當作「滫」。王風中谷有蓷篇「暵其脩矣」，毛傳云「脩且乾也」。「流汗出滫」者，流汗出而乾也，故下文曰「滫者去衣而汗晞」也。說文、玉篇、廣韻無「⿰氵循」字。集韻誤沿劉氏之音，又以「⿰氵循⿰氵循」連讀，其失甚矣。

〔三〕【考證】太陰，經脈之名。張文虎曰：「溼」疑誤。李笠曰：案此腎病候也。腎，水藏，故云「溼然」。「溼」字當不誤。

〔四〕【正義】沈，一作「深」。王叔和脈經云「脈大而堅，病出於腎也」。

〔五〕【正義】緊，音吉忍反。素問云「脈短實而數，有似切繩，名曰緊也」。【考證】岡白駒曰：沈之，重按之也。浮之，輕按之也。滕惟寅曰：素問云「病腎，脈來如引葛，按之益堅曰腎病」。沈之大堅，是按之益堅也。浮之大緊，是如引葛也。正義引素問，今無所攷。

〔六〕【考證】海保元備曰：上「也」字，與論語「夫子至於是邦也」「也」字同，起下文之辭。言病之主在腎者，若切其脈而與常度相反也，則其脈必大而躁也。

齊章武里曹山跗病，〔一〕臣意診其脈曰：「肺消癉也，加以寒熱。」〔二〕即告其人曰：「死，不治。適其共養，此不當醫治。」〔三〕法曰：「後三日而當狂，妄起行欲走；後五日死。」即如期死。山跗病，得之盛怒而以接內。所以知山跗之病者，臣意切其脈，肺氣熱也。脈法曰：「不平不鼓，形獘。」〔四〕此五藏高之遠數以經病也，〔五〕故切之時，不平而代。〔六〕不平者，血不居其處；代者，時參擊並至，乍躁乍大也。〔七〕此兩絡脈絕，故死，不治。〔八〕所以加寒熱者，言其人尸奪。〔九〕尸奪者形獘，形獘者不當關灸鑱石及飲毒藥也。〔一〇〕臣意未往診時，齊太醫先診山跗病，灸其足少陽脈口，〔一一〕而飲之半夏丸，〔一二〕病者即泄注，腹中虛；又灸其少陰脈，是壞肝剛絕深，〔一三〕如是重損病者氣，以故加寒熱。所以後三日而當狂者，肝一絡連屬，結絕乳下陽明，〔一四〕故絡絕，開陽明脈，陽明脈

傷，即當狂走。〔一五〕後五日死者，肝與心相去五分，故曰五日盡，盡即死矣。〔一六〕

〔一〕【索隱】跗，方符反。

〔二〕【考證】多紀元胤曰：素問氣厥論云「心移寒於肺。肺消，肺消者飲一溲二，不治」。又云「心移熱於肺，傳爲鬲消」。虚邪氣藏府病形篇云「肺脈微小爲消癉」。

〔三〕【索隱】適，音釋。共，音恭。案：謂山跗家適近，所持財物共養我，我不敢當，以言其人不堪療也。【考證】董份曰：適其供養，言當適病者之意。供養以俟其死，此不當復醫也。滕惟寅曰：舊本以「治」字屬下文，非。

〔四〕【集解】徐廣曰：「一作『散』。」【正義】王叔和脈經云「平，謂春肝木王，其脈細而長。夏心火王，其脈洪大而散。六月脾土王，其脈大阿阿而緩。秋肺金王，其脈浮濇而短。冬腎水王，其脈沈而滑。名平脈也。」【考證】滕惟寅曰：不鼓，言脈代也。多紀元堅曰：奏鼓必有節。今脈動不定，故云「不鼓」。

〔五〕【考證】海保元備曰：王冰注素問至要大論云「心肺爲近，肝腎爲遠」，姑且依此解之。蓋高謂肺也，遠謂肝也。上文云「肺消癉也」，「肺氣熱也」，下文云「是壞肝剛絶深」。之，猶與也。經者，歷也。言五藏自高以及遠，數數以罹病也。「數云」者，以見其所由來有漸也。

〔六〕【正義】素問云：「血氣易處曰不平，脈候動不定曰代。」【考證】多紀元簡曰：正義引素問，今無所攷，但其説大是。張介賓類經代脈之解，全本于此。

〔七〕【考證】滕惟寅曰：素問云「上下左右之脈，相應如參舂者，病甚」。

〔八〕【考證】滕惟寅曰：肝肺兩絡脈絶。

〔九〕【考證】多紀元簡曰：形肉脱而如尸，故曰「尸奪」。通雅「爲尸厥」，非也。

〔一〇〕【考證】多紀元堅曰：「闢」字疑譌。

〔一一〕【考證】滕惟寅曰：凡脈氣所發皆謂之脈口，不必寸口。愚按：少陽，經脈之名。

〔一二〕【考證】多紀元堅曰：蓋瀉下劑也。

〔一三〕【考證】滕惟寅曰：肝者將軍之官，故曰「肝剛」。多紀元簡曰：經脈篇「筋爲剛」。愚按：少陰，經脈之名。

〔一四〕【正義】素問云：「乳下陽明，胃絡也。」【考證】多紀元簡曰：「絶」字可疑，或是「紐」字。正義蓋節録素問平人氣象論。

〔一五〕【考證】滕惟寅曰：素問陽明脈解篇云「熱盛於身，故棄衣欲走也」。

〔一六〕【考證】張文虎曰：吴校元板無「盡」字。

齊中尉潘滿如病少腹痛，〔一〕臣意診其脈曰：「遺積瘕也。」〔二〕臣意即謂齊太僕臣饒、内史臣繇曰：「中尉不復自止於内，則三十日死。」〔三〕後二十餘日，溲血死。病得之酒且内。所以知潘滿如病者，臣意切其脈，深小弱，其卒然合〔四〕合也，是脾氣也。〔五〕右脈口氣至緊小，見瘕氣也。〔六〕以次相乘，故三十日死。三陰俱（搏）〔摶〕者如法；〔七〕不俱（搏）〔摶〕者，決在急期；〔八〕一（搏）〔摶〕一代者近也。〔九〕故其三陰（搏）〔摶〕，溲血如前止。〔一〇〕

〔一〕【正義】少，音式妙反。王叔和脈經云：「脈急疝瘕，少腹痛也。」【考證】張文虎曰：宋本、中統、毛「少」作「小」。愚按：劉百衲宋本亦作「小」。作「小」爲是。

〔二〕【索隱】劉氏音加雅反。舊音遐。鄒氏音嫁。【正義】龍魚河圖云：「犬狗魚鳥，不熟食之，成瘕痛。」【考證】多紀元堅曰：「瘕」字見醫經中者，如大奇論「瘕」，平人氣象論、玉機真藏論「疝瘕」，氣厥論「虙瘕」，骨空論、二十九難「女子瘕聚」，水脹篇「石瘕」，五十七難「大瘕泄」、陽明篇「固瘕」，及本傳「蟯瘕」等，皆言腹内本無其物，依病爲形者。

〔三〕【考證】內，房慾也。

〔四〕【集解】徐廣曰：「一云『來然合』。」【考證】劉氏百衲宋本、毛本、集解「來然合」作「來然合然合」。錢泰吉曰：正義云「卒一作『來』」，是惟「卒」字有異文爾。

〔五〕【正義】卒，音蔥忽反。卒，一本作「來」。素問云：「疾病之生，生於五藏。五藏之合，合於六府。肝合氣於膽，心合氣於小腸，脾合氣於胃，肺合氣於大腸，腎合氣於膀胱。三焦内主勞。」【考證】滕惟寅曰：深，沈也。多紀元簡曰：「其卒然合合也」句疑有誤脱。海保元備曰：廣雅釋詁「沓，合也」。文選羽獵賦「天與地沓」，注「應劭曰：『沓，合也。』」據此「合」、「沓」同義。漢書禮樂志「騎沓沓」，注「沓沓疾行也」。「合合」疑即「沓沓」，蓋一(搏)〔摶〕一代之狀。正義引素問，今無所攷。

〔六〕【正義】緊小，上結忍反。

〔七〕【正義】如淳云：「音徒端反。」素問云：「左脈口曰少陰，少陰之前名厥陰，右脈口曰太陰，此三陰之脈也。」【考證】多紀元堅曰：素問陰陽別論曰「三陰俱(搏)〔摶〕，二十日夜半死」。次注「脾肺成數之餘也」。(搏)〔摶〕，謂伏鼓異於常候也。蓋本傳之與内經，間有難湊合者。況如日期，義不易了，姑闕疑可也。正義引素問，今無所攷。岡白駒曰：如法，三十日死也。

〔八〕【考證】滕惟寅曰：不俱(搏)〔摶〕者，謂脈更代絶也，脾肺脈絶也。

〔九〕【考證】滕惟寅曰：醫説「近」作「逆」。此解上之「不俱(搏)〔摶〕」義。

〔一〇〕【集解】徐廣曰：「前，一作『筋』也。」【考證】岡白駒曰：如前，即「二十餘日溲血死」是也。多紀元堅曰：止，疑「死」譌。

陽虚侯相趙章病，〔一〕召臣意。衆醫皆以爲寒中，臣意診其脈曰：「迵風。」〔二〕迵風者，飲食下嗌，而輒出不留。〔三〕法曰：「五日死。」而後十日乃死。病得之酒。所以知趙章之病者，臣意切其脈，脈來滑，是内風氣也。〔四〕飲食下嗌而輒出不留者，法，五日死，皆爲前分界法。〔五〕後十日乃死，所以過期者，其人嗜粥，故中藏實，中藏實，故過期。師言曰：「安穀者過期，不安穀者不及期。」〔六〕

〔一〕【考證】漢書齊悼惠王傳「陽虛」作「楊虛」。

〔二〕【集解】迵，音洞。言洞徹入四支。【索隱】下云「飲食下嗌輒出之」，是風疾洞徹五藏，故曰「迵風」。【考證】多紀元簡曰：邪風藏府病形篇云「洞者，食不化，下嗌還出」。甲乙經引作「洞泄」。王肯堂證治準繩云「餐泄，水穀不化而完出。史記倉公傳『迵風』即此也」。

〔三〕【集解】嗌，音益。謂喉下也。

〔四〕【考證】多紀元堅曰：素問平人氣象論云「脈滑曰病風」，脈要精微論云「久風爲飧泄」。

〔五〕【正義】分，扶問反。【考證】滕正路曰：凡每一部五分，以是知死期，謂之前分界法。

〔六〕【考證】師，陽慶。海保元備曰：安，安頓之義。

濟北王病，召臣意診其脈，曰：「風蹶胷滿。」〔一〕即爲藥酒，盡三石，病已。〔二〕得之汗出伏地。所以知濟北王病者，臣意切其脈時，風氣也，心脈濁。〔三〕病法，過入其陽，陽氣盡而陰氣入。陰氣入張，則寒氣上而熱氣下，故胷滿。汗出伏地者，切其脈，氣陰。陰氣者病必入中，出及瀺水也。〔四〕

〔一〕【考證】多紀元胤曰：素問評熱病論云「帝曰：『有病身熱汗出，煩滿，煩滿不爲汗解，此爲何病？』岐伯曰：

『汗出而身熱者，風也。汗出煩滿不解者，厥也。病名曰「風厥」。』」靈樞五變篇曰「黃帝曰：『人之善風厥漉汗者，何以候之？』少俞答曰：『肉不堅，腠理疏，則善病風。』」按：以上二篇文，與此段「風蹶」相類，而陰陽別論所說自異。

〔二〕【考證】毛本「石」作「日」。

〔三〕【集解】徐廣曰：「一作『鼂』。」

〔四〕【索隱】瀺，音士咸反。【正義】顧野王云：「手足液身體。汋，音常灼反。」【考證】多紀元胤曰：「瀺水」未詳。張文虎曰：正義有脫文。

齊北宮司空命婦出於病，〔一〕衆醫皆以爲風入中，病主在肺，刺其足少陽脈。〔二〕臣意診其脈曰：「病氣疝，客於膀胱，難於前後溲，而溺赤，病見寒氣則遺溺，使人腹腫。」出於病得之欲溺不得，因以接內。所以知出於病者，切其脈，大而實，其來難，是蹶陰之動也。〔三〕脈來難者，疝氣之客於膀胱也。腹之所以腫者，言蹶陰之絡結小腹也。蹶陰有過，則脈結動，動則腹腫。〔四〕臣意即灸其足蹶陰之脈，左右各一所，即不遺溺而溲清，小腹痛止。即更爲火齊湯以飲之，三日而疝氣散，即愈。

〔一〕【集解】徐廣曰：「婦，一作『奴』。奴蓋女奴。」【正義】出於，命婦名也。【考證】多紀元簡曰：世婦爲內命婦，卿大夫之妻爲外命婦。世婦與大夫妻相敵。又命及於士，則其妻亦爲命婦。士妻與女御相對。蓋婦人無爵，從夫命之爵也。崔適曰：「出於病」當作「病於出」，下文同。說文「娗，女出病也。醫書謂之陰挺」。故此傳下文云「疝氣之客於膀胱」也。愚按：崔說非也。初曰某病，後曰某病得之某事，所以知某病者。上下文例皆然。正義爲是。

〔二〕【集解】徐廣曰：「肺，一作『肝』。」

〔三〕【正義】鄒厥陰之脈也。【考證】張文虎曰：正義「鄒」下脱「云」字。

〔四〕【考證】多紀元胤曰：脈結動者，謂脈結於小腹，且爲之動作也。多紀元堅曰：齊御史成案曰「脈結發」，語意相近。

故濟北王阿母〔一〕自言足熱而懣，臣意告曰：「熱蹶也。」則刺其足心各三所，案之，無出血，病旋已。〔二〕病得之飲酒大醉。

〔一〕【集解】徐廣曰：「濟，一作『齊王』。」【索隱】案：是王之嬭母也。【正義】服虔云：「乳母也。」鄭：「慈己者。」【考證】張文虎曰：正義蓋引喪服傳注，「鄭」下疑脱「云」字。

〔二〕【索隱】言尋則已止也。【正義】謂旋轉之閒，病則已止也。【考證】滕惟寅曰：案，以指按針孔也。素問云「刺少陰，出氣惡血，出血太多，不可復也」。

濟北王召臣意診脈，〔一〕諸女子侍者至女子豎，豎無病。臣意告永巷長曰：「豎傷脾，不可勞，法，當春嘔血死。」臣意言王曰：「才人女子豎何能？」王曰：「是好爲方，多伎能，爲所是案法新，〔二〕往年市之民所，四百七十萬，曹偶四人。」〔三〕王曰：「得毋有病乎？」臣意對曰：「豎病重，在死法中。」王召視之，其顏色不變，以爲不然，不賣諸侯所。至春，豎奉劍從王之廁，王去，豎後，王令人召之，即仆於廁，嘔血死。〔四〕病得之流汗。流汗者，同法病內重，毛髮而色澤，脈不衰，〔五〕此亦關內之病也。〔六〕

〔一〕【考證】張文虎曰：中統本、吴校元板、褉志引宋本並有「臣」字，它本脱。愚按：百衲宋本亦有。

〔二〕【集解】徐廣曰：「所，一作『取』。」【索隱】謂於舊方技能生新意也。【考證】多紀元簡曰：方，葢謂小方。封禪書「上使小方鬭碁，碁自相觸擊」。愚按：「爲所是」句疑有譌。

〔三〕【索隱】案：當今之四千七百貫也。曹偶，猶等輩也。

〔四〕【索隱】仆，音赴，又音步北反。

〔五〕【考證】張文虎曰：「同」字疑衍。滕惟寅曰：「而」當作「面」。

〔六〕【考證】王念孫曰：「鬭內」當作「內關」。上文「齊侍御史成」條云「此內關之病也」，此文云「此亦內關之病也」，「亦」字即承上文言之。

齊中大夫病齲齒，〔一〕臣意灸其左大陽明脈，〔二〕即爲苦參湯，日嗽三升，出入五六日，病已。得之風，及卧開口，食而不嗽。

〔一〕【正義】上丘羽反。釋名云「齲，朽也，蟲齧之缺朽也」。

〔二〕【考證】多紀元簡曰：證類本草「大」作「手」。醫説無「明」字。

菑川王美人懷子而不乳，〔一〕來召臣意。臣意往，飲以莨碭藥一撮，以酒飲之，〔二〕旋乳。〔三〕臣意復診其脈，而脈躁。躁者有餘病，即飲以消石一齊，出血，血如豆，比五六枚。〔四〕

〔一〕【索隱】乳，音人喻反。乳，生也。

〔二〕【正義】莨碭，浪宕二音。【考證】多紀元簡曰：本草有莨菪子，即是。陶隱居曰：一撮者，四刀圭也。

〔三〕【索隱】旋乳者，言迴旋即生也。【考證】李笠曰：旋，猶俄也。

〔四〕【索隱】比，音必利反。【考證】岡白駒曰：比，「比年」之「比」。

齊丞相舍人奴從朝入宫，臣意見之食閨門外，望其色，有病氣。臣意即告宦者平。平好爲脈，學臣意所，臣意即示之舍人奴病，告之曰：「此傷脾氣也，當至春鬲塞不通，不能食飲，〔一〕法，至夏泄血死。」宦者平即往告相曰：「君之舍人奴有病，病重，死期有日。」相君曰：「卿何以知之？」〔二〕曰：「君朝時入宫，君之舍人奴盡食閨門外，平與倉公立，即示平曰：『病如是者死。』」相即召舍人奴而謂之曰：「公奴有病不？」〔三〕舍人曰：「奴無病，身無痛者。」至春果病，至四月，泄血死。所以知奴病者，脾氣周乘五藏，傷部而交，故傷脾之色也，〔四〕望之殺然黄，察之如死青之茲。〔五〕衆醫不知，以爲大蟲，不知傷脾。〔六〕所以至春死病者，〔七〕胃氣黄，黄者土氣也，土不勝木，故至春死。〔八〕所以至夏死者，脈法曰：「病重而脈順清者曰内關。」内關之病，人不知其所痛，心急然無苦。〔九〕若加以一病，死中春；一愈順，及一時。〔一〇〕其所以四月死者，診其人時愈順。愈順者人尚肥也。奴之病得之流汗數出，灸於火而以出見大風也。

〔一〕**【考證】**滕惟寅曰：靈樞云「飲食不下，膈塞不通，邪在胃脘」。

〔二〕**【考證】**海保元備曰：案此紀事之文，不當稱「君」，前後亦唯稱「相」，蓋史之駁文，否則「君」字衍。

〔三〕**【考證】**凌稚隆曰：「舍人」下「奴」字衍。海保元備曰：古人相呼曰「公」，史記毛遂曰「公等録録」是也。君呼臣亦曰「公」，高祖謂叔孫通曰「公罷矣，吾直戲耳」是也。貴呼賤亦曰「公」，高祖解縱所〔遺〕〔遣〕徒曰「公等皆去」是也。然則「公」是齊相呼其舍人之辭，言「公」之家奴有病否也？舍人曰「奴無病，身無痛者」，蓋舍人以其所睹聞告之也。御覽無「公」字，非是。

〔四〕【考證】滕惟寅曰：交，更互交錯也。凌稚隆曰：此獨不用脈，但望而知之也。

〔五〕【集解】徐廣曰：「殺，音蘇葛反。」【正義】殺，蘇亥反。【考證】稻葉元熙曰：集韻「殺，桑葛切，散貌。」史記『望之殺然黃』」。多紀元簡曰：素問五藏生成篇「青如草茲者死」，張志聰注云「草茲者，死草之色，青而帶白也」。按：爾雅釋器「蓐謂之茲」張本于此。愚按：李氏訂補説同。

〔六〕【索隱】即蚘虫也。

〔七〕【考證】多紀元堅曰：「死」字衍。

〔八〕【考證】多紀元堅曰：「死」當作「病」。

〔九〕【考證】滕惟寅曰：「急」當作「慧」。慧，了也。多紀元堅曰：滕説是。靈樞邪氣藏府病形篇「心慧然若無病」。又素問八正神明論「慧然」字兩見。

〔一〇〕【考證】滕正路曰：「愈」通作「愉」。愉順言形氣和順。「及一時」者，過春三月也。多紀元堅曰：淳于司馬案云「其病順，故不死」。「順」字蓋與此同。

菑川王病，召臣意診脈，曰：「蹶上，〔一〕爲重頭痛，身熱，使人煩懣。」〔二〕臣意即以寒水拊其頭，〔三〕刺足陽明脈，左右各三所，病旋已。病得之沐髮未乾而臥。診如前，所以蹶頭熱至肩。

〔一〕【正義】時掌反。蹶，逆氣上也。

〔二〕【正義】亡本反。非但有煩也。

〔三〕【索隱】拊，音附，又音撫。

齊王黃姬兄黃長卿家有酒召客，召臣意。諸客坐，未上食。臣意望見王后弟宋建，告曰：「君有病，往四五日，君要脅痛，不可俛仰，〔一〕又不得小溲。不亟治，病即入濡腎。〔二〕及其未舍五藏，急治之。病方今客腎濡，〔三〕此所謂『腎痺』也。」〔四〕宋建曰：「然，建故有要脊痛。往四五日，天雨，黄氏諸倩〔五〕見建家京下方石，〔六〕即弄之，〔七〕建亦欲效之，效之不能起，即復置之。暮要脊痛，不得溺，至今不愈。」建病得之好持重。所以知建病者，臣意見其色，太陽色乾，〔八〕腎部上及界，要以下者，枯四分所，〔九〕故以往四五日，知其發也。〔一〇〕臣意即爲柔湯使服之，〔一一〕十八日所而病愈。

〔一〕【正義】上音免。【考證】「要」與「腰」同。滕惟寅曰：據下文，「脅」當作「脊」。

〔二〕【考證】多紀元簡曰：濡腎即腎藏，蓋肝剛之類耳。

〔三〕【正義】濡，溺也。病方客在腎，欲溺腎也。【考證】張文虎曰：「濡」當作「輸」。五藏之輸，見扁鵲傳。正義非。

〔四〕【考證】滕惟寅曰：痺，閉也。素問亦有「腎痺」語。

〔五〕【集解】徐廣曰：「倩者，女壻也。」駰案：方言曰「東齊之閒，壻謂之倩」。郭璞曰「言可假倩也」。【正義】倩，音七姓反。

〔六〕【集解】徐廣曰：「京者，倉廩之屬也。」【考證】海保元備曰：廣雅釋室「京，倉也」。管子「有新成囷京者，二家」，注云「大囷曰京」。

〔七〕【考證】王念孫曰：御覽引此「即」作「取」，於義爲長。

〔八〕【考證】多紀元簡曰：太陽部位未審。素問刺熱篇云「太陽之脈，色榮顴骨，熱病也」，意氣相似，當攷。

〔九〕【考證】滕惟寅曰：要以下，即腎部也。枯，甚於乾。

〔一〇〕【考證】海保元備曰：當言「故知其發以往四五日也」，疑是訛錯。

〔一一〕【考證】滕惟寅曰：柔湯，補藥也，對剛劑言。

濟北王侍者韓女病，要背痛，寒熱，衆醫皆以爲寒熱也。臣意診脈曰：「內寒，月事不下也。」即竄以藥，旋下，病已。〔一〕病得之欲男子而不可得也。所以知韓女之病者，診其脈時，切之，腎脈也，嗇而不屬。〔二〕嗇而不屬者，其來難堅，故曰：「月不下。」〔三〕肝脈弦，出左口，故曰「欲男子不可得也」。

〔一〕【索隱】謂以藥燻之，故云。竄，音七亂反。

〔二〕【正義】嗇，音色，不滑也。【考證】嗇、濇通。多紀元簡曰：脈經云「濇脈，細而遲，往來難且散，或一止復來」。

〔三〕【考證】「月」下奪「事」字。

臨菑氾里女子薄吾病甚，〔一〕衆醫皆以爲寒熱篤，當死，不治。臣意診其脈曰：「蟯瘕。」〔二〕蟯瘕爲病，腹大，上膚黃麤，循之戚戚然。〔三〕臣意飲以芫華一撮，〔四〕即出蟯可數升，病已，三十日如故。病蟯得之於寒溼，〔五〕寒溼氣宛，篤不發，化爲蟲。〔六〕臣意所以知薄吾病者，〔七〕切其脈，循其尺，〔八〕其尺索刺麤，而毛美奉髮，〔九〕是蟲氣也。其色澤者，中藏無邪氣及重病。

〔一〕【索隱】氾，音凡。

〔二〕【集解】徐廣曰：「蟯，音饒。」【索隱】音饒櫝，舊音遶遐。【正義】人腹中短蟲。

〔三〕【考證】戚、蹙通。

〔四〕【考證】滕惟寅曰：本草經云「芫花殺蟲魚」。

〔五〕【考證】王念孫曰：「蟯」字衍。凡篇内稱病得之於某事者，皆不言其病名，以病名已見於上文也。愚按：多紀元堅説同。

〔六〕【集解】宛，音鬱。【索隱】又如字。【考證】齊王侍醫遂案云「宛氣愈深」。

〔七〕【考證】張文虎曰：各本「薄吾」上衍「寒」字。襍志引宋本、中統、毛本並無。愚按：劉百衲宋本亦無。

〔八〕【正義】王叔和云：「寸關尺。寸謂三分，尺謂八分。寸口在關上，尺在關下。寸關尺其有一寸九分也。」

〔九〕【集解】徐廣曰：「奉，一作『奏』，又作『秦』。」【索隱】循，音巡。案：謂手循其尺索也。刺，音七賜反。麤，音七胡反。言循其尺索，刺人手而麤，是婦人之病也。徐氏云「奉一作『奏』」，非其義也。又云「一作『秦』」。秦，謂螓首，言髮如蠐螬。事葢近也。【考證】多紀元胤曰：尺索，尺膚枯腊之義。毛美奉髮，醫説作「毛焦拳髮」。乃與「其尺索刺麤」，皆血液枯燥之義。毛美奉髮，葢傳寫之誤。

齊淳于司馬病，臣意切其脈，告曰：「當病迵風。迵風之狀，飲食下嗌，輒後之。〔一〕病得之飽食而疾走。」淳于司馬曰：「我之王家食馬肝，〔二〕食飽甚，〔三〕見酒來，即走去，驅疾至舍，即泄數十出。」〔四〕臣意告曰：「爲火齊米汁飲之，七八日而當愈。」時醫秦信在旁，臣意去，信謂左右閣都尉〔五〕曰：「意以淳于司馬病爲何？」曰：「以爲迵風，可治。」信即笑曰：「是不知也。淳于司馬病，法，當後九日死。」即後九日不死，其家復召臣意。臣意往問之，盡如意診。臣即爲一火齊米汁使服之，七八日病已。所以知之者，診其脈時，切之，盡如法，其病順，故不死。〔六〕

〔二〕【集解】徐廣曰：「如廁。」【考證】上文陽虛侯相趙章案「迵風者，飲食下嗌，而輒出不留」，義同。

〔三〕【考證】儒林傳云景帝曰：「食肉不食馬肝，不爲不知味。」封禪書云武帝曰：「文成食馬肝而死耳。」

〔三〕【考證】御覽無「食」字。

〔四〕【考證】張文虎曰：元龜引「驅疾」作「疾驅」。

〔五〕【索隱】案：閣者，姓也，爲都尉。一云閣即宮閣，都尉掌之，故曰閣都尉也。【考證】張文虎曰：據索隱，則「閣」當作「閤」，御覽引正作「閤」。

〔六〕【考證】御覽引「故不」下有「知」字。

齊中郎破石病，臣意診其脈，告曰：「肺傷，不治，當後十日丁亥，溲血死。」即後十一日，溲血而死。破石之病，得之墮馬僵石上。〔一〕所以知破石之病者，切其脈，得肺陰氣，其來散，數道至而不一也。色又乘之。〔二〕所以知其墮馬者，切之得番陰脈。〔三〕番陰脈入虛裏，乘肺脈。肺脈散者，固色變也，乘之。〔四〕所以不中期死者，師言曰：「病者安穀即過期，不安穀則不及期。」其人嗜黍，黍主肺，故過期。〔五〕所以溲血者，診脈法曰：「病養喜陰處者順死，養喜陽處者逆死。」〔六〕其人喜自靜不躁，又久安坐，伏几而寐，故血下泄。

〔一〕【考證】多紀元簡曰：倉公診脈，以知墜墮傷肺，而知其墮馬僵石上者，必得之於問矣。下文云「所以知其墜馬，乃謂墜墮傷肺也」，故初診其脈曰「肺傷」。下文但云「墮馬」，而不云「僵石上」，其義可見耳。倉公診脈雖入神，而其馬與石，豈有辨於指下之理乎？

〔二〕【考證】滕惟寅曰：赤色乘肺部也。

〔三〕【索隱】番，音芳袁反。【考證】釋幻雲曰：項處案云「切其脈得番陽」。索隱云「以言陽脈之翻入虛裏也」。番陽、番陰，可例知焉。滕惟寅曰：「番」通作「翻」，又通作「反」。案：陰陽應象大論「陰陽反作」，千金腎藏門云「陰陽翻作，陽氣内伏，陰氣外昇」，知是「反」、「翻」通。蓋索隱亦以爲「反」義也。

〔四〕【考證】海保元備曰：此蓋覆説上文「色又乘之」句。「乘之」二字疑衍。

〔五〕【考證】多紀元簡曰：靈樞五穀篇云「肺病者宜食黄黍」。千金方云「白黍米宜肺」。

〔六〕【考證】張文虎曰：養喜陽處，宋本、毛本與上句一例，他本「養」、「喜」倒。下文「其人自静不躁」，即養喜陰處者。

齊王侍醫遂病，自練五石服之。〔一〕臣意往過之，遂謂意曰：「不肖有病，幸診遂也。」臣意即診之，告曰：「公病中熱。論曰：『中熱不溲者，不可服五石。』石之爲藥精悍，公服之，不得數溲，亟勿服。色將發臃。」〔二〕遂曰：「扁鵲曰：『陰石以治陰病，陽石以治陽病。』〔三〕夫藥石者，有陰陽水火之齊，故中熱，即爲陰石柔齊治之；中寒，即爲陽石剛齊治之。」臣意曰：「公所論遠矣。扁鵲雖言若是，然必審診，起度量，立規矩，稱權衡，合色脈，〔四〕表裏有餘不足順逆之法，參其人動静，與息相應，乃可以論。論曰：『陽疾處内，陰形應外者，不加悍藥及鑱石。』夫悍藥入中，則邪氣辟矣，〔五〕而宛氣愈深。〔六〕診法曰：『二陰應外，一陽接内者，不可以剛藥。』〔七〕剛藥入，則動陽，陰病益衰，陽病益著，邪氣流行，爲重困於俞，〔八〕忿發爲疽。」意告之後百餘日，果爲疽發乳上，入缺盆，

死。〔九〕此謂論之大體也，必有經紀。拙工有一不習，文理陰陽失矣。〔一〇〕

〔一〕【考證】多紀元簡曰：抱朴子金丹卷曰「五石者丹砂、雄黄、白礬、曾青、慈石也」。按：御覽引晉書云「靳邵創置五石散方，晉朝士大夫無不服餌」。此云「自練五石」，則知不昉於靳邵矣。

〔二〕【考證】色，顏色。

〔三〕【考證】釋幻雲曰：此語不順。多紀元堅曰：按據下文，「陰」、「陽」之字互誤，宜作「陰石以治陽病，陽石以治陰病」始順。

〔四〕【集解】徐廣曰：「合，一作『占』。」

〔五〕【索隱】辟，音必亦反，猶聚也。【正義】辟，言辟惡風也。劉伯莊云「辟，猶聚也」。恐非其理也。【考證】正義所引劉説與索隱同。蓋讀「辟」爲「襞積」之「襞」，可從。下文「邪氣流行」。

〔六〕【索隱】愈，音庚。【考證】宛，音鬱。

〔七〕【考證】滕正路曰：二陰一陽，言寒多熱少。

〔八〕【集解】徐廣曰：「音始喻反。」【考證】俞，經俞也。多紀元簡曰：重困，猶累困也。海保元備曰：應「宛氣愈深」。

〔九〕【索隱】按：缺盆，人乳房上骨名也。【考證】張文虎曰：御覽引「爲疽」作「病疽」。

〔一〇〕【考證】多紀元簡曰：「此謂」以下四句，應前文「扁鵲曰」云云，言扁鵲所言，此論之要領，而更必有經紀之別。拙工徒執泥其文，不言外求意，則所失不一也。「經紀」二字，素、靈中屢見之，蓋綱常緒理之謂。

齊王故爲陽虚侯時，病甚，〔一〕衆醫皆以爲蹷。臣意診脈以爲痺，〔二〕根在右脅下，大如覆杯，令人喘，逆氣，不能食。臣意即以火齊粥且飲，〔三〕六日，氣下，即令更服丸

藥，出入六日，病已。病得之內。診之時，不能識其經解，大識其病所在。〔四〕

〔一〕【集解】徐廣曰：「齊悼惠王子也，名將廬，以文帝十六年爲齊王，即位十一年卒，謚孝王。」

〔二〕【考證】多紀元堅曰：玉機真藏論「病入舍於肺，名曰肺痹，發欬上氣」。

〔三〕【考證】滕惟寅曰：飲，亦湯也。

〔四〕【考證】大，猶大略也。

臣意嘗診安陽武都里成開方，〔一〕開方自言以爲不病，臣意謂之，病苦沓風，〔二〕三歲，四支不能自用，使人瘖，〔三〕瘖即死。今聞其四支不能用，瘖而未死也。病得之數飲酒，以見大風氣。所以知成開方病者，診之，其脈法奇咳，言曰：「藏氣相反者死。」〔四〕切之得腎反肺，〔五〕法曰「三歲死」也。

〔一〕【考證】各本「嘗」作「常」，今從楓山、三條、宋本。

〔二〕【索隱】沓，音徒合反。風，病之名也。

〔三〕【集解】徐廣曰：「一作『脊』，音才亦反。」【索隱】瘖者失音也，讀如音。又作「厝」。厝者置也。言使人運置其手足也。【考證】張文虎曰：集解「脊」當作「瘠」，故音才亦反。

〔四〕【集解】徐廣曰：「反，一作『及』。」【考證】倉公受奇咳術於陽慶，說見于前。李笠曰：「言」上疑脫「師」字。此引師言爲據，猶後引書也。上文「師言曰『安穀者過期』」可證。

〔五〕【集解】徐廣曰：「反，一作『及』。」

安陵阪里公乘項處病，〔一〕臣意診脈曰：「牡疝。」〔二〕牡疝在鬲下，上連肺。病得之內。臣意謂之，慎毋爲勞力事，爲勞力事，則必嘔血死。處後蹴踘，〔三〕要蹷寒，汗出多，即嘔血。臣意復診之曰：「當旦日日夕死。」〔四〕即死。病得之内。〔五〕所以知項處病者，切其脈，得番陽。〔六〕番陽入虛裏，處旦日死。〔七〕一番一絡者，牡疝也。〔八〕

〔一〕【索隱】案：公乘，官名也。項姓，處名。故上云「倉公之師元里公乘陽慶」亦然也。

〔二〕【索隱】上音母，下音色諫反。【考證】堀川濟曰：牡疝，蓋心疝也。心爲牡藏，故曰牡疝。下文「在鬲下，上連肺」，則疝從少腹上乘心部也。嘔血死，則以心主血也。

〔三〕【集解】徐廣曰：「蹴，一作『蹹』。」【正義】上千六反，下九六反。謂打毬也。

〔四〕【索隱】案：旦日，明日也。言明日之夕死也。

〔五〕【考證】多紀元堅曰：「病得之内」四字，與上文複，疑衍。

〔六〕【索隱】脈病之名曰番陽者，以言陽脈之翻入虛裏也。

〔七〕【考證】多紀元堅曰：「處旦日死」四字恐衍。

〔八〕【集解】徐廣曰：「絡，一作『結』。」【考證】多紀元堅曰：作「結」近是。

臣意曰：他所診期決死生，及所治已病衆多，久頗忘之，不能盡識，不敢以對。〔一〕

〔一〕【考證】以上醫案凡二十五條，以下問答論凡七條。

問臣意：「所診治病，病名多同而診異，或死或不死。何也？」對曰：「病名多相類，不可知，故古聖人爲之脈法，以起度量，立規矩，縣權衡，案繩墨，調陰陽，別人之脈各名之，與天地相應，參合於人，故乃別百病以異之，有數者能異之，無數者同之。〔二〕然脈法不可勝驗，診疾人以度異之，〔二〕乃可別同名，命病主在所居。今臣意所診者，皆有診籍。〔三〕所以別之者，臣意所受師方適成，師死，以故表籍所診，期決死生，觀所失所得者合脈法，以故至今知之。」〔四〕

〔一〕【索隱】數，音色住反。謂術數之人，乃可異其狀也。【考證】數，方術也。張文虎曰：凌本「能」譌「皆」。

〔二〕【考證】多紀元胤曰：疾人，猶言病者。滕惟寅曰：以度異之，推法度以別異之。

〔三〕【考證】籍，簿書也。診籍，猶今診察記。倉公醫案二十五條，自此節録。

〔四〕【考證】凌稚隆曰：問答論多用「以故」二字作轉語。

問臣意曰：「所期病決死生，或不應期，何故？」對曰：「此皆飲食喜怒不節，或不當飲藥，或不當鍼灸，以故不中期死也。」

問臣意：「意方能知病死生，論藥用所宜，諸侯王大臣有嘗問意者不？及文王病時，不求意診治，何故？」〔一〕對曰：「趙王、膠西王、濟南王、吴王皆使人來召臣意，臣意不敢往。文王病時，臣意家貧，欲爲人治病，誠恐吏以除拘臣意也，〔二〕故移名數左右，〔三〕不脩家生，出行游國中，問善爲方數者，事之久矣，〔四〕見事數師，〔五〕悉受其要事，盡其方書意，及解論之。身居陽虛侯國，因事侯。侯入朝，臣意從之長安，以故得診安陵項處等病也。」

〔一〕【集解】徐廣曰：「齊文王也，以文帝十五年卒。」

〔二〕【集解】徐廣曰：「時諸侯得自拜除吏。」【正義】恐爲吏拘繫之，時諸侯得自拜除官吏也。【考證】多紀元胤曰：吏以除，謂齊吏除意以拘留也。徐説迂。

〔三〕【正義】以名籍屬左右之人。【考證】言常不定名籍所屬。名籍，户籍也。

〔四〕【索隱】數，音術數之數。

〔五〕【正義】上色庚反。

問臣意：「知文王所以得病不起之狀？」臣意對曰：「不見文王病，然竊聞文王病喘，頭痛，目不明。臣意心論之，以爲非病也。以爲肥而蓄精，身體不得摇，骨肉不相任，故喘，不當醫治。脈法曰：『年二十，脈氣當趨；年三十，當疾步；年四十，當安坐；年五十，當安臥；年六十已上，氣當大董。』〔一〕文王年未滿二十，方脈氣之趨也，而徐之，〔二〕不應天道四時。後聞醫灸之即篤，此論病之過也。臣意論之，以爲神氣争而邪氣入，非年少所能復之也，以故死。所謂氣者，當調飲食，擇晏日，車步廣志，以適筋骨肉血脈以瀉氣。〔三〕故年二十，是謂『易貿』，〔四〕法不當砭灸，砭灸至氣逐。」〔五〕

〔一〕【集解】徐廣曰：「董，謂深藏之。一作『堇』。」【索隱】堇，音謹。【考證】滕惟寅曰：靈樞云「人生十歲，五藏始定，血氣已通，其氣在下，故好走。二十歲，血氣始盛，肌肉方長，故好趨。三十歲，五藏大定，肌肉堅固，血脈盛滿，故好步。四十歲，五藏六府十二經脈皆大盛以平定，腠理始疎，榮華頽落，髮頗班白，平盛不摇，故好坐。五十歲，肝氣始衰，肝葉始薄，膽汁始減，目始不明。六十歲，心氣始衰，苦憂悲，血氣懈惰，故好臥」。多紀元簡曰：方言「董，固也」。

〔二〕【考證】脈氣方盛，可趨之時，而文王不趨而徐步。

〔三〕【考證】漢書揚雄傳「天清日晏」，顔師古注「晏，無雲也」。多紀元堅曰：車步廣志，言或車或步，以開舒志懷。海保元備曰：「肉」字疑因「骨」下「肉」而衍。

〔四〕【集解】徐廣曰：「一作『賀』，又作『質』。」【考證】通作「貿」。言形氣變易之時，宜適筋骨血脈以瀉氣也。

〔五〕【考證】海保元備曰：逐，奔逐也。言砭灸，則至於脈氣奔逐，不可制止，非瀉氣之道也。

問臣意：「師慶安受之，聞於齊諸侯不？」對曰：「不知慶所師受。慶家富，善爲醫，不肯爲人治病，當以此故不聞。慶又告臣意曰：『慎毋令我子孫知若學我方也。』」〔一〕

〔一〕【考證】若，汝也。

問臣意：「師慶何見於意而愛意，欲悉教意方？」對曰：「臣意不聞師慶爲方善也。意所以知慶者，意少時好諸方事，臣意試其方，皆多驗精良。臣意聞菑川唐里公孫光善爲古傳方，〔一〕臣意即往謁之，得見事之，受方化陰陽，及傳語法，〔二〕臣意悉受書之。臣意欲盡受他精方，公孫光曰：『吾方盡矣，不爲愛公所。〔三〕吾身已衰，無所復事之。是吾年少所受妙方也，悉與公，毋以教人。』臣意曰：『得見事侍公前，悉得禁方，幸甚。意死不敢妄傳人。』居有閒，公孫光閒處，〔四〕臣意深論方，見言百世爲之精也。師光喜曰：『公必爲國工。〔五〕吾有所善者皆疏，〔六〕同產處臨菑，善爲方，吾不若，其方甚奇，非世之所聞也。吾年中時，嘗欲受其方，〔七〕楊中倩不肯曰：「若非其人也。」胥與公往見之，當知公喜方也。〔八〕其人亦老矣，其家給富。時者未往，會慶子男殷來獻馬，因師光奏馬王所，意以故得與殷善。光又屬意於殷曰：『意好數，〔九〕公必謹遇之，其人聖儒。』〔一〇〕即爲書以意屬陽慶，以故知慶。臣意事慶謹。以故愛意也。」

〔一〕【索隱】謂好能傳得古方也。【正義】謂全傳寫得古人之方書。【考證】王念孫曰：古傳方，當作「傳古方」，索隱、正義可證。

〔二〕【集解】徐廣曰：「法，一作『五』。」【考證】方化陰陽，未詳。岡白駒曰：傳語法，蓋口授法。

〔三〕【索隱】言於意所不愛惜方術也。

〔四〕【正義】上音閑，下昌汝反。

〔五〕【考證】國，如「國士」之「國」。

〔六〕【考證】岡白駒曰：吾有交所善者好方，而其術皆疎。

〔七〕【索隱】案：年中，謂中年時也。中年亦壯年也，古人語自爾。

〔八〕【集解】徐廣曰：「胥，猶言須也。」【索隱】倩，音七見反，人姓名也。【考證】若，汝也。

〔九〕【索隱】數，色句反，謂好術數也。【考證】數，方術。

〔一〇〕【索隱】言意儒德，慕聖人之道，故云聖儒也。【考證】海保元備曰：說文「聖，通也」。顏師古漢書司馬相如傳注「儒，術士之稱」。

問臣意曰：「吏民嘗有事學意方，及畢盡得意方不？何縣里人？」〔一〕對曰：「臨菑人宋邑。〔二〕邑學，臣意教以五診，歲餘。〔三〕濟北王遣太醫高期、王禹學，〔四〕臣意教以經脈高下，及奇絡結，〔五〕當論俞所居，〔六〕及氣當上下出入，邪，逆順，〔七〕以宜鑱石，定砭灸處，歲餘。〔八〕菑川王時遣太倉馬長馮信正方，〔九〕臣意教以案法，逆順論，藥法，定五味，及和齊湯法。〔一〇〕高永侯家丞杜信喜脈來學，〔一一〕臣意教以上下經脈，五診，二歲餘。臨菑召里唐安來學，臣意教以五診，上下經脈，奇咳，四時應陰陽重，〔一二〕未成，除爲齊王侍醫。」

〔一〕【考證】海保元備曰：畢，猶皆也。言承學之士皆盡得意方不也。

〔二〕【集解】徐廣曰：「一作『昆』。」

〔三〕【正義】五診，謂診五藏之脈。

〔四〕【集解】徐廣曰：「禹，一作『齲』。」

〔五〕【正義】素問云：「奇經八脈往來，舒時一止而復來，名之曰結也。」【考證】多紀元堅曰：「奇絡結」未詳。正義引素問，今無所考。

〔六〕【正義】俞，式喻反。【考證】當讀爲「常」。多紀元簡曰：醫說「俞所居」作「俞穴所在」。

〔七〕【考證】王念孫曰：「邪」下脱「正」字。御覽引此「邪正逆順」。張文虎曰：元龜引亦作「邪正」。

〔八〕【考證】御覽引「處」作「法」。

〔九〕【考證】多紀元簡曰：御覽、醫說並曰「馮信臨淄人，爲齊太倉長」。據此「馬」字屬衍。

〔一〇〕【考證】御覽「案法」作「審法」。多紀元胤曰：案法，猶察法。

〔一一〕【考證】梁玉繩曰：史無高永侯，其地亦不知所在。

〔一二〕【考證】海保元備曰：「重」疑當作「動」。陰陽動者，蓋謂陰陽變動之候。

問臣意：「診病決死生，能全無失乎？」臣意對曰：「意治病人，必先切其脈乃治之。敗逆者不可治，其順者乃治之。心不精脈，所期死生，視可治，時時失之，臣意不能全也。」〔一〕

〔一〕【正義】胃，大一尺五寸，徑五寸，長二尺六寸，橫尺，受水穀三斗五升，其中常留穀二斗，水一斗五升。凡人食入於口，而聚於胃中，穀熟，傳入小腸也。小腸，大二寸半，徑八分分之少半，長三丈二尺，受穀二斗四升，水六升三合合之大半。小腸，謂受穀而傳入於大腸也。回腸，大四寸，徑一寸半，長二丈二尺，受穀一斗，水七升半。廣腸，大八寸，徑二寸半，長二尺八寸，受穀九升三合八分合之一。故腸胃凡長五丈八尺四寸，合受水穀八斗七升六合八分合之一，此腸胃長短，受水穀之數也。甲乙經「腸胃凡長丈六尺四寸四分」，從口至腸而數之。此經從胃至腸而數之，故短也。肝，重四斤四兩，左三葉，右四葉，凡七葉，主藏魂。肝者，幹也。於五行爲木，其體狀有枝幹也。肝之神七人，老子名曰明堂宮、蘭臺府，從官三千六百人。又云，肝神六：童子三，女子三。心，重十二兩，中有七孔三毛，盛精汁三合，主藏神。心，纖也，所識纖微也。其神九，太尉公名曰絳宮、太始、南極老人，員光之身，其從官三千六百人。又爲帝王，身之王也。脾，重二斤三兩，扁廣三寸，長五寸，有散膏半斤，主裹血溫五藏，主藏意。脾，裨也。在助氣主化穀。其神云光玉女子母，其從官三千六百人也。【考證】沈家本曰：今本釋名作「裨助胃氣」。肺，重三斤三兩，六葉兩耳，凡八葉，主藏魂魄。肺，孛也。言其氣孛，故短也，鬱也。其神八人，太和君名曰玉堂宮，尚書府。其從官三千六百人。又云，肺神十四：童子七，女子七也。【考證】沈家本曰：「故短也」三字衍。釋名無。腎，有兩枚，重一斤一兩，主藏志。腎，引也。腎，屬水，主引水氣灌注諸脈也。其神六人，司徒、司空、司命、司録、司隷校尉、尉卿也。【考證】沈家本曰：今本釋名無「腎引也」十四字。膽，在肝之短葉閒，重三兩三銖，盛精汁三合。膽，敢也。言人有膽氣而能果敢也。其神五人，太一道君居紫房宮中，其從官三千六百人也。【考證】沈家本曰：今本釋名無「膽敢也」十三字。胃，重二斤十四兩，紆曲屈申，長二尺六寸，大一尺五寸，徑五寸，盛穀二斗，水一斗五升。胃，圍也。言圍受食物也。其神十二人，五元之氣，諫議大夫也。小腸，重二斤十四兩，長三丈二尺，廣二寸半，徑八分分之少半，迴積十六曲，盛穀二斗四升，水六升三合合之大半。腸，暢也。言通暢胃氣去滓穢也。其神二人，元梁使者也。【考證】沈家本曰：釋名「牽去穢」作「去滓穢」。大腸，重二斤十二兩，長二丈一尺，廣四寸，徑一寸半，當齊，右迴十六曲，盛穀一斗，水七升半。大腸，即迴腸也。其迴曲因以名之。其神二人，元梁使者也。膀胱，重九兩二銖，縱廣九寸，盛溺九升九合。膀，横也。胱，廣也。體短而又名胞。胞，虚空也，主以虚承水液。【考證】沈家本曰：釋名「胞，鞄也。空虚之言也，主以虚承水汋也。或曰：膀胱，謂其體短而横廣也」。口，廣二寸半，脣至齒，長九分，齒已後至會厭，深三寸半，大容五合也。舌，重十兩，長七寸，廣二寸半。舌，泄也。言可舒泄言語也。【考證】釋名作「舒泄所當言也」。咽門，重十兩，廣二寸半，至胃長一尺六寸。咽，嚥也。

言咽物也。又謂之咽，主地氣。胃爲土，故云主地氣也。【考證】釋名作「咽所以咽物也。或曰：嬰在頤下纓理之中，青徐謂之脰，物投其中，受而下之也。又謂之嗌，氣取流通阨要之處」。喉嚨，重十二兩，廣二寸，長一尺二寸，九節。喉嚨，空虛也。言其中空虛，可以通氣息焉。心肺之系也，呼吸之道路。喉嚨與咽並行，其實兩異而人多惑也。肛門，重十二兩，大八寸，徑二寸太半，長二尺八寸，受穀九升三合八分合之一。肛，釭也。言其處似車釭，故曰釭門。即廣腸之門，又名噴也。【考證】沈家本曰：以上諸項，與釋名多同，疑皆本之釋名。或謂此皆甲乙經之文，今未得甲乙經，無以證之。手三陽之脈，從手至頭，長五尺，五六合三丈。一手有三陽，兩手爲六陽，故云五六三丈。手三陰之脈，從手至胷中，長三尺五寸，三六一丈八尺，五六三尺，合二丈一尺。兩手各有三陰，合爲六陰，故云三六一丈八尺也。足三陽之脈，從足至頭長八尺，六八合四丈八尺。兩足各有三陽，故曰六八四丈八尺也。足三陰之脈，從足至胷，長六尺五寸，六六三丈六尺，五六三尺，合三丈九尺。兩足各有三陰，故云六六三丈六尺也。按：足太陰、少陰，皆至舌下，厥陰至於項上。今言至胷中者蓋據其相接之次者也。人兩足蹻脈，從足至目，長七尺五寸，二七一丈四尺，二五一尺，合一丈五尺。督脈各長四尺五寸，二四八尺，二五一尺，合九尺。凡脈長一十六丈二尺也，此所謂十二經脈長短之數也。督脈，起於胲頭，上於面，至口齒縫，計此不止長四尺五寸，當取其上極於風府而言之也。手足各十二脈，爲二十四，并督任兩蹻四脈，都合二十八脈，以應二十八宿。凡長十六丈二尺，營衛行周此數，則一度也。寸口脈之大會，手太陰之動也。太陰者，脈之會也。肺諸藏主蓋，主通陰陽，故十二經皆手太陰，所以決吉凶者。十二經有病，皆寸口，知其何經之動浮沈滑濇逆順，知其死生之兆也。人一呼，脈行三寸，一吸，脈行三寸，呼吸定息，脈行六寸。十二經、十五絡、二十七氣，皆候於寸口，隨呼吸上下。呼脈上行三寸，吸脈下行三寸，二十七氣皆逐上下行，無有息時。人一日一夜，凡一萬三千五百息。脈行五十周於身，漏水下百刻。營衛行陽二十五度，行陰二十五度。度爲一周也，故五度復會於手太陰。寸口者，五藏六府之所終始，故法於寸口也。人一息行六寸，百息六丈，千息六十丈，一萬三千五百息，合爲八百一十丈。陽脈出行二十五度，陰脈入行二十五度，陰陽出入行二十五度，陰陽呼吸覆行周畢度數也。脈行身畢，即水下百刻亦畢。謂一日一夜刻盡，天明日出東方，脈還得寸口，當更始也。故寸口者，五藏六府之所終始也。肺氣通於鼻，鼻和，則知臭香矣。肝氣通於目，目和，則知白黑矣。脾氣通於口，口和，則知穀味矣。心氣通於舌，舌和，則知五味矣。腎氣通於耳，耳和，則聞五音矣。五藏不和，則九竅不通；六府不和，則留爲癰也。

太史公曰：女無美惡，居宮見妒；士無賢不肖，入朝見疑。〔一〕故扁鵲以其伎見殃，倉公乃匿迹自隱而當刑。緹縈通尺牘，父得以後寧。故老子曰：「美好者，不祥之器。」〔二〕豈謂扁鵲等邪？若倉公者可謂近之矣。

〔一〕【考證】此鄒陽上書中語。本傳「疑」作「嫉」。

〔二〕【考證】老子三十一章「夫佳兵者不祥之器」，唐傅奕本「佳」作「美」，皆與史公所引異。

【索隱述贊】上池祕術，長桑所傳。始候趙簡，知夢鈞天。言占虢嗣，尸蹷起焉。倉公贖罪，陽慶推賢。效驗多狀，式具于篇。

史記會注考證卷一百六

吳王濞列傳第四十六

史記一百六

【索隱】五宗之國，俱享大邦，雖復逆亂萌心，取汙朝典，豈可謂非青社之國哉！然淮南猶有後不絕，衡山亦其罪差輕，比三卿之分晉，方暴秦之滅周，可不優乎！安得黜其王國，不(止)上同五宗、三王列於系家？其吳濞請與楚元王同爲一篇，淮南宜與齊悼惠王爲一篇。【考證】史公自序云：「維仲之省，厥濞王吳，遭漢初定，以填撫江淮之間。作吳王濞列傳第四十六。」陳仁錫曰：吳濞、淮南、衡山皆王國也，而不以世家稱，何耶？太史公序傳于吳則曰「填撫江淮之間」，於淮南衡山則曰「填江淮之南」，乃三國卒以叛逆誅，所謂填撫者安在？其不得爲世家，宜矣。曾國藩曰：先敘太子爭博，鼂錯削地，詳致反之由；次敘吳誂膠西，膠西約五國，詳約從之狀；次敘下令國中，遺書諸侯，詳聲勢之大；次敘鼂錯給誅，袁盎出使，詳息兵之策；次敘條侯出師，鄧都尉獻謀，詳破吳之計；次敘田祿伯奇道，桓將軍疾西，詳專智之失。六者皆詳矣，獨於吳軍之敗不詳敘，但於周丘戰勝之時，聞吳王敗走而已，此亦可悟爲文詳略之法。

吳王濞者，高帝兄劉仲之子也。〔一〕高帝已定天下，七年，立劉仲爲代王。〔二〕而匈奴攻代，劉仲不能堅守，弃國亡，閒行走雒陽，自歸天子。〔三〕天子爲骨肉故，不忍致法，廢以爲郃陽侯。〔四〕高帝十一年秋，淮南王英布反。東并荆地，刼其國兵，西度淮擊楚。高帝自將往誅之。劉仲子沛侯濞年二十，有氣力，以騎將從，破布軍蘄西會甀，布走。〔五〕荆王劉賈爲布所殺，無後。上患吳、會稽輕悍，無壯王以填之，〔六〕諸子少，乃立濞於沛爲吳王，王三郡五十三城。〔七〕已拜受印，高帝召濞相之，謂曰：「若狀有反相。」心獨悔，業已拜，因拊其背告曰：「漢後五十年，東南有亂者，豈若邪？然天下同姓爲一家也，慎無反！」濞頓首曰：「不敢。」〔八〕

〔一〕【集解】徐廣曰：「仲名喜」。【索隱】案：濞，「澎濞」字也，音披位反。

〔二〕【考證】梁玉繩曰：七年，乃六年之誤，説在高紀。

〔三〕【索隱】謂獨行從他道逃走。閒，音紀閑反。

〔四〕【索隱】地理志馮翊縣名，在郃水之陽。音合。【正義】郃陽故城在同州河西縣南三十里。

〔五〕【索隱】會甀，地名也。在蘄縣之西。會，音古兑反。甀，音錘。

〔六〕【索隱】填，音鎮。【考證】梁玉繩曰：案漢順帝永建四年分會稽爲吳郡，顧氏炎武據之，故日知錄三十一引錢康功云：吳王濞傳「上患吳會輕悍」，今本史漢並作「吳會稽」，不知順帝時始分二郡。漢書安得言吳會稽？當是錢所見本未誤，後人妄增之，因歷舉「吳會」二字作證。余竊以爲不然，漢書高紀六年「以故東陽郡、鄣郡、吳郡五十三縣立劉賈爲荆王」。又功臣表「傳陽侯周聚，以定吳郡封」。灌嬰傳「破吳郡長吳下，遂定吳豫章會稽郡」。是會稽之外有吳郡矣，蓋楚漢之際，諸侯分王其地，各自立郡，非秦之舊，漢初猶仍其故名稱之。劉攽于高紀亦據順帝分吳之事，以紀文爲不可曉，亦何不可曉之有？

〔七〕【集解】徐廣曰：「十二年十月辛丑。」【考證】宋祁曰：故東陽郡、鄣郡、吳郡，即賈舊封。梁玉繩曰：高帝封濞以劉賈故地，實東陽、鄣、吳、會稽四郡，高紀、濞傳言三郡者，以吳包會稽也。五行志及伍被傳言四郡者，兼會稽而實數之也。

〔八〕【集解】徐廣曰：「漢元年至景帝三年反，五十有三年。」駰案：應劭曰「克期五十，占者所知，若秦始皇東巡以厭氣，後劉項起東南，疑當如此耳」。如淳曰「度其貯積，足用爲難，又吳楚世不賓服」。【索隱】案：應氏之意，以後五十年，東南有亂，本是占氣者所説，高祖素聞此説，自以前難未弭，恐後災更生，故説此言，更以戒濞。如淳之説亦合事理。拊，音撫。【考證】洪亮吉曰：五十年者約略之詞，自是年至景帝三年濞反，實四十二年。徐廣乃自漢元年數之，以足五十之數，非也。愚按：此後人附會之説，不必問年數。漢書高紀、濞傳「同姓」下無「爲」字。

會孝惠、高后時，天下初定，郡國諸侯各務自拊循其民。吳有豫章郡銅山，〔一〕濞則招致天下亡命者，益鑄錢，煑海水爲鹽，以故無賦，國用富饒。〔二〕

〔一〕【集解】韋昭曰：「今故鄣。」【索隱】案：鄣郡後改曰故鄣。或稱「豫章」爲衍字也。【正義】括地志云：「秦兼天下以爲鄣郡。今湖州長城縣西南八十里故章城是也。」銅山，今宣州及潤州句容縣有，並屬章也。【考證】梁玉繩曰：案索隱謂「豫」爲衍字，韋昭漢書注云「有『豫』字誤，但言鄣郡」。蓋是已。「章」爲「鄣」字之省，下文「削吳之豫章郡」，「削吳會稽豫章書至」，並鄣郡之譌。灌嬰傳「定吳豫章會稽郡」，亦當作「鄣」也。地理志曰：吳東有章山之銅。又曰：丹陽故鄣郡有銅官。若豫章爲淮南厲王封域，且無銅山也。沈欽韓曰：寰宇記「大銅山在揚州江都縣西七十二里，吳王濞即山鑄錢處」。

〔三〕【集解】如淳曰：鑄錢煑鹽，收其利以足國用，故無賦於民。【正義】按：既盜鑄錢，何以收其利足國之用？吳國之民又何得無賦？如說非也。言吳國山既出銅，民多盜鑄錢，及煑海水爲鹽，以山海之利不賦之，故言無賦也。其民無賦，國用乃富饒也。【考證】正義本，楓、三本「益」作「盜」，與漢書合。王念孫曰：「益鑄錢」，當依正義作「盜鑄錢」。文選注引此，「益」作「盜」。中井積德曰：鹽銅之利，國用既給有餘，不須收口賦於平民，是可知役於鹽銅者，皆亡命無賴者，非平民也，吳王所以招致。

孝文時，吳太子入見，得侍皇太子飲博。〔一〕吳太子師傅皆楚人，輕悍，又素驕，博爭道不恭，皇太子引博局，提吳太子殺之。〔二〕於是遣其喪歸葬。至吳，吳王慍曰：「天下同宗，死長安，即葬長安，何必來葬爲！」〔三〕復遣喪之長安葬。吳王由此稍失藩臣之禮，稱病不朝。京師知其以子故稱病不朝，驗問，實不病，諸吳使來，輒繫責治之。吳王恐，爲謀滋甚。及後使人爲秋請，〔四〕上復責問吳使者，使者對曰：「王實不病，漢繫治使者數輩，以故遂稱病。且夫『察見淵中魚，不祥』。〔五〕今王始詐病，及覺，見責急，愈益閉，恐上誅之，計乃無聊。唯上弃之，而與更始。」〔六〕於是天子乃赦吳使者歸之，而賜吳王几杖，老不朝。吳得釋其罪，謀亦益解。〔七〕然其居國以銅鹽故，百姓無賦。〔八〕卒踐更，輒與平賈。〔九〕歲時存問茂材，賞賜閭里。〔一〇〕佗郡國吏欲來捕亡人者，訟共禁弗予。〔一一〕如此者四十餘年，以故能使其衆。〔一二〕

〔一〕【索隱】姚氏案：楚漢春秋云「吳太子名賢，字德明」。

〔二〕【索隱】提，音啼，又音底，又音弟。【考證】錢大昕曰：吳之師傅當是吳人，而史稱楚者，戰國時吳越地皆併於楚，漢初承項羽之後，吳會稽皆羽故地，故上文云「上患吳會稽輕悍」，此云「楚人輕悍」，吳楚異名，其實一也。朱買臣吳人，而史稱楚士，與此傳同。顏師古曰：提，擲也。

〔三〕【正義】慍，於問反，怨也。【考證】顏師古曰：慍，怒也。天下一家，猶言同姓共爲一家。愚按：是承上文高帝言。

〔四〕【集解】應劭曰：「冬當斷獄，秋先請擇其輕重也。」孟康曰：「律，春曰朝，秋曰請，如古諸侯朝聘也。」如淳曰：「濞不得行，使人代己致請禮也。」【索隱】音淨，孟說是也。應劭所云「斷獄先請」不知何憑。如淳云「代己致請」，亦是臆說。且文云「使人爲秋請」，謂使人爲此秋請之禮也。【考證】中井積德曰：親行，遣使，皆謂請也。但據文義，遣使爲本義，如奉請，則親行也，宜逐文解焉。

〔五〕【集解】張晏曰：「喻人君不當見盡下之私。」【索隱】案：此語見韓子及文子。韋昭曰「知臣下陰私，使憂患生變爲不祥，故當赦宥使自新也」。【考證】沈欽韓曰：列子說符趙文子曰「周諺有言『察見淵中魚者不祥，智料隱匿者有殃』」。韓非子說林上隰子曰「古者有諺曰『知淵中之魚者不祥』」。

〔六〕【考證】王先謙曰：閉，閉匿不來往。愚按：「無聊」，愁悶之義。顏師古曰：「更始」，赦其已往之事。陳子龍曰：使者言，黄老術也，與文帝所見略同，故其說得行。

〔七〕【考證】楓、三本「乃」作「皆」，無「罪」字，與漢書合。

〔八〕【索隱】按：吳國有鑄錢煑鹽之利，故百姓不別徭賦也。【考證】中井積德曰：賦，謂口賦錢，與賦稅徭役沒干涉，注添一「徭」字，便舛。

〔九〕【集解】漢書音義曰：「以當爲更卒，出錢三百文，謂之『過更』。自行爲卒，謂之『踐更』。吳王欲得民心，爲卒（雇者）〔者雇〕其庸，隨時月與平賈，如漢桓、靈時，有所興作，以少府錢借民比也。」【索隱】案：漢律，卒更有三，踐更、居更、過更也。此言踐更，輒與平賈者，謂爲踐更，合自出錢，今王欲得人心，乃與平賈，官讎之也。【正義】踐更，若今唱更、行更者也，言民自著卒。更有三品：有卒更，有踐更，有過更。古者正卒無常人，皆當迭爲之，是爲卒更。貧者欲雇更錢者，次直者出錢雇之，月二千，是爲踐更。天下人皆直戍邊三月，亦各爲更，律所謂「繇戍」也。雖丞相子，亦在戍邊之調，不可人人自行三月戍。又行者出錢三百入官，官給戍者，是爲過更。此漢初因秦法而行之，後改爲讁，乃戍邊一歲。【考證】踐更，見史郭解傳。平賈，見漢書溝洫志。可併案。宋祁曰：「卒踐更輒與平賈」，謂卒踐更皆得庸直也。溝洫志蘇林注云：平賈，以錢取人爲卒。顧其時雇之平賈。中井積德曰：平賈，猶時價也，集解三百文者，徭戍三日之雇錢耳，難以擬踐更之價。蓋本無定數，隨時而盈縮，故云平賈也，是平常官府之厮役已。邊戍之法，非此之義。愚按：漢書「與」作「予」，給與之與。

〔一〇〕【考證】顏師古曰：茂，美也。茂材者有美材之人也。

〔一一〕【集解】徐廣曰：「訟，音松」。駰按：如淳曰「訟，公也」。【正義】訟，音容。言其相容禁止不與也。【考證】漢書「訟」作「頌」，愚按：如淳讀「頌」爲「公」，「公共」二字連讀，正義讀爲「容」，蓋以爲保容，二義未知孰是。

〔一二〕【正義】言四十餘年者，太史公盡言吳王一代行事也。漢書作「三十餘年」，而班固見其語在孝文之代，乃減十年，是班固不曉其理也。【考證】梁玉繩曰：當依漢書三十餘年爲是，下文濞亦自言三十餘年也。

鼂錯爲太子家令，得幸太子，數從容言吳過可削。數上書説孝文帝，文帝寬，不忍罰，以此吳日益横。〔一〕及孝景帝即位，錯爲御史大夫，〔二〕説上曰：「昔高帝初定天下，昆弟少，諸子弱，大封同姓，故王孽子悼惠王王齊七十餘城，〔三〕庶弟元王王楚四十餘城，〔四〕兄子濞王吴五十餘城：封三庶孽，分天下半。今吴王前有太子之郄，詐稱病不朝，於古法當誅，文帝弗忍，因賜几杖。德至厚，當改過自新。乃益驕溢，即山鑄錢，煮海水爲鹽，誘天下亡人，謀作亂。〔五〕今削之亦反，不削之亦反。削之，其反亟，禍小；不削，反遲，禍大。」三年冬，楚王朝，鼂錯因言，楚王戊往年爲薄太后服，私姦服舍，請誅之。〔六〕詔赦，罰削東海郡。因削吴之豫章郡、會稽郡。及前二年趙王有罪，削其河閒郡。〔七〕膠西王卬以賣爵有姦，削其六縣。

〔一〕【考證】楓、三本，漢書「吴」下「日」上有「王」字。

〔二〕【考證】楓、三本「位」下有「鼂」字。

〔三〕【考證】顔師古曰：孽亦庶也。李笠曰：「孽」上衍「王」字，當依漢書删。

〔四〕【考證】楚元王傳、高紀俱云「王三十六城」。

〔五〕【索隱】案：即山，山名。又即者，就也。【考證】後説是，漢書「海」下無「水」字。

〔六〕【集解】服虔曰：「服舍在喪次，而私姦宫中也。」【考證】集解「舍」字衍。顔師古曰：言於服舍爲姦，非宫中也。

〔七〕【索隱】案：漢書作常山郡也。【考證】梁玉繩曰：元王世家及漢書濞傳皆作常山郡，河間時爲景帝子德封國。

漢廷臣方議削吴。〔一〕吴王濞恐削地無已，因以此發謀，欲舉事。念諸侯無足與計謀者，聞膠西王勇，好氣喜兵，諸齊皆憚畏，〔二〕於是乃使中大夫應高誂膠西王。〔三〕無文書，口報曰：「吴王不肖，有宿夕之憂，不敢自外，使喻其驩心。」〔四〕王曰：「何以教之？」高曰：「今者主上興於姦，飾於邪臣，好小善，聽讒賊，〔五〕擅變更律令，侵奪諸侯之地，徵求滋多，誅罰良善，日以益甚。里語有之，『舐穅及米』。〔六〕吳與膠西，知名諸侯也，一時見察，恐不得安肆矣。〔七〕吳王身有内病，不能朝請二十餘年，〔八〕嘗患見疑，無以自白。〔九〕今脅肩累足，猶懼不見釋。〔一〇〕竊聞大王以爵事有適，〔一一〕所聞諸侯削地，罪不至此，此恐不得削地而已。」〔一二〕王曰：「然，有之。子將柰何？」高曰：「同惡相助，同好相留，同情相成，同欲相趨，同利相死。〔一三〕今吳王自以爲與大王同憂，願因時循理，弃軀以除患害於天下，億亦可乎？」〔一四〕王瞿然駭曰：「寡人何敢如是？今主上雖急，固有死耳，安得不戴？」〔一五〕高曰：「御史大夫鼂錯，熒惑天子，侵奪諸侯，蔽忠塞賢，朝廷疾怨，諸侯皆有倍畔之意，人事極矣。彗星出，蝗蟲數起，此萬世一時，而愁勞聖人之所以起也。〔一六〕故吳王欲内以鼂錯爲討，外隨大王後車，彷徉天下，〔一七〕所鄉者降，所指者下，天下莫敢不服。大王誠幸而許之一言，則吳王率楚王，略函谷關，守滎陽、敖倉之粟，距漢兵，治次舍，須大王。大王有幸而臨之，則天下可并，兩主分割，不亦可乎？」〔一八〕王曰：「善。」高歸報吳王，吳王猶恐其不與，乃身自爲使，使於膠西，面結之。〔一九〕

〔一〕【考證】趙翼曰：是時廷臣所議削者，即豫章、會稽也，故下文云「及削豫章、會稽書至，吳王遂反」。今先云削吳之豫章、會稽。下又云議削吳，是又於二郡外再議削矣，則下文所謂「及削豫章會稽書至」者，又何說耶？中井積德曰：「漢廷方議」句是舉初之語，與上文削吳句自無礙。馮班曰：當時處心積慮而反者，只一吴耳，諸侯王無與也。宜先施恩慰安之，使人人自保，則吴人無黨，欲反不能獨舉，吴乃可滅。吴亡，則七國在掌握矣，先削楚、趙、膠西何邪？是動天下之兵也。

〔二〕【集解】韋昭曰：「故爲齊，分爲國者，膠東、濟北之屬。」

〔三〕【索隱】誂，音徒鳥反。【考證】楓、三本「誂」作「挑」。説文「誂，相呼誘也」。

〔四〕【考證】夕、昔通。宿昔，舊來之意。漢書作「夙夜」，義異。驩心，言無他心也，漢書作「使使臣諭其愚心」。

〔五〕【正義】飾於邪臣，言被邪臣裝飾。【考證】岡白駒曰：言以邪臣所矯飾爲真也，漢書「興於姦」以下十字改作「任用邪臣」。

〔六〕【索隱】案：言舐糠盡則至米，謂削土盡則至滅國也。【考證】楓、三本、漢書無「里」字。舐糠及米，喻自外及内也。

〔七〕【正義】肆，放縱也。

〔八〕【考證】漢書「病」作「疾」。内疾，謂在身中不顯於外。楓、三本無「請」字。

〔九〕【考證】楓、三本、漢書「嘗」作「常」。

〔一〇〕【正義】脅，劍也，竦體也。累，重足也。【考證】顏師古曰：脅肩累足，言懼耳。

〔一一〕【正義】張革反。【考證】適，責也。漢書作「過」。

〔一二〕【考證】得、特通。漢書作「止」。

〔一三〕【考證】惡助、好留、情成、欲趨、利死同韻。趨讀若促，六韜武韜發啓篇：「同病相救，同情相成，同惡相助，同好相趨。」文子自然篇：「同利者相死，同情者相成，同行者相助。」淮南子兵略訓：「同利相死，同情相成，同欲相助。」蓋古有是語，應高引之也。漢書「相成」作「相求」，恐非。

〔一四〕【考證】漢書「億」作「意」，億、意通用，度也。不必讀爲抑。

〔一五〕【索隱】劉氏「瞿」音九具反。又説文云「瞿，遠視貌」。音九縛反。【正義】瞿，音句。【考證】瞿然，驚張目也。急，急迫也。漢書「戴」作「事」，意同。

〔一六〕【索隱】案：所謂「殷憂以啓明聖」也。【正義】孔文祥曰：按，愁勞則有聖人也。【考證】索隱是。

〔一七〕【正義】彷徉，猶依倚也。漢書作「方洋」，師古曰：「方洋，猶翱翔也。」

〔一八〕【考證】顔師古曰：次舍，息止之處也。須，待也。王念孫曰：有讀爲又。

〔一九〕【考證】漢書「與」作「果」。「結」作「約」。楓、三本「結」下有「約」字。

膠西羣臣或聞王謀，諫曰：「承一帝，至樂也。今大王與吴西鄉，第令事成，兩主分争，患乃始結。〔一〕諸侯之地不足爲漢郡什二，而爲畔逆，以憂太后，非長策也。」〔二〕王弗聽。遂發使約齊、菑川、膠東、濟南、濟北，皆許諾，〔三〕而曰「城陽景王有義，攻諸吕，勿與，事定分之耳」。〔四〕

〔一〕【考證】漢書「第令」作「假令」。劉伯莊曰：第，猶假。

〔二〕【集解】文穎曰：「王之太后也。」

〔三〕【考證】漢書無「濟北」二字。趙翼曰：史記謂膠西來約同反時，齊、濟北皆許諾，從其實也。漢書獨無濟北，則以其未成反，而遂不列於約反之内，則齊王不惟不反，且有堅守之功，何以列於從反之約乎？漢書非。

〔四〕【集解】徐廣曰：「爾時城陽恭王喜，景王之子。」【考證】慶長本標記引陸氏云「劉章謀諸吕，於國有恩義，勿令與事，天下平定，與分其城也」。

諸侯既新削罰，振恐，多怨鼂錯。及削吴會稽、豫章郡書至，則吴王先起兵，膠西正月丙午誅漢吏二千石以下，膠東、菑川、濟南、楚、趙亦然，遂發兵西。〔一〕齊王後悔，飲藥自殺畔約。〔一〕濟北王城壞未完，其郎中令劫守其王，不得發兵。膠西爲渠率，膠東、菑川、濟南共攻圍臨菑。〔二〕趙王遂亦反，陰使匈奴與連兵。〔三〕

〔一〕【正義】言膠西同吳王先起兵。【考證】梁玉繩曰：漢傳删去「正月丙午」四字，而移膠西于膠東之上，當是也，不然則似膠西誅漢吏矣，但下文言「正月甲子」，吳初起兵于廣陵，則正月不得丙午。倪本作「戊午」，是蓋甲子前六日也。張文虎曰：孝景本紀「三年正月乙巳赦天下」，與此先後一日。

〔二〕【考證】此時齊但城守，聞欒布破三國兵，後欲移兵伐之，乃懼而自殺。漢書改作「齊王後悔，背約城守」，是。沈家本曰：「飲藥自殺」四字衍。

〔三〕【考證】率、帥同。下添「與」字看。漢書作「膠西王、膠東王爲渠率」。趙翼曰：膠西聽吳王之謀，使人約諸王反，則主兵者膠西也，漢書增膠東爲主謀，非也。中井積德曰：下文云「三王圍齊」，而獨不數濟南，豈濟南不會圍乎？

七國之發也，吳王悉其士卒，下令國中曰：「寡人年六十二，身自將。〔一〕少子年十四，亦爲士卒先。諸年上與寡人比，下與少子等者，皆發。」發二十餘萬人，南使閩越、東越，東越亦發兵從。

〔一〕【集解】徐廣曰：「吳王封吳四十二年矣。」

孝景帝三年正月甲子，初起兵於廣陵。〔一〕西涉淮，因并楚兵。發使遺諸侯書曰：「吳王劉濞敬問膠西王、膠東王、菑川王、濟南王、趙王、楚王、淮南王、衡山王、廬江王、故長沙王子：〔二〕幸教寡人！以漢有賊臣，無功天下，侵奪諸侯地，使吏劾繫訊治，以僇辱之爲故，〔三〕

不以諸侯人君禮遇劉氏骨肉，絶先帝功臣，進任姦宄，詿亂天下，欲危社稷。〔四〕陛下多病志失，不能省察。欲舉兵誅之，〔五〕謹聞教。敝國雖狹，地方三千里，人雖少，精兵可具五十萬。〔六〕寡人素事南越三十餘年，其王君皆不辭分其卒以隨寡人，又可得三十餘萬。〔七〕寡人雖不肖，願以身從諸王。越直長沙者，〔八〕因王子定長沙以北，〔九〕西走蜀、漢中。〔一〇〕告越、楚王、淮南三王，與寡人西面；〔一一〕齊諸王與趙王，定河間、河内，或入臨晉關，或與寡人會雒陽；〔一二〕燕王、趙王固與胡王有約，燕王北定代、雲中，摶胡衆入蕭關，〔一三〕走長安，匡正天子，以安高廟。願王勉之。〔一四〕楚元王子、淮南三王，或不沐洗十餘年，怨入骨髓，欲一有所出之久矣，〔一五〕寡人未得諸王之意，未敢聽。今諸王苟能存亡繼絶，振弱伐暴，以安劉氏，社稷之所願也。敝國雖貧，寡人節衣食之用，積金錢，脩兵革，聚穀食，夜以繼日，三十餘年矣。凡爲此願，諸王勉用之。〔一六〕能斬捕大將者，賜金五千斤，封萬户；列將，三千斤，封五千户；裨將，二千斤，封二千户；二千石，千斤，封千户；千石，五百斤，封五百户：皆爲列侯。其以軍若城邑降者，卒萬人，邑萬户，如得大將；〔一七〕人户五千，如得列將；人户三千，如得裨將；人户千，如得二千石。其小吏皆以差次受爵金。佗封賜皆倍常法。〔一八〕其有故爵邑者，更益勿因。〔一九〕願諸王明以令士大夫，弗敢欺也。寡人金錢在天下者，往往而有，非必取於吳，〔二〇〕諸王日夜用之，弗能盡。有當賜者，告寡人，寡人且往遺之。敬以聞。」

〔一〕**【集解】**徐廣曰：「荆王劉賈都吳，吳王移廣陵也。」**【考證】**張文虎曰：顓頊術，癸未朔；殷術，甲申朔，無甲子。景紀書「二月壬子晦，日有蝕之」，年前無閏，不知何以致誤。然二月壬子晦，則正月有戊午、甲子，而無乙巳、丙午矣。楓、三本「三年」上有「前」字。

〔二〕【集解】徐廣曰：「吳芮之玄孫靖王著，以文帝七年卒，無嗣國除。」駰案：如淳曰「吳芮後四世，無子國除。庶子二人，爲列侯，不得嗣王，志將不滿，故誘與之反也」。

〔三〕【集解】漢書音義曰：「故，事也。」【正義】按：專以僇辱諸侯爲事。【考證】「寡人」下「以」字管到下文「欲舉兵誅之」六十九字，承以「謹聞教」三字。漢書「賊臣」下有「錯」字。

〔四〕【正義】詿，音挂。

〔五〕【考證】失、佚通，漢書作「逸」。

〔六〕【考證】楓、三本，漢書「人」下有「民」字。

〔七〕【考證】楓、三本「王」下有「諸」字，「其」下有「士」字。顏師古曰：諸君謂其酋豪。

〔八〕【集解】直，音值。【索隱】服虔云：「直，音值。謂其境相接也。」【考證】漢書「越」上有「南」字。直，當也。

〔九〕【集解】如淳曰：「南越直長沙者，因王子定也。」【索隱】案：謂南越之地，與長沙地相接值者，因長沙王子以定長沙以北也。

〔一〇〕【集解】如淳曰：「告東越使定之。」【正義】走，音奏，向也。王子，長沙王子也。南越之地對長沙之南者，其民因王子卒而鎮定長沙以北，西向蜀及漢中，咸委王子定矣。【考證】走，趨也。下文「走長安」之「走」，同。

〔一一〕【正義】越，東越也。又告東越、楚、淮南三王，與吳王共西面擊之。三王，謂淮南、衡山、廬江也。

〔一二〕【正義】臨晉關，今蒲津關。【考證】齊諸王，菑川、膠東、濟南等諸王。

〔一三〕【索隱】摶，音專。專，謂專統領胡兵也。【正義】蕭關，今名隴山關，在原州平涼縣界。【考證】漢書「摶」作「轉」，亦當讀爲專。

〔一四〕【考證】漢書「天子」作「天下」，爲是。

〔一五〕【正義】出，謂泄出其怨意。【考證】顔師古曰：不沐洗十餘年，言心有所懷，志不在洗沐也。

〔一六〕【考證】漢書「凡」下有「皆」字。顔師古曰：爲此，謂欲反也。愚按：漢書删「用」字，非是，即下文「日夜用之」之用。

〔一七〕【考證】顔師古曰：以卒萬人或邑萬户來降附者，其封賞則與得大將同，下皆類此。

〔一八〕【集解】服虔曰：「封賜倍漢之常法。」【考證】漢書「常」作「軍」，誤。

〔一九〕【考證】顔師古曰：於舊爵之外，特更與之。

〔二〇〕【考證】顔師古曰：言處處郡國皆有之。

七國反書聞天子，天子乃遣太尉條侯周亞夫將三十六將軍往擊吴、楚，遣曲周侯酈寄擊趙，將軍欒布擊齊，〔一〕大將軍竇嬰屯滎陽，監齊、趙兵。〔二〕

〔一〕【考證】錢大昕曰：七國起兵，齊固未嘗反也，然濟南、菑川、膠東、膠西皆故齊地，史言擊齊，擊齊地之反者耳。故功臣表亦稱布以將軍擊齊有功。

〔二〕【考證】徐孚遠曰：七國之反，竇嬰不著戰功，然隔絶齊趙，使其兵不得西嚮，則其力也。

吴、楚反書聞，兵未發，竇嬰未行，言故吴相袁盎。盎時家居，詔召入見。上方與鼂錯調兵笇軍食，〔一〕上問袁盎曰：「君嘗爲吴相，知吴臣田禄伯爲人乎？〔二〕今吴、楚反，於公何如？」對曰：「不足憂也，今破矣。」上曰：「吴王即山鑄錢，煑海水爲鹽，誘天下豪桀，白頭舉事若此，其計不百全，豈發乎？何以言其無能爲也？」〔三〕袁盎對曰：「吴有銅鹽利則有之，安得豪桀而誘之！〔四〕誠令吳得豪桀，亦且輔王爲義不反矣。吳所誘，皆無賴子弟亡命，鑄錢姦人，故相率以反。」鼂錯曰：「袁盎策之善。」上問曰：「計安出？」盎對曰：「願屏左右。」上屏人，獨錯在。盎曰：「臣所言，人臣不得知也。」乃屏錯。錯趨避東廂，恨甚。〔五〕上卒問盎，盎對曰：「吳、楚相遺書曰『高帝王子弟，各有分地，今賊臣鼂錯擅適過諸侯，削奪之地』。〔六〕故以反爲名，西共誅鼂錯，復故地而罷。方今計，獨斬鼂錯，發使赦吳、楚七國，復其故削地，則兵可無血刃而俱罷。」〔七〕於是上嘿然，良久曰：「顧誠何如，吾不愛一人以謝天下。」〔八〕盎曰：「臣愚計無出此，願上孰計之。」〔九〕乃拜盎爲太常，〔一〇〕吳王弟子德侯爲宗正。〔一一〕盎裝治行。後十餘日，〔一二〕上使中尉召錯，紿載行東市。錯衣朝衣斬東市。〔一三〕則遣袁盎奉宗廟，宗正輔親戚，使告吳，如盎策。〔一四〕至吳，吳、楚兵已攻梁壁矣。宗正以親故先入見，諭吳王，使拜受詔。吳王聞袁盎來，亦知其欲説己，笑而應曰：「我已爲東帝，尚何誰拜？」不肯見盎，而留之軍中，欲劫使將。盎不肯，使人圍守，且殺之，盎得夜出，步亡去，走梁軍，遂歸報。

〔一〕【考證】笇，箳同。
〔二〕【考證】田祿伯爲吳大將軍，詳下文。
〔三〕【考證】漢書鼂錯傳刪「若」字，「此」字屬下讀。
〔四〕【考證】楓、三本「吳」字下有「王」字，下同。漢書鼂錯傳「吳」下刪「有」字，「鹽」下有「之」字。
〔五〕【考證】沈欽韓曰：公食大夫禮注「箱，東夾之前，俟事之處」。箱、廂通。

〔六〕【索隱】適，音直革反，又音宅。【考證】適讀曰謫。
〔七〕【考證】漢書吳王濞、鼂錯傳「故」下無「削」字，此衍。
〔八〕【考證】岡白駒曰：一人與天下對言。
〔九〕【考證】無出此，言無他計也。漢書删「無」字，義異。楓、三本「願」作「唯」，與漢書同。
〔一〇〕【正義】令盎爲太常，以示奉宗廟之指意。【考證】胡三省曰：景帝中六年，始改奉常爲太常，盎猶爲奉常也。
〔一一〕【集解】徐廣曰：「名通，其父名廣。」駰案：漢書曰「吳王弟子德侯廣爲宗正也」。
〔一二〕【考證】漢書鼂錯傳「十餘日」下，補丞相青翟等劾奏鼂錯一事。
〔一三〕【考證】漢書鼂錯傳「行」下無「東」字。顏師古曰：詭云乘車，案行市中也。
〔一四〕【正義】輔親戚，以親戚之意輔漢訓諭。【考證】顏師古曰：奉宗廟，奉宗廟之指意也。

條侯將乘六乘傳，會兵滎陽。〔一〕至雒陽見劇孟，喜曰：「七國反，吾乘傳至此，不自意全。〔二〕又以爲諸侯已得劇孟，劇孟今無動。吾據滎陽，滎陽以東無足憂者。」〔三〕至淮陽，問父絳侯故客鄧都尉曰：「策安出？」〔四〕客曰：「吳兵銳甚，難與争鋒。楚兵輕，不能久。〔五〕方今爲將軍計，莫若引兵東北，壁昌邑，以梁委吳，吳必盡銳攻之。將軍深溝高壘，使輕兵絶淮泗口，塞吳饟道。〔六〕彼吳、梁相敝，而糧食竭，乃以全彊制其罷極，破吳必矣。」條侯曰：「善。」從其策，〔七〕遂堅壁昌邑南，輕兵絶吳饟道。〔八〕

〔一〕【正義】乘傳，上音乘，下竹戀反。【考證】上文「大將軍竇嬰屯滎陽」，周壽昌曰：漢制非有急務，不能乘馳傳，恐驛置煩擾也。惟昌邑王入嗣大位，乘七乘傳。外此乘六乘傳者，惟文帝由代入即帝位，及條侯此役耳。司馬相如使巴蜀，乘四乘傳。

〔二〕【正義】言不自意洛陽得全，及見劇孟。【考證】劇孟，洛陽人，見游俠傳。顏師古曰：不自意全，言不自意得安全至雒陽也。中井積德曰：全以一身言，非洛陽。

〔三〕【考證】通鑑考異曰：「孟，一游俠之士耳，亞夫得之，何足爲輕重？蓋其徒欲爲孟重名，妄撰此言，不足信也。」愚按：劇孟夙雄於鄉曲，亞夫喜其不爲諸侯所得，是假以鼓舞士氣耳。所以重劇孟，即所以輕諸侯，亦英雄籠絡之術。

〔四〕【考證】梁玉繩曰：淮陽，疑滎陽之誤。

〔五〕【正義】輕，遣正反。

〔六〕【考證】胡三省曰：泗水南入淮，故謂之淮泗口。

〔七〕【考證】趙翼云：據本傳，以梁委吳之計，亞夫至雒陽後遇鄧都尉始定也。而周勃世家則謂亞夫初受命，即請於上曰「楚兵剽輕，難與争鋒，願以梁委之，絶其食道，乃可制也」。上許之。是此策亞夫未出長安，早定於胸中，不待至雒問鄧都尉矣。按：吳楚盡鋭攻梁，梁求救亞夫，亞夫不往，梁上書言天子，天子詔亞夫往救，亞夫仍守便宜，自非先奏帝，其敢抗詔旨乎？則以梁委吳之計，當是亞夫早定，而本傳所云問計於鄧都尉者，不免岐互也。

〔八〕【正義】昌邑在曹州城武縣東北四十二里也。【考證】今濟寧州金鄉縣西北四十里。輕兵，韓王信子弓高侯頽當也，見絳侯世家。

吳王之初發也，吳臣田禄伯爲大將軍。田禄伯曰：「兵屯聚而西，無佗奇道，難以就功。

臣願得五萬人，別循江、淮而上，收淮南、長沙，入武關，與大王會，此亦一奇也。」吳王太子諫曰：「王以反爲名，此兵難以藉人，藉人亦且反王，柰何？〔一〕且擅兵而別，多佗利害，未可知也，徒自損耳。」〔二〕吳王即不許田祿伯。

〔一〕【考證】藉，假也。

〔二〕【集解】蘇林曰：「祿伯儻將兵降漢，自爲利己，於吳爲生患也。」【考證】別，分兵也，別字句。中井積德曰：利害，主害而言，汎言分兵之多患害耳。

吳少將桓將軍說王曰：「吳多步兵，步兵利險；漢多車騎，車騎利平地。願大王所過城邑不下，直弃去，疾西據雒陽武庫，食敖倉粟，阻山河之險，以令諸侯，雖毋入關，天下固已定矣。即大王徐行，留下城邑，漢軍車騎至，馳入梁、楚之郊，事敗矣。」吳王問諸老將，老將曰：「此少年推鋒之計可耳，安知大慮乎！」〔一〕於是王不用桓將軍計。

〔一〕【考證】楓、三本「計」下無「可」字。漢書「推」作「椎」，無「之計」二字。姚範曰：秦紀「推鋒爭先」。

吳王專并將其兵，未度淮，諸賓客皆得爲將、校尉、候、司馬，獨周丘不得用。〔一〕周丘者，下邳人，亡命吳，酤酒無行，吳王濞薄之，弗任。周丘上謁說王曰：「臣以無能不得待罪行閒。臣非敢求有所將，願得王一漢節，必有以報王。」王乃予之。周丘得節，夜馳入下邳。下邳時聞吳反，皆城守。至傳舍召令。令入户，使從者以罪斬令。遂召昆弟所善豪吏告曰：「吳反兵且至，至，屠下邳，不過食頃。今先下，家室必完，能者封侯矣。」出乃相告，下邳皆下。周丘一夜得三萬人，使人報吳王，遂將其兵，北略城邑。比至城陽，兵十餘萬，破城陽中

尉軍。〔二〕聞吳王敗走，自度無與共成功，即引兵歸下邳。未至，疽發背死。〔三〕

〔一〕【考證】胡三省曰：凡軍行，有大將、裨將、領軍，皆有部曲，部有校尉，曲有軍候、軍司馬，又有假候、假司馬，皆有副，其別營領屬，爲別部司馬。

〔二〕【正義】地理志云：城陽國，故齊，漢文帝二年別爲國，屬兗州。【考證】比至，二字一意。胡三省曰：城陽國都莒，其地南接下邳之境。又曰：王國有中尉，掌武職。

〔三〕【考證】范增乞骸骨於項王，行未至彭城，疽發背死，與此相似。

二月中，吳王兵既破敗走，於是天子制詔將軍曰：「蓋聞爲善者，天報之以福；爲非者，天報之以殃。高皇帝親表功德，建立諸侯，〔一〕幽王、悼惠王，絕無後，孝文皇帝哀憐加惠，王幽王子遂、悼惠王子卬等，令奉其先王宗廟，爲漢藩國，德配天地，明並日月。吳王濞倍德反義，誘受天下亡命辠人，亂天下幣，稱病不朝二十餘年。〔二〕有司數請濞罪，孝文皇帝寬之，欲其改行爲善。今乃與楚王戊、趙王遂、膠西王卬、濟南王辟光、菑川王賢、膠東王雄渠約從反，爲逆無道，〔三〕起兵以危宗廟，賊殺大臣及漢使者，迫劫萬民，夭殺無罪，燒殘民家，掘其丘冢，甚爲暴虐。〔四〕今卬等又重逆無道，燒宗廟，鹵御物，〔五〕朕甚痛之。朕素服避正殿，將軍其勸士大夫擊反虜。擊反虜者，深入多殺爲功，斬首捕虜比三百石以上者皆殺之，無有所置。〔六〕敢有議詔及不如詔者，皆要斬。」

〔一〕【考證】漢書「表」作「垂」。

〔二〕【集解】如淳曰：「幣，錢也。以私錢淆亂天下錢也。」

〔三〕【考證】漢書「反」上有「謀」字。

〔四〕【考證】漢書「天」作「伐」。

〔五〕【集解】如淳曰：「鹵，抄掠也。宗廟在郡縣之物，皆爲御物。」【正義】顏師古曰：「御物，宗廟之服器也。」【考證】沈欽韓曰：此高帝廟在郡國者也。

〔六〕【正義】置，放釋也。

初，吴王之度淮，與楚王遂西敗棘壁，乘勝前，鋭甚。〔一〕梁孝王恐，遣六將軍擊吴，又敗梁兩將，士卒皆還走梁。梁數使使報條侯求救，條侯不許。又使使惡條侯於上，上使人告條侯救梁，復守便宜不行。梁使韓安國及楚死事相弟張羽爲將軍，〔二〕乃得頗敗吴兵。吴兵欲西，梁城守堅，不敢西，即走條侯軍，會下邑。欲戰，〔三〕條侯壁不肯戰。吴糧絶卒飢，數挑戰，遂夜犇條侯壁，驚東南。條侯使備西北，果從西北入。吴大敗，士卒多飢死，乃畔散。於是吴王乃與其麾下壯士數千人夜亡去，度江，走丹徒，保東越。〔四〕東越兵可萬餘人，乃使人收聚亡卒。漢使人以利啗東越，〔五〕東越即紿吴王，吴王出勞軍，即使人鏦殺吴王，〔六〕盛其頭，馳傳以聞。〔七〕吴王子子華、子駒亡走閩越。吴王之弃其軍亡也，軍遂潰，往往稍降太尉、梁軍。楚王戊軍敗自殺。

〔一〕【正義】棘壁在宋州寧陵縣西南七十里。【考證】王先謙曰：「敗」當作「破」，元王世家正作「攻梁破棘壁」。棘壁，今歸德府寧陵縣西。

〔二〕【集解】徐廣曰：「楚相張尚諫王而死。」【正義】按：羽，尚弟也。

〔三〕【集解】徐廣曰：「屬梁國。」【正義】宋州碭山縣，本漢下邑縣。【考證】今徐州府碭山縣東。

〔四〕【正義】東越傳云：「獨東甌受漢之購，殺吳王。」丹徒，潤州也。東甌，即東越也。東越將兵從吳，在丹徒也。

【考證】漢書「江」作「淮」，誤。

〔五〕【集解】韋昭曰：「啗，音徒覽反。」

〔六〕【集解】孟康曰：「方言『戟謂之鏦。』」【索隱】鏦，音七江反。謂以戈刺殺之。鄒氏又音舂，亦音「從容」之「從」，謂撞殺之也。

〔七〕【集解】吳地記曰：「吳王濞葬武進縣南，地名相唐。」【索隱】張勃云：「吳王濞葬丹徒縣南，其地名相唐。」今注本云「武進縣」，恐錯也。【正義】括地志云：「漢吳王濞冢在潤州丹徒縣東練壁聚北，今入于江。吳録云丹徒有吳王冢，在縣北，其處名爲相唐」。

三王之圍齊臨菑也，三月不能下。漢兵至，膠西、膠東、菑川王各引兵歸。〔一〕膠西王乃祖跣席稾飲水謝太后。〔二〕王太子德曰：「漢兵遠，〔三〕臣觀之已罷，可襲，願收大王餘兵擊之，擊之不勝，乃逃入海，未晚也。」王曰：「吾士卒皆已壞，不可發用。」弗聽。漢將弓高侯穨當〔四〕遺王書曰：「奉詔誅不義，降者赦其罪，復故；不降者滅之。王何處，須以從事。」〔五〕王肉袒，叩頭漢軍壁，謁曰：「臣卬奉法不謹，驚駭百姓，乃苦將軍，遠道至于窮國，敢請菹醢之罪。」弓高侯執金鼓見之，曰：「王苦軍事，願聞王發兵狀。」王頓首膝行對曰：「今者鼂錯，天子用事臣，變更高皇帝法，令侵奪諸侯地。卬等以爲不義，恐其敗亂天下，七國發兵，且以誅錯。今聞錯已誅，卬等謹以罷兵歸。」〔六〕將軍曰：「王苟以錯不善，何不以聞？及未有詔虎符，擅發兵擊義國。〔七〕以此觀之，意非欲誅錯也。」乃出詔書，爲王讀之。讀之訖，曰：「王其自圖。」王曰：「如卬等死有餘罪。」遂自殺。太后、太子皆死。膠東、菑川、濟南王皆死，〔八〕國除，納于漢。酈將軍圍趙，十月而下之，〔九〕趙王自殺。濟北王以劫故得不誅，徙王菑川。

〔一〕【考證】梁玉繩曰：案，齊圍之解，漢擊破之，非自引兵歸也。圍齊是四國，此缺濟南。

〔二〕【考證】漢書「袒跣」作「徒跣」，太后，膠西王之母。

〔三〕【考證】楓、三本「遠」下有「來」字，當依補。漢書作「還」，誤。

〔四〕【集解】徐廣曰：「姓韓。」

〔五〕【正義】待王定計，以行事。【考證】胡三省曰：言膠西王於降與不降之間，欲何以自處，吾待以行事。

〔六〕【考證】「罷」上「以」字，漢書作「已」。

〔七〕【考證】漢書「錯」下有「爲」字。王念孫曰：「及」當作「乃」。義國，言守義不從反也，謂齊國。

〔八〕【集解】徐廣曰：「一云『自殺』。」【考證】漢書作「伏誅」。

〔九〕【考證】張文虎曰：樊酈滕灌傳、漢書荆吳燕傳並作「十月」。楚元王世家云「相距七月」。案：七國以景三年正月反，至十月，則入四年歲首矣，恐誤。

初，吳王首反，并將楚兵連齊、趙。正月起兵，三月皆破，獨趙後下。復置元王少子平陸侯禮爲楚王，續元王後。徙汝南王非王吳故地，爲江都王。

太史公曰：吴王之王，由父省也。〔一〕能薄賦斂，使其衆，以擅山海利。逆亂之萌，自其子興。争技發難，卒亡其本；〔二〕親越謀宗，竟以夷隕。鼂錯爲國遠慮，禍反近身。〔三〕袁盎權説，初寵後辱。故古者諸侯地不過百里，山海不以封。「毋親夷狄，以疏其屬」，蓋謂吴邪？〔四〕「毋爲權首，反受其咎」，〔五〕豈盎、錯邪？〔六〕

〔一〕**【集解】**言濞之王吴，由父代王被省封郃陽侯。省，音所幸反。**【索隱】**省，音所景反。省者減也。謂父仲從代王省封郃陽侯也。

〔二〕**【索隱】**謂與太子争博，爲争技也。**【考證】**中井積德曰：「技」蓋「枝」字之譌，以削郡爲枝葉之事耳，乃與下文「卒亡其本」相呼應。愚按：楓、三本「技」作「博」，蓋誤以旁注訂本文。

〔三〕**【考證】**楓、三本「近」作「及」。

〔四〕**【考證】**禮記王制云：「公侯田方百里，伯七十里，子男五十里。」又云：「名山大澤不以封。」史公改「澤」爲「海」也。「毋親夷狄」二句，未詳出處。

〔五〕**【考證】**顔師古曰：此逸周書之言，引之者，謂錯適當此言耳。愚按：首、咎，韻。

〔六〕**【考證】**毛本作「袁盎」，漢書作「鼂錯」。

【索隱述贊】吴楚輕悍，王濞倍德。富因採山，釁成提局。憍矜貳志，連結七國。嬰命始監，錯誅未塞。天之悔禍，卒取奔北。

史記會注考證卷一百七

魏其武安侯列傳第四十七

史記一百七

【考證】史公自序云：「吳楚爲亂，宗屬唯嬰賢而喜士，士鄉之，率師抗山東滎陽。作魏其武安列傳第四十七。」查慎行曰：史記魏其武安侯傳末附灌將軍，離而爲三人，合則爲一傳，中間彼是互見，敘事之曲折，情狀一一如在目。班氏一仍其舊，所節刪者數字耳，所争只在二三字，卻失語氣之輕重，世之讀史漢者，異同之下，優劣略可見矣。曾國藩曰：武安之勢力盛時，雖以魏其之貴戚元功，而無如之何；灌夫之强力盛氣，而無如之何；廷臣内史等心非之，而無如之何；主上不直之，而無如之何。子長深惡勢利之足以移易是非，故敘之沈痛如此。

魏其侯竇嬰者，孝文后從兄子也。〔一〕父世觀津人。〔二〕喜賓客。孝文時，嬰爲吳相，病免。孝景初即位，爲詹事。〔三〕

〔一〕【考證】漢書云：「字王孫。」楓、三本、漢書「后」上有「皇」字。

〔二〕【索隱】案：地理志觀津縣屬信都。以言其累葉在觀津，故云「父世」也。【正義】觀津城在冀州武邑縣東南二十五里。【考證】淩稚隆曰：世疑是父名。王先謙曰：索隱説是。言自其父以上，世爲觀津人。淮南厲王傳「真定，厲王母之家在焉，父世縣也」。「父世」二字義同。

〔三〕【正義】百官表云「詹事，秦官，掌皇后太子家」也。

梁孝王者，孝景弟也，其母竇太后愛之。梁孝王朝，因昆弟燕飲。〔一〕是時上未立太子，酒酣，從容言曰：「千秋之後傳梁王。」太后驩。竇嬰引卮酒進上，曰：「天下者高祖天下，父子相傳，此漢之約也，上何以得擅傳梁王！」〔二〕太后由此憎竇嬰。竇嬰亦薄其官，因病免。太后除竇嬰門籍，不得入朝請。〔三〕

〔一〕【考證】顔師古曰：家人昆弟之親，不爲君臣禮也。

〔二〕【考證】胡三省曰：引酒進之，蓋罰爵也。

〔三〕【集解】律，諸侯春朝天子曰朝，秋曰請。【正義】才性反。【考證】胡三省曰：門籍，出入宮殿門之籍也。

孝景三年，吳、楚反，上察宗室諸竇毋如竇嬰賢，〔一〕乃召嬰。嬰入見，固辭謝病不足任。太后亦慙。〔二〕於是上曰：「天下方有急，王孫寧可以讓邪？」〔三〕乃拜嬰爲大將軍，賜金千斤。嬰乃言袁盎、欒布諸名將賢士在家者進之。所賜金陳之廊廡下，軍吏過，輒令財取爲用，金無入家者。〔四〕竇嬰守滎陽，監齊、趙兵。〔五〕七國兵已盡破，封嬰爲魏其侯。諸游士賓客爭歸魏其侯。孝景時每朝議大事，條侯、魏其侯，諸列侯莫敢與亢禮。〔六〕

〔一〕【索隱】案：謂宗室之中及諸竇之宗室也。又姚氏案：酷吏傳「周陽由，其父趙兼以淮南王舅侯周陽，故因改氏。由以宗室任爲郎」。則似是與國有親戚屬籍者，亦得呼爲宗室也。【考證】顏師古曰：宗室，帝之同姓親也。諸竇，總謂帝外家也。中井積德曰：本文明判宗室與諸竇。

〔二〕【考證】楓、三本，漢書「謝」下有「稱」字。

〔三〕【集解】漢書曰：「竇嬰字王孫。」

〔四〕【集解】蘇林曰：「自令裁度取爲用也。」【考證】顏師古曰：廊，堂下周屋。廡，門屋也。愚按：財、裁通。淮南王安傳亦云：「吳王濞行珠玉金帛，賂諸侯宗室大臣，獨竇氏不與。」竇嬰之爲人，可以見也。

〔五〕【正義】監，音甲衫反。吳王濞傳云「竇嬰屯滎陽，監齊趙兵」也。【考證】錢大昕曰：時欒布擊齊，酈寄擊趙。滎陽在南北之衝，東捍吳楚，北距齊趙。吳楚之兵，有周亞父自將，非嬰所監，若齊趙，雖各遣將，而嬰爲大將軍，得遥制之。

〔六〕【考證】顏師古曰：言特敬此二人也。

孝景四年，立栗太子，使魏其侯爲太子傅。〔一〕孝景七年，栗太子廢，魏其數争不能得。魏其謝病屏居藍田南山之下數月，〔二〕諸賓客辯士説之，莫能來。梁人高遂乃説魏其曰：「能富貴將軍者，上也；能親將軍者，太后也。今將軍傅太子，太子廢而不能争；争不能得，又弗能死。〔三〕自引謝病，擁趙女，屏閒處而不朝。相提而論，〔四〕是自明揚主上之過。有如兩宫螫將軍，則妻子毋類矣。」〔五〕魏其侯然之，乃遂起，朝請如故。

〔一〕【正義】栗姬之子，後廢之，故書母姓也。

〔二〕【考證】王先謙曰：李廣傳亦云「廣屏居藍田南山中射獵」，蓋藍田南山，在當日爲朝貴屏居游樂之所。「田」上「藍」字，各本無，依館本、漢書補。

〔三〕【考證】漢書無「而不能争」四字。「得」作「拔」。

〔四〕【集解】徐廣曰：「提，音徒抵反。」【索隱】提，音弟，又音啼。相提，猶相抵也。論，音路頓反。【正義】閒處，上音閑，下昌汝反。【考證】中井積德曰：相提，謂相提攜也，與客取手而談耳。漢書「相提而論」作「祇加懟」，義異。

〔五〕【集解】張晏曰：「兩宫，太后、景帝也。螫，怒也。毒蟲怒必螫人。又火各反。」【索隱】螫，音釋。謂怒也，毒蟲怒必螫人。又音火各反，漢書作「奭」，奭即螫也。無類，謂見誅滅無遺類。【正義】兩宫，太子、景帝也。【考證】兩宫，集解是。

桃侯免相，〔一〕竇太后數言魏其侯。孝景帝曰：「太后豈以爲臣有愛，不相魏其？魏其者，沾沾自喜耳，多易。難以爲相持重。」〔二〕遂不用，用建陵侯衛綰爲丞相。

〔一〕【集解】服虔曰：「劉舍也。」

〔二〕【集解】徐廣曰：「沾一作『怗』，又昌兼反，又當牒反。」張晏曰：「沾沾，言自整頓也。多易，多輕易之行也。或曰，沾，音幨也。」【索隱】愛，猶惜也。沾，音襜，又音當牒反。小顔音他兼反。注怗音如字，又天牒反。膽，音尺占反。【正義】易，以豉反。言自多簡易之行也。前云毋如竇嬰賢，而張晏云「輕易之行」，未知甚矣。

武安侯田蚡者，孝景后同母弟也，生長陵。〔一〕魏其已爲大將軍後，方盛，蚡爲諸郎，未貴。往來侍酒魏其，跪起如子姓。〔二〕及孝景晚節，蚡益貴幸，爲太中大夫。〔三〕蚡辯有口，學槃盂諸書，〔四〕王太后賢之。〔五〕孝景崩，即日太子立，稱制，所鎮撫多有田蚡賓客計筴。〔六〕蚡

弟田勝，皆以太后弟，孝景後三年，封蚡爲武安侯，勝爲周陽侯。〔七〕

〔一〕【索隱】扶粉反。如「蚡鼠」之「蚡」，音墳。【考證】楓、三本「孝景」下有「帝」字。外戚世家王皇后父王仲，槐里人也。母臧兒生男信與兩女。仲死，臧兒更嫁爲長陵田氏婦，生男蚡、勝。

〔二〕【集解】徐廣曰：「諸郎，一云『諸卿』。時人相號長老者爲『諸公』，年少者爲『諸卿』，如今人相號爲『士大夫』也。」【考證】諸郎，漢書作「諸曹郎」。張照曰：諸郎，即百官表所謂議郎、中郎、侍郎、郎中是也。子姓，各本作「子姪」，今從漢書。王引之曰：古謂子孫曰姓，或曰子姓，女子謂昆弟之子爲姪，男子則否，當依漢書作「子姓」。

〔三〕【索隱】按：晚節，謂晚年也。【考證】漢書「太中大夫」作「中大夫」。

〔四〕【集解】應劭曰：「黃帝史孔甲所作銘也。凡二十六篇，書槃盂中，所爲法戒。諸書，諸子文書也。」孟康曰：「孔甲槃盂二十六篇，雜家，書兼儒墨名法。」【正義】晉灼曰：按藝文志，孟説是也。【考證】漢書藝文志雜〔家〕「孔甲盤盂二十六篇」。文選注七略曰：「盤盂書者其傳言孔甲爲之。孔甲，黃帝之史也，於盤盂中爲誡法，或於鼎，名曰銘。」蔡邕銘論：「黃帝有巾机之法，孔甲有槃杅之誡。」文心雕龍云：「成湯盤盂，著日新之規。」田蚡學盤盂諸書。中井積德曰：諸書亦盤盂之類，非雜家。

〔五〕【集解】徐廣曰：「即蚡同母姊者。」【考證】梁玉繩曰：案此在景帝世，只當稱皇后。漢書作「王皇后」是。

〔六〕【考證】楓、三本「孝景」下有「帝」字，下同。徐孚遠曰：太后初稱制，恐其不安，欲收人心，故有所鎮撫也。愚按：楓、三本「有」作「用」。

〔七〕【集解】徐廣曰：「孝景後三年，即是孝武初嗣位之年也。」【正義】絳州聞喜縣東二十里周陽故城也。

武安侯新欲用事爲相，〔一〕卑下賓客，進名士家居者貴之，欲以傾魏其諸將相。〔二〕建元元年，丞相綰病免，〔三〕上議置丞相、太尉。籍福説武安侯曰：「魏其貴久矣，天下士素歸之。今將軍初興，未知魏其，即上以將軍爲丞相，必讓魏其。魏其爲丞相，將軍必爲太尉。太尉、丞相尊等耳，又有讓賢名。」武安侯乃微言太后風上，於是乃以魏其侯爲丞相，武安侯爲太尉。籍福賀魏其侯，因弔曰：「君侯資性喜善疾惡，方今善人譽君侯，故至丞相；然君侯且疾惡，惡人衆，亦且毁君侯。君侯能兼容，則幸久；不能，今以毁去矣。」魏其不聽。

〔二〕【考證】漢書無「欲」字、「爲相」字。中井積德曰：「欲」字宜在「爲」字上。李笠曰：武安時已用事，所欲者爲相耳。

〔三〕【考證】漢書刪「魏其」二字。查慎行曰：此田竇相傾之始也。漢書刪去「魏其」二字，則田所傾者，與竇無涉矣。顔師古曰：傾，謂踰越而勝之也。

〔三〕【考證】凌稚隆曰：接上衛綰爲丞相。

魏其、武安俱好儒術，推轂趙綰爲御史大夫，王臧爲郎中令。〔一〕迎魯申公，欲設明堂，令列侯就國，除關，〔二〕以禮爲服制，以興太平。〔三〕舉適諸竇宗室毋節行者，除其屬籍。〔四〕時諸外家爲列侯，列侯多尚公主，皆不欲就國，以故毁日至竇太后。太后好黄、老之言，而魏其、武安、趙綰、王臧等務隆推儒術，貶道家言，〔五〕是以竇太后滋不説魏其等。及建元二年，御史大夫趙綰請無奏事東宮。〔六〕竇太后大怒，乃罷逐趙綰、王臧等，而免丞相、太尉。〔七〕以柏至侯許昌爲丞相，武彊侯莊青翟爲御史大夫。魏其、武安由此以侯家居。

〔一〕【索隱】案：推轂，謂自卑下之，如爲之推車轂也。【考證】顔師古曰：推轂，謂升薦之若轉車轂之爲。

〔二〕【索隱】謂除關門之稅也。【考證】服虔曰：除關禁也。徐孚遠曰：漢立關以稽諸侯出入，至此罷之，示天下一家之義也。

〔三〕【索隱】案：其時禮度踰侈，多不依禮，今令吉凶服制，皆法於禮也。【考證】中井積德曰：謂建之制度，注舛。

〔四〕【索隱】適，音直革反。

〔五〕【考證】三條本「后」下「太」上有「竇」字。

〔六〕【集解】韋昭曰：「欲奪其政也。」【考證】胡三省曰：漢長樂宮在東，太后居之，故謂之東宮，又謂之東朝。

〔七〕【考證】漢書「大怒」下補「曰此欲復爲新垣平邪」九字。王先謙曰：太后陰求綰臧姦利事以讓上，上下綰臧吏也。梁玉繩曰：漢書武紀及百官表云：「有罪，下獄自殺。」

武安侯雖不任職，以王太后故親幸，數言事多效，〔一〕天下吏士趨勢利者，皆去魏其歸武安。武安日益横。建元六年，竇太后崩，丞相昌、御史大夫青翟坐喪事不辦，免。以武安侯蚡爲丞相，以大司農韓安國爲御史大夫。〔二〕天下士、郡諸侯愈益附武安。〔三〕

〔一〕【考證】顏師古曰：謂見聽用。愚按：楓、三本「言」下有「私」字，義異。

〔二〕【考證】周壽昌曰：大司農，當作「大農令」，時尚未更名大司農也。

〔三〕【索隱】按：謂仕諸郡及仕諸侯王國者，猶言仕郡國也。【考證】張文虎曰：各本「郡」下有「國」字，索隱本無。雜志云：「『國』字後人所加，漢書亦作『郡諸侯』」。師古云：郡及諸侯，猶言郡國也。愚按：楓、三本「士」下有「任」字，義更明，任猶仕也。

武安者貌侵，〔一〕生貴甚。〔二〕又以爲諸侯王多長，〔三〕上初即位，富於春秋，蚡以肺腑爲京師相，〔四〕非痛折節以禮詘之，天下不肅。〔五〕當是時，丞相入奏事，坐語移日，所言皆聽。薦人，或起家至二千石，權移主上。上乃曰：「君除吏，已盡未？吾亦欲除吏。」〔六〕嘗請考工地益宅，上怒曰：「君何不遂取武庫！」是後乃退。〔七〕嘗召客飲，坐其兄蓋侯南鄉，自坐東鄉，以爲漢相尊，不可以兄故私橈。〔八〕武安由此滋驕，治宅甲諸第。田園極膏腴，而市買郡縣器物，相屬於道。〔九〕前堂羅鍾鼓，立曲旃；〔一〇〕後房婦女以百數。諸侯奉金玉狗馬玩好，不可勝數。〔一一〕

〔一〕【集解】韋昭曰：「侵，音寑，短小也。又云，醜惡也，刻确也。音核。」【索隱】案：服虔云「侵，短小也」。韋昭云：「刻确也。」按：确音刻。又孔文祥「侵，醜惡也。音寑」。

〔二〕【索隱】按：小顏云「生貴，謂自尊高示貴寵」，其說疏也。按：生，謂蚡自生尊貴之勢特甚，故下云「又以諸侯王多長年，蚡以肺腑爲相，非痛折節以禮屈之，則天下不肅」者也。【考證】王先謙曰：蓋蚡幼時已爲外戚，尊貴矣。索隱說是。

〔三〕【集解】張晏曰：「多長年。」

〔四〕【索隱】腑，音附。肺附言如肝肺之相附。又云，柿，木札，附木皮也。詩云「如塗塗附」，以言如皮之附木也。【正義】顏師古曰：「舊解云『肺腑』，如肝肺之相附著也。一說，柿，斫木札也，喻其輕薄附著大材。」按：顏此說並是疏謬。又改「腑」爲「附」，就其義重謬矣。八十一難云：「寸口者脈之大會，手太陰之動脈也。」呂廣云：「太陰者肺之脈也。肺爲諸藏之主，通陰陽，故十二經脈皆會乎太陰，所以決吉凶者。十二經有病，皆寸口知其何經之動，浮沈濇滑，春秋逆順，知其死生。」顧野王云：「肺腑，腹心也。」案：說田蚡爲相，若人之肺，知陰陽逆順，又爲帝之腹心親戚也。【考證】肺腑，猶言族戚，同姓異姓並稱。解詳于惠景間侯表。漢書無「京師」二字。

〔五〕【索隱】案：痛，甚也。欲令士折節屈下於己；不然，天下不肅。或解以爲蚡欲折節下士，非也。案：下文不讓其兄蓋侯，知或説爲非也。

〔六〕【考證】顏師古曰：凡言除者，除去故官就新官。

〔七〕【集解】漢書百官表曰少府有考工室。如淳曰：「官名也。」【考證】考工，主作器械。齊召南曰「君何不遂取武庫」，此怒語也。漢書省「君何不」三字，意不明。王先謙曰：是後乃退，謂後稍斂退也。

〔八〕【集解】徐廣曰：「蓋侯，王后兄王信也。泰山有蓋縣，樂安有益縣也。」【考證】漢書删「嘗」字，蓋以上文有「嘗」字也。查慎行曰：不若原文之明晰。漢書「南鄉」作「北鄉」，非是。古人之坐，以東向爲尊，故宗廟之祭，太祖之位東向。即交際之禮，亦賓東向，主人西向。橈，曲也。

〔九〕【集解】徐廣曰：「甲爲諸第之上也。」

〔一〇〕【集解】如淳曰：「旃旗之名。通帛曰旃。曲旃，僭也。」蘇林曰：「禮，大夫建旃。曲旃，柄上曲也。」【索隱】按：曲旃，旌旃柄上曲，僭禮也。通帛曰旃。説文云，曲旃者，所以招士也。

〔一一〕【考證】漢書無「侯」字，「奉」作「奏」。查慎行曰：似不若原文之明晰。

魏其失竇太后，益疏不用，無勢，諸客稍稍自引而怠傲，唯灌將軍獨不失故。魏其日默默不得志，而獨厚遇灌將軍。〔一〕

〔一〕【考證】漢書改「不失」爲「否」字。查慎行曰：不及原文之委婉有情。愚按：「故」字屬上句。三條本、漢書「志」作「意」。

灌將軍夫者，潁陰人也。夫父張孟嘗爲潁陰侯嬰舍人，得幸。〔一〕因進之至二千石，故蒙灌氏姓爲灌孟。〔二〕吳、楚反時，潁陰侯灌何爲將軍，屬太尉，〔三〕請灌孟爲校尉。夫以千人與父俱。〔四〕灌孟年老，潁陰侯彊請之，鬱鬱不得意，故戰常陷堅，遂死吳軍中。軍法，父子俱從軍，有死事，得與喪歸。灌夫不肯隨喪歸，奮曰：「願取吳王若將軍頭，以報父之仇。」〔五〕於是灌夫被甲持戟，募軍中壯士所善願從者數十人。及出壁門，莫敢前。獨二人及從奴十數騎，馳入吳軍，至吳將麾下，所殺傷數十人。不得前，〔六〕復馳還，走入漢壁，皆亡其奴，獨與一騎歸。夫身中大創十餘，適有萬金良藥，故得無死。夫創少瘳，又復請將軍曰：「吾益知吳壁中曲折，請復往。」將軍壯義之，恐亡夫，乃言太尉，太尉乃固止之。〔七〕吳已破，灌夫以此名聞天下。

〔一〕【考證】楓本、漢書「嬰」上有「灌」字。

〔二〕【考證】顏師古曰：蒙，冒也。

〔三〕【索隱】案：何是嬰子，漢書作「嬰」，誤也。【考證】太尉，周亞夫。

〔四〕【集解】漢書音義曰：「官主千人，如候司馬。」

〔五〕【集解】張晏曰：「奮，自奮厲也。」【考證】若，猶或也。

〔六〕【正義】麾，謂大將之旗。

〔七〕【考證】梁玉繩曰：壯義之，班馬異同作「壯而義之」，與漢傳合。

潁陰侯言之上，上以夫爲中郎將。數月，坐法去。〔一〕後家居長安，長安中諸公莫弗稱之。孝景時至代相。〔二〕孝景崩，今上初即位，以爲淮陽天下交，勁兵處，故徙夫爲淮陽太守。〔三〕建元元年，入爲太僕。二年，夫與長樂衛尉竇甫飲，輕重不得，〔四〕夫醉搏甫。〔五〕甫，竇太后昆弟也。上恐太后誅夫，徙爲燕相。〔六〕數歲，坐法去官，家居長安。

〔一〕**【考證】**楓本「之」作「於」。漢書「數月」作「數歲」。

〔二〕**【考證】**志疑引陳太僕云：灌夫自始爲校尉，以至代相，皆在孝景時，不應錯出，蓋誤也。漢書作「由是復爲代相」。

〔三〕**【正義】**言淮陽天下交會處，而兵又勁。**【考證】**陳子龍曰：人主初即位，恐有奸人謀非常者，故置名太守以鎮之。

〔四〕**【集解】**晉灼曰：「飲酒輕重不得其平也。」**【考證】**顏師古曰：禮數之輕重也。中井積德曰：輕重，猶言得失也，彼以爲是，此以爲非之類。

〔五〕**【索隱】**搏，音博，謂擊也。

〔六〕**【考證】**楓、三本，漢書「徙」下有「夫」字。

灌夫爲人剛直使酒，不好面諛。〔一〕貴戚諸有勢在己之右，不欲加禮，必陵之；諸士在己之左，愈貧賤，尤益敬，與鈞。〔二〕稠人廣衆，薦寵下輩。士亦以此多之。

〔一〕**【考證】**顏師古曰：使酒，因酒而使氣也。

〔二〕**【考證】**楓、三本，漢書「益」下有「禮」字。徐孚遠曰：言與貧賤士敵禮也。

夫不喜文學，好任俠，已然諾。〔一〕諸所與交通，無非豪桀大猾。家累數千萬，食客日數十百人。〔二〕陂池田園，宗族賓客爲權利，橫於潁川。〔三〕潁川兒乃歌之曰：「潁水清，灌氏

寧；潁水濁，灌氏族。」〔四〕

〔一〕【索隱】已，音以。謂已許諾，必使副其前言也。【考證】顏師古曰：已，必也，謂一言許人，必信之也。中井積德曰：已字不可解，或是究遂之意。

〔二〕【考證】顏師古曰：或八九十，或百人也。

〔三〕【考證】權利，權威利益。

〔四〕【考證】顏師古曰：深怨嫉之，故爲此言也。愚按：清、寧，濁、族，韻。

灌夫家居雖富，然失勢，卿相侍中賓客益衰。〔一〕及魏其侯失勢，亦欲倚灌夫，引繩批根生平慕之後弃之者。〔二〕灌夫亦倚魏其，而通列侯宗室爲名高。兩人相爲引重，〔三〕其游如父子然。相得驩甚，無厭，恨相知晚也。

〔一〕【考證】顏師古曰：以夫居家，而卿相侍中素爲夫之賓客者，漸以衰退不復往也。

〔二〕【集解】蘇林曰：「二人相倚，引繩直之，意批根賓客也。弃之者，不與交通。」孟康曰：「根，根括。引繩以持彈。」【索隱】案：劉氏云：「二人相倚，事如合繩，共相依引也。」批，音步結反。批者排也。漢書作「排」。排根者，蘇林云「賓客去之者，不與通也」。孟康云：「音根格，謂引繩排彈其根格，平生慕嬰交而弃者，令不得通也。小顏根音痕，格音下各反。駰謂引繩，排彈根括以退之者也。」持彈，案漢書本作「抨彈」，音普耕反。【考證】中井積德曰：引繩，規人之枉也。批根，鋤其株也。俱謂報復究之，以逞其憾。愚按：引繩，言牽連黨類如引繩也。批根，中說是。

〔三〕【集解】張晏曰：「相薦達爲聲勢。」【考證】顏師古曰：相牽引而致於尊重也。爲，音于僞反。王先謙曰：兩相援引藉重也。爲如字讀，張、顏說皆非。

灌夫有服，過丞相。〔一〕丞相從容曰：「吾欲與仲孺過魏其侯，會仲孺有服。」〔二〕灌夫曰：「將軍乃肯幸臨況魏其侯，夫安敢以服爲解！請語魏其侯帳具，將軍旦日蚤臨。」〔三〕武安許諾。灌夫具語魏其侯，如所謂武安侯。〔四〕魏其與其夫人益市牛酒，夜灑埽，早帳具至旦。平明，令門下候伺。至日中，丞相不來。〔五〕魏其謂灌夫曰：「丞相豈忘之哉？」灌夫不懌曰：「夫以服請，宜往。」〔六〕乃駕自往迎丞相。丞相特前戲許灌夫，殊無意往。及夫至門，丞相尚臥。於是夫入見曰：「將軍昨日幸許過魏其，魏其夫妻治具，自旦至今，未敢嘗食。」武安鄂謝曰：「吾昨日醉，忽忘與仲孺言。」〔七〕乃駕往，又徐行，灌夫愈益怒。〔八〕及飲酒酣，夫起舞屬丞相，〔九〕丞相不起，夫從坐上語侵之。〔一〇〕魏其乃扶灌夫去，謝丞相。丞相卒飲至夜，極驩而去。

〔一〕**【考證】**服，喪服。丞相，田蚡。

〔二〕**【集解】**漢書曰：「灌夫字仲孺。」**【索隱】**案：服謂朞功之服也，故應璩書曰「仲孺不辭同生之服」是也。

〔三〕**【正義】**解，紀買反，謂辭之也。**【考證】**沈欽韓曰：田蚡見爲丞相，而稱之將軍，史駁文。顏師古曰：況，賜也。解，若今言分疏。漢書無「帳」字。

〔四〕**【考證】**楓、三本「具」作「見」，漢書作「以」。

〔五〕**【考證】**顏師古曰：益，多也。愚按：早，早曉也，「至旦」屬上。漢書删「早」字至「旦」字，下文「自旦至今」四字無所承。

〔六〕**【集解】**徐廣曰：「一云『以服請，不宜往。』」**【索隱】**案：徐廣云「以服請，不宜往」，其說非也。正言夫請不以服爲解，蚡不宜忘，故駕自往迎也。【考證】言此我所請，我宜往迎之。

〔七〕【集解】徐廣曰：「鄂，一作『悟』。」

〔八〕【考證】漢書重「往」字。

〔九〕【索隱】屬，音之欲反。屬，猶委也，付也。小顏云「若今之舞訖相勸也」。

〔一〇〕【考證】漢書「從坐上」，作「徙坐」。顏師古曰：徙坐，謂移就其坐，與史義異。

丞相嘗使籍福請魏其城南田。魏其大望曰：「老僕雖弃，將軍雖貴，寧可以勢奪乎！」不許。〔一〕灌夫聞，怒罵籍福。籍福惡兩人有郄，乃謾自好謝丞相曰：「魏其老且死，易忍，且待之。」〔二〕已而武安聞魏其、灌夫實怒不予田，亦怒曰：「魏其子嘗殺人，蚡活之。蚡事魏其無所不可，何愛數頃田？且灌夫何與也？吾不敢復求田。」〔三〕武安由此大怨灌夫、魏其。〔四〕

〔一〕【考證】顏師古曰：望，怨也。

〔二〕【考證】顏師古曰：謾，猶詭也，詐爲好言也。謾，讀與慢同。愚按：漢書無「自」字。

〔三〕【考證】與，干預也。漢書「愛」上删「何」字，較失語意。

〔四〕【考證】漢書「怨」作「怒」，史義長。

元光四年春，〔一〕丞相言灌夫家在潁川，横甚，民苦之。請案。〔二〕上曰：「此丞相事，何請。」〔三〕灌夫亦持丞相陰事，爲姦利，受淮南王金與語言。〔四〕賓客居閒，遂止，俱解。

〔一〕【集解】徐廣曰：「疑此當是三年也。」其説在後。【考證】梁玉繩曰：當作二年，説在後。

〔二〕【考證】事見上。

〔三〕【考證】岡白駒曰：正罪自是丞相職事，不必告請。

〔四〕【正義】姦利，爲姦惡而求利。【考證】事見下。

夏，丞相取燕王女爲夫人，〔一〕有太后詔，召列侯宗室皆往賀。〔二〕魏其侯過灌夫欲與俱。夫謝曰：「夫數以酒失得過丞相，丞相今者又與夫有郄。」魏其曰：「事已解。」彊與俱。飲酒酣，武安起爲壽，〔三〕坐皆避席伏。已魏其侯爲壽，獨故人避席耳，餘半膝席。〔四〕灌夫不悦。起行酒至武安，武安膝席曰：「不能滿觴。」〔五〕夫怒，因嘻笑曰：「將軍貴人也，屬之！」〔六〕時武安不肯。〔七〕行酒次至臨汝侯，〔八〕臨汝侯方與程不識耳語，又不避席。夫無所發怒，乃罵臨汝侯曰：「生平毀程不識不直一錢，今日長者爲壽，乃效女兒呫囁耳語！」〔九〕武安謂灌夫曰：「程、李俱東西宮衛尉，〔一〇〕今衆辱程將軍，仲孺獨不爲李將軍地乎？」〔一一〕灌夫曰：「今日斬頭陷胷，何知程、李乎！」〔一二〕坐乃起更衣，稍稍去。〔一三〕魏其侯去，麾灌夫出。武安遂怒曰：「此吾驕灌夫罪。」乃令騎留灌夫。〔一四〕灌夫欲出不得。籍福起爲謝，案灌夫項令謝。〔一五〕夫愈怒，不肯謝。武安乃麾騎縛夫，置傳舍，召長史曰：「今日召宗室，有詔。」劾灌夫罵坐不敬，繫居室。〔一六〕遂按其前事，遣吏分曹逐捕諸灌氏支屬，皆得弃市罪。魏其侯大媿，爲資使賓客請，莫能解。〔一七〕武安吏皆爲耳目，諸灌氏皆亡匿，夫繫，遂不得告言武安陰事。

〔一〕【索隱】案：蚡娶燕王劉澤子康王嘉之女也。

〔二〕【考證】漢書無「有」字。

〔三〕【集解】如淳曰：「上酒爲稱壽，非大行酒。」【考證】王文彬曰：據下文夫行酒至臨汝侯云「長者爲壽」，是爲壽，即大行酒也，如說非。

〔四〕【集解】蘇林曰：「下席而膝半在席上。」如淳曰：「以膝跪席上也。」【正義】蘇說是也。【考證】中井積德曰：故人避席者半，其餘不避而跪於席上。張文虎曰：吴校金板「半」作「坐」。

〔五〕【考證】楓、三本「膝」作「跪」。能，堪也。

〔六〕【集解】徐廣曰：「屬，一作『畢』。」【索隱】案：漢書作「畢」。畢，盡也。【考證】嘻，强笑也。言所以不能滿觴者，由其貴人也，嘲笑之語。語止於此。屬之，叙事之文。岡白駒曰：前段云「起舞屬將軍」。師古注云「舞訖相勸也」，與此屬意同。

〔七〕【正義】不肯，不爲盡也。

〔八〕【集解】徐廣曰：「灌嬰孫，名賢也。」【索隱】案：漢書云：臨汝侯灌賢，則賢是嬰之孫，臨汝是改封也。

〔九〕【集解】韋昭曰：「呫囁，附耳小語聲。」【索隱】女兒，猶云兒女也。漢書作「女曹兒」。曹，輩也，猶言兒女輩。呫，鄒氏音蚩輒反。囁，音汝輒反。說文「附耳小語也」。【考證】中井積德曰：女兒，謂女子也。漢書文錯謬，不當據爲解。王先謙曰：耳語，乃女兒態也，中加曹字，則文不成義。御覽人事部引漢書作「女兒曹」，故顔訓爲女兒輩。

〔一〇〕【集解】漢書音義曰：「李廣爲東宮，程不識爲西宮。」【考證】齊召南曰：音義非也，漢以長樂宮爲東宮，太后居之。天子居未央宮，在長樂宮西。據李廣傳，廣入爲未央衛尉，而程不識爲長樂衛尉，是廣衛西宮，而不識衛東宮也。愚按：錢大昕亦有此說。

〔一一〕【集解】如淳曰：「李將軍，李廣也。猶今人言爲除地也。」【索隱】案：小顔云「言今既毁程，令李何地自安處也」。【正義】按：地，猶材地。二人俱東西宮，毁程，能不損李將軍材地也？【考證】衆辱，於衆中辱之也。如淳曰：「二人同號比尊，今辱一人，不當爲毀廣耶。」王先慎曰：漢紀此下云「李將軍者李廣也，夫素所敬也」。

〔一二〕【索隱】韋昭云：「言不避死亡也。」漢書作「穴匈」。

〔一三〕【考證】顏師古曰：坐，謂坐上之人也。愚按：更衣，如廁也。論衡「夫更衣之室，可謂臭矣」，蓋賓主相見，不宜言穢褻之事，故如廁，皆託言更衣。

〔一四〕【考證】漢書「罪」下有「也」字。罪，過也。顏師古曰：騎，謂常從之騎也。

〔一五〕【考證】顏師古曰：使其拜也。

〔一六〕【集解】如淳曰：「百官表，居室爲保宮，今守宮也。」【考證】顏師古曰：長史，丞相長史也。李慈銘曰：蚡言今日請召宗室，因有太后詔而行之。灌夫罵坐，是輕詔命，故爲不敬也。愚按：蚡告長史語，止於有詔，下添「於是」二字看。顏師古曰：居室，署名也，屬少府，其後改名曰保宮。

〔一七〕【集解】如淳曰：「爲出資費，使人爲夫言。」【考證】曹，輩也。分曹，分輩而出也。王先謙曰：灌夫不往田蚡所，竇嬰强之，致罹禍，以是愧也。

魏其鋭身爲救灌夫。〔一〕夫人諫魏其曰：「灌將軍得罪丞相，與太后家忤，寧可救邪？」魏其侯曰：「侯自我得之，自我捐之，無所恨。且終不令灌仲孺獨死，嬰獨生。」乃匿其家，竊出上書。〔二〕立召入，具言灌夫醉飽事不足誅。上然之，賜魏其食，曰：「東朝廷辯之。」〔三〕

〔一〕【考證】漢書無「身」字。

〔二〕【集解】晉灼曰：「恐其夫人復諫止也。」

〔三〕【集解】如淳曰：「東朝，太后朝。」

魏其之東朝，盛推灌夫之善，言其醉飽得過，乃丞相以他事誣罪之。武安又盛毁灌夫所爲横恣，罪逆不道。魏其度不可奈何，因言丞相短。武安曰：「天下幸而安樂無事，蚡得爲肺腑，所好音樂狗馬田宅。蚡所愛倡優巧匠之屬，〔一〕不如魏其、灌夫日夜招聚天下豪桀壯士與論議，〔二〕腹誹而心謗，不仰視天而俯畫地，〔三〕辟倪兩宫閒，〔四〕幸天下有變，而欲有大功。〔五〕臣乃不知魏其等所爲。」〔六〕於是上問朝臣：「兩人孰是？」御史大夫韓安國曰：「魏其言，灌夫父死事，身荷戟馳入不測之吴軍，身被數十創，名冠三軍，此天下壯士，非有大惡，争杯酒，不足引他過以誅也。魏其言是也。丞相亦言，灌夫通姦猾，侵細民，家累巨萬，横恣潁川，淩轢宗室，侵犯骨肉，〔七〕此所謂『枝大於本，脛大於股，不折必披』，〔八〕丞相言亦是。唯明主裁之。」主爵都尉汲黯是魏其。内史鄭當時是魏其，後不敢堅對。餘皆莫敢對。上怒内史曰：「公平生數言魏其、武安長短，今日廷論，局趣效轅下駒，吾并斬若屬矣。」〔九〕即罷起，入，上食太后。〔一〇〕太后亦已使人候伺，具以告太后。太后怒，不食，曰：「今我在也，而人皆藉吾弟，〔一一〕令我百歲後，皆魚肉之矣。且帝寧能爲石人邪！〔一二〕此特帝在，即録録，設百歲後，是屬寧有可信者乎？」〔一三〕上謝曰：「俱宗室外家，故廷辯之。不然，此一獄吏所決耳。」〔一四〕是時郎中令石建爲上分别言兩人事。

〔一〕【考證】漢書「宅」下無「蚡」字。

〔二〕【考證】楓、三本「不如」作「今如」。「今如魏其灌夫」六字爲一句，義長。

〔三〕【集解】張晏曰：「視天，占三光也。畫地，知分野所在也。畫地，諭欲作反事。」【考證】李笠曰：不仰視天而俯畫地，此與欒布傳「與楚則漢破，與（楚）〔漢〕而楚破」同，以而爲則也。愚按：漢書删「不」字，義亦通。

〔四〕【集解】徐廣曰：「辟，音芳細反。倪，音詣。」張晏曰：「占太后與帝吉凶之期。」【索隱】辟，普係反。倪，五係反。埤倉云：「睥睨，邪視也。」

〔五〕【集解】張晏曰：「幸爲反者，當得爲大將立功也。」瓚曰：「天下有變，謂天子崩，因變難之際，得立大功。」【正義】按：大功，謂爲天子也。【考證】中井積德曰：仰天畫地，睥睨兩宮，並是隱謀祕計之光景矣。不必作星占，不必作反事，變字本無所指定。愚按：欲有大功，猶言欲成大事。

〔六〕【考證】毛本「知」作「如」，與漢書合，作「知」義長。

〔七〕【正義】淩轢，謂蹈踐之。

〔八〕【索隱】案：包愷音足彼反。【正義】鋪被反。披，分析也。【考證】王先慎曰：新書大都篇引范無宇語云：「尾大不掉，末大必折。」又云：「一脛之大，幾如要；一指之大，幾如股。」安國云「所謂」者，蓋當時之成語也。

〔九〕【集解】張晏曰：「俛頭於車轅下，隨母而已。」瓚曰：「小馬在轅下。」【正義】應劭云：「駒馬加著轅。局趣，纖小之貌。」按：應説爲長也。【考證】中井積德曰：駒與馬無異，謂進退不由己，局趣被逼迫，而不得展足也。愚按：「局趣效轅下駒」，蓋亦當時成語。趣駒，韻。沈欽韓曰：史文惟言鄭當時對不堅，故上怒其局趣，本傳以此左遷。

〔一〇〕【考證】王先謙曰：帝於太后循孝道，有上食之禮也。

〔一一〕【索隱】案：晉灼云「藉，蹈也。以言蹂藉之」。

〔一二〕【索隱】謂帝不如石人得長存也。【正義】顔師古云：「言徒有人形耳，不知好惡。」按：今俗云人不辨事，罵云杌杌若木人也。【考證】張儀傳「毋爲秦所魚肉也」。樊噲傳「人方爲刀俎，我爲魚肉」。石人，索隱是。

〔一三〕【索隱】案：設者，脱也。【考證】顔師古曰：録録，言循衆也。

〔一四〕【正義】嬰，景帝從舅。蚡，太后同母弟。【考證】漢書删「宗室」二字。

武安已罷朝，出止車門，〔一〕召韓御史大夫載，怒曰：「與長孺共一老禿翁，何爲首鼠兩端？」〔二〕韓御史良久謂丞相曰：「君何不自喜？〔三〕夫魏其毁君，君當免冠解印綬歸，曰『臣以肺腑幸得待罪，固非其任，魏其言皆是』。如此上必多君有讓，不廢君。〔四〕魏其必内愧，杜門齰舌自殺。〔五〕今人毁君，君亦毁人，譬如賈豎女子争言，何其無大體也！」〔六〕武安謝罪曰：「争時急，不知出此。」

〔一〕【考證】王先慎曰：止車，門名。御覽居處部引洛陽故宫名有南止車門，東、西止車門。

〔二〕【集解】漢書音義曰：「禿老翁，言嬰無官位扳援也。首鼠，一前一卻也。」【索隱】案：謂共治一老禿翁，指竇嬰也。服虔云：「首鼠，一前一卻也。」【考證】御史大夫韓安國字長孺。顧炎武曰：與長孺共一禿翁，謂爾我皆垂暮之年，無所顧惜，當直言以決此事也。索隱以爲共治一老禿翁者非。中井積德曰：鼠將出穴隙，必出頭一左一右，故爲兩端之喻也。何焯曰：安國行五百金於蚡以進，故蚡責其不專助己也。

〔三〕【集解】蘇林曰：「何不自解釋爲喜樂邪？」【索隱】案：小顔云「何不自謙遜爲可喜之事」。音許即反。【考證】張照曰：不自喜，猶言不自愛，下文所謂無大體，是也。注未合。愚按：自喜，猶言自好，謂自愛重也。外戚世家：「壹何不自喜而倍本乎？」

〔四〕【考證】顔師古曰：多，猶重也。

〔五〕【索隱】案：説文云「齰，齧也」。音側革反。

〔六〕【考證】張文虎曰：宋本、中統、游、毛「毀人」作「毀之」，漢書同。

於是上使御史簿責魏其所言灌夫，頗不讎，欺謾。〔一〕劾繫都司空。〔二〕孝景時，魏其常受遺詔，曰「事有不便，以便宜論上」。〔三〕及繫灌夫，罪至族，事日急，諸公莫敢復明言於上。魏其乃使昆弟子上書言之，幸得復召見。書奏上，而案尚書大行無遺詔。〔四〕詔書獨藏魏其家，家丞封。〔五〕乃劾魏其矯先帝詔，罪當弃市。〔六〕五年十月，〔七〕悉論灌夫及家屬。魏其良久乃聞，聞即恚，病痱，不食，欲死。〔八〕或聞上無意殺魏其，魏其復食治病，議定不死矣。乃有蜚語，爲惡言聞上。〔九〕故以十二月晦論，弃市渭城。〔一〇〕

〔一〕【正義】簿責，以文簿責問之。讎，音市周反，對也。言簿責魏其所言灌夫，實潁川事，故魏其不對爲欺謾者也。

〔二〕【索隱】案：百官表云宗正屬官，主詔獄也。【正義】如淳云：「律，司空主水及罪人」。【考證】何焯曰：嬰，外家，故繫宗正屬。

〔三〕【考證】漢書「常」作「嘗」。顏師古曰：論説其事而上於天子。

〔四〕【集解】如淳曰：「大行，主諸侯官也。」【索隱】案：尚書無此景帝崩時大行遺詔，乃魏其家臣印封之。如淳説非也。【正義】天子崩曰大行也。按：尚書之中，景帝崩時，無遺詔賜魏其也。百官表云諸受尚書事也。

〔五〕【集解】漢書音義曰：「以家臣印封遺詔。」

〔六〕【考證】漢書「詔」下有「害」字。注，鄭氏曰：矯詔，有害不害也。愚按：史文自通，漢書補「害」字，非是。

〔七〕【集解】徐廣曰：「疑非五年，亦非十月。」【索隱】徐氏云疑非者，案武紀四年三月蚡薨，竇嬰死在前，今云五年，故疑非也。【正義】漢書云元光四年冬，魏其侯嬰有罪弃市。春三月乙卯，丞相蚡薨。按：五年者，誤也。【考證】梁玉繩曰：「竇嬰、灌夫、田蚡之死在元光三年，夫以十月族，嬰以十二月棄市，蚡以三月卒。」愚按：梁說詳于史記志疑三十三卷，今不具載。

〔八〕【索隱】疿，音肥，又音扶味反，風病也。【正義】疿，風病，小腫也。又音蒲罪反，瘠也。

〔九〕【集解】張晏曰：「蚡僞作飛揚誹謗之語。」【考證】臣瓚曰：「蜚語，無根而至也。」

〔一〇〕【集解】徐廣曰：「疑非十二月也。」駰案：張晏曰「月晦者，春垂至也」。【索隱】著日月者，見春垂至，恐遇赦贖也。【正義】渭城，故咸陽也。【考證】通鑑考異云：徐廣疑非十二月，案漢制常以立春下寬大詔書，蚡恐魏其得釋，故以十二月晦殺之，何必疑。

其春，武安侯病，專呼服謝罪。〔一〕使巫視鬼者視之，見魏其、灌夫共守欲殺之。竟死。子恬嗣。〔二〕元朔三年，武安侯坐衣襜褕入宮，不敬。〔三〕

〔一〕【集解】漢書音義曰：「言蚡號呼謝服罪也。」【正義】其春，即四年春也。元光四年十月，灌夫弃市。十二月末，魏其弃市。至三月乙卯，田蚡薨。則三人死同在一年明矣。漢以十月爲歲首故也。秦楚之際表云十一月，十二月，端月，二月，三月，至九爲終。周建子爲正月，十一月爲正月，十二月爲二月，正月爲三月，二月爲四月。至十月爲歲終。漢初至武帝太初以前，並依秦法，以後改用夏正月，至今不改。然夫子作春秋，依夏正。【考證】張文虎曰：「正義秦楚之際表云」下當脫「十月」二字。

〔二〕【集解】徐廣曰：「蚡疾，見魏其灌夫鬼殺之，則其死共在一春內邪？武帝本紀『四年三月乙卯，田蚡薨』，嬰死在蚡薨之前，何復云五年十二月邪？疑『十二月』當爲『二月』也。」案侯表，蚡事武帝，九年而卒，元光四年，侯恬之元年，建元元年訖元光三年而九年。大臣表蚡以元光四年卒，亦云嬰四年弃市，未詳此正安在。然蚡薨在嬰死後分明。【考證】漢書「使」上有「上」字，「守」下有「笞」字，義異。

〔三〕【集解】徐廣曰：「表云，坐衣不敬，國除。」【索隱】襜，尺占反。褕，音踰。謂非正朝衣，若婦人服也。表云，恬坐衣不敬，國除。」【正義】爾雅云「衣蔽前謂之襜」。郭璞云「蔽膝也」。説文、字林並謂之短衣。【考證】〔武〕安侯恬也。梁玉繩曰：此下缺「國除」二字。

淮南王安謀反，覺，治。王前朝，〔一〕武安侯爲太尉時，迎王至霸上，謂王曰：「上未有太子，大王最賢，高祖孫，即宮車晏駕，非大王立，當誰哉！」淮南王大喜，厚遺金財物。〔二〕上自魏其時，不直武安，特爲太后故耳。〔三〕及聞淮南王金事，上曰：「使武安侯在者，族矣。」〔四〕

〔一〕【集解】徐廣曰：「建元二年。」

〔二〕【考證】何焯曰：蚡爲太尉，多受諸侯王金，私與交通，其罪大矣。然安之入朝，在建元二年。武帝即位之初，雖未有太子，尚春秋鼎盛，康強無疾，身又外戚，「非王誰立」之言，狂惑所不應有之言，疑惡蚡者從而加之。愚按：中井積德曰「蓋獄吏之附會，故贊云被惡言」。

〔三〕【索隱】案：武帝以魏其、灌夫事爲枉，於武安侯爲不直，特爲太后故耳。【考證】漢書「魏其」下有「事」字。

〔四〕【考證】與平準書同一結法。

太史公曰：魏其、武安皆以外戚重，灌夫用一時決筴而名顯。〔一〕魏其之舉以吳、楚，武安之貴在日月之際。〔二〕然魏其誠不知時變，灌夫無術而不遜，兩人相翼，乃成禍亂。武安負貴而好權，杯酒責望，陷彼兩賢。嗚呼哀哉！遷怒及人，命亦不延。衆庶不載，竟被惡言。〔三〕嗚呼哀哉！禍所從來矣！〔四〕

〔一〕【考證】顏師古曰：謂馳入吳軍，欲報父讎也。

〔二〕【考證】中井積德曰：日月之際，謂武帝即位之際會，及竇太后、王太后之事。

〔三〕【考證】楓、三本「載」作「戴」。中井積德曰：載、戴通。

〔四〕【考證】趙恒曰：禍所從來，言禍由太后也。再言嗚呼，深恨之也。

【索隱述贊】竇嬰田蚡，勢利相雄。咸倚外戚，或恃軍功。灌夫自喜，引重其中。意氣杯酒，睥睨兩宮。事竟不直，冤哉二公！

史記會注考證卷一百八

韓長孺列傳第四十八

史記一百八

【考證】史公自序云：「智足以應近世之變，寬足用得人。作韓長孺列傳第四十八。」漢書云：「韓安國字長孺。」

御史大夫韓安國者，梁成安人也，〔一〕後徙睢陽。〔二〕嘗受韓子、雜家説於騶田生所。〔三〕事梁孝王爲中大夫。吳、楚反時，孝王使安國及張羽爲將，扞吳兵於東界。〔四〕張羽力戰，安國持重，以故吳不能過梁。〔五〕吳、楚已破，安國、張羽名由此顯。

〔一〕【集解】徐廣曰：「在汝潁之閒也。」【索隱】按：徐廣云「在汝潁之閒」。漢書地理志縣名，屬陳畱。【正義】括地志云：「成安故城，在汝州梁縣東二十三里。」地理志云成安屬潁川郡，陳留郡又有成安縣，亦屬梁，未知孰是也。【考證】成安，各本作「城安」，今從正義本，楓、三本及漢書。錢大昕曰：漢志陳留潁川二郡皆有成安縣，而陳留爲梁故地，潁川爲韓故地，史稱梁成安，則爲陳留之成安無疑。又曰：安國以御史大夫病免，後爲他官以卒，篇首仍書御史大夫，亦變例。

〔二〕【正義】今宋州宋城。

〔三〕【索隱】案：安國學韓子及雜家說於騶縣田生之所。

〔四〕【索隱】將扞，上音醬，下音汗。

〔五〕【考證】何焯曰：「持重」二字眼目。

梁孝王，景帝母弟，竇太后愛之，令得自請置相、二千石，〔一〕出入游戲，僭於天子。天子聞之，心弗善也。太后知帝不善，乃怒梁使者，弗見，案責王所爲。〔二〕韓安國爲梁使，見大長公主而泣曰：「何梁王爲人子之孝，爲人臣之忠，而太后曾弗省也？〔三〕夫前日吳、楚、齊、趙七國反時，自關以東，皆合從西鄉，惟梁最親，爲艱難。梁王念太后、帝在中，而諸侯擾亂，一言泣數行下，〔四〕跪送臣等六人，將兵擊卻吳、楚，〔五〕吳、楚以故兵不敢西，而卒破亡，梁王之力也。今太后以小節苛禮責望梁王。〔六〕梁王父兄皆帝王，所見者大，故出稱蹕，入言警，〔七〕車旗皆帝所賜也，〔八〕即欲以侘鄙縣，驅馳國中，以夸諸侯，令天下盡知太后、帝愛之也。〔九〕今梁使來，輒案責之。梁王恐，日夜涕泣思慕，不知所爲。何梁王之爲子孝，爲臣忠，而太后弗恤也？」大長公主具以告太后，太后喜曰：「爲言之帝。」言之，帝心乃解，而免冠謝太后曰：「兄弟不能相教，乃爲太后遺憂。」悉見梁使，厚賜之。其後梁王益親驩。太后、長公主更賜安國，可直千餘金。名由此顯，結於漢。〔一〇〕

〔一〕【考證】漢書無「請」字。凌稚隆曰：漢初王國二千石以下吏皆得自置，惟二千石則天子自命之。

〔二〕【考證】凌稚隆曰：案責，蓋令使者籍記王過也。

〔三〕【集解】徐廣曰：大長公主，景帝姊。【索隱】案：即館陶公主。省，音仙井反。省者，察也。【正義】如淳云：「景帝妹也。」【考證】漢書注引如淳「妹」作「姊」。

〔四〕【正義】中，謂關中也。又云：京師在天下之中。

〔五〕【考證】王先謙曰：六人，安國、張羽及汲黯傳之傅伯，儒林傳之丁寬，其二人未詳。

〔六〕【索隱】案：謂苛細小禮以責之。

〔七〕【考證】周壽昌曰：言平日所見，皆帝制之尊大，習慣爲常，即警蹕亦不爲異也。

〔八〕【考證】王先謙曰：梁孝王傳「得賜天子旌旗」。

〔九〕【集解】徐廣曰：「侘，一作『紆』也。」駰案：侘音丑亞反，誇也。【索隱】侘，音丑亞反，字如「姹」。侘者，誇也。漢書作「嫮」，音火亞反。紆音寒孟反。

〔一〇〕【考證】漢書無「名」字。梁玉繩曰：案安國凡兩見長公主，一救僭警蹕事，是安國爲中大夫時，一解殺袁盎事，是安國爲内史時。史分載梁孝王世家及此傳，乃互見之法，非不同也。或疑史誤分一事爲二者，非。古今黈亦謂前後兩事。

其後安國坐法抵罪，蒙獄吏田甲辱安國。〔一〕安國曰：「死灰獨不復然乎？」田甲曰：「然即溺之。」居無何，梁内史缺，漢使使者拜安國爲梁内史，起徒中爲二千石。田甲亡走。安國曰：「甲不就官，我滅而宗。」〔二〕甲因肉袒謝。安國笑曰：「可溺矣！公等足與治乎？」〔三〕卒善遇之。

〔一〕【集解】蒙，縣名。【索隱】抵，音丁禮反。蒙，縣名，屬梁國也。【考證】楊慎曰：田甲亡其名。顧炎武曰：史記萬石君傳，長子建，次子甲，次子乙，次子慶。甲、乙非名也，失其名，而假以名之也。韓安國傳「獄吏田甲」，張湯傳「湯之客曰甲」，漢書高五王傳「齊宦者徐甲」，嚴助傳「閩越王弟甲」，疑亦同此。

〔二〕【考證】楓、三本「甲」下「不」上有「還」字。而，汝也。

〔三〕【索隱】案：謂不足與繩持之。治，音持也。【考證】中井積德曰：治如字，是治獄之治。

梁內史之缺也，孝王新得齊人公孫詭，說之，欲請以爲內史。竇太后聞，乃詔王以安國爲內史。

公孫詭、羊勝說孝王求爲帝太子及益地事，恐漢大臣不聽，〔一〕乃陰使人刺漢用事謀臣。及殺故吳相袁盎，景帝遂聞詭、勝等計畫，乃遣使捕詭、勝，必得。漢使十輩至梁，相以下舉國大索，月餘不得。內史安國聞詭、勝匿孝王所，安國入見王而泣曰：「主辱臣死。〔二〕大王無良臣，故事紛紛至此。今詭、勝不得，請辭賜死。」〔三〕王曰：「何至此？」安國泣數行下，曰：「大王自度於皇帝，孰與太上皇之與高皇帝，及皇帝之與臨江王親？」孝王曰：「弗如也。」安國曰：「夫太上、臨江，親父子之閒，然而高帝曰『提三尺劍取天下者朕也』，〔四〕故太上皇終不得制事，居于櫟陽。臨江王，適長太子也，以一言過廢王臨江；〔五〕用宮垣事，卒自殺中尉府。〔六〕何者？治天下終不以私亂公。語曰：『雖有親父，安知其不爲虎？雖有親兄，安知其不爲狼？』〔七〕今大王列在諸侯，悅一邪臣浮說，犯上禁，橈明法。〔八〕天子以太后故不忍致法於王。〔九〕太后日夜涕泣，幸大王自改，而大王終不覺寤。有如太后宮車即晏駕，大王尚誰攀乎？」語未卒，孝王泣數行下，謝安國曰：「吾今出詭、勝。」詭、勝自殺。漢使還報，梁事皆得釋，安國之力

也。〔一〇〕於是景帝、太后益重安國。〔一一〕孝王卒，共王即位，安國坐法失官，居家。〔一二〕

〔一〕【考證】劉奉世曰：刺漢謀臣，在漢已立太子之後，此云求爲太子，恐大臣不聽，故刺之，與諸傳不同，當是此誤。梁玉繩曰：史不載益地事，見漢書鄒陽傳。

〔二〕【索隱】此語見國語。【考證】越語。

〔三〕【考證】三本無「辭」字。

〔四〕【考證】以太上皇比竇太后，以臨江王比孝王。楓、三本「上」下有「皇」字，「江」下有「王」字。

〔五〕【集解】如淳曰：「景帝嘗屬諸姬，太子母栗姬言不遜，由是廢太子，栗姬憂死。」

〔六〕【考證】張晏曰：以侵堧垣徵，自殺也。

〔七〕【考證】父虎，兄狼，韻。顏師古曰：言其恩愛不可必保也。倪思曰：此俚語，引用雖切，然不可訓。愚按：宛然韓子口氣，其所學致然。

〔八〕【索隱】悦，漢書作「怵」。說文云：「怵，誘也。」【正義】橈，曲也。

〔九〕【考證】漢書「王」上有「大」字。

〔一〇〕【考證】王先謙曰：據梁孝王鄒陽傳，安國亦因長公主入言得釋，傳不言者，史文互見耳。

〔一一〕【考證】楓、三本「帝」下有「及」字。

〔一二〕【考證】漢書「居家」作「家居」。

建元中，武安侯田蚡爲漢太尉，親貴用事，安國以五百金物遺蚡。〔一〕蚡言安國太后，天子亦素聞其賢，即召以爲北地都尉，〔二〕遷爲大司農。〔三〕閩越、東越相攻，安國及大行王恢將兵。〔四〕未至越，越殺其王降，漢兵亦罷。〔五〕建元六年，武安侯爲丞相，韓安國爲御史大夫。

〔一〕【考證】康海曰：以安國行賄幸進，他尚何責哉！

〔二〕【考證】錢大昭曰：北地有兩都尉，北部都尉治神泉障，渾懷都尉治塞外渾懷障。

〔三〕【考證】梁玉繩曰：當作「大農令」。王先謙曰：公卿表建元二年。

〔四〕【考證】各本無「兵」字，依楓、三本、宋本、中統、游本及漢書補。閩越傳、漢書武紀、兩粵傳「東越」作「南越」，此誤。建元六年事。

〔五〕【考證】越，即閩越，閩越王名郢。

匈奴來請和親，天子下議。〔一〕大行王恢，燕人也，數爲邊吏，習知胡事。議曰：「漢與匈奴和親，率不過數歲，即復倍約。不如勿許，興兵擊之。」安國曰：「千里而戰，兵不獲利。今匈奴負戎馬之足，懷禽獸之心，遷徙鳥舉，難得而制也。〔二〕得其地，不足以爲廣，有其衆，不足以爲彊，〔三〕自上古不屬爲人。〔四〕漢數千里爭利，則人馬罷，虜以全制其敝。且彊弩之極矢，不能穿魯縞；衝風之末力，不能漂鴻毛。〔五〕非初不勁，末力衰也。擊之不便，不如和親。」羣臣議者多附安國，於是上許和親。

〔一〕【考證】吴校本及漢書「議」上有「其」字。

〔二〕【考證】負，恃也。

〔三〕【考證】主父偃傳諫伐匈奴書引李斯言云：「夫匈奴無城郭之居，委積之守，遷徙鳥舉，難得而制也，得其地，不足以爲利也，遇其民，不可役而守也。」

〔四〕【索隱】案：晉灼云「不内屬於漢爲人」。【考證】主父偃書又云：「夫匈奴難得而制，非一世也，上及虞夏殷周，固弗程督，禽獸畜之，不屬爲人。」不屬爲人，不隸屬爲民也。

〔五〕【集解】許慎曰：「魯之縞尤薄。」【考證】縞，毛，韻。

其明年，則元光元年，雁門馬邑豪聶翁壹〔一〕因大行王恢言上曰：「匈奴初和親，親信邊，可誘以利。」〔二〕陰使聶翁壹爲間，亡入匈奴，謂單于曰：「吾能斬馬邑令丞吏，以城降，財物可盡得。」〔三〕單于愛信之，以爲然，許聶翁壹。聶翁壹乃還，詐斬死罪囚，縣其頭馬邑城，示單于使者爲信。〔四〕曰：「馬邑長吏已死，可急來。」於是單于穿塞，將十餘萬騎入武州塞。〔五〕

〔一〕【集解】張晏曰：「豪，猶帥也。」【索隱】聶，姓也。翁壹，名也。漢書云「聶壹」。【考證】周壽昌曰：豪，豪民，謂其邑人之傑出者耳。馬邑，今朔平府朔州。王鳴盛曰：史記韓長孺傳、匈奴傳俱有聶翁壹。漢書於韓傳作「聶壹」，於匈奴傳則作「聶翁壹」，蓋壹者其名，翁者老稱。方言「周晉秦隴謂父爲翁」，故可省。愚按：漢書無「則元光元年」五字。通鑑考異云：史記韓長孺傳元光元年聶壹畫馬邑事，而漢書武紀在二年，蓋元年壹始言之，二年議乃決也。

〔二〕【考證】趙翼曰：漢書韓安國傳載其與王恢論伐匈奴事，恢主用兵，安國主和親，反覆辨論，凡十餘番，皆邊疆大計。梁玉繩曰：此似不可略。

〔三〕【考證】漢書無「吏」字。

〔四〕【考證】漢書「城」下有「下」字。

〔五〕【集解】徐廣曰：「在雁門。」【索隱】地理志縣名，屬鴈門。又崔浩云「今平城直西百里，有武州城」，是也。【考證】今朔平府左雲縣南。

當是時，漢伏兵車騎材官三十餘萬，匿馬邑旁谷中。衞尉李廣爲驍騎將軍，〔一〕太僕公孫賀爲輕車將軍，〔二〕大行王恢爲將屯將軍，〔三〕太中大夫李息爲材官將軍，〔四〕御史大夫韓安國爲護軍將軍。諸將皆屬護軍。約單于入馬邑，而漢兵縱發。王恢、李息、李廣別從代主擊其輜重。〔五〕於是單于入漢長城武州塞。未至馬邑百餘里，行掠鹵，徒見畜牧於野，不見一人。單于怪之，攻烽燧，得武州尉史。欲刺，問尉史，尉史曰：「漢兵數十萬，伏馬邑下。」〔六〕單于顧謂左右曰：「幾爲漢所賣！」〔七〕乃引兵還，出塞曰：「吾得尉史，乃天也。」命尉史爲「天王」。塞下傳言，單于已引去。漢兵追至塞，度弗及，即罷。王恢等兵三萬，聞單于不與漢合，〔八〕度往擊輜重，必與單于精兵戰，漢兵勢必敗，則以便宜罷兵，皆無功。

〔一〕【集解】漢書曰：「北貉、燕人來致驍騎。」應劭曰：「驍，健也。」張晏曰：「驍，勇也，若六博之梟矣。」

〔二〕【正義】司馬續漢書云：「輕車，古之戰車。」

〔三〕【正義】李奇云：「監主諸屯。」

〔四〕【正義】臣瓚云：「材官，騎射之官。」

〔五〕【正義】釋名云：「輜，廁也。所載衣服，雜廁其中。」【考證】顏師古曰：輜，衣車也。重，謂載重物車也。故行者之資，總曰輜重。

〔六〕【考證】匈奴傳作「單于怪之，乃攻亭。是時雁門尉史行徼，見寇葆此亭，單于得，欲殺之，尉史乃告單于漢兵所居」。注如淳云：「近塞郡皆置尉，百里一人，士史、尉史，各二人也。」

〔七〕【正義】幾，音祈。【考證】楓、三本「單于」上有「於是」二字。

〔八〕【考證】楓、三本「于」下有「兵」字。

天子怒王恢不出擊單于輜重，擅引兵罷也。恢曰：「始約虜入馬邑城，兵與單于接。而臣擊其輜重，可得利。〔一〕今單于聞，不至而還，臣以三萬人衆不敵，禔取辱耳。〔二〕臣固知還而斬，然得完陛下士三萬人。」於是下恢廷尉。廷尉當恢逗橈，當斬。〔三〕恢私行千金丞相蚡。蚡不敢言上，而言於太后曰：「王恢首造馬邑事，今不成而誅恢，是爲匈奴報仇也。」上朝太后，太后以丞相言告上。上曰：「首爲馬邑事者，恢也，故發天下兵數十萬，從其言爲此。且縱單于不可得，恢所部擊其輜重，猶頗可得以慰士大夫心。今不誅恢，無以謝天下。」〔四〕於是恢聞之，乃自殺。

〔一〕【考證】楓、三本無「城兵與單于接而」七字。

〔二〕【集解】徐廣曰：「禔，一作『祇』也。」【考證】漢書無「聞」字。「禔」作「祇」，禔、祇通。

〔三〕【集解】漢書音義曰：「逗，曲行避敵也；橈，顧望。軍法語也。」【索隱】案：應劭云「逗，曲行而避敵，音豆」。又音住，住，謂留止也。橈，屈弱也，女孝反。一云：橈，顧望也。

〔四〕【考證】漢書删「其輜重」三字。

安國爲人多大略，智足以當世取舍，而出於忠厚焉。〔一〕貪嗜於財。所推舉皆廉士，賢於已者也。〔二〕於梁舉壺遂、臧固、郅他，皆天下名士，〔三〕士亦以此稱慕之。唯天子以爲國器。〔四〕安國爲御史大夫四歲餘，丞相田蚡死，安國行丞相事，奉引墮車，蹇。〔五〕天子議置相，欲用安國，使使視之，蹇甚，乃更以平棘侯薛澤爲丞相。安國病免，數月蹇愈，上復以安國爲中尉。歲餘，徙爲衛尉。

〔一〕【索隱】案：出者去也。言安國爲人無忠厚之行。【考證】顏師古曰：取舍，言可取則取，可止則止。王先謙曰：明於趨避，所言所行當世俗意也。徐孚遠曰：言意本於忠厚也，索隱非也，觀於贊語，自得之。愚按：當，猶合也。出，猶發也。

〔二〕【考證】楓、三本，漢書「財」下有「利然」二字。

〔三〕【索隱】上音質，下徒河反。謂三人姓名也，壺遂也，臧固也，郅他也。若漢書則云「至他」，言至於他處，亦學名士也。【考證】漢書「郅」作「至」。王念孫曰：至、郅通。

〔四〕【考證】唯，讀爲雖。

〔五〕【集解】如淳曰：「爲天子導引，而墮車跛足。」

車騎將軍衞青擊匈奴，〔一〕出上谷，破胡蘢城。〔二〕將軍李廣爲匈奴所得，復失之；公孫敖大亡卒：皆當斬，贖爲庶人。明年，匈奴大入邊，殺遼西太守，及入鴈門，所殺略數千人。車騎將軍衞青擊之，出鴈門，衞尉安國爲材官將軍，屯於漁陽。〔三〕安國捕生虜，言匈奴遠去。即上書言，方田作時，請且罷軍屯。罷軍屯月餘，匈奴大入上谷、漁陽。〔四〕安國壁乃有七百餘人，出與戰，不勝，復入壁。匈奴虜略千餘人及畜產而去。〔五〕天子聞之，怒，使使責讓安國。徙安國益東屯右北平。〔六〕是時匈奴虜言當入東方。

〔一〕【集解】徐廣曰：「元光六年也。」

〔二〕【集解】蘢，音龍。【索隱】音龍。【考證】漢書作「龍城」。

〔三〕【正義】幽州縣。【考證】梁玉繩曰：案安國時爲將屯將軍，非材官也。又事在元光六年，此序在元朔元年，亦誤。

〔四〕【考證】王先謙曰：據漢書武紀、匈奴傳，元朔元年，匈奴入遼西、漁陽、鴈門，未入上谷。

〔五〕【考證】楓、三本，漢書「復」作「傷」。王先謙曰：匈奴傳匈奴圍安國，安國時千餘騎，亦且盡，會燕救之至，匈奴迺去，與此微異。

〔六〕【正義】幽州漁陽縣東南七十七里北平城，即漢右北平也。

安國始爲御史大夫及護軍，後稍斥疏，下遷。而新幸壯將軍衞青等，有功益貴。安國既疏遠，默默也。將屯，又爲匈奴所欺，失亡多，甚自愧，幸得罷歸。乃益東徙屯，意忽忽不樂。數月，病歐血死。安國以元朔二年中卒。

太史公曰：余與壺遂定律曆，觀韓長孺之義，壺遂之深中隱厚。〔一〕世之言梁多長者，不虛哉！壺遂官至詹事，天子方倚以爲漢相，會遂卒。不然，壺遂之內廉行修，斯鞠躬君子也。〔二〕

〔一〕【集解】徐廣曰：「一云『廉正忠厚』。」【考證】壺遂又見史公自序。曾國藩曰：壺遂、田仁皆與子長深交，故敘梁趙諸臣多深切。

〔二〕【考證】中井積德曰：「會遂卒」句中，暗含「命」字，故下承之曰「不然」云云。遂之命，蓋由長孺之命云爾。又曰，遷與遂蓋交善，遂爲相，則遷必被其輔翼矣，明遂之命，亦遷之命也。是處有無限感慨。

【索隱述贊】安國忠厚，初爲梁將。因事坐法，免徒起相。死灰更然，生虜失防。推賢見重，賄金貽謗。雪泣悟主，臣節可亮。

史記會注考證卷一百九

李將軍列傳第四十九

史記一百九

【考證】史公自序云：「勇於當敵，仁愛士卒，號令不煩，師徒鄉之。作李將軍列傳第四十九。」陳仁錫曰：子長作一傳，必有一主宰，如李廣傳以「不遇時」三字爲主，衛青傳以「天幸」二字爲主。愚按：史公已見李將軍，又與其孫陵友，此傳詳悉靡遺，蓋得之於陵也。其上承韓安國傳，下接匈奴傳者，以見北邊非將軍不可寄管鑰，惜其不善用之也。

李將軍廣者，隴西成紀人也。〔一〕其先曰李信，秦時爲將，逐得燕太子丹者也。故槐里，徙成紀。廣家世世受射。〔二〕孝文帝十四年，匈奴大入蕭關。而廣以良家子從軍擊胡，〔三〕用善騎射，殺首虜多，爲漢中郎。〔四〕廣從弟李蔡亦爲郎，皆爲武騎常侍，秩八百石。〔五〕嘗從行，有所衝陷折關及格猛獸，而文帝曰：「惜乎，子不遇時！如令子當高帝時，萬户侯豈足道哉！」〔六〕

〔一〕【正義】成紀，秦州縣。【考證】齊召南曰：成紀縣，漢初屬隴西郡，至元光以後置天水郡，改屬焉，故志載成紀於天水下。

〔二〕【索隱】案：小顏云「世受射法」。【正義】愛，好也，習也。【考證】正義本「受」作「愛」，索隱本、漢書作「受」。陳仁錫曰：「廣家世受射」句乃一傳之綱領，廣所長在射，故傳中敘射事獨詳，若射匈奴射鵰者，若射白馬將，若射追騎，若射獵，若射石，若射猛獸，若射裨將，皆著廣善射之實也，末及孫陵教射，亦與篇首「世世受射」句相應。

〔三〕【索隱】案：如淳云「良家子，非醫、巫、商賈、百工也」。【考證】中井積德曰：醫、巫、商賈、百工之外，亦有良家，有賤家，註未備。徐孚遠曰：良家子從軍，蓋自以才力從大將軍取功名，非卒伍也。

〔四〕【考證】楓、三本無中字。

〔五〕【索隱】案：謂爲郎而補武騎常侍。

〔六〕【考證】闕，防止也。楓、三本「不」上有「生」字。漢書「嘗從行」以下十四字，改作「數從射獵格殺猛獸」。

及孝景初立，廣爲隴西都尉，徙爲騎郎將。〔一〕吳、楚軍時，廣爲驍騎都尉，從太尉亞夫擊吳、楚軍，取旗，顯功名昌邑下。以梁王授廣將軍印，還，賞不行。〔二〕徙爲上谷太守，匈奴日以合戰。〔三〕典屬國公孫昆邪爲上泣曰：「李廣才氣天下無雙，自負其能，數與虜敵戰，恐亡之。」〔四〕於是乃徙爲上郡太守。後廣轉爲邊郡太守，徙上郡。嘗爲隴西、北地、鴈門、代郡、雲中太守，皆以力戰爲名。〔五〕

〔一〕【集解】張晏曰：「爲武騎郎將。」【索隱】小顏云：「爲騎郎將，謂主騎郎也。」【考證】王先謙曰：百官志「郎有車戶騎三將，秩皆比千石」。楓、三本「孝景」下有「帝」字。

〔二〕【集解】文穎曰：「廣爲漢將，私受梁印，故不以賞也。」

〔三〕【考證】三本「以」作「與」。

〔四〕【集解】昆，音魂。【索隱】案：典屬國，官名。公孫，姓也。昆邪，名。服虔云「中國人」。包愷云「昆，音魂」也。【考證】公孫賀傳「昆邪」作「渾邪」，北地義渠人，賀其孫也。顔師古曰：爲上泣，對上而泣也。

〔五〕【考證】漢書無「後廣」以下三十一字。歸有光曰：當是欲敘匈奴入上郡事，故先書徙爲上郡太守，其實爲隴西、北地、雁門、代郡、雲中後乃徙上郡也。張文虎曰：「後廣轉爲」至「爲名」三十一字，疑當在後文「不知廣之所之故弗從」下，而衍「徙上郡」三字，則與漢書次序合。愚按：張説爲是。

匈奴大入上郡，天子使中貴人從廣，勒習兵擊匈奴。〔一〕中貴人將騎數十縱〔二〕，見匈奴三人，與戰。三人還射，傷中貴人，殺其騎且盡。中貴人走廣。〔三〕廣曰：「是必射雕者也。」〔四〕廣乃遂從百騎往馳三人。〔五〕三人亡馬步行，行數十里。廣令其騎張左右翼，而廣身自射彼三人者，殺其二人，生得一人，果匈奴射雕者也。已縛之上馬，〔六〕望匈奴有數千騎，見廣以爲誘騎，皆驚上山陳。廣之百騎皆大恐，欲馳還走。廣曰：「吾去大軍數十里，今如此以百騎走，匈奴追射我立盡。今我留，匈奴必以我爲大軍誘之，必不敢擊我。」〔七〕廣令諸騎曰：「前！」前未到匈奴陳二里所，止，〔八〕令曰：「皆下馬解鞍。」其騎曰：「虜多且近，即有急，柰何？」廣曰：「彼虜以我爲走，今皆解鞍以示不走，用堅其意。」〔九〕於是胡騎遂不敢擊。有白馬將出護其兵，〔一〇〕李廣上馬，與十餘騎犇射殺胡白馬將，而復還至其騎中，解鞍，令士皆縱馬臥。是時會暮，胡兵終怪之，不敢擊。〔一一〕夜半時，胡兵亦以爲漢有伏軍於旁，欲夜取之，胡皆引兵而去。平旦，李廣乃歸其大軍。大軍不知廣所之，故弗從。〔一二〕

〔一〕【集解】漢書音義曰：「内官之幸貴者。」【索隱】案：董巴輿服志云：「黄門丞至密近，使聽察天下，謂之中貴人使者。」崔浩云「在中而貴幸，非德望，故名不見也。」【考證】宦官從軍，蓋以是爲始。

〔二〕【集解】徐廣曰：「放縱馳騁」。【考證】漢書作「將數十騎從」。顏師古曰：直言將數十騎，自隨在大軍前行，而忽遇敵也，與史義異。

〔三〕【正義】射，音石。還，謂轉也。【考證】中井積德曰：還，環也，音旋。

〔四〕【集解】文穎曰：「雕，鳥也，故使善射者射也。」【索隱】案：服虔云「雕，鶚也」。説文云「似鷲，黑色，多子」。一名鷲，以其毛作矢羽。韋昭云「鶚，一名鵰也」。【考證】中井積德曰：鵰鷲猛剽疾，尤難射，非善射者弗能焉。

〔五〕【考證】顏師古曰：疾馳而逐之。

〔六〕【考證】漢書「馬」作「山」。周壽昌曰：作「馬」是，若廣先上山，匈奴又何以上山陳耶？

〔七〕【考證】張文虎曰：各本「大」下衍「將」字。宋、中統、毛本無，與漢書合。「誘之」當從漢書作「之誘」。誘即上文所謂誘騎也，言匈奴以我爲大軍之誘敵者，不敢擊我也。

〔八〕【考證】前，句。令騎前行也。下「前」字屬下讀。漢書不重「前」字，非是。

〔九〕【考證】王先謙曰：堅彼以我爲誘騎之意，使之不疑也。

〔一〇〕【正義】其將乘白馬而出監護也。

〔一一〕【考證】楓、三本「暮」有上「日」字。

〔一二〕【考證】漢書「弗從」下有「後徙爲隴西北地雁門雲中太守」十三字。

居久之，孝景崩，武帝立，左右以爲廣名將也，於是廣以上郡太守爲未央衞尉，〔一〕而程不識亦爲長樂衞尉。程不識故與李廣俱以邊太守將軍屯。及出擊胡，而廣行無部伍行陳，〔二〕就善水草屯舍止，人人自便，〔三〕不擊刁斗以自衞，〔四〕莫府省約文書籍事，〔五〕然亦遠斥候，未嘗遇害。〔六〕程不識正部曲行伍營陳，擊刁斗，士吏治軍簿至明，軍不得休息，然亦未嘗遇害。不識曰：「李廣軍極簡易，然虜卒犯之，無以禁也；〔七〕而其士卒亦佚樂，咸樂爲之死。我軍雖煩擾，然虜亦不得犯我。」是時漢邊郡，李廣、程不識皆爲名將，然匈奴畏李廣之略，士卒亦多樂從李廣而苦程不識。〔八〕程不識孝景時以數直諫爲太中大夫。爲人廉，謹於文法。

〔一〕【考證】漢書「以爲」作「言」，改「於是廣以上郡太守」爲「由是入」三字。梁玉繩曰：公卿表「於元光元年書隴西太守李廣爲衞尉」，則此言上郡，非也。

〔二〕【索隱】案：百官志云「將軍領軍，皆有部曲。大將軍營五部，部校尉一人，部下有曲，曲有軍候一人」也。【正義】案：部伍，領也，五五相次也，在廣亦無此事也。【考證】漢書「部伍」作「部曲」。顏師古曰：廣尚於簡易，故行道之中，不立部曲也。

〔三〕【索隱】音去聲。【考證】漢書「屯」作「頓」，無「止」字。顏師古曰：頓，止也。舍，息也。便，安利也。

〔四〕【集解】孟康曰：「以銅作鐎器，受一斗，晝炊飯食，夜擊持行，名曰刁斗。」【索隱】刁，音貂。案：荀悅云「刁斗，小鈴，如宮中傳夜鈴也」。蘇林云「形如鋗，以銅作之，無緣，受一斗，故云刁斗」。鋗即鈴也，埤蒼云「鐎，温器，有柄斗，似銚，無緣。音焦」。【正義】鐎，三足有柄者也。

〔五〕【索隱】案：大顏云「凡將軍謂之莫府者，蓋兵行舍於帷帳，故稱莫府。古字通用，遂作『莫』耳。」小爾雅訓莫爲大，非也。【正義】晉灼曰：「將軍職在征行，無常處，所在爲治，故言莫府。莫，大也。或曰：衛青征匈奴，絶大莫，大克獲，帝就拜大將軍莫中府，故曰莫府。莫府之名，始於此。」顏師古曰：「二說皆非也，莫府者以軍幕爲義，古字通用耳。軍旅無常居止，以帳幕言之，廉頗傳李牧市租皆入幕府，此則非因衛青始有其號。又莫訓爲大，於義乖矣。」【考證】漢書刪「籍事」二字。

〔六〕【索隱】案：許慎注淮南子云：「斥，度也。候，視也，望也」。

〔七〕【考證】顏師古曰：卒讀曰猝。

〔八〕【考證】武安侯傳亦程、李並稱。

後漢以馬邑城誘單于，使大軍伏馬邑旁谷，而廣爲驍騎將軍，領屬護軍將軍。是時單于覺之，去，漢軍皆無功。〔一〕其後四歲，廣以衛尉爲將軍，出鴈門擊匈奴。〔二〕匈奴兵多，破敗廣軍，生得廣。單于素聞廣賢，令曰：「得李廣，必生致之。」胡騎得廣，廣時傷病，置廣兩馬閒，絡而盛臥廣。行十餘里，廣詳死，睨其旁有一胡兒騎善馬，〔三〕廣暫騰而上胡兒馬，因推墮兒，〔四〕取其弓，鞭馬南馳數十里，復得其餘軍，因引而入塞。匈奴捕者騎數百追之，廣行取胡兒弓，射殺追騎，以故得脫。於是至漢，漢下廣吏。吏當廣所失亡多，爲虜所生得，當斬，贖爲庶人。

〔一〕【考證】胡三省曰：周末置左右前後將軍，漢因之，位上卿。至武帝，置驍騎、車騎等將軍，後來名號浸多，不可勝紀，謂之雜號將軍。盤洲洪氏曰：西漢雜號將軍掌征伐背叛，事訖則罷，不常置也。顏師古曰：護軍將軍，韓安國。

〔二〕【考證】元光六年。

〔三〕【考證】顏師古曰：睨，邪視也。

〔四〕【集解】徐廣曰：「一云：抱兒鞭馬南馳也。」【考證】王先謙曰：廣雅釋詁「暫，猝也」。漢書作「抱兒」，抱讀爲抛，與推墮義同。

頃之，家居數歲。廣家與故潁陰侯孫屏野居藍田南山中，射獵。〔一〕嘗夜從一騎出，從人田閒飲。還至霸陵亭，霸陵尉醉，呵止廣。〔二〕廣騎曰：「故李將軍。」尉曰：「今將軍尚不得夜行，何乃故也！」〔三〕止廣宿亭下。居無何，匈奴入殺遼西太守，敗韓將軍，韓將軍從右北平，死。〔四〕於是天子乃召拜廣爲右北平太守。廣即請霸陵尉與俱，至軍而斬之。〔五〕

〔一〕【集解】孫，灌嬰之孫，名强。【索隱】案：灌嬰之孫，名强。【考證】史文疑有譌誤，漢書改作「數歲，與故潁陰侯屏居」。

〔二〕【索隱】案：百官志云「尉，大縣二人，主盜賊，凡有賊發，則推索尋案之」也。

〔三〕【考證】言現將軍尚且不得夜行，何況故將軍乎。

〔四〕【集解】蘇林曰韓安國。【考證】「平」下「死」字，各本脱，今依楓、三本、漢書。

〔五〕【考證】請，奏請也。漢書載廣斬尉自劾，武帝不責，反加獎譽一詔。

廣居右北平，匈奴聞之，號曰「漢之飛將軍」，避之數歲，不敢入右北平。

廣出獵，見草中石，以爲虎而射之，中石没鏃，〔一〕視之石也。因復更射之，終不能復入石矣。〔二〕廣所居郡聞有虎，嘗自射之。〔三〕及居右北平射虎，虎騰傷廣，廣亦竟射殺之。

〔一〕【集解】徐廣曰：「一作『没羽』。」【考證】漢書作「矢」。

〔二〕【考證】類聚引史記「入」下無「石」字，與漢書合，此衍。何焯曰：呂覽精通篇云「養由基射虎中石，矢乃飲羽，誠乎虎也」，與此相類，豈世因廣之善射，造爲此事以加之歟？段成式已疑之。愚按：西京雜記亦以爲李廣事。

〔三〕【考證】楓、三本，漢書「嘗」作「常」。

廣廉，得賞賜輒分其麾下，飲食與士共之。終廣之身，爲二千石四十餘年，家無餘財，終不言家產事。廣爲人長，猨臂，其善射亦天性也，〔一〕雖其子孫他人學者，莫能及廣。廣訥口少言，與人居，則畫地爲軍陳，射闊狹以飲。專以射爲戲，竟死。〔二〕廣之將兵，乏絶之處，見水，士卒不盡飲，廣不近水，士卒不盡食，廣不嘗食。寬緩不苛，士以此愛樂爲用。其射，見敵急，非在數十步之内，度不中，不發，發即應弦而倒。〔三〕用此，其將兵數困辱，其射猛獸，亦爲所傷云。〔四〕

〔一〕【集解】如淳曰：「臂如猨，通肩。」【考證】沈欽韓曰：淮南修務訓「羿左臂修而善射」，亦如猨之通臂也。愚按：集解「通肩」疑當作「通臂」。

〔二〕【集解】如淳曰：「射戲求疏密，持酒以飲不勝者。」【索隱】竟，謂終竟廣身至死，以爲恒也。【正義】飲，音於禁反。【考證】王先謙曰：藝文志有李將軍射法三篇。

〔三〕【考證】漢書無「急」字，此疑衍。顔師古曰：度，音待各反。

〔四〕【考證】王先謙曰：非見敵急不射，故被敵窘迫。

居頃之，石建卒，於是上召廣代建爲郎中令。元朔六年，廣復爲後將軍，從大將軍，軍出定襄，擊匈奴。諸將多中首虜率，以功爲侯者，〔一〕而廣軍無功。後三歲，廣以郎中令將四千騎出右北平，〔二〕博望侯張騫將萬騎與廣俱，異道。〔三〕行可數百里，匈奴左賢王將四萬騎圍廣，廣軍士皆恐，廣乃使其子敢往馳之。敢獨與數十騎馳，直貫胡騎，出其左右，〔四〕而還告廣曰：「胡虜易與耳。」軍士乃安。廣爲圜陳外嚮，〔五〕胡急擊之，矢下如雨。漢兵死者過半，漢矢且盡。廣乃令士持滿毋發，而廣身自以大黃射其裨將，殺數人，胡虜益解。〔六〕會日暮，吏士皆無人色，而廣意氣自如，益治軍。〔七〕軍中自是服其勇也。明日，復力戰，而博望侯軍亦至，匈奴軍乃解去。漢軍罷，弗能追。是時廣軍幾沒，罷歸。漢法，博望侯留遲後期，當死，贖爲庶人。廣軍功自如，無賞。〔八〕

〔一〕【集解】如淳曰：「中，猶充也。本秦法，得首若干封侯。」【考證】大將軍，衞青。中，當也。顔師古曰：率，謂軍功封賞之科，著在法令者也。

〔二〕【考證】梁玉繩曰：案此云是元狩三年也，漢傳同。然攷名臣表、匈奴傳及漢書武紀、匈奴傳，皆是元狩二年，則當作「後二歲」。下文敍元狩四年廣爲前將軍，云後二歲，則此言三歲之誤，尤明。

〔三〕【考證】俱，同行也。楓、三本無此字，非。

〔四〕【考證】楓、三本、漢書「與」作「從」。

〔五〕【考證】匈奴傳云：「士皆持滿，傅矢外嚮。」

〔六〕【集解】徐廣曰：「南都賦曰『黃閒機張，善弩之名』。」駰案：鄭德曰「黃肩弩，淵中黃朱之」。孟康曰「太公六韜曰『陷堅敗强敵，用大黃連弩』」。韋昭曰「角弩，色黃而體大也」。【索隱】案：大黃、黃閒，弩名也。故韋昭曰「角弩也，色黃體大」是也。【正義】服虔曰：「黃肩，弩也。」晉灼曰：「黃肩，即黃閒也。大黃，其大者也。」【考證】王先謙曰：凡言益者，皆以漸加之詞。漢書蘇武傳「武益愈」，言武漸愈也。景十三王傳「益不愛望卿」，言漸不愛望卿也。李廣傳「胡虜益解」，言胡虜漸解也。

〔七〕【考證】楓、三本「軍」作「兵」。

〔八〕【考證】漢書「自如」作「自當」，義同。胡三省曰：自如，言功過正相當也。廣軍失亡多，而殺虜亦過當，故曰自如。

初，廣之從弟李蔡與廣俱事孝文帝。景帝時，蔡積功勞至二千石。孝武帝時，至代相。〔一〕以元朔五年爲輕車將軍，從大將軍擊右賢王，有功，中率，封爲樂安侯。〔二〕元狩二年中，代公孫弘爲丞相。蔡爲人在下中，名聲出廣下甚遠。〔三〕然廣不得爵邑，官不過九卿，而蔡爲列侯，位至三公。諸廣之軍吏及士卒或取封侯。廣嘗與望氣王朔燕語曰：〔四〕「自漢擊匈奴，而廣未嘗不在其中，而諸部校尉以下才能不及中人，〔五〕然以擊胡軍功取侯者數十人，而廣不爲後人，〔六〕然無尺寸之功以得封邑者，何也？豈吾相不當侯邪？且固命也？」〔七〕朔曰：「將軍自念，豈嘗有所恨乎？」〔八〕廣曰：「吾嘗爲隴西守，羌嘗反，吾誘而降，降者八百餘人，吾詐而同日殺之。至今大恨，獨此耳。」朔曰：「禍莫大於殺已降，此乃將軍所以不得侯者也。」〔九〕

〔一〕【考證】梁玉繩曰：「孝武帝時」當作「今天子時」。

〔二〕【索隱】中，音丁仲反。率，音律，亦音雙箏反。小顏云：「率，謂軍功封賞之科，著在法令，故云中率。」【考證】上文云「諸將多中首虜率」。

〔三〕【索隱】案：以九品而論，在下之中，當第八。

〔四〕【考證】天官書云：「漢之爲天數者，氣則王朔。」又云：「王朔所候決於日旁。」王先謙曰：開元占經日占中多引王朔說。

〔五〕【正義】不及中平之人。

〔六〕【索隱】案：謂不在人後。

〔七〕【考證】楓本、漢書「然」下有「終」字。查慎行曰：漢書刪「且固命也」四字，不特文氣少駘宕，且與下文數奇不相應。

〔八〕【考證】楓、三本，漢書「恨」下有「者」字。

〔九〕【考證】此一段以敘事代議論。曾國藩曰：「初廣之從弟李蔡」，至「此乃將軍所以不得侯者也」十餘行中，專敘廣之數奇，已令人讀之短氣。此下接敘從衞青出擊匈奴，徙東道迷失道事，愈覺悲壯淋漓。若將衞青出塞事敘於前，而以廣之從弟李蔡一段議論敘於後，則無此沈雄矣。故知位置之先後，翦裁之繁簡，爲文家第一要義也。

後二歲，大將軍、驃騎將軍大出擊匈奴，廣數自請行，天子以爲老，弗許；良久乃許之，以爲前將軍。是歲元狩四年也。

廣既從大將軍青擊匈奴，既出塞，青捕虜知單于所居，乃自以精兵走之，而令廣并於右將軍軍，出東道。〔一〕東道少回遠，而大軍行水草少，其勢不屯行。〔二〕廣自請曰：「臣部爲前將軍，今大將軍乃徙令臣出東道，且臣結髮而與匈奴戰，〔三〕今乃一得當單于，〔四〕臣願居前，先死單于。」大將軍青亦陰受上誡，以爲李廣老，數奇，〔五〕毋令當單于，恐不得所欲。而是時公孫敖新失侯，爲中將軍，從大將軍，〔六〕大將軍亦欲使敖與俱當單于，故徙前將軍廣。〔七〕廣時知之，固自辭於大將軍。大將軍不聽，令長史封書與廣之莫府曰：「急詣部如書。」〔八〕廣不謝大將軍而起行，意甚愠怒而就部，引兵與右將軍食其合軍，出東道。〔九〕軍亡導，或失道，後大將軍。〔一〇〕大將軍與單于接戰，單于遁走，弗能得而還。南絶幕，遇前將軍、右將軍。〔一一〕廣已見大將軍，還入軍。大將軍使長史持糒醪遺廣，〔一二〕因問廣、食其失道狀，青欲上書報天子軍曲折。〔一三〕廣未對，大將軍使長史急責廣之幕府對簿。〔一四〕廣曰：「諸校尉無罪，乃我自失道。吾今自上簿。」

〔一〕【集解】徐廣曰：「主爵趙食其爲右將軍。」

〔二〕【集解】張晏曰：「以水草少，不可羣輩。」

〔三〕【考證】顔師古曰：言始勝冠，即在戰陳。

〔四〕【索隱】今得當單于。案：廣言自少時結髮而與匈奴戰，唯今者得與單于相當遇也。

〔五〕【集解】如淳曰：「數爲匈奴所敗，奇爲不偶也。」【索隱】案：服虔云「作事數不偶也」。音朔。小顔音所具反。奇，蕭該音居宜反。【考證】顔師古曰：數奇，言廣命隻不耦合也。癸辛雜識云：數，命數，非疏數之數。

〔六〕【考證】劉奉世曰：按青去病傳，是歲出塞，無中將軍，而敖傳是歲以校尉從大將軍，此傳誤也。

〔七〕【考證】王鳴盛曰：衛青傳言其微時大長公主執欲殺之，其友公孫敖往篡之，得不死。是役李廣本以前將軍從，宜在前當單于，青乃徙之出東道，使其回遠失道者，非但以其數奇恐無功，實以公孫敖新失侯，欲令俱當單于有功得侯，以報其德，故徙廣乃私也。愚按：胡氏通鑑注亦有此説。

〔八〕【正義】令廣如其文牒，急引兵從東道也。【考證】中井積德曰：大將軍不欲親强命之，且恐其不從，故令長史以書言之，授廣府也。劉奉世曰：莫府，即廣之前將軍之莫府也。愚按：上文云廣莫府省約文書籍事，則將軍之出，各有莫府。顔師古讀之爲往，解莫府爲衛青行軍府，誤也。

〔九〕【索隱】音異基。案：趙將軍名也。或亦依字讀。

〔一〇〕【索隱】謂無人導引軍，故失道也。【考證】漢書「或」作「惑」，通。

〔一一〕【正義】絶，度也。南歸度沙幕。

〔一二〕【考證】顔師古曰：糒，乾飯也。醪，汁滓酒也。

〔一三〕【正義】言委曲而行迴折，使軍後大將軍也。【考證】漢書「狀」下補「曰」字。曲折，猶言委曲事情。漢書「軍」上有「失」字，非是。姜宸英、何焯論之甚詳。

〔一四〕【考證】莫府，廣之莫府，下同。漢書「對」作「上」。顏師古曰：簿，謂文狀也。

至莫府，廣謂其麾下曰：「廣結髮與匈奴大小七十餘戰，今幸從大將軍出，接單于兵，而大將軍又徙廣部，行回遠，而又迷失道，豈非天哉！且廣年六十餘矣，終不能復對刀筆之吏。」遂引刀自剄。廣軍士大夫一軍皆哭。百姓聞之，知與不知，無老壯，皆爲垂涕。而右將軍獨下吏，當死，贖爲庶人。

廣子三人，曰當户、椒、敢，爲郎。天子與韓嫣戲，嫣少不遜，當户擊嫣，嫣走。於是天子以爲勇。〔一〕當户早死，拜椒爲代郡太守，皆先廣死。當户有遺腹子，名陵。廣死軍時，敢從驃騎將軍。廣死明年，李蔡以丞相坐侵孝景園壖地，當下吏治，蔡亦自殺，不對獄，國除。〔二〕李敢以校尉從驃騎將軍，擊胡左賢王，力戰，奪左賢王鼓旗，斬首多，賜爵關内侯，食邑二百户，代廣爲郎中令。〔三〕頃之，怨大將軍青之恨其父，乃擊傷大將軍。〔四〕大將軍匿諱之。居無何，敢從上雍，至甘泉宮獵。〔五〕驃騎將軍去病與青有親，射殺敢。去病時方貴幸，上諱云鹿觸殺之。〔六〕居歲餘，去病死。〔七〕而敢有女爲太子中人，愛幸，〔八〕敢男禹有寵於太子，然好利，李氏陵遲衰微矣。

〔一〕【索隱】嫣，或音偃，又音許乾反。【考證】徐孚遠曰：韓嫣於上有寵，當户擊之，故天子稱其勇也。

〔二〕【索隱】壖，音人絹反，又音乃段反，又音而宣反。案：壖地，神道之地也。黄圖云「陽陵闕門西出，神道四通。茂陵神道，廣四十三丈」也。【正義】漢書云：「詔賜冢地陽陵，當得二十畝，蔡盜取三頃，頗賣得四十餘萬，又盜取神道外壖地一畝，葬其中，當下獄，自殺。」

〔三〕【考證】王先謙曰：公卿表敢爲郎中令，在元狩五年。

〔四〕【索隱】小顏云：「令其父恨而死。」【考證】王先謙曰：恨讀爲很。很，違也。

〔五〕【索隱】雍，劉氏音尚。大顏云「雍地形高，故云上」。【考證】上，謂武帝也。楓、三本「上」下有「幸」字，義長。時武帝連歲幸雍，故敢從之。漢書武紀亦云「幸雍」。

〔六〕【考證】楓、三本，漢書「上」下有「爲」字。

〔七〕【集解】徐廣曰：「元狩六年。」

〔八〕【考證】沈欽韓曰：中人，蓋未有位號者，猶唐宋宮人曰內人。

李陵既壯，選爲建章監，監諸騎。善射，愛士卒。〔一〕天子以爲李氏世將，而使將八百騎。嘗深入匈奴二千餘里，過居延，視地形，無所見虜而還。〔二〕拜爲騎都尉，將丹陽楚人五千人，教射酒泉、張掖，以屯衞胡。

〔一〕【考證】李陵事，漢書李廣傳悉其委曲。梁玉繩曰：「李陵既壯」以下，皆後人妄續也，無論天漢間事史所不載，而史公因陵被禍，必不書之，其詳別見于報任安書，蓋有深意焉。觀贊中但言李廣，而無一語及陵，可見。且所續與漢傳不合，如族陵家，在陵降歲餘之後，匈奴妻陵，又在族陵家之後，而此言單于得陵即以女妻之，漢聞其妻單于女，族陵母妻子，並誤也。且漢之族陵家，因公孫敖誤以李緒教單于兵爲李陵之故，不關妻單于女。又杭太史云：子長盛推李少卿，以爲有國士風，雖敗不足誅，彼不死，欲得當以報，可云「李氏名敗，隴西之士爲恥」乎？斷非子長筆。

〔二〕【集解】徐廣曰：「屬張掖。」【正義】括地志云：「居延海，在甘州張掖縣東北六十四里。地理志云『居延澤，古文以爲流沙』。甘州在京西北二千四百六十里。」

數歲，天漢二年秋，貳師將軍李廣利將三萬騎，擊匈奴右賢王於祁連天山，〔一〕而使陵將其射士步兵五千人出居延北，可千餘里，欲以分匈奴兵，毋令專走貳師也。陵既至期還，而單于以兵八萬圍擊陵軍。陵軍五千人，兵矢既盡，士死者過半，而所殺傷匈奴亦萬餘人。且引且戰，連鬬八日，還未到居延百餘里，匈奴遮狹絶道，陵食乏而救兵不到。虜急擊，招降陵。陵曰：「無面目報陛下。」遂降匈奴，其兵盡沒，餘亡散，得歸漢者四百餘人。

〔一〕【集解】徐廣曰：「出燉煌至天山。」【索隱】案：晉灼云「在西域，近蒲類海」。又西河舊事云「白山，冬夏有雪，匈奴謂之天山也」。【正義】括地志云：「祁連山，在甘州張掖縣西南二百里。天山一名白山，今名初羅漫山，在伊吾縣北百二十里。伊州在京西北四千四百一十六里。」【考證】「王」下「於」字，依楓、三本、中統、游、毛本，他本脱。中井積德曰：胡人謂天爲祁連，故祁連山或稱天山，此文「祁連」與「天」重複，宜削其一。漢書單云天山，得之。

單于既得陵，素聞其家聲，及戰又壯，乃以其女妻陵而貴之。漢聞，族陵母妻子。〔一〕自是之後，李氏名敗，而隴西之士居門下者皆用爲恥焉。

〔一〕【考證】漢書云：「漢聞李陵教單于爲兵，遂族其母妻子。」而教兵者李緒，非李陵也。又云：「陵在匈奴二十餘年，元平元年病死。」

太史公曰：傳曰「其身正，不令而行；其身不正，雖令不從」。其李將軍之謂也。〔一〕余睹李將軍，悛悛如鄙人，口不能道辭。〔二〕及死之日，天下知與不知，皆爲盡哀。彼其忠實心誠信於士大夫也。諺曰「桃李不言，下自成蹊」。〔三〕此言雖小，可以諭大也。〔四〕

〔一〕【考證】傳，論語子路篇。

〔二〕【索隱】悛，音七旬反。漢書作「恂恂」，音詢。【考證】悛悛，誠謹貌。傳云「訥口少言」。

〔三〕【索隱】案：姚氏云「桃李本不能言，但以華實感物，故人不期而往其下，自成蹊徑也。以喻廣雖不能出辭，能有所感，而忠心信物故也」。【考證】言、蹊，雙聲，古韻相通。

〔四〕【考證】司馬相如諫獵書云：「鄙諺曰『家累千金，坐不垂堂』，此言雖小，可以喻大。」

【索隱述贊】猨臂善射，實負其能。解鞍卻敵，圓陣摧鋒。邊郡屢守，大軍再從。失道見斥，數奇不封。惜哉名將，天下無雙！

史記會注考證卷一百十

匈奴列傳第五十　史記一百十

【正義】此卷或有本次平津侯後，第五十二。今第五十者，先生舊本如此，劉伯莊音亦然。若先諸傳而次四夷，則司馬、汲鄭不合在後也。【考證】史公自序云：「自三代以來，匈奴常爲中國患害，欲知彊弱之時，設備征討。作匈奴列傳第五十。」張文虎曰：案索隱本，正如正義所言，其述贊次第亦然。然史公自序具在，不能易也。顧炎武曰：因匈奴犯塞，而有衞霍之功，故序匈奴於衞將軍驃騎傳之前。愚按：武帝啓邊疆，絶大事業，是史公所以爲立傳，與後世史乘附載四夷者不同。錢泰吉曰：正義「先生舊本」，即梁孝王世家所謂「張先生舊本」者。

匈奴，其先祖夏后氏之苗裔也，曰淳維。〔一〕唐虞以上，有山戎、獫狁、葷粥，〔二〕居于北蠻，隨畜牧而轉移。〔三〕其畜之所多則馬、牛、羊，其奇畜則橐駞、〔四〕驢、贏、〔五〕駃騠、〔六〕騊駼、〔七〕驒騱。〔八〕逐水草遷徙，毋城郭常處耕田之業，然亦各有分地。〔九〕毋文書，以言語爲約束。兒能騎羊，引弓射鳥鼠；少長，則射狐兔，用爲食。〔一〇〕士力能毌弓，盡爲甲騎。〔一一〕其俗，寬則隨畜，因射獵禽獸爲生業，急則人習戰攻以侵伐，其天性也。其長兵則弓矢，短兵則刀鋌。〔一二〕利則進，不利則退，不羞遁走。苟利所在，不知禮義。自君王以下，咸食畜肉，衣其皮革，被旃裘。壯者食肥美，老者食其餘。貴壯健，賤老弱。父死，妻其後母；兄弟死，皆收其妻妻之。其俗有名不諱，而無姓字。〔一三〕

〔一〕【集解】漢書音義曰：「匈奴始祖名。」【索隱】張晏曰「淳維以殷時奔北邊」。又樂產括地譜云：「夏桀無道，湯放之鳴條，三年而死。其子獯粥，妻桀之衆妾，避居北野，隨畜移徙，中國謂之匈奴。」其言夏后苗裔，或當然也。故應劭風俗通云「殷時曰獯粥，改曰匈奴」。又服虔云「堯時曰葷粥，周曰玁狁，秦曰匈奴」。韋昭云「漢曰匈奴，葷粥其別名」。則淳維是其始祖，蓋與獯粥是一也。【考證】周書王會篇云「匈奴狡犬」，篇後附載成湯獻令，正北之夷十有三，亦有匈奴國名。通典云：「山海經已有匈奴，其餘先秦諸書，未見記匈奴者。」

〔二〕【集解】晉灼云：「堯時曰葷粥，周曰玁狁，秦曰匈奴。」【正義】左傳莊三十年「齊人伐山戎」，杜預云「山戎、北戎、無終三名也」。括地志云「幽州漁陽縣，本北戎無終子國」。【考證】中井積德曰：夏殷以下，乃有山戎、玁狁、葷粥之名，若虞以上無可考也。凌稚隆曰：杜註「北戎」作「北狄」，無「無終三名也」五字。

〔三〕【考證】漢書「蠻」作「邊」，「隨」下有「草」。愚按：「草」字不必補。

〔四〕【索隱】橐他。韋昭曰：「背肉似橐，故云橐也。」包愷音託。他，或作「駞」。【正義】畜，許又反。

〔五〕【索隱】案：古今注云「驢牡馬牝，生驘」。【正義】驘，音力戈反。

〔六〕【集解】徐廣曰：「北狄駿馬。」【索隱】説文云「駃騠，馬父驘子也」。廣異志音決蹄也。發蒙記「刳其母腹而生」。列女傳云「生七日超其母」。

〔七〕【集解】徐廣曰：「似馬而青。」【索隱】按：郭璞注爾雅云「騊駼，馬青色，音淘塗」。又字林云野馬。山海經云「北海有獸，其狀如馬，其名騊駼」也。

〔八〕【集解】徐廣曰：「音顛，巨虛之屬。」【索隱】驒奚，韋昭驒音顛。說文「野馬屬」。徐廣云「巨虛之類」。一云青驪白鱗，文如鼉魚。鄒誕生本「奚」字作「騱」。

〔九〕【索隱】上音扶糞反。

〔一〇〕【索隱】少長，上音式紹反，下音陟兩反。少長，謂年稍長。【考證】漢書「爲」作「肉」，義異。

〔一一〕【索隱】毌弓，上音彎，如字亦通也。【考證】楓、三本「毌」作「貫」，今依索隱本，他本及漢書作彎。

〔一二〕【集解】韋昭曰：「鋋，形似矛，鐵柄，音時年反。」【索隱】音蟬，埤蒼云「鋋，小矛鐵矜」。古今字詁云「矡，通作『矜』」。

〔一三〕【集解】漢書曰：「單于姓攣鞮氏。」【索隱】攣，音六緣反。鞮，音丁啼反。【考證】張文虎曰：「『姓』字衍，漢傳無。然裴見本已衍，故引漢書諍之。」

夏道衰，而公劉失其稷官，變于西戎，邑于豳。〔一〕其後三百有餘歲，戎狄攻大王亶父，〔二〕亶父亡走岐下，而豳人悉從亶父而邑焉，作周。〔三〕其後百有餘歲，周西伯昌伐畎夷氏。〔四〕後十有餘年，武王伐紂而營雒邑，復居于酆鄗，〔五〕放逐戎夷涇、洛之北，以時入貢，命曰「荒服」。〔六〕其後二百有餘年，周道衰，〔七〕而穆王伐犬戎，得四白狼四白鹿以歸。自是之後，荒服不至。〔八〕於是周遂作甫刑之辟。〔九〕穆王之後二百有餘年，周幽王用寵姬褒姒之故，與申侯有卻。〔一〇〕申侯怒，而與犬戎共攻殺周幽王于驪山之下，〔一一〕遂取周之焦穫，而居于涇、渭之閒，侵暴中國。〔一二〕秦襄公救周，於是周平王去酆鄗而東徙雒邑。當是之時，秦襄公伐戎至岐，始列爲諸侯。〔一三〕是後六十有五年，而山戎越燕而伐齊，〔一四〕齊釐公與戰于齊郊。〔一五〕其後四十四年，而山戎伐燕。燕告急于齊，齊桓公北伐山戎，山戎走。〔一六〕其後二十有餘年，而戎狄至洛邑，伐周襄王，襄王奔于鄭之氾邑。〔一七〕初，周襄王欲伐鄭，故娶戎狄女爲后，與戎狄兵共伐鄭。已而黜狄后，狄后怨，而襄王後母曰惠后，有子子帶，欲立之，〔一八〕於是惠后與狄后、子帶爲內應，開戎狄，〔一九〕戎狄以故得入，破逐周襄王，而立子帶爲天子。〔二〇〕於是戎狄或居于陸渾，〔二一〕東至於衛，侵盜暴虐中國。中國疾之，故詩人歌之曰「戎狄是應」，「薄伐獫狁，至於大原」，〔二二〕「出輿彭彭，城彼朔方」。〔二三〕周襄王既居外四年，乃使使告急于晉。晉文公初立，欲修霸業，乃興師伐逐戎翟，誅子帶，迎內周襄王，居于雒邑。〔二四〕

〔一〕**【集解】**徐廣曰：「公劉，后稷之曾孫。」**【正義】**周本紀云「不窋失其官」。此云公劉，未詳也。**【考證】**顏師古曰：變，化也。謂行化於其俗。愚按：謂公劉從西戎之俗也。「變」下有「于」字，與五帝紀云「變北狄變南蠻」者不同。

〔二〕**【集解】**徐廣曰：「公劉九世孫。」**【考證】**豳，今邠州。梁玉繩曰：國語祭公謂不窋失官，周紀取之，此言公劉，誤已。韋昭以不窋在太康時，本于人表，而攷竹書于少康三年書「復田稷」，云后稷之後不窋失官，至是而復，雖未知稷官之復，爲周何君，則固前乎公劉矣，豈得至公劉而再失官乎？又言公劉至亶父三百餘歲，亦誤。史、漢、吳越春秋皆謂公劉避桀遷邠，而竹書「武乙元年，邠遷于岐周，三年命周公亶父賜以岐邑」。從夏桀元年至武乙元年，依竹書凡四百三十一歲，若依前編，則六百二十一歲，何但三百餘歲哉？困學紀聞十一以此爲無據。

〔三〕【索隱】按：謂始作周國也。【考證】岐，山名，今岐山縣。

〔四〕【索隱】韋昭云：「春秋以爲犬戎。」按：畎音犬。大顏云「即昆夷也」。山海經云「黄帝生苗龍，苗龍生融吾，融吾生并明，并明生白犬。白犬有二牡，是爲犬戎」。説文云「赤狄本犬種，字從犬」。又山海經云「有人面獸身，名曰犬夷」。賈逵云「犬夷，戎之別種也」。【考證】顏師古曰：昆夷「昆」字，或作「混」，又作「緄」，二字並音工本反，昆、緄、畎，聲相近耳。亦曰犬夷也。愚按：畎夷即混夷，詩大雅緜八章可證，顏説是。

〔五〕【考證】中井積德曰：以謍雒爲武王之事，疎漏。

〔六〕【索隱】晉灼曰：「洛水在馮翊懷德縣，東南入渭。」又案：水經云「出上郡雕陰泰昌山，過華陰入渭，即漆沮水也」。【考證】丁謙曰：涇水，發源平涼府西北，入渭河。

〔七〕【索隱】案：周紀云「懿王時王室衰，詩人作怨刺之詩」，不能復雅也。【考證】梁玉繩曰：案史以穆王在位五十五年，伐戎之事雖未知何歲，而自武王伐紂至穆王末，未及二百年，「二」字疑衍。

〔八〕【考證】「穆王」以下，采周語。

〔九〕【考證】本尚書。漢書「甫刑」作「吕刑」。顏師古曰：即尚書吕刑篇是也。辟，法也。

〔一〇〕【正義】故申城在鄧州南陽縣北三十里，周宣王舅所封。【考證】歸有光曰：漢書增懿王宣王事，似不可少。

〔一一〕【集解】韋昭曰：「戎後來居此山，故號曰驪戎。」徐孚遠曰：穆後西周，不及二百年。

〔一二〕【正義】括地志云：「焦穫亦名瓠口，亦曰瓠中，在雍州涇陽縣城北十數里，周有焦穫也。」【考證】詩小雅六月篇「玁狁匪茹，整居焦穫。侵鎬及方，至于涇陽」。沈家本曰：史豈據詩而言耶？然詩乃宣王時事，豈幽王時事亦同耶？涇陽今平涼府固原州。漢書「焦穫」作「鹵獲」，誤。

〔一三〕【正義】今岐州，高誘云「秦襄公救周有功，受周故地酆鄗，列爲諸侯」也。

〔一四〕【索隱】服虔云：「山戎，蓋今鮮卑。」按：胡廣云「鮮卑，東胡別種」。又應奉云「秦築長城，徒役之士亡出塞外，依鮮卑山，因以爲號」。【考證】左傳桓公六年，北戎伐齊，齊侯使乞師于鄭，鄭太子忽帥師救齊。六月，大敗戎師，獲其二帥大良、少良，甲首三百，以獻於齊。傳云北戎，不云山戎，解者云，今直隸滄州以北至永平府蓋皆爲戎地。

〔一五〕【索隱】釐，音僖，名諸兒也。【考證】方苞曰：春秋傳釐公祿父也。索隱謂「名諸兒」，誤也。諸兒，襄公名。張文虎曰：索隱單本無此。

〔一六〕【考證】春秋莊公三十年云：「冬，公及齊侯遇于魯濟，齊人伐山戎。」三十一年云：「六月，齊侯來獻戎捷。」左傳云：「冬，遇于魯濟，謀伐山戎也，以其病燕也。」梁玉繩曰：案春秋傳，桓六年北戎伐齊之後，至莊三十年齊伐山戎，凡四十二年。

〔一七〕【索隱】蘇林氾音凡。今潁川襄城是。按：春秋地名云「氾邑，襄王所居，故云襄城」也。【考證】左傳僖廿四年「頹叔桃子以狄伐周，大敗周師，王出適鄭，處于氾」，是也。自齊伐山戎，至是二十八年。

〔一八〕【考證】梁玉繩曰：襄王亦惠后所生也。

〔一九〕【考證】梁玉繩曰：案，惠后已前卒矣。

〔二〇〕【考證】「戎狄」至「洛邑」以下，本國語周語、僖二十四年春秋經傳。

〔二一〕【集解】徐廣曰：「一爲『陸邑』。」【索隱】春秋左氏「秦晉遷陸渾之戎于伊川」。杜預以爲「允姓之戎居陸渾，在秦晉之閒，二國誘而徙之伊川，遂從戎號，今陸渾縣」是也。【考證】左傳敍秦晉遷陸渾之戎於僖公二十二年，在襄王奔鄭之前，與史不同。大事表云：「犬戎與山戎及陸渾各爲一族，其地亦各殊，史公混諸戎而一之，並混戎狄而一之，疏略甚矣。」

〔一二〕【集解】毛詩傳曰：「言逐出之而已。」

〔一三〕【集解】毛詩傳曰：「彭彭，四馬貌。朔方，北方。」【正義】玁狁既去，北方安静，乃築城守之。【考證】詩魯頌閟宫篇作「戎狄是膺」，序云「魯僖公復周公之宇也，薄伐玁狁，至於太原」。小雅六月篇序云「宣王北伐也，出輿彭彭，城彼朔方」。小雅出車篇「輿」作「車」，序云「勞還卒也」，與史異。漢書亦係之宣王。

〔一四〕【考證】梁玉繩曰：案春秋傳僖二十四年，襄王出奔鄭，明晉文公納王乃襄王十六七年間事，周紀、年表同，此云四年，誤。

當是之時，秦、晉爲彊國。晉文公攘戎翟居于河西圁、洛之閒，〔一〕號曰赤翟〔二〕、白翟。〔三〕秦穆公得由余，西戎八國服於秦，故自隴以西有緜諸、〔四〕緄戎、〔五〕翟獂之戎，〔六〕岐、梁山、涇、漆之北有義渠、〔七〕大荔、〔八〕烏氏、〔九〕朐衍之戎。〔一〇〕而晉北有林胡、〔一一〕樓煩之戎，〔一二〕燕北有東胡、山戎。〔一三〕各分散居谿谷，自有君長，往往而聚者百有餘戎，然莫能相一。

〔一〕【集解】徐廣曰：「圁在西河，音銀。洛在上郡、馮翊閒。」【索隱】西河圁、洛。晉灼音嚚。三蒼作「圜」。地理志云「圜水，出上郡白土縣西，東流入河」。韋昭云「圜當爲『圁』」。續郡國志及太康地志並作「圁」字也。【正義】括地志云：「白土故城，在鹽州白池東北三百九十里。」又云：「近延州、綏州、銀州，本春秋時白狄所居，七國屬魏，後入秦，秦置三十六郡。」洛，漆沮也。【考證】李笠曰：集解云「圁音銀」，則作「圁」不作「圜」則明矣。梁玉繩曰：洛，疑當作「潞」。正義云：「潞州本赤狄地。延、銀、綏三州，白翟地。若是閭洛，則惟白狄所居，不得言赤狄矣。」中井積德曰：正義「十六」二字疑衍。

〔二〕【索隱】案：左氏傳云「晉師滅赤狄潞氏」。杜氏以「潞，赤狄之别種也，今上黨潞縣」。又春秋地名云「今曰赤涉胡」。

〔三〕【索隱】左氏「晉師敗狄于箕，郤缺獲白狄子」。杜氏以爲「白狄之別種，故西河郡有白部胡。」又國語云「桓公西征，攘白狄之地，遂至于西河」也。【正義】括地志云：「潞州，本赤狄地。延、銀、綏三州，白翟地。」按：文言「圁、洛之閒，號赤狄」，未詳。【考證】張文虎曰：正義「文言」上疑有脱字。

〔四〕【索隱】地理志天水有緜諸道。【正義】括地志云：「緜諸城，秦州秦嶺縣北五十六里。漢緜諸道屬天水郡。」

〔五〕【正義】上音昆，字當作「混」。顏師古云：「混夷也。」韋昭云：「春秋以爲犬戎。」

〔六〕【集解】徐廣曰：「在天水。貆，音丸。」【索隱】地理志天水貆道。應劭以「貆戎邑。音桓」。【正義】括地志云：「貆道故城，在渭州襄武縣東南三十七里。古之貆戎邑。漢貆道屬天水郡。」

〔七〕【索隱】韋昭云：「義渠，本西戎國，有王，秦滅之。今在北地郡。」【正義】括地志云：「寧州、慶州，西戎，即劉拘邑城，時爲義渠戎國，秦爲北地郡也。」

〔八〕【集解】徐廣曰：「後更名臨晉，在馮翊。」【索隱】按：秦本紀厲共公伐大荔，取其王城，後更名臨晉。故地理志云「臨晉故大荔國也」。【正義】括地志云：「同州馮翊縣及朝邑縣，本漢臨晉縣地，古大荔戎國。今朝邑縣東三十步故王城，即大荔王城。」荔，力計反。

〔九〕【集解】徐廣曰：「在安定。」【正義】氏，音支。括地志云：「烏氏故城，在涇州安定縣東三十里。周之故地，後入戎，秦惠王取之，置烏氏縣也。」

〔一〇〕【集解】徐廣曰：「在北地。朐，音詡。」【索隱】案：地理志朐衍，縣名，在北地。徐廣音詡，鄭氏音吁。【正義】括地志云：「鹽州，古戎狄居之，即朐衍戎之地，秦北地郡也。」

〔一一〕【索隱】如淳云：「林胡，即儋林，爲李牧所滅也。」【正義】括地志云：「朔州，春秋時北地也。如淳云即儋林也，爲李牧滅。」

〔一二〕【索隱】地理志樓煩，縣名，屬鴈門。應劭云「故樓煩胡地」。【正義】括地志云：「嵐州，樓煩胡地也。」風俗通云「故樓煩胡地也」。

〔一三〕【集解】漢書音義曰：「烏丸或云鮮卑。」【索隱】服虔云：「東胡，烏丸之先，後爲鮮卑。在匈奴東，故曰東胡。」案：續漢書曰「漢初匈奴冒頓滅其國，餘類保烏桓山以爲號。俗隨水草，居無常處。以父之名字爲姓。父子男女，悉髡頭爲輕便也」。

自是之後百有餘年，晉悼公使魏絳和戎翟，戎翟朝晉。〔一〕後百有餘年，趙襄子踰句注而破并代以臨胡貉。〔二〕其後既與韓、魏共滅智伯，分晉地而有之，則趙有代、句注之北，魏有河西、上郡，以與戎界邊。其後義渠之戎築城郭以自守，而秦稍蠶食，至於惠王，遂拔義渠二十五城。〔三〕惠王擊魏，魏盡入西河及上郡于秦。〔四〕秦昭王時，義渠戎王與宣太后亂，有二子。〔五〕宣太后詐而殺義渠戎王於甘泉，遂起兵伐殘義渠。於是秦有隴西、北地、上郡，築長城以拒胡。〔六〕而趙武靈王亦變俗胡服，習騎射，北破林胡、樓煩。築長城，〔七〕自代並陰山下，〔八〕至高闕爲塞。〔九〕而置雲中、鴈門、代郡。其後燕有賢將秦開，爲質於胡，胡甚信之。歸而襲破走東胡，東胡卻千餘里。與荊軻刺秦王秦舞陽者，開之孫也。〔一〇〕燕亦築長城，自造陽至襄平。〔一一〕置上谷、漁陽、右北平、遼西、遼東郡以拒胡。當是之時，冠帶戰國七，而三國邊於匈奴。〔一二〕其後趙將李牧時，匈奴不敢入趙邊。後秦滅六國，而始皇帝使蒙恬將十萬之衆北擊胡，〔一三〕悉收河南地。因河爲塞，築四十四縣城臨河，〔一四〕徙適戍以充之。〔一五〕而

通直道，自九原至雲陽，〔一六〕因邊山險塹谿谷可繕者治之，起臨洮至遼東萬餘里。〔一七〕又度河，據陽山北假中。〔一八〕

〔一〕【考證】王應麟曰：以左傳攷之，魯文公三年，秦始霸西戎，襄公四年，魏絳和戎，裁五十餘歲。閻若璩曰：魏絳和者北戎，非西戎也，王氏未及辨。

〔二〕【集解】句，音鉤，山名，在鴈門。【索隱】服虔云：「句，音拘。」韋昭云：「山名，在應陰館。」案：貉，即濊也，音亡格反。【考證】李笠曰：集解於「句注」斷句，非也。蓋「并」非地，謂并代以臨胡貉也。「破」下據漢書補之字，句讀自明。

〔三〕【考證】沈家本曰：年表在惠王後十一年。

〔四〕【考證】沈家本曰：按書此者，言秦與戎界邊也，然魏入河西在惠王八年，納上郡在十年，皆在拔義渠二十五城之前。

〔五〕【集解】昭王母也。【索隱】服虔云：「昭王之母也。」

〔六〕【考證】蘇輿曰：據此，秦在昭王時已築長城，始皇特立萬里之名耳，後人以長城始於始皇，非也。中國自春秋以後，各有長城。顧炎武曰：春秋之世，田有封洫，故隨地可以設關，而阡陌之間，一縱一横，亦非戎車之利也。觀國佐之對晉人，則可知矣。至於戰國，井田始廢，而車變爲騎，於是寇鈔易而防守難，不得已而有長城之築。史記蘇代傳燕王曰「齊有長城鉅防，足以爲塞」；竹書紀年「梁惠成王二十年，齊閔王築防以爲長城」；續漢志濟北國盧「有長城至東海」；泰山記「泰山西有長城，緣河經泰山一千餘里，至琅邪臺入海」：此齊之長城也。史記秦本紀「魏築長城，自鄭濱洛以北，有上郡」；蘇秦傳説魏襄王曰「西有長城之界」；竹書紀年惠成王十二年，龍賈帥師築長城于西邊：此魏之長城也。續漢志河南郡卷有長城，經陽武到密：此韓之長城也。水經注盛弘之云「葉東界有故城，始犨縣東至至瀙水達沘陽，南北數百里，號爲方城，一謂之長城」；郡國志曰「葉縣有長城曰方城」：此楚之長城也。若趙世家成侯六年，中山築長城，又言肅侯十七年築長城，則趙與中山亦有長城矣。以此言之，中國多有長城，不但北邊也。其在北邊者，史記匈奴傳「秦宣太后起兵伐殘義渠，於是秦有隴西、北地、上郡，築長城以拒胡」，此秦之長城也。魏世家「惠王十九年，築長城塞固陽」，此魏之長城也。匈奴傳又言「趙武靈王北破林胡、樓煩，築長城，自代並陰山下，至高闕爲塞，而置雲中、雁門、代郡」，此趙之長城也。燕將秦開襲破東胡，東胡卻千餘里，燕亦築長城，自造陽至襄平，置上谷、漁陽、右北平、遼西、遼東郡以拒胡，此燕之長城也。秦滅六國，而始皇帝使蒙恬將十萬之衆北擊胡，悉收河南地，因河爲塞，築四十四縣城，臨河，徙適戍以充之。而通直道，自九原至雲陽，因邊山險，塹谿谷，可繕者治之，起臨洮至遼東萬餘里，又度河，據陽山北假中。此秦并天下之後所築之長城也。

〔七〕【正義】括地志云：「趙武靈王長城，在朔州善陽縣北。案水經云：白道長城，北山上有長垣若積毀焉，沿谿亘嶺，東西無極，蓋趙武靈王所築也。」

〔八〕【集解】並，音傍，白浪反。【索隱】徐廣云：「五原西安陽縣北有陰山。陰山在河南，陽山在河北。並，音傍，白浪反。」【正義】括地志云：「陰山，在朔州北塞外突厥界。」【考證】代郡在今宣化府西南蔚州境。陰山在河套東北吴喇特旗境，今所稱布爾當圖山一帶是。各本「下」字屬下讀，中井積德曰當屬上句。張文虎曰：陰山索隱有誤脱，今依蒙恬傳集解補正。

〔九〕【集解】徐廣曰：「在朔方。」【正義】地理志云朔方臨戎縣北有連山，險於長城，其山中斷，兩峯俱峻，土俗名爲高闕也。【考證】丁謙曰：高闕在今河套外阿爾布坦山東。

〔一〇〕【考證】徐孚遠曰：此語不關本傳，以事遠爲指實也。

〔一一〕【集解】韋昭曰：「造陽，地名，在上谷。」【索隱】韋昭云：「襄平，今遼東所理也。」【正義】按：上谷郡，今嬀州。【考證】丁謙曰：造陽，在上谷東北。上谷，即宣化府。

〔一二〕【索隱】案：三國，燕、趙、秦也。

〔一三〕【考證】楓、三本，漢書「十」上有「數」字。梁玉繩曰：案紀表及蒙恬、主父偃傳皆云將三十萬，則此言十萬。淮南子人間訓作「五十萬」，一多一少，並非也。

〔一四〕【索隱】案：太康地記「秦塞自五原北九百里，謂之造陽。東行終利賁山南漢陽西也」。漢，一作「漁」。

〔一五〕【集解】適，音丁革反。【索隱】丁革反。

〔一六〕【索隱】蘇林云：「去長安八千里，正南北相直道也。」韋昭云：「九原，縣名，屬五原也。」【正義】括地志云：「勝州連谷縣，本秦九原郡，漢武帝更名五原。雲陽、雍縣，秦之林光宮，即漢之甘泉宮在焉。」又云：「秦故道在慶州華池縣西四十五里子午山上。自九原至雲陽，千八百里。」【考證】九原，漢五原縣。雲陽，左馮翊縣。

〔一七〕【索隱】韋昭云：「臨洮，隴西縣。」【正義】括地志云：「秦隴西郡臨洮縣，即今岷州城。本秦長城首，起岷州西十二里，延袤萬餘里，東入遼水。」【考證】漢書「治」作「繕」。「因邊」以下，是說萬里長城也。中井積德曰：「塹，謂以土填之，作之崖岸也，非鑿湟也，亦非悉堙谿谷。」

〔一八〕【集解】北假，北方田官，主以田假與貧人，故云北假。【索隱】應劭云：「北假，在北地陽山北。」韋昭云：「北假，地名。」又按：漢書元紀云「北假，田官」。蘇林以爲北方田官也，主以田假與貧人，故曰北假也。【正義】括地志云：「漢五原郡河目縣故城在北假中。北假，地名也，在河北，今屬勝州銀城縣。漢書王莽傳云『五原北假，膏壤殖穀』也。」【考證】丁謙曰：陽山在高闕東，陰山西北。北假，正義是。王先謙曰：河目縣在今吴喇忒西北。

當是之時，東胡彊而月氏盛。〔一〕匈奴單于曰頭曼，〔二〕頭曼不勝秦，北徙十餘年。而蒙

恬死，諸侯畔秦，中國擾亂，諸秦所徙適戍邊者皆復去，〔三〕於是匈奴得寬，復稍度河南，與中國界於故塞。〔四〕

〔二〕【正義】氏，音支。括地志云：「涼、甘、肅、延、沙等州地，本月氏國。」【考證】丁謙曰：東胡部境在直隸關東北邊外，今内蒙古諸旗地，其人種出於鮮卑。鮮卑，山名，在俄屬西伯利亞昂吉剌河南。西人稱爲東姑斯人種，甚確。以昂吉喇河，一名東姑斯河也。月氏亦西徼大部，在今甘、涼、肅三州地。隋書言康國王姓温，本月氏人，始居祁連昭武城。按：昭武漢縣，屬張掖郡。漢書梁慬注「昭武故城，在張掖西北」，蓋即今高臺縣境。

〔三〕【集解】漢書音義曰：「單于者，廣大之貌，言其象天單于然。」韋昭曰：「曼，音瞞。」【索隱】案：漢書「單于姓攣鞮氏，其國稱之曰『撐黎孤塗單于』。而匈奴謂天爲『撐黎』，謂子爲『孤塗』，單于者，廣大之貌也。言其象天，故曰撐黎孤塗單于」。又玄晏春秋云「士安讀漢書，不詳此言，有胡奴在側，言之曰：『此胡所謂天子。』與古書所説符會也。」曼，音莫官反。韋昭音瞞。

〔三〕【考證】「十餘年」三字，上承「秦滅六國」，下到「皆復去」，蓋自始皇并天下，至陳涉反秦，相距十三年。

〔四〕【考證】凌稚隆曰：按，河南地，今河陰是也，廣七百里，號新秦中，蒙恬所取者。陳仁錫曰：太史公敘中國與匈奴之彊弱，屢提河南塞地爲綱領，若蒙恬悉收河南地，因河爲塞，此秦强而匈奴弱也。匈奴復稍度河南，與中國界於故塞，此匈奴彊而秦弱也。匈奴與漢關故河南塞，匈奴入居河南地，此匈奴彊而漢弱也。漢遂取河南地，繕故秦時所爲塞，徙關東貧民處所奪匈奴河南新秦中，此漢彊而匈奴弱也。

單于有太子，名冒頓。〔一〕後有所愛閼氏，生少子，〔二〕而單于欲廢冒頓而立少子，乃使冒頓質於月氏。〔三〕冒頓既質於月氏，而頭曼急擊月氏。月氏欲殺冒頓，冒頓盜其善馬，騎之亡歸。頭曼以爲壯，令將萬騎。冒頓乃作爲鳴鏑，習勒其騎射，〔四〕令曰：「鳴鏑所射而不悉射者，斬之。」行獵鳥獸，有不射鳴鏑所射者，輒斬之。已而冒頓以鳴鏑自射其善馬，左右或不敢射者，〔五〕冒頓立斬不射善馬者。居頃之，復以鳴鏑自射其愛妻，左右或頗恐，不敢射，冒頓又復斬之。居頃之，冒頓出獵，以鳴鏑射單于善馬，左右皆射之。於是冒頓知其左右皆可用。從其父單于頭曼獵，以鳴鏑射頭曼，其左右亦皆隨鳴鏑而射，殺單于頭曼，遂盡誅其後母與弟及大臣不聽從者。冒頓自立爲單于。

〔一〕**【索隱】**冒，音墨，又如字。

〔二〕**【索隱】**舊音於連、於曷反二音。匈奴皇后號也。習鑿齒與燕王書曰：「山下有紅藍，足下先知不？北方人採取其花染緋黄，挼取其上英鮮者作烟肢，婦人將用爲顔色。吾少時再三過見烟肢，今日始視紅藍，後當爲足下致其種。匈奴名妻作『閼支』，言其可愛如烟肢也。閼，音煙。想足下先亦不作此讀漢書也。」

〔三〕**【考證】**月氏，見下文。

〔四〕**【集解】**漢書音義曰：「鏑，箭也，如今鳴箭也。」韋昭曰：「矢鏑飛則鳴。」**【索隱】**應劭云：「髐箭也。」韋昭云：「矢鏑飞則鳴。」

〔五〕**【考證】**張文虎曰：「者」字疑衍。

冒頓既立，〔一〕是時東胡彊盛，聞冒頓殺父自立，乃使使謂冒頓，欲得頭曼時有千里馬。〔二〕冒頓問羣臣，羣臣皆曰：「千里馬，匈奴寶馬也，勿與。」冒頓曰：「柰何與人鄰國，而愛一馬乎？」遂與之千里馬。居頃之，東胡以爲冒頓畏之，乃使使謂冒頓，欲得單于一閼氏。冒頓復問左右，左右皆怒曰：「東胡無道，乃求閼氏！請擊之。」冒頓曰：「柰何與人鄰國，愛一女子乎？」遂取所愛閼氏予東胡。東胡王愈益驕，西侵。與匈奴間，中有弃地，莫居，千餘里，各居其邊爲甌脱。〔三〕東胡使使謂冒頓曰：「匈奴所與我界甌脱外弃地，匈奴非能至也，吾欲有之。」冒頓問羣臣，羣臣或曰：「此弃地，予之亦可，勿予亦可。」於是冒頓大怒曰：「地者國之本也，柰何予之！」諸言予之者，皆斬之。冒頓上馬，令國中有後者斬，遂東襲擊東胡。東胡初輕冒頓，不爲備。及冒頓以兵至，擊大破，滅東胡王，而虜其民人及畜産。既歸，西擊走月氏，南并樓煩、白羊河南王，侵燕、代。〔四〕悉復收秦所使蒙恬所奪匈奴地者，與漢關故河南塞，至朝那、膚施，遂侵燕、代。〔五〕是時漢兵與項羽相距，中國罷於兵革，〔六〕以故冒頓得自彊，控弦之士三十餘萬。

〔一〕【集解】徐廣曰：「秦二世元年壬辰歲立。」

〔二〕【考證】漢書「有」作「號」。

〔三〕【集解】韋昭曰：「界上屯守處。」【索隱】服虔云「作土室以伺漢人」。又纂文曰「甌脱，土穴也」。又云，是地名，故下云「生得甌脱王」。韋昭云「界上屯守處也」。甌，音一侯反。脱，音徒活反。【正義】按：境上斥候之室爲甌脱也。【考證】漢書「間中」作「中間」。甌脱，蘇武傳作「區脱」。丁謙曰：史漢匈奴傳言「甌脱」者凡四。一，東胡與匈奴間有棄地，莫居千餘里，各居其邊爲甌脱；一，生得甌脱王；一，匈奴西北遠去，發人民屯甌脱；一，匈奴降者言，聞甌脱間皆殺之。服虔注：甌脱，作土室以伺也。師古注：境上候望之處，若今之伏宿處也。余謂服顏二説，不特誤會，尤瞢於塞外情形。按：傳既明言棄地莫居，又言各居其邊爲甌脱，則甌脱指棄地而言，原極明析，無待申説。且細讀本文，並無防守意義，服顏二氏豈誤認各居其邊爲各守其邊乎？抑知地亘千里，何能徧守？既無人居，守之何爲？況匈奴之俗同於蒙古，隨水草牧畜，移徙不常，無室廬，無城郭，其邊境并無一定界限，故彼國人民但習戰事，勝則進，敗則遁，無所謂守也。二氏漫以軍營斥候之法推測虜地，用爲甌脱之解，失之遠矣。夫甌脱間地，千里莫居，是非可以居而故棄之明甚，蓋塞外境土雖極廣漠，而有水有草堪爲牧場者，亦殊無多，其天生棄地，人難託足，惟沙漠爲然。攷東胡部境在奉天直隸邊外一帶，匈奴部境在漠北外蒙古一帶，兩國中間盡屬沙漠。沙漠者，古所謂瀚海，今所謂戈壁是也。横亘萬里，此云千里，僅就東胡匈奴間言之，舍此之外，豈復有如許之棄地乎？然則甌脱之義，雖指棄地，而棄地之實即沙漠，無可疑也。或謂沙漠之地，既無人居，何以有甌脱王？曰：匈奴所稱爲王者，自左右賢、谷蠡、奥鞬外，餘皆隨意命名，雖號甌脱王，非實居甌脱地，且甌脱間亦有一二可居之地，如今内外蒙古各旗牧地每有在沙漠中者，後此匈奴遠去，仍發人民屯於甌脱，藉以通受降城騎隊之聲息，若夫谷吉被殺，匈奴降者，聞甌脱居人所言皆然，知非虚妄。要之甌脱二字，爲當時方言，今難確解，然大意不過謂不毛之地，不足以居人，何所見而曰作土室以伺？又何所見而曰境上候望處耶？

〔四〕【索隱】如淳云：「白羊王居河南。」【考證】顔師古曰：二王之居在河南。丁謙曰：白羊，山名，在大同府東廣靈縣境，但此時白羊、樓煩二部均居新秦中，故稱河南王。中井積德曰：「河南王」三字疑衍，後文云「衞青擊胡之樓煩、白羊於河南」，或相因成錯謬耳。又曰：「侵燕代」三字與下文複，疑衍，漢書無。

〔五〕【集解】徐廣曰：「朝那、膚施，在上郡。」【正義】漢朝那故城在原州百泉縣西七十里，屬安定郡。膚施縣秦因不改，今延州膚施縣是。【考證】「恬」下「所」字疑衍。朝那在今平涼府西北。膚施，今延安府首縣，正義「縣秦因」當作「秦縣漢因」。

〔六〕【考證】漢書「兵」作「方」。

自淳維以至頭曼千有餘歲，時大時小，別散分離，尚矣，其世傳不可得而次云。〔一〕然至冒頓，而匈奴最彊大，盡服從北夷，而南與中國爲敵國，其世傳國官號乃可得而記云。〔二〕

〔一〕【正義】尚矣，言久遠也。【考證】梁玉繩曰：淳維不知何時，即謂是夏桀之子，自商至秦，何止千有餘歲？愚按：「云」字與下文複，漢書刪。

〔二〕【考證】王鏊曰：此段結上起下，一篇之關鍵也。凌稚隆曰：自篇首至此，將歷敘匈奴强盛，必先曰三百有餘歲、百有餘歲者，凡八書，始著匈奴侵盗暴虐中國。又必曰百有餘年、百有餘年，始著昭王築長城以拒胡，然後揔結之曰「自淳維以至頭曼千有餘歲」，見其傳世益久，流毒益深，是太史公敘事針線處。愚按：漢書「世傳國官」作「世姓官號」，「云」下有「單于姓攣鞮氏其國稱之曰撐犁孤塗單于匈奴謂天爲撐犁謂子爲孤塗單于者廣大之貌也言其象天單于然也」四十五字。

置左右賢王，左右谷蠡王，〔一〕左右大將，左右大都尉，左右大當户，左右骨都侯。〔二〕匈奴謂賢曰「屠耆」，〔三〕故常以太子爲左屠耆王。自如左右賢王以下至當户，大者萬騎，小者數千，凡二十四長，立號曰「萬騎」。〔四〕諸大臣皆世官。呼衍氏，蘭氏，〔五〕其後有須卜氏，〔六〕此三姓其貴種也。諸左方王將居東方，直上谷以往者東，接穢貉、朝鮮；〔七〕右方王將居西方，直上郡以西，接月氏、氐、羌，〔八〕而單于之庭直代、雲中；〔九〕各有分地，逐水草移徙。而左右賢王、左右谷蠡王最爲大國，〔一〇〕左右骨都侯輔政。〔一一〕諸二十四長亦各自置千長、百長、什長、〔一二〕裨小王、相、封都尉、當户、且渠之屬。〔一三〕

〔一〕【集解】服虔曰：「谷，音鹿。蠡，音離。」【索隱】服虔音鹿離。蠡又音黎。【考證】漢書「蠡」下無「王」字。

〔二〕【集解】骨都，異姓大臣。【索隱】按：後漢書云「骨都侯，異姓大臣」。

〔三〕【集解】徐廣曰：「屠，一作『諸』。」

〔四〕【考證】「賢」下「王」字，各本脱，今依楓、三本、舊本。

〔五〕【正義】顔師古云：「呼衍，即今鮮卑姓呼延者也。蘭姓，今亦有之。」

〔六〕【集解】呼衍氏、須卜氏常與單于婚姻。須卜氏主獄訟。【索隱】按：後漢書云「呼衍氏、須卜氏常與單于婚姻。須卜氏主獄訟」也。【正義】後漢書云：「呼衍氏、須卜氏常與單于婚姻。」

〔七〕【索隱】案：姚氏云「古字例以『直』爲『值』，值者當也」。【正義】上谷郡，今嬀州也。言匈奴東方南出，直當嬀州也。【考證】中井積德曰：「往者」二字疑衍，班史無。「直上谷以東」爲句，下文「直上郡以西」亦然。

〔八〕【索隱】西接氐羌。案：風俗通云「二氐，本西南夷種」。地理志武都有白馬氐。又魚豢魏略云「漢置武都郡，排其種人，分竄山谷，或號青氐，或號白氐」。纂文云「氐亦羊稱」。説文云「羌，西方牧羊人」。續漢書云「羌，三苗姜姓之别，舜徙于三危，今河關之西南羌是也」。【正義】上郡故城在涇州上縣東南五十里。言匈奴西方，南直當綏州也。【考證】丁謙曰：左王將居東方，爲今克魯倫河以東及内蒙古東四盟地。右王將居西方，爲今色楞格河以西至科布多及新疆等地。蓋蒙古地雖廣漠，而有水草足資游牧者不外以上數處。張文虎曰：漢書無「月氏」二字，與索隱本合。

〔九〕【索隱】案：謂匈奴所都處爲「庭」。樂産云「單于無城郭，不知何以國之。穹廬前地若庭，故云庭」。【正義】代郡城，北狄代國，秦汉代縣城也，在蔚州羌胡縣北百五十里。雲中故城，趙雲中城，秦雲中郡，在勝州榆林縣東北四十里。言匈奴之南直當代、雲中也。【考證】丁謙曰：單于庭在今外蒙古塞音諾顔部塔米爾河北。塔米爾河流域，經線在偏西十二度三分，緯線在赤道北四十一度至四十三度，其地西、南、東三面皆杭愛山所環抱，北面又有杭愛支峯巴彦集魯及賽坎等山以爲屏障。惟東北一隅，爲塔米爾河流出之路，河有兩源，均發源於杭愛山麓。西源綜小水十數，滙爲台魯爾倭赫泊，復出而東流，南源稱察罕鄂倫河，即元和林河，亦綜小水十數，經元故都和林城，東北流，兩水既合，益東流，會於鄂爾坤河，又東北流，會色楞格河、土拉河，共入貝加爾大泊。塔米爾河所經，兩岸多平原，土脈肥沃，草木禽獸，蕃植滋生，宜耕耘，宜畜牧，以故匈奴庭幕建於此。然其南當與寧夏相直，曰代、雲中，未確，因當時測算之術不精故耳。愚按：單于建庭處，史無明文，今姑錄丁氏說，以資參攷云。

〔一〇〕【考證】劉攽曰：衍「國」字。

〔一一〕【考證】徐孚遠曰：骨都侯爲單于近臣，不別統部落有分地也。

〔一二〕【索隱】案：續漢書郡國志云「里有魁，人有什伍。里魁主一里百家，什主十家，伍長五家，以相檢察」。故賈誼過秦論以爲「俛起什百之中」，是也。【考證】張文虎曰：索隱「郡國志」當作「百官志」。

〔一三〕【集解】徐廣曰：「封，一作『將』。」【正義】且，子餘反。顏師古云：「今之沮渠姓，蓋本因此官。」【考證】漢書無「封」字。沈家本曰：疑此衍。

歲正月，諸長小會單于庭，祠。五月，大會蘢城，祭其先、天地、鬼神。〔一〕秋馬肥，大會蹛林，課校人畜計。〔二〕其法，拔刃尺者死，坐盜者沒入其家；有罪小者軋，大者死。〔三〕獄久者不過十日，一國之囚不過數人。而單于朝出營，拜日之始生，夕拜月。其坐，長左而北鄉。〔四〕日上戊己。〔五〕其送死，有棺槨金銀衣裘，而無封樹喪服；〔六〕近幸臣妾從死者，多至數千百人。〔七〕舉事而候星月，月盛壯則攻戰，月虧則退兵。〔八〕其攻戰，斬首虜賜一卮酒，而所得鹵獲因以予之，得人以爲奴婢。故其戰，人人自爲趣利，善爲誘兵以冒敵。〔九〕故其見敵則逐利，如鳥之集，其困敗，則瓦解雲散矣。戰而扶輿死者，盡得死者家財。〔一〇〕

〔一〕【索隱】漢書「蘢城」作「龍城」，亦作「蘢」字。崔浩云「西方胡，皆事龍神，故名大會處爲龍城」。後漢書云「匈奴俗，歲有三龍祠，祭天神」。【考證】丁謙曰：龍城，即後文龍祠。攷單于庭南有泊，曰台魯兒和赫，相傳爲龍所潛，故於五月祀之，并祭其先及天地鬼神也。班固燕然山銘云：「絶大漠，踰涿邪，乘燕然，至龍庭。」史記、漢書「歲五月大會龍城」，後漢書「會五月龍祠」，曰龍庭，曰龍城，曰龍祠，名雖異，而地則同。愚按：龍，胡語，其義未詳，必非「蛟龍」之「龍」，故又作「蘢」。

〔二〕【集解】漢書音義曰：「匈奴秋社八月中皆會祭處。蹛，音帶。」【索隱】服虔云：「音帶。匈奴秋社八月中皆會祭處。」鄭氏云：「地名也。」晉灼云「李陵與蘇武書云『相競趨蹛林』」，則服虔説是也。又韋昭音多藍反。姚氏案：李牧傳「大破匈奴，滅襜襤」，此字與韋昭音頗同，然林襤聲相近，或以「林」爲「襤」也。【正義】顏師古云：「蹛者，遶林木而祭也。鮮卑之俗，自古相傳，秋祭，無林木者，尚豎柳枝，衆騎馳遶三周，乃止，此其遺法也。」畜，許又反。【考證】沈欽韓曰：遼史國語解云蹛林即松林故地，然則胡語名林木爲蹛也。新唐書「太宗以鐵勒部思結爲蹛林州，隸燕然都護府」。李笠曰：索隱李陵與蘇武書「相競趨蹛林」。案：此李少卿逸詩也，「書」當作「詩」。

〔三〕【集解】漢書音義曰：「刃刻其面。」【索隱】服虔云：「刀割面也，音烏八反。」鄧展云：「歷也。」如淳云：「撾，抶也。」三蒼云：「軋，輾也。」説文云：「輾，轢也。」【正義】顏師古云：「軋者謂輾轢其骨節，若今之厭踝者也。」【考證】何焯曰：軋之義，似當從如説。

〔四〕【正義】其座北向，長者在左，以左爲尊也。【考證】楓、三本「生」作「出」。

〔五〕【考證】錢大昭曰：以戊己日爲吉也。周壽昌曰：上、尚字同。

〔六〕【集解】張華曰：「匈奴名冢曰逗落。」【考證】漢書「裘」作「裳」，史義爲長。

〔七〕【正義】漢書作「數十百人」。顏師古云：「或數十人，或百人。」

〔八〕【考證】漢書「而候星月」四字作「常隨」二字。愚按：「而」當作「常」，「星」字疑衍。沈欽韓曰：隋書突厥傳「候月將滿，輒爲寇抄」。

〔九〕【正義】趣，向也。【考證】岡白駒曰：冒，猶覆也，覆裹取之。漢書「冒」作「包」。顔師古曰：包，裹取之。

〔一〇〕【考證】楓、三本「輿」作「與」。

後北服渾庾、屈射、丁零、鬲昆、薪犂之國。〔一〕於是匈奴貴人大臣皆服，以冒頓單于爲賢。

〔一〕【索隱】屈射，國名。射，音奕，又音石。按魏略云：「丁零在康居北，去匈奴庭接習水七千里。」又云「匈奴北有渾窳國」。【正義】已上五國，在匈奴北。漢書「庾」作「窳」。地理志「朔方窳混縣」是。【考證】漢書「渾庾」作「渾窳」，「鬲昆」作「隔昆」，「薪犂」作「新犂」，「薪」上有「龍」字。王念孫曰：漢書「龍」字蓋涉上文「龍城」而衍，漢紀亦無「龍」字。沈欽韓曰：魏志注引魏略云「匈奴北有渾窳國、屈射國、隔昆國、新棃國」，亦無「龍」字。丁謙曰：丁零，一作「丁令」。部地在今貝加爾湖東南。貝加爾湖，古稱北海，蘇武傳「武居北海」。丁零盜其牛羊，以地相鄰接故。鬲昆，乃「堅昆」轉音，部地在唐努烏梁海境。

是時漢初定中國，徙韓王信於代，都馬邑。〔一〕匈奴大攻圍馬邑，韓王信降匈奴。匈奴得信，因引兵南踰句注，攻太原，至晉陽下。高帝自將兵往擊之。會冬大寒，雨雪，卒之墮指者十二三，於是冒頓詳敗走誘漢兵。〔二〕漢兵逐擊冒頓，冒頓匿其精兵，見其羸弱，於是漢悉兵，多步兵，三十二萬，北逐之。高帝先至平城。〔三〕步兵未盡到，冒頓縱精兵四十萬騎圍高帝於白登七日，〔四〕漢兵中外不得相救餉。匈奴騎，其西方盡白馬，東方盡青駹馬，北方盡烏驪馬，南方盡騂馬。〔五〕高帝乃使使閒厚遺閼氏，閼氏乃謂冒頓曰：「兩主不相困。今得漢地，而單于終非能居之也。且漢王亦有神，單于察之。」冒頓與韓王信之將王黃、趙利期，而黃、利兵又不來，疑其與漢有謀，亦取閼氏之言，乃解圍之一角。於是高帝令士皆持滿傅矢外鄉，從解角直出，竟與大軍合，〔六〕而冒頓遂引兵而去。漢亦引兵而罷，使劉敬結和親之約。

〔一〕【考證】馬邑在朔州東。梁玉繩曰：韓信未嘗徙代。

〔二〕【考證】何焯曰：即上所謂「善爲誘兵以包敵」，此蓋冒頓所長也。

〔三〕【集解】徐廣曰：「在鴈門。」【考證】平城，今大同府城。

〔四〕【正義】白登臺在白登山上，朔州定襄縣東三十里。定襄縣，漢平城縣也。【考證】漢書「四十萬騎」作「三十餘萬騎」。白登山在平城東十七里。

〔五〕【索隱】駹，音武江反。案：青駹，馬色青。説文云：「驪，黑色。」案：詩傳云：「赤黃曰騂。」【正義】鄭玄云：「駹，不純也。」説文云：「駹面顙皆白。」爾雅云黑馬面白也。【考證】楓、三本，漢書「青駹烏驪」下皆無「馬」字。類聚、御覽引史亦無。王念孫曰：蓋此四句皆五字爲句，其馬色之一字者，則加馬字以成文，兩字者則省馬字以協句。中井積德曰：馬四方各色，以見其軍之整而畜之饒耳。又曰：馬難純青，故取駹而有青色。

〔六〕【索隱】傅，音附。

是後韓王信爲匈奴將，及趙利、王黃等數倍約，侵盜代、雲中。居無幾何，陳豨反，又與韓信合謀擊代。漢使樊噲往擊之，復拔代、鴈門、雲中郡縣，不出塞。是時匈奴以漢將衆往降，故冒頓常往來侵盜代地。於是漢患之，高帝乃使劉敬奉宗室女公主爲單于閼氏，〔一〕歲

奉匈奴絮繒酒米食物各有數，約爲昆弟以和親，冐頓乃少止。後燕王盧綰反，率其黨數千人降匈奴，往來苦上谷以東。〔一〕

〔一〕【考證】漢書「公主」作「翁主」。顏師古曰：諸王女曰翁主者，言其父自主婚。

〔二〕【考證】漢書「數千人」作「且萬人」。

高祖崩，孝惠、呂太后時，漢初定，故匈奴以驕。冐頓乃爲書遺高后，妄言。高后欲擊之，〔一〕諸將曰：「以高帝賢武，然尚困於平城。」於是高后乃止，復與匈奴和親。〔二〕

〔一〕【索隱】案：漢書云「高后時，冐頓寖驕，乃使使遺高后書曰：『孤僨之君，生於沮澤之中，長於平野牛馬之域，數至邊境，願遊中國。陛下獨立，孤僨獨居，兩主不樂，無以自娛，願以所有易其所無。』高后怒，欲擊之」。

〔二〕【索隱】案：漢書季布諫高后，乃止。【考證】見本史季布傳。

至孝文帝初立，復修和親之事。〔一〕其三年五月，匈奴右賢王入居河南地，侵盜上郡葆塞蠻夷，殺略人民。〔二〕於是孝文帝詔丞相灌嬰發車騎八萬五千，詣高奴，擊右賢王。〔三〕右賢王走出塞。文帝幸太原。是時濟北王反，〔四〕文帝歸，罷丞相擊胡之兵。

〔一〕【考證】中井積德曰：此稱和親者，非更遣女結親也，唯修前時姻親之禮耳，後多倣此。

〔二〕【考證】何焯曰：前此匈奴復得陽山、北假地，至是入居河南，故十四年大入，遂至彭陽也。胡三省曰：河南在北河之南，蒙恬、衞青所取，皆即此地。

〔三〕【正義】高奴，延州城，本漢高奴縣舊都。【考證】在今延安府高塞縣境。

〔四〕【考證】楓、三本「時」下有「漢」字，濟北王興居。

其明年，單于遺漢書曰：「天所立匈奴大單于敬問皇帝無恙。前時皇帝言和親事，稱書意合歡。〔一〕漢邊吏侵侮右賢王，右賢王不請，聽後義盧侯難氏等計，與漢吏相距，〔二〕絕二主之約，離兄弟之親。皇帝讓書再至，發使以書報，不來，漢使不至，〔三〕漢以其故不和，鄰國不附。今以小吏之敗約故，罰右賢王，使之西求月氏擊之。以天之福，吏卒良，馬彊力，以夷滅月氏，盡斬殺降下之。〔四〕定樓蘭、〔五〕烏孫、呼揭〔六〕及其旁二十六國，皆以爲匈奴。〔七〕諸引弓之民，并爲一家。北州已定，願寢兵休士卒養馬，除前事，復故約，以安邊民，以應始古，〔八〕使少者得成其長，老者安其處，〔九〕世世平樂。未得皇帝之志也，故使郎中係雩淺奉書，請獻橐他一匹，騎馬二匹，駕二駟。〔一〇〕皇帝即不欲匈奴近塞，則且詔吏民遠舍。使者至，即遣之。」〔一一〕以六月中來至薪望之地。〔一二〕書至，漢議擊與和親孰便。公卿皆曰：「單于新破月氏，乘勝，不可擊。且得匈奴地，澤鹵非可居也。和親甚便。」〔一三〕漢許之。

〔一〕【考證】顏師古曰：稱，副也。言與所遺書意相副，而共結驩親。

〔二〕【集解】徐廣曰：「氏，音支。」【索隱】匈奴將名也。氏，音支。【考證】楓、三本「後義」作「俊儀」。漢書「氏」作「支」，「距」作「恨」。顏師古曰：不請，不告單于也。

〔三〕【考證】顏師古曰：讓書，有責讓之言也，謂匈奴再得漢書，而發使將書報漢，漢留其使不得來還，而漢又更不發使至匈奴也。

〔四〕【考證】楓、三本「馬」下有「之」字。漢書「彊力」作「力强」。

〔五〕【集解】徐廣曰：「一云『樓湟』。」【正義】漢書云鄯善國名樓蘭，去長安一千六百里也。

〔六〕【集解】音桀。【索隱】音傑，又音丘列反。【正義】音桀，又其例反。二國皆在瓜州西北。烏孫，戰國時居瓜州。

〔七〕【索隱】案：謂皆入匈奴一國。【考證】漢書「以」作「已」。

〔八〕【考證】漢書無「士」字，「始古」作「古始」。

〔九〕【考證】李笠曰：當從漢書「安」上補「得」字。

〔一〇〕【集解】雩，音火胡反。【索隱】傒，胡計反。雩，火胡反。【正義】顏師古云：「駕，可駕車也。二駟，八匹馬也。」

〔一一〕【考證】顏師古曰：舍，止舍也。王先謙曰：遣之，勿羈留也。

〔一二〕【集解】漢書音義曰：「塞下地名。」【索隱】望薪之地。服虔云：「漢界上塞下地名，今匈奴使至於此也。」【考證】漢書「薪」作「新」。

〔一三〕【正義】澤鹵，上音烏。

孝文皇帝前六年，漢遺匈奴書曰：「皇帝敬問匈奴大單于無恙。使郎中係雩淺遺朕書曰：『右賢王不請，聽後義盧侯難氏等計，〔一〕絶二主之約，離兄弟之親，漢以故不和，鄰國不附。〔二〕今以小吏敗約，故罰右賢王，使西擊月氏，盡定之。願寢兵休士卒養馬，除前事，復故約，以安邊民，使少者得成其長，老者安其處，世世平樂。』朕甚嘉之，此古聖主之意也。〔三〕漢與匈奴約爲兄弟，所以遺單于甚厚。倍約離兄弟之親者，常在匈奴。然右賢王事已在赦前，單于勿深誅。單于若稱書意，明告諸吏，使無負約，有信，敬如單于書。使者言，單于自將伐國有功，甚苦兵事。服繡袷綺衣、〔四〕繡袷長襦、〔五〕錦袷袍各一，〔六〕比余一，〔七〕黄金飾具帶一，〔八〕黄金胥紕一，〔九〕繡十匹，錦三十匹，赤綈、緑繒各四十匹，〔一〇〕使中大夫意、謁者令肩遺單于。」

〔一〕【考證】楓、三本「後義」作「俊義」。

〔二〕【考證】楓、三本「以」下有「其」字。

〔三〕【考證】楓、三本「嘉」作「喜」。漢書「主」作「王」。

〔四〕【集解】案：小顏云「服者，天子所服也，以繡爲表，綺爲裏」。以賜冒頓。字林云「袷衣無絮也。音公洽反」。

〔五〕【集解】徐廣曰：「一本無『袷』字。」【考證】徐一本爲是。漢書無「繡袷」二字。

〔六〕【考證】漢書無「袷」字，爲是。

〔七〕【集解】徐廣曰：「或作『疏比』也。」【索隱】案：漢書作「比疎一」，比，音鼻。小顏云「辮髮之飾也，以金爲之」。廣雅云「比，櫛也」。蒼頡篇云「靡者爲比，麄者爲梳」。按：蘇林説，今亦謂之「梳比」，或亦帶飾者也。【考證】漢書「比余」作「比疎」。比、篦通，細齒之櫛。余、疎聲近假借，疏、梳通，説文「梳，所以理髮也」。釋名「梳，言其齒疏也」。篦梳，蓋疏齒之櫛，統言之一物，析言之二物，故曰比疏一。

〔八〕【集解】漢書音義曰：「要中大帶。」【索隱】按：謂要中大帶。【考證】沈欽韓曰：趙策「武靈王賜周紹胡服衣冠，具帶黄金師比」。案：具，當作「貝」。淮南主術訓「趙武靈王貝帶鵕鸃而朝，趙國化之」。高誘注「以大貝飾帶胡服」。

〔九〕【集解】徐廣曰：「或作『犀毗』，而無『一』字。」【索隱】漢書見作「犀毗」，或無下「一」字。此作「胥」者，犀聲相近，或誤。張晏云「鮮卑郭落帶，瑞獸名也，東胡好服之」。按：戰國策云「趙武靈王賜周紹貝帶黄金師比」。延篤云「胡革帶鉤也」。則此帶鉤亦名「師比」，則「胥」「犀」與「師」並相近，而説各異耳。班固與竇憲牋云「賜犀比金頭帶」是也。

〔一〇〕【索隱】案：説文云「綈，厚繒也」。【正義】綈，音啼。【考證】漢書「三十」作「二十」。

後頃之，冒頓死，子稽粥立，號曰老上單于。〔一〕

〔一〕【索隱】稽，音鷄。粥，音育。

老上稽粥單于初立，〔一〕孝文皇帝復遣宗室女公主爲單于閼氏，使宦者燕人中行説傅公主。〔二〕説不欲行，漢彊使之。説曰：「必我行也，爲漢患者。」〔三〕中行説既至，因降單于，單于甚親幸之。

〔一〕【集解】徐廣曰：「一云『稽粥第二單于』，自後皆以第別之。」

〔二〕【正義】行，音胡郎反。中行，姓；説，名也。【考證】中井積德曰：漢書「公主」皆作「翁主」，非也，蓋其實翁主也，以爲公主而嫁之，如今之義子也，前後文並倣此。

〔三〕【考證】張文虎曰：也、邪古通用。蓋中行説本不肯行，而彊使之，故忿曰必欲我行邪，則當教匈奴擾漢，意甚明顯。者，語絶之辭，俗乃以爲倒句法云。「爲漢患者必我也」，文不成義，且行字爲贅。愚按：與汲黯傳「必湯也，令天下重足而立，側目而視矣」同一句法。我行，我此行也，張説非是。漢書删「我」字，義異。

初，匈奴好漢繒絮食物，中行説曰：「匈奴人衆不能當漢之一郡，然所以彊者，以衣食異，無仰於漢也。今單于變俗好漢物，漢物不過什二，則匈奴盡歸於漢矣。〔一〕其得漢繒絮，以馳草棘中，衣袴皆裂敝，以示不如旃裘之完善也。得漢食物皆去之，以示不如湩酪之便美也。」〔二〕於是説教單于左右疏記，以計課其人衆畜物。〔三〕

〔一〕【集解】韋昭曰：「言漢物十中之二入匈奴，匈奴則動心歸漢矣。」【考證】顔師古曰：言漢費物十分之二，則盡得匈奴之衆也。愚按：「則」字倣「而」字看。

〔二〕【集解】湩，乳汁也，音都奉反。【索隱】重駱，音湩酪二音。按：三蒼云「湩，乳汁也」。字林云「竹用反」。穆天子傳云「牛馬之湩，臣菟人所具」。【考證】漢書「湩」作「重」。

〔三〕【正義】上，許又反。【考證】楓、三本「物」作「牧」。顔師古曰：「説」者，舉中行説之名也。疏，分條之也。

漢遺單于書，牘以尺一寸，辭曰「皇帝敬問匈奴大單于無恙」，所遺物及言語云云。〔一〕中行説令單于遺漢書，以尺二寸牘，及印封皆令廣大長，倨傲其辭曰「天地所生，日月所置匈奴大單于敬問漢皇帝無恙」，所以遺物言語亦云云。

〔一〕【考證】漢書「所」下有「以」字。中井積德曰：「以」字與下文相應，此蓋脱文。

漢使或言曰：「匈奴俗賤老。」中行説窮漢使曰：「而漢俗屯戍從軍當發者，其老親豈有不自脱温厚肥美以齎送飲食行戍乎？」〔一〕漢使曰：「然。」中行説曰：「匈奴明以戰攻爲事，其老弱不能鬭，故以其肥美飲食壯健者，蓋以自爲守衛，如此，父子各得久相保。〔二〕何以言匈奴輕老也？」漢使曰：「匈奴父子乃同穹廬而臥。〔三〕父死，妻其後母；兄弟死，盡取其妻妻之。〔四〕無冠帶之飾，闕庭之禮。」中行説曰：「匈奴之俗，人食畜肉，飲其汁，衣其皮；畜食草飲水，隨時轉移。故其急則人習騎射，寬則人樂無事，其約束輕，易行也。〔五〕君臣簡易，一國之政猶一身也。父子兄弟死，取其妻妻之，惡種姓之失也。故匈奴雖亂，必立宗種。今中國雖詳不取其父兄之妻，親屬益疏則相殺，至乃易姓，皆從此類。〔六〕且禮義之敝，上下交怨望，而室屋之極，生力必屈。〔七〕夫力耕桑以求衣食，築城郭以自備，故其民急則不習戰功，緩則罷於作業。〔八〕嗟，土室之人，顧無多辭令喋喋而佔佔，冠固何當？」〔九〕

〔一〕【考證】而，汝也。漢書「脱」作「奪」。楓、三本「行戍」下有「者」字。

〔二〕【考證】楓本「荅」作「盡」。楓、三本「如」作「以」。漢書無「荅」字、「爲」字、「守」字、「久」字。

〔三〕【集解】漢書音義曰：「穹廬，旃帳。」

〔四〕【考證】漢書作「盡妻其妻」。

〔五〕【考證】漢書無「其」字，「輕」作「徑」。顏師古曰：徑，直也，簡率也。

〔六〕【索隱】漢書「詳」作「陽」，此亦音羊。【考證】詳，讀爲佯。殺親屬，至乃易姓，與雖亂必立宗種者異。漢書「類」下有「也」字。

〔七〕【索隱】以言棟宇室屋之作，人盡極以營其生，至於氣力屈竭也。屈，音其勿反。【正義】言競争勝負，爲棟宇極奢侈，故營生氣力屈盡也。【考證】中井積德曰：生力，猶生計也，非氣力。

〔八〕【考證】楓、三本，漢書「功」作「攻」，義長。

〔九〕【集解】喋，音諜，利口也。佔，音昌占反，衣裳貌。冠固何當，言雖復著冠，固何所當益。【索隱】鄧展曰：「喋，音牒。佔，囁耳語。」服虔曰：「口舌喋喋。」如淳曰：「言汝漢人多居室中，固自宜著冠，且不足貴也。」小顏云：「喋喋，利口也。佔佔，衣裳貌。喋，音昌涉反。佔，音占。言當思念，無爲喋喋佔佔耳。雖自謂著冠，何所當益也。」【正義】喋喋，多言也。佔佔，恭謹貌。言漢人徒多言恭謹，而著冠衣，固亦何所當益也。

【考證】嗟者，歎愍之言也。佔、呫同，亦多言也。無多辭令，猶言無費多言也。漢書無「多辭令」三字。

自是之後，漢使欲辯論者，中行説輒曰：「漢使無多言，顧漢所輸匈奴繒絮米糵，令其量中，必善美而已矣，何以爲言乎？[一]且所給備善則已；不備，苦惡，則候秋孰，以騎馳蹂而稼穡耳。」[二]日夜教單于候利害處。[三]

[一]【考證】顔師古曰：「顧，念也。量中者，滿其數也。」中井積德曰：「何以爲言乎」，漢書作「何以言爲乎」，長。

[二]【集解】韋昭曰：「苦，麤也，音若『靡盬』之『盬』。」徐廣曰：「蹂，音而九反。」

[三]【考證】王先謙曰：文紀十一年寇狄道。

漢孝文皇帝十四年，匈奴單于十四萬騎入朝那、蕭關，殺北地都尉卬，[一]虜人民畜產甚多，遂至彭陽。[二]使奇兵入燒回中宮，[三]候騎至雍甘泉。[四]於是文帝以中尉周舍、郎中令張武爲將軍，發車千乘，騎十萬，軍長安旁，以備胡寇。而拜昌侯盧卿爲上郡將軍，[五]甯侯魏遫爲北地將軍，隆慮侯周竈爲隴西將軍，東陽侯張相如爲大將軍，成侯董赤爲前將軍，[六]大發車騎往擊胡。[七]單于留塞內月餘，乃去。漢逐出塞，即還，不能有所殺。匈奴日已驕，[八]歲入邊，殺略人民畜產甚多，雲中、遼東最甚，至代郡萬餘人。[九]漢患之，乃使使遺匈奴書。單于亦使當戶報謝，復言和親事。

[一]【集解】徐廣曰：「姓孫。其子單封爲缾侯。白丁反。」【索隱】卬，音五郎反。徐廣云：「姓孫，其後子單封爲瓶侯。音白丁反。」【考證】蕭關在固原州東南。

〔二〕【集解】徐廣曰：「在安定。」【索隱】出彭陽。韋昭云：「安定縣。」【正義】「城」字誤也。括地志云：「彭城故城，在涇州臨城縣東二十里。」案：彭城在嫣州，與北地郡甚遠，明非彭城也。【考證】正義本「彭陽」作「彭城」。

〔三〕【索隱】服虔云：「在北地，武帝作宮。」始皇本紀二十七年，「登雞頭山，過回中」。武帝元封四年，通回中道。【正義】括地志云：「秦回中宮在岐州雍縣西四十里，即匈奴所燒者也。」【考證】回中宮在隴州。

〔四〕【索隱】崔浩云：「候，邏騎。」【正義】括地志云：「雲陽也，秦之林光宮，漢之甘泉，在雍州雲陽西北八十里。秦始皇作甘泉宮，去長安三百里，望見長安。秦皇以來祭天圜丘處。」【考證】中井積德曰：候與邏亦有辨，候主候望，邏主巡察。

〔五〕【索隱】案：表「盧」作「旅」，古今字異耳。

〔六〕【正義】赤，音赫。

〔七〕【集解】徐廣曰：「內史欒布亦爲將軍。」【考證】王先謙曰：上郡、北地、隴西並以屯地名之。何焯曰：此專以備右賢王也，及置朔方，開河西四郡，則無事此矣。

〔八〕【考證】楓、三本，漢書「已」作「以」。

〔九〕【考證】漢書無「至代」二字。

孝文帝後二年，使使遺匈奴書曰：「皇帝敬問匈奴大單于無恙。使當户且居雕渠難、郎中韓遼遺朕馬二匹，已至，敬受。〔一〕先帝制：長城以北引弓之國，受命單于；長城以內冠帶之室，朕亦制之。使萬民耕織射獵衣食，父子無離，臣主相安，俱無暴逆。今聞渫惡民貪降其進取之利，〔二〕倍義絶約，忘萬民之命，離兩主之驩，然其事已在前矣。書曰：『二國已和親，兩主驩說，寢兵休卒養馬，世世昌樂，闟然更始。』朕甚嘉之。〔三〕聖人者日新，改作更始，使老者得息，幼者得長，各保其首領，而終其天年。〔四〕朕與單于俱由此道，順天恤民，世世相傳，施之無窮，天下莫不咸便。漢與匈奴鄰敵之國，〔五〕匈奴處北，地寒，殺氣早降，故詔吏遺單于秫糱金帛絲絮佗物，歲有數。今天下大安，萬民熙熙，朕與單于爲之父母。朕追念前事，薄物細故，謀臣計失，皆不足以離兄弟之驩。朕聞天不頗覆，地不偏載。〔六〕朕與單于皆捐往細故，俱蹈大道，墮壞前惡，以圖長久，使兩國之民若一家子。元元萬民，下及魚鼈，上及飛鳥，跂行喙息蠕動之類，莫不就安利而辟危殆。〔七〕故來者不止，天之道也。〔八〕俱去前事：朕釋逃虜民，單于無言章尼等。〔九〕朕聞古之帝王約分明，而無食言。單于留志，天下大安，和親之後，漢過不先。單于其察之。」〔一〇〕

〔一〕【索隱】漢書「且居」作「且渠」，匈奴官號。按：樂彥云「當户、且渠，各自一官，雕渠難爲此官也」。【正義】雕渠難者，其姓名也。且，音子余反。

〔二〕【考證】渫，污也。晉灼曰：邪惡不正之民。愚按：「降」字疑衍，後人依漢書誤補。漢書作「貪降其趨」，亦不成義。

〔三〕【集解】徐廣曰：「闟，音擒，安定意也。」【考證】邵鋭曰：其事已在前，與前「事在赦前」意同，得尊中國體。書，來書。漢書「闟」作「翕」。

〔四〕【考證】張文虎曰：王、柯、凌本「年」作「命」。

〔五〕【考證】鄰敵之國，從三條本、宋本、毛本，與漢書合。敵，匹敵。

〔六〕【考證】顏師古曰：頗亦偏也。

〔七〕【索隱】案：跂，音岐，又音企。言蟲豸之類，或企踵而行，或以喙而息，皆得其安也。三蒼云「蠕蠕，動貌，音軟」。淮南子云：「昆蟲蠕動。」【正義】凡有足而行曰跂行，凡有口而息曰喙息。周書云「麢鹿之類爲跂行，並以足跪不著地，如人企」。按：又音企。【考證】跂行喙息，正義是。漢書禮樂志郊祀歌「跂行畢及」，公孫弘傳「跂行喙息，咸得其宜」，新語道基篇「跂行喘息蜎飛蠕動之類」，淮南子俶真訓「蠉飛蠕動，跂行噲息」，其義可徵。蓋漢初通行之語。

〔八〕【考證】故，更端之辭，漢人常語。

〔九〕【索隱】案：文帝云「我今日並釋放彼國逃亡虜，遣之歸本國，汝單于無得更以言詞訴於章尼等，責其逃也」。【考證】中井積德曰：釋謂舍而不問，虜謂彼自鹵略者，與逃別項。顏師古曰：章尼等皆背單于降漢者。

〔一〇〕【考證】顏師古曰：漢過不先，言更不負約。

單于既約和親，於是制詔御史曰：「匈奴大單于遺朕書，言和親已定，亡人不足以益衆廣地，匈奴無入塞，漢無出塞，犯令約者殺之，可以久親，後無咎，俱便。〔一一〕朕已許之。其布告天下，使明知之。」〔一二〕

〔一一〕【考證】亡人，上文所謂逃虜民章尼等。漢書「令」作「今」。

〔一二〕【考證】此與文紀所載詔文詳略互見。

後四歲，老上稽粥單于死，子軍臣立爲單于。既立，〔一〕孝文皇帝復與匈奴和親。而中行說復事之。

〔一〕【集解】徐廣曰：「後元三年立。」

軍臣單于立四歲，〔一〕匈奴復絶和親，大入上郡、雲中，各三萬騎，所殺略甚衆而去。於是漢使三將軍軍屯北地，代屯句注，趙屯飛狐口，〔二〕緣邊亦各堅守，以備胡寇。又置三將軍軍長安西細柳、渭北棘門、霸上以備胡。〔三〕胡騎入代句注邊，烽火通於甘泉、長安。數月，漢兵至邊，匈奴亦去遠塞，漢兵亦罷。〔四〕後歲餘，孝文帝崩，孝景帝立，〔五〕而趙王遂乃陰使人於匈奴。吴、楚反，欲與趙合謀入邊。漢圍破趙，匈奴亦止。自是之後，孝景帝復與匈奴和親，通關市，給遺匈奴，遣公主如故約。終孝景時，時小入盗邊，無大寇。〔六〕

〔一〕**【集解】**徐廣曰：「孝文後元七年崩，而二年荅單于書，其閒五年。而此云『後四年』，又『立四歲』，數不容爾也。孝文後六年冬，匈奴入上郡、雲中也。」**【考證】**漢書「四歲」作「歲餘」，爲是。

〔二〕**【考證】**句注山，在雁門陰關，今代州西北。丁謙曰：飛狐，谷名，水經注「代郡南四十里有飛狐關，今廣昌縣北黑石嶺也」。飛狐關，當在今蔚州南北峪口地，前人謂在廣昌縣，蓋舊爲高昌地，非高昌縣城也。

〔三〕**【考證】**三將軍，周亞夫、徐厲、劉禮。

〔四〕**【考證】**何焯曰：文帝大發兵者再，終不遠追出塞。

〔五〕**【考證】**王先謙曰：元年四月，遣御史大夫陶青和親。二年，復與匈奴和親，並見漢紀。

〔六〕**【考證】**漢書「公主」作「翁主」，說見上文。王先謙曰：帝紀五年遣公主，中二年入燕，六年入雁門，至武泉，入上郡，後二年入雁門。

今帝即位，明和親約束，厚遇，通關市，饒給之。匈奴自單于以下皆親漢，往來長城下。

漢使馬邑下人聶翁壹奸蘭出物，與匈奴交，〔一〕詳爲賣馬邑城，以誘單于。〔二〕單于信之，而貪馬邑財物，乃以十萬騎入武州塞。〔三〕漢伏兵三十餘萬馬邑旁，御史大夫韓安國爲護軍，護四將軍，以伏單于。〔四〕單于既入漢塞，未至馬邑百餘里，見畜布野而無人牧者，怪之，乃攻亭。是時鴈門尉史行徼，見寇，葆此亭，知漢兵謀。〔五〕單于得，欲殺之，尉史乃告單于漢兵所居。〔六〕單于大驚曰：「吾固疑之。」乃引兵還。出曰：「吾得尉史，天也，天使若言。」以尉史爲「天王」。漢兵約單于入馬邑而縱，〔七〕單于不至，以故漢兵無所得。漢將軍王恢部出代擊胡輜重，聞單于還，兵多，不敢出。〔八〕漢以恢本造兵謀而不進，斬恢。〔九〕自是之後，匈奴絕和親，攻當路塞，〔一〇〕往往入盜於漢邊，不可勝數。然匈奴貪，尚樂關市，嗜漢財物，漢亦尚關市不絕，以中之。〔一一〕

〔一〕【集解】漢書音義曰：「私出塞，與匈奴交市。」【索隱】按：衞青傳唯稱「聶壹」。顧氏云「壹，名也。老，故稱翁」，義或然也。奸蘭，上音干。干蘭，謂犯禁私出物也。【考證】聶翁壹事又見韓長孺傳。漢書「奸蘭」作「間闌」。

〔二〕【考證】詳，讀爲佯。

〔三〕【索隱】蘇林云：「在鴈門也。」【考證】元光二年。

〔四〕【考證】顏師古曰：伏兵而待單于也。楓、三本，漢書「護軍」下有「將軍」二字。

〔五〕【索隱】如淳云：「律，近塞郡皆置尉一人，士史、百里、尉史各二人也。」【考證】漢書「葆」作「保」。漢書注引漢律云「近塞郡皆置尉，百里一人，士史、尉史各二人，巡行徼塞也」。

〔六〕【集解】徐廣曰：「一云『乃下，具告單于』。」

〔七〕【考證】縱，謂放兵擊之也。漢書「縱」下有「兵」字。

〔八〕【考證】部，猶別隊也。

〔九〕【集解】韓長孺傳曰：「恢自殺。」【考證】漢書武紀云「恢下獄死」，各不同。

〔一〇〕【索隱】蘇林云：「直當道之塞。」

〔一一〕【正義】如淳云：「得具以利中傷之。」【考證】顏師古曰：以關市中其意。中井積德曰：以關市奇中其欲而制之，非中傷之謂。

自馬邑軍後五年之秋，漢使四將軍各萬騎擊胡關市下。〔一〕將軍衞青出上谷至龍城，得胡首虜七百人。〔二〕公孫賀出雲中，無所得。公孫敖出代郡，爲胡所敗七千餘人。李廣出鴈門，爲胡所敗，而匈奴生得廣，廣後得亡歸。漢囚敖、廣，敖、廣贖爲庶人。其冬，匈奴數入盜邊，漁陽尤甚。〔三〕漢使將軍韓安國屯漁陽備胡。其明年秋，〔四〕匈奴二萬騎入漢，殺遼西太守，略二千餘人。胡又入敗漁陽太守軍千餘人，〔五〕圍漢將軍安國，安國時千餘騎，亦且盡，會燕救至，匈奴乃去。〔六〕匈奴又入鴈門，殺略千餘人。於是漢使將軍衞青將三萬騎出鴈門，李息出代郡，擊胡。得首虜數千人。其明年，衞青復出雲中以西至隴西，擊胡之樓煩、白羊王於河南，得胡首虜數千、牛羊百餘萬。於是漢遂取河南地，築朔方，復繕故秦時蒙恬所爲塞，因河爲固。漢亦弃上谷之什辟縣造陽地以予胡。是歲漢之元朔二年也。〔七〕

〔一〕【考證】元光六年。梁玉繩曰：「秋」當作「春」，武紀可據。

〔二〕【考證】漢書「蘢城」作「龍城」。丁謙曰：衛青所至之龍城，據讀史兵略注，在察哈爾左翼旗界，非漠北單于建庭處。衛青出高闕六七百里，夜圍右賢王，知其時右賢王駐地距河套西北不遠。

〔三〕【考證】武紀「冬」作「秋」。

〔四〕【考證】元朔元年。

〔五〕【考證】漢書武紀作「敗都尉」。

〔六〕【考證】詳韓長孺傳。

〔七〕【集解】什，音斗。漢書音義曰：「言縣斗辟曲近胡。」【索隱】按：孟康云「縣斗辟西近胡」也。什，音斗。辟，音僻。造陽即斗辟縣中地。【正義】按：曲幽辟縣入匈奴界者，造陽地弃與胡也。【考證】漢書「什」作「斗」。顏師古曰：斗，絕也。縣之斗曲入匈奴界者，其中造陽地也。辟，讀曰僻。齊召南曰：案，造陽地當在上谷最北，即前文所云「燕亦築長城，自造陽至襄平」者也。據後文，則造陽之北凡九百里，後世如開平州、興州等之地，疑即古之造陽。沈濤曰：說文序「人持十爲斗」，什即斗字。裴氏乃云音斗，誤矣。

其後冬，匈奴軍臣單于死，軍臣單于弟左谷蠡王伊稚斜自立爲單于，〔一〕攻破軍臣單于太子於單。〔二〕於單亡降漢，漢封於單爲涉安侯，數月而死。

〔一〕【索隱】伊穉斜，穉，音持利反。斜，音士嗟反，鄒誕生音直牙反。蓋穉斜胡人語，近得其實。

〔二〕【索隱】音丹。

伊稚斜單于既立，其夏，匈奴數萬騎入殺代郡太守恭友，略千餘人。〔一〕其秋，匈奴又入鴈門，殺略千餘人。〔二〕其明年，匈奴又復入代郡、定襄、上郡，各三萬騎，殺略數千人。〔三〕匈奴右賢王怨漢奪之河南地而築朔方，數爲寇盜邊。及入河南，侵擾朔方，殺略吏民甚衆。

〔一〕【考證】據漢書武紀，事在元朔三年。各本「友」作「及」，今從館本。名臣表、衞霍傳集解、漢書匈奴傳並作「共友」。共姓，友名。共、恭同。

〔二〕【考證】漢武紀「秋」作「夏」。

〔三〕【正義】括地志云：「定襄故城，在朔州善陽縣北三百八十里。地理志定襄郡，高帝置也。」【考證】元朔四年冬。

其明年春，漢以衞青爲大將軍，將六將軍十餘萬人，出朔方、高闕擊胡。〔一〕右賢王以爲漢兵不能至，飲酒醉，〔二〕漢兵出塞六七百里，夜圍右賢王。右賢王大驚，脱身逃走，諸精騎往往隨後去。漢得右賢王衆男女萬五千人，裨小王十餘人。其秋，匈奴萬騎入殺代郡都尉朱英，略千餘人。〔三〕

〔一〕【考證】元朔五年，據衞將軍傳，青出師時尚爲車騎將軍，立功後始爲大將軍。六將軍，詳衞青傳。何焯曰：再出，衞青傳云「大行李息，岸頭侯張次公爲將軍，俱出右北平，以牽綴其東」。

〔二〕【考證】楓、三本「醉」下有「臥」字。

〔三〕【考證】漢書「朱英」作「朱央」。

其明年春，漢復遣大將軍衞青將六將軍，兵十餘萬騎，乃再出定襄數百里，擊匈奴，得首虜前後凡萬九千餘級，〔一〕而漢亦亡兩將軍，軍三千餘騎。〔二〕右將軍建得以身脱，〔三〕而前將軍翕侯趙信兵不利，降匈奴。趙信者，故胡小王，降漢，漢封爲翕侯，以前將軍與右將軍并軍分行，〔四〕獨遇單于兵，故盡没。單于既得翕侯，以爲自次王，用其姊妻之，與謀漢。〔五〕信教

單于益北絶幕，以誘罷漢兵，徼極而取之，無近塞。〔六〕單于從其計。其明年，胡騎萬人入上谷，殺數百人。〔七〕

〔一〕【考證】元朔六年，何焯曰：直單于庭北出。楓山本、漢書「乃」作「仍」。顔師古曰：仍，頻也。楓、三本「得」下有「胡」字。

〔二〕【集解】徐廣曰：「合有三千耳。」

〔三〕【正義】建，蘇武父也。

〔四〕【正義】與大軍别行也。【考證】漢書「分」誤作「介」，脱「行」字。

〔五〕【正義】自次者，尊重次於單于。【考證】自次，蓋胡語，正義以漢語解之，非也。

〔六〕【集解】應劭曰：「幕，沙幕，匈奴之南界。」瓚曰：「沙土曰幕，直度曰絶。」【索隱】按：徼，要也，謂要其疲極而取之。【正義】徼，音古堯反。徼，要也，要漢兵疲極而取之，無近塞居止。【考證】何焯曰：此後匈奴計不出此。

〔七〕【考證】元狩元年夏。

其明年春，漢使驃騎將軍去病將萬騎出隴西，過焉支山千餘里，擊匈奴，〔一〕得胡首虜騎萬八千餘級，破得休屠王祭天金人。〔二〕其夏，驃騎將軍復與合騎侯數萬騎出隴西、北地二千里，擊匈奴。過居延，攻祁連山，〔三〕得胡首虜三萬餘人，裨小王以下七十餘人。〔四〕是時匈奴亦來入代郡、雁門，殺略數百人。漢使博望侯及李將軍廣出右北平，擊匈奴左賢王。〔五〕左賢王圍李將軍，卒可四千人，且盡，殺虜亦過當。會博望侯軍救至，李將軍得脱。漢失亡數千人，合騎侯後驃騎將軍期，及與博望侯皆當死，贖爲庶人。

〔一〕【正義】焉，音烟。括地志云：「焉支山，一名删丹山，在甘州删丹縣東南五十里。西河故事云：『匈奴失祁連、焉支二山，乃歌曰：「亡我祁連山，使我六畜不蕃息；失我焉支山，使我婦女無顔色。」其慜惜乃如此』。」【考證】元狩二年，漢改删丹爲張掖縣，今甘州山丹縣治。明地志「山丹縣東南有焉支山，在今山丹縣東南，永昌縣西北，俗稱大黄山」。何焯曰：遣驃騎擊其西，春小試之，夏大發兵。愚按：隴西之役，驃騎本傳較詳，參看。

〔二〕【集解】漢書音義曰：「匈奴祭天處本在雲陽甘泉山下，秦奪其地，後徙之休屠王右地，故休屠有祭天金人象，祭天人也。」【索隱】韋昭云：「作金人以爲祭天主。」崔浩云：「胡祭以金人爲主，今浮圖金人是也。」又漢書音義稱「金人祭天，本在雲陽甘泉山下，秦奪其地，徙之於休屠王右地，故休屠有祭天金人象，祭天人也」。事恐不然。案：得休屠金人，後置之於甘泉也。【正義】括地志云：「徑路祠神，在雍州雲陽縣西北九十里甘泉山下，本匈奴祭天處，秦奪其地，後徙休屠右地。」按：金人即今佛像，是其遺法，立以爲祭天主也。【考證】三條本無「騎」字。張文虎曰：「騎萬」二字疑衍，驃騎傳無，漢書亦無。中井積德曰：金人即佛像，别自祠之耳，與祭天不相涉。當時不之知也，謬傳以爲祭天之用矣。注頗傅會。愚按：金人，蓋獲諸西域者，未必奉其教以祠之。沈欽韓曰：始皇十年，迎太后，復居甘泉宫。十五年，韓非死雲陽，則雲陽爲秦地久矣。三十二年，使蒙恬略取河南地，則漢之朔方郡耳，寧得以前與秦逼處數十里間乎？地理志左馮翊雲陽縣有休屠金人及徑路神祠、越巫䣊祠，此因霍去病得休屠金人，置諸雲陽。郊祀志「作甘泉宫以致天神」是也。本以得金人而有其祠，説者反謂匈奴祭天之處，顛矣。

〔三〕【索隱】韋昭曰：「居延，張掖縣。」按：西河舊事云：「祁連山在張掖、酒泉二界上，東西二百餘里，南北百里，有松柏五木，美水草，冬温夏涼，宜畜牧。匈奴失二山，乃歌云『亡我祁連山，使我六畜不蕃息；失我燕支山，使我嫁婦無顔色。』祁連一名天山，亦曰白山也。」【考證】張晏曰：居延，水名。丁謙曰：居延水，丹州北山丹河。明志「甘州衞西北有故祁連城，西南有祁連山」。

〔四〕【考證】漢書無七字。

〔五〕【考證】何焯曰：兩將軍擊其東。左賢王，各本作「右賢王」，今從凌本及李將軍傳、漢書。凌稚隆曰：詳李廣傳。

其秋，單于怒渾邪王、休屠王居西方爲漢所殺虜數萬人，欲召誅之。渾邪王與休屠王恐，謀降漢。〔一〕漢使驃騎將軍往迎之。渾邪王殺休屠王，并將其衆降漢。凡四萬餘人，號十萬。〔二〕於是漢已得渾邪王，則隴西、北地、河西益少胡寇，徙關東貧民處所奪匈奴河南、新秦中以實之，而減北地以西戍卒半。〔三〕其明年，匈奴入右北平、定襄，各數萬騎，殺略千餘人而去。〔四〕

〔一〕【集解】徐廣曰：「元狩二年也。」【考證】楓、三本「恐謀」作「恐誅」。

〔二〕【考證】何焯曰：驃騎再西前斬三萬級，此復降四萬人，右王不能軍矣。後出代攻左王，得首虜亦七萬餘人，左王不能軍矣。冒頓之盛，控弦之士三十餘萬，於是幾耗其種之半。

〔三〕【索隱】如淳云：「新秦中在長安以北，朔方以南。」漢書食貨志云「徙貧人充朔方以南新秦中」是也。【正義】服虔云：「地名，在北地，廣六七百里，長安北，朔方南。史記以爲秦始皇遣蒙恬斥逐北胡，得肥饒之地七百里，徙内郡人民皆往充實之，號曰新秦中也。」

〔四〕【考證】元狩三年。

其明年春，漢謀曰「翕侯信爲單于計，居幕北，以爲漢兵不能至」。乃粟馬，發十萬騎，負私從馬凡十四萬匹，糧重不與焉。〔一〕令大將軍青、驃騎將軍去病中分軍，大將軍出定襄，驃騎將軍出代，咸約絕幕擊匈奴。」〔二〕單于聞之，遠其輜重，以精兵待於幕北，與漢大將軍接戰一日，會暮，大風起，漢兵縱左右翼圍單于。單于自度戰不能如漢兵，〔三〕單于遂獨身與壯騎數百潰漢圍，西北遁走。漢兵夜追不得。行斬捕匈奴首虜萬九千級，〔四〕北至闐顏山趙信城而還。〔五〕

〔一〕【正義】謂負擔衣糧，私募從者凡十四萬匹。【考證】元狩四年。漢書「負私」作「私負」。王念孫曰：私負從馬，謂私負衣裝而從之馬。中井積德曰：「負私從馬凡十四萬匹」爲一句，此惟計馬數，不計人數，下文云「糧重不與」。正義「擔」字、「糧」字、「募」字皆當削。愚按：大宛傳云「負私從者不與」。漢書李廣傳亦作「負私」。

〔二〕【考證】何焯曰：昆邪來降，則西方無復匈奴，故兩軍皆東。大將軍遇單于，驃騎值左賢王也。

〔三〕【考證】楓、三本「會」下有「日」字。漢書「如」作「與」。

〔四〕【考證】顏師古曰：且行且捕斬之。

〔五〕【集解】如淳曰：「信前降匈奴，匈奴築城居之。」【考證】何焯曰：直北。漢書「闐顏」作「寘顏」。丁謙曰：寘顏山，蓋杭愛山南面之一支，趙信城在此山間。

單于之遁走，其兵往往與漢兵相亂而隨單于。單于久不與其大衆相得，〔一〕其右谷蠡王以爲單于死，乃自立爲單于。真單于復得其衆，而右谷蠡王乃去其單于號，復爲右谷蠡王。

〔一〕【考證】楓、三本「漢兵」作「漢軍」。

漢驃騎將軍之出代二千餘里，與左賢王接戰，漢兵得胡首虜凡七萬餘級，左賢王將皆遁走。〔一〕驃騎封於狼居胥山，禪姑衍，臨翰海而還。〔二〕

〔二〕【考證】何焯曰：迤而東，先解右肩，復斷左臂，皆驃騎之爲也。

〔三〕【集解】如淳曰：「翰海，北海名。」【正義】按：翰海自一大海名，羣鳥解羽伏乳於此，因名也。【考證】楓、三本「驃騎」下有「將軍」二字。丁謙曰：驃騎出代與左王將戰，揆其地望，當在克魯倫河境。狼居胥山在寧夏西北沙漠間，今尚有狼居胥山碑遺蹟。姑衍，亦山名，未詳所在。齊召南曰：按，翰海，北史作「瀚海」，即大漠之別名。沙磧四際無涯，故謂之海。張晏、如淳以「大海」「北海」解之，非也。本文明云出代、右北平二千餘里，則其地正在大漠，安能及絶遠之北海哉？塞外遇巨澤大海，通稱爲海。

是後匈奴遠遁，而幕南無王庭。漢度河，自朔方以西至令居，往往通渠置田，官吏卒五六萬人，稍蠶食，地接匈奴以北。〔一〕

〔一〕【集解】徐廣曰：「令居，在金城。」【索隱】徐廣云在金城。地理志云張掖令居縣。姚氏令音連。小顏云音零。【正義】匈奴舊以幕爲王庭。今遠徙幕北，更蠶食之，漢境連接匈奴舊地以北也。【考證】丁謙曰：令居，漢縣，屬金城，今平番縣地。

初，漢兩將軍大出圍單于，所殺虜八九萬，而漢士卒物故亦數萬，漢馬死者十餘萬。〔一〕匈奴雖病遠去，而漢亦馬少，無以復往。匈奴用趙信之計，遣使於漢，好辭請和親。天子下其議，或言和親，或言遂臣之。丞相長史任敞曰：「匈奴新破困，宜可使爲外臣，朝請於邊。」〔二〕漢使任敞於單于。單于聞敞計大怒，留之不遣。〔三〕先是漢亦有所降匈奴使者，單于亦輒留漢使相當。漢方復收士馬，會驃騎將軍去病死，〔四〕於是漢久不北擊胡。

〔一〕【索隱】漢士物故。案：釋名云「漢以來謂死爲『物故』，物就朽故也」。又魏臺訪議高堂崇對曰「聞之先師：物，無也；故，事也。言無復所能於事者也」。【考證】索隱本、漢書「士」下無「卒」字。物，猶事也。不正言死，諱云事故。索隱「臺」，各本譌「壹」。案：隋志魏臺雜訪議一卷，高堂隆撰。

〔二〕【考證】漢書無「可」字。

〔三〕【考證】楓、三本「遺」作「歸」。

〔四〕【考證】元狩六年。

數歲，伊稚斜單于立十三年死，子烏維立爲單于。是歲漢元鼎三年也。烏維單于立，而漢天子始出巡郡縣。其後漢方南誅兩越，不擊匈奴，匈奴亦不侵入邊。〔一〕

〔一〕【正義】兩越，南越、東越。【考證】漢書武紀元鼎五年，匈奴入五原殺太守，與此不同。

烏維單于立三年，漢已滅南越，遣故太僕賀將萬五千騎，出九原二千餘里，至浮苴井而還，不見匈奴一人。〔一〕漢又遣故從驃侯趙破奴萬餘騎出令居數千里，至匈河水而還，亦不見匈奴一人。〔二〕

〔一〕【索隱】苴，音子餘反。臣瓚云：「去九原二千里，見漢輿地圖。」【考證】丁謙曰：浮苴井，當在杭愛山北。據漢書武紀，滅南越在元鼎六年春，遣公孫賀在六年秋。漢書「南越」作「兩越」，誤。

〔二〕【索隱】臣瓚云：「匈河，水名，去令居千里。」【考證】各本「匈河」作「匈奴河」。索隱本無「奴」字，與衞霍傳合。梁玉繩曰：匈河，水名，故趙破奴爲匈河將軍。劉敞、劉攽並以「奴」爲衍字。

是時天子巡邊至朔方，勒兵十八萬騎，以見武節，〔一〕而使郭吉風告單于。郭吉既至匈奴，匈奴主客問所使，〔二〕郭吉禮卑言好，曰：「吾見單于而口言。」〔三〕單于見吉，吉曰：「南越王頭已懸於漢北闕。今單于能即前與漢戰，天子自將兵待邊；單于即不能，即南面而臣於漢。〔四〕何徒遠走，亡匿於幕北寒苦無水草之地，毋爲也。」語卒而單于大怒，立斬主客見者，而留郭吉不歸，遷之北海上。〔五〕而單于終不肯爲寇於漢邊，休養息士馬，習射獵，數使使於漢，好辭甘言，求請和親。

〔一〕【考證】元封元年。

〔二〕【集解】韋昭曰：「主客，主使來客官也。」【正義】官名，若鴻臚卿。【考證】周壽昌曰：主客，應是匈奴官名，猶漢之典客。漢舊儀云「主客尚書主外國事」，匈奴亦設此官」。

〔三〕【考證】漢書「禮卑言好」作「卑體好言」。

〔四〕【考證】匈奴在北，故曰南面。

〔五〕【正義】北海即上海也，蘇武亦遷也。【考證】北海，今貝加爾湖。

漢使王烏等窺匈奴。匈奴法，漢使非去節而以墨黥其面者，不得入穹廬。王烏，北地人，習胡俗，去其節黥面，得入穹廬。單于愛之，詳許甘言，爲遣其太子入漢爲質，以求和親。

〔一〕【正義】質，音致。【考證】詳讀爲佯。漢書「甘言」作「曰」。楓、三本「入漢爲質」作「入質於漢」，與漢書合。

漢使楊信於匈奴。是時漢東拔穢貉、朝鮮以爲郡，〔一〕而西置酒泉郡，以鬲絶胡與羌通之路。〔二〕漢又西通月氏、大夏，〔三〕又以公主妻烏孫王，以分匈奴西方之援國。〔四〕又北益廣田至胘靁爲塞，〔五〕而匈奴終不敢以爲言。是歲，翕侯信死，漢用事者以匈奴爲已弱可臣從也。楊信爲人剛直屈彊，素非貴臣，單于不親。單于欲召入，不肯去節，單于乃坐穹廬外見楊信。

楊信既見單于，説曰：「即欲和親，以單于太子爲質於漢。」單于曰：「非故約。故約，漢常遣公主，給繒絮食物有品，以和親，而匈奴亦不擾邊。今乃欲反古令吾太子爲質，無幾矣。」〔六〕匈奴俗，見漢使非中貴人，其儒先以爲欲説，折其辯；其少年以爲欲刺，折其氣。〔七〕每漢使入匈奴，匈奴輒報償。漢留匈奴使，匈奴亦留漢使，必得當乃肯止。〔八〕

〔一〕【正義】即玄菟、樂浪二郡。【考證】元封三年。

〔二〕【正義】酒泉郡，今肅州。

〔三〕【正義】漢書西域傳云：「大月氏國去長安城萬一千六百里，本居燉煌、祁連閒，冒頓單于破月氏，而老上單于殺月氏王，以頭爲飲器，月氏乃遠去，過大宛，西擊大夏而臣之，都嬀水北爲王庭也。」【考證】丁謙曰：大月氏，自中國邊界徙居西域，一時强盛無敵。其國東起後阿賴山，西至阿母河，又跨河而南，有今布哈爾及阿富汗北境，並葱嶺山中諸小部地，以嬀水北爲王庭。所謂監氏城，史記作「藍市」，即大夏故城，今布哈爾城也。月氏餘衆不能去者，保南山羌，號小月氏。攷月氏本居祁連山北之昭武城，即今甘州府高臺縣地。南山即祁連山，山中乃羌人所居，故曰南山羌。巴格德利亞地，即古大夏國地，都阿母河南波爾克城，徙河北之藍市城，其時國境西接安息，東抵葱嶺，南鄰烏弋山離，北濱雜拉敷散河，實有今布哈爾、阿富汗兩國全地。迨武帝建元三年，爲西里亞所敗，其王被擒，并奪其數省地，國勢大衰。及元光五年，大月氏自東北來，五六年間，阿母河北境盡失。大夏舊時，各城有小君長，及臣大月氏，大月氏亦因其制，分遣翕侯鎮撫其地。徐繼畬曰：阿母河，古嬀水。

〔四〕【考證】漢書「公主」作「翁主」。丁謙曰：烏孫地在今伊犂河南特克斯河濱，前人謂即伊犂，未確也。唐地理志「温肅州西北度拔達嶺，又五十里至頓多城，烏孫所治赤山城也」。拔達嶺，唐西域傳又作「凌山」，即今木素爾達巴罕，「木素爾」譯言冰，「達巴罕」譯言嶺，冰嶺猶凌山也。過此嶺又五十里，當即今沙圖阿滿台地，水經注「温宿城北至烏孫赤谷六百一十里」，今自阿克蘇至沙圖阿滿台六百七十里，道里亦相仿。赤山與赤谷同義，此烏孫都城之確可徵者。漢書甘延壽傳「郅支侵陵烏孫、大宛，如得二國，北擊伊列」云云。伊列即伊犂，可知當時別自爲國，不在烏孫轄境之内，是烏孫北界之確可徵者。傳又云「涉康居界至闐池西」，闐池即特穆爾圖泊，先涉康居界，至闐池西，可知兩國接壤處，在此泊東邊，是烏孫西界之確可徵者。至於凌山以南，皆温宿姑墨國地，是烏孫之南，必以木素爾嶺爲界矣。夫本朝之平準噶爾也，西路大軍實由烏魯木齊西額林哈畢爾罕入。準語，額林，人也；哈畢爾罕，肋也，謂山形如人肋。漢時烏孫東通車師前部，以達於漢，亦必當由此路，則額林哈畢爾罕，又天然東面之界限焉。本境既明，如匈奴之在東北，康居之在西北，城郭諸國之在南，愈了然矣。

〔五〕【集解】漢書音義曰：「眩靁，地名，在烏孫北。」【考證】丁謙曰：眩雷塞當在歸化城西薩拉齊廳境，漢書地理志「西河增山縣有道西通眩雷塞，爲北部都尉治」。服虔注謂在烏孫北，大謬。

〔六〕【正義】幾，音記衣反，古無所冀望也。【考證】中井積德曰：無幾，謂無所獲。愚按：幾、冀通，言非吾所冀望也。

〔七〕【集解】先，先生也。漢書作「儒生」也。【考證】儒先，猶長老也。

〔八〕【考證】楓、三本「得」下有「其」字。漢書無「肯」字。

楊信既歸，漢使王烏，而單于復讇以甘言，欲多得漢財物，紿謂王烏曰：「吾欲入漢見天子，面相約爲兄弟。」王烏歸報漢，漢爲單于築邸于長安。匈奴曰：「非得漢貴人使，吾不與誠語。」匈奴使其貴人，至漢病，漢予藥欲愈之，不幸而死。〔一〕而漢使路充國佩二千石印綬往使，因送其喪，厚葬直數千金，曰：「此漢貴人也。」〔二〕單于以爲漢殺吾貴使者，乃留路充國不歸。諸所言者，單于特空紿王烏，殊無意入漢及遣太子來質。於是匈奴數使奇兵侵犯邊。漢乃拜郭昌爲拔胡將軍，及浞野侯屯朔方以東備胡。〔三〕路充國留匈奴三歲，單于死。〔四〕

〔一〕【考證】王先謙曰：漢書武紀「元封四年秋，以匈奴弱，可遂臣，迺遣使詔之，單于使來，死京師」，即此事也。

〔二〕【考證】楓、三本，漢書「葬」作「幣」。

〔三〕【集解】徐廣曰：「浞野侯，趙破奴。」

〔四〕【考證】漢書無「單于死」三字，此疑衍。

烏維單于立十歲而死，子烏師廬立爲單于。〔一〕年少，號爲兒單于。是歲元封六年也。自此之後，單于益西北，左方兵直雲中，右方直酒泉、燉煌郡。〔二〕

〔一〕【集解】徐廣曰：「『烏』，一作『詹』。」

〔二〕【正義】括地志云：「鐵勒國，匈奴冒頓之後，在突厥國北。樂勝州經秦長城太羹長路正北，經沙磧十三日行至其國。」【考證】楓、三本，漢書「右方」下有「兵」字。中井積德曰：正義援鐵勒，此無所當。

兒單于立，漢使兩使者一弔單于，一弔右賢王，欲以乖其國。〔一〕使者入匈奴，匈奴悉將致單于。單于怒，而盡留漢使。漢使留匈奴者前後十餘輩，而匈奴使來，漢亦輒留相當。〔二〕

〔一〕【考證】乖，離也。岡白駒曰：欲使其君臣相疑也。

〔二〕【考證】張文虎云：上文云「先是，漢亦有所降匈奴使者，單于亦輒留漢使相當」，又云「每漢使入匈奴，匈奴輒報償，漢留匈奴使，匈奴亦留漢使，必得當迺止」。與此文事皆相同，一篇三見，此史公累辭，而班史並仍之，不可解。楓、三本「來」上有「者」字。

是歲，漢使貳師將軍廣利西伐大宛，〔一〕而令因杅將軍敖築受降城。〔二〕其冬，匈奴大雨雪，畜多飢寒死。兒單于年少，好殺伐，國人多不安。左大都尉欲殺單于，使人閒告漢曰：「我欲殺單于降漢，漢遠，即兵來迎我，我即發。」〔三〕初，漢聞此言，故築受降城，猶以爲遠。

〔一〕【考證】是歲，太初元年。大宛，國名，在康居南烏孫西，詳本傳。

〔二〕【正義】杅，音于。【考證】公孫敖。服虔曰：因杅，匈奴地名。因所征以爲名。沈欽韓曰：一統志漢受降城，在吳喇忒旗北，吳喇忒三旗，在歸化城西三百九十里。

〔三〕【考證】楓、三本，漢書「遠」下有「漢」字。即，猶若也。「迎」下添「則」字看。

其明年春，漢使浞野侯破奴將二萬餘騎，出朔方西北二千餘里，期至浚稽山而還。〔一〕浞野侯既至期而還，左大都尉欲發而覺，單于誅之，發左方兵擊浞野。〔二〕浞野侯行捕首虜，得數千人。〔三〕還未至受降城四百里，匈奴兵八萬騎圍之。浞野侯夜自出求水，匈奴閒捕生得浞野侯，因急擊其軍。〔四〕軍中郭縱爲護，維王爲渠。〔五〕相與謀曰：「及諸校尉畏亡將軍而誅之，莫相勸歸。」軍遂沒於匈奴。〔六〕匈奴兒單于大喜，遂遣奇兵攻受降城。不能下，乃寇入邊而去。〔七〕其明年，單于欲自攻受降城，未至，病死。

〔一〕【索隱】應劭云：「浚稽山，在武威縣北。」【考證】太初二年。顏師古曰：以迎左大都尉。丁謙曰：浚稽山在涿邪山東南，今稱阿蘭察博克多山。

〔二〕【考證】漢書「野」下有「侯」字。

〔三〕【考證】各本無「得」字。楓山本、中統、游、毛有。

〔四〕【考證】漢書刪「閒捕」二字。

〔五〕【正義】爲渠帥也。

〔六〕【考證】楓、三本無「曰」字。中井積德曰：「曰」字衍。愚按：「軍中」至「誅之」二十九字，漢書作「畏軍吏亡將而誅」。劉辰翁、梁玉繩以漢書爲是。

〔七〕【考證】漢書「寇」作「侵」。

兒單于立三歲而死。子年少，匈奴乃立其季父烏維單于弟右賢王呴犂湖爲單于。是歲太初三年也。〔一〕

〔一〕【集解】朐，音鉤，又音吁。【索隱】音鉤，又音吁。

呴犂湖單于立，漢使光禄徐自爲出五原塞數百里，遠者千餘里，〔一〕築城鄣列亭至盧朐，〔二〕而使遊擊將軍韓説、長平侯衞伉屯其旁，使彊弩都尉路博德築居延澤上。〔三〕

〔一〕【正義】五原塞，即五原郡榆林塞也，在勝州榆林縣四十里也。【考證】楓、三本「爲」下有「將」字。

〔二〕【集解】朐，音衢，匈奴地名，又山名。【索隱】服虔云：「匈奴地名。」張晏云：「山名。」【正義】顧胤云：「鄣，山中小城。亭，候望所居也。」括地志云：「五原郡稒陽縣北出石門鄣，得光禄城，又西北得支就縣，又西北得頭曼城，又西北得虖河城，又西北得宿虜城。按：即築城鄣列亭至盧朐也。服虔云：「盧朐，匈奴地名也。」張晏云：「山名也。」【考證】丁謙曰：徐光禄所築亭障，當從陰山北麓迤邐而西，直至盧朐山止。盧朐山必陽山北麓之名，蓋築此亭障，所以爲九原、朔方兩郡之外護也。

〔三〕【正義】括地志云：「漢居延縣故城，在甘州張掖縣東北一千五百三十里，有漢遮虜鄣，彊弩都尉路博德之所築。李陵敗，與士衆期至遮虜鄣，即此也。長老傳云，鄣北百八十里，直居延之西北，是李陵戰地也。」【考證】

顏師古曰：說讀曰悅。伉即衞青子。丁謙曰：居延澤爲居延水所歸，在肅州北長城外，今額清納旗境。

其秋，匈奴大入定襄、雲中，殺略數千人，敗數二千石而去，行破壞光祿所築城列亭鄣。〔一〕又使右賢王入酒泉、張掖，略數千人。〔二〕會任文擊救，盡復失所得而去。〔三〕是歲，貳師將軍破大宛，斬其王而還。匈奴欲遮之，不能至。其冬，欲攻受降城，會單于病死。

〔一〕【考證】中井積德曰：城列亭鄣，宜言「城鄣列亭」，漢書無「列城」二字。

〔二〕【考證】楓、三本「掖」下有「殺」字。

〔三〕【集解】漢書音義曰：「任文，漢將也。」【考證】顏師古曰：擊救者擊匈奴而自救漢人。沈欽韓曰：漢書西域傳軍正任文將兵屯玉門關，故得援酒泉、張掖。

呴犂湖單于立一歲死。匈奴乃立其弟左大都尉且鞮侯爲單于。〔一〕

〔一〕【索隱】且鞮，上音子餘反，下音低。

漢既誅大宛，威震外國。天子意欲遂困胡，乃下詔曰：「高皇帝遺朕平城之憂，高后時單于書絕悖逆。昔齊襄公復九世之讎，春秋大之。」〔一〕是歲，太初四年也。

〔一〕【集解】公羊傳曰：「九世猶可復讎乎？曰，雖百世可也。」【考證】顏師古曰：公羊傳「莊四年春，齊襄公滅紀，復讎也。襄公之九世祖，昔爲紀侯所譖，而亨殺于周，故襄公滅紀也。九世猶可以復讎乎？曰：雖百世可也。」張照曰：此下疑有闕文，然漢書亦仍之，則當時所傳亦如此。中井積德曰：武帝欲逞其欲，自占好題目，故史載此語，不須終語。

且鞮侯單于既立，盡歸漢使之不降者。路充國等得歸。〔一〕單于初立，恐漢襲之，乃自謂「我兒子，安敢望漢天子！漢天子，我丈人行也」。〔二〕漢遣中郎將蘇武厚幣賂遺單于，單于益驕，禮甚倨，非漢所望也。其明年，浞野侯破奴得亡歸漢。

〔一〕【考證】梁玉繩曰：此下乃後人所續，非史公本書。史訖太初，不及天漢，故索隱于且鞮侯已下引張晏曰「自狐鹿單于已下，皆劉向、褚先生所錄，班彪又撰而次之，所以漢書匈奴傳有上下兩卷」。至其所載，亦多誤，如單于歸漢使，蘇武使單于，皆天漢元年事，而此誤在太初四年。匈奴妻李陵，乃陵降數歲後事，而此誤以陵降即妻之。貳師出朔方，步兵七萬人，而此誤作十萬。貳師降匈奴，其家以巫蠱族滅，俱征和間事，而此誤敘于天漢四年，何足信哉？

〔二〕【正義】行，胡朗反。【考證】顏師古曰：丈人，尊老之稱也。

其明年，漢使貳師將軍廣利以三萬騎出酒泉，擊右賢王於天山，得胡首虜萬餘級而還。〔一〕匈奴大圍貳師將軍，幾不脱。〔二〕漢兵物故什六七。漢復使因杅將軍敖出西河，與彊弩都尉會涿涂山，毋所得。〔三〕又使騎都尉李陵將步騎五千人，出居延北千餘里，與單于會，合戰，〔四〕陵所殺傷萬餘人，兵及食盡，欲解歸，〔五〕匈奴圍陵，陵降匈奴，其兵遂没，得還者四百人。〔六〕單于乃貴陵，以其女妻之。

〔一〕【正義】天山在伊州。【考證】王先謙曰：貳師出酒泉，漢書武紀在天漢二年。上文浞野侯上之「明年」二字蓋衍。齋召南曰：此天山即白山。括地志云：「今云折羅漫山，在伊州伊吾縣者。」顏師古以甘州張掖縣之祁連當之，則戰於内地，上文不當出酒泉矣。「祁連」固即「天」字，但此天山遠在西北，非前霍去病所奪之祁連近在内地者也。丁謙曰：天山者，葱嶺東北行之山脈，斜亘二千餘里。貳師擊右賢處，當在新疆土魯番或哈密境。

〔二〕【考證】楓、三本，漢書「不」下有「得」字。

〔三〕【集解】徐廣曰：「涂，音邪。」【索隱】涿，音卓。涂音以奢反。【正義】匈奴中山也。【考證】漢書「涿涂」作「涿邪」。丁謙曰：涿邪，沙磧之稱，音轉爲朱邪，又爲處月。唐有處月部，地在蒲類海東，金娑山陽。金娑山今名尼赤金山，正在巴里坤湖東砂磧間。然則尼赤金山，即漢涿邪山。

〔四〕【考證】楓、三本，漢書「步騎」作「步兵」。

〔五〕【考證】漢書無「及」字「解」字。

〔六〕【考證】楓、三本，漢書「還」作「脱歸」。

後二歲，復使貳師將軍將六萬騎、步兵十萬，出朔方。〔一〕彊弩都尉路博德將萬餘人，與貳師會。游擊將軍説將步騎三萬人出五原。〔二〕因杅將軍敖將萬騎、步兵三萬人，出鴈門。匈奴聞，悉遠其累重於余吾水北，〔三〕而單于以十萬騎待水南，與貳師將軍接戰。貳師乃解而引歸，與單于連戰十餘日。貳師聞其家以巫蠱族滅，因并衆降匈奴，〔四〕得來還千人一兩人耳。〔五〕游擊説無所得。因杅敖與左賢王戰不利，引歸。是歲，〔六〕漢兵之出擊匈奴者，不得言功多少，功不得御。〔七〕有詔捕太醫令隨但，言貳師將軍家室族滅，使廣利得降匈奴。〔八〕

〔一〕【考證】楓、三本，漢書「復」作「漢」。漢書武紀「天漢三年秋，匈奴入雁門，四年遣貳師將軍」等。漢匈奴傳

「十萬」作「七萬」。

〔二〕【考證】説，韓説。

〔三〕【集解】徐廣曰：「余，一作『斜』，音邪。」【索隱】徐廣云：「一作『斜』，音邪。」山海經云：「北鮮之山，鮮水出焉，北流注余吾。」【正義】累，力爲反。重，丈用反。【考證】顔師古曰：累重，謂妻子資産也。胡三省曰：余吾水在朔方北。丁謙曰：余吾水當即翁金河，此河爲漢南北衝要之途。

〔四〕【集解】徐廣曰：「案史記將相年表及漢書，征和二年，巫蠱始起。三年，廣利與商丘成出擊胡軍，敗，乃降。」【正義】漢書音義曰：「狐鹿姑單于七年，當征和三年，李廣利與商丘成等伐胡，追北至范夫人城，聞妻子坐巫蠱收，貳師狐疑，深入而求功，至燕然山，軍大亂敗，乃降匈奴。單于以女妻之。」【考證】三條本無「滅」字。中井積德曰：是役在天漢四年，貳師降匈奴，則在後七年，是征和三年之事。後人纘録者，合爲一時之事，大誤。漢書可徵。

〔五〕【考證】楓、三本「千」作「十」。

〔六〕【集解】徐廣曰：「天漢四年。」【正義】自此以下，上至貳師聞其家，非天漢四年事，似錯誤，人所加。

〔七〕【正義】御，音語。其功不得相御當也。【考證】中井積德曰：御，謂奏上進御。

〔八〕【索隱】漢書云：「明年，且鞮死，長子狐鹿姑單于立。」張晏云：「自狐鹿姑單于已下，皆劉向、褚先生所錄，班彪又撰而次之，所以漢書匈奴傳有上下兩卷。」【考證】張文虎曰：索隱單本，此注在史贊「彼已將率」條後，無「漢書云明年且鞮死長子狐鹿姑單于立」十六字。據漢傳，余吾水之戰明年，且鞮死，疑小司馬所見本贊後有續紀狐鹿姑事，故引張晏語以明之。後經刪削，合刻者以無所系，故增此十六字附於傳末。然單本標題出「且鞮侯」已下五字，不可解。或索隱猶有脱文。

太史公曰：孔氏著春秋，隱、桓之閒則章，至定、哀之際則微，〔一〕爲其切當世之文而罔褒，忌諱之辭也。〔二〕世俗之言匈奴者，患其徼一時之權，〔三〕而務讇納其說，以便偏指，不參彼己；〔四〕將率席中國廣大，氣奮，人主因以決策，〔五〕是以建功不深。堯雖賢，興事業不成，得禹而九州寧。〔六〕且欲興聖統，唯在擇任將相哉！唯在擇任將相哉！〔七〕

〔一〕【索隱】案：諱國惡，禮也。仲尼仕於定、哀，故其著春秋，不切論當世，而微其詞也。【正義】仲尼仕於定、哀，故春秋不切論當代之事，而無褒貶忌諱之辭，國禮也。言太史公亦能改當代之忌諱，故引也。

〔二〕【索隱】案：罔者，無也。謂其無實而褒之，是也，忌諱當代故也。【考證】中井積德曰：罔褒，蓋謂不顯褒貶也，既有所褒，必不能無所貶，故并褒貶不敢也。

〔三〕【集解】徐廣曰：「徼，音皎。」【索隱】按：徐音皎，伯莊音叫，皆非也。按：其字宜音僥。徼者求也，言求一時權寵。

〔四〕【集解】詩云：「彼己之子。」【索隱】音稅。案：謂說者謀匈奴，皆患其直徼求一時權幸，但務諂進其說以自便其偏指，不參詳終始利害也。彼己者，猶詩人譏詞云「彼己之子」是也。將率則指樊噲、衞、霍等也。【考證】張文虎曰：「彼己」二字，宜連上「不參」爲句。不參彼己，謂不能知彼知己也。將率當下屬，小司馬誤解，遂失其句讀。愚按：董份、方苞、張照、梁玉繩、中井積德諸人亦有此說，今從之。索隱「彼己」以下二十五字，單本在「彼己將卒」標題下。

〔五〕【正義】席，謂舒展廣闊。【考證】席，藉也。

〔六〕【正義】言堯雖賢聖不能獨理，得禹而九州安寧。以刺武帝不能擇賢將相，而務諂納小人浮說，多伐匈奴，故壞齊民。故太史公引禹聖成其太平，以攻當代之罪。

〔七〕【考證】中井積德曰：不特言將而稱將相，何也？蓋良將能克敵定功，而賢相不必黷武窮兵。史遷此意，不得明言之，在讀者逆其志。又曰：上文徼權納説，文臣之事矣，與將率氣奮對説，故以擇將相結之。相，爲文臣之首故也。何焯曰：下即繼以衞、霍、公孫弘，而全錄主父偃諫伐匈奴書，太史之意深矣。又曰：此贊以定哀微詞發端，當知此意。王鳴盛曰：匈奴贊，但言春秋定、哀多微詞，又泛論宜擇將帥。大宛贊只辨昆侖虛妄，餘置不論。傳中言案古圖書名河所出山曰昆侖，而贊則云惡睹所謂昆侖，有味可想。愚按：王説頗是，但「將帥」當作「將相」。

【索隱述贊】獫狁薰粥，居于北邊。既稱夏裔，式憬周篇。頗隨畜牧，屢擾塵煙。爰自冒頓，尤聚控弦。雖空帑藏，未盡中權。

史記會注考證卷一百十一

衛將軍驃騎列傳第五十一

史記一百十一

【考證】史公自序云：「直曲塞，廣河南，破祁連，通西國，靡北胡。作衛將軍驃騎列傳第五十一。」陳仁錫曰：衛起自外戚，太史公敍青事，若姊子夫得幸天子，若子夫入宫幸上，若子夫爲夫人，若衛夫人立爲皇后，若徒以皇后故，若大將軍得尚平陽公主，皆傳中之血脉也。王鳴盛曰：衛將軍驃騎列傳敍述戰功雖詳，而指摘其短特甚，其論贊又補敍蘇建責大將軍至尊重，而天下賢士大夫無稱，宜招選賢者，大將軍謝以奉法不敢招士，與傳中和柔自媚等語相應。其下則云，驃騎亦放此意，而末束以一句云「其爲將如此」。論體應加褒貶，此則敍述而止，無所可否，乃論之變例，隱以見其人本庸猥，用兵制勝，皆竭民力以成功，豈真有謀略！敵未滅，無以家爲，亦是自媚之詞，非其本心。上益重之者，與信燕齊怪迂士，搤掔談神仙同一受欺耳，此遷意也。

大將軍衛青者，平陽人也。〔一〕其父鄭季爲吏，給事平陽侯家，與侯妾衛媪通，生青。〔二〕青同母兄衛長子，而姊衛子夫自平陽公主家得幸天子，故冒姓爲衛氏。字仲卿。〔三〕長子更

字長君。長君母號爲衛媼。媼長女衛孺，次女少兒，次女即子夫。後子夫男弟步、廣皆冒衛氏。〔四〕

〔一〕【正義】漢書云「其父鄭季，河東平陽人，以縣吏給事平陽侯之家」也。

〔二〕【索隱】衛，姓也。媼，婦人老少通稱。漢書曰：「與主家僮衛媼通。」案：既云家僮，故非老。或者媼是老稱，後追稱媼耳。又外戚傳云「薄姬父與魏王宗女魏媼通」，則亦魏是媼姓。而小顏云「衛者舉其夫姓也」。然案此云「侯妾衛媼」，似更無別夫也。下云同母兄衛長子及姊子夫皆冒衛姓，又似有夫。其所冒之姓，爲父與母，皆未明也。【考證】查慎行曰：漢書「平陽侯家」之下，補入「平陽侯曹壽，尚武帝姊陽信長公主」二句，與後尚平陽公主事相照應，似不可少。楓、三本「妾」上有「家」字。妾，婢妾也，漢書改作「僮」。史不明言衛姓所由。顏師古曰：衛者舉其夫家之姓也。中井積德曰：衛，蓋母姓，媼給事主家，不嫁而生子也。未知其孰是。

〔三〕【集解】徐廣曰：「曹參曾孫平陽夷侯，時尚武帝姊平陽公主，生子襄。」【索隱】案：如淳云「本陽信長公主，爲平陽侯所尚，故稱平陽公主」。按：徐廣云「夷侯」，「曹參曾孫，名襄」。又按系家及功臣表「時」或作「疇」，漢書作「壽」，並文字殘缺，故不同也。

〔四〕【集解】徐廣曰：「步，一作『少』。」【索隱】長女衛孺，漢書云「君孺」。【考證】楓、三本「衛」下有「君」字。中井積德曰：「後」字疑衍，漢書無。

青爲侯家人，少時歸其父，其父使牧羊。先母之子皆奴畜之，不以爲兄弟數。〔一〕青嘗從入至甘泉居室，〔二〕有一鉗徒相青曰：「貴人也，官至封侯。」〔三〕青笑曰：「人奴之生，得毋笞罵即足矣，安得封侯事乎！」〔四〕

〔一〕【集解】服虔曰：「先母，適妻也。青之適母。」【索隱】漢書作「民母」。服虔云「母，適妻也。青之適母」。顧氏云「鄭季本妻編於民户之閒，故曰民母」。今本亦或作「民母」也。數音去聲。【考證】中井積德曰：稱先母者，其既死者。

〔二〕【正義】按：居室，署名，武帝改曰「保宮」。灌夫繫居室是也。【考證】楓、三本，淩引一本「入」作「人」，與漢書合。王先謙曰：甘泉別有居室。百官表「少府屬官，有居室及甘泉居室令丞，武帝更名居室爲保宮，甘泉居室爲昆臺」。正義誤。愚按：洪頤煊亦有此説。

〔三〕【集解】張晏曰：「甘泉中徒所居也。」

〔四〕【考證】沈欽韓曰：人奴，謂衛媪本主家僮也。愚按：人奴，衛青自言也。

青壯爲侯家騎，從平陽主。建元二年春，青姊子夫得入宮幸上。皇后，堂邑大長公主女也，無子，妒。〔一〕大長公主聞衛子夫幸，有身，妒之，乃使人捕青。青時給事建章，未知名。〔二〕大長公主執囚青，欲殺之。其友騎郎公孫敖與壯士往篡取之，以故得不死。〔三〕上聞，乃召青爲建章監，侍中，及同母昆弟貴，賞賜數日閒累千金。孺爲太僕公孫賀妻。〔四〕少兒故與陳掌通，上召貴掌。〔五〕公孫敖由此益貴。子夫爲夫人，青爲大中大夫。

〔一〕【集解】徐廣曰：「堂邑安侯陳嬰之孫夷侯午，尚景帝姊長公主，子季須。元鼎元年，季須坐姦自殺。」【正義】文穎云：「陳皇后，武帝姑女也。」

〔二〕【索隱】案：晉灼云「建章宮，上林中宮名也」。

〔三〕【索隱】篡，猶刼也，奪也。【考證】各本脱「往」字，依索隱本，楓、三本，漢書補。

〔四〕【考證】楓、三本，漢書「孺」上有「君」字。

〔五〕【集解】徐廣曰：「陳平曾孫名掌也。」【考證】漢書霍去病傳云：「其父霍仲孺先與少兒通，生去病，及衛皇后尊，少兒更爲詹事陳掌妻。」

元光五年，青爲車騎將軍，擊匈奴，出上谷；〔一〕太僕公孫賀爲輕車將軍，出雲中；大中大夫公孫敖爲騎將軍，出代郡；衛尉李廣爲驍騎將軍，出雁門：軍各萬騎。青至蘢城，斬首虜數百。〔二〕騎將軍敖亡七千騎；衛尉李廣爲虜所得，得脱歸：〔三〕皆當斬，贖爲庶人。賀亦無功。〔四〕

〔一〕【考證】梁玉繩曰：五年，當作「六年」。將相表、匈奴傳及漢書可證。

〔二〕【考證】張文虎曰：宋本、凌、毛「蘢」作「籠」，解在匈奴傳。王先和曰：漢書武紀云「獲首七百級」。案：他處或言級，或曰人，或無「人」、「級」字，或曰斬，或曰獲，或言捷，或言斬首捕虜若干，敘次參差，無一定義例。

〔三〕【考證】事詳李將軍傳。

〔四〕【考證】漢書「無功」下補「唯青賜爵關内侯是後匈奴仍侵犯邊語在匈奴傳」二十字。

元朔元年春，衛夫人有男，〔一〕立爲皇后。其秋，青爲車騎將軍，出雁門，三萬騎擊匈奴，斬首虜數千人。明年，〔二〕匈奴入殺遼西太守，虜略漁陽二千餘人，敗韓將軍軍。〔三〕漢令將軍李息擊之，出代；令車騎將軍青出雲中以西至高闕。〔四〕遂略河南地，至于隴西，捕首虜數千，畜數十萬，走白羊、樓煩王，遂以河南地爲朔方郡。〔五〕以三千八百户封青爲長平侯。〔六〕青校尉蘇建有功，以千一百户封建爲平陵侯。使建築朔方城。〔七〕青校尉張次公有功，封爲岸頭侯。〔八〕天子曰：「匈奴逆天理，亂人倫，暴長虐老，以盜竊爲務，行詐諸蠻夷，造謀藉兵，數爲邊害，〔九〕故興師遣將，以征厥罪。詩不云乎，『薄伐玁狁，至于太原』。〔一〇〕『出車彭彭，城彼朔方』。〔一一〕今車騎將軍青，度西河，至高闕，〔一二〕獲首虜二千三百級，車輜畜產畢收爲鹵，已封爲列侯，遂西定河南地，按榆谿舊塞，〔一三〕絶梓領，梁北河，〔一四〕討蒲泥，破符離，〔一五〕斬輕鋭之卒，捕伏聽者三千七十一級，〔一六〕執訊獲醜，〔一七〕驅馬牛羊百有餘萬，全甲兵而還，益封青三千户。」〔一八〕其明年，匈奴入殺代郡太守友，入略鴈門千餘人。〔一九〕其明年，匈奴大入代、定襄、上郡，殺略漢數千人。

〔一〕【索隱】即衛太子據也。

〔二〕【考證】梁玉繩曰：「『青爲車騎將軍』至『明年』二十三字，當在下文『出代』句下，傳寫譌倒。愚按：梁氏據匈奴傳、漢書衛青傳移正。

〔三〕【考證】韓安國。

〔四〕【索隱】按：山名也。小顏云「一曰塞名，在朔方之北」。【考證】沈欽韓曰：一統志「陰山在吴喇忒旗西北二百四十里。高闕塞在陰山西榆林」。舊志「高闕，北去大磧凡三百里」。

〔五〕【索隱】按：謂北地郡之北，黄河之南。【正義】今夏州也。【考證】中井積德曰：捕，疑當作「斬」或「獲」。不然，「捕」上脱「斬」字也。漢書亦作「捕首虜」。白羊、樓煩，二王也。何焯曰：出雲中，則若向單于庭者，忽西至隴西，攻其無備，所以遂取河南也。劉敬傳云：「匈奴河南、白羊、樓煩王，去長安近者七百里，輕騎一日一夕可至。攻瑕紓患，是役爲得勝算矣。」沈欽韓曰：一統志「朔方故城在鄂爾多右翼旗界内，前漢治三封。三封故城在套外黄河西岸」。

〔六〕【考證】梁玉繩曰：青封户凡三，其户數惟此不異，下兩封皆與漢書異説。

〔七〕【正義】括地志云：「夏州朔方縣北什賁故城是。」按：蘇建築，什賁之號，葢出蕃語也。【考證】漢表作一千户。

〔八〕【索隱】案：晉灼云「河東皮氏縣之亭名也」。【正義】服虔云：「鄉名也。」

〔九〕【集解】張晏曰：「從蠻夷借兵抄邊也。」

〔一〇〕【索隱】薄伐獫狁。此小雅六月詩，美宣王北伐也。薄伐者，言逐出之也。【考證】薄伐者，不窮極之義。

〔一一〕【索隱】小雅出車之詩也。【考證】顔師古曰：「彭彭，衆車聲也。朔方，北方也。」

〔一二〕【正義】即雲中郡之西河，云勝州東河也。【考證】沈欽韓曰：通典「河水自靈武郡西南便北流，凡千餘里，過九原郡乃東流。自靈武以北，漢人謂之西河，自九原以東，謂之北河」。

〔一三〕【集解】如淳曰：「案，行也。榆谿，舊塞名」。或曰按，尋也。【索隱】按榆谷舊塞。如淳云「按，行也，尋也。榆谷，舊塞名也」。案：水經云「上郡之北有諸次水，東經榆林塞，爲榆谿」，是榆谷舊塞也。【考證】沈欽韓曰：元和志「榆林關在勝州榆林縣東三十里，東北臨河，秦卻匈奴之處。開皇於此置城」。一統志「在鄂爾多斯左右翼界内」。

〔一四〕【集解】如淳曰：「絶，度也。爲北河作橋梁。」【正義】括地志云：「梁北河，在靈州界也。」【考證】楓、三本「領」作「嶺」。沈欽韓曰：紀要「木根山在廢夏州西北。唐夏州故城在榆林府懷遠縣西。梓嶺，疑即木根山」。朱錦綬曰：「梁北河」，與上「絶梓嶺」，下「討蒲泥，破符離」句法同。如説是。

〔一五〕【集解】晉灼曰：「二王號。」【索隱】晉灼云：「二王號。」崔浩云：「漠北塞名。」【考證】王先謙曰：漢武紀「出高闕遂西至符離」，是符離爲塞名矣。愚按：蒲泥亦地名。

〔一六〕【集解】張晏曰：「伏於隱處，聽軍虛實。」【考證】漢書作「三千一十七級」。

〔一七〕【正義】訊，問也。醜，衆。言執其生口，問之知虜處，獲得衆類也。【考證】執訊，生執可訊問之人也。

〔一八〕【考證】漢書作「三千八百户」。

〔一九〕【集解】徐廣曰：「友者，太守名也。姓共也。」

其明年，元朔之五年春，漢令車騎將軍青將三萬騎出高闕，衛尉蘇建爲游擊將軍，左內史李沮爲彊弩將軍，〔一〕太僕公孫賀爲騎將軍，代相李蔡爲輕車將軍，皆領屬車騎將軍，俱出朔方；大行李息、岸頭侯張次公爲將軍，出右北平：咸擊匈奴。〔二〕匈奴右賢王當衛青等兵，以爲漢兵不能至此，飲醉。〔三〕漢兵夜至，圍右賢王，右賢王驚，夜逃，獨與其愛妾一人、壯騎數百馳潰圍北去。〔四〕漢輕騎校尉郭成等逐數百里，不及。得右賢裨王十餘人，衆男女萬五千餘人，畜數千百萬，〔五〕於是引兵而還至塞。天子使使者持大將軍印，即軍中拜車騎將軍青爲大將軍，〔六〕諸將皆以兵屬大將軍，大將軍立號而歸。〔七〕天子曰：「大將軍青，躬率戎士，師大捷，獲匈奴王十有餘人，益封青六千户。」〔八〕而封青子伉爲宜春侯，青子不疑爲陰安侯，青子登爲發干侯。〔九〕青固謝曰：「臣幸得待罪行閒，賴陛下神靈，軍大捷，皆諸校尉力戰之功也。陛下幸已益封臣青。臣青子在繈保中，未有勤勞，〔一〇〕上幸列地封爲三侯，非臣待罪行閒所以勸士力戰之意也。〔一一〕伉等三人何敢受封！」天子曰：「我非忘諸校尉功也，今固且圖之。」乃詔御史曰：「護軍都尉公孫敖，三從大將軍擊匈奴，常護軍，傅校獲王，〔一二〕以千五百户封敖爲合騎侯。〔一三〕都尉韓説，從大將軍出窳渾，〔一四〕至匈奴右賢王庭，爲麾下搏戰獲王，〔一五〕以千三百户封説爲龍頟侯。騎將軍公孫賀，從大將軍獲王，以千三百户封賀爲南窌侯。〔一六〕輕車將軍李蔡，再從大將軍獲王，以千六百户封蔡爲樂安侯。校尉李朔、校尉趙不虞、校尉公孫戎奴，各三從大將軍獲王，〔一七〕以千三百户封朔爲涉軹侯，〔一八〕以千三百户封不虞爲隨成侯，以千三百户封戎奴爲從平侯。將軍李沮、李息及校尉豆如意有功，賜爵關内侯，食邑各三百户。」〔一九〕其秋，匈奴入代，殺都尉朱英。

〔一〕【集解】文穎曰：「沮，音俎。」

〔二〕【考證】何焯曰：右賢王怨漢侵奪其河南地，數侵擾朔方，此出專以擊走右賢王終前功也。前出雲中而忽西，焉知不出朔方而忽東乎？亦令兩將軍出右北平者，綴單于疑右賢王也。大行，即大行令，官稱省文。

〔三〕【考證】楓、三本「飲」下有「酒」字。

〔四〕【考證】張文虎曰：中統、游本「逃」作「遁」。案：以上下文審之，「夜逃」二字疑衍。

〔五〕【索隱】裨王十人。賈逵云：「裨，益也。」小顔云：「裨王，小王也，若裨將然。音頻移反。」【考證】楓、三本、漢書「逐」作「追」，「及」作「得」。漢書「數千」作「數十」。顔師古曰：數十萬以至百萬。

〔六〕【考證】即，就也。

〔七〕【索隱】案：謂立大將軍之號令而歸。【考證】中井積德曰：號，謂官號，非號令。

〔八〕【考證】漢書作「八千七百户」。

〔九〕【正義】伉，音口浪反。【考證】王懋曰：史記疊三用「青子」字，不以爲贅，漢書則一用「青子」字，而其餘則曰「子」已。曰：「封青子伉爲宜春侯，子不疑爲陰安侯，子登爲發干侯。」視史記之文，已省兩「青」字矣，使今人作墓志等文，則一用子字，其餘則曰某某而已。後世作文益務簡於古，然字則省矣，不知古人純實之氣已虧。愚按：古質今巧，古疎今精，不必拘古。

〔一〇〕【正義】襁長尺二寸，闊八寸，以約小兒於背。褓，小兒被也。

〔一一〕【考證】漢書「列」作「裂」，通。

〔一二〕【索隱】顧祕監云：「傅，領也。五百人謂之校。」小顏云：「傅，音附。言敖總護諸軍，每附部校以致克捷而獲王也。」【正義】校者，營壘之稱，故謂軍之一部爲一校也。

〔一三〕【索隱】案：非邑地，而以戰功爲號。謂以軍合驃騎，故云「合騎」，若「冠軍」、「從驃」然也。【考證】合騎，謂合車騎，取戰功，立侯國號耳。

〔一四〕【集解】徐廣曰：「窳渾，在朔方，音庾。」【索隱】音庾。服虔云「塞名」。徐廣云「在朔方」。漢書作「寘渾」，寘，音田也。【考證】齊召南曰：以地理志覈之，朔方有窳渾縣，爲西部都尉治。有道西北出雞鹿塞。

〔一五〕【索隱】搏，音博。搏擊也。小顏同。今史漢本多作「傅」。傅，猶轉也。

〔一六〕【集解】徐廣曰：「窌，宜作『奅』，音匹孝反。」【索隱】徐音匹教反。韋昭云縣名。或作「窖」，音于校反。字林云「大」下「卯」與「穴」下「卯」並音匹孝反。

〔一七〕【考證】楓、三本「奴」下有「皆」字。

〔一八〕【考證】漢書衞青傳「涉軹」作「陟軹」，表但作「軹」。

〔一九〕【考證】洪邁曰：歐陽公進新唐書表云「其事則增於前，其文則省於舊」。夫文貴於達而已，繁與省，各有所當也。史記衞青傳「校尉李朔、校尉趙不虞云云戎奴爲從平侯」，漢書但云「校尉李朔、趙不虞、公孫戎奴，各三從大將軍，封朔爲陟軹侯，不虞爲隨成侯，戎奴爲從平侯」，比於史記五十八字中省二十三字，然不若史記朴贍可喜。

其明年春，大將軍青出定襄。合騎侯敖爲中將軍，太僕賀爲左將軍，翕侯趙信爲前將軍，衛尉蘇建爲右將軍，郎中令李廣爲後將軍，左内史李沮爲彊弩將軍，咸屬大將軍，斬首數千級而還。月餘，悉復出定襄擊匈奴，斬首虜萬餘人。右將軍建、前將軍信并軍三千餘騎，獨逢單于兵，與戰一日餘，漢兵且盡。前將軍故胡人，降爲翕侯，見急，匈奴誘之，遂將其餘騎可八百，犇降單于。右將軍蘇建盡亡其軍，獨以身得亡去，自歸大將軍。大將軍問其罪正閎、長史安、議郎周霸等：「建當云何？」〔一〕霸曰：「自大將軍出，未嘗斬裨將。今建弃軍，可斬以明將軍之威。」閎、安曰：「不然。兵法『小敵之堅，大敵之禽也』。〔二〕今建以數千當單于數萬，力戰一日餘，士盡，不敢有二心，自歸。自歸而斬之，是示後無反意也。不當斬。」〔三〕大將軍曰：「青幸得以肺腑待罪行閒，不患無威，〔四〕而霸說我以明威，甚失臣意。〔五〕且使臣職雖當斬將，以臣之尊寵而不敢自擅專誅於境外，而具歸天子，〔六〕天子自裁之，於是以見爲人臣不敢專權，不亦可乎？」軍吏皆曰「善」。遂囚建詣行在所。入塞罷兵。〔七〕

〔一〕【集解】張晏曰：「正，軍正也。閎，名也。」徐廣曰：「周霸，儒生。」【索隱】徐廣云儒生也。案：郊祀志議封禪有周霸，故知也。【正義】律，都軍有長史十人也。【考證】胡三省曰：凡軍行，置軍正，掌舉軍法以正軍中。軍法曰：「正無屬將軍，將軍有罪以聞。」又曰班表「議郎屬郎中令，秩比六百石」。張照曰：周霸議封禪，見封禪書。又儒林傳云「魯周霸至膠西内史，申公弟子也」。王先謙曰：霸蓋當時奉詔從軍，若今時奏調差遣之員，非必大將軍莫府官也。王念孫曰：云何者，如何也。問建棄軍之罪當如何，非廷尉當之當。

〔二〕【考證】孫子謀攻篇文注云「小不能當大」也。

〔三〕【考證】士盡，言盡亡其軍。漢書改「盡」爲「皆」，文義遂別。楓、三本「斬」下有「也」字。

〔四〕【考證】肺腑，謂親戚也，解在武安侯傳。

〔五〕【考證】胡三省曰：言失爲臣之意也。

〔六〕【考證】漢書「而具歸天子」作「其歸天子」，疑非。

〔七〕【集解】蔡邕曰：「天子自謂所居曰『行在所』，言今雖在京師，行所至耳。巡狩天下，所奏事處，皆爲宮。在長安則曰奏長安宮，在泰山則曰奏高宮，唯當時所在。」【考證】中井積德曰：是時天子蓋在外，故曰行在所耳，如幸雍、幸汾陰，皆是。

是歲也，大將軍姊子霍去病〔一〕年十八，幸爲天子侍中。善騎射，再從大將軍，受詔與壯士，爲剽姚校尉，〔二〕與輕勇騎八百，直弃大軍數百里赴利，斬捕首虜過當。〔三〕於是天子曰：「剽姚校尉去病，斬首虜二千二十八級，及相國、當户，斬單于大父行籍若侯產，〔四〕生捕季父羅姑比，〔五〕再冠軍，以千六百户封去病爲冠軍侯。〔六〕上谷太守郝賢，四從大將軍，捕斬首虜二千餘人，以千一百户封賢爲衆利侯。」〔七〕是歲，失兩將軍軍，亡翕侯，軍功不多，故大將軍不益封。右將軍建至，天子不誅，赦其罪，贖爲庶人。

〔一〕【集解】徐廣曰：「姊，即少兒也。」【考證】「去病」下疑奪「始侯去病」四字。漢書作「是歲也，霍去病始侯。去病，大將軍青姊少兒子也」。

〔二〕【索隱】上音匹遥反，下音遥。大顏案荀悦漢紀作「票鷂」。票鷂，勁疾之貌也。上音頻妙反，下音弋召反。【正義】票姚，勁疾之貌。荀悦漢紀作「票鷂」字。去病後爲票騎將軍，尚取票姚之一字，今讀飄遥音，則不當其義也。【考證】楓、三本，漢書疊「大將軍」。與，授與之與，大將軍與之壯士也。漢書作「予」。梁玉繩曰：

剽姚、嫖姚，票姚，當作「驃鷂」，葢合二物爲官名，取勁疾武猛之義。趙破奴爲鷹擊司馬，與鷂義同。去病後稱驃騎將軍，尚仍斯號。

〔三〕【索隱】案：小顏云「計其所將之人數，則捕首虜爲多，過於所當也。一云：漢軍亡失者少，而殺獲匈奴數多，故曰過當也」。

〔四〕【集解】張晏曰：「籍若，胡侯。」【索隱】行，音胡浪反。謂籍若侯是匈奴祖之行也。漢書云「藉若侯產」，產即大父之名。【正義】行，胡郎反，又胡浪反。謂祖父行流。【考證】楓、三本「相國」上有「其」字。當户，匈奴官名。漢書「籍」作「藉」。中井積德曰：籍若侯，是單于祖父之行第，產其名也。

〔五〕【索隱】案：顧氏云「羅姑比，單于季父名也」。小顏云「比，頻也」。案：下文既云「再冠軍」，無容重言頻也。

〔六〕【考證】漢書「千六百户」作「二千五百户」。齊召南曰：冠軍初無此縣名，武帝褒去病功，以南陽穰縣盧陽鄉、宛縣臨駣聚爲冠軍侯國。

〔七〕【考證】漢書「二千餘人」作「千三百級」，「衆利」作「終利」。

大將軍既還，賜千金。是時王夫人方幸於上，甯乘説大將軍曰：「將軍所以功未甚多，身食萬户，三子皆爲侯者，徒以皇后故也。今王夫人幸，而宗族未富貴，願將軍奉所賜千金爲王夫人親壽。」〔一〕大將軍乃以五百金爲壽。天子聞之，問大將軍，大將軍以實言，上乃拜甯乘爲東海都尉。

〔一〕【考證】甯乘，齊人。滑稽傳褚先生補「以爲待詔東郭先生説衛青」。

張騫從大將軍，以嘗使大夏，留匈奴中久，〔一〕導軍，知善水草處，軍得以無飢渴，因前使絶國功，封騫博望侯。〔二〕

〔一〕【正義】大夏國在大宛西。【考證】王先謙曰：據張騫傳，當作「使月氏」，月氏迺後君大夏耳，騫留十三歲。大夏月氏解，見匈奴傳。

〔二〕【考證】楓、三本，漢書「騫」下有「爲」字。

冠軍侯去病既侯三歲，元狩二年春，以冠軍侯去病爲驃騎將軍，〔一〕將萬騎出隴西，有功。天子曰：「驃騎將軍率戎士踰烏盭，討遬濮，涉狐奴，〔二〕歷五王國，輜重人衆懾慴者弗取，〔三〕冀獲單于子。轉戰六日，〔四〕過焉支山千有餘里，合短兵，殺折蘭王，斬盧胡王，〔五〕誅全甲，執渾邪王子及相國、都尉，〔六〕首虜八千餘級，收休屠祭天金人，〔七〕益封去病二千戶。」

〔一〕【集解】徐廣曰：「驃，一亦作『剽』。」【正義】漢書云：霍去病征匈奴，有絕幕之勳，始置驃騎將軍，位在三司，品秩同大將軍。說文云：「驃，黃馬，鬣白色。一曰，白髦尾。」【考證】漢書「二年」譌作「三年」。

〔二〕【集解】漢書音義曰：「盭，音戾，山名也。」晉灼曰：「狐奴，水名也。」【索隱】遬濮，音速卜二音。崔浩云「匈奴部落名」。案：下有「遬濮王」，是國名也。【考證】丁謙曰：蓋票騎之軍，由鞏昌狄道北進。烏盭，山名，即媼圍轉音。水經河又東北過媼圍縣東，故阯當在蘭州東北買子城地。遬濮，部名，當在烏盭山北。票騎軍由此道西行，再過莊浪河，當即所謂狐奴水。

〔三〕【集解】文穎曰：「懾慴，恐懼也。」【索隱】案：說文云「懾慴，失氣也」。劉氏云「上式涉反，下之涉反」。【考證】丁謙曰：五王皆休屠王屬部，時休屠王駐涼州地，五王所部當在平番迤北一帶。

〔四〕【集解】徐廣曰：「子，一作『與』。」【考證】作「子」則屬上讀，作「與」則文連下。作「子」近是。

〔五〕【集解】張晏曰：「折蘭、盧胡，國名也。殺者，殺之而已。斬者，獲其首。」【正義】顏師古云：「折蘭，匈奴中姓也。今鮮卑有是蘭姓者，即其種。」【考證】漢書「短兵」下，有「鏖皋蘭下」四字。丁謙曰：焉支山，在今山丹縣東南，永昌縣西北，俗稱大黄山。皋蘭，應劭云在隴西白石縣塞外，水經注「灕水又東北，皋蘭山水注之」，灕水今大夏河，皋蘭山水今洪水河，知皋蘭山在河州西境。查票騎軍已北過焉支山千餘里，何又鏖戰於此？揆度情形，必旋師時遇昆野王，邀其歸路，故合短兵破之也。

〔六〕【集解】徐廣曰：「全，一作『金』。」【正義】全甲，謂具足不失落也。金甲，即鐵甲也，能誅斬也。【考證】顔師古曰：全甲，謂軍中之甲不喪失也。中井積德曰：「誅」字衍。「全甲」上下有脱字。愚按：曰殺，曰斬，曰誅，異文耳。「全甲」似亦國名，漢書「誅」字上有「鋭悍者」三字，「甲」下有「獲醜」二字，文意益晦。

〔七〕【集解】如淳曰：「祭天爲主。」【索隱】案：張晏云「佛徒祠金人也」。如淳云「祭天以金人爲主也」。屠，音儲。【考證】漢書作「二千二百户」。

其夏，驃騎將軍與合騎侯敖俱出北地，異道；博望侯張騫、郎中令李廣俱出右北平，異道：皆擊匈奴。郎中令將四千騎先至，博望侯將萬騎在後至。〔一〕匈奴左賢王將數萬騎圍郎中令，郎中令與戰二日，死者過半，所殺亦過當。博望侯至，匈奴兵引去。博望侯坐行留，當斬，贖爲庶人。〔二〕而驃騎將軍出北地，已遂深入，與合騎侯失道，不相得，驃騎將軍踰居延，至祁連山，捕首虜甚多。〔三〕天子曰：「驃騎將軍踰居延，遂過小月氏，〔四〕攻祁連山，〔五〕得酋涂王，〔六〕以衆降者二千五百人，〔七〕斬首虜三萬二百級，獲五王，五王母，單于閼氏、王子五十九人，相國、將軍、當户、都尉六十三人，師大率減什三，〔八〕益封去病五千户。〔九〕賜校尉從至小月氏爵左庶長。鷹擊司馬破奴，再從驃騎將軍，斬遬濮王，捕稽且王，〔一〇〕千騎將得王、王母各一人，王子以下四十一人，捕虜三千三百三十人，〔一一〕前行捕虜千四百人，以千五百户封破奴爲從驃侯。〔一二〕校尉句王高不識，從驃騎將軍，捕呼于屠王，王子以下十一人，捕虜千七百六十八人，〔一三〕以千一百户封不識爲宜冠侯。〔一四〕校尉僕多有功，封爲煇渠侯。」〔一五〕合騎侯敖，坐行留不與驃騎會，當斬，贖爲庶人。諸宿將所將士馬兵亦不如驃騎，驃騎所將常選，〔一六〕然亦敢深入，常與壯騎先其大將軍，軍亦有天幸，未嘗困絶也。〔一七〕然而諸宿將常坐留落不遇。〔一八〕由此驃騎日以親貴，比大將軍。

〔一〕【考證】楓、三本「後」下無「至」字。中井積德曰：「至」字疑衍，漢書「在後至」三字作「後」一字。

〔二〕【考證】楓、三本，漢書「兵引」作「引兵」。顔師古曰：軍行而輒稽留，故坐法。

〔三〕【集解】張晏曰：「居延，水名也。」【考證】居延水，甘州北山丹河。祁連山，南山。

〔四〕【索隱】韋昭云：「氐，音支。」西域傳：「大月氏本居敦煌、祁連閒，餘衆保南山，遂號小月氏。」

〔五〕【索隱】小顔云：「即天山也。匈奴謂天『祁連』。」西河舊事謂白山天山。祁連恐非即天山也。

〔六〕【集解】張晏曰：「胡王也。」【索隱】酋，音才由反。涂，音徒。漢書云「揚武乎觻得，得單于單桓酋涂王」，此文省也。

〔七〕【考證】漢書「以」上有「及相國都尉」五字。

〔八〕【索隱】案：漢書云「減什七」，不同也。小顔云「破匈奴之師，十減其七。一云漢兵亡失之數，下皆類此」。案：後説爲是也。【正義】率，音律也。【考證】中井積德曰：漢書「減什七」，是前役，非此役，此役亦云「減什三」。愚按：減什三，謂匈奴之師什減其三也，大率者略計之辭也。此詔敘驃騎之功，而計漢兵亡失之數，無其理也。

〔九〕【考證】漢書作「五千四百户」。

〔一〇〕【索隱】且，音子余反。【正義】遬濮，速卜二音。【考證】漢書「小月氏」下有「者」字。左庶長，第十爵。破奴，趙破奴。

〔一一〕【索隱】按：漢書云「右千騎將王」，然則此千騎將，漢之將，屬趙破奴，得匈奴五王及王母也。或云，右千騎將，即匈奴王之名。【考證】索隱前説是，「千騎」上當據漢書補「右」字，「右千騎」與「下前行」相對爲文，皆破奴部校也。

〔一二〕【集解】張晏曰：「從驃騎將軍有功，因以爲號。」

〔一三〕【集解】徐廣曰：「句，音鉤。匈奴以爲號。」【索隱】案：句王、高不識二人，並匈奴人也。呼于屠三字，共爲王號。【考證】中井積德曰：句王高不識，非兩人，下只言封不識，而不言句王，其爲一人明矣。漢書無「句王」二字，或是衍文。漢書「于屠」作「于耆」。

〔一四〕【正義】孔文祥云：「從冠軍將軍戰，故宜冠，從驃之類也。」

〔一五〕【索隱】案：漢百官表「僕多」作「僕朋」，疑「多」是誤。煇，音暉。【考證】張照曰：僕朋祇一見於漢表耳，史漢驃騎傳及建元以來侯者年表皆作「僕多」。

〔一六〕【索隱】音宣變反，謂驃騎常選擇取精兵。

〔一七〕【考證】漢書「大」下無「將」字。中井積德曰：此衍「將」字。王念孫曰：先其大軍，謂驃騎敢於進入，常棄其大軍而先進也。上文曰「與輕勇八百，直棄大軍，數百里赴利」，是其證也。棄大軍而先進，則寡不敵衆，易致困絶，故下文曰「軍亦有天幸，未嘗困絶」也。

〔一八〕【索隱】案：謂遲留零落，不偶合也。【考證】漢書「不遇」作「不耦」。王觀國曰：留落，與流落不同。蓋留落者，留滯遺落也；流落者，飄流零落也。王念孫曰：留落，即不耦之意。耦之言遇也，言無所遇合也。

故史記作「留落不遇」，留落者，牢落也。陸機文賦「心牢落而無偶」，是牢落即無偶之意。留落雙聲字，不得分爲兩義。留落與不耦，亦不得爲兩義。

其秋，單于怒渾邪王居西方數爲漢所破，亡數萬人，以驃騎之兵也。〔一〕單于怒，欲召誅渾邪王。渾邪王與休屠王等謀，欲降漢，使人先要邊。〔二〕是時大行李息將城河上，〔三〕得渾邪王使，即馳傳以聞。天子聞之，於是恐其以詐降而襲邊，〔四〕乃令驃騎將軍將兵往迎之。驃騎既渡河，與渾邪王衆相望。渾邪王裨將見漢軍，而多欲不降者，頗遁去。驃騎乃馳入，與渾邪王相見，斬其欲亡者八千人，遂獨遣渾邪王乘傳先詣行在所，盡將其衆渡河，降者數萬，號稱十萬。既至長安，天子所以賞賜者數十巨萬。封渾邪王萬户，爲漯陰侯。〔五〕封其裨王呼毒尼爲下摩侯，〔六〕鷹庇爲煇渠侯，〔七〕禽棃爲河綦侯，〔八〕大當户銅離爲常樂侯。〔九〕於是天子嘉驃騎之功曰：「驃騎將軍去病，率師攻匈奴，西域王渾邪王及厥衆萌咸相犇率。〔一〇〕以軍糧接食，并將控弦萬有餘人，誅獟駻，〔一一〕獲首虜八千餘級，降異國之王三十二人，戰士不離傷，十萬之衆咸懷集服仍與之勞，〔一二〕爰及河塞，庶幾無患，幸既永綏矣。〔一三〕以千七百户益封驃騎將軍。」減隴西、北地、上郡戍卒之半，以寬天下之繇。

〔一〕**【考證】**中井積德曰：「以驃騎之兵也」一句，蓋解釋之語，非記事。

〔二〕**【索隱】**案：謂先於邊境要候漢人，言其欲降。**【考證】**各本「先」下有「遣使向邊境要遮漢人令報天子」十三字。楓、三本、舊刻無，與漢書合。王念孫曰：自「使人」至「要邊」十八字，蕪累不成文理，蓋正文唯有「使人先要邊」五字，其「遣使向邊境要遮漢人令報天子」十三字，乃集解之誤入正文者也，當在「使人先要邊」

之下。

〔三〕【考證】王先謙曰：將兵於河上築城也。

〔四〕【考證】漢易「天子聞之於是」六字以「上」一字。

〔五〕【索隱】漯，音他合反。案：地理志縣名，在平原郡。

〔六〕【集解】文穎曰：「呼毒尼，胡王名。」

〔七〕【集解】徐廣曰：「一云『篇訾』。」【索隱】漢書「鷹」作「雁」。庇音必二反，又音疋履反。案：漢書功臣表云元狩二年，以煇渠封僕朋，至三年，又封鷹庇。其地俱屬魯陽，未詳所以。【正義】煇渠，表作「順梁」。【考證】王先謙曰：史表煇渠侯扁訾，不作「順梁」，正義誤也。

〔八〕【集解】徐廣曰：「禽，一作『烏』。」【索隱】案：表作「烏黎」。【考證】今本史表作「烏犂」，漢傳作「禽黎」，漢表作「烏黎」。

〔九〕【集解】徐廣曰：「一作『稠離』也。」【索隱】徐廣曰：「一作『稠離』。」與漢書功臣表同。此文云「銅離」，文異也。【考證】漢傳作「調雖」，史、漢表作「稠雕」。

〔一〇〕【考證】顏師古曰：「萌」字與「甿」同。愚按：率如「率服」之「率」。相率來奔也。漢書「犇」下有「於」字，義異。

〔一一〕【集解】晉灼曰：「獟，音欺譙反。」【索隱】上音丘昭反。說文作「趬」，行遮貌。遮一作「疾」。駻音胡旦反。【考證】廣雅「獟，狂也」。漢書「駻」作「悍」，誅獟駻，上文所謂斬其欲亡者八千人也。

〔一二〕【考證】楓、三本「三十二人」作「三十三人」。漢書「仍與」作「仍興」。顏師古曰：離，遭也。王先謙曰：史記「興」作「與」，轉寫之誤。仍，頻也。興，軍興也。周禮旅師「平頒其興積」，注，縣官徵聚物曰興。今云軍興，是也。是因軍旅而賦物以備調發，謂之興也。愚按：服，猶任也，任頻興之勞，專就戰士而言。

〔一三〕【正義】言匈奴右地渾邪王降，而塞外並河諸郡之民無憂患也。【考證】漢書無「幸既永綏矣」五字。

居頃之，乃分徙降者邊五郡故塞外，〔一〕而皆在河南，因其故俗爲屬國。〔二〕其明年，匈奴入右北平、定襄，殺略漢千餘人。

〔一〕【正義】五郡，謂隴西、北地、上郡、朔方、雲中，並是故塞外，又在北海西南。

〔二〕【正義】以降來之民徙置五郡，各依本國之俗，而屬於漢，故言屬國也。

其明年，天子與諸將議曰：「翕侯趙信爲單于畫計，常以爲漢兵不能度幕輕留，〔一〕今大發士卒，其勢必得所欲。」是歲元狩四年也。

〔一〕【索隱】案：幕，即沙漠，古字少耳。輕留者，謂匈奴以漢軍不能至，故輕易留而不去也。【考證】顏師古曰：一曰，輕留，謂漢兵輕入而久留也。愚按：輕字難解，或云當作「經」，恒久之義。

元狩四年〔一〕春，上令大將軍青、驃騎將軍去病將各五萬騎，步兵轉者踵軍數十萬，〔二〕而敢力戰深入之士皆屬驃騎。驃騎始爲出定襄，當單于。捕虜言單于東，〔三〕乃更令驃騎出代郡，令大將軍出定襄。郎中令爲前將軍，太僕爲左將軍，〔四〕主爵趙食其爲右將軍，平陽侯襄爲後將軍，〔五〕皆屬大將軍。兵即度幕，人馬凡五萬騎，與驃騎等咸擊匈奴單于。〔六〕趙信爲單于謀曰：「漢兵既度幕，人馬罷，匈奴可坐收虜耳。」〔七〕乃悉遠北其輜重，皆以精兵待幕北。而適值大將軍軍出塞千餘里，見單于兵陳而待，於是大將軍令武剛車自環爲營，〔八〕而縱五千騎往當匈奴。匈奴亦縱可萬騎。會日且入，大風起，沙礫擊面，兩軍不相見，漢益縱左右翼繞單于。單于視漢兵多，而士馬尚彊戰，而匈奴不利，薄暮，單于遂乘六驘，壯騎可數百，直冒漢圍，西北馳去。時已昏，漢、匈奴相紛挐，殺傷大當。〔九〕漢軍左校捕虜言單于未昏而去，漢軍因發輕騎夜追之，大將軍軍因隨其後。匈奴兵亦散走。遲明，行二百餘里，不得單于，〔一〇〕頗捕斬首虜萬餘級，遂至寘顏山趙信城，得匈奴積粟食軍。軍留一日而還，悉燒其城餘粟以歸。〔一一〕

〔一〕**【考證】**張文虎曰：「元狩四年」四字疑衍，漢書無。

〔二〕**【正義】**言轉軍之士及步兵接後，又數十萬人。**【考證】**顏師古曰：轉者，謂運輜重也。踵，接也。張文虎曰：正義「轉軍」，汪校改「轉運」。

〔三〕**【考證】**楓、三本，漢書重「虜」字。

〔四〕**【考證】**漢書郎中令下補李廣，太僕下補公孫賀。

〔五〕**【考證】**曹襄。

〔六〕**【考證】**何焯曰：代郡、雲中皆直單于庭。大將軍出定襄，反遇單于者，時單于度幕遠徙，非故所居地。

〔七〕**【考證】**顏師古曰：言收虜取漢軍人馬，可不費力，故曰坐。

〔八〕**【集解】**孫吴兵法曰：「有巾有蓋，謂之武剛車也。」

〔九〕**【索隱】**以言所殺傷大略相當。**【正義】**三蒼解詁云：「紛挐，相牽也。」**【考證】**顏師古曰：亂相持搏也。

〔一〇〕**【集解】**徐廣曰：「遲，一作『黎』。」**【索隱】**遲明，上音值，待也，待天欲明，謂平明也。諸本多作「黎明」。鄒氏云「黎，遲也」。然黎，黑也，候天將明，猶黑也。**【正義】**遲，音值。**【考證】**李笠曰：尉佗傳「犁旦」集解引呂静云「犁，結也。結，猶連及逮至也」。是犁與遲義同。故鄒氏以黎訓遲。

〔一一〕【集解】徐廣曰：「寘，音田。」【考證】寘顔山趙信城，解在匈奴傳。

大將軍之與單于會也，而前將軍廣、右將軍食其軍别從東道，或失道，後擊單于。〔一二〕大將軍引還過幕南，乃得前將軍、右將軍。大將軍欲使使歸報，令長史簿責前將軍廣，廣自殺。右將軍至，下吏，贖爲庶人。大將軍軍入塞，凡斬捕首虜萬九千級。

〔一二〕【考證】楓本「或」作「惑」，迷也。

是時匈奴衆失單于十餘日，右谷蠡王聞之，自立爲單于。〔一〕單于後得其衆，右王乃去單于之號。〔二〕

〔一〕【索隱】谷蠡，上音禄。下音棃，又音離。

〔二〕【考證】楓、三本「右」下有「谷蠡」二字，匈奴傳亦有，漢傳無。

驃騎將軍亦將五萬騎，車重與大將軍軍等，而無裨將。〔一〕悉以李敢等爲大校，當裨將，出代、右北平千餘里，直左方兵，所斬捕功已多大將軍。〔二〕軍既還，天子曰：「驃騎將軍去病率師，躬將所獲葷粥之士，約輕齎，絶大幕，〔三〕涉獲章渠，以誅比車耆，〔四〕轉擊左大將，斬獲旗鼓，〔五〕歷涉離侯。〔六〕濟弓閭，〔七〕獲屯頭王、韓王等三人，將軍、相國、當户、都尉八十三人，〔八〕封狼居胥山，禪於姑衍，〔九〕登臨翰海。〔一〇〕執鹵獲醜七萬有四百四十三級，師率減什三，〔一一〕取食於敵，逴行殊遠而糧不絶，〔一二〕以五千八百户益封驃騎將軍。」右北平太守路博德屬驃騎將軍，會與城，不失期，〔一三〕從至檮余山，斬首捕虜二千七百級，〔一四〕以千六百户封博德爲符離侯。北地都尉邢山，從驃騎將軍獲王，〔一五〕以千二百户封山爲義陽侯。故歸義因淳王復陸支，樓專王伊即軒，皆從驃騎將軍有功，〔一六〕以千三百户封復陸支爲壯侯。〔一七〕以千八百户封伊即軒爲衆利侯。從驃侯破奴，昌武侯安稽，從驃騎有功，益封各三百户。〔一八〕校尉敢得旗鼓，爲關内侯，食邑二百户。〔一九〕校尉自爲爵大庶長。〔二〇〕軍吏卒爲官，賞賜甚多。而大將軍不得益封，軍吏卒皆無封侯者。

〔一〕**【考證】**王先謙曰：輜車亦曰重車，車重，猶言車輜也。

〔二〕**【考證】**王先謙曰：「左方」當作「左王」。匈奴傳「票騎之出代二千餘里，與左王接戰，漢兵得胡首虜凡七萬人，左王將皆走」，是其證。愚按：楓、三本，漢書「多」下有「於」字。

〔三〕**【集解】**徐廣曰：「粥，一作『允』。」駰案：應劭曰「所降士有材力者」。**【考證】**漢書作「葷允」。

〔四〕**【集解】**徐廣曰：「獲，一作『護』。」晉灼曰：「比車耆，王號也。」**【索隱】**小顏云：「涉，謂涉水也。章渠，單于之近臣，謂涉水而破獲之。」漢書云「涉獲單于章渠」也。比，必耳反。**【考證】**上文曰「涉狐奴」，曰「涉鈞耆」，皆水名。「獲章渠」，亦當水名。漢書「獲」下有「單于」二字。顏師古依以章渠爲單于近臣之名，索隱從之，恐誤。

〔五〕**【索隱】**案：漢書左大將，名雙。

〔六〕**【索隱】**漢書作「度離侯」。小顏云「山名」。歷，度也。**【考證】**今本漢書作「難侯」。

〔七〕**【集解】**晉灼曰：「水名也。」**【索隱】**弓，包愷音穹，亦如字讀。

〔八〕**【集解】**漢書音義曰：「屯頭，胡王號也。」徐廣曰：「韓王，一作『韓藉』。」**【索隱】**按：漢書云「屯頭韓王等三人」。李奇曰「皆匈奴王號」。

〔九〕**【正義】**積土爲壇於山上，封以祭天也。祭地曰禪。

〔一〇〕【集解】張晏曰：「登海邊山以望海也。」【索隱】按：崔浩云「北海名，羣鳥之所解羽，故云翰海」。廣異志云「在沙漠北」。【考證】狼居胥、姑衍，二山名。翰海，大漠之別名，說在匈奴傳。

〔一一〕【考證】漢書「鹵」作「訊」，「三」作「二」。

〔一二〕【索隱】逴，音與卓同。卓，遠也。

〔一三〕【正義】與，音余。【考證】漢書作「輿」。

〔一四〕【索隱】檮余，音桃徒二音。【考證】漢書「七」作「八」。

〔一五〕【集解】徐廣曰：「邢山，一作『衛山』。」【考證】漢傳、表「符離」作「邳離」。史、漢表、漢傳「邢山」作「衛山」。

〔一六〕【索隱】復，劉氏音伏，小顏音福。專，漢書作「剸」，並音專。小顏音之兖反也。軒，九言反。【考證】漢書「歸義」下有「侯」字。

〔一七〕【考證】漢書表、傳「壯侯」作「杜侯」。

〔一八〕【集解】徐廣曰：「安稽，姓趙，故匈奴王」。【索隱】故匈奴王，姓趙也。

〔一九〕【索隱】敢，李廣子也。

〔二〇〕【索隱】案：徐自爲也。【考證】漢書「大庶長」作「左庶長」。百官表「爵十，左庶長；十八，大庶長」，史近是。

兩軍之出塞，塞閱官及私馬凡十四萬匹，而復入塞者不滿三萬匹。〔一〕乃益置大司馬位，大將軍、驃騎將軍皆爲大司馬。〔二〕定令，令驃騎將軍秩祿與大將軍等。自是之後，大將軍青日退，而驃騎日益貴。舉大將軍故人門下多去事驃騎，輒得官爵，唯任安不肯。〔三〕

〔一〕【考證】漢書武紀云「兩軍士戰死者數萬人」。何焯曰：書死馬之多，所亡士衆，可以意求，此史家隱顯互見之辭也。上文固云「殺傷相當」。

〔二〕【集解】如淳曰：「大將軍、驃騎將軍皆有大司馬之號也。」【索隱】案：如淳云「本無大司馬，今新置耳」。案：前謂太尉，其官又省，今武帝始置此位，衛將軍、霍驃騎皆加此官。【正義】「位」字屬下讀，以「位」字冠大將軍、驃騎者，明二將軍皆兼大司馬，以其功等。百官表云「元狩四年，初置大司馬、冠軍將軍之號」。顏師古云「冠者加於其上，爲大一官也」。【考證】「位」字屬上讀，正義非。

〔三〕【考證】漢書删「舉」字。顏師古曰：任安滎陽人，爲益州刺史。即遺司馬遷書者。楓、三本、漢書「肯」下有「去」字。

驃騎將軍爲人少言不泄，〔一〕有氣敢任。〔二〕天子嘗欲教之孫吳兵法，對曰：「顧方略何如耳，不至學古兵法。」天子爲治第，令驃騎視之，對曰：「匈奴未滅，無以家爲也。」〔三〕由此上益重愛之。然少而侍中，貴，不省士。〔四〕其從軍，天子爲遣太官齎數十乘，既還，重車餘弃粱肉，而士有飢者。〔五〕其在塞外，卒乏糧，或不能自振，而驃騎尚穿域蹋鞠。事多此類。〔六〕大將軍爲人仁善退讓，以和柔自媚於上，然天下未有稱也。〔七〕

〔一〕【索隱】案：孔文祥云「謂質重少言，膽氣在中也」。周仁『陰重不泄』，其行亦同也」。

〔二〕【索隱】謂果敢任氣也。漢書作「往」，亦作「任」也。

〔三〕【考證】漢書改「未」爲「不」，原文較勝。

〔四〕【考證】顏師古曰：省，視也。不恤視也。

〔五〕【考證】顏師古曰：齎與資同。王先謙曰：百官表有太官，顏注「太官主膳食」，說文「齎，持遺也」。據本文，此「齎」字專以食言，不當與資裝同解。

〔六〕【集解】徐廣曰：「穿地爲營域。」【索隱】穿域蹴鞠。徐氏云「穿地爲營域」。蹴鞠書有域説篇，又以杖打，亦有限域也。今之鞠戲，以皮爲之，中實以毛，蹴蹋爲戲。劉向别録云「蹋鞠，兵勢所以陳武事，知有材力也」。漢書作「蹋鞠」。三蒼云「鞠毛可蹋，以爲戲」。鞠音巨六反。【正義】按：蹴鞠書有域説篇，即今之打毬也。黄帝所作，起戰國時。程武士，知其材力也，若講武。【考證】何焯曰：蹋鞠二十五篇，漢書附兵家技巧中。

〔七〕【考證】漢書「仁善」作「仁喜士」，疑傳寫析爲二字。何焯曰：大將軍將略，以伍被所答淮南王問參觀，乃備，不可獨據於天下未有稱之語，此即出太史公淮南衡山列傳也。

驃騎將軍自四年軍後三年，元狩六年而卒。天子悼之，發屬國玄甲軍，陳自長安至茂陵，〔一〕爲冢象祁連山。〔二〕謚之，并武與廣地曰景桓侯。〔三〕子嬗，代侯。〔四〕嬗少字子侯，上愛之，幸其壯而將之。居六歲，元封元年，嬗卒，謚哀侯。無子，絶，國除。〔五〕

〔一〕【正義】屬國，即上分置邊五郡者也。玄甲，鐵甲也。

〔二〕【索隱】案：崔浩云「去病破昆邪於此山，故令爲冢象之以旌功也」。姚氏案：冢在茂陵東北，與衛青冢並。西者是青，東者是去病。冢上有豎石，前有石馬相對，又有石人也。

〔三〕【集解】蘇林曰：「景，武謚也；桓，廣地謚也。」張晏曰：「謚法『布義行剛曰景，闢土服遠曰桓』。」【索隱】案：景桓，兩謚也。謚法「布義行剛曰景」，是武謚也；又曰「辟土服遠曰桓」，是廣地之謚也。以去病平生有武藝，及廣邊地之功，故云「謚之并武與廣地曰景桓侯」。

〔四〕【索隱】嬗，音市戰反。

〔五〕【考證】封禪書云：「奉車子侯暴病，一日死。」楓、三本「絶」下有「後」字。

自驃騎將軍死後，大將軍長子宜春侯伉坐法失侯。〔一〕後五歲，伉弟二人陰安侯不疑及發干侯登皆坐酎金失侯。〔二〕失侯後二歲，冠軍侯國除。〔三〕其後四年，大將軍青卒，謚爲烈侯。〔四〕子伉代爲長平侯。

〔一〕【考證】王先謙曰：據表，元鼎元年免，後去病死一歲。

〔二〕【考證】酎金，解在封禪書。徐孚遠曰：大將軍尚在，而三子皆失侯，漢法之嚴如此。

〔三〕【考證】元封元年，漢書削「失侯」二字。

〔四〕【集解】徐廣曰：「元封五年。」

自大將軍圍單于之後十四年而卒。〔一〕竟不復擊匈奴者，以漢馬少，而方南誅兩越，東伐朝鮮，擊羌、西南夷，以故久不伐胡。

〔一〕【考證】楓、三本，漢書「年」作「歲」。王先謙曰：元狩四年至元封五年十四歲。漢書云「青尚平陽主，與主合葬，起冢象廬山」云。何焯云「廬」當作「盧」，匈奴中山也。

大將軍以其得尚平陽公主，故長平侯伉代侯。〔一〕六歲，坐法失侯。〔二〕

〔一〕【正義】漢書云：「平陽侯曹壽有惡疾，就國，乃詔青尚平陽公主。」如淳云：「本陽信長公主，爲平陽侯所尚，故稱平陽公主云。」【考證】中井積德曰：伉初別封，坐法失侯者，故不當嗣父爵，以父尚公主故得嗣也，故傳詳言之。

〔二〕【考證】梁玉繩曰：「六歲坐法失侯」，「六」字後人妄增。伉失侯，在天漢元年也，建元侯表書今侯伉，則知此非史公本書。

左方兩大將軍及諸裨將名：〔一〕

〔一〕【考證】張文虎曰：此行，宋本、中統、舊刻、游、毛皆不提，王本、凌本「方」譌「右」。梁玉繩曰：此指衛、霍兩人。沈家本曰：疑「大」字衍。

最〔一〕大將軍青，凡七出擊匈奴，斬捕首虜五萬餘級。一與單于戰，收河南地，遂置朔方郡，再益封，凡萬一千八百户。〔二〕封三子爲侯，侯千三百户。并之萬五千七百户。〔三〕其校尉裨將以從大將軍侯者九人。〔四〕其裨將及校尉已爲將者十四人。〔五〕爲裨將者曰李廣，自有傳。無傳者曰：

〔一〕【索隱】謂凡計也。【考證】此總計擊匈奴之數。

〔二〕【考證】漢書作「萬六千三百户」。

〔三〕【考證】漢書作「二萬二百户」。

〔四〕【考證】梁玉繩曰：案史、漢表傳，侯者十一人：一，蘇建；二，張次公；三，公孫敖；四，公孫賀；五，韓說；六，李蔡；七，趙不虞；八，公孫戎奴；九，李朔；十，張騫；十一，郝賢。言九人，誤。

〔五〕【索隱】案：漢書云「爲特將者十五人」，蓋通李廣也。此李廣一人自有傳，若漢書則七人自有傳，八人附見。七人，謂李廣、張騫、公孫賀、李蔡、曹襄、韓說、蘇建也。【考證】陳仁錫曰：叙諸裨將武功，俱用一「從」字，蓋歸功於大將軍、驃騎二將也。

將軍公孫賀。賀，義渠人，〔一〕其先胡種。賀父渾邪，景帝時爲平曲侯，〔二〕坐法失侯。賀，武帝爲太子時舍人。〔三〕武帝立八歲，以太僕爲輕車將軍，軍馬邑。後四歲，以輕車將軍出雲中。後五歲，以騎將軍從大將軍有功，封爲南窌侯。後一歲，以左將軍再從大將軍，出定襄，無功。後四歲，以坐酎金失侯。〔四〕後八歲，以浮沮將軍出五原二千餘里，無功。〔五〕後八歲，以太僕爲丞相，封葛繹侯。〔六〕賀七爲將軍，出擊匈奴，無大功。而再侯，爲丞相。〔七〕坐子敬聲與陽石公主姦，爲巫蠱，族滅，無後。〔八〕

〔一〕**【正義】**今慶州本義渠戎國也。地理志云北義渠道也。**【考證】**錢大昕曰：公孫賀、李蔡皆官至丞相，而以將軍目之，蓋漢人以將軍爲重，且諸人從衛霍立功，其在相位，初無表見，故但稱將軍而已。愚按：漢書公孫賀傳記載較詳。又按：附傳後人妄增，故有及天漢後事者，説見下文。

〔二〕**【集解】**徐廣曰：「爲隴西太守。」**【考證】**漢書公孫賀傳云：「昆邪，景帝時爲隴西太守，以將軍擊吴有功，封平曲侯，著書十餘篇。」

〔三〕**【考證】**漢傳云：「賀夫人君孺，衛皇后姊也，賀由是有寵。」梁玉繩曰：案此兩稱武帝，及下李息、公孫敖、李沮、李蔡、趙信、趙食其六傳稱武帝者，皆後人妄改，當作「今上」。

〔四〕**【考證】**梁玉繩曰：案史、漢表，賀以元鼎五年坐酎金免，則自元朔六年出定襄後至元鼎五年，凡十一歲也。

〔五〕**【集解】**徐廣曰：「元鼎六年。」**【索隱】**沮，音子餘反。**【考證】**錢大昕曰：據匈奴傳，賀將萬五千騎，出五原二千餘里，至浮苴井而還。「浮苴」即「浮沮」，蓋以地名。趙破奴爲匈河、浚稽將軍，李廣利爲貳師將軍，亦其類也。梁玉繩曰：賀出五原，即元鼎六年事，非坐酎金失侯之後八歲也。

〔六〕**【集解】**徐廣曰：「太初二年。」

〔七〕**【考證】**梁玉繩曰：案賀爲將軍五，安有七乎？

〔八〕**【集解】**徐廣曰：「陽石，一云『德邑』。」**【考證】**公主，武帝女。梁玉繩曰：「坐子敬聲」以下後人所續，非史本書。

將軍李息，郁郅人。〔一〕事景帝。至武帝立八歲，爲材官將軍，軍馬邑。〔二〕後六歲，爲將軍出代；〔三〕後三歲，爲將軍，從大將軍出朔方：〔四〕皆無功。凡三爲將軍，其後常爲大行。

〔一〕【集解】服虔曰：「郅，音室。」【索隱】服虔音室，小顏音質。案：北地縣名也。【正義】之栗反，今慶州弘化縣是。

〔二〕【考證】王先謙曰：元光二年。

〔三〕【考證】梁玉繩曰：李息出代，在元朔元年，後于軍馬邑五歲。

〔四〕【考證】梁玉繩曰：息出朔方，在元朔五年，後出代四歲。王先謙曰：衛青傳出朔方之役，息有功，爵關內侯，與此異。

將軍公孫敖，義渠人。以郎事武帝。〔一〕武帝立十二歲，爲驃騎將軍出代，亡卒七千人，當斬，贖爲庶人。〔二〕後五歲，以校尉從大將軍有功，封爲合騎侯。後一歲，以中將軍從大將軍，再出定襄，無功。〔三〕後二歲，以將軍出北地，後驃騎期，當斬，贖爲庶人。後二歲，以校尉從大將軍，無功。後十四歲，以因杅將軍築受降城。〔四〕七歲，復以因杅將軍再出擊匈奴，至余吾，亡士卒多，下吏。〔五〕當斬，詐死，亡居民閒五六歲。後發覺，復繫。坐妻爲巫蠱，族。凡四爲將軍，出擊匈奴，一侯。

〔一〕【考證】漢書「武帝」作「景帝」，此誤。

〔二〕【考證】漢書無「驃」字，此衍。余有丁曰：驃騎將軍，武帝立名以寵去病，本傳前云「賀爲輕車將軍」，又曰「騎將軍」，此「驃」字必誤。

〔三〕【考證】梁玉繩曰：案傳言斬虜萬餘人，史、漢表皆言是年敖益封，則此誤也，當衍「無功」二字。

〔四〕【索隱】杅，音于。【考證】匈奴傳云「元封六年，因匈奴左大都尉欲降，故築受降城」。漢武紀在太初元年，此曰十四歲，以初築之歲數。

〔五〕【索隱】余，音餘，又音徐。案：水名，在朔方。【考證】楓、三本「七歲」上有「後」字。沈欽韓曰：紀要「余吾水在廢夏州北塞外」。丁謙曰：余吾水，當即翁金河，此河爲漠南北衝要之途。梁玉繩曰：此下後人所續，蓋敗余吾，在天漢四年。巫蠱起于征和元年，且敖自余吾還腰斬，非先曾亡居民間，而後坐巫蠱族也。「七歲」至「巫蠱族」四十四字當削，漢傳同其誤。

將軍李沮，雲中人。〔一〕事景帝。武帝立十七歲，以左內史爲彊弩將軍。後一歲，復爲彊弩將軍。

〔一〕【索隱】沮，音俎豆之俎。【正義】雲中，今嵐、勝州也。

將軍李蔡，成紀人也。〔一〕事孝文帝、景帝、武帝。以輕車將軍從大將軍有功，封爲樂安侯。已爲丞相，坐法死。

〔一〕【正義】秦州縣也。

將軍張次公，河東人。以校尉從衛將軍青有功，封爲岸頭侯。其後太后崩，爲將軍軍北軍。〔一〕後一歲，爲將軍從大將軍，再爲將軍，坐法失侯。次公父隆，輕車武射也。

以善射，景帝幸近之也。

〔一〕【考證】王先謙曰：據武紀及功臣表，元朔二年五月封侯，六月皇太后崩。岡白駒曰：太后，武帝母王太后也。次公爲將軍軍北軍，天子諒陰，備非常也。

將軍蘇建，杜陵人。以校尉從衛將軍青有功，爲平陵侯，〔一〕以將軍築朔方。後四歲，爲游擊將軍，從大將軍出朔方。〔二〕後一歲，以右將軍再從大將軍出定襄，亡翕侯，失軍，當斬，贖爲庶人。其後爲代郡太守，卒，冢在大猶鄉。〔三〕

〔一〕【考證】楓、三本「爲」上有「封」字。

〔二〕【考證】梁玉繩曰：蘇建封侯，在元朔二年，此元朔五年事，當云後三歲。

〔三〕【考證】張文虎曰：宋本、凌本「冢」譌「家」。

將軍趙信，以匈奴相國降，爲翕侯。武帝立十七歲，爲前將軍，與單于戰，敗，降匈奴。〔一〕

〔一〕【考證】梁玉繩曰：漢書「十七」作「十八」，是。趙信爲前將軍，在元朔六年，武帝立十八年也。

將軍張騫，以使通大夏，還，爲校尉。從大將軍有功，封爲博望侯。後三歲，爲將軍出右北平，〔一〕失期，當斬，贖爲庶人。其後使通烏孫，爲大行而卒，冢在漢中。

〔一〕【考證】凌本脫「後」字。

將軍趙食其，祋祤人也。〔一〕武帝立二十二歲，以主爵爲右將軍，從大將軍出定襄。〔二〕迷失道，當斬，贖爲庶人。

〔一〕【索隱】縣名，在馮翊，祋音都活反，又音丁外反。祤，音詡。【正義】上都誨反。雍州同官縣，本漢祋祤縣也。
〔三〕【考證】主爵，主爵都尉。

將軍曹襄以平陽侯爲後將軍，從大將軍出定襄。襄，曹參孫也。〔一〕

〔一〕【考證】中井積德曰：曹襄，是參之玄孫，此單云孫者泛稱耳。

將軍韓說，弓高侯庶孫也。以校尉從大將軍有功，爲龍頟侯，〔一〕坐酎金失侯。元鼎六年，以待詔爲橫海將軍，擊東越有功，爲按道侯。〔二〕以太初三年爲游擊將軍，屯於五原外列城。爲光祿勳，掘蠱太子宮，衛太子殺之。〔三〕

〔一〕【考證】楓、三本「爲」上有「封」字。
〔二〕【考證】楓、三本「爲」上有「封」字。
〔三〕【考證】梁玉繩曰：「爲光祿勳」以下十四字，後人以征和二年事續入也，當刪。

將軍郭昌，雲中人也。以校尉從大將軍。元封四年，以太中大夫爲拔胡將軍，屯朔方。還擊昆明，毋功，奪印。〔一〕

〔一〕【考證】王先謙曰：西南夷傳略云南粵反，上使發南夷兵，且蘭君遂反，漢發八校尉擊之。會越已破，漢八校尉不下，中郎將郭昌、衛廣引兵還，行誅且蘭，遂平南夷，爲牂柯郡。據武紀，定越地及西南夷是元鼎六年事。又武紀元封二年，遣郭昌、衛廣發巴蜀兵，平西南夷未服者，以爲益州郡。昌將兵有功，本傳並不載。其擊昆明無功，西南夷傳亦不載也。惟武紀元封六年，書益州昆明反，遣拔胡將軍郭昌擊之。

將軍荀彘，太原廣武人。以御見，侍中。〔一〕爲校尉，數從大將軍。以元封三年爲左

將軍擊朝鮮，毋功。以捕樓船將軍，坐法死。〔一〕

〔一〕【正義】以善御求見也。【考證】顔師古曰：以善御得見，因爲侍中也。御，謂御車也。

〔二〕【考證】詳朝鮮傳。

最驃騎將軍去病，凡六出擊匈奴，其四出以將軍，〔一〕斬捕首虜十一萬餘級。〔二〕及渾邪王以衆降數萬，遂開河西、酒泉之地，〔三〕西方益少胡寇。四益封，凡萬五千一百户。〔四〕其校吏有功爲侯者凡六人，〔五〕而後爲將軍二人。

〔一〕【集解】徐廣曰：「再出以剽姚校尉也。」

〔二〕【考證】張文虎曰：宋本、毛本「首虜」他本誤倒。

〔三〕【正義】河，謂隴右蘭州之西河也。謂涼、肅等州。漢書西域傳云驃騎將軍擊破匈奴右地，置酒泉郡，後分置武威、張掖、燉煌等郡。

〔四〕【考證】梁玉繩曰：去病本封千六百户，四益封萬四千五百，并之得萬六千一百户，此誤數也。若依漢傳，本封二千五百户，四益封，萬五千一百，并之得萬七千六百户，而漢傳此句作「萬七千七百户」，亦誤。

〔五〕【考證】梁玉繩曰：案史、漢表傳，從去病爲侯者七人：一，趙破奴；二，高不識；三，僕多；四，路博德；五，衛山；六，復陸支；七，伊即軒。言六人誤。

將軍路博德，平州人。〔一〕以右北平太守從驃騎將軍有功，爲符離侯。〔二〕驃騎死後，博德以衛尉爲伏波將軍，伐破南越，益封。其後坐法失侯。爲彊弩都尉，屯居

延，卒。〔三〕

〔一〕【正義】漢書云西河平州。按：西河郡今汾州。

〔二〕【考證】漢書「符離」作「邳離」。

〔三〕【考證】王先謙曰：據表、紀，失侯在太初元年，屯居延在三年。

將軍趙破奴，故九原人。〔一〕嘗亡入匈奴，已而歸漢，爲驃騎將軍司馬。出北地，時有功，封爲從驃侯。坐酎金失侯。後一歲，爲匈河將軍，〔二〕攻胡至匈河水，無功。後二歲，擊虜樓蘭王，復封爲浞野侯。〔三〕後六歲，爲浚稽將軍，將二萬騎擊匈奴左賢王，〔四〕左賢王與戰，兵八萬騎圍破奴，破奴生爲虜所得，遂没其軍。居匈奴中十歲，復與其太子安國亡入漢。〔五〕後坐巫蠱，族。〔六〕

〔一〕【正義】今勝州。【考證】漢書作「太原」，疑誤。

〔二〕【考證】王先謙曰：元鼎六年。

〔三〕【集解】徐廣曰：「元封二年。」【考證】史表及漢功臣表，趙破奴虜樓蘭在元封三年，即本文「二歲」當作「三歲」。集解元封二年，游本作「元封三年」，當依正。

〔四〕【集解】徐廣曰：「太初二年。」【考證】後六歲，當作「後五歲」。

〔五〕【集解】徐廣曰：「以太初二年入匈奴，天漢元年亡歸，涉四年。」

〔六〕【考證】梁玉繩曰：案「居匈奴」至「巫蠱族」二十一字，後人妄續也。

自衞氏興，大將軍青首封，其後枝屬爲五侯。凡二十四歲，而五侯盡奪。衞氏無爲

侯者。〔一〕

〔一〕【考證】梁玉繩曰：「自衞氏興」以下三十三字，史詮謂當在上文「六歲坐法失侯」下，蓋是也，然亦後人續而誤者。衞青以元朔二年封，其枝屬以元朔五年封，自元朔二至太初四，凡二十七年，不得言三十四歲。而長平侯伉于太初四年見存，不得言盡奪無侯。青止三子，亦不得言五侯，而漢書仍其誤，何歟？

太史公曰：蘇建語余曰：「吾嘗責大將軍至尊重，而天下之賢士大夫毋稱焉，〔一〕願將軍觀古名將所招選擇賢者，勉之哉。〔二〕大將軍謝曰：『自魏其、武安之厚賓客，天子常切齒。彼親附士大夫，招賢絀不肖者，人主之柄也。人臣奉法遵職而已，何與招士！』」〔三〕驃騎亦放此意，其爲將如此。〔四〕

〔一〕【索隱】謂不爲賢士大夫所稱譽。【考證】「賢」下各本無「士」字，依索隱單本及漢書補。

〔二〕【考證】漢書削「擇賢」二字。

〔三〕【索隱】與，音預。【考證】梁玉繩曰：案此青謝蘇建語如此，汲黯爲揖客，大將軍益賢之，又進言田仁爲郎中，言滅宣爲大廄丞，言主父偃于上，爲上言郭解不中徙茂陵，則未嘗不招士也。但所招之士，不皆賢耳。王鳴盛曰：李廣傳贊美其死，「天下知與不知皆盡哀，忠心誠信於士大夫」。衞青傳贊則著其不肯招士，位尊而天下賢士大夫無稱，兩兩相形，優劣自見。乃青名爲不薦士，而傾危如主父偃，殘賊如減宣，皆其所薦，又爲郭解請免徙關內。然則青特不薦賢耳，於不肖者，未嘗不交通援引也。何焯曰：衞霍將略，太史公不之取也，此論却許其能知時變以保祿位，非以示譏。又曰：此言得之，其言主父偃、減宣於上，乃在名位未盛之時也。武帝雄猜，拔擢一人，必欲恩自己出，丞相猶不敢薦士，況爲將握兵者乎！

〔四〕【考證】王鳴盛曰：佞幸傳末忽贅二語云「衛青、霍去病亦以外戚貴幸，然頗用材能自進」，一若以此二人本可入佞幸者。子長措詞如此。

【索隱述贊】君子豹變，貴賤何常。青本奴虜，忽升戎行。姊配皇極，身尚平陽。寵榮斯僭，取亂彝章。嫖姚繼踵，再静邊方。

史記會注考證卷一百十二

平津侯主父列傳第五十二　　史記一百十二

【考證】史公自序云：「大臣宗室，以侈靡相高，唯弘用節衣食，爲百吏先。作平津侯列傳第五十二。」陳仁錫曰：太史公平津傳附主父偃、徐樂、嚴安三人，然行事終不相合。主父以下當別爲一傳。王鳴盛曰：公孫弘以儒者致位宰相封侯，乃與主父偃同傳。張湯、杜周皆三公也，乃入之酷吏傳，子長惡此三人特甚，故其位置如此。愚按：偃等三人皆以文辭進，皆以伐匈奴通西南夷爲非，其事相涉，此所以與平津同傳。觀次諸衞、霍、兩越諸傳間，可以知史公之意也。陳、王二説未得。查慎行曰：漢書於弘至太常下，添入策諸儒制，及弘對策全文。及召見後，史記止云「狀貌甚麗，拜爲博士」，漢書復增入待詔金馬門所上一疏，及問答數十言，弘之生平學術、後來相業底裏具見於此，此司馬之略，似不如班氏之詳。

丞相公孫弘者，齊菑川國薛縣人也，字季。〔一〕少時爲薛獄吏，有辠，免。家貧，牧豕海上。年四十餘，乃學春秋雜説。〔二〕養後母孝謹。〔三〕

〔一〕【索隱】案：薛縣屬魯國，漢置菑川國，後割入齊也。【正義】表云菑川國，文帝分齊置，都劇。括地志云：「故劇城，在青州壽光縣南三十一里。故薛城，在徐州滕縣界。地理志云薛縣屬魯國。」按：薛與劇隔兖州及太山，未詳。公孫弘墓又在青州北魯縣西二十里也。【考證】梁玉繩曰：齊與菑川實爲兩國，薛縣別屬魯，乃史公連書之，何也？下文汲黯詰弘曰「齊人多詐」，又云「菑川國推上弘」。而儒林傳稱薛人公孫弘。徐廣謂薛縣在菑川。索隱謂薛本屬魯，漢置菑川國，後割入齊，説亦欠明。史記攷異云：菑川本齊故地，史言菑川，又言齊者，當時通俗之稱。扁鵲言臣齊勃海秦越人，與此一例，非史之誤。漢志菑川國祇三縣，無薛縣，然高五王傳青州刺史奏菑川王終古禽獸行，詔削四縣，安知薛縣不在所削之内？漢志郡國領縣若干，皆元成以後之制，未可據以駁傳也。此説甚確，毛本及漢書無「齊」字。沈欽韓曰：西京雜記五鄒長倩遺弘書云「次卿足下」，則弘一字次卿。

〔二〕【考證】何焯曰：雜説，雜家之説，兼儒墨，合名法者也。藝文志亦有公羊雜記八十三篇，以弘所對智者術之原也一條味之，其學蓋出於雜家。則此雜説，非春秋經師之雜説也。

〔三〕【考證】凌稚隆曰：伏後「後母死服喪」。

建元元年，天子初即位，招賢良文學之士。是時弘年六十，徵以賢良爲博士。使匈奴，還報，不合上意，上怒以爲不能，弘迺病免歸。〔一〕

〔一〕【考證】漢書「病」上有「移」字。

元光五年，有詔徵文學，菑川國復推上公孫弘。〔一〕弘讓謝國人曰：「臣已嘗西應命，以不能罷歸，願更推選。」〔二〕國人固推弘，弘至太常。〔三〕太常令所徵儒士各對策，百餘人，弘第居下。策奏，天子擢弘對爲第一。召入見，狀貌甚麗，拜爲博士。〔四〕是時通西南夷道，置郡，巴蜀民苦之，詔使弘視之。還奏事，盛毁西南夷無所用，上不聽。

〔一〕【考證】沈欽韓曰：案西京雜記云「公孫弘以元光五年爲國士所推爲賢良，國人鄒長倩以其家貧少自資致，乃解衣裳以衣之，釋所著冠履以與之，又贈以芻一束，絲一繸，撲滿一枚，書題遺之」。梁玉繩曰：「文學」上脱「賢良」二字，漢書有之，而「五年」是「元年」之誤。荀紀、西京雜記、石林燕語皆依史作「元光五年」，失之。通鑑攷異反據五年爲説，無怪乎疑未能明也。漢書武紀以弘舉賢良在元光元年，而弘傳本史記，誤作「五年」耳，野客叢書辨之極是，其言曰：武帝兩開賢良科，一在建元元年，一在元光元年，而元光元年，但詔徵吏民明當世務者，不聞有賢良之舉。攷武帝初即位，弘年六十，以賢良徵，元狩二年薨，年八十。自元狩二年推而上之至武帝初年，恰二十年，以是言之，弘于元光元年再舉賢良，明甚。本傳謂五年，誤也。又況元光元年賢良制，政係弘所對者。

〔二〕【考證】楓、三本，漢書無「歸」字。

〔三〕【考證】漢傳補入策問及弘對策。

〔四〕【考證】漢書「拜爲博士」下，補待詔金馬門，弘復上疏一節。

弘爲人恢奇多聞，〔一〕常稱以爲人主病不廣大，人臣病不儉節。弘爲布被，食不重肉。後母死，服喪三年。每朝會議，開陳其端，令人主自擇，不肯面折庭爭。於是天子察其行敦厚，辯論有餘，習文法吏事，而又緣飾以儒術，上大説之。〔二〕二歲中，至左內史。〔三〕弘奏事，有不可，不庭辯之。〔四〕嘗與主爵都尉汲黯請閒，汲黯先發之，弘推其後，天子常説，所言皆聽，以此日益親貴。嘗與公卿約議，至上前，皆倍其約以順上旨。汲黯庭詰弘曰：「齊人多詐而無情實，始與臣等建此議，今皆倍之，不忠。」上問弘。弘謝曰：「夫知臣者，以臣爲忠，不知臣者，以臣爲不忠。」上然弘言。左右幸臣每毀弘，上益厚遇之。

〔一〕【考證】楓本無「恢奇」二字。

〔二〕【索隱】謂以儒術飾文法，如衣服之有領緣以爲飾也。【考證】何焯曰：弘號以儒進，然所以當上意者，習文法吏事，乃少爲獄吏力也。沈欽韓曰：西京雜記公孫弘著公孫子言刑名事，謂字直百金。

〔三〕【集解】徐廣曰：「一云一歲。」【考證】漢書亦作「一歲」。梁玉繩曰：徐廣作「一歲」，是弘以元光元年對策爲博士，中更母服三年，蓋元光五年仍爲博士，即于是歲爲左內史，故公卿表言元光五年爲左內史也。

〔四〕【考證】楓、三本，漢書「有」下有「所」字。

元朔三年，張歐免，以弘爲御史大夫。〔一〕是時通西南夷，東置滄海，北築朔方之郡。弘數諫，以爲罷敝中國，以奉無用之地，願罷之。於是天子乃使朱買臣等難弘，置朔方之便。發十策，弘不得一。〔二〕弘迺謝曰：「山東鄙人，不知其便若是，願罷西南夷、滄海，而專奉朔方。」上乃許之。〔三〕

〔一〕【考證】楓、三本「免」下有「上」字。

〔二〕【集解】韋昭曰：「以弘之才非不能得一也，以爲不可，不敢逆上耳。」【索隱】按：韋昭以弘之才非不能得一，以爲不可，不敢逆上故耳。【正義】顏師古曰：「言其利害十條，弘無以應。」

〔三〕【考證】中井積德曰：弘不敢置對，似阿世者。然因此請罷西南夷、滄海，則大有補益。立朝統職者，不能無是臭味，宜算其損益多少而襃貶之。

汲黯曰：「弘位在三公，奉祿甚多，然爲布被，此詐也。」〔一〕上問弘。弘謝曰：「有之。夫九卿與臣善者，無過黯，然今日庭詰弘，誠中弘之病。夫以三公爲布被，誠飾詐欲以釣名。

且臣聞管仲相齊有三歸，侈擬於君，桓公以霸，亦上僭於君。〔二〕晏嬰相景公，食不重肉，妾不衣絲，齊國亦治，此下比於民。〔三〕今臣弘位爲御史大夫，而爲布被，自九卿以下至於小吏無差。誠如汲黯言。且無汲黯忠，陛下安得聞此言。」天子以爲謙讓，愈益厚之。〔四〕卒以弘爲丞相，封平津侯。〔五〕

〔一〕【考證】藝文類聚引「奉」作「俸」。

〔二〕【正義】擬，音儗，僭也。【考證】「亦」當作「此」，下文可證。三歸，解在管夷吾傳。

〔三〕【索隱】比，音鼻。比者，近也。小顏音「比方」之「比」。

〔四〕【考證】平準書云：「公孫弘以宰相布被，食不重味，爲天下先，然而無益於治，修務於功利。」西京雜記云：「公孫弘起家，徒步爲丞相，故人高賀從之。弘食以脱粟飯，覆以布被，賀怨曰：『何以故人富貴爲？脱粟布被，我自有之。』弘大慙。賀嘗語人曰：『公孫弘，内服貂蟬，外衣麻枲，内厨五鼎，外膳一肴，豈以示天下。』于是朝廷疑其矯焉，弘嘆曰：『寧逢惡賓，不逢故人。』」

〔五〕【集解】徐廣曰：「大臣表曰元朔五年十一月乙丑，公孫弘爲丞相。功臣表曰元朔三年十一月乙丑，封平津侯。」駰案：漢書「高成之平津鄉」也。【索隱】案：漢書曰「漢興皆以列侯爲丞相，弘本無爵，乃詔封弘高成之平津鄉六百五十户，爲平津侯。丞相封侯，自弘始也」。【考證】通鑑考異云：「史記將相名臣表、漢書百官公卿表，弘爲相，皆在元朔五年，建元以來侯者表、恩澤侯表皆云元朔三年封侯。按：三年弘始爲御史大夫，蓋誤書五爲三，因置於三年耳。」

弘爲人意忌，外寬内深。〔一〕諸嘗與弘有郤者，雖詳與善，陰報其禍。〔二〕殺主父偃，徙董

仲舒於膠西，皆弘之力也。食一肉，脱粟之飯。〔三〕故人所善賓客，仰衣食，弘奉禄皆以給之，家無所餘。士亦以此賢之。〔四〕

〔二〕【索隱】謂弘外寬内深，意多有忌害也。【考證】王念孫曰：「『意忌』二字平列，意者疑也。陳丞相世家曰『項王爲人意忌信讒』，酷吏傳曰『張湯文深意忌』，義並與此同。

〔三〕【考證】詳、佯通。漢書作「陽」。

〔三〕【索隱】案：一肉，言不兼味也。脱粟，纔脱穀而已，言不精鑿也。

〔四〕【考證】與西京雜記所言異。梁玉繩曰：案弘開東閤以延賢人，此盛德事，不知史何以不載。

淮南、衡山謀反，治黨與方急。弘病甚，自以爲無功而封，位至丞相，宜佐明主填撫國家，使人由臣子之道；今諸侯有叛逆之計，此皆宰相奉職不稱，恐竊病死，無以塞責。〔二〕乃上書曰：「臣聞天下之通道五，所以行之者三。〔二〕曰君臣、父子、兄弟、夫婦、長幼之序，此五者天下之通道也。〔三〕智、仁、勇，此三者，天下之通德，所以行之者也。〔四〕故曰『力行近乎仁，好問近乎智，知恥近乎勇』。知此三者，則知所以自治，知所以自治，然後知所以治人。天下未有不能自治而能治人者也，〔五〕此百世不易之道也。今陛下躬行大孝，鑒三王，建周道，兼文武，厲賢予禄，量能授官。〔六〕今臣弘罷駑之質，無汗馬之勞，陛下過意，擢臣弘卒伍之中，〔七〕封爲列侯，致位三公。臣弘行能不足以稱，〔八〕素有負薪之病，恐先狗馬填溝壑，終無以報德塞責。〔九〕願歸侯印，乞骸骨，避賢者路。」天子報曰：「古者賞有功，褒有德，守成尚文，遭遇右武，〔一〇〕未有易此者也。朕宿昔庶幾，獲承尊位，懼不能寧，惟所與共爲治者，君宜知之。〔一一〕蓋君子善善惡惡，君宜知之，君若謹行，常在朕躬。〔一二〕君不幸罹霜露之病，何恙不已，〔一三〕迺上書歸侯乞骸骨，是章朕之不德也。今事少閒，君其省思慮，一精神，輔以醫藥。」因賜告牛酒雜帛。居數月，病有瘳，視事。

〔一〕【索隱】案：人臣委質於君，死生由君，今若一朝病死，是竊死也。【考證】漢書無「竊」字。王念孫曰：「恐竊」當爲「竊恐」，寫者誤倒耳。

〔二〕【索隱】案：此語出子思子，今見禮記中庸篇。

〔三〕【考證】兄弟與長幼之序複，漢書作「君臣、父子、夫婦、長幼、朋友之交」，與中庸合，當依改。呂覽壹行篇云：「先王所惡，無惡於不可知。不可知則君臣、父子、兄弟、朋友、夫妻之際敗矣。」次第雖異，五倫之目，亦與中庸合。

〔四〕【考證】漢書「勇」下無「此」字。「者」下無「天下之通德」五字。

〔五〕【考證】以上本中庸。表章中庸，不始於宋儒。

〔六〕【集解】徐廣曰：「厲，一作『廣』也。」【考證】漢書「大孝」作「孝弟」。「厲賢予祿」作「招倈四方之士任賢序位」。「官」下有「將以厲百姓勸賢材也」九字。

〔七〕【考證】周壽昌曰：過意，猶言過垂恩意。

〔八〕【考證】顏師古曰：不副其任也。

〔九〕【考證】楓、三本，宋本，中統、毛本「病」作「疾」，與漢書合。曲禮下「君使士射，不能，則辭以疾。曰『某有負薪之憂』」。負薪之憂，猶言采薪餘勞。病猶言憂。

〔一〇〕【索隱】小顏云：「右，亦上也。言遭遇亂時則上武也。」【考證】漢書顏注作「禍亂時，則上武耳」，與索隱所引異。愚按：遭遇，當作「遭禍」，正與「守成」對文，「遇禍」形似而訛。漢書一本作「遇禍」。

〔一〕【考證】王先謙曰：知，謂知朕意也。

〔二〕【考證】漢書作「蓋君子善善及後也，若兹行常在朕躬」。郭嵩燾曰：此答其歸侯之意。善善及後世，謂世傳國爲侯，行者所以行賞也。武帝自言任賞罰之權，與史記文義各别。愚按：史義自通。顔師古云：常在朕躬，朕常思此，不息於心也。

〔三〕【集解】漢書音義曰：「何恙，喻小疾不以時愈。」【索隱】恙，憂也。言罹霜露寒涼之疾，輕，何憂於病不止。禮曰「疾止，復初」也。

元狩二年，弘病，竟以丞相終。〔一〕子度嗣爲平津侯。度爲山陽太守，十餘歲，坐法失侯。〔二〕

〔一〕【集解】漢書曰：「年八十。」【索隱】漢書云凡爲御史、丞相六歲，年八十終。【考證】十七史商榷引陳鵬年云：案史記，公孫弘以建元元年辛丑徵爲博士，不合罷歸，年六十。至元光五年辛亥，凡十一年，年七十一矣，是年即以博士爲左内史。元朔三年乙卯，爲御史大夫，年七十五。五年乙巳十一月，爲丞相，年七十七。元狩二年庚申三月薨，在相位二年餘，年八十。

〔二〕【索隱】漢書云，坐不遣鉅野令史成詣公車，論爲城旦。元始中，詔復弘後爲關内侯也。

主父偃者，齊臨菑人也。學長短縱横之術，〔一〕晚乃學易、春秋、百家言。〔二〕游齊諸生閒，莫能厚遇也。齊諸儒生相與排擯，不容於齊。家貧，假貸無所得，〔三〕迺北游燕、趙、中山，皆莫能厚遇，爲客甚困。孝武元光元年中，以爲諸侯莫足游者，〔四〕乃西入關見衞將軍。〔五〕衛將軍數言上，上不召。資用乏，留久，諸公賓客多厭之，乃上書闕下。朝奏，暮召入見。所言九事，其八事爲律令，一事諫伐匈奴。其辭曰：

〔一〕【考證】劉向上戰國策云：「舊號或曰短長。」張晏注張湯傳云：「蘇秦、張儀之謀，趣彼爲短，歸此爲長，戰國策名長短術也。」是長短、縱横二語同意。漢書藝文志縱横家「主父偃二十八篇」，今亡，馬國翰有輯本。

〔二〕【考證】中井積德曰：「晩」字似失當。凌稚隆曰：暗伏後日暮途遠一段案。

〔三〕【考證】漢書「貸」作「貣」。顏師古曰：音土得反。貣，從人求物也。

〔四〕【考證】楓、三本「光」下無「元」字。梁玉繩曰：「孝武」當作「今上」。主父偃、徐樂、莊安三人同上書拜郎中，應在元朔初，通鑑載于元朔元年，攷異謂「光」乃「朔」字之誤，其説自不可易。何以證之？偃傳言偃入關，見衛將軍，而衛青以元光六年始爲將軍，若偃見青于元光元年，則青尚爲太中大夫，安得稱將軍？其證一。漢書言徐樂，燕郡無終人，以無終屬燕，雖不免錯，而燕之爲郡，實在元朔元年以後，政當上書之時，其證二。莊安書中，有略薉州建城邑之語，而降薉貉爲蒼海郡在元朔元年，其證三。獨大事記書于元光元年，其解題曰「偃竊奏董仲舒高園殿對」，高園殿災，在建元六年，距元朔改元八年。若偃以是年召見，安得竊仲舒草藁奏之？若召見親近之後，方竊奏仲舒藁，則仲舒亦不應追論七八年前災異也。況田蚡死已久，仲舒所謂貴而不正者，果安所指耶？殊不知仲舒奏藁自在建元末年，而偃之竊奏固在元朔初，何足據哉。愚按：史明言元光元年偃西入關，留久乃上書，未嘗以上書爲元年事。通鑑考異、史記志疑以史爲誤者，何也？

〔五〕【考證】顏師古曰：衛青。洪頤煊曰：衛青傳子夫爲夫人，青爲太中大夫。元光六年，拜爲車騎將軍擊匈奴。是時青尚未爲將軍。愚按：此追記之辭。

「臣聞明主不惡切諫以博觀，忠臣不敢避重誅以直諫，是故事無遺策，而功流萬世。今臣不敢隱忠避死，以效愚計，願陛下幸赦而少察之。

「司馬法曰：『國雖大，好戰必亡；天下雖平，忘戰必危。』〔一〕天下既平，天子大凱，〔二〕春蒐秋獮，諸侯春振旅，秋治兵，所以不忘戰也。〔三〕且夫怒者逆德也，兵者凶器也，争者末節也。〔四〕古之人君一怒，必伏尸流血，故聖王重行之。〔五〕夫務戰勝窮武事者，未有不悔者也。昔秦皇帝任戰勝之威，蠶食天下，并吞戰國，海内爲一，功齊三代。務勝不休，欲攻匈奴，李斯諫曰：『不可。夫匈奴無城郭之居，委積之守，〔六〕遷徙鳥擧，難得而制也。輕兵深入，糧食必絶，踵糧以行，重不及事。〔七〕得其地不足以爲利也，遇其民不可役而守也。〔八〕勝必殺之，非民父母也。靡敝中國，快心匈奴，非長策也。』〔九〕秦皇帝不聽，遂使蒙恬將兵攻胡，辟地千里，以河爲境。地固澤鹹鹵，不生五穀。〔一〇〕然後發天下丁男，以守北河。暴兵露師十有餘年，死者不可勝數，終不能踰河而北。〔一一〕是豈人衆不足，兵革不備哉？其勢不可也。又使天下蜚芻輓粟，〔一二〕起於黄、腄、琅邪負海之郡，轉輸北河，〔一三〕率三十鍾而致一石。〔一四〕男子疾耕不足於糧饟，女子紡績不足於帷幕。百姓靡敝，孤寡老弱不能相養，道路死者相望，蓋天下始畔秦也。

〔一〕【考證】今本司馬法仁本篇。

〔二〕【集解】應劭曰：「大凱，周禮還師振旅之樂。」

〔三〕【集解】宋均曰：「春秋少陽少陰，氣弱未全，須人功而後用，士庶法之，教而後成，宗仁本義。天子諸侯，必春秋講武，簡閱車徒，以順時氣，不忘戰也。」【索隱】按：宋均云「宗本仁義，助少陰少陽之氣，因而教以簡閱車徒」。

〔四〕【考證】國語越語范蠡曰：「勇者逆德也，兵者凶器也，争者事之末也。」沈欽韓曰：尉繚子兵議「兵者凶器也，争者逆德也」。說苑指武篇屈宜咎語同。

〔五〕【考證】顔師古曰：「重，難也。」

〔六〕【考證】胡三省曰：積，子智翻。委積者倉廩之藏也。鄭氏云：少曰委，多曰積。

〔七〕【考證】踵，接也。漢書作「運」。

〔八〕【考證】漢書「遇」作「得」，「役」作「調」。楓、三本「役」作「臣」，「守」作「使」。

〔九〕【索隱】靡，音糜。獘，猶凋敝也。【考證】楓、三本，漢書「快」作「甘」。呂祖謙曰：李斯方助始皇爲虐，必無此諫。徐孚遠曰：李斯諫伐胡，本傳不載，非實事也。意者欲沮蒙恬之功，故爲正言邪。愚按：漢書「長策」作「完計」。

〔一〇〕【集解】徐廣曰：「澤，一作『斥』。」瓚曰：「其地多水澤，又有鹵。」【考證】王念孫曰：「鹹」字後人所加，集解可證。漢書作「澤鹵」，漢紀作「斥澤」。澤鹵即斥鹵，加一鹹字，文不成義。張文虎曰：匈奴傳亦云「地澤鹵」。

〔一一〕【考證】梁玉繩曰：始皇紀、蒙恬、匈奴傳皆云逐戎築長城，起臨洮至遼東萬餘里，渡河至陽山。乃偃書言恬攻胡辟地千里，終不能踰河而北，未詳其故。

〔一二〕【集解】文穎曰：「轉芻穀就戰是也。」【考證】顔師古曰：運載芻稾，令其疾至，故云飛芻也。愚按：輓，輓其落者也。四字又見嚴安書。

〔一三〕【集解】徐廣曰：「腄，在東萊，音縋。」【索隱】黄腄，縣名，在東萊，音逐瑞反，注音縋。【考證】黄腄，各本作「東腄」，依索隱及漢書。顔師古云：二縣名。齊地濱海，故曰負海。

〔一四〕【考證】顏師古曰：六斛四斗爲鍾，計其道路所費，凡用百九十二斛乃得一石至。

「不可。夫匈奴之性，獸聚而鳥散，從之如搏影。今以陛下盛德攻匈奴，臣竊危之。」〔一〕高帝不聽，遂北至於代谷，果有平城之圍。〔二〕高皇帝蓋悔之甚，乃使劉敬往結和親之約，然後天下忘干戈之事。〔三〕故兵法曰：『興師十萬，日費千金。』〔四〕夫秦常積衆暴兵數十萬人，雖有覆軍殺將、係虜單于之功，亦適足以結怨深讎，不足以償天下之費。夫上虛府庫，下敝百姓，甘心於外國，非完事也。夫匈奴難得而制，非一世也。行盜侵驅，所以爲業也，天性固然。上及虞、夏、殷、周，固弗程督，禽獸畜之，不屬爲人。〔五〕夫上不觀虞、夏、殷、周之統，而下脩近世之失，此臣之所大憂，百姓之所疾苦也。〔六〕且夫兵久則變生，事苦則慮易。乃使邊境之民靡敝愁苦而有離心，將吏相疑而外市，〔七〕故尉佗、章邯得以成其私也。夫秦政之所以不行者，權分乎二子，此得失之效也。故周書曰『安危在出令，存亡在所用』。〔八〕願陛下詳察之，少加意而熟慮焉。」

〔一〕【考證】徐孚遠曰：成進之諫，與奉春君同，而其説不顯，僅見於此。

〔二〕【考證】楓、三本「高」下有「皇」字。

〔三〕【考證】漢書「忘」作「亡」。

〔四〕【考證】孫子用閒篇。

〔五〕【考證】楓、三本「固弗」作「皆弗」。漢書「及」作「自」，「屬」作「比」。顏師古曰：程，課也。督，視責也。

〔六〕【考證】楓、三本，漢書「脩」作「循」，爲是。隸書「循」、「脩」形似易訛。

〔七〕【集解】張晏曰：「與外國交，求利己，若章邯之比。」

〔八〕【考證】沈欽韓曰：周書王佩解「存亡在所用，離合在出命」。

是時趙人徐樂、齊人嚴安俱上書言世務，各一事。〔一〕徐樂曰：

〔一〕【索隱】樂，音岳。按嚴安本姓莊，避明帝諱，後並改「嚴」也。安及徐樂並拜郎中。樂後爲中大夫。【考證】梁玉繩曰：漢書謂徐樂燕郡無終人，則史言趙人，誤也。顧炎武曰：鄧伯羔謂安自姓嚴，然漢書藝文志云「主父偃二十八篇，徐樂一篇，莊安一篇」。是安本姓莊，非嚴也。漢書之稱莊安，班氏所未改也。史記之稱嚴安，後人所追改也。

「臣聞天下之患在於土崩，不在於瓦解，古今一也。〔一〕何謂土崩？秦之末世是也。陳涉無千乘之尊、尺土之地，身非王公大人名族之後，無鄉曲之譽，非有孔、墨、曾子之賢，陶朱、猗頓之富也，然起窮巷，奮棘矜，偏袒大呼，而天下從風，〔二〕此其故何也？由民困而主不恤，下怨而上不知也，俗已亂而政不脩，〔三〕此三者，陳涉之所以爲資也。是之謂土崩。故曰天下之患在於土崩。何謂瓦解？吳、楚、齊、趙之兵是也。七國謀爲大逆，號皆稱萬乘之君，帶甲數十萬，威足以嚴其境內，財足以勸其士民，然不能西攘尺寸之地，而身爲禽於中原者，此其故何也？非權輕於匹夫而兵弱於陳涉也，當是之時，先帝之德澤未衰，而安土樂俗之民衆，故諸侯無境外之助。此之謂瓦解，故曰天下之患不在瓦解。由是觀之，天下誠有土崩之勢，雖布衣窮處之士，或首惡而危海內，陳涉是也。況三晉之君或存乎！〔四〕天下雖未有大治也，誠能無土崩之勢，雖有彊國勁兵，不得旋踵而身爲禽矣，吴、楚、齊、趙是也。況羣臣百姓能爲亂乎哉！〔五〕此二體者，安危之明要也，賢主所留意而深察也。

〔一〕【考證】楓、三本「徐樂」下有「爲其辭」三字。文選東方朔非有先生論「是以輔弼之臣瓦解」，淮南子泰族訓「紂士億有餘萬，武王麾之，則瓦解而走，土崩而下」。

〔二〕【集解】矜，音勤。【索隱】棘矜，下音勤。矜，今戟柄。棘，戟也。【考證】顔師古曰：時秦銷兵器，故但有戟之把耳。愚按：此一節，分明襲賈生過秦論。

〔三〕【考證】梁玉繩曰：「知」下「也」字衍，漢書無。

〔四〕【考證】漢書「惡」作「難」。顔師古曰：韓、趙、魏三國本分晉，故稱三晉。愚按：言陳涉尚且危天下，況三晉之君乎？

〔五〕【考證】漢書「未」下無「有大」二字。「乎」下無「哉」字。

「間者關東五穀不登，年歲未復，民多窮困，重之以邊境之事，推數循理而觀之，則民且有不安其處者矣。〔一〕不安故易動。易動者土崩之勢也。故賢主獨觀萬化之原，明於安危之機，脩之廟堂之上，而銷未形之患。其要，期使天下無土崩之勢而已矣。故雖有彊國勁兵，陛下逐走獸，射蜚鳥，弘游燕之囿，淫縱恣之觀，極馳騁之樂自若也。金石絲竹之聲不絶於耳，帷帳之私、俳優侏儒之笑不乏於前，而天下無宿憂。〔二〕名何必湯、武，俗何必成、康！雖然，臣竊以爲陛下天然之聖，寬仁之資，而誠以天下爲務，則湯、武之名不難侔，而成、康之俗可復興也。此二體者立，然後處尊安之實，揚名廣譽於當世，親天下而服四夷，餘恩遺德爲數世隆，南面負扆攝袂而揖王公，此陛下之所服也。〔三〕臣聞圖王不成，其敝足以安。〔四〕安則陛下何求而不得，何爲而不成，何征而不服乎哉！」〔五〕

〔一〕【考證】漢書「且」作「宜」。

〔二〕【考證】自若，言無廢損。宿，久也。楓、三本「絲竹」下有「鐘鼓」二字，分明襲賈生治安策。

〔三〕【考證】扆，畫斧屏風。明堂位，天子斧扆南鄉而立。顔師古曰：服，事也。

〔四〕【考證】沈欽韓曰：御覽七十七桓譚新論曰「儒者或曰，圖王不成，其敝可以霸」。後漢書王元説隗囂亦作「霸」。

〔五〕【考證】漢書無「哉」字。

嚴安上書曰：

「臣聞周有天下，其治三百餘歲，〔一〕成、康其隆也，刑錯四十餘年而不用。及其衰也，亦三百餘歲，故五伯更起。五伯者，常佐天子，興利除害，誅暴禁邪，匡正海内，以尊天子。五伯既没，賢聖莫續，天子孤弱，號令不行。諸侯恣行，彊陵弱，衆暴寡，田常篡齊，六卿分晉，並爲戰國，此民之始苦也。於是彊國務攻，弱國備守，合從連横，馳車擊轂，〔二〕介胄生蟣蝨，民無所告愬。

〔一〕【考證】莊安書「臣聞」下尚有二百七十餘字，漢書載之。皆切中時弊，深識治體之要，史公何以删之？

〔二〕【考證】中井積德曰：漢書「備」作「修」，於「耦對」爲切。

「及至秦王，蠶食天下，并吞戰國，稱號曰皇帝，主海内之政，壞諸侯之城，〔一〕銷其兵，鑄以爲鍾虡，示不復用。〔二〕元元黎民，得免於戰國，逢明天子，人人自以爲更生。嚮使秦緩其刑罰，薄賦斂，省繇役，貴仁義，賤權利，上篤厚，〔三〕下智巧，〔四〕變風易俗，化於海內，則世世必安矣。秦不行是風，而脩其故俗，〔五〕爲智巧權利者進，篤厚忠信者退；法嚴政峻，諂諛者衆，日聞其美，意廣心軼。欲肆威海外，乃使蒙恬將兵以北攻胡，辟地進境，戍於北河，蜚芻輓粟，以隨其後。又使尉佗屠睢將樓船之士，南攻百越，〔六〕使監祿鑿渠運糧，深入越，〔七〕越人遁逃。曠日持久，糧食絶乏，越人擊之，秦兵大敗。秦乃使尉佗將卒以戍越。〔八〕當是時，秦禍北構於胡，南挂於越，宿兵無用之地，進而不得退。〔九〕行十餘年，丁男被甲，丁女轉輸，苦不聊生，自經於道樹，死者相望。及秦皇帝崩，天下大叛。陳勝、吳廣舉陳，〔一〇〕武臣、張耳舉趙，項梁舉吳，田儋舉齊，景駒舉郢，周市舉魏，韓廣舉燕，〔一一〕窮山通谷，豪士並起，不可勝載也。然皆非公侯之後，非長官之吏也。無尺寸之勢，起閭巷，杖棘矜，應時而皆動，不謀而俱起，不約而同會，壤長地進，至于霸王，時教使然也。〔一二〕秦貴爲天子，富有天下，滅世絶祀者，窮兵之禍也。故周失之弱，秦失之彊，不變之患也。〔一三〕

〔一〕**【考證】**楓、三本「主」作「壹」，漢書作「一」。

〔二〕**【索隱】**鍾虡，下音巨。鄒氏本作「鐻」，音同。

〔三〕**【索隱】**上，猶尚也，貴也。

〔四〕**【索隱】**謂智巧爲下也。**【考證】**漢書「智」作「佞」，非。

〔五〕**【考證】**漢書「脩」作「循」。

〔六〕【索隱】案：尉，官也。他，趙他也，音徒何反。屠睢，人姓名。睢，音雖。【考證】梁玉繩曰：南越傳無尉佗攻越事，乃尉屠睢也。尉，秦官。屠睢，人姓名。蓋尉斯離之比。漢書嚴助、嚴安傳皆無「佗」字，此因下文尉佗戍越而誤。索隱謬分爲二人。尉屠睢事，見淮南子人間訓。

〔七〕【集解】韋昭曰：「監，御史，名禄也。」【考證】秦時郡置守、尉、監。

〔八〕【考證】沈欽韓曰：尉佗，任囂之誤，使囂戍越，因爲南海尉。趙佗應以偏裨行耳。王先謙曰：因後尉佗擅越，特舉之，非誤也。

〔九〕【考證】顏師古曰：挂，懸也。王念孫曰：挂讀爲絓，結也。

〔一〇〕【索隱】謂勝、廣舉兵於陳。舉音如字。或音擄，恐疎也。下同。

〔一一〕【考證】張文虎曰：游、王、柯、凌本「駒」譌「騎」。

〔一二〕【集解】張晏曰：「長，進益也。」【考證】顏師古曰：言其稍稍攻伐，進益土境，以至彊大也。岡白駒曰：時教，所謂法嚴政峻是也。

〔一三〕【考證】蘇氏審勢篇敷演此數語。

「今欲招南夷，朝夜郎，降羌僰，略濊州，建城邑，深入匈奴，燔其蘢城，〔一〕議者美之。此人臣之利也，非天下之長策也。今中國無狗吠之驚，〔二〕而外累於遠方之備，靡敝國家，非所以子民也。行無窮之欲，甘心快意，結怨於匈奴，非所以安邊也。禍結而不解，兵休而復起，近者愁苦，遠者驚駭，非所以持久也。今天下鍛甲砥劍，橋箭累弦，轉輸運糧，未見休時，此天下之所共憂也。〔三〕夫兵久而變起，事煩而慮生。今外郡之地，或幾千里，列城數十，形束壤制，旁脅諸侯，非公室之利也。〔四〕上觀齊、晉之所以亡者，公室卑削，六卿大盛也；下觀秦之所以滅者，嚴法刻深，欲大無窮也。〔五〕今郡守之權，非特六卿之重也；地幾千里，非特閭巷之資也；甲兵器械，非特棘矜之用也：以遭萬世之變，則不可稱諱也。」〔六〕

〔一〕【集解】如淳曰：「濊州，東夷也。」【索隱】薉，白北反，又皮逼反。濊州，地名，即古濊貊國也。音紆廢反。蘢城，匈奴城名，音龍。燔，音煩。燔，燒也。【考證】漢書武紀元光五年，發巴蜀治南夷道，元朔二年罷。元朔元年，東夷薉君南閭等口二十八萬人降，爲蒼海郡。三年罷，蓋安上書時，方有此事也。漢書削「欲」字，非是。

〔二〕【考證】漢書「驚」作「警」。

〔三〕【考證】楓本、漢書「橋」作「矯」，通。中井積德曰：累弦，造弦也。運糧，漢書作「軍糧」。

〔四〕【集解】服虔曰：「言所束在郡守，土壤足以專民制。」蘇林曰：「言其土地形勢足以束制其民也。」【索隱】案：謂地形及土壤皆束制在諸侯也。【考證】楓本「或」作「封」。漢書「旁」作「帶」，「公」作「宗」。李笠曰：正義「蘇林」漢書注作「孟康」。

〔五〕【考證】漢書「嚴法刻深」作「刑嚴文刻」。楓山本「大」作「甚」。

〔六〕【考證】「稱」字，楓、三本、漢書作「勝」。中井積德曰：論郡守之彊大，比以晉之六卿，是安之過慮，比擬失倫者。且此在推恩分封之前，諸侯王尚彊大，非郡守所能脅制也。叙事亦失實。

書奏天子，天子召見三人，謂曰：「公等皆安在？何相見之晚也！」〔一〕於是上乃拜主父偃、徐樂、嚴安爲郎中。〔二〕偃數見上疏言事，詔拜偃爲謁者，遷樂爲中大夫。一歲中四遷偃。〔三〕

〔一〕【集解】徐廣曰：「佗史記本皆不見嚴安，此旁所簒者，皆取漢書耳。然漢書不宜乃容大異，或寫史記相承闕脱也。」【索隱】簒，音撰。

〔一〕【考證】三人上書，通鑑係之元朔元年。或云元光六年事，未詳。趙翼曰：漢高祖駐軍，酈食其謁見，帝方洗足，即召入，酈生責以不宜倨見長者，帝改容謝之。陳平以魏無知入見，即召賜食，遣出，平曰「臣所言不可過今日」，遂欣然留使盡言。帝在洛陽，婁敬脱輓輅，謂虞將軍曰：「臣願見上。」虞將軍欲爲易衣，敬曰：「臣衣帛帛見，衣褐褐見。」將軍入言上，上即召見賜食。此高祖創業時固收攬人才爲急也。至武帝，則繼體已五世，朝廷尊嚴，宜與臣民闊絶矣，乃主父偃上書，朝奏入，暮即召見，同時徐樂、嚴安亦上書俱召見，曰：「公等皆安在？何見之晚也。」終軍上書言事，帝奇其文，即拜爲謁者，甚而東方朔上書，自言年十三學書，十五學劍，十六學詩書，誦二十二萬言，十九學孫吳，亦誦二十二萬言，今年二十二，長九尺三寸，目若懸珠，齒若編貝，勇若孟賁，捷若慶忌，廉若鮑叔，信若尾生，若此可爲天子大臣矣。其狂肆自舉如此，使在後世，豈不以妄誕得罪！乃帝反偉之，而令待詔金馬門，遂以進用。史稱武帝招英俊，程其器能，用之如不及，宜乎興文治，建武功，爲千古英主也。又戾太子死巫蠱之禍，車千秋上書，爲太子訟冤，帝大感悟，召見，即拜爲大鴻臚，不數月，遂爲丞相。帝之度外用人如此，而當時禁網疎闊，懷才者皆得自達，亦於此可見矣。

〔二〕【考證】「數」上「偃」字，依楓、三本補，漢書亦有。梁玉繩曰：遷中大夫者主父偃也，漢書曰「偃遷謁者中郎中大夫」。所謂一歲四遷以此，與徐樂何涉？「樂」字當衍。

偃説上曰：「古者諸侯不過百里，彊弱之形易制。〔一〕今諸侯或連城數十，地方千里，緩則驕奢，易爲淫亂，急則阻其彊而合從，以逆京師。今以法割削之，則逆節萌起，前日鼂錯是也。今諸侯子弟或十數，而適嗣代立，餘雖骨肉，無尺寸地封，則仁孝之道不宣。〔二〕願陛下令諸侯得推恩分子弟，以地侯之。彼人人喜得所願，上以德施，實分其國，不削而稍弱矣。」〔三〕於是上從其計。〔四〕又説上曰：「茂陵初立，天下豪桀并兼之家，亂衆之民，皆可徙茂

陵，內實京師，外銷姦猾，此所謂不誅而害除。」上又從其計。〔五〕

〔一〕【考證】楓、三本，漢書「侯」下有「地」字。

〔二〕【考證】漢書「寸地」作「地之」。

〔三〕【考證】賈生遺策。

〔四〕【集解】徐廣曰：「元朔二年，始令諸侯王分封子弟也。」

〔五〕【考證】武紀云：「建元二年，初起茂陵。元朔二年夏，徙郡國豪傑及貲三百萬以上于茂陵。」

尊立衛皇后，及發燕王定國陰事，蓋偃有功焉。〔一〕大臣皆畏其口，賂遺累千金。人或說偃曰：「太橫矣。」主父曰：「臣結髮游學四十餘年，身不得遂，〔二〕親不以爲子，昆弟不收，賓客弃我，我阸日久矣。且丈夫生不五鼎食，死即五鼎烹耳。吾日暮途遠，故倒行暴施之。」〔三〕

〔一〕【考證】漢書武紀元朔元年春，「立皇后衛氏」。二年秋，「燕王定國有罪自殺」。張文虎曰：「『蓋』字吴增，與舊刻合。」

〔二〕【考證】顏師古曰：遂，猶達也。楓本「父」下有「偃」字。

〔三〕【索隱】按：偃言吾日暮途遠，恐赴前途不跌，故須倒行而逆施，乃可及耳。今此本作「暴」。暴者，言已困久得申，須急暴行事以快意也。暴者，卒也，急也。【考證】張晏曰：五鼎食，牛羊豕魚麋也。諸侯五，卿大夫三。孔穎達曰：少牢陳五鼎，羊一、豕二、膚三、魚四、腊五。愚按：五鼎猶言盛饌，不必論其品目。顏師古曰：五鼎亨之，謂被鑊亨之誅。又曰：日暮，言年老也。倒行逆施，謂不遵常理。此語本出伍子胥，偃述而稱之。愚按：漢書「暴施」作「逆施」。伍子胥傳作「倒行而逆施之」。

偃盛言朔方地肥饒，外阻河，蒙恬城之，以逐匈奴，內省轉輸戍漕，廣中國，滅胡之本也。〔一〕上覽其說，下公卿議，〔二〕皆言不便。公孫弘曰：「秦時常發三十萬衆築北河，終不可就，已而弃之。」〔三〕主父偃盛言其便，上竟用主父計，立朔方郡。〔四〕

〔一〕【考證】何焯曰：偃前諫伐匈奴，此何以復議置朔方郡？前言地澤鹵不生五穀，轉輸率三十鍾致一石，此何以復云地肥饒省轉漕？豈非進由衛氏，衛將軍始取其地，故偃變前說，以建此計乎？王鳴盛曰：公孫弘及主父偃、徐樂、嚴安皆傾險浮薄之徒耳，而其上書言事，皆能諫止用兵，蓋是時如若輩者，猶倚正論以行其說，武帝亦喜而恨相見晚。武帝好文，故愛其辭，而不責其忤己。偃既任用，遂請城朔方，以爲滅匈奴之本，與初進議論大相矛盾矣。

〔二〕【考證】楓、三本「覽」作「賢」。

〔三〕【考證】楓、三本、漢書「常」作「嘗」。

〔四〕【考證】楓、三本「父」下有「偃」字，下同。

元朔二年，主父言齊王內淫佚行僻，上拜主父爲齊相。至齊，遍召昆弟賓客，散五百金予之，數之曰：「始吾貧時，昆弟不我衣食，賓客不我內門，今吾相齊，諸君迎我，或千里。吾與諸君絕矣，毋復入偃之門！」〔一〕乃使人以王與姊姦事動王，王以爲終不得脫罪，恐效燕王論死，乃自殺。有司以聞。〔二〕

〔一〕【考證】楓、三本「或」下有「數」字。

〔三〕【考證】齊厲王次景也。事互見齊惠悼王世家。

主父始爲布衣時，嘗游燕、趙，及其貴，發燕事。趙王恐其爲國患，欲上書言其陰事，爲偃居中，不敢發。〔一〕及爲齊相出關，即使人上書告言主父偃受諸侯金，以故諸侯子弟多以得封者。〔二〕及齊王自殺，上聞大怒，以爲主父劫其王令自殺，乃徵下吏治。主父服受諸侯金，實不劫王令自殺。上欲勿誅，是時公孫弘爲御史大夫，〔三〕乃言曰：「齊王自殺，無後國除，爲郡入漢。主父偃本首惡，陛下不誅主父偃，無以謝天下。」乃遂族主父偃。〔四〕

〔一〕【考證】趙王，景帝子彭祖。

〔二〕【考證】楓、三本，漢書「及」下有「其」字。

〔三〕【考證】漢書百官表弘爲御史大夫，在元朔三年。

〔四〕【考證】何焯曰：公孫弘以議朔方族主父，二人合傳，猶之袁盎、鼂錯也。

主父方貴幸時，賓客以千數，及其族死，無一人收者，唯獨洨孔車收葬之。〔一〕天子後聞之，以爲孔車長者也。〔二〕

〔一〕【集解】徐廣曰：「孔車，洨人也。沛有洨縣。」【索隱】洨，户交反。按：縣名，在沛。車，尺奢反。

〔二〕【考證】史公答任安書云：「交游莫救，左右親近，不爲一言。」無感於孔車乎？漢書公孫弘傳云：「弘没後爲相者，李蔡等十餘人，盡誅。惟石慶得善終。」正以見弘之能得君也。

太史公曰：公孫弘行義雖脩，然亦遇時。漢興八十餘年矣，〔一〕上方鄉文學，招俊乂以廣儒墨，弘爲舉首。主父偃當路，諸公皆譽之，及名敗身誅，士爭言其惡。悲夫！

太皇太后詔大司徒、大司空：〔一〕「蓋聞治國之道，富民爲始；富民之要，在於節儉。孝經曰『安上治民，莫善於禮』。『禮，與奢也寧儉』。〔二〕昔者管仲相齊桓，霸諸侯，有九合一匡之功，而仲尼謂之不知禮，以其奢泰侈擬於君故也。〔三〕夏禹卑宮室，惡衣服，後聖不循。由此言之，治之盛也，德優矣，莫高於儉。〔四〕儉化俗民，則尊卑之序得，而骨肉之恩親，爭訟之原息。斯乃家給人足，刑錯之本也歟？可不務哉！夫三公者，百寮之率，萬民之表也。未有樹直表而得曲影者也。孔子不云乎，『子率以正，孰敢不正』。『舉善而教不能則勸』。〔五〕維漢興以來，股肱宰臣身行儉約，輕財重義，較然著明，未有若故丞相平津侯公孫弘者也。〔六〕位在丞相而爲布被，脱粟之飯，不過一肉。故人所善賓客，皆分奉禄以給之，無有所餘。誠内自克約，而外從制。汲黯詰之，乃聞于朝，此可謂減於制度而可施行者也。〔七〕德優則行，否則止，與内奢泰而外爲詭服以釣虚譽者殊科。以病乞骸骨，孝武皇帝即制曰『賞有功，褒有德，善善惡惡，君宜知之。其省思慮，存精神，輔以醫藥』。賜告治病，牛酒雜帛。居數月，有瘳，視事。至元狩二年，竟以善終于相位。夫知臣莫若君，此其效也。弘子度嗣爵，後爲山陽太守，坐法失侯。夫表德章義，所以率俗厲化，聖王之制，不易之道也。其賜弘後子孫之次當爲後者，爵關内侯，食邑三百户，徵詣公車，上名尚書，朕親臨拜焉。」〔八〕

〔一〕【集解】徐廣曰：「漢初至元朔二年，八十年也。」

〔一〕【集解】徐廣曰：「此詔是平帝元始中王元后詔，後人寫此及班固所稱，以續卷後。」【索隱】按：徐廣云「此是平帝元始中詔，以續卷後」，則又非褚先生所録也。【考證】洪亮吉曰：案此疑馮商受詔續太史公書時所録入。梁玉繩曰：讀史漫録云「平帝時追録公孫弘，言其位爲丞相，食一肉，脱粟，爲布被，可見弘本以此著名稱，而汲公獨少之，豈弘之詐能欺數世之後，而不能欺一長孺歟？蓋漢廷之臣皆知其僞，而汲公敢言也。然平帝褒之者何？王莽僞爲恭儉，以釣名聲，取其與己類，故録之爾。夫不見取于同時之長孺，而見知于數世之王莽，弘之品流不益爲轅生恥耶？

〔二〕【考證】論語八佾篇：「禮，與其奢也，寧儉。」

〔三〕【考證】論語八佾篇。

〔四〕【考證】董份曰：「聖」字，恐當「世」字。張文虎曰：治，它本作「始」，依宋本、毛本。愚按：凌引一本亦作「治」。

〔五〕【考證】上句論語顏淵篇，下句爲政篇。

〔六〕【索隱】較，音角。較，明也。

〔七〕【集解】應劭曰：「禮貴有常尊，衣服有常品。」

〔八〕【考證】楓、三本「朕」下有「將」字。

班固稱曰：「公孫弘、卜式、兒寬皆以鴻漸之翼，困於燕雀，〔一〕遠迹羊豕之閒，〔二〕非遇其時，焉能致此位乎？是時漢興六十餘載，海内乂安，府庫充實，〔三〕而四夷未賓，制度多闕，上方欲用文武，求之如弗及。始以蒲輪迎枚生，〔四〕見主父而歎息。〔五〕羣臣慕嚮，異人並出。〔六〕卜式試於芻牧，弘羊擢於賈豎，衞青奮於奴僕，日磾出於降虜，〔七〕

斯亦曩時版築飯牛之朋矣。〔八〕漢之得人，於兹爲盛。儒雅則公孫弘、董仲舒、兒寬，篤行則石建、石慶，質直則汲黯、卜式，推賢則韓安國、鄭當時，定令則趙禹、張湯，文章則司馬遷、相如，滑稽則東方朔、枚皋，應對則嚴助、朱買臣，曆數則唐都、落下閎，協律則李延年，運籌則桑弘羊，奉使則張騫、蘇武，將帥則衞青、霍去病，受遺則霍光、金日磾。其餘不可勝紀。是以興造功業，制度遺文，後世莫及。孝宣承統，纂脩洪業，亦講論六蓺，招選茂異，而蕭望之、梁丘賀、夏侯勝、韋玄成、嚴彭祖、尹更始以儒術進，劉向、王褒以文章顯。將相則張安世、趙充國、魏相、邴吉、于定國、杜延年，治民則黄霸、王成、龔遂、鄭弘、邵信臣、韓延壽、尹翁歸、趙廣漢之屬，皆有功迹，見述於後。累其名臣，亦其次也。〔九〕

〔一〕【集解】李奇曰：「漸，進也。鴻一舉而進千里者，羽翼之材也。弘等皆以大材初爲俗所薄，若燕雀不知鴻鵠之志也。」【索隱】按：謂公孫弘等未遇，爲時所輕，若飛鴻之未漸，受困於燕雀也。是燕雀安知鴻鵠之志也。【考證】顏師古曰：易漸卦上九爻辭曰「鴻漸于陸，其羽可以爲儀」。鴻，大鳥也。漸，進也。高平曰陸，喻弘等皆有鴻之羽儀，未進之時，燕爵所輕也。

〔二〕【集解】韋昭曰：「遠迹，謂耕牧在於遠方。」【索隱】案：公孫弘牧豕，卜式牧羊也。

〔三〕【索隱】乂，理也。

〔四〕【索隱】案：謂枚乘也。漢始迎申公，亦以蒲輪。謂以蒲裹車輪，恐傷草木也。且蒲是草之美者，故禮有「蒲璧」，蓋畫蒲於輪以爲榮飾也。【考證】徐孚遠曰：封泰山用蒲輪，恐傷草木也。迎賢人用蒲輪，欲令車安也。索隱非是。

〔五〕【索隱】案：上文嚴安等上書，上曰「公等安在，何相見之晚」是也。

〔六〕【考證】楓、三本，漢書「臣」作「土」。

〔七〕【考證】卜式，見平準書。金日磾，匈奴休屠王太子，武帝拜爲侍中車騎將軍。帝崩，受遺詔輔政。漢書有傳。

〔八〕【考證】顔師古曰：版築，傅説也。飯牛，甯戚也。漢書「矣」作「已」。

〔九〕【考證】以上漢書公孫弘卜式兒寬傳贊。漢書「趙廣漢」下有「嚴延年張敞」，「後累」作「世參」，以「世」字爲句。郭嵩燾曰：其名臣，疑當作「諸名臣」。顔師古曰：次於武帝時。

【索隱述贊】平津巨儒，晚年始遇。外示寬儉，内懷嫉妒。寵備榮爵，身受肺腑。主父推恩，觀時設度。生食五鼎，死非時蠹。

史記會注考證卷一百十三

南越列傳第五十三

史記一百十三

【考證】史公自序云：「漢既平中國，而佗能集揚越以保南藩，納貢職。作南越列傳第五十三。」愚按：各本作「南越尉佗列傳」，今從自序及索隱本，楓、三本。凌稚隆曰：南越，今廣東西二省。陳仁錫云：太史公作兩越、朝鮮、西南夷列傳，取其以外夷而藩臣於中國也。故敘南粤則曰「以保南藩」，敘東越則曰「葆封禺爲臣」，敘朝鮮則曰「葆塞爲外臣」，敘西南夷則曰「請爲内臣」。

南越王尉佗者，真定人也，姓趙氏。〔一〕秦時已并天下，略定揚越，〔二〕置桂林、南海、象郡，〔三〕以謫徙民，與越雜處十三歲。〔四〕佗，秦時用爲南海龍川令。〔五〕至二世時，南海尉任囂病且死，〔六〕召龍川令趙佗語曰：「聞陳勝等作亂，秦爲無道，天下苦之，項羽、劉季、陳勝、吳廣等州郡各共興軍聚衆，虎争天下，中國擾亂，未知所安，豪傑畔秦相立。〔七〕南海僻遠，吾恐盜兵侵地至此，吾欲興兵絶新道，自備，待諸侯變，〔八〕會病甚。且番禺負山險，阻南海，東西數千里，〔九〕頗有中國人相輔，此亦一州之主也，可以立國。郡中長吏無足與言者，故召公告之。」即被佗書，行南海尉事。〔一〇〕囂死，佗即移檄告横浦、陽山、湟谿關曰：〔一一〕「盜兵且至，急絶道，聚兵自守！」〔一二〕因稍以法誅秦所置長吏，以其黨爲假守。〔一三〕秦已破滅，佗即擊并桂林、象郡，自立爲南越武王。〔一四〕高帝已定天下，爲中國勞苦故，釋佗弗誅。漢十一年，遣陸賈因立佗爲南越王，與剖符通使，和集百越，毋爲南邊患害，與長沙接境。〔一五〕

〔一〕【索隱】尉他。尉，官也；他，名也；姓趙。他，音徒河反。又十三州記云「大郡曰守，小郡曰尉」。韋昭曰：「真定，故郡名，後更爲縣，在常山。」【正義】南越，都廣州南海縣。【考證】真定，今直隸正定府。

〔二〕【集解】張晏曰：「揚州之南越也。」【索隱】案：戰國策云吴起爲楚收揚越。【正義】夏禹九州，本屬揚州，故云揚越。

〔三〕【索隱】按：地理志武帝更名鬱林。案：本紀始皇三十三年，略陸梁地，以爲南海、桂林、象郡。地理志云武帝更名日南。

〔四〕【集解】徐廣曰：「秦并天下至二世元年十三年。并天下八歲，乃平越地，至二世元年六年耳。」【索隱】謫，音直革反。

〔五〕【索隱】地理志縣名，屬南海也。【正義】顔師古云：「龍川南海縣也，即今之循州也。」裴氏廣州記云：「本博羅縣之東鄉，有龍穿地而出，即穴流泉，因以爲號也。」【考證】龍川，惠州府龍川縣西北。

〔六〕【集解】徐廣曰：「爾時未言都尉也。」【索隱】囂，五刀反。【考證】館本考證云：案，此郡尉也，掌一郡兵，故得移檄發兵。

〔七〕【考證】「聞陳勝等」以下五十字辭意重複，漢書修爲「聞陳勝等作亂，豪傑叛秦相立」十二字。

〔八〕【索隱】案：蘇林云「新道，秦所通越道」。

〔九〕【考證】漢書「海」作「北」，以「阻」字絕句。周壽昌曰：史記「險」字、「海」字絕句，漢書「海」字譌爲「北」字，遂云「南北東西數千里」，與南越地勢不合，從史記是。

〔一〇〕【集解】韋昭曰：「被之以書，音『光被』之『被』。」【索隱】韋昭云「被之以書」，音皮義反。服虔云：「囂詐作詔書，使爲南海尉。」

〔一一〕【集解】徐廣曰：「陽山在桂陽，通四會也。」【索隱】案：南康記云「南野縣大庾嶺三十里至橫浦，有秦時關，其下謂爲『塞上』」。姚氏案：地理志云桂陽有陽山縣。今此縣上流百餘里有騎田嶺，當是陽山關。湟谿，鄒氏、劉氏本並作「湼」，音年結反。漢書作「湟谿」，音皇。又衛青傳云「出桂陽下湟水」是也。而姚察云史記作「湼」，今本作「湟」，湼及(匯)〔湟〕不同，良由隨聞則輒改故也。水經云含匯縣南有匯浦關，未知孰是。然鄒誕作「湼」，漢書作「湼」，蓋近於古。【考證】張文虎曰：湟谿，索隱本作「湼(谿)〔谿〕」，則與鄒氏、劉氏及姚察所見本同也。湼乃譌字，今本史記並作「湟」，疑依漢書改。丁謙曰：橫浦，今南雄州地，即水經注「洭浦」，爲豫章入粵之孔道。陽山，漢縣，今屬連州。湟溪關，在連州界，即湟水發源處，爲桂陽入粵之孔道。凌稚隆曰：索隱引衛青傳，考衛青傳無出桂陽之文。張文虎曰：當云南粵傳。王念孫曰：水經注「匯」作「洭」。

〔一二〕【考證】凌稚隆曰：絕道自守，與上「絕新道，自備」相應。

〔一三〕【索隱】案：謂他立其所親黨爲郡縣之職或假守。【考證】假，「真假」之「假」。假爲郡守也。漢書作「守假」，義殊。顏師古曰：令爲郡縣之職，或守或假。中井積德曰：守，「行守」之「守」。

〔一四〕【集解】韋昭曰：「生以『武』爲號，不稽於古也。」【考證】桂林郡，秦置，清廣西省地。象郡，亦秦置，越南北圻地。顏師古曰：「成湯曰吾武甚，因自號『武王』。佗言武王，亦猶是耳。」愚按：草澤之雄，各自爲制，何必稽於古？

〔一五〕【考證】周壽昌曰：時桂陽、零陵兩郡俱屬長沙，未別置郡，而皆與南粵接境。漢書高紀十一年五月詔曰

「粵人之俗好相攻擊，前時秦徙中縣之民南方三郡，使與百粵雜處，會天下誅秦，南海尉它居南方長治之，甚有文理。中縣人以故不耗減，粵人相攻擊之俗益止，俱賴其力。今立它爲南粵王」。事又詳陸賈傳。

高后時，有司請禁南越關市鐵器。佗曰：「高帝立我，通使物，今高后聽讒臣，別異蠻夷，隔絶器物，此必長沙王計也，欲倚中國，擊滅南越而并王之，自爲功也。」〔一〕於是佗乃自尊號爲南越武帝，〔二〕發兵攻長沙邊邑，敗數縣而去焉。高后遣將軍隆慮侯竈往擊之。〔三〕會暑溼，士卒大疫，兵不能踰嶺。〔四〕歲餘，高后崩，即罷兵。佗因此以兵威邊，財物賂遺閩越、西甌、駱，役屬焉，東西萬餘里。〔五〕迺乘黃屋左纛，稱制，與中國侔。〔六〕

〔一〕**【考證】**漢書「計」下無「也」字。

〔二〕**【考證】**漢書作「南武王」，非是。

〔三〕**【索隱】**韋昭云：「姓周。隆慮，縣名，屬河内。音林閭二音。」

〔四〕**【索隱】**案：此嶺即陽山嶺。

〔五〕**【集解】**漢書音義曰：「駱越也。」**【索隱】**鄒氏云「又有駱越」。姚氏案：廣州記云「交趾有駱田，仰潮水上下，人食其田，名爲『駱人』。有駱王、駱侯。諸縣自名爲『駱將』，銅印青綬，即今之令長也。後蜀王子將兵討駱侯，自稱爲安陽王，治封溪縣。後南越王尉他攻破安陽王，令二使典主交阯、九真二郡人」。尋此駱即甌駱也。**【考證】**楓、三本「兵」作「士卒」。「財」上有「以」字。顔師古曰：「西甌即駱越也。言西者以別東甌也。」愚按：下文云「其東閩越千人衆，號稱王，其西甌駱裸國，亦稱王」。此「駱」下當有「裸」字。閩越、西甌、駱裸，蓋三國名。

〔六〕**【正義】**纛，音導，又音獨。薛□云：「纛，以旄牛尾置馬頭上也。」

及孝文帝元年，初鎮撫天下，使告諸侯四夷從代來即位意，喻盛德焉。乃爲佗親冢在真定，置守邑，歲時奉祀。召其從昆弟，尊官厚賜寵之。〔一〕詔丞相陳平等舉可使南越者，平言好時陸賈，先帝時習使南越。〔二〕迺召賈以爲太中大夫，往使。因讓佗自立爲帝，曾無一介之使報者。〔三〕陸賈至南越，王甚恐，爲書謝，稱曰：「蠻夷大長老夫臣佗，前日高后隔異南越，〔四〕竊疑長沙王讒臣，又遙聞高后盡誅佗宗族，掘燒先人冢，以故自弃，犯長沙邊境。且南方卑溼，蠻夷中閒，其東閩越千人衆號稱王，其西甌駱裸國亦稱王。〔五〕老臣妄竊帝號，聊以自娛，豈敢以聞天王哉！」乃頓首謝，願長爲藩臣，奉貢職。〔六〕於是乃下令國中曰：「吾聞兩雄不俱立，兩賢不並世。皇帝，賢天子也。自今以後，去帝制黃屋左纛。」〔七〕陸賈還報，孝文帝大說。遂至孝景時，稱臣，使人朝請。〔八〕然南越其居國竊如故號名，其使天子稱王，朝命如諸侯。至建元四年卒。

〔一〕【考證】顏師古曰：親，謂父母也。

〔二〕【考證】楓、三本「言」上有「等」字。

〔三〕【考證】介，與个同。左傳「不使一介行李告于寡君」。漢書文帝贈尉它書作「一乘」。

〔四〕【考證】楓、三本「后」下有「時」字。

〔五〕【索隱】躶國。音和寡反。躶，露形也。【考證】「西」字當重，「其東」、「其西」對文。西甌，國名，見上。索隱「和」疑「利」之譌。

〔六〕【考證】漢書兩粵傳載文帝賜書及佗荅書全文，彼是參看，情事兩得。

〔七〕【考證】漢書「皇帝」上有「漢」字，「後」作「來」。

〔八〕【考證】張文虎曰：凌本「人」譌「入」。愚按：漢書「使」上有「遣」字。「人」作「入」。

佗孫胡爲南越王。〔一〕此時閩越王郢興兵擊南越邊邑，〔二〕胡使人上書曰：「兩越俱爲藩臣，毋得擅興兵相攻擊。今閩越興兵侵臣，臣不敢興兵，唯天子詔之。」〔三〕於是天子多南越義，守職約，爲興師，遣兩將軍往討閩越。〔四〕兵未踰嶺，閩越王弟餘善殺郢以降，於是罷兵。

〔一〕【集解】徐廣曰：「皇甫謐曰越王趙佗以建元四年卒，爾時漢興七十年，佗蓋百歲矣。」【考證】王鳴盛曰：趙佗於文帝元年已自稱老夫處粵四十九年，歷文帝二十三年，景帝十六年，至武帝建元四年，凡四十三年，即以二十餘歲爲龍川令，亦一百十餘歲矣。愚按：佗何若是之壽耶？案漢傳無「卒」字，此疑衍。建元四年，佗孫胡嗣位之歲也，非佗卒于是歲。史漢皆不書佗子，蓋外藩事略。

〔二〕【考證】漢書「此時」作「立三年」。

〔三〕【考證】楓、三本，漢書「閩越」下有「擅」字。

〔四〕【索隱】兩將軍，王恢、韓安國。【考證】漢書武紀建元六年。

天子使莊助往諭意，南越王胡頓首曰：「天子乃爲臣興兵討閩越，死無以報德！」遣太子嬰齊入宿衛。謂助曰：「國新被寇，使者行矣。胡方日夜裝，入見天子。」助去後，其大臣諫胡曰：「漢興兵誅郢，亦行以驚動南越。〔一〕且先王昔言，事天子期無失禮，要之，不可以說好語入見。〔二〕入見則不得復歸，亡國之勢也。」於是胡稱病，竟不入見。後十餘歲，胡實病甚，太子嬰齊請歸。胡薨，謚爲文王。

〔二〕【考證】岡白駒曰：漢之興兵誅郢，南越已驚動矣，今又行漢，亦以驚動南越。

〔三〕【索隱】悦好語入見。悦，漢書作「怵」。韋昭云「誘怵好語」。【考證】王先謙曰：要之，猶言總之，謂大要在此。張文虎曰：誘訹字从言，怵乃假借字。愚按：説讀爲悦，義通，不必從漢書改字。

嬰齊代立，即藏其先武帝璽。〔一〕嬰齊其入宿衛在長安時，取邯鄲樛氏女，生子興。〔二〕及即位，上書請立樛氏女爲后，興爲嗣。漢數使使者風諭嬰齊，〔三〕嬰齊尚樂擅殺生自恣，懼入見要用漢法，比内諸侯，〔四〕固稱病，遂不入見。遣子次公入宿衛。嬰齊薨，謚爲明王。

〔一〕【索隱】李奇云「去其僭號」。【考證】梁玉繩曰：案漢書作「武帝文帝璽」。佗僭帝號，有璽宜也，豈其孫亦僭帝號乎？蓋其居國中，兩世竊如故號耳，則此缺「文帝」二字。

〔二〕【集解】徐廣曰：「興，一作『典』。」【索隱】樛氏女。樛，紀虯反。樛姓出邯鄲。【考證】漢書「樛」从手。

〔三〕【考證】顔師古曰：風讀曰諷，諷諭令入朝。

〔四〕【考證】楓、三本，漢書「嬰齊」下有「猶」字。要，劫也。

太子興代立，其母爲太后。太后自未爲嬰齊姬時，嘗與霸陵人安國少季通。〔一〕及嬰齊薨後，元鼎四年，漢使安國少季往諭王、王太后以入朝，比内諸侯；令辯士諫大夫終軍等宣其辭，勇士魏臣等輔其缺，衞尉路博德將兵屯桂陽，待使者。〔二〕王年少，太后中國人也，嘗與安國少季通，其使，復私焉。國人頗知之，多不附太后。太后恐亂起，亦欲倚漢威，數勸王及羣臣求内屬。〔三〕即因使者上書，請比内諸侯，三歲一朝，除邊關。於是天子許之，賜其丞相呂嘉銀印，及内史、中尉、太傅印，餘得自置。〔四〕除其故黥劓刑，用漢法，比内諸侯。使者皆留填撫之。〔五〕王、王太后飭治行裝，重齎，爲入朝具。

〔一〕【索隱】安國，姓也。少季，名也。

〔二〕【集解】徐廣曰：「一作『決』。」【考證】胡三省曰：百官表元狩五年，初置諫大夫，秩八百石。終軍，漢書有傳。梁玉繩曰：終軍奇人，史公何以不爲立傳？輔其缺，補其不足也。徐引一本作「決」，與漢書合。顔注「助令決策也」，亦通。桂陽，今郴州，隸湖南。

〔三〕【考證】漢書削數字，「羣」作「幸」。

〔四〕【考證】顔師古曰：丞相、内史、中尉、太傅之外，皆任其國自選置，不受漢之印綬。

〔五〕【考證】胡三省曰：漢自文帝除肉刑，不用黥劓之法，故亦使南越除之。

其相呂嘉年長矣，相三王，宗族官仕爲長吏者七十餘人，男盡尚王女，女盡嫁王子兄弟宗室，及蒼梧秦王有連。〔一〕其居國中甚重，越人信之，多爲耳目者，得衆心愈於王。〔二〕王之上書，數諫止王，王弗聽。有畔心，數稱病，不見漢使者。使者皆注意嘉，勢未能誅。王、王太后亦恐嘉等先事發，乃置酒，介漢使者權，謀誅嘉等。〔三〕使者皆東鄉，太后南鄉，王北鄉，相嘉、大臣皆西鄉，侍坐飲。〔四〕嘉弟爲將，將卒居宫外。酒行，太后謂嘉曰：「南越内屬，國之利也，而相君苦不便者，何也？」以激怒使者。使者狐疑相杖，遂莫敢發。〔五〕嘉見耳目非是，即起而出。太后怒，欲鏦嘉以矛，王止太后。〔六〕嘉遂出，分其弟兵就舍，稱病不肯見王及使者。〔七〕乃陰與大臣作亂。王素無意誅嘉，嘉知之，以故數月不發。太后有淫行，國人不附，欲獨誅嘉等，力又不能。

〔一〕【集解】漢書音義曰：「蒼梧越中王自名爲秦王，連親婚也。」【索隱】案：蒼梧越中王自名爲秦王，即下趙光是也，故云「有連」。連者，連姻也。趙與秦同姓，故稱秦王。【考證】楓、三本「官」作「宦」。周壽昌曰：音義是也。光自據蒼梧地，稱「秦王」，安在以秦趙同姓乎？

〔二〕【考證】顔師古曰：愈，勝也。

〔三〕【集解】韋昭曰：「恃使者爲介胄也。」【索隱】韋昭曰「恃使者爲介胄」，志林云「介者，因也，欲因使者權誅呂嘉」，然二家之説皆通。韋昭以介爲恃。介者，閒也，以言閒恃漢使者之權，意即得。云恃爲介胄，則非也。虞喜以介爲因，亦有所由。案：介者，賓主所由也。【考證】顔師古曰：介，恃也。方苞曰：春秋傳「介恃楚衆以憑凌我敝邑」，又「嬰齊，魯之常隸也，敢介大國以求厚焉」。

〔四〕【考證】漢書「修使者」以下二十二字爲「請使者大臣皆侍坐飲」九字。

〔五〕【考證】杖，去聲，持也，與仗同。

〔六〕【集解】韋昭曰：「鏦，撞也。」【索隱】韋昭云「鏦，撞也」。案：字林七凶反。又吴王濞傳「鏦殺吴王」，與此同。【考證】顔師古曰：耳目非是，異於常也。

〔七〕【索隱】分弟兵就舍。案：謂分取其兵也。漢書作「介」。介，被也，恃也。【考證】漢書作「介」，不成義，當從史文。

天子聞嘉不聽王，王、王太后弱孤不能制，使者怯無決。又以爲王、王太后已附漢，獨呂嘉爲亂，不足以興兵，欲使莊參以二千人往使。參曰：「以好往，數人足矣；以武往，二千人無足以爲也。」辭不可，天子罷參也。〔一〕郟壯士故濟北相韓千秋奮曰：「以區區之越，又有王太后應，獨相呂嘉爲害，願得勇士二百人，必斬嘉以報。」〔二〕於是天子遣千秋與王太后弟樛樂將二千人往，入越境。〔三〕呂嘉等乃遂反，下令國中曰：「王年少，太后中國人也，又與使者亂，專欲內屬，盡持先王寶器入獻天子以自媚，多從人，行至長安，虜賣以爲僮僕。取自脱一時之利，無顧趙氏社稷，爲萬世慮計之意。」乃與其弟將卒攻殺王、太后及漢使者。遣人告蒼梧秦王及其諸郡縣，立明王長男越妻子術陽侯建德爲王。〔四〕而韓千秋兵入，破數小邑。其後越直開道給食，〔五〕未至番禺四十里，越以兵擊千秋等，遂滅之。〔六〕使人函封漢使者節置塞上，好爲謾辭謝罪，發兵守要害處。〔七〕於是天子曰：「韓千秋雖無成功，亦軍鋒之冠。」封其子延年爲成安侯。樛樂，其姊爲王太后，首願屬漢，封其子廣德爲龍亢侯。〔八〕乃下赦曰：「天子微，諸侯力政，譏臣不討賊。〔九〕今呂嘉、建德等反，自立晏如，令罪人及江淮以南樓船十萬師往討之。」〔一〇〕

〔一〕**【考證】**漢書「參」下「也」作「兵」。

〔二〕**【集解】**徐廣曰：「郟縣屬潁川。音古洽反。」**【索隱】**如淳云：「郟，縣名，在潁川。」**【正義】**今汝州郟城縣。

【考證】錢大昕曰：李陵傳作「濟南相」。毛本「二百人」作「三百人」，與漢書合。

〔三〕**【集解】**徐廣曰：「千秋爲校尉。」

〔四〕**【集解】**徐廣曰：「元鼎四年，以南越王兄越封高昌侯。」**【索隱】**韋昭云漢所封。案功臣表，術陽屬下邳。**【正義】**術陽侯，漢所封。**【考證】**錢大昭曰：言粵妻者，以別於樛氏。胡三省曰：建德降漢，始封術陽侯，史蓋追書也。

〔五〕**【考證】**顏師古曰：縱之使入，然後誅滅之。

〔六〕**【考證】**番禺，今廣東廣州府南海縣治，尉佗所都。

〔七〕【索隱】函封漢使節置塞上。案：南康記以爲大庾名「塞上」也。【考證】顏師古曰：謾，音慢，詆也。顧炎武曰：顏師古注漢書西南夷傳云「要害者，在我爲要，於敵爲害也」。此解未盡，要害謂攻守必争之地，我可以害彼，彼可以害我，謂之害。

〔八〕【索隱】案功臣表，成安屬郟，龍亢屬譙國。漢書作「龔侯」，服虔音卬，晉灼云古「龍」字。【考證】沈欽韓曰：表作「龍侯」，蓋脱一字。龔又「龍亢」之併。

〔九〕【考證】楓、三本「赦」作「詔」。漢書「赦」下有「天下」二字，「微」下有「弱」字。顏師古曰：力政，謂以兵力相加也。譏臣不討賊者，春秋之義。王文彬曰：政讀曰征。

〔一〇〕【集解】徐廣曰：「淮，一作『匯』也。」應劭曰：「時欲擊越，非水不至，故作大船。船上施樓，故號曰『樓船』也。」【考證】漢書「罪人」作「粤人」。愚按：下文亦云「馳義侯因巴蜀罪人」，「伏波將軍將罪人」，作「罪人」是。

元鼎五年秋，衞尉路博德爲伏波將軍，出桂陽，下匯水；〔一〕主爵都尉楊僕爲樓船將軍，出豫章，下橫浦；〔二〕故歸義越侯二人爲戈船、下厲將軍，出零陵，或下離水，或抵蒼梧；〔三〕使馳義侯因巴蜀罪人，發夜郎兵，下牂牁江：咸會番禺。〔四〕

〔一〕【集解】徐廣曰：「一作『湟』。」駰案：地理志曰桂陽有匯水通四會。或作「淮」字。【索隱】劉氏云「匯當作『湟』」。漢書云「下湟水」。或本作「涯」。

〔二〕【考證】豫章郡，今江西省。

〔三〕【集解】張晏曰：「歸義越侯，故越人，降爲侯。」徐廣曰：「厲，一作『瀨』。」駰案：張晏曰「越人於水中負人船，又有蛟龍之害，故置戈於船下，因以爲名也」。應劭曰「瀨，水流沙上也」。瓚曰「伍子胥書有戈船，以載干戈，因謂之『戈船』也」。徐廣曰：「離水，在零陵，通廣信。」【正義】地理志云零陵縣有離水，東至廣信入鬱林九百八十里。【考證】漢書武紀云：「歸義越侯嚴爲戈船將軍，出零陵，下離水。甲爲下瀨將軍，下蒼梧。」嚴、甲二人名。徐德森曰：戈船，瓚説是。三輔黄圖曰「昆明池中有戈船數十，樓船百艘，船上立戈矛，四角悉垂幡旄〔旌〕葆麾蓋，照燭涯涘。」是明明以船載戈，初非置戈於船下。劉攽曰：船下安戈，既〔既〕難措置，又不可以行。丁謙曰：零陵郡，武帝時置，今湖南永州府南，蓋溯湘水之源以入灕水，二水通連處，在今廣西興安縣東南。蒼梧，今廣西梧州，蓋戈船、下瀨二軍會合於此，再東進也。

〔四〕【集解】徐廣曰：「馳義侯，越人也，名遺。」【正義】曲州、協州以南是夜郎國。牂牁江出南徼外，東通四會，至番禺入海也。

元鼎六年冬，樓船將軍將精卒，先陷尋陝，破石門，〔一〕得越船粟，因推而前，挫越鋒，以數萬人待伏波。伏波將軍將罪人，道遠，會期後，與樓船會，乃有千餘人，遂俱進。〔二〕樓船居前，至番禺。建德、嘉皆城守。樓船自擇便處，居東南面；伏波居西北面。會暮，樓船攻敗越人，縱火燒城。〔三〕越素聞伏波名，日暮，不知其兵多少。伏波乃爲營，遣使者招降者賜印，復縱令相招。樓船力攻燒敵，反驅而入伏波營中。犂旦，城中皆降伏波。〔四〕吕嘉、建德已夜與其屬數百人亡入海，以船西去。伏波又因問所得降者貴人，以知吕嘉所之，遣人追之。以其故校尉司馬蘇弘得建德，封爲海常侯；〔五〕越郎都稽得嘉，封爲臨蔡侯。〔六〕

〔一〕【索隱】姚氏云：「尋陝，在始興西三百里，近連口也。」按：廣州記「石門，在番禺縣北三十里。昔吕嘉拒漢，積石鎮江，名曰石門。又俗云石門水名曰『貪泉』，飲之則令人變。故吴隱之至石門，酌水飲，乃爲之歌云也」。【考證】丁謙曰：尋陜即湞陽峽，在韶州英德縣南。石門在廣州西北。中井積德曰：石門，地名。

〔二〕【考證】漢書「會期後」作「後期」。

〔三〕【考證】楓、三本「東南面」下有「而」字，「會」下有「日」字。

〔四〕【集解】徐廣曰：「呂靜云，犂，結也，音力奚反。結，猶連及、逮至也。」漢書「犂旦」爲「遲日」，謂待明也。【索隱】鄒氏云「犂，一作『比』。比，音必至反」。然犂即比義。又解犂，黑也，天未明尚黑時也。漢書亦作「遲明」。遲，音稚。遲，待也，亦犂之義也。

〔五〕【集解】徐廣曰：「在東萊。」【考證】朱一新曰：故校尉司馬，蓋以故校尉而今爲軍司馬也。功臣表云：蘇弘以伏波司馬得南越王建德，侯。王先謙曰：建德被獲，仍封術陽侯。

〔六〕【集解】徐廣曰：「南越之郎官都稽，表曰孫都。」【索隱】案：表臨蔡屬河内。

蒼梧王趙光者，越王同姓，聞漢兵至，及越揭陽令定自定屬漢；〔一〕越桂林監居翁諭甌駱屬漢：〔二〕皆得爲侯。〔三〕戈船、下厲將軍兵及馳義侯所發夜郎兵未下，南越已平矣。遂爲九郡。〔四〕伏波將軍益封。樓船將軍兵以陷堅爲將梁侯。〔五〕

〔一〕【集解】韋昭曰：「揭，音其逝反。」【索隱】地理志揭陽縣屬南海。揭，音桀。韋昭音其逝反，劉氏音求例反。定者，令之名也。案：漢功臣表云「定，揭陽令」，意又別也。【考證】揭陽，漢縣，今屬潮州。方苞曰：光與揭陽令定皆自輯其吏民以屬漢，是謂「自定」也。

〔二〕【集解】漢書音義曰：「桂林郡中監姓居，名翁也。」【索隱】案漢書，甌駱三十餘萬口降漢。

〔三〕【索隱】案：漢書云「光聞漢兵至，降，封爲隨桃侯。揭陽令史定爲安道侯，越將畢取爲膫侯，桂林監居翁爲湘城侯」。韋昭云「湘城屬堵陽。隨桃、安道、膫三縣皆屬南陽。膫，音遼也」。

〔四〕【集解】徐廣曰：「儋耳，珠崖，南海，蒼梧，九真，鬱林，日南，合浦，交阯。」【索隱】徐廣皆據漢書爲說。【考證】楓、三本「軍」下無「兵」字，「遂」下有「置」字。中井積德曰：「兵」字疑衍。

〔五〕【考證】「兵以」當作「以兵」。漢書作「以推鋒」。

自尉佗初王後，五世九十三歲，而國亡焉。

太史公曰：尉佗之王，本由任囂。遭漢初定，列爲諸侯。隆慮離溼疫，佗得以益驕。甌、駱相攻，南越動摇。漢兵臨境，嬰齊入朝。其後亡國，徵自樛女；〔一〕吕嘉小忠，令佗無後。樓船從欲，怠傲失惑，伏波困窮，智慮愈殖，因禍爲福。成敗之轉，譬若糾墨。〔二〕

〔一〕【考證】中井積德曰：「女」疑當作「后」。愚按：后、後韻叶，索隱述贊亦云「樛后内朝」。

〔二〕【考證】墨讀爲纆。陳仁錫曰：南越朝鮮二贊俱用韻語，班書敘傳蓋祖此。

【索隱述贊】中原鹿走，羣雄莫制。漢事西驅，越權南裔。陸賈騁説，尉他去帝。樛后内朝，吕嘉狼戾。君臣不協，卒從剿弃。

史記會注考證卷一百十四

史記一百十四

東越列傳第五十四

【考證】史公自序云：「吳之叛逆，甌人斬濞，葆守封禺爲臣。作東越列傳第五十四。」

閩越王無諸及越東海王搖者，其先皆越王句踐之後也，姓騶氏。〔一〕秦已并天下，皆廢爲君長，以其地爲閩中郡。〔二〕及諸侯畔秦，無諸、搖率越歸鄱陽令吳芮，所謂鄱君者也，從諸侯滅秦。〔三〕當是之時，項籍主命，弗王，以故不附楚。〔四〕漢擊項籍，無諸、搖率越人佐漢。漢五年，復立無諸爲閩越王，王閩中故地，都東冶。〔五〕孝惠三年，舉高帝時越功，曰閩君搖功多，其民便附，乃立搖爲東海王，都東甌，世俗號爲東甌王。〔六〕

〔一〕【集解】韋昭曰：「閩，音武巾反。東越之別名。」徐廣曰：「騶，一作『駱』。」【索隱】案：說文云「閩，東越蛇種也」，故字從「虫」。閩，音旻。徐廣云「騶一作『駱』」，是上云「甌駱」，不姓騶。【考證】張照曰：按越爲楚滅，子孫分散，臣服於楚，越世家雖有或爲王或爲君之言，其實自相稱署，而不得比於宋、衛、中山之數者也。秦兼天下，罷侯置守，六國之後，尚不得尺土寸地。矧區區江南海上之越，别奉以君長之號乎？疑無諸與摇皆已廢爲庶人，陳、項兵起，乃始糾合義旅，閩越之民尚思舊德，相率景從耳。梁玉繩曰：論中亦言句踐之後有禹餘烈，其實句踐非禹苗裔，而甌閩非句踐種族。通志氏族略引顧氏譜云「句踐七世孫閩君摇，漢封東甌」，亦不足信。蓋越是芈姓，見國語。閩、東越蛇種，見索隱引説文，不得强合爲一。而高祖所封之海陽侯摇無餘，同名二王，又不可曉。丁謙曰：閩粤，今福建地。東海，今浙江南境地。

〔二〕【集解】徐廣曰：「今建安侯官是。」【索隱】徐廣云「本建安侯官是」。案：爲閩州。案：下文「都東冶」，韋昭以爲在侯官。【正義】今閩州又改爲福也。【考證】王鳴盛曰：地理志載秦三十六郡，無閩中郡，蓋置在始皇晚年，且雖屬秦，而無諸與摇君其地如故，屬秦未久，旋率兵從諸侯滅秦，故不入三十六郡之數。

〔三〕【考證】楓、三本「率」下有「閩」字，漢書「鄱」作「番」。

〔四〕【集解】漢書音義曰：「主號令諸侯，不王無諸、摇等。」

〔五〕【考證】東冶，漢縣，今侯官。

〔六〕【集解】應劭曰：「東海在吴郡東南濱海云。」徐廣曰：「東甌，今之永寧也。」【索隱】韋昭曰：「今永寧。」姚氏云：「甌，水名。」永嘉記：「水出永寧山，行三十餘里，去郡城五里入江。昔有東甌王都城，有亭，積石爲道，今猶在也。」【考證】沈欽韓曰：元和志「東甌，今温州永嘉縣是也」。後以甌地爲回浦縣、永嘉縣，即漢回浦縣之東甌鄉。錢大昕曰：封禪書越人勇之言東甌敬鬼，壽至百六十歲，即東海王摇也。

後數世，至孝景三年，吴王濞反，欲從閩越，閩越未肯行，獨東甌從吴。及吴破，東甌受漢購，殺吴王丹徒，以故皆得不誅，歸國。〔一〕

〔一〕【考證】又見吴王濞傳。漢書無「歸國」二字。丹徒，今鎮江府治。

吴王子子駒亡走閩越，怨東甌殺其父，常勸閩越擊東甌。至建元三年，閩越發兵圍東甌。東甌食盡，困且降，乃使人告急天子。天子問太尉田蚡，蚡對曰：「越人相攻擊，固其常，又數反覆，不足以煩中國往救也。自秦時弃弗屬。」於是中大夫莊助詰蚡曰：「特患力弗能救，德弗能覆，誠能，何故弃之？〔一〕且秦舉咸陽而弃之，何乃越也！〔二〕今小國以窮困來告急天子，天子弗振，彼當安所告愬？又何以子萬國乎？」〔三〕上曰：「太尉未足與計。吾初即位，不欲出虎符發兵郡國。」〔四〕乃遣莊助以節發兵會稽。〔五〕會稽太守欲距不爲發兵，〔六〕助乃斬一司馬，諭意指，遂發兵浮海救東甌。〔七〕未至，閩越引兵而去。東甌請舉國徙中國，乃悉舉衆來處江、淮之閒。〔八〕

〔一〕【考證】覆，敷又反。

〔二〕【考證】漢書嚴助傳「乃」作「但」。顏師古曰：舉，總也，言總天下乃至京師皆棄也。

〔三〕【考證】振，救也。

〔四〕【考證】通鑑考異云：是時蚡不爲太尉，云「太尉」，誤也。梁玉繩曰：兩稱太尉，通鑑攷異以爲誤。攷蚡以建元元年爲太尉，二年免，並省太尉官。是時乃建元三年，蚡以列侯家居，莫非問丞相許昌否？或謂蚡曾爲太尉，以故官呼之，亦未確。沈欽韓曰：以銅爲符，鑄虎爲飾，中分之頒其右而藏其左，起軍旅時，則出以合中外之契。

〔五〕【考證】胡三省曰：會稽東南邊越。沈欽韓曰：唐六典云「旌以專賞，節以專殺」，故助得斬司馬也。

〔六〕【考證】胡三省曰：以法拒之，爲無漢虎符驗。

〔七〕【考證】楓、三本「遂」下有「爲」字。

〔八〕【集解】徐廣曰：「年表云，東甌王廣武侯望，率其衆四萬餘人來降，家廬江郡。」【索隱】徐廣據年表而爲說。

【考證】漢書「東甌」作「東粵」，誤。丁謙曰：江淮間，蓋揚州淮安等地。

至建元六年，閩越擊南越。南越守天子約，不敢擅發兵擊，而以聞。上遣大行王恢出豫章，大農韓安國出會稽，皆爲將軍。〔一〕兵未踰嶺，閩越王郢發兵距險。其弟餘善乃與相、宗族謀曰：「王以擅發兵擊南越，不請，故天子兵來誅。今漢兵衆彊，今即幸勝之，後來益多，終滅國而止。〔二〕今殺王以謝天子。天子聽，罷兵，固一國完；不聽，乃力戰；不勝，即亡入海。」皆曰「善」。即鏦殺王，使使奉其頭致大行。〔三〕大行曰：「所爲來者誅王。今王頭至，謝罪，不戰而耘，利莫大焉。」〔四〕乃以便宜案兵，告大農軍，而使使奉王頭馳報天子。詔罷兩將兵，曰：「郢等首惡，獨無諸孫繇君丑不與謀焉。」〔五〕乃使郎中將立丑爲越繇王，奉閩越先祭祀。〔六〕

〔一〕【考證】楓、三本，漢書「大農」作「大司農」，下同。愚按：武帝太初元年始改大農爲大司農，此無司字，是。

〔二〕【考證】胡三省曰：相，閩越國相也。漢書「誅」下無「今」字。

〔三〕【索隱】劉氏又音窗。鏦，撞也。

〔四〕【集解】徐廣曰：「漢書作『殞』。」耘義當取『耘除』。或言耘音于粉反，此楚人聲重耳。隕、耘當同音。但字有假借，聲有輕重。【索隱】耘，音云。耘，除也。漢書作「隕」，音于粉反。【考證】楓、三本「所」下有「以」字。梁玉繩曰：耘，「抎」字之誤，漢書作「殞」，抎與殞通，古今字也。徐廣云耘義當取耘除，失之。

〔五〕【索隱】繇，音搖，邑號也。丑，名。【考證】丁謙曰：繇爲閩粵屬地，未詳何在。

〔六〕【考證】劉敞曰：「『郎中將』當作『中郎將』。」

餘善已殺郢，威行於國，國民多屬，竊自立爲王。繇王不能矯其衆持正。〔一〕天子聞之，爲餘善不足復興師，曰：「餘善數與郢謀亂，而後首誅郢，師得不勞。」因立餘善爲東越王，與繇王並處。

〔一〕【考證】楓、三本「民」上有「中」字。漢書「繇王」一句改作「繇王不能制」。

至元鼎五年，南越反，東越王餘善上書，請以卒八千人從樓船將軍擊呂嘉等。兵至揭揚，以海風波爲解，不行，持兩端，陰使南越。〔一〕及漢破番禺，不至。是時樓船將軍楊僕使使上書，願便引兵擊東越。〔二〕上曰士卒勞倦，不許，罷兵，令諸校屯豫章梅嶺待命。〔三〕

〔一〕【考證】漢書「揭揚」作「揭陽」。揭陽，今屬潮州。顏師古曰：解者，自解說，若今言分疏。

〔二〕【考證】漢書無「是時」二字，「便」作「請」。

〔三〕【集解】徐廣曰：「在會稽界。」【索隱】案：徐廣云「在會稽」，非也。今案：豫章三十里有梅嶺，在洪崖山足，當古驛道。此文云「豫章梅嶺」，知非會稽也。【正義】括地志云：「梅嶺，在虔化縣東北百二十八里。」虔州，漢亦屬豫章郡，二所未詳。【考證】張文虎曰：中統本「嶺」作「領」。丁謙曰：梅嶺在江西寧都州東北。錢泰吉曰：通鑑綱目集覽引正義有「豫章記云梅嶺在西山極峻處」十二字，在「括地志」上。案：下云「二所未詳」，謂豫章記、括地志二說不同也。今本正義不全。

元鼎六年秋，餘善聞樓船請誅之，漢兵臨境且往，乃遂反，發兵距漢道。號將軍騶力等爲「吞漢將軍」，入白沙、武林、梅嶺，殺漢三校尉。〔一〕是時漢使大農張成、故山州侯齒將屯，弗敢擊，卻就便處，皆坐畏懦誅。〔二〕

〔一〕**【集解】**徐廣曰：「在豫章界。」**【索隱】**徐廣云「在豫章界」。案：今豫章北二百里接鄱陽界，地名白沙，有小水入湖，名曰白沙阬。東南八十里有武陽亭，亭東南三十里，地名武林。此白沙、武林，今當閩越入京道。**【考證】**丁謙曰：攷漢武紀，楊僕出豫章，知白沙、武林皆江西地，白沙在鄱陽縣西。武林，即餘干縣東之武陵山。

〔二〕**【集解】**徐廣曰：「齒，成陽共王子。」**【考證】**周壽昌曰：公卿表元鼎六年「大農令張成」，漢書作「大司農」，誤也。太初元年，始更名大司農。侯表「山州侯齒，元鼎五年，坐酎金免」，此六年事，齒已失侯，故云「故山州侯」。

餘善刻「武帝」璽自立，詐其民爲妄言。天子遣橫海將軍韓説出句章，浮海從東方往；〔一〕樓船將軍楊僕出武林；中尉王温舒出梅嶺；越侯爲戈船、下瀨將軍，出若邪、白沙。〔二〕元封元年冬，咸入東越。東越素發兵距險，使徇北將軍守武林，敗樓船軍數校尉，殺長吏。〔三〕樓船將軍率錢唐轅終古斬徇北將軍，爲禦兒侯。自兵未往。

〔一〕**【索隱】**鄭氏句，音勾，會稽縣也。**【正義】**句章故城在越州鄮縣西一百里，漢縣。**【考證】**王先謙曰：句章在今寧波府慈谿縣西三十五里。

〔二〕**【索隱】**案：姚氏云「若邪，地名，今闕」。**【正義】**越州有若耶山、若耶溪。「若」「如」一。預州有白沙山。蓋從如此邪。白沙東故閩州。**【考證】**將相表及漢書武紀韓説、王温舒出會稽，楊僕出豫章，兩粵傳與此同。「若邪」作「如邪」。沈欽韓曰：輿地廣記「新昌縣西有鹽溪，一名若邪溪」，當此若邪也。正義以爲越州之若邪溪，太遠。王文彬曰：据武紀，越侯二人，曰嚴，曰甲。一戈船，出灕水；一下瀨，出蒼梧。此則一出如邪，一出白沙也。錢泰吉曰：正義蓋謂「若」、「如」一義也。上下文俱有譌脱。張文虎曰：正義「蓋從如此邪」五字，當在「預州」上。陳仁錫曰：太史公敘武帝北伐胡，南討越，每書某將軍出某地者，蓋見當時用兵制勝之方，在於分道並進，使敵人備多而力分也。

〔三〕【考證】漢書「吏」作「史」。

〔四〕【集解】漢書音義曰：「禦兒，今吳南亭是也。」【正義】錢唐，杭州縣。轅，姓；終古，名。禦字，今作「語」。語兒鄉，在蘇州嘉興縣南七十里，臨官道也。【考證】中井積德曰：率，當作「卒」。漢書可徵。漢書「轅」作「榬」。「禦」作「語」。張文虎曰：王、柯、凌本「終」譌「絡」。

故越衍侯吳陽前在漢，漢使歸諭餘善，餘善弗聽。及橫海將軍先至，越衍侯吳陽以其邑七百人反，攻越軍於漢陽。〔一〕從建成侯敖，與其率從繇王居股謀曰：「餘善首惡，劫守吾屬。今漢兵至，衆彊，計殺餘善，自歸諸將，儻幸得脫。」乃遂俱殺餘善，以其衆降橫海將軍，〔二〕故封繇王居股爲東成侯，萬戶；〔三〕封建成侯敖爲開陵侯；〔四〕封越衍侯吳陽爲北石侯；〔五〕封橫海將軍說爲案道侯；封橫海校尉福爲繚嫈侯。福者，成陽共王子，故爲海常侯，坐法失侯。舊從軍，無功，以宗室故侯。〔六〕諸將皆無成功，莫封。東越將多軍，漢兵至，弃其軍降，封爲無錫侯。〔七〕

〔一〕【考證】沈欽韓曰：紀要「漢陽城在建寧府浦城縣北」。

〔二〕【集解】徐廣曰：「敖，亦東越臣。」【考證】漢書「從」作「及」。中井積德曰：「率」當作「卒」。居股，蓋丑之子。

〔三〕【索隱】韋昭曰：「東成在九江。」

〔四〕【索隱】徐廣云：「敖，東越臣。」韋昭云：「開陵屬臨淮。」

〔五〕【考證】漢書兩粵傳「北」作「卯」。功臣表作「外」，兩粵傳爲是。

〔六〕【集解】漢書音義曰：「繚嫈，音遼縈。」【索隱】服虔云：「嫈，音榮，縣名。」劉伯莊云：「繚，音遼，下音紆營反。成陽王子也。」【考證】楓、三本，毛本「舊」作「奮」。張文虎曰：作「奮」似勝。

〔七〕【集解】漢書音義曰：「多軍，名也。」【索隱】李奇云：「多軍，名。」韋昭云：「多，姓；軍，名也。」【考證】此下漢書兩粵傳補「故甌駱將左黄同斬西于王封爲下鄜侯」十六字。

於是天子曰東越狹多阻，閩越悍，數反覆，詔軍吏皆將其民徙處江、淮閒。東越地遂虛。〔一〕

〔一〕【考證】中井積德曰：東越與閩越對舉者，蓋東甌之地耳。前日東甌既内徙，而其地入閩越，然不得更稱東甌，是越之東邊云爾。下文東越虛者，兼閩越東甌舊地而言，是對南越者。兩東越當子細分別，不然，皆字無所當。

太史公曰：越雖蠻夷，其先豈嘗有大功德於民哉，何其久也！歷數代常爲君王，句踐一稱伯。然餘善至大逆，滅國遷衆，其先苗裔繇王居股等猶尚封爲萬户侯，由此知越世世爲公侯矣。蓋禹之餘烈也。〔一〕

〔一〕【考證】史公以「越世世爲公侯」爲「禹之餘烈」，與項羽紀、陳杞越世家、黥布傳論贊，其義相貫。

【索隱述贊】句踐之裔，是曰無諸。既席漢寵，實因秦餘。騶駱爲姓，閩中是居。王搖之立，爰處東隅。後嗣不道，自相誅鋤。

史記會注考證卷一百十五

朝鮮列傳第五十五

史記一百十五

【集解】張晏曰：「朝鮮有濕水、洌水、汕水，三水合爲洌水，疑樂浪、朝鮮取名於此也。」【集解】案：朝，音潮，直驕反。鮮，音仙。以有汕水故名也。汕，一音訕。【考證】史公自序云：「燕丹散亂遼間，滿收其亡民，厥聚海東，以集真藩，葆塞爲外臣。作朝鮮列傳第五十五。」中井積德曰：朝鮮，箕子之封國。本在三韓之西，遼水之東。宋史云「遼陽府即古朝鮮國」是也。後之襲稱朝鮮者，妄自託耳，不可以地域論。

朝鮮王滿者，故燕人也。〔一〕自始全燕時，嘗略屬真番、朝鮮，爲置吏，築鄣塞。〔二〕秦滅燕，屬遼東外徼。漢興，爲其遠難守，復修遼東故塞，至浿水爲界，屬燕。〔三〕燕王盧綰反，入匈奴，滿亡命，聚黨千餘人，〔四〕魋結蠻夷服，而東走出塞，渡浿水，居秦故空地上下鄣，〔五〕稍役屬真番、朝鮮蠻夷及故燕、齊亡命者王之，都王險。〔六〕

〔一〕【索隱】案：漢書，滿，燕人，姓衞，擊破朝鮮而自王之。【正義】朝鮮，潮仙二音。括地志云：「高驪都平壤城，本漢樂浪郡王險城，又古云朝鮮地也。」【考證】齊召南曰：滿姓衛，朝鮮自周封箕子後，傳四十餘世，至戰國時侯準始稱王。漢初其國大亂，燕人衛滿擊破準而自王也。後書正補此傳之誤。愚按：索隱「漢書」上疑脱「後」字。今本漢書無此文。

〔二〕【集解】徐廣曰：「番，一作『莫』。遼東有番汗縣。番，音普寒反。」【索隱】始全燕時，謂六國燕方全盛之時，徐氏據地理志而知也。番，音潘，又音盤。汗，音寒。如淳云：「燕嘗略二國，以屬己也。」應劭云：「玄菟，本真番國。」【考證】丁謙曰：真番，本朝鮮附屬番部。七國時爲燕所略，武帝破朝鮮，改爲郡，治霅縣，在今奉天興京廳邊外，東南至鴨緑江地。

〔三〕【集解】漢書音義曰：「浿，音備沛反。」【索隱】浿，音旁沛反。【正義】地理志云浿水出遼東塞外，西南至樂浪縣西入海。浿，普大反。【考證】丁謙曰：浿水有二，唐書高麗傳南涯浿水，指大同江。而此傳浿水均指鴨緑江。今考據家但知大同江爲浿水，不知鴨緑江亦有浿水之名。蓋大同江在平壤南，衛滿所都王險城即平壤，滿渡浿水而後居此，則水在平壤之北可知，證一；涉何諭右渠，還朝必經浿水，證二；左將軍擊破浿水西軍，方得至王險，證三；右渠太子入謝天子，至浿水引歸，證四。觀此，傳中浿水皆指鴨緑江明矣。

〔四〕【正義】命，謂教令。【考證】亡命，謂脱名籍而逃也。

〔五〕【索隱】案：地理志樂浪有雲鄣。【考證】漢書「魋結」作「椎結」，解見陸賈傳。

〔六〕【集解】徐廣曰：「昌黎有險瀆縣也。」【索隱】韋昭云「古邑名」。徐廣曰「昌黎有險瀆縣」。應劭注「地理志遼東險瀆縣，朝鮮王舊都」。臣瓚云「王險城在樂浪郡浿水之東」也。【正義】臣瓚曰：「主險在樂浪郡也。」【考證】杜佑曰：平壤即王險城也。中井積德曰：前註以王險爲平壤，似得實。愚按：正義本「王險」譌「主險」。

會孝惠、高后時，天下初定，遼東太守即約滿爲外臣，保塞外蠻夷，無使盜邊；諸蠻夷

君長欲入見天子，勿得禁止。以聞，上許之，以故滿得兵威財物，侵降其旁小邑，真番、臨屯皆來服屬，方數千里。〔一〕

〔一〕【索隱】臨屯，東夷小國，後以爲郡。【正義】括地志云：「朝鮮、高驪、貊、東沃沮五國之地，國東西千三百里，南北二千里，在京師東，東至大海四百里，北至營州界九百二十里，南至新羅國六百里，北至靺鞨國千四百里。」【考證】丁謙曰：臨屯亦番部，後爲郡，治東暆，今爲朝鮮江原道江陵府城。愚按：正義「貊」上疑脱「濊」字。

傳子至孫右渠，〔一〕所誘漢亡人滋多，又未嘗入見，真番旁衆國欲上書見天子，又擁閼不通。〔二〕元封二年，漢使涉何譙諭右渠，終不肯奉詔。〔三〕何去至界上，臨浿水，使御刺殺送何者朝鮮裨王長，〔四〕即渡，馳入塞，遂歸報天子曰「殺朝鮮將」。〔五〕上爲其名美，即不詰，〔六〕拜何爲遼東東部都尉。〔七〕朝鮮怨何，發兵襲攻殺何。

〔一〕【正義】其孫名也。

〔二〕【正義】後漢書「朝鮮有三韓：一曰馬韓，二曰辰韓，三曰弁韓」。魏志云：「韓有帶方國，東西以海限，南與倭接，方可四千里。馬韓在西，辰韓在中，弁韓在東。」括地志曰「新羅、百濟在西，馬韓之地。雞羅在東，辰韓、弁韓之地」也。【考證】慶長本標記云：「正義本『衆』作『辰』。」張文虎曰：宋本「衆」作「辰」。案：漢書作「直番辰國」，蓋即後漢書東夷傳所謂「辰韓」者也，然此作「旁衆」，於文義亦通。凌稚隆曰：擁讀曰壅，一本作「雍」。

〔三〕【索隱】説文云：「譙，讓也。」諭，曉也。譙，音才笑反。【考證】譙，各本作「誘」，今從索隱本。

〔四〕【索隱】即送何之御也。【正義】顔師古云：「長者，裨王名也。送何至浿水，何因刺殺也。」按：裨王乃將士長，恐顔非也。【考證】顔説是。中井積德曰：御，涉何之從者。

〔五〕【正義】入平州榆林關也。【考證】楓、三本「鮮」下有「裨」字。

〔六〕【索隱】有殺將之美名。

〔七〕【正義】地理志云，遼東郡武次縣，東部都尉所理也。

天子募罪人擊朝鮮。其秋，遣樓船將軍楊僕從齊浮渤海，〔一〕兵五萬人，左將軍荀彘出遼東，討右渠。右渠發兵距險。左將軍卒正多率遼東兵先縱，敗散，多還走，坐法斬。〔二〕樓船將軍將齊兵七千人，先至王險。右渠城守，窺知樓船軍少，即出城擊樓船，樓船軍敗散走。將軍楊僕失其衆，遁山中十餘日，稍求收散卒，復聚。左將軍擊朝鮮浿水西軍，未能破自前。

〔一〕【考證】丁謙曰：渤海，一名黄海，今直隸山東東面之海是也。

〔二〕【考證】王先謙曰：卒正，其官。而多，其名。坐法斬者即此人。愚按：漢書「卒」下無「正」字，義殊。

天子爲兩將未有利，乃使衞山因兵威往諭右渠。〔一〕右渠見使者頓首謝：「願降，恐兩將詐殺臣；今見信節，請服降。」遣太子入謝，獻馬五千匹，及饋軍糧。人衆萬餘，持兵，方渡浿水，使者及左將軍疑其爲變，謂太子已服降，宜命人毋持兵。〔二〕太子亦疑使者左將軍詐殺之，遂不渡浿水，復引歸。山還報天子，天子誅山。

〔一〕【考證】梁玉繩曰：衞山，此非義陽侯也，乃别一人。

〔二〕【考證】楓、三本，漢書「命」作「令」。

左將軍破浿水上軍，乃前至城下，圍其西北。樓船亦往會，居城南。右渠遂堅守城，數月未能下。

左將軍素侍中，幸，將燕、代卒，悍，乘勝，軍多驕。〔一〕樓船將齊卒入海，固已多敗亡；其先與右渠戰，困辱亡卒，卒皆恐，將心慙，其圍右渠，常持和節。左將軍急擊之，朝鮮大臣乃陰閒使人私約降樓船，往來言，尚未肯決。左將軍數與樓船期戰，樓船欲急就其約，不會；左將軍亦使人求閒郤降下朝鮮，〔二〕朝鮮不肯，心附樓船：〔三〕以故兩將不相能。左將軍心意樓船前有失軍罪，今與朝鮮私善，而又不降，〔四〕疑其有反計，未敢發。天子曰：「將率不能前，及使衞山諭降右渠，〔五〕右渠遣太子，山使不能剸決，與左將軍計相誤，卒沮約。今兩將圍城，又乖異，以故久不決。」〔六〕使濟南太守公孫遂往征之，有便宜得以從事。〔七〕遂至，左將軍曰：「朝鮮當下久矣，不下者有狀。」言樓船數期不會，具以素所意告遂，曰：「今如此不取，恐爲大害，非獨樓船，又且與朝鮮共滅吾軍。」〔八〕遂亦以爲然，而以節召樓船將軍入左將軍營計事，即命左將軍麾下執捕樓船將軍，并其軍，以報天子。天子誅遂。〔九〕

〔一〕【考證】顏師古曰：幸，親幸於天子。

〔二〕【考證】漢書「郤」作「隙」。

〔三〕【考證】王念孫曰：「朝鮮」二字，蒙上文而衍。此言樓船不會左將軍，左將軍亦不肯心附樓船，故曰兩將軍不相能，非謂朝鮮不肯心附樓船也。漢書無此二字。

〔四〕【考證】意，疑也。漢書「私」作「和」，誤。

〔五〕【考證】此敍前事也。「將率」上添「嚮」字看。楓、三本「及」作「又」，漢書作「乃」，非是。

〔六〕【考證】天子言至此。

〔七〕【正義】征，漢書作「正」，爲是。【考證】楓、三本、漢書「濟南」上有「故」字。

〔八〕【考證】「意」字承上文。

〔九〕【考證】楓、三本「命」作「令」。通鑑考異云：「漢書『誅遂』作『許遂』。」案：左將軍亦以争功相嫉乖計棄市，則武帝必以執樓船爲非，漢書誤。王先謙曰：史記贊「荀彘争勞，與遂皆誅」，作「誅」無疑。

左將軍已并兩軍，即急擊朝鮮。朝鮮相路人、相韓陰、尼谿相參、將軍王唊相與謀曰：「始欲降樓船，樓船今執，獨左將軍并將，戰益急，恐不能與戰，王又不肯降。」〔一〕陰、唊、路人皆亡降漢。路人道死。元封三年夏，尼谿相參乃使人殺朝鮮王右渠來降。王險城未下，故右渠之大臣成已又反，復攻吏。左將軍使右渠子長降、相路人之子最，告諭其民，誅成已，〔二〕以故遂定朝鮮爲四郡。〔三〕封參爲澅清侯，〔四〕陰爲荻苴侯，〔五〕唊爲平州侯，〔六〕長爲幾侯。〔七〕最以父死頗有功，爲涅陽侯。〔八〕

〔一〕【集解】漢書音義曰：「朝鮮相路人、相韓陶、尼谿相參、將軍王唊，凡五人也。戎狄不知官紀，故皆稱相。唊音頰。」【索隱】應劭云：「凡五人。戎狄不知官紀，故皆稱相也。路人，漁陽縣人。」如淳云：「相，其國宰相。唊路人，名也。唊，音頰，一音協。」【正義】已上至「路人」凡四人。【考證】顔師古曰：相路人一也，相韓陶二也，尼谿相參三也，將軍王唊四也，應氏乃云五人，誤讀爲句，謂尼谿人名，失之矣，不當尋下文乎？愚按：漢書「韓陰」作「韓陶」，通鑑從史記。

〔二〕【集解】徐廣曰：「表云『長路』。漢書表云『長路』，音各。」【索隱】案：漢書表云「長路」，音各。子最，路人子也，名最。【考證】錢大昕曰：「降」字當連上爲句，長降，右渠子名也。功臣表作「長路」。小顏注：漢書謂相路人前已降漢，而死于道，故謂之降相，妄之甚也。下文「長爲幾侯」，「長」下亦當有「降」字。

〔三〕【集解】真番、臨屯、樂浪、玄菟也。

〔四〕【集解】韋昭曰：「屬齊。」【索隱】參，澅清侯。韋昭云「縣名，屬齊」。顧氏澅音獲。

〔五〕【集解】韋昭曰：「屬勃海。」【索隱】陰，荻苴侯。晉灼云「屬渤海」。荻，音狄。苴，音子餘反。

〔六〕【集解】韋昭曰：「屬梁父。」【索隱】唊，平州侯。韋昭云「屬梁父」。

〔七〕【集解】韋昭曰：「屬河東。」【索隱】長，幾侯。韋昭云「縣名，屬河東」。

〔八〕【集解】韋昭曰：「屬齊。」【索隱】最，涅陽侯。韋昭云「屬齊」也。【考證】陳仁錫曰：監本「涅」作「温」，誤。愚按：楓、三本作「涅」，漢書亦譌作「沮」。

左將軍徵至，坐争功相嫉，乖計，弃市。〔一〕樓船將軍亦坐兵至洌口，當待左將軍，擅先縱，失亡多，當誅，贖爲庶人。〔二〕

〔一〕【考證】楓、三本「徵」作「微」，「計」作「言」。

〔二〕【索隱】蘇林曰：「洌口，縣名。度海先得之。」【考證】漢書「洌口」作「列口」。樂浪郡有列口縣。梁玉繩曰：此與漢傳同，而漢表云「坐爲將軍擊朝鮮，畏懦，入竹二萬箇贖，完爲城旦」，罪狀與此不同。入竹贖罪，亦奇。

太史公曰：右渠負固，國以絶祀。涉何誣功，爲兵發首。〔一〕樓船將狹，及難離咎。〔二〕悔失番禺，乃反見疑。〔三〕荀彘争勞，與遂皆誅。〔四〕兩軍俱辱，將率莫侯矣。〔五〕

〔一〕【考證】岡白駒曰：朝鮮之役，由涉(河)〔何〕發。

〔二〕【集解】徐廣曰：「將狹，言其所將卒狹少。」【考證】中井積德曰：將，猶行也。狹，謂心志狹隘。

〔三〕【考證】余有丁曰：按樓船前力攻番禺，反驅降者入伏波營，故此欲獨降之爲己功也。

〔四〕【考證】荀彘見南越傳。

〔五〕【考證】陳仁錫曰：贊用韻語，蓋後世銘詩之祖也。

【索隱述贊】衛滿燕人，朝鮮是王。王險置都，路人作相。右渠首差，涉何誚上。兆禍自斯，狐疑二將。山、遂伏法，紛紜無狀。

史記會注考證卷一百十六

西南夷列傳第五十六

史記一百十六

【考證】史公自序云：「唐蒙使略通夜郎，而邛笮之君請爲内臣受吏。作西南夷列傳第五十六。」丁謙曰：漢西南夷，爲今四川南、貴州西南及雲南全省地。凌稚隆曰：此傳以夜郎、滇二國爲首，蓋漢所封也。

西南夷君長以什數，夜郎最大；〔一〕其西靡莫之屬，以什數，滇最大；〔二〕自滇以北，君長以什數，邛都最大：此皆魋結，耕田，有邑聚。〔三〕其外西自同師以東，〔四〕北至楪榆，〔五〕名爲嶲、昆明，〔六〕皆編髮，隨畜遷徙，毋常處，毋君長，地方可數千里。〔七〕自嶲以東北，君長以什數，徙、筰都最大；〔八〕自筰以東北，君長以什數，冄駹最大。其俗或土著，或移徙，在蜀之西。〔九〕自冄駹以東北，君長以什數，白馬最大，〔一〇〕皆氐類也。此皆巴、蜀西南外蠻夷也。

〔一〕【索隱】數，劉氏音所具反。鄒氏音所主反。荀悦云：「犍爲屬國也。」韋昭云：「漢爲縣，屬牂牁。」按：後漢書云「夜郎，東接交趾，其地在胡南，其君長本出於竹，以竹爲姓也」。【正義】西南夷在蜀之南。今瀘州南大江南岸協州、曲州，本夜郎國。【考證】中井積德曰：「西」字疑衍，漢書無。姚範曰：夜郎，今遵義府桐梓縣，漢夜郎縣也，屬牂柯，瀘州之南曲靖州，貴州之普安州石阡府，興隆思南，與廣西諸州多夜郎地。

〔二〕【集解】如淳曰：「滇，音顛，顛馬出其國也。」【索隱】靡莫，夷邑名，滇與同姓。崔浩云：「滇後爲縣，越巂太守所理也。」【正義】在蜀南，以下及西也。靡在姚州北，去京西南四千九百三十五里，即靡莫之夷。昆州、郎州等，本滇國，去京西五千三百七十里也。【考證】丁謙曰：滇國，以滇池名，今雲南昆明縣。

〔三〕【索隱】魋，漢書作「椎」，音直追反。結，音計。【考證】丁謙曰：邛都，今四川寧遠府。顏師古曰：結讀曰髻，爲髻如椎之形也。愚按：魋結，又見陸賈、朝鮮、貨殖諸傳。

〔四〕【集解】韋昭曰：「邑名也。」【索隱】韋昭云「邑名」。漢書作「桐師」。【考證】沈欽韓曰：桐師在曲靖府霑益州北。丁謙曰：桐師爲滇國西南邊界，讀史兵略謂即龍陵縣，近是。

〔五〕【集解】韋昭曰：「在益州。楪，音葉。」【索隱】韋昭曰「益州縣。楪，音葉」。【正義】上音葉。楪澤在靡北百餘里。漢楪榆縣在澤西益都。靡非，本葉榆王屬國也。【考證】丁謙曰：葉榆，漢縣，屬益州，後隸永昌，以葉榆水得名。水即元江上游，源出今雲南縣北梁王山，則縣爲雲南地無疑。

〔六〕【集解】徐廣曰：「永昌有嶲唐縣。」【索隱】崔浩云：「二國名。」韋昭云：「嶲，益州縣。」【正義】嶲，音髓。今澧州也。昆明，嶲州縣，蓋南接昆明之地，因名也。【考證】丁謙曰：嶲、昆明在葉榆、桐師之間，當爲今永昌、騰越、順寧等地。師古注謂嶲即嶲州，昆明在其東南，即南寧州，殊誤。

〔七〕【正義】編，步典反。畜，許又反。皆嶲、昆明之俗也。

〔八〕【集解】徐廣曰：「徙在漢嘉。筰，音昨，在越嶲。」【索隱】服虔云：「二國名。」韋昭云：「徙縣屬蜀。筰縣在越嶲。」徐廣云：「筰，音昨。」【正義】徙，音斯。括地志云：「筰州本西蜀徼外，曰貓羌嶲。地理志云徙縣也。

華陽國志雅州邛郲山，本名邛筰山，故邛人、筰人界。」【考證】丁謙曰：徙國，武帝時爲徙縣，後隸屬國都尉。會典謂即雅州西天全州。筰都，漢爲蜀郡嚴道縣，今曰清溪。

〔九〕【索隱】案：應劭云「汶江郡本冄駹。音亡江反」。【正義】括地志云：「蜀西徼外羌，茂州、冄州，本冄駹國地也。後漢書云，冄駹其山有六夷、七羌、九氐，各有部落也。」【考證】丁謙曰：冄駹，漢爲汶山縣，今曰茂州。

〔一〇〕【索隱】案：夷邑名，即白馬氏。【正義】括地志云：「隴右成州、武州皆白馬氏，其豪族楊氏，居成州仇池山上。」【考證】丁謙曰：白馬，漢爲陰平道，今階州成縣西南白馬關地。

始楚威王時，使將軍莊蹻將兵循江上，略巴、蜀、黔中以西。莊蹻者，故楚莊王苗裔也。〔一一〕蹻至滇池，地方三百里，〔一二〕旁平地，肥饒數千里，以兵威定屬楚。欲歸報，會秦擊奪楚巴、黔中郡，道塞不通，〔一三〕因還，以其衆王滇，變服，從其俗以長之。秦時常頞略通五尺道，〔一四〕諸此國頗置吏焉。十餘歲，秦滅。〔一五〕及漢興，皆弃此國而開蜀故徼。巴、蜀民或竊出商賈，取其筰馬、僰僮、髦牛，以此巴、蜀殷富。〔一六〕

〔一一〕【索隱】蹻，音炬灼反。楚莊王弟，爲盜者。【正義】其略反。郎州、昆州，即莊蹻所王。【考證】王念孫曰：「蜀」字因上文「巴蜀」而衍。莊蹻循江上自巴、黔中以西而至滇池，不得至蜀也。漢書無「蜀」字。丁謙曰：巴，漢巴郡，今重慶府。黔，水名，於義爲黑，今曰烏江，古黔中郡即漢武陵。章懷注：黔中故城在辰州沅陵縣西。按：辰州無黔水，必郡雖置此，其轄境均在烏江流域耳。沈家本曰：按韓非子喻老篇「楚莊王時，莊蹻爲盜於境内」，小司馬殆據彼以爲說。然此云楚威王時，則非爲盜之莊蹻矣。史文明曰將軍，曰楚莊王苗裔，小司馬誤也。愚按：說又見梁氏志疑。

〔一二〕【索隱】滇池，方三百里。地理志益州滇池縣，澤在西北。後漢書云：「其池水源深廣，而更淺狹，有似倒流，故謂滇池。」【正義】括地志云：「滇池澤在昆州晉寧縣西南三十里。其水源深廣而更淺狹，有似倒流，故謂滇池。」【考證】王念孫曰：「池」下不當有「地」字。索隱本及漢書皆無「地」字。王先謙曰：一統志「滇池在雲南府昆明縣南，呈貢縣西，晉寧州西北，昆陽州北」。

〔三〕【考證】沈家本曰：按此楚頃襄王二十二年事，上距威王末年五十二年矣。

〔四〕【集解】頞，音案。【索隱】謂棧道廣五尺。【正義】括地志云：「五尺道在郎州。顏師古云『其處險阸，故道纔廣五尺』。如淳云『道廣五尺』。」【考證】常頞，楓、三本作「嘗頗」，漢書作「嘗破」。徐孚遠曰：常頞，疑人姓名。

〔五〕【考證】中井積德曰：諸此國，疑當作「此諸國」，而下文「此國」間脱「諸」字。

〔六〕【索隱】韋昭云：「僰屬犍爲，音蒲北反。」服虔云：「舊京師有僰婢。」【正義】今益州南戎州，北臨大江，古僰國。【考證】王念孫曰：「開」字當依漢書作「關」，言秦時常於諸國置吏，及漢初，則棄此諸國，而但以蜀諸徼爲關也。下文曰「巴蜀民或竊出商賈」，即謂出此關也，若云「開蜀故徼」，則與上下文皆不合矣。顏師古曰：西南之徼，猶北方塞也。岡白駒曰：筰國之馬，僰國之奴婢及髦牛。愚按：髦，疑當作「駹」。

建元六年，大行王恢擊東越，東越殺王郢以報。恢因兵威，使番陽令唐蒙風指曉南越。南越食蒙蜀枸醬，〔一〕蒙問所從來，曰「道西北牂牁，牂牁江廣數里，出番禺城下」。〔二〕蒙歸至長安，問蜀賈人，賈人曰：「獨蜀出枸醬，多持竊出市夜郎。夜郎者，臨牂牁江，江廣百餘步，足以行船。南越以財物役屬夜郎，西至同師，然亦不能臣使也。」蒙乃上書説上曰：「南越王黄屋左纛，地東西萬餘里，名爲外臣，實一州主也。今以長沙、豫章往，水道多絶，難行。竊聞夜郎所有精兵，可得十餘萬，浮船牂牁江，出其不意，此制越一奇也。誠以漢之彊，巴、蜀之饒，通夜郎道，爲置吏，易甚。」上許之。乃拜蒙爲郎中將，將千人，食重萬餘人，〔三〕從巴蜀筰關入，遂見夜郎侯多同。〔四〕蒙厚賜，喻以威德，約爲置吏，使其子爲令。〔五〕夜郎旁小邑皆貪漢繒帛，以爲漢道險，終不能有也，乃且聽蒙約。還報，〔六〕乃以爲犍爲郡。發巴、蜀卒治道，自僰道指牂牁江。〔七〕蜀人司馬相如亦言西夷邛、筰可置郡。使相如以郎中將往喻，皆如南夷，爲置一都尉，十餘縣，屬蜀。〔八〕

〔一〕【集解】徐廣曰：「枸，一作『蒟』，音窶。」駰案：漢書音義曰「枸木似穀樹，其葉如桑葉。用其葉作醬酢，美，蜀人以爲珍味」。【索隱】蒟。案：晉灼音矩。劉德云「蒟樹如桑，其椹長二三寸，味酢；取其實以爲醬，美」。又云「蒟，緣樹而生，非木也。今蜀土家出蒟，實似桑椹，味辛似薑，不酢」。又云「取葉」。此注又云「葉似桑葉」，非也。廣志云「色黑，味辛，下氣消穀」。窶，求羽反。【正義】番，音婆。【考證】丁謙曰：番陽，地理志作「鄱陽」，漢縣名，屬豫章，今爲九江府。

〔二〕【正義】崔浩云：「牂柯，繫船杙也。」常氏華陽國志云：「楚頃襄王時，遣莊蹻伐夜郎，軍至且蘭，椓船於岸而步戰。既滅夜郎，以且蘭有椓船柯處，乃改其名爲牂牁」。【考證】楓、三本「牂牁」下有「江」字。王念孫曰：「牂牁」下當有「江」字。道，從也。言從西北牂牁江來也。索隱本出「道牂牁江」四字，漢書、漢紀並作「道西北牂柯江江廣數里」，是其證。丁謙曰：牂柯江，今盤江，水經注稱爲温水。出雲南曲靖府北霑益州境，南流至阿迷州東，折東北流，爲八達江；俗稱混水河。至羅平州東界，轉東流，過貴州興義府南，又東與北盤江合，即水經注「存水」也。南北二盤江會合，始有牂柯江名，蓋興義府地，即漢武帝所立之牂柯郡也，故酈氏謂「水逕牂柯郡且蘭縣，謂之牂柯水」，知牂柯江當時專指牂柯郡南一帶而言，其後方爲全江總名。

〔三〕【索隱】案：食貨輜重車也。音持用反。【考證】劉攽曰：郎中將，當作「中郎將」，後「使相如以郎中將往諭」，同。周壽昌曰：華陽國志作「中郎將」。

〔四〕【正義】地理志犍爲郡有符離縣。按：符關在符縣。犍爲郡，今戎州也。【考證】漢書「巴」下無「蜀」字。王念孫曰：「巴莋關」本作「巴符關」，水經云「江水東過符縣北，邪東南，鰼部水從符關東北注之」，注云「縣故巴夷之地也，漢武帝建元六年，以唐蒙爲中郎將，從萬人出巴符關者也」。是符關即在符縣，而縣爲故巴夷之地，故曰巴符關也。漢之符縣，在今瀘州合江縣西。今合江縣南有符關，仍漢舊名也。若莋地，則在蜀之西，不與巴相接，不得言「巴莋關」矣。史記作「巴蜀莋關」，多一「蜀」字，舊本北堂書鈔政術部引漢書作「巴符關」。愚按：正義依幻雲抄所引補。張氏本亦作「符」，不作「莋」。顔師古曰：多同，其侯名也。

〔五〕【考證】顔師古曰：比之於漢縣也。

〔六〕【考證】楓、三本「蒙」下有「等」字。「還」上有「蒙」字。

〔七〕【索隱】道牂柯江。崔浩云：「牂柯，繫船杙也。以爲地名。」道，猶從也。地理志夜郎又有豚水，東至南海四會入海，此牂柯江。【考證】丁謙曰：僰道，漢縣，爲犍爲郡治，即今敘州宜賓縣。張文虎曰：案索隱牂柯已見上文，不當至此始釋，單本此條亦出在「食重萬餘人」條後，疑錯亂。

〔八〕【考證】司馬相如傳「郎中將」作「中郎將」。

當是時，巴、蜀四郡，通西南夷道，戍轉相饟。數歲，道不通，士罷餓離溼，死者甚衆；〔一〕西南夷又數反，發兵興擊，耗費無功。上患之，使公孫弘往視問焉。還對，言其不便。及弘爲御史大夫，是時方築朔方，以據河逐胡，弘因數言西南夷害，可且罷，專力事匈奴。上罷西夷，獨置南夷、夜郎兩縣一都尉，〔二〕稍令犍爲自（夷）〔葆〕就。〔三〕

〔一〕【集解】徐廣曰：「四郡，漢中、巴郡、廣漢、蜀郡。」【正義】濕，音溫。言士卒歷暑熱氣而死者衆多也。【考證】漢書「戍」作「載」。「離」上有「餧」字。「溼」上有「暑」字。正義本「溼」作「濕」。

〔二〕【集解】徐廣曰：「元光六年，南夷始置郵亭。」【考證】「罷」上，楓、三本有「許」字，漢書有「許之」二字。

〔三〕【正義】令犍爲自葆守，而漸修成其郡縣也。【考證】漢書「葆」作「保」。王念孫曰：「保就，猶保聚也。」

及元狩元年，博望侯張騫使大夏來，言居大夏時，見蜀布、邛竹杖。〔一〕使問所從來，曰「從東南身毒國，可數千里，得蜀賈人市」。或聞邛西可二千里，有身毒國。〔二〕騫因盛言大夏在漢西南，慕中國，患匈奴隔其道，誠通蜀、身毒國，道便近，有利無害。於是天子乃令王然于、柏始昌、吕越人等，使閒出西夷，西指求身毒國。〔三〕至滇，滇王嘗羌乃留，爲求道西十餘輩。〔四〕歲餘，皆閉昆明，莫能通身毒國。〔五〕

〔一〕【集解】韋昭曰：「邛縣之竹，屬蜀。」瓚曰：「邛，山名。此竹節高實中，可作杖。」【考證】蜀布，蜀地之布。邛竹杖，邛地之竹杖。大夏，見匈奴傳。梁玉繩曰：案史漢表，騫以元朔六年三月封侯，必非元狩元年歸也。攷大宛傳，騫留匈奴中，因左谷蠡王攻其太子自立，國内亂，騫亡歸漢。而以匈奴傳核之，乃元朔三年事，則騫歸于元朔三年甚審。

〔二〕【集解】徐廣曰：「字或作『竺』。漢書直云『身毒』，史記一本作『乾毒』。」駰案：漢書音義曰「一名『天竺』」，則浮屠胡是也」。【索隱】身，音捐；毒，音篤。一本作「乾毒」。漢書音義一名「天竺」也。【正義】身毒即東天竺國。【考證】王先謙曰：集解「史記一本『身毒』作『乾毒』」。顏師古云：亦曰「捐篤」。案：「捐篤」當作「捐毒」，西域國，非天竺也。詳見漢書西域傳。

〔三〕【考證】漢書無「有利」二字。楓、三本無「柏始昌呂越人等」七字。

〔四〕【集解】徐廣曰：「嘗，一作『賞』。」【考證】嘗羌，漢書又作「當羌」，滇王名。

〔五〕【集解】如淳曰：「爲昆明所閉道。」【正義】昆明，在今嶲州南昆縣是也。

滇王與漢使者言曰：「漢孰與我大？」及夜郎侯亦然。以道不通，故各自以爲一州主，不知漢廣大。〔一〕使者還，因盛言滇大國，足事親附。〔二〕天子注意焉。

〔一〕【考證】漢書「主」作「王」，譌。

〔二〕【考證】顔師古曰：言可專事招來之，令其親附。

及至南越反，上使馳義侯因犍爲發南夷兵。且蘭君恐遠行，旁國虜其老弱，乃與其衆反，殺使者及犍爲太守。〔一〕漢乃發巴、蜀罪人嘗擊南越者八校尉，擊破之。〔二〕會越已破，漢八校尉不下，即引兵還，行誅頭蘭。頭蘭，常隔滇道者也。〔三〕已平頭蘭，遂平南夷，爲牂牁郡。〔四〕夜郎侯始倚南越，南越已滅，會還誅反者，〔五〕夜郎遂入朝。上以爲夜郎王。

〔一〕【索隱】且蘭，上音子餘反。小國名也。後縣屬牂柯。【考證】漢書武紀作「越馳義侯遺」，馳義侯蓋越人，失其姓。顔師古曰：且蘭君恐發兵與漢行後，其國空虛，而旁國來寇鈔其老弱也。梁玉繩曰：此且蘭所殺漢使者，即馳義侯，而案漢書武紀，元鼎六年，馳義侯征西南夷平之，兩處不同。大事記以紀爲誤，亦無據。

〔二〕【考證】楓、三本，漢書「嘗」作「當」，爲是。

〔三〕【索隱】即且蘭也。【考證】漢書「頭蘭」作「且蘭」。姚範曰：且蘭爲不發兵助漢擊南粵，而頭蘭以常隔滇道，事不相蒙。如史意，應以擊南粵且蘭不下，乃引兵誅頭蘭，乃還平南夷也。漢書乃襲史文，混而爲一事，疑誤。愚按：頭蘭別是一國，姚說是。

〔四〕【考證】楓、三本「夷」下有「以」字。

〔五〕【考證】漢書無「會」字。反者，苴蘭之屬。

南越破後，及漢誅且蘭、邛君，并殺筰侯，冄駹皆振恐，請臣置吏。乃以邛都爲越巂郡，筰都爲沈犂郡，冄駹爲汶山郡，廣漢西白馬爲武都郡。〔一〕

〔一〕【集解】應劭曰：「汶山，今蜀郡岷江。」

上使王然于以越破及誅南夷兵威，風喻滇王入朝。滇王者，其衆數萬人，其旁東北有勞浸、靡莫，皆同姓相扶，未肯聽。勞浸、靡莫數侵犯使者吏卒。〔一〕元封二年，天子發巴、蜀兵擊滅勞浸、靡莫，以兵臨滇。滇王始首善，以故弗誅。〔二〕滇王離難西南夷，舉國降，請置吏入朝。於是以爲益州郡，賜滇王王印，復長其民。〔三〕

〔一〕【索隱】勞寖、靡莫。二國，與滇王同姓。【正義】杖，直亮反。顏師古曰：「杖，猶倚也，相倚爲援。不聽滇王入朝。【考證】勞浸，漢書作「勞深」。丁謙曰：二國當今尋甸州境。扶，正義本作「杖」，與漢書合。

〔二〕【考證】顏師古曰：言初始以來常有善意。

〔三〕【考證】中井積德曰：「離難西南夷」五字，不通。漢書作「離西夷」三字。顏師古云：謂東鄉事漢。愚按：「西南夷」三字涉下文而衍。離難，滇王名。丁謙曰：漢益州，今雲南省城，至三國時始以四川爲益州。

西南夷君長以百數，獨夜郎、滇受王印。滇小邑，最寵焉。〔一〕

〔一〕【考證】楓、三本「受」上有「王」字。「印」下有「而」字。

太史公曰：楚之先豈有天祿哉？在周爲文王師，封楚。〔一〕及周之衰，地稱五千里。秦滅諸侯，唯楚苗裔尚有滇王。漢誅西南夷，國多滅矣，唯滇復爲寵王。〔二〕然南夷之端，見枸醬番禺，大夏杖、邛竹。西夷後揃，剽分二方，〔三〕卒爲七郡。〔四〕

〔一〕【考證】岡白駒曰：按楚世家，熊通云「吾先鬻熊爲文王師，成王擧我先公，乃以子男田令居楚」，是也。

〔二〕【考證】以滇復爲寵王，爲祖先餘烈，其義與東粵傳贊相貫。

〔三〕【集解】漢書音義曰：「揃，音翦。」【索隱】揃，音剪。揃，謂被分割也。剽音匹妙反，言西夷後被揃迫逐，遂剽居西南二方，各屬郡縣。剽亦分義。【正義】杖，直亮反。顔師古云「杖猶倚也，相倚爲援，不聽漢王」。

〔四〕【集解】徐廣曰：「犍爲、牂柯、越巂、益州、武都、沈犂、汶山地也。」

【索隱述贊】西南外徼，莊蹻首通。漢因大夏，乃命唐蒙。勞浸靡莫，異俗殊風。夜郎最大，邛筰稱雄。及置郡縣，萬代推功。